U0437183

侯冲／著

中國佛教儀式研究
以齋供儀式爲中心

上海古籍出版社

圖書在版編目(CIP)數據

中國佛教儀式研究:以齋供儀式爲中心/侯沖著.
—上海:上海古籍出版社,2018.6(2023.3重印)
ISBN 978-7-5325-8709-4

Ⅰ.①中… Ⅱ.①侯… Ⅲ.①佛教—宗教儀式—研究—中國 Ⅳ.①B945

中國版本圖書館 CIP 數據核字(2018)第 019699 號

本書由上海文化發展基金圖書出版專項基金資助出版

中國佛教儀式研究
——以齋供儀式爲中心
侯 沖 著
上海古籍出版社出版發行

(上海市號景路159弄1-5號A座5F 郵政編碼 201101)
(1)網址:www.guji.com.cn
(2)E-mail:guji1@guji.com.cn
(3)易文網網址:www.ewen.co
上海商務聯西印刷有限公司印刷

開本 700×1000 1/16 印張 31.25 插頁 2 字數 545,000
2018 年 6 月第 1 版 2023 年 3 月第 2 次印刷
印數:2,101—2,700
ISBN 978-7-5325-8709-4
K·2423 定價:118.00 元
如有質量問題,請與承印公司聯繫

項 目 資 助

上海高校高峰高原學科建設計劃資助項目

國家社科基金重大項目
"漢文大藏經未收宋元明清佛教儀式文獻整理與研究"(17ZDA236)

教育部人文社會科學重點研究基地重大項目
"中國民間流傳佛教儀式文獻整理與研究"(16JJD730007)

序

宗教是一種信仰，每一種宗教都有以自己的信仰爲核心構築起來的獨特的教義體系。信仰只有掌握群衆纔有生命力，爲此，作爲意識形態的宗教教義必須採用各種外化的形式去影響群衆、爭取群衆。宗教外化的形式多種多樣，應各宗教的不同而不同，應各宗教所活動地域的文化形態的不同而不同。但外化形式中的宗教儀軌，或稱宗教儀式①則是各宗教必備的，可稱爲是宗教外化形式中最重要的部分。正因爲如此，我主張"儀式是宗教的伴生物"，亦即有宗教就會有儀軌。有學者提出："儀式，就是宗教信仰和教義的行爲語言的表達。"我很讚同，但仔細思考，覺得還可以簡化，因爲宗教"信仰"本身是宗教"教義"的核心部分，所以可以把上面那句話表述爲"儀軌是用行爲、語言表達的宗教教義"。在我看來，宗教有三個必備的要素：宗教教義、宗教承載者（亦即宗教信徒）與宗教儀軌。其中教義是靈魂，承載者是軀體，儀軌則是維繫靈魂與軀體的必不可少的紐帶。當然，需要強調指出的是，上面所述只是本文爲行文方便所作的簡略論述，在現實社會中活動著的宗教要複雜得多。紐帶並非只有儀軌，還有寺院、雕塑等各種宗教的物化形態。僅就上述三要素而言，教義屬於意識形態，儀軌與承載者則涉及該意識形態的"外化"與"物化"，三者呈現出錯綜複雜的關係，都需要進一步釐清。如此等等，此處從略。

我認爲，如果我們對歷史與現實中佛教的種種表現形態做一個大致的觀察，則可以發現佛教由義理及信仰兩個層面組成。所以我始終主張在佛教研究中，對兩者都應充分重視。用上述佛教具有兩個層面的理論來考察上述宗教的三個要素，可以大致觀察到這樣的現象：宗教教義偏重於義理層面；宗教儀軌偏重於信仰層面；宗教承載者則是上述兩個層面的"物化"基

---

① 學術界習稱"宗教儀式"，我比較傾向採用"宗教儀軌"，理由可見《在"經典、儀式與民間信仰"國際學術研討會開幕式上的致辭》。本文對應不同語境，兩種表述並用，但兩種表述含義完全相同。特此説明。

礎。當然，此處所說僅爲"偏重"。因爲"信仰"本來就是"宗教教義"的核心組成部分，所以，宗教教義中自然包含著大量信仰層面的元素，這也是信仰層面佛教得以立足的理論依據。而宗教儀軌一方面依據宗教教義組織，另一方面又是義理層面佛教宣導與組織廣大群衆的方式。所以，義理層面佛教與信仰層面佛教雖然各有側重，但在現實中又相互影響、相互滲透，在不同的時空條件下甚至相互轉化，成爲一個有機的整體，使整個佛教顯得五光十色、豐富多彩。

基於上述分析，邏輯的結論就是：研究宗教及其發展、變化時，上述教義、承載者、儀軌等三個要素不可偏廢。但遺憾的是，長期以來，由於種種原因，我國的佛教研究更多地偏重於義理層面佛教的研究，而對信仰層面佛教，特別是儀軌佛教的研究不甚注意。其實，印度佛教從傳入中國的第一天起，就受到中國信衆所承載的中國文化的影響，在教義、儀軌兩個方面不斷改變自己的面貌，從而最終演化爲中國佛教。這也就是我們通常所說的"佛教中國化"的過程。僅從教義方面進行研究，不注意從儀軌方面進行梳理，不注意中國佛教的承載者——中國人——原有的文化積澱，不可能真正釐清佛教中國化的進程。那種中國佛教研究，是殘缺不全的。順便提一句，從20世紀開始，經過我國學界、教界近百年的努力，"佛教中國化"已經成爲大家的共識。但近些年來，無論在學界，還是在教界，都出現一股否定"佛教中國化"的思潮，在有些人看來，只有忠實祖述印度佛教理論與踐行的佛教，纔是正統的、正確的。佛教因應中國社會的現實需要而出現的新的理論、新的信仰與踐行形態，則是非正統的，甚至是錯誤的，是應該批判與排斥的。這種思潮的底蘊，實際是企圖徹底顛覆中國佛教的主體性，值得我們嚴重關注。但這是另一個問題，此處暫不涉及。

總之，由於受到中國信衆所承載的中國文化的影響，印度佛教逐漸演化爲中國佛教。那麼，中國佛教怎樣在印度佛教教義的基礎上，吸收中國文化而發展出自己獨具特色的教義？它的儀軌又是怎樣在與中國其他宗教儀軌共存並相互影響的氛圍中逐漸形成與發展？上述種種，都是擺在中國佛教研究者面前不可回避的問題。

我還有一個觀點，即以"會昌廢佛"爲界，中國佛教的面貌開始發生巨變。晚唐五代以下，特別是宋以下，佛教逐漸形成兩大主流：一大主流是"禪淨合一"，屬於佛教的義理層面；還有一大主流就是以水陸法會爲代表的儀軌佛教，屬於佛教的信仰層面。實際上在廣大群衆中，後一主流的規模與影響要超過前一個。中國文化從來是分層的，在這一背景下，儀軌佛教其後又往下層潛沉。往下層潛沉以後，它與各種各樣的民間宗教形態（包括因爲被鎮壓而潛入民間的諸如景教、摩尼教等外來宗教)相結合,出現種種光怪陸離的宗教現象。上述種種,都應該是我們佛教研究者不可忽視的問題,但遺憾的是,這些重大問題,至今很少有人去關注。

侯沖是北京大學哲學系宗教學專業第三屆本科畢業生。他上本科的四年,正是我跟隨任繼愈先生攻讀在職博士生的四年。當年,我曾按照任繼愈先生的安排,爲宗教專業前三屆學生講授過印度佛教史。因爲上課要點名、有答問,所以我當時大體能記住該專業各位同學的名字。不過該課雖爲宗教專業所設,但旁聽的人不少,包括哲學系以及其他系的本科生、研究生、進修生等,所以對聽課的宗教專業學生,沒能一一與本人對上號。若干年後在一次學術會議時碰面,他告訴我畢業後分配回雲南,目前正在搜集、整理阿吒力教的經典。當時我恰好在主編《藏外佛教文獻》,便讓他把整理好的資料寄給我看看。

衆所周知,雲南是我國的宗教大省。我這裏所謂的宗教大省,主要是指我國的各主要宗教在該省均有流傳。比如佛教、伊斯蘭教、基督教等世界三大宗教,在雲南均有悠久的歷史。就佛教而言,世界現存佛教有漢傳佛教、藏傳佛教、南傳佛教等三大系,而雲南則三大系佛教俱全。這在我國,在全世界也是獨一無二的。作爲少數民族聚居區,民間巫教在雲南也依然有活動。爲此,當年中國社科院世界宗教研究所曾經專門在雲南設立過工作站。所以,侯沖分配回雲南這一宗教大省從事宗教研究,是他學術生涯的一大機遇。自然,更加值得稱道的是他抓住了這一機遇,發掘了不少研究價值極高的阿吒力教科儀文本,由此起步,開拓了中國佛教研究的新領域。

仔細閱讀侯沖寄給我的那些阿吒力教科儀文本,結合敦煌遺書中的相關資料,使我聯想起以前看到但被我忽視了的其他一些資料,促使我對中國佛教發展進程及其不同表現形態進行更加深入的思考,從而解答了我以前學習中國佛教史時產生的若干疑惑。我當時的那些思考,簡略記錄在《藏外佛教文獻》第六輯及以下諸輯的卷首語以及當時表發的一些論文中。

其後侯沖提出希望進一步深造,師從我攻讀博士研究生,進一步提高自己的學術素養,以更好地開拓自己的研究。剛開始,我是很猶豫的。因爲我自己雖然涉獵過印度佛教、中國佛教,涉獵過佛教思想、佛教史,但這些年主要精力花費在佛教文獻學,特別是敦煌遺書的調查、編目、研究上,對侯沖研究的儀軌佛教只有非常粗淺的知識。所以,我並不是一個合適的指導教師。但如前所説,侯沖研究的領域正是被目前的中國佛教研究所忽略的,可以預期,這一領域的深入開拓,可以爲我國宋以下佛教的研究開闢全新的天地。從這一點講,我又希望能夠爲侯沖提供一些更好的研究條件,幫助他深入開拓這一塊處女地。記得我們曾經在北京通州我寓所的陽臺上有過一次深入的交談。我提出：所謂阿吒力教科儀文本，所反映的不僅僅是雲南的某種地方性宗教的形態，實際對研究中國佛教的信仰層面，具有普遍意義。這一問題如果能夠突破，中國宋以下佛教史將完全改觀。他說：他在研究中也已經意識到這一問題。我提出：你的研究方向，可以直接從宋以下佛教研究切入，把宋以下信仰層面佛教的形態搞清楚；也可以從頭開始對儀軌佛教作一個全面的梳理，那樣可以爲將來進行的宋以下佛教的研究奠定更加紮實的基礎。究竟怎樣爲好，由你自己決定。他表示願意從頭梳理中國儀軌佛教的全部歷史。當時，我明確告訴他，就儀軌佛教而言，我沒有能力指導你，但我可以像任先生盡力爲我搭建平臺那樣，盡力爲你搭建平臺。至於如何把研究深入搞下去，完全靠你自己。

　　四年在職博士生研修，侯沖獨立完成了他的博士論文《中國佛教儀式研究——以齋供儀式爲中心》。本書在博士論文的基礎上，反復修訂而成。其實，博士畢業以後，我曾多次催促他將論文正式發表，他則一直說還要修訂打磨。畢業至今已經約十年，真可謂"十年磨一劍"。

　　我曾經撰文稱：經濟有新的增長點，學術也有新的增長點。什麼是新的學術增長點？無非是陳寅恪先生所說的"新材料、新觀點"。學術的新增長點猶如朝陽，充滿了生命力。作爲一個研究者，應該努力發現、發掘新的學術增長點，把自己的精力更多地放到新的學術增長點上，這樣，纔可以讓自己的學術研究爲促進學術發展發揮更大的作用。侯沖本書所著力的，正是中國佛教史中一個生機勃勃的學術增長點。該書利用新材料，對一系列問題提出自己的新觀點。對這些觀點的學術價值，我想，學界同行心中都有一桿秤，可以做出自己的評價。當然，由於這是一個過去甚少有人涉獵的領域，許多問題是侯沖首次提出與論述，故書中不少觀點必然有可以進一步商榷的地方。學術研究不能缺少學術商榷，正常的學術商榷可以推動學術更加健康地向前發展。

　　最後談兩點感想：

　　第一點，說來不過是老生常談，就是學術研究要憑資料說話。侯沖能夠取得今天的成績，除了他自己的天分、機遇與鍥而不捨的努力外，一個重要原因是他始終下大力氣搜集、整理各種關於佛教儀軌的原始資料，認真研讀這些資料，把自己的學術研究建立在扎扎實實的資料基礎上。二十多年來，他已經收集到的各種法事文本（含複印件）多達2000餘册，都是傳統大藏經中沒有收入的；都是一般的研究者不甚關注，或者雖然關注卻難以見到的。據我所知，目前世界範圍内，收藏同類法事文本達數百册的還有幾家，但收藏量達2000餘册者，則唯有侯沖一家。正因爲有這些資料墊底，他纔能夠在這個過去不甚爲人們關注的領域馳騁，取得令人矚目的成績。關於他是如何搜集資料、整理資料、研讀資料的情況，他在《走進齋供——我的學思歷程（1984—2009）》一文中有涉獵，該文已作爲附録收入本書，我想年輕的學者或許可以從中得到啓發。

第二點，説來也不過是老生常談，就是所謂"教學相長"。這裏加一個"所謂"，是因爲如上所説，我實際上並沒有指導侯沖從事儀軌佛教研究的能力。所以，上面"教學相長"中的"教"，實際上有點名不副實。但不管怎樣，侯沖讀博掛在我名下，有了這個因緣，我得以看到大量以前沒有關注的資料，得以最早看到他的研究成果，這對我是一個"增上緣"。我得以把這些資料與敦煌遺書結合起來，並思考中國佛教中的諸多重大問題，由此提出一些新的觀點。本文前面提出的一系列我對中國佛教的新觀點，有些正是在侯沖提供的資料與觀點的啓發下產生的，有些從他收集到的資料中得到印證。這裏舉一個具體的事例：若干年前，我注意到宋以下的信仰層面佛教出現一種很值得重視的現象，就是上面提到的："儀軌佛教其後又往下層潛沉。往下層潛沉以後，它與各種各樣的民間宗教形態（包括因爲被鎮壓而潛入民間的諸如景教、摩尼教等外來宗教）相結合，出現種種光怪陸離的宗教現象。"我曾向某年輕研究者談過這一觀點，要求他在今後的研究中注意這一現象。最近，侯沖給我三册他搜集到的民間法事文本，正是佛教與景教、摩尼教在民間相互浸潤的證據。

應該説，我從其他學生身上，程度不等地也學到各種知識。所以我曾在一篇文章中提到（大意）：學術研究就是憑資料講話，誰掌握的資料多，誰的話語權就大。有時我的學生看到的資料，我沒有看到，那麽就他們講，我聽。《孟子》將"得天下英才而教育之"作爲"三樂"之一，想必也包含著這一層含義。

希望並相信侯沖在將來的科研中，能爲中國佛教研究做出更大的成績。
是爲序。

方廣錩
2017年4月14日於新西蘭奧克蘭太陽雨中

目　　錄

序 ·· 方廣錩　1

導言 ··· 1
　一、待拓展的中國佛教儀式研究 ······································ 1
　二、佛教儀式的分類和本書切入點 ···································· 4
　三、本書的資料和研究方法 ·· 9
　四、本書的目的和結構 ··· 13

第一章　齋、齋僧與齋供儀式 ·· 18
　第一節　齋 ·· 18
　　一、中國傳統意義的"齋" ·· 18
　　二、佛教傳入中國後的"齋" ·· 19
　第二節　齋僧 ·· 20
　　一、齋僧的背景 ··· 21
　　二、齋僧的理論基礎 ·· 22
　　三、齋僧的不同稱名和表現形態 ···································· 25
　　四、隨喜咒願 ·· 30
　第三節　作爲齋僧翻版的齋供儀式 ···································· 33
　　一、齋須精潔 ·· 34
　　二、請僧用疏 ·· 36
　　三、聖僧證盟 ·· 37
　本章小結 ·· 41

第二章　道安三例 ··· 44
　第一節　道安三例與齋僧 ·· 44

一、道安三例及研究史 ·· 44
　　二、道安三例的背景 ·· 45
　　三、道安三例的目的 ·· 48
第二節　行香唱讚 ·· 50
　　一、香爲佛使 ·· 50
　　二、燒香唄 ·· 53
　　三、行香法 ·· 54
第三節　安佛設座 ·· 57
　　一、安設佛像 ·· 58
　　二、設高座 ·· 62
　　三、定坐次 ·· 63
　　四、坐具與坐法 ·· 66
第四節　誦經轉讀 ·· 71
　　一、受請誦經 ·· 71
　　二、轉讀程序 ·· 73
　　三、誦讀懿聲 ·· 76
　　四、隨因緣讀 ·· 78
第五節　講經論義 ·· 79
　　一、如法講經 ·· 80
　　二、三分判經 ·· 86
　　三、講經職事 ·· 88
　　四、論義 ·· 102
　　附録　敦煌遺書中的論義文 ······························ 119
第六節　布薩懺悔 ·· 128
　　一、應赴授戒 ·· 128
　　二、布薩二義 ·· 128
　　三、八關齋戒 ·· 130
　　四、懺悔受戒 ·· 135
第七節　附論 ·· 137
　　一、待解的齋講 ·· 138
　　二、從道安三例看齋講 ······································ 139
　　三、齋講非俗講 ·· 140
本章小結 ·· 140

第三章　唱導研究 …………………………………… 142
第一節　唱導的背景 ………………………………… 144
第二節　唱導行實 …………………………………… 146
　一、宣名致禮 ………………………………………… 146
　二、昇座說法 ………………………………………… 153
　三、辯齋意 …………………………………………… 161
第三節　齋意的不同名稱 …………………………… 167
　一、咒願與達嚫 ……………………………………… 168
　二、行香咒願 ………………………………………… 174
　三、嘆佛咒願 ………………………………………… 175
　四、表白 ……………………………………………… 181
　五、莊嚴 ……………………………………………… 184
　六、迴向 ……………………………………………… 186
　七、發願 ……………………………………………… 188
第四節　齋意文 ……………………………………… 190
　一、敦煌遺書中齋文的性質 ………………………… 192
　二、齋文的結構 ……………………………………… 194
　三、《齋琬文》與《齋文》 ………………………… 198
第五節　俗講新考 …………………………………… 206
　一、什麼是俗講？ …………………………………… 208
　二、俗講儀式 ………………………………………… 213
　三、俗講話本 ………………………………………… 217
　四、俗講與唱導的關係 ……………………………… 218
本章小結 ……………………………………………… 219

第四章　齋供儀式的分類與程序 …………………… 221
第一節　齋供儀式的分類 …………………………… 221
　一、齋供儀式的羅列與齋意分類法 ………………… 221
　二、齋供儀式的分類 ………………………………… 227
第二節　齋供儀式的程序 …………………………… 252
　一、設齋供僧 ………………………………………… 252
　二、講經說法 ………………………………………… 262
　三、受戒 ……………………………………………… 265

四、綜合類 ………………………………………………… 275
　本章小結 ……………………………………………………… 279

第五章　水陸法會 …………………………………………………… 281
　第一節　無遮大會與水陸法會的關係 ……………………… 282
　　一、無遮大會爲大施會 …………………………………… 283
　　二、無遮大會爲齋僧會 …………………………………… 285
　　三、水陸法會稱無遮大會 ………………………………… 289
　　四、小結 …………………………………………………… 294
　第二節　水陸法會歷史源流——以道場儀爲中心 ………… 295
　　一、梁武帝創儀 …………………………………………… 297
　　二、唐代英禪師續作 ……………………………………… 301
　　三、唐末五代變革 ………………………………………… 305
　　四、宋代興盛和發展——以楊鍔《水陸儀》爲例 ……… 328
　　五、小結 …………………………………………………… 351
　第三節　水陸法會的實踐 …………………………………… 352
　　一、水陸法會辨識 ………………………………………… 352
　　二、水陸法會與瑜伽焰口的關係 ………………………… 358
　　三、水陸法會的配置 ……………………………………… 364
　　四、小結 …………………………………………………… 377
　本章小結 ……………………………………………………… 378

第六章　預修齋供 …………………………………………………… 380
　第一節　《十王經》與預修生七 …………………………… 380
　　一、關於《十王經》 ……………………………………… 380
　　二、預修生七 ……………………………………………… 389
　第二節　《受生經》與填還寄庫 …………………………… 396
　　一、《受生經》文本及內容構成 ………………………… 396
　　二、填還寄庫 ……………………………………………… 414
　第三節　預修類經典的源流及其影響 ……………………… 425
　　一、預修類經典的源流 …………………………………… 425
　　二、預修類新經典唐代出現的背景及時間 ……………… 430
　　三、預修類經典的影響 …………………………………… 433

本章小結 ………………………………………………… 441

結語 ………………………………………………………… 443

鳴謝 ………………………………………………………… 447

附錄一　走進齋供——我的學思歷程（1984—2009）……… 450

附錄二　齋供儀式文獻《意旨了然集》………………… 467

與本書相關的已發表成果 ………………………………… 479

後記 ………………………………………………………… 483

導　　言

一、待拓展的中國佛教儀式研究

本書的研究對象是此前研究成果不多、研究領域待拓展的中國佛教儀式。

葛兆光先生回顧20世紀中國大陸宗教史研究時指出：宗教有宗教的內容，有儀式方法，有神靈崇拜，有組織形式；宗教史的主要綫索應該是宗教本身的教理、組織、儀式、方法的變遷以及爲什麽變遷，少了任何一方面的宗教史都不能説是完全的宗教史。目前"對於儀式的研究、對於方術的研究、對於戒律的研究，資料還沒有廣泛開掘，領域還沒有充分拓展，綫索還沒有仔細清理，所以，中國宗教史還沒有一個完整的面貌"①。

葛兆光先生這裏所説的儀式，在不少宗教學理論著作和中國佛教研究著述中，往往有禮儀、儀禮、儀規、禮懺、懺法、禮懺法等不同的名稱。不少人將佛教各種宗教活動儀式稱作"佛教禮儀""佛教儀禮"或"佛教儀規"，偏指有一定順序和規範的活動。有鑒於佛教的各種佛事活動並非都是見於佛教律制的宗教活動，在其歷史演變過程中往往受中國傳統文化的影響和信衆需要的制約，在具體實踐過程中往往有較強的靈動性，儀式性更強，而且早在20世紀40年代慧舟法師等就已使用"佛教儀式"的概念②，近代亦不乏介紹佛教儀式情況者③，所以除引文外，本書不使用"禮儀""儀禮"或"儀

---

① 葛兆光：《中國（大陸）宗教史研究的百年回顧》，見氏著：《屈服史及其他》，北京：三聯書店，2003年，第211—212頁。
② 參見慧舟法師等編述：《佛教儀式須知》，上海：上海佛學書局影印，1992年。該書內容包括禮佛儀式、持用法器儀式、搭持衣具儀式、四威儀式、行儀叢説、服具叢説、法事緣起、五家鐘板及牌詞式、叢林執事及執務、應持各咒及法語、諸佛菩薩聖誕日期共十一章。
③ 如周叔迦先生在《法苑談叢》（周叔迦：《周叔迦佛學論著全集》第三冊，北京：中華書局，2006年，第1022—1038頁）中，闢有"佛教的儀式"一節，將佛教的儀式分爲佛教日常行事、節日活動、懺法與打七、重要佛事（包括水陸法會、焰口施食、齋天和放生）四個部分進行説明。王新先生爲《中國大百科全書》撰有"僧伽制度""佛事儀式"兩個詞條，前者舉出佛教僧尼共同遵守的制度、規定和傳統習慣，有出家、受戒、安居、羯磨、素食制度、叢林清規和寺院管理制度。後者稱中國漢地佛教的主要佛事儀式有懺法、水陸法會、盂蘭盆會、焰口。見《中國大百科全書選編·佛教》，北京：中國大百科全書出版社，1990年，第321—327頁。

規"等詞，而是使用"儀式"①一詞，並將中國佛教各種佛事活動都統稱爲中國佛教儀式。

儘管儀式是宗教信仰的行爲表現，是外在化和具體化的宗教信仰，是宗教的有機組成部分，但如葛兆光先生所説，在中國宗教史研究領域，不僅道教儀式研究未見展開，佛教儀式同樣乏人研究。這一局面的出現有多種原因，諸如受19世紀末20世紀初以降科學思潮的影響，包括佛教儀式在内的宗教儀式被視爲迷信、視爲宗教中消極的成分，被斥爲"粗淺""繁瑣""荒誕""野蠻""不開化""愚昧"，被排除在宗教研究之外，宗教成爲哲學的附庸，談宗教均不及信仰，而只討論其出世或遠離塵俗的宗教思想，某些佛、道教研究者甚至連佛教、道教都不願或不敢説，而只談佛學、道學或佛家、道家。再如就學科設置來説，宗教學作爲哲學二級學科，課程的設置，老師的授課，學生的學習，無疑會偏重哲學、思想方面而非宗教本身。當然，更重要的是，在中國佛教研究領域，與從事其他研究相比，研究儀式至少存在以下兩重困難：

首先是資料缺乏。俗話説巧婦難爲無米之炊，没有資料，自然難以展開研究。這一點已故著名學者冉雲華先生曾經指出過：

> 記録佛教禮懺的文獻，中文經籍最爲豐富，但並不完備。以大家常用的兩部佛教類書而論，《大藏經》第四十六及第四十七册裏面，收有以天台、浄土兩家爲主的禮懺專著；第八十五册中又補輯敦煌文書中部分禮懺紀録；《新纂續藏》第七十四册，也收有八九十種禮懺文字。但是想要以上述數種經籍作基礎，研究中國佛教禮懺的内涵、形成、發展、意義、宗教及社會功能等，材料仍然不足。②

《大正藏》和《續藏經》都是中國佛教研究的基礎性資料，其中有關佛教儀式的主要是禮懺資料，有關其他佛教儀式的資料極爲有限。用《大正藏》和《續藏經》來研究禮懺尚且不足，靠它們來研究整個中國佛教儀式，無疑更加困難。所

---

① 人類學者對儀式有一個一般性的釋讀，如郭於華説："儀式，通常被界定爲象徵性的、表演性的、由文化傳統所規定的一整套行爲方式。它可以是神聖的也可以是凡俗的活動，這類活動經常被功能性地解釋爲在特定群體或文化中溝通（人與神之間，人與人之間）、過渡（社會類別的、地域的、生命周期的）、强化秩序及整合社會的方式。"見郭於華撰：《導論：儀式——社會生活及其變遷的文化人類學視角》，收入郭於華主編：《儀式與社會變遷》，北京：社會科學文獻出版社，2000年，第1頁。吕鵬志專門對"儀式"在宗教儀式研究中的所指作了説明。參見吕鵬志：《唐前道教儀式史綱》，北京：中華書局，2008年，第6—7頁。
② 冉雲華：《冉序》，見汪娟：《敦煌禮懺文研究》，臺北：法鼓文化事業股份有限公司，1998年，第4頁。

以,資料不足,是長期以來中國佛教儀式研究一直比較冷清的主要原因。

其次是對古代佛教儀式缺乏了解。對今人來說,了解古代佛教儀式的辦法有兩條:一是利用保存在《大正藏》和《續藏經》中的相關資料,從歷史學、文獻學的徑路,通過古代文獻去探索;二是通過叢林中傳承下來的現代佛教儀式程序,從法會實踐上去理解。但是,目前保存在《大正藏》和《續藏經》中的佛教儀式資料,大都比較零碎、散亂,它們固然可以反映古代佛教儀式的某些側面,卻不足以構建起佛教儀式的整體結構與完整過程。而叢林中傳承下來的中國佛教儀式程序,主要是明末經袾宏規範並簡化過的佛教儀式程序,與明代以前的佛教儀式資料和儀式程序有一定的出入,要據之研究和了解此前的佛教儀式,顯然存在一定困難。另外,今天叢林的佛教儀式只是古代佛教儀式的部分遺存,僅根據今天叢林規範研究明代以前的佛教儀式,所得結論可信程度如何,亦是一個有待考定的問題。凡此種種,均對研究明代以前中國佛教儀式,造成很大的困難。

不得不提的是,這兩個困難在現實中相互制衡,更增加了研究的困難。因爲,如果資料豐富、全面,無疑可以充分利用資料來討論、探究古代佛教儀式;資料缺乏,如果對古代佛教儀式有所了解,尚能根據瑣碎、零星的資料討論和研究佛教儀式。但雙重的困難和問題,不僅不能相互補充,甚至可能影響、制衡對另一方的釋讀,自然會進一步增加研究的困難。

受上述兩個致命困難及其相互制衡的影響,目前對中國佛教儀式研究的成果並不多,所見只有日本學者大谷光照《唐代の佛教儀禮》①和鎌田茂雄《中國の仏教儀礼》②,中國學者業露華《中國的佛教儀規》③、馮修齊《晨鐘暮鼓——佛教法會禮儀》④、汪娟《敦煌禮懺文研究》⑤、聖凱《中國漢傳佛教禮儀》⑥及《中國佛教懺法研究》⑦、湛如《敦煌佛教律儀制度研究》⑧、譚翼輝《梅縣香花和尚歷史人類學研究》⑨、楊明芬(釋覺旻)《唐代西

---

① 大谷光照:《唐代の佛教儀禮》,東京:有光社,昭和十二年。
② 鎌田茂雄:《中國の仏教儀礼》,東京:東京大學東洋文化研究所,1986年。
③ 業露華:《中國的佛教儀規》,臺北:南海菩薩雜誌社,1994年。
④ 馮修齊:《晨鐘暮鼓——佛教法會禮儀》,成都:四川人民出版社,1995年;四川出版集團四川人民出版社,2004年第2版。
⑤ 參《導言》第2頁注②。
⑥ 聖凱:《中國漢傳佛教禮儀》,北京:宗教文化出版社,2001年。
⑦ 聖凱:《中國佛教懺法研究》,北京:宗教文化出版社,2004年。
⑧ 湛如:《敦煌佛教律儀制度研究》,北京:中華書局,2003年。
⑨ Tam, Yik Fai, "A Historiographic and Ethnographic Study of Xianghua Heshang (Incense and Flower Monks) in the Meixian Region", Ph. D. Dissertation, Graduate Theological Union, Berkeley, California, February, 2005.

方淨土禮懺法研究》①、王馗《佛教香花——歷史變遷中的宗教藝術與地方社會》②等有限的幾種，另有零星論文數十篇，與對經典、教派、高僧和歷史等領域數不勝數的研究成果相比，如同九牛一毛，而且確實存在"資料還沒有廣泛開掘，領域還沒有充分拓展，綫索還沒有仔細清理"等問題，亟待拓展。

二、佛教儀式的分類和本書切入點

（一）佛教儀式的分類

1. 目前的分類

前賢介紹和研究佛教儀式時，對其作了不盡相同的分類。如業露華先生所著《中國的佛教儀規》在介紹中國古代佛教儀規時，首先從定義上認爲有廣義佛教儀規與狹義佛教儀規之二分，其次從類別上又作了僧衆日常佛事以及應信徒、施主要求所作佛事的分類③。但是，儘管他的這一大著"是一本學習和了解中國佛教儀規的入門書"④，但由於該書在海外出版，一般讀者不易見到，他的這種定義分類和類別分類都影響不大，至今未見其他人談及。

目前看到的對佛教儀式的最流行分類，一是名稱羅列式，即分別羅列各種儀式名稱；二是章節分別式，即在書中以章節名目的方式對其分別歸類⑤。不得不指出的是，這兩種最流行的分類，並不能解決以下一系列的差異問題：

第一，儀式文本與佛教儀式的差異問題。不少佛教儀式有專門的儀式文本，儀式文本是儀式程序的基礎，有什麼樣的儀式文本，就有與之相對應

---

① 楊明芬（釋覺旻）：《唐代西方淨土禮懺法研究》，北京：民族出版社，2007年。
② 王馗：《佛教香花——歷史變遷中的宗教藝術與地方社會》，上海：學林出版社，2009年。
③ 業露華：《中國的佛教儀規》，第1頁。原文作："簡單說來，佛教儀規是佛教爲信徒的宗教修行或舉行各種佛事活動而制定的儀制、規範、法事活動的行法等等。其主要內容包括僧衆日常修行的朝暮課誦、念佛禮拜儀式、各種懺法以及應信徒、施主的要求而作的超度、薦亡、修福等各類佛事。廣義而言，佛教舉行的各種宗教活動儀式，都可以稱爲佛教儀規。"
④ 《讀者來函》（侯沖），《南海雜誌》第139期，第3頁。
⑤ 目前大致有十一分法和五分法。慧舟法師等編述《佛教儀式須知》是十一分法，即將佛教儀式分爲禮佛儀式、持用法器儀式、搭持衣具儀式、四威儀式、行儀叢說、服具叢說、法事緣起、五家鐘板及牌詞式、叢林執事及執務、應持各咒及法語、諸佛菩薩聖誕日期等，共十一類。五分法如周叔迦先生《法苑談叢》（周叔迦：《周叔迦佛學論著全集》第三册，北京：中華書局，2006年，第1022—1038頁）將佛教儀式分爲佛教日常行事、節日活動、懺法與打七、重要佛事（包括水陸法會、焰口施食、齋天和放生）四個部分，馮修齊《晨鐘暮鼓——佛教法會禮儀》一書分爲佛寺儀軌、叢林規制、佛門戒法、佛教用品、佛事法會五部分，聖凱法師《中國漢傳佛教禮儀》分爲懺法、日常行事、僧服、法器和日常生活禮儀五部分。

的儀式程序;一種儀式文本的出現,就標誌著一種儀式程序的產生。儀式文本可以說是儀式程序的基礎。但是,佛教儀式是一個過程,而不僅僅是儀式文本。就像儀式中的程序只是儀式過程的一部分一樣,儀式文本的研究固然屬於佛教儀式研究的組成部分,但並不就是佛教儀式研究的全部。既然如此,儀式過程與儀式文本之間的不對應或它們之間的差異問題該如何解決?

第二,儀式文本的差異問題。我們收集到大量的儀式文本,它們之間存在諸多的差異。或者是存在不同的種類,或者是同一種類存在諸多的異本。如汪娟教授研究敦煌禮懺文,曾對敦煌遺書中不同禮懺文文本進行整理,其中不少禮懺文都存在數種異本①;再如我們整理的雲南阿吒力教經典,不僅種類多,而且同一種類的文本也多,並往往存在內容不同的異本②。它們都證明,儀式文本有不同種類,同一種類有不同異本的現象,在現實中非常普遍。那麼,如果從儀式文本的角度對儀式過程展開討論時,如何對其進行取捨? 是隨機地選擇某些儀式文本對儀式過程進行解釋,還是將它們統一起來,放在一個共同的儀式體系中進行考察? 如果只是選擇某些文本進行解釋,難免有顧此失彼之譏;如果是統一解釋,那麼,將它們統一在一起的基礎是什麼?

第三,名詞概念的差異問題。佛教文獻中有大量佛教儀式及其程序的記載,但這些記載往往缺乏規範,不僅不同歷史時期不同文獻,同一歷史時期不同文獻,同一文獻的不同部分,甚至同一部分的上下文,對這些儀式或程序的稱謂也多不相同。如慧皎《高僧傳》談到佛教儀式及其程序時,即有齋講、齋懺、齋集、齋戒、齋供、齋會等不同的稱謂。它們看上去形態各異,相互之間似沒有什麼聯繫,過去的研究亦未關注它們之間是否有某種關係。但是,既然其中都有"齋"字,就可能存在某種關係,但究竟是什麼關係呢? 對於佛教儀式研究來說,這是不能回避的問題,亦不是將它們羅列出來就能把問題解決的。

第四,宗派差異問題。隋代以後,陸續出現了天台宗、華嚴宗、唯識宗、禪宗、律宗等中國佛教宗派。聖凱法師的研究表明,包括天台宗、華嚴宗、淨土宗、律宗、禪宗等在內的中國佛教宗派,大部分都有自己的禮懺儀③。當

---

① 汪娟:《敦煌禮懺文研究》,第 34—56、76—91、118—133、139—180、203—219、239—252 頁。
② 方廣錩:《藏外佛教文獻》第六輯,第 35—313 頁;第七輯,第 114—225 頁;第八輯,第 53—358 頁;第十二輯,第 63—278 頁;侯沖:《雲南阿吒力教經典研究》,第 25—31、51—112 頁。
③ 聖凱:《中國佛教懺法研究》,北京:宗教文化出版社,2004 年。

這些宗派的僧人應赴施主齋供時,這些禮懺儀無疑就成爲齋供儀式的儀式文本。不同宗派的禮懺儀各不相同,儀式程序自然亦存在差異。在進行佛教儀式研究時,如果要找一個標準儀式程序的話,應以哪一個宗派的爲主呢? 如以某一宗派的儀式爲主,那它是否真的標準? 如果不標準,是否有一個超宗派的儀式程序? 如果有,這個儀式程序又是什麽? 既有的分類,都不能回答這些問題。

第五,主體差異問題。長期以來,學界一直用"民衆佛教""民俗佛教""民間佛教""世俗佛教""庶民佛教""大衆佛教"等提法表述信仰層面的佛教;與此對應,以"精英佛教""高僧佛教""正統佛教""上層佛教"等名稱表述義理層面的佛教。不少學者將僧人爲滿足施主願望而舉行的各種法會儀式,視爲信仰層面佛教的重要表現。但庶民、民俗、世俗、大衆等詞,表明這類佛教活動的主體,偏指庶民,即廣大民衆和下層大衆。而法會儀式並不只是普通民衆纔舉行,歷史上不乏梁武帝一類的帝王,道安、慧遠一類的高僧和佛門精英亦與法會儀式有關。因此,起碼就本書研究的中國佛教儀式而言,上述"民衆佛教"之類的提法並不妥當。這也是本書不採用這些名稱的原因。研究佛教儀式,有必要解決學術研究中存在的主體差異問題。

第六,地域差異問題。近年來,隨著對區域佛教的關注,不少地區的學者都認爲,自己本地的佛教是獨具地方特色的佛教派别。如敦煌研究院李正宇先生研究敦煌遺書後,提出了敦煌世俗佛教的概念①;大理學院張錫禄教授和雲南大學李東紅教授提出,雲南大理地區的阿吒力教,是白族佛教密宗②;福建和廣東的李國泰等學者認爲,流傳在福建、廣東等地的香花僧,屬於客家人獨有的佛教,香花佛事是客家獨有的佛教科儀③或客家民俗佛教④;香港和臺灣則有學者提出了所謂普庵教、喃嘸教等佛教派别的説法⑤。

---

① 李正宇:《唐宋敦煌世俗佛教研究》,國家社科基金項目,1999年結項。迄止2008年,李先生還在不同場合發表了《唐宋敦煌世俗佛教的經典及其功用》《唐宋時期的敦煌佛教》《晚唐至宋敦煌僧人聽食"淨肉"》《晚唐至宋敦煌僧尼普聽飲酒——敦煌世俗佛教系列研究之二》(《敦煌研究》2005年第3期)、《晚唐至宋敦煌聽許僧人娶妻生子》《重新認識八至十一世紀的敦煌佛教——敦煌世俗佛教系列研究之六》(劉進寶等主編:《轉型期的敦煌學》,上海:上海古籍出版社,2007年,第7—14頁)、《8至11世紀敦煌僧人從政從軍——敦煌世俗佛教系列研究之七》(《敦煌學輯刊》2007年第4期;《敦煌研究》2008年第1期)、《敦煌佛教研究的得失》(《南京師範大學學報》2008年第9期)等相關系列論文。
② 張錫禄:《南詔與白族文化》,北京:華夏出版社,1992年;《大理白族佛教密宗》,昆明:雲南民族出版社,1999年;李東紅:《白族佛教密宗阿吒力教派研究》,昆明:雲南民族出版社,2000年。
③ 李國泰:《梅州客家"香花"研究·自序》,廣州:花城出版社,2005年。
④ 謝重光:《客家文化述論》,北京:中國社會科學出版社,2008年,第327—343頁。
⑤ 譚偉倫主編:《民間佛教研究》,北京:中華書局,2007年。

不過,從現有材料來看,這些被認爲有地方特色或獨特稱謂的佛教,其最重要的宗教活動都是替人舉行佛教儀式,他們舉行法會使用的科儀文本,存在相當多的共性甚至完全相同。換句話說,從儀式文本來看,這些被稱爲有地方特色或獨特名稱的佛教派別,它們之間的區別並沒有原來預想的那樣大。那麼,如何認識這些流傳在不同地方的佛教派別?換句話說,如何解決它們之間的地域差異問題?這顯然亦是佛教儀式研究必須面對的。

第七,歷史差異問題。法會儀式在不同歷史時期都存在,但不同歷史時期,舉行法會的僧人不同,使用的科儀文本不同,法會的時間長短不同,決定了不同時期的法會儀式並不相同。研究佛教儀式時,是以前期的爲標準還是以後期的爲標準?以這一時期的某一法會爲標準還是以所有的法會爲標準?或者說,如何解決不同時期法會儀式的差異問題?

總之,由於不同地區、不同時代、不同派別和不同稱謂的各種儀式活動、儀式文本、儀式主體之間存在各種各樣的差異,目前佛教儀式研究領域最流行的列名分別或章節分別兩種分類方式,均不能提供一個將它們放在一起進行說明和討論的平臺,無法解決它們之間的差異問題。

2. 本書的分類

有鑒於前賢分類中存在的問題,在業露華先生類別分類的基礎上,本書將佛教儀式分爲兩類:一類是僧人和在家信衆日常的修持儀式,一類是僧人爲滿足施主需要而舉行的齋供儀式。

修持儀式和齋供儀式有兩大共同點:一是具有普遍性或地域廣泛性。因爲佛教不論傳播到哪一個地方,都包括僧尼和世俗信衆。僧尼和一些信衆都要舉行修持儀式,同時,信衆又都需要僧尼爲其舉行齋供儀式。修持儀式和齋供儀式的普遍性或地域廣泛性,能夠消解不同地區、不同派別和不同稱謂的各種儀式活動、儀式文本、儀式主體之間存在的各種各樣的差異,有助於構建起研究中國佛教儀式的平臺。因此,這一分類是本書研究中國佛教儀式的前提。二是都要求潔淨、整齊和身心一致。《法苑珠林》有文說:"齋者,齊也。謂禁止六情,不染六塵,齊斷諸惡,具修衆善,故名齋也。"①對於個人修持來講,齋既是修行手段,亦是修行目的。對於群體齋供來說,參與者清潔、潔淨,身心一致,無疑亦是重要的助緣。因此,齊整身心的齋潔,同樣是修持儀式和齋供儀式的重要共同點之一。

3. 修持儀式和齋供儀式的區別

對於修持儀式和齋供儀式的區別,可以從儀式主體、儀式功能、儀式程

---

① 周叔迦、蘇晉仁:《法苑珠林校注》,北京:中華書局,2003 年,第 2533 頁。

序、舉行場所等方面來認識。

先看修持儀式。它是僧人及注重日常修行的在家虔誠佛教徒宗教生活的重要内容，參與主體只限於修行者，其活動往往只是局限於寺宇、山林野地或家宅内，基本上屬於信衆内部個人信仰，對外影響較小。

再看齋供儀式。與修持儀式不同的是，齋供儀式不僅僅局限於個人信仰，而是屬於社會性的宗教活動。從參與主體來說，除僧侶和虔誠的在家佛教徒外，還包括數量衆多、成分複雜的社會各階層人士，上可以是國王，下則及於普通民衆，而且有的參加者未必亦是信徒。從舉行這類儀式的原因或目的來說，則可以是齋僧，可以是講經，可以是受戒，可以是薦亡，可以是祈福禳災，可以是祛邪去病，可以是造像慶誕，多種多樣。從舉行場所來說，除寺宇或家宅之外，里巷、衙門、城門、山麓、水邊，都可以是舉行這類儀式的場所。

4. 齋僧是區分修持儀式與齋供儀式的標準

齋供儀式是僧人應施主的要求而舉行的宗教活動，這一性質決定了齋供儀式不是僧人的日常修行活動，即不會變成信衆日常的修持儀式。不過，有些時候修持儀式會被用於齋供儀式，如僧人按日常修持活動的程序，使用《禪門日誦》一類佛教日常用書，爲施主舉行齋供儀式，這就使得修持儀式與齋供儀式的外在形式不易區分。在這種情況下，如何判斷一種儀式是齋供儀式而不是修持儀式呢？

標準很簡單，就是看其是否有齋僧這一程序。因爲齋供儀式最基本的要素，是設齋供僧。也就是說，一個儀式是否是齋供儀式，不在於僧人舉行儀式時的具體程序，而取決於它是否設齋供僧。如果没有設齋供僧這一要素，它就不屬於齋供儀式。如果包括了設齋供僧這一要素，即使是在寺院裏舉行，其儀式程序與修持儀式基本相同，亦是齋供儀式。

總之，是否齋僧，是區别修持儀式與齋供儀式的標準，是修持儀式與齋供儀式的分水嶺。

（二）**本書的切入點**

本書是在將佛教儀式二分爲修持儀式和齋供儀式的基礎上，選擇以齋供儀式爲中心來研究中國佛教儀式。换句話說，本書以齋供儀式研究作爲中國佛教儀式研究的切入點。原因有三：

一是與修持儀式相比，齋供儀式更有代表性和影響性，更有研究意義。修持儀式屬於信仰群體内部的宗教活動，範圍有限，影響有限，研究結論自然缺乏普遍意義。齋供儀式則不同，它不僅具有較强的社會性，而且涉及範圍廣，與佛教的方方面面相關，影響較大。因此，對於中國佛教儀式研究來説,齋供儀式的研究意義更大。

二是相對於修持儀式的研究來説,目前研究齋供儀式的條件更成熟。應該説,目前我們對修持儀式相關資料的了解並不多。上面提到,冉雲華已經指出,現收録在《大正藏》《續藏經》中與中國佛教禮懺相關的所有材料,連研究清楚中國古代佛教禮懺尚且不夠,更遑論研究整個中國古代佛教儀式了。但是,通過田野調查,我們已經在民間收集到數量巨大的佛教科儀文本,除整理發表了其中的一部分外,還在多次實地參加齋供儀式活動的過程中,積累了儀式實際宣演的研究心得,從而對科儀文本的分類與實際應用有較好的把握,已具備較爲成熟的研究佛教齋供儀式的條件。

三是齋供儀式可以提供一個討論中國佛教儀式和驗證本書研究結論的公共平臺,也可以爲相關研究提供新的研究視角,深化中國古代宗教的研究,有利於中國宗教學學科的建設和發展。

正是基於上述三個原因,本書對中國佛教儀式的研究,將以齋供儀式爲核心展開。當然,如上所説,將佛教儀式二分爲修持儀式與齋供儀式是研究前提,選擇齋供儀式爲研究對象既是切入點,亦是爲讀者提供一個可以討論中國佛教儀式及其文本的公共平臺。在此基礎上,對各種儀式的類別、名稱、程序及儀式文本的梳理,則像是將不同種類、不同名目、不同内容、不同形式、不同表現形態的戲例,呈現在大家都可以看到的戲臺上,供大家觀賞和品評。

三、本書的資料和研究方法

(一) 資料

1. 田野調查資料

主要是我在研究過程中通過各種渠道和方式收集到的各種相關資料。其中既有法會賴以舉行的儀式文本,亦有實地調查時對法會行持者的訪談,還有在法會現場觀察和參與的記録。三者中,以目前通過孔夫子舊書網購買、複印、拍照或同好寄贈收集到的2000餘册儀式文本爲基礎,以訪談和法會現場觀察材料爲指導。

由於數量較多,目前對2000餘册儀式文本的介紹和討論尚不完全,只能選擇其中已經發現其價值的文本參與討論和研究。全面的更詳細的研究尚待今後纔能逐漸展開。訪談和法會觀察材料的獲得一般是零星的、破碎的,最初可能是孤立、殘缺和不成規模的,但慢慢地又可以看出是相互聯繫和體系化的,因此可以認爲是保存相對系統的活的資料。在齋供儀式研究中,這部分材料無疑是最關鍵的。本書討論齋供儀式程序但沒有在注釋中標明具體出處的文字,基本上都屬於此類材料。下面幾類資料的新解讀,一定程度上都得益於田野調查材料提供的幫助。

2. 敦煌遺書和黑水城遺書

敦煌遺書的存世,爲人們打開了一扇進一步認識中古中國及其精神世界的窗口。即使這批遺書自發現不久後就四分五裂,流散到世界各地,人們對其的研究仍然取得了可觀的成績。近年來,由於四川人民出版社、上海古籍出版社、北京圖書館出版社、廣西師範大學出版社等單位的努力,不僅敦煌遺書,甚至連黑水城出土的遺書亦彙集出版,這就給人們通過圖版了解遺書內容創造了條件。其中數千件齋文文獻,無疑是中國古代佛教齋供儀式研究的重要資料。

當然,由於黑水城遺書屬於劫後餘珍,敦煌遺書則屬於當時已經失去了使用價值的多餘無用的部分①,所以雖然其中有關佛教齋供儀式研究的文獻爲數不少,但並不完整。在將已經公布的材料查遍後,目前尚未找到一套完整的當時正在使用的法會儀式文本。也就是説,保存在敦煌遺書和黑水城遺書中的佛教儀式文獻,都是殘缺不全的。如果只是根據這些材料,並不能對當時佛教儀式的實際存在形態有切實的把握。因此,對於敦煌遺書和黑水城遺書的研究,有必要結合並參考上面提到的田野調查資料,纔能在研究過程中避免片面或不知所云的釋讀。

3. 圖書館中未被利用的資料

不論是美國、日本、韓國和越南部分圖書館藏漢文典籍善本書目中,還是國內各地大圖書館藏古籍善本目錄和普通古籍目錄中,都著錄有不少佛教齋供儀式文本。它們大部分都可以被用於水陸法會儀式,或者本身就是水陸法會儀式文本。像美國普林斯頓大學葛思德東方圖書館、中國國家圖書館、北京大學圖書館、北京師範大學圖書館、中國人民大學圖書館、浙江省圖書館和湖南省社科院圖書館均有收藏的明刊本宗賾《天地冥陽水陸儀》(包括儀文三册,雜文二册,圖式一册,共六册,各館保存情況不一);雲南省圖書館收藏有明刊本和清初抄本祖覺《重廣水陸法施無遮大齋儀》,清乾隆五十六年(1791)抄本《重廣水陸申奏龍華四十八□(奏)》;美國哈佛燕京圖書館、日本東洋文庫和山西省圖書館等館均有收藏的明釋《雅俗通用釋門疏式》,都屬於此類。相對於不少民間流傳的佛教儀式文本來説,它們刊印或

―――――――
① 方廣錩:《敦煌學佛教學論叢》(上),香港:中國佛教文化出版有限公司,1998年,第35、48頁。

抄寫時間較早，錯訛較少，內容也較全面，保存了極爲珍貴的信息，不僅是水陸法會研究的第一手資料，亦是釋讀民間流傳儀式文本的重要參證。

4. 其他研究者收集整理的資料、調查報告及研究論文

這類資料數量較多，整理中定名、定性、分類和編排亦不乏可以商榷之處，但仍然提供了較爲難得的第一手資料。如廣西王熙遠、廣東李國泰等的專著①，重慶胡天成等人的調查報告②，張應華的調查報告③，齊柏平的博士論文④，王馗有關香花的博士後報告⑤，香港譚偉倫教授主編的論文集中的部分論文⑥，以及譚偉倫、福建葉明生、江西楊永俊、臺灣吳永猛、美國譚翼輝、廣東鍾晉蘭等人分別撰寫的論文⑦，都輯録、介紹和引述了相當多珍貴的資料，有重要參考價值。對其中有相對完整録文的，我已經結合其他資料重新作了釋讀⑧。

此外，二十四史、《四庫全書》《中華道藏》、漢代以後詩歌、明清小説、寶卷中亦有不少與齋供儀式研究相關的資料，本書亦根據電子文本，對上述資料進行搜索，並盡可能予以利用。當然，由於目前對這類資料的搜集、認識和利用仍不全面，還有相當廣闊的空間待開拓。

---

① 王熙遠：《桂西民間秘密宗教》，桂林：廣西師範大學出版社，1994年，第229—661頁；李國泰：《梅州客家"香花"研究》，第139—430頁。
② 胡天成主編：《民間祭禮與儀式戲劇》，貴陽：貴州民族出版社，1999年。
③ 張應華：《湘黔交界"五溪蠻"地區民間臨濟派道場音樂之考察》，《貴州大學學報》（藝術版）2001年第4期。
④ 齊柏平：《鄂西土家族喪葬儀式音樂的文化研究》，中央音樂學院博士學位論文，2003年4月，第183—204頁。
⑤ 王馗：《佛教香花——歷史變遷中的宗教藝術與地方社會》，上海：學林出版社，2009年。
⑥ 譚偉倫主編：《民間佛教研究》，第115—309頁。
⑦ 譚偉倫：《儀式佛教的研究——廣東的"喃嘸佬"與江西的"香花和"》，方立天、學愚主編：《佛教傳統與當代文化》，北京：中華書局，2006年，第307—328頁；《粤北與贛西北山區鄉村醮儀的佛教元素》；葉明生：《道教目連戲孫行者形象與宋元〈目連救母〉雜劇之探討》，中國藝術研究院戲曲研究所等編：《戲曲研究》第54輯，北京：文化藝術出版社，第156—172頁；楊永俊：《普庵禪師與贛西北萬載客家醮祭民俗》，《宜春學院學報》2005年第1期；《泉塘廟太平清醮民俗描述及其文化解讀》，《新餘高專學報》2006年第3期；《論贛西北客家佛教道士的度亡醮——以江西萬載高城鄉村佛教道士度亡醮爲例》，《江西社會科學》2007年第12期；《贛西北萬載民間佛教道士度亡法事的區域對比研究》（初稿）；吳永猛：《澎湖法教普唵派的科儀》；譚翼輝：《香花佛事的結構和內容》（Tam Yik Fai, "Structures and Content of *Xianghua Foshi*"）；鍾晉蘭：《"接珠""回佛"與婦女生活——以福建省寧化縣石壁鎮爲中心的初步探討》；以上未標明具體出處者均爲"中國地方社會儀式比較研究國際學術研討會"提交的學術論文，香港：香港中文大學，2008年5月5—7日；等等。
⑧ 侯冲：《桂西佛教齋供儀式文本稽鈎——以〈桂西民間秘密宗教〉爲中心》，汪寧生主編：《民族學報》第十一輯，昆明：雲南人民出版社，2015年，第85—104頁。

（二）研究方法

受個人學養和研究資料限制，本書對佛教儀式的研究，主要採用了以下研究方法：

1. 整體法

研究對象的獨立性、歷時性、普遍性，決定了本書所用的主要方法，是文化人類學的整體的研究方法。一方面廣泛查閱和搜集文獻，獲取各種各樣的資料；另一方面將文獻和從前的調查心得相結合，走學科交叉的道路，仔細分析、解讀所獲得的資料，在以六個"W"（who, when, where, what, how, why）爲中心確定總體框架結構的基礎上，對齋供儀式的主體進行研究，將其放在特定的時空坐標之上，回歸到原始語境之中，把死的文獻記載讀成活的法會程序，力求有切實的認知。

整體法可以避免對已經不完整的殘破資料作進一步割裂和歧解。

2. 歷史學和文獻學方法

由於本書研究的對象是歷史文化現象，收集的資料主要是歷史文獻資料，所以傳統的歷史學和文獻學的方法無疑是本書的基礎。一方面是從傳統的目錄學入手，對相關文獻進行搜集、考證和分析，另一方面則力爭更廣泛搜羅資料，通過各種渠道（如從民間佛教儀式專家及古玩商手中）搜集相關佛教法會文本，並將二者結合起來進行研究。本書選擇齋供儀式爲研究對象，一定程度上正是根據敦煌遺書目錄查閱、比較已經出版的圖版資料，並參考相關歷史文獻和法會文本探索後的結果。

佛教齋僧是一個内容豐富的儀式體系，在討論具體問題時，由於文獻資料使用了諸多讓人眼花繚亂的名詞，所以首先必須仔細閱讀文本、真正理解文本。這種閱讀往往從認字開始，從具體名詞概念的考辨入手，結合大的背景知識，對具體材料、具體問題和具體背景逐一考察、研究、落實，由小到大，切實弄清材料的含義。對有關資料認真閱讀與分析，真正把握諸如齋僧、齋意、唱導、受齋、論義、俗講等詞語在不同歷史背景中的實際形態，是本書賴以展開的基礎。

3. 三重證據法

在歷史文獻和考古發現（敦煌遺書、新搜集的佛教法會文本）之外，本書還充分利用了田野調查獲得的資料，從而構成"三重證據法"。田野調查是了解宗教實際狀況，尤其是了解齋會的實際操作過程的基礎。在使用文化人類學方法研究齋供儀式時，不能不利用田野調查資料。由於各種機緣，我個人在這方面已有多年的積累。本書廣泛搜集材料而不拘泥於材料，對舊有材料作出新的解釋，部分心得即來自田野工作的參與、觀察與認知。要進一步强調的是，本書對舊有儀式文獻的理解，都盡可能放在其實際背景即具體的宗教活動場景中去認知，而不只是停留在從文獻到文獻的層面。以"唱導"爲例，如果我們不知道法會中"唱"與"和"相對，"問"與"答"相對，只是根據梁代慧皎《高僧傳》中有關唱導的材料討論唱導，那很難對什麼是唱導以及什麼是唱導文有真正的理解。

4. 綜合分析法

解讀資料時，本書使用了綜合分析法，從全方位的、整體的、系統的、全面的視角展開。原因有三：

首先，齋供法會是一個各階層的人都可以舉行的儀式體系，雖然規模有大小，但它並非某些人的專利，因此它是跨階級的。這要求我們在研究時既要關注上層統治者，亦要注意和理解普通民眾，從全方位的、整體的角度進行研究。

其次，法會是一個完整的儀式體系，法會中的每一個程序，都是法會過程的一部分，因此我們在研究過程中，既要注意某一環節的觀察和記錄，亦要注意其整體的有機配合。

其三，法會是在特定時空中宣演唱念完成的，有具體的時間地點。在法會中宣演儀式文本時，不僅需要佛、法、僧三寶的參與，還包括這些文本所表現的內容、信眾唱和的聲音等。不過，在古代文獻中，並不能將這些內容都作全面的記錄。因此，在理解文獻資料時，雖然文獻中只提及某一方面，但只要上下文提供了相對應的時空背景，仍然可以通過文獻中記載的獨立程序，推斷法會其他相匹配的程序亦同時存在。如此等等。

此外，宗教是一種社會歷史文化現象，亦是一種信仰。前賢如湯用彤、陳寅恪等先生都已經提出，在研究理解宗教時，應有一種同情的理解。本書亦認同這種方法。

總之，本書在廣泛搜集資料、仔細辨析文本的基礎上，採取整體的綜合的研究法，力求在把握大局的前提下，進行個案研究。這種方法，可以對治武斷肢解原始文本而彙輯資料，把文本與其語境分裂開來，別解中古中國宗教和文獻的做法。

四、本書的目的和結構

（一）本書的目的

在將佛教儀式二分爲修持儀式和齋供儀式的基礎上，本書旨在以齋供儀式爲中心對中國佛教儀式進行全面的探討。基於對齋與齋僧的理解，全書將研究"道安三例"、唱導、齋供儀式種類及程序、水陸法會、預修齋供等中國佛教儀式的重要內容，以彰顯中國佛教儀式研究在中國古代佛教史、文學史等領域的價值。具體來說包括以下幾點：

1. 通過對佛教齋供儀式的研究，從全新的視角深化對佛教儀式的認識。

聚焦佛教儀式中的齋供儀式，通過探尋齋供儀式源流，將歷史文獻中出現的齋講、齋集、齋戒、齋供、唱導、俗講、水陸法會等不同齋供儀式形態，放在齋僧這個大家熟悉的平臺上，確定它們各自的具體內容和屬性，梳理它們在不同社會歷史時期的具體表現形態及其相互關係，深化對佛教儀式的認識。

2. 消解學術研究中佛教形態分類的爭論，爲中國佛教研究提供新的參照體系。

對於佛教形態，目前有不同的看法，亦有不少的爭論。如上所述，與所謂"學理佛教""精英佛教""高僧佛教""正統佛教""上層佛教"等稱名相對應，學界一直有"民衆佛教""民俗佛教""民間佛教""世俗佛教""庶民佛教""大衆佛教""儀式佛教"的稱謂，同時還有"敦煌世俗佛教"，福建和廣東地區的"香花僧""瑜伽教"，華南和華中一帶的"普庵教"，雲南的"阿吒力教"，以大足爲中心的"川密"等所謂地方獨有佛教的説法。衆説紛紜，各執一端。

齋僧作爲施主與僧人互動的平臺，自佛教誕生後就存在於佛教所及之處，存在於不同佛教部派中，適用於僧俗各階層，表現出跨時代、跨地域、跨階層甚至超宗派的特點，具有普遍性意義，又與上述各種佛教形態都有密切關係，故對其進行研究，無疑可以從總體上來把握佛教，消解或超越過去對佛教形態的分類和爭論。

3. 爲佛教文學、佛教音樂、佛教藝術、敦煌遺書等相關研究奠定基礎。

佛教齋供儀式是一個儀式體系，包羅衆多，影響甚大，與佛教歷史、佛教語言、佛教文學、佛教音樂、佛教藝術、佛教文獻、佛教社會功能等學術領域，都有密切的關係。故對佛教齋供儀式進行研究，鉤稽它們在中國美術史、中國文學史等領域的影響，無疑可爲上述領域的學術研究提供新的視角與知識背景。事實上，過去對都講、唱導、俗講和齋意文的誤讀，很大程度上就是由於缺乏對其背景知識的了解。

4. 對與佛教齋供儀式有關的齋講、唱導、俗講、水陸法會等重要佛教活動作新的研究。

此前已有學者對佛教的齋講、唱導、俗講、水陸法會等專題有或多或少的探討①,但一直未能將這些專題放在它們賴以展開的基礎——齋僧——上進行研究,所以在研究時或者將其泛化,或者將其窄化,未能作出允當的解釋。另外,在資料的利用上,過去主要以藏經中所收錄資料爲主,未能將敦煌遺書《壇法儀則》及《天地冥陽水陸儀》《重廣水陸申奏龍華四十八□(奏)》等諸多重要藏外資料納入視野,故留下了相當大的探討空間。因此,本書將綜合新收集到的資料,以齋供儀式爲背景,對論義、唱導、俗講、水陸法會等論題作新的探討。

5. 從中國僧人撰佛經及科儀文本入手,把握唐宋佛教發展的時代脈絡,論述宋以下懺儀佛教興盛的重要原因。

宋以下盛行的懺儀佛教,既是中國信仰層面佛教的重要表現形態,亦是宋以下中國佛教史的有機組成部分。對於宋代佛教爲什麽會出現這樣一種態勢,一直未見從佛教儀式視角的研究。本書根據現存疑僞經《佛説受生經》和科儀文本《佛門受生寶卷》等進行了嘗試性的新探討。

(二) **本書的結構**

除了引言和結論外,本書共六章。各章的主要思路和觀點是:

第一章通過對齋、齋僧、齋意等的討論,追溯齋供儀式的起源,披揭理解齋供儀式的直接背景,建構理解中國佛教儀式及相關儀式文本的平臺。齋的不同含義,齋僧的理論基礎,齋僧的不同名稱和表現形態,以及齋僧過程中不可缺少的咒願,都是理解齋供儀式的直接參證。而義淨所記齋僧過程中包括的齋須精潔、請僧用疏、聖僧證盟等元素,同樣爲進一步理解齋供儀式提供了背景。

第二章是以"道安三例"與齋僧有關爲切入點,對中國佛教齋供儀式及其主要表現形態的探討。東晉僧人道安制定的"道安三例",歷來被認爲是

---

① 王翠玲:《中國仏教の齋——齋講をめぐって——》,《印度學佛教學研究》第 54 卷第 1 號,平成 17 年 12 月,第 49—55 頁;《中國佛教的齋講》,《成大中文學報》第十四期,2006 年 6 月,第 63—104 頁;釋道昱:《經導對中國佛教禮懺的影響——以梁〈高僧傳〉爲中心的探討》,《圓光佛學學報》第三期(1999 年 2 月),第 73—100 頁;王小盾、潘建國:《敦煌論議考》,《中國古籍研究》第一卷,上海:上海古籍出版社,1996 年,第 169—227 頁;王昆吾:《從敦煌學到域外漢文學》,北京:商務印書館,2004 年,第 1—84 頁;向達:《唐代俗講考》,《唐代長安與西域文明》,北京:三聯書店,1957 年,第 294—336 頁;周紹良等編:《敦煌變文論文錄》(上),上海:上海古籍出版社,1982 年,第 1—184 頁。王文才:《俗講儀式考》,甘肅省社會科學院文學研究所編:《敦煌學論集》,蘭州:甘肅人民出版社,1985 年,第 100—111 頁;洪錦淳:《水陸法會儀軌》,臺北:文津出版社,2006 年;Daniel B. Stevenson, "Text, Image, and Transformation in the History of the *Shuilu fahui*, the Buddhist Rite for Deliverance of Creatures of Water and Land", *Cultural Intersections in later Chinese Buddhism*, Edited by Marsha Weidner, University of Hawai'i Press, 2001.

中國最早的僧人行事規範和指導,是中國佛教儀式形成的標誌,但受資料限制,此前一直未見專門的探討。本章在指出"道安三例"與僧人受齋赴請有關的基礎上,將"道安三例"置於齋僧的背景下,結合有關道安事迹的文獻和唐代道宣"導俗化方篇",分别從行香唱讚、安佛設座、誦經轉讀、講經論義、布薩懺悔等方面,梳理僧人赴請時講經説法、授八關齋戒等通行儀軌,對中國佛教齋供儀式的主要類型及表現形態進行了嘗試性研究。本章還附帶考釋了一批敦煌遺書中的論義文。

第三章是對齋供儀式的核心内容——唱導的專題研究。齋供儀式都必須包括唱導,唱導是齋供儀式的核心。本章結合各種儀式文本,分别從唱導的背景、唱導的具體内容、齋意的不同名稱、齋意文以及俗講與唱導的關係等方面進行了全新研究,對敦煌遺書中齋意文的性質作了新的解釋。在齋僧基礎上,結合儀式文本内容,對佛教齋供儀式中咒願的不同稱謂進行詳細的考察,是本章展開的基礎。

第四章旨在對齋供儀式進行分類,對儀式程序的具體内容進行介紹,並以其作爲全面認識齋供儀式的基礎。齋供儀式有不同的分類法,本章採用齋意分類法對齋供儀式的種類進行了介紹。同時,爲對齋供儀式程序進行介紹,本章還根據儀式的内容將齋供儀式分爲四種類型。儘管受資料限制等原因,對齋供儀式的分類和儀式程序的介紹,主要以表解的方式進行,但由於是較爲具體的個案,故在一定程度上呈現了不同齋供儀式的儀式程序。

第五章是對水陸法會的專門研究,揭示了水陸法會由齋僧到施餓鬼食的歷史進程。水陸法會是中國佛教齋供儀式的典型代表,水陸法會的歷史發展,一定意義上就是中國佛教齋供儀式的發展史。本章結合佛教經籍的相關記載,首先對無遮大會與齋僧的關係、無遮大會與水陸法會的關係進行辨析,指出無遮大會是以齋僧爲核心的大型佛教法會,無遮大會在唐代以後往往與水陸法會相提並論,名異實同。其次是利用近年新發現的一批水陸法會儀式文本,對唐末五代出現的《壇法儀則》《廣施無遮道場儀》《無遮燈食法會儀》等水陸儀,對楊鍔水陸儀進行研究,梳理了水陸法會在這一時期變革和發展至高峰的歷史,充實並拓展了水陸法會的研究。其三是通過對《瑜伽焰口》的經典依據、水陸法會與瑜伽焰口的關係的梳理,指出水陸法會有一個由施僧食變爲施餓鬼食的歷史演變過程,這個過程同樣是中國佛教齋供儀式的歷史演變過程。

第六章討論了前賢未曾特別關注的預修齋供,揭示了宋代以降佛教齋供儀式成爲中國佛教主流的理論基礎。基於《十王經》和《受生經》展開的佛教預修齋供儀式,對宋代以後懺儀佛教有重大而深遠的影響。有資料表明，預修生七、填還寄庫等齋供儀式，通過强調預修齋供儀式的功德，在信衆與僧侶之間建立起了割捨不斷的聯繫，既彌補了齋供儀式由施僧食向施餓鬼食轉變所留下的空缺，又引導佛教深入民間並融入中國社會各階層，變相地促進了齋供儀式的發展，引領了時代潮流，從而爲宋代以後懺儀佛教的總體格局奠定了基礎。

第一章　齋、齋僧與齋供儀式

齋既是齋供儀式的核心字,亦有齋供儀式的含義。齋僧是理解和認識齋供儀式的直接參照,要了解齋和齋供儀式,首先必須知道齋僧。齋僧既是理解和認識齋供儀式的平臺,亦是討論齋供儀式文本具體應用的語境。

第一節　齋

"齋"是多義詞。既包括中國傳統意義的"齋",也包括佛教傳入中國後的"齋",還包括與飯食有關的"齋",以及作爲齋供儀式的"齋"。

一、中國傳統意義的"齋"

在先秦著作中已經有"齋"字,故"齋"是中國固有的名詞概念。在佛教傳入以前,"齋"有兩個含義,第一個意思指房舍。常寫作廎,指家居的房屋、學舍、齋戒的室舍、文人的居室。第二個意思爲戒潔。通"齊"。《説文解字》説:"齋,戒潔也。从示,齊省聲。側皆切。"①説明其本意是清潔。又由於《説文》將"齋"字歸入"示部",解釋"示"字説:"示,神事也。凡示之屬皆從示。"②可知齋字最初往往被運用於中國古代神事活動③。

齋在戒潔的層面上,又有兩個所指:一是對潔心靜慮、整齊身心的強調。如《禮記·祭統》説:"及時將祭,君子乃齊。齊之爲言齊也,齊不齊以致齊者也。"④又説:"是故君子之齊也,專致其精明之德也。故散齊七日以

---

① 董蓮池:《説文解字考正》,北京:作家出版社,2006年,第3頁。
② 董蓮池:《説文解字考正》,第2頁。
③ 董蓮池先生《説文解字考正》根據示字甲骨文形體及其綫條變化,認爲《説文》對"示"的形義分析不可從(第3頁)。對"示"字是否與宗教神事有關則未作説明。
④ 王文錦:《禮記譯解》(下),北京:中華書局,2001年,第708頁。

定之,致齊三日以齊之。定之之謂齊,齊者,精明之至也,所以交於神明也。"①要求通過潔心靜慮,雜念不生,達到心志齊一,身心一致,然後纔能祭祀②。二是指參與祭祀活動前的身心活動。如節制飲食,改變平常的飲食,不與妻室同房。《論語》稱"齊必變食,居必遷坐"③,指的就是這層意思。

很顯然,在中國傳統意義上,"齋"有潔心靜慮、節制飲食、與俗分離、齋整身心、精潔有戒等含義,而且往往與神事活動有關。

二、佛教傳入中國後的"齋"

佛教傳入中國後,由於翻譯佛經的需要,不僅大量使用"齋"字(有時寫作"齊"),而且豐富了其内涵。謝和耐先生曾指出了其中的數種意思,並對其社會作用作了綜合的説明④。綜合目前所見諸書,佛教傳入中國後,齋字在傳統意義上又至少增加了以下五個含義:

(一) 禁食。謝和耐指出:"'齋'譯自梵文 upoṣadha。作爲一個印度字,它的最早意義是'淨化性的禁食'。"⑤從《摩奴法論》來看,爲了保障祭祀的有效性,淨化性的禁食是印度教的一種制度性規定⑥,所以佛教的齋,只是沿襲了印度傳統的宗教習慣。漢譯佛經使用"齋"時,顯然與該字在中國傳統中有"變食"的意思有關。在早期佛典中,佛教的淨化性的禁食至少有兩層意義:一是指不食五辛及十種不淨肉⑦。二是指不非時食,即過午不

---

① 王文錦:《禮記譯解》(下),第 709 頁。
② 《莊子·人間世》:"顔回曰:'回之家貧,唯不飲酒不茹葷者數月矣。如此,則可以爲齋乎?'"成玄英疏説:"齋,齊也,謂心迹俱不染塵境也。"(郭慶藩:《莊子集釋》,北京:中華書局,1961 年,第 146 頁)説明亦是在這個意義上使用。
③ 楊伯峻:《論語譯注》,北京:中華書局,1980 年,第 101 頁。
④ 謝和耐:《中國 5—10 世紀的寺院經濟》,耿昇譯,上海:上海古籍出版社,2004 年,第 256—257 頁。
⑤ 謝和耐:《中國 5—10 世紀的寺院經濟》,第 256 頁。
⑥ 蔣忠新譯:《摩奴法論》,北京:中國社會科學出版社,1986 年,第 90—95 頁。現存《摩奴法論》形成的時間可能晚於佛教形成的時間,不過印度教的制度性規定,不會是佛教形成後由於受佛教的刺激而出現的,故有關禁食的規定,當在佛教產生之前已形成。
⑦ 如北涼曇無讖譯《大般涅槃經》卷十三稱:"若乞食及僧中食,常知止足,不受別請。不食肉,不飲酒。五辛能熏,悉不食之。是故其身無有臭處,常爲諸天一切世人,恭敬供養,尊重讚嘆。"(《大正藏》第 12 册,第 432 頁)蕭齊沙門釋曇景譯《摩訶摩耶經》(一名《佛昇忉利天爲母説法經》)卷上説:"若有善男子、善女人,至心樂欲受持讀誦摩訶摩耶夫人所説及此咒者,先淨洗浴,著新潔衣,香塗塗地,燒衆末香,散衆妙花,繒蓋幢幡,作唱伎樂種種供養。七日七夜,持八戒齋,斷於五辛、諸不淨味十種之肉,一皆不噉。"(《大正藏》第 12 册,第 1009 頁)東晉天竺居士竺難提譯《請觀世音菩薩消伏毒害陀羅尼咒經》稱:"此陀羅尼灌頂章句無上梵行,畢定吉祥,大功德海。衆生聞者,獲大安樂,應當闇誦。若欲誦之,應當持齋,不飲酒,不噉肉,以灰塗身,澡浴清淨。不食興渠五辛。能熏之物,悉不食之。"(轉下頁)

食。這對僧侶是日常的普遍性要求,而對在家居士來說,則是在特殊日子,如受八關齋戒時纔有的要求。不論僧俗,不按禁食要求而食,稱爲"破齋"。

(二)飯食。由於淨食是針對飲食而言的,因此齋字又被用於指飯食。在佛教典籍中這一意義使用廣泛。如梁代慧皎《高僧傳》中的"營齋""設齋",唐代圓仁《入唐求法巡禮行記》中的"齋"字,大部分都是指飯食。

(三)素食。南朝梁武帝倡導蔬食斷肉,頒布《斷酒肉文》,並貫徹實施,故在梁代以後,素食成爲中國佛教僧人的定制。唐代以後佛教文獻典籍中在飲食意義上的"齋"字,一般都指素食。受這一制度影響,後人如朱熹在釋讀《論語》"齊必變食,居必遷坐"這句話時,將"變食"解釋爲不飲酒、不茹葷①。

(四)法會儀式。佛教法會有時常被稱爲"齋",如七七齋、水陸齋、無遮齋、佛祖忌齋、預修齋等。這個意義上的"齋",與齋供儀式同義。

(五)八關齋戒。在佛經中,受八關齋戒被略稱爲"受齋",則齋指八關齋戒,強調"不非時食",即過午不食②。由於在家居士的授戒只能由僧人來授,八關齋戒必須要請僧人主持,故八關齋戒亦屬齋供儀式。

綜上可知,不論中國傳統意義的"齋",還是在佛教傳入中國後的"齋",都有不盡相同的意思。在佛教文獻中,"齋"字主要有兩種用法:一是指法會。在這個意義上,"齋"被用於神事活動,指齋供儀式。二是與飯食有關。不論是淨食、非時食還是素食,都是如此。

第二節　齋　僧

大部分學者此前在談到"齋醮""齋儀"時,都比較重視其中戒潔的意

(接上頁)(《大正藏》第20册,第35頁)曇無讖譯《大方等大集經》卷五十八則有"酒、肉、五辛不淨之食"(《大正藏》第13册,第392頁)的說法,說明五辛與酒肉一樣屬於不淨食。

① 朱熹說:"變食,謂不飲酒、不茹葷。遷坐,易常處也。"(朱熹:《四書章句集注》,北京:中華書局,1983年,第119頁)目前尚未看到中國古代祭祀不用肉的資料。齋不茹葷食肉,當自梁武帝開始。朱熹這裏對齋的解釋,顯然已經包括了佛教傳入後的內容,不可從。這一認識得益於2017年3月19日晚聽浙江師範大學劉正平教授在"百草園文化沙龍"講"孔門的生活觀"後,徐不二與劉老師針對"齊必變食,居必遷坐"一句後是否分段的討論。

② "非時食"戒爲佛所制戒。參見《五分律》卷八,《大正藏》第22册,第54頁上。有關"時食"與"非時食"的判斷,參見鈕衛星:《"時食"與"非時食"的判定——天文學爲佛教戒律提供技術支持之一例》,中華宗教文化交流協會編:《佛教·文化·科學·慈善——2008年佛教與非物質文化遺産保護、科學視野中的佛教研討會論文集》(上),上海:上海辭書出版社,2009年,第204—221頁。

義,但很少有學者注意到,"齋"字一般都與飯食有關,甚至就是齋供儀式。事實上,中國傳統意義上齋有兩層意思,儘管表示房舍的齋與飯食無關,但表示戒潔的"齋"由於"變食"的原因,顯然亦與飯食有關。因爲,如果飲食不潔,如何稱得上齋潔呢?在佛教傳入中國後,不僅表示淨食、非時食、素食的"齋"與飯食有關,而且用於指法會的"齋"字,亦與飯食有關,法會是以僧人受齋爲核心的齋供儀式。知道什麼是齋僧,可以對此有清晰的認識。

齋僧,就是施主設齋供僧。用今天的話來說就是有人請僧人吃飯。在佛教各部派中,不論是南傳、藏傳還是漢傳,也不論是小乘還是大乘各派,齋僧是普遍存在的現象。當然,提到齋僧,就不能不知道齋僧出現的背景和齋僧流行的理論基礎,不能不知道齋僧有不同的稱名和表現形態。尤其是必須知道齋僧需咒願。

一、齋僧的背景

我們知道,佛教是在印度沙門思潮背景下,吸收包括婆羅門教在內的印度傳統文化創立的。在佛教創立前,印度的婆羅門教及其他教團已經持鉢領受施捨之食。佛教創立後,沿襲當時風俗,亦以托鉢作爲獲取食物的方式。但對於托鉢化緣,佛教有一系列的規定,如稱:

> 沙門不得儲貯米穀。朝朝乞食,不過七家。一家不得,乃到二家。匝七家不得,應但飲水。沙門入聚,當如鳥食,飽而棄去,不顧其餘。若不得食,心亦不恨。①
>
> 若所乞食能盡食者,便盡食之。若有餘者,器盛覆舉。食訖收鉢,澡洗手足,以尼師壇著於肩上,入室燕坐。若彼乞食有後還者,能盡食者亦盡食之。若不足者,取前餘食,足而食之。若有餘者,便瀉著淨地及無蟲水中。②

這些規定一方面保證佛教的托鉢乞食有規則可依,對於佛教樹立威儀有積極的作用,但是,它們同時亦在一定程度上對僧人能否乞得飯食有一定影響。因爲"匝七家不得,應但飲水"一類的規定,讓"不得儲貯米穀。朝朝乞食"的僧人堅持一兩天可以,但終究不是長遠之計。對於教團來說,能否得到信衆布施,能否得到飲食,不僅是僧人個人的生死問題,而且關係到教

---

① 支謙譯:《佛開解梵志阿颰經》,《大正藏》第1冊,第261頁中。
② 瞿曇僧伽提婆譯:《中阿含經》卷四十八,《大正藏》第1冊,第729頁下。

團的生存和發展，是教團必須要解決的第一等大事。一批勸信衆設供齋僧的佛經，無疑正是在這一背景下出現的。

很顯然，佛教獨特的以托鉢化緣爲主的生存方式及相關規定，要求僧團解決僧人未乞到食而出現的致命問題，既是齋僧出現的背景，也是僧團生存和發展的需要。沒有齋僧，佛教將失去一條解決生存問題的渠道。

二、齋僧的理論基礎

從佛經來看，齋僧的理論基礎，是功德以及功德轉讓思想。

（一）功德

"功德"爲中國傳統固有的語彙。在中國儒家的語境中，功德指功業和德行。如《禮記·王制》："有功德於民者，加地進律。"①《史記》卷十《孝文本紀》："然後祖宗之功德著於竹帛，施于萬世，永永無窮，朕甚嘉之。"卷二十八《封禪書》："刻勒始皇所立石書旁，以章始皇之功德。"②都是這個意思。

佛教傳入中國後，"功德"一詞伴隨佛經的大量翻譯被搬運到佛經中③。佛教是一個主張出世的宗教，與儒家的功德觀相比，佛教的功德觀較爲忽略功業而強調善行。因此，一些佛教僧人甚至有意地把"功德"一詞中的"功"，解釋爲與善有關的"功能"。如隋慧遠《維摩義記》解釋功德說："其功德者亦名福德。福謂福利，善能資潤福利行人，故名爲福。是其善行家德，故名福德。如清冷等是水家德。功謂功能，善有資潤利益之功，故名爲功。還是善行家德，故名功德。"④

與強調功德的善行福德相對應，佛教根據因果報應理論，以是否修功德和善於修功德解釋人的善惡報應，稱修功德死後可生天上，來世有樂報。如《雜阿含經》卷第四十六稱："不修功德者，必經惡道苦。如人豐資糧，安樂以遠遊。修德淳厚者，善趣長受樂。如人遠遊行，歲久安隱歸。宗親善知識，歡樂欣集會。善修功德者，此没生他世。彼諸親眷屬，見則心歡喜。是

---

① 孫希旦：《禮記集解》，北京：中華書局，1989年，第328頁。
② 司馬遷：《史記》，北京：中華書局，1959年，第436頁、第1370頁。
③ 如後漢支婁迦讖譯《佛說般舟三昧經》說："汝所以能作是問者，汝乃前世過去佛時所作功德，供養諸佛、樂於經法、守禁戒行清淨所致，常行乞食不就請、多成就諸菩薩合會、教語令棄衆惡、視一切悉平等所致，常有大慈大悲所致。汝功德不可復計。"竺大力共康孟詳譯《修行本起經》卷上亦稱："太子生七日，其母命終。以懷天師功德大故，生忉利天，封受自然。"
④ 《大正藏》第38册，第429頁上。慧遠關於功德的解釋，並見於他所著《大乘義章》卷九（《大正藏》第44册，第649頁下）、《維摩經疏》（《大正藏》第85册，第356頁上）。

故當修福,積集期永久。福德能爲人,建立他世樂。福德天所嘆,等修正行故。現世人不毀,終則生天上。"①

佛教稱,皈依三寶、禮佛、供僧、誦經、布施等都是積福,都是修功德,種福田。數種佛經提到齋僧的功德。如天息災譯《分別善惡報應經》卷下稱:

若復有人,齋食供養佛及衆僧,功德有十。云何爲十?一壽命延長;二形色圓滿;三肢節多力;四記憶不忘;五智慧辯才;六衆覩歡喜;七豐足珍寶;八人天自在;九命終生天;十速證圓寂。如是十種勝妙功德。施佛及僧,齋食供養,獲如斯果。

……

若復有人,以美飲、湯藥,施佛及僧,獲十種功德。云何十種?一諸根圓滿;二清淨鮮潔;三額廣平正;四容貌熙怡;五形色光潤;六福德圓滿;七離飢渴;八遠離三惡;九生天自在;十速證圓寂。如是功德。施佛及僧美飲、湯藥,獲如是報。②

《分別善惡報應經》宋代纔譯出,時間相對較遲,可能屬於印度佛教晚期經典。但齋僧有功德的思想並非佛教晚期纔出現,因爲在印度佛教早期的經典如東晉失譯《佛說食施獲五福報經》中,同樣稱齋僧有命、色、力、安、辯等五種功德:

佛言:人持飯食施人,有五福德,令人得道。智者消息,意度弘廓,則獲五福。何等爲五?一曰施命,二曰施色,三曰施力,四曰施安,五曰施辯。

何謂施命?人不得食時,顏色燋悴,不可顯示,不過七日,奄忽壽終。是故智者,則爲施食。其施食者,則爲施命。其施命者,世世長壽,生天世間。壽命延長而不夭傷,自然福報財富無量。是爲施命。

何謂施色?人不得食時,顏色憔悴,不可顯示。是故智者,則爲施食。其施食者,則爲施色。其施色者,世世端正,生天世間,顏華煒嘩。人見歡喜,稽首作禮。是爲施色。

何謂施力?人不得食時,身羸意弱,所作不能。是故智者,則爲施食。其施食者,則爲施力。其施力者,世世多力,生天人間,力無等雙,

---

① 《大正藏》第2冊,第338頁上。
② 《大正藏》第1冊,第900頁中—901頁上。

出入進止,力不耗減。是爲施力。

　　何謂施安? 人不得食時,心愁身危,坐起不定,不能自安。是故智者,則爲施食。其施食者,則爲施安。其施安者,世世安隱,生天人間,不遇衆殃。其所到處,常遇賢良,財富無量,不中夭傷。是爲施安。

　　何謂施辯? 人不得食時,身羸意弱,口不能言。是故智者,則爲施食。其施食者,則爲施辯。其施辯者,世世聰明,口說流利,無所躓礙,慧辯通達,生天世間。聞者歡喜,靡不稽首,聽採法言。

　　是爲五福施食之報。①

另外,北涼曇無讖譯《優婆塞戒經》卷五亦稱施僧有兩種福,並稱施食是"諸施中最"②,從而將施食的地位,置於各種施捨之上。

綜上可知,在佛教看來,施食齋僧有福德,是修功德,種福田。齋僧有命、色、力、安、辯等五種功德或福德。信衆爲了多修功德,多種福德,自然會想盡辦法,採取各種方式齋僧。

(二) 功德轉讓思想

整理了義淨《南海寄歸內法傳》的王邦維先生,曾經對功德轉讓和功德轉讓思想作過討論。關於功德轉讓,他説:

　　所謂功德轉讓,是指一個人(或佛、菩薩)由於行善或做了其它好事,可以獲得功德,這種功德不僅自己可以享用,一定條件下也可以轉讓給其它人。這是大乘佛教很強調的一點。但是這種說法在早期佛教中比較少見,它是隨著佛教的發展,尤其是大乘佛教的發展而逐漸發展起來的。③

對於功德轉讓思想及其功能,他也作了討論:

　　施主設齋的目的,就是要爲自己或自己有關的人獲取功德。義淨的記載很能説明這一特點。印度齋僧,齋供末了,總有一個必不可少的程序,將供食普施衆生,然後"以上先亡及餘神鬼應食之類"。這時上座還必須灑水念誦咒願:"以今所修福,普霑於鬼趣。食已免極苦,捨身生

---

① 《大正藏》第 2 册,第 854 頁下—855 頁上。
② 《大正藏》第 24 册,第 1059 頁上。
③ 王邦維:《義淨與〈南海寄歸內法傳〉》,附入《南海寄歸內法傳校注》,北京:中華書局,1995 年,第 139 頁。

樂處。菩薩之福報,無盡若虛空。施獲如是果,增長無休息!"

最後,僧人們口云"所修福業,悉皆隨喜"而散。很清楚,這就是在實行功德轉移。義淨這裏講的是大乘的情況,而在當時主要奉行小乘的南海地區也一樣。南海齋僧,最末一個程序也是僧人們念誦陀那伽他,內容是:"須稱施主名,願令富樂。復持現福,迴爲先亡。後爲皇王,次及龍鬼。""迴爲先亡",這也是在轉移功德。……可以説,對這種功德轉讓學説的信仰實際上就是舉行這種齋僧活動的最主要的思想契機。從施主講,布施了財物,爲自己或爲與自己有關的人,包括家裏的"先亡"取得了功德;從僧人講,接受了布施,將功德留給了施主,"功德隨喜"(puṇyānumodānā)。①

由於功德可以轉讓,施主可以通過齋僧,請僧人舉行儀式,以滿足他們各種各樣的精神需求。而僧人亦可以通過不斷替施主修建功德,接受布施,讓自己有一個持續的賴以生存和發展的物質基礎。因此可以説,功德和功德轉讓思想,爲齋僧提供了理論,奠定了僧人與施主通過互動而使佛教得到承襲和傳播的基礎。

三、齋僧的不同稱名和表現形態

唐代僧人義淨著《南海寄歸内法傳》,是他"謹依聖教及現行要法"②,對7世紀印度(義淨稱爲"西方")、南海(今印度尼西亞等地,義淨稱爲"南海諸國""南海十洲")、中國(義淨稱爲"神州""東夏")和中亞(義淨稱"北方諸胡,覩貨羅及速利國等")等地佛教寺院生活的全面記述。其中卷一"受齋軌則"(或作"受齋赴請")一章,既記述了印度、南海、中亞等地的受齋法式,又對同一地方不同的施食法作了記述(如印度的記了三種情況,南海的亦記述了三種情況。中國的則隨文作了比較)。該章所記的"受齋",就是齋僧,意思是僧人應施主之請,接受齋食供養。此外,卷一"餐分淨觸"一章,亦涉及齋僧的內容。

義淨對齋僧的相關記載,是目前所見最全面亦最有代表性的,既記載了齋僧的不同的稱謂,又記載了齋僧的不同的表現形態。

(一)齋僧的不同稱名

齋僧活動的行爲主體包括施主和僧人兩個方面。記述齋僧時,從施主

---

① 王邦維:《義淨與〈南海寄歸内法傳〉》,附入《南海寄歸内法傳校注》,第139—140頁。
② 《南海寄歸内法傳》卷一《序》,王邦維:《南海寄歸内法傳校注》,第24頁。

層面的稱呼,與從僧人層面的稱呼,名稱各不相同。義淨對此較爲清楚,所以他對齋僧的記述,既使用了從施主層面的不同稱名,又使用了從僧人層面的不同稱名。

1. 施主層面的稱名

(1)齋法。如稱"然其齋法,意存殷厚"①;"然而神州齋法,與西國不同"②;"即如東夏齋法,遣疏請僧"③。

(2)齋供。意即設齋供僧。如稱"然南海十洲,齋供更成殷厚"④。

(3)設齋。如稱"設齋之次,外置一盤,即斯法也"⑤。

(4)設齋供。如稱"此乃衆僧常食,并設齋供,大略皆爾"⑥;"凡設齋供及僧常食"⑦。

(5)設供齋僧。如稱"淨初至東印度耽摩立底國,欲依廉素,設供齋僧"⑧。

(6)設食。如稱"其施主家設食之處"⑨。

施主層面的不同的稱名,都帶有明顯的主位性。

2. 僧人層面的不同稱名

(1)食法。如稱"斯乃復是兩途西方食法"⑩。

(2)赴請。意思是赴應施主施食之請,接受齋食。如稱"凡論西方赴請之法,并南海諸國,略顯其儀"⑪。

(3)赴供。意思是赴施主所設齋供。如稱"若行赴供,應將濾羅"⑫。

(4)受齋。如正文標題"受齋軌則",目錄標題"受齋赴請"⑬。

(5)受供。如稱"此是西方一途受供之式"⑭、"此是南海十洲一途受供

---

① 王邦維:《南海寄歸内法傳校注》,第56頁。
② 王邦維:《南海寄歸内法傳校注》,第64頁。
③ 王邦維:《南海寄歸内法傳校注》,第69頁。
④ 王邦維:《南海寄歸内法傳校注》,第62頁。
⑤ 王邦維:《南海寄歸内法傳校注》,第57頁。
⑥ 王邦維:《南海寄歸内法傳校注》,第55頁。
⑦ 王邦維:《南海寄歸内法傳校注》,第34頁。
⑧ 王邦維:《南海寄歸内法傳校注》,第56頁。"設供齋僧"原作"設僧齋供",今從《大正藏》本。
⑨ 王邦維:《南海寄歸内法傳校注》,第49頁。
⑩ 王邦維:《南海寄歸内法傳校注》,第59頁。
⑪ 王邦維:《南海寄歸内法傳校注》,第48頁。
⑫ 王邦維:《南海寄歸内法傳校注》,第69頁。
⑬ 王邦維:《南海寄歸内法傳校注》,第26頁、27頁[校記](2)。
⑭ 王邦維:《南海寄歸内法傳校注》,第58頁。

法式"①。

(6)受齋供。如稱"又凡受齋供及餘飲噉"②。

很顯然,僧人層面的不同的稱名,有較强的客位性。

綜上可知,"受齋""受齋供""受齋赴請""赴請""設食""設齋供""齋法""設供齋僧""設齋""受供""食法""齋法""齋供""赴供"等詞,屬於同義詞,都是對齋僧的不同層面的稱名。不宜因爲它們是不同的名詞而認爲它們所指不同。

(二)齋僧的不同表現形態

義淨對印度和南海兩地齋僧的記載表明,不同地方的齋僧有不同形態,甚至同一地方的齋僧也有不同形態。

1. 同一地方的不同形態

(1)印度

王邦維先生根據義淨的記述,對印度齋僧的主要程序作過如下説明:

一、施主事先發出邀請,"禮拜請僧",放齋之日,再次"來白時至"。"僧徒器座,量準時宜,或可淨人自持,或受他淨物"。施主家一切準備就緒。

二、僧人們來到施主家。安置停當,首先看水。如水中無蟲,用此水洗脚,然後休息片刻。時間將近中午,"施主白言時至",僧人們洗手,施主也洗手。施主先在僧人們面前"置聖僧供",然後正式行食。行食時依着僧人的地位而有先後。施主合掌跪在上座前,口唱"三鉢羅佉哆"(善至)。上座回答:"平等行食。"然後依次授食。授食之人必須當前併足,恭敬曲身,兩手執器,器中盛放食物。僧人們隨受隨食。食物當然十分豐厚。

三、僧人們吃完飯,漱口,洗手。從座位上起來,右手滿捧食物,出外"普施衆生"。再捧食一盤,跪在上座前。上座灑水念咒。然後僧人們捧出屋外,撒在幽僻的地方,或者樹林裏,或者河池中,算是布施給"先亡及餘鬼神"。

四、然後施主授齒木,供淨水。最後僧人們向主人告别,口中念道:"所修福業,悉皆隨喜。"僧人們再各自念誦伽他。③

---

① 王邦維:《南海寄歸内法傳校注》,第68頁。
② 王邦維:《南海寄歸内法傳校注》,第34頁。
③ 王邦維:《義淨與〈南海寄歸内法傳〉》,附入《南海寄歸内法傳校注》,第137頁。

不過,正如王先生所說的一樣,他敍述的這個齋僧程序,只是印度齋僧儀式中的一種。義淨的記述表明,印度齋僧還有其他的程序:

> 或可施主延請同前,於其宅中形像預設。午時既至,普就尊儀。蹲踞合掌,各自心念。禮敬既訖,食乃同前。或可別令一人,在尊像前,長跪合掌,大聲讚佛。言長跪者,謂是雙膝踞地,竪兩足以支身,舊云胡跪者非也。五天皆爾,何獨道胡。唯嘆佛德,不雜餘言。施主乃然燈散華,一心虔敬。用摩香泥以塗僧足,燒香鈴馥,元不別行。鼓樂絃歌,隨情供養。方始如前,准次飡食。食罷將其瓶水遍灑衆前,上座方爲施主略誦陀那伽他。斯乃復是兩途西方食法。①

很顯然,除上述王先生介紹的一種外,印度還有另外兩種齋僧法:一種是施主在家中設像後,在午時,受齋供的僧人一同禮敬佛像,各自在心中念佛禮敬。另一種是施主在家中設像後,讓一名僧人在佛像前,雙膝跪地,合掌大聲讚嘆佛德。施主燃燈散花,用香泥塗僧人足,燒香後鼓樂弦歌供養僧人。然後纔像前一種做法一樣行食齋僧。僧人食後,同樣又用水灑在衆僧前,上座爲施主誦咒願偈。

根據上面義淨的記載,可以看出齋僧在印度有三種以上的具體形態。每一種形態,從程序上來說有與其他形態相同的地方,但亦有不相同之處。當然,儘管形態各不相同,具體儀式程序各有差異,但它們本身都屬於齋僧,而且也都稱爲齋僧。

(2) 南海

不僅印度的齋僧有不同形態,南海的齋僧同樣有不同的形態。義淨的記載說:

> 然南海十洲,齋供更成殷厚。初日將檳榔一顆及片子香油並米屑少許,並悉盛之葉器,安大盤中,白氎蓋之。金瓶盛水,當前瀝地,以請衆僧,令於後日中前塗身澡浴。第二日過午已後,則擊鼓樂,設香華,延請尊儀。棚車輦輿,幡旗映日,法俗雲奔。引至家庭,張施帷蓋。金銅尊像,瑩飾皎然,塗以香泥,置淨盤內。咸持香水,虔誠沐浴。拭以香氎,捧入堂中,盛設香燈,方爲稱讚。然後上座爲其施主説陀那伽他,申述功德,方始請僧。出外澡漱,飲沙糖水,多噉檳榔,然後取散。至第三

---

① 王邦維:《南海寄歸内法傳校注》,第59頁。

日禺中,入寺敬白時到。僧洗浴已,引向齋家。重設尊儀,略爲澡沐。香花鼓樂,倍於昨晨。所有供養,尊前普列。於像兩邊,各嚴童女或五或十,或可童子,量時有無。或擎香爐,執金澡罐。或捧香燈、鮮華、白拂。所有粧臺鏡奩之屬,咸悉持來佛前奉獻。問其何意,答是福田。今不奉獻,後寧希報?以理言之,斯亦善事。

次請一僧,座前長跪,讚嘆佛德。次復別請兩僧,各昇佛邊一座,略誦小經半紙一紙。或慶形像,共點佛睛,以求勝福。①

義淨同時指出,除上述情況外,南海還有其他的齋僧形態:

或初日檳榔請僧,第二日禺中浴像,午時食罷,齋暮講經,斯則處中者所務。或可初日奉齒木以請僧,明日但直設齋而已。或可就僧禮拜,言申請白,斯乃貧乏之流也。②

義淨的記載表明,施主的經濟條件不同,決定了南海齋僧不論在時間還是儀式程序上都各不相同。主要的表現爲時間的長短與儀式的多少。南海一地的齋僧,同樣是有大不相同的形態。

2. 不同地方的不同形態

(1) 印度與南海

義淨在記述南海齋僧情況時,稱南海齋僧與印度大同小異③。不過,義淨是從僧人受齋軌則即齋僧受齋時的守則來説的。從上引齋僧儀式程序來看,印度與南海既有相同處,也有不同之處。相同處是南海與印度一樣,要請一僧人在佛像前雙膝跪地,讚嘆佛德。不同之處是南海還另外請兩個僧人,在佛像邊各設一座,誦一段或幾段佛經,或者是爲施主舉行佛像開光儀式,爲其求福德。因此,從齋僧形態上來説,印度與南海的齋僧並不完全相同。

(2) 中亞諸國

義淨在記印度和南海的齋僧情況後,又提到了中亞諸國的齋僧:

然北方諸胡,覩貨羅及速利國等,其法復別。施主先呈華蓋,供養

---

① 王邦維:《南海寄歸內法傳校注》,第62—64頁。
② 王邦維:《南海寄歸內法傳校注》,第68頁。
③ 王邦維:《南海寄歸內法傳校注》,第64頁。

制底,大衆旋繞,令唱導師廣陳咒願,然後方食。其華蓋法式如《西方記》中所陳矣。斯等雖復事有疏繁,食兼廣略,然而僧徒軌式,護淨手飡,大徒法則,並悉相似。①

"制底"爲梵文音譯,漢語的意思是佛塔②。在義淨看來,印度齋僧與南海齋僧的儀式程序大同小異。但北方諸胡即中亞諸國齋僧情況則不一樣,因爲他們齋僧的主要方式,是施主先奉獻華蓋供養繞塔,然後大衆旋繞轉塔,讓唱導僧陳述施主舉行齋僧的意旨,咒願後纔行食。北方諸胡齋僧時的主要儀式爲繞塔儀式,也許義淨在印度和南海沒有看到,所以他認爲這是中亞諸國齋僧獨特的地方。

上面義淨對印度、南海和中亞諸國齋僧的記載表明,由於經濟狀況或其他原因,同一地方的齋僧會呈現不同的表現形態。施主自身的經濟情況和齋僧意圖,決定著齋僧時間的長短、齋僧規模大小和儀式的種類。不論是同一地方還是不同地區,齋僧都有不同的表現形態。

四、隨喜咒願

僧人受咒時,要根據施主設齋意旨咒願。不知道齋僧咒願,不能説對齋僧有清楚的了解。

（一）齋須咒願

咒願是齋僧時必不可少的儀式活動。佛教認爲,施主設供齋僧,是修善積德的行爲。僧人應赴受齋,對施主的善行應作相應的回應或表示。但最初僧人並未意識到這一點,由於有施主責難僧人在這方面不如婆羅門,佛纔專門定制,要求僧人在受齋時,必須由能作咒願的上座向施主咒願。《十誦律》卷四十一記載此事説:

> 佛在舍衛國新造祇洹竟,諸居士辦供具,多諸比丘來,千二百五十人。……時諸比丘次第入,次第坐,次第食,次第起,次第去。時默然入,默然坐,默然食,默然起,默然去。諸居士呵責言:有餘沙門婆羅

---

① 王邦維:《南海寄歸內法傳校注》,第69頁。
② 義淨《南海寄歸內法傳》卷三"師資之道"章有文説:"上言制底畔睇者,或云制底畔彈那。大師世尊既涅槃後,人天並集,以火焚之。衆聚香柴,遂成大積,即名此處以爲質底,是積聚義。據從生理,遂有制底之名。又釋:一想世尊衆德俱聚於此,二乃積甎土而成之,詳傳字義如是。或名窣睹波,義亦同此。舊總云塔,別道支提,斯皆訛矣。或可俱是,衆共了名,不論其義。"(王邦維:《南海寄歸內法傳校注》,第145—146頁)則制底即佛塔。

門,贊唄咒願讚嘆。沙門釋子,自言善好有德,默然入,默然坐,默然食,默然起,默然去。我等不知食好不好。諸比丘不知云何。是事白佛,佛言:從今食時,應唄咒願讚嘆。諸比丘不知誰應作。佛言:上座作。爾時偷羅難陀,少學寡聞,時爲上座。佛言:若上座不能,次第二應作。第二不能,第三應作。如是次第,能者應作。①

同卷又說:

佛在舍衛國,時諸女人次第請佛及僧,辦種種飲食。諸比丘食已,不唄不咒願而去。諸女人作是言:我等女人薄福,誰當爲我等唄咒願讚嘆?諸比丘不知云何。是事白佛,佛言:從今亦應爲女人唄咒願讚嘆。②

以此之故,僧人在接受施食時,均咒願施主,稱爲隨喜咒願。義淨《南海寄歸内法傳》有文稱"意者前人既呈,隨後慶贊,俱招福利矣"③。隨喜咒願,就是僧人隨喜施主之善意善行而作的祝願讚嘆之詞。

(二)咒願有食前、食後

咒願有兩種。一種是食後咒願。如上所説,佛制僧人咒願施主的主要原因,是僧人在受齋食時,整個過程一直默然無言,不像婆羅門一樣贊唄咒願,稱讚施主的齋食好。因此之故,咒願一般是食後咒願。

另一種是食前咒願。據義淨《南海寄歸内法傳》記載,佛教的食前咒願至少有兩種:一種是釋迦牟尼佛在受食前咒願。義淨稱"佛與大衆受他毒食,佛教令唱三鉢羅佉哆,然後方食,所有毒藥,皆變成美味。以此言之,乃是秘密言詞,未必目其善至"④。則佛的食前咒願明顯帶有誦密咒的成分。另一種是北方諸胡僧人的食前咒願。與釋迦牟尼佛食前咒願不同,北方諸胡僧人的食前咒願是"施主先呈華蓋,供養制底,大衆旋繞,令唱導師廣陳咒願,然後方食"⑤。這裏的唱導師就是咒願師,制底即佛塔,説明北方諸胡是由施主以華蓋供養寺塔,大衆先旋繞寺塔,由唱導僧人咒願後受食。

---

① 《大正藏》第23册,第299頁上中。
② 《大正藏》第23册,第299頁中。
③ 王邦維:《南海寄歸内法傳校注》,第68頁。
④ 王邦維:《南海寄歸内法傳校注》,第54頁。
⑤ 王邦維:《南海寄歸内法傳校注》,第69頁。

中國僧人流行食前咒願。道宣《四分律刪繁補闕行事鈔》卷下稱:"《四分》中,食竟方爲咒願、説法。而此土盛行並在食前。道安法師佈置此法,依而用之,於理無失。"①道世(玄惲)纂《毗尼討要》卷下亦有相近説法②。説明漢地佛教至少從道安開始已實行食前咒願。

總之,根據佛教典籍的説法,咒願有食前咒願和食後咒願兩種。

(三) 咒願隨齋意

施主設齋供僧,有其特定的目的。施主設齋的意旨不同,決定了咒願的内容也不同。道宣《四分律刪繁補闕行事鈔》卷下"訃請設則篇"有文稱:"《四分》:若檀越欲聞布施,應嘆布施;欲聞檀越法,爲嘆檀越法;乃至欲聞説過去父祖,應爲嘆父祖;乃至贊佛法僧亦爾……《僧祇》:若爲亡人施福者,應作是咒願……若生子設福者,應云……若新舍成就,估客欲行及以取婦,若複出家,各有咒願。文如彼説,僧上座不知,得罪。廣如三十四卷中。"③《四分》即《四分律》,《僧祇》即《摩訶僧祇律》。道宣所引,部分目與梁僧祐《出三藏記集》卷十二"法寶集下卷第三"中的"爲亡人設福咒願文第二十一出《僧祇律》""生子設福咒願文第二十二出《僧祇律》""作新舍咒願文第二十三出《僧祇律》""遠行設福咒願文第二十四出《僧祇律》""取婦設福咒願文第二十五出《僧祇律》"④大致相對應,所標示的具體出處,在藏經中亦能找到原文⑤,説明施主齋僧的目的衆多,包括爲亡者施福、生子設福、新舍成就、估客欲行、娶新婦等。咒願就是隨應施主齋僧的這些願望而説。不同的齋意,決定了咒願的多樣性。

(四) 咒願有共性

咒願有不同的方式和内容,但又有共性。以義淨所記印度、中國和南海十洲(今印尼等地)都有的食後咒願爲例,印度的情況是:

> 既其食了,以片水漱口,咽而不棄。將少水置器,略淨右手,然後方起。欲起之時,須以右手滿掬取食,持將出外。不簡僧私之物,聖遣普施衆生。未食前呈,律無成教。又複將食一盤,以上先亡及餘神鬼應食之類。緣在鷲山,如經廣説。可將其食,向上座前跪,上座乃以片水灑

---

① 《大正藏》第 40 册,第 136 頁中。
② 《續藏經》第 44 册,第 376 頁中。
③ 《大正藏》第 40 册,第 136 頁中下。
④ 釋僧祐:《出三藏記集》,蘇晉仁、蕭鍊子點校,北京:中華書局,1995 年,第 481 頁。
⑤ 如引《四分律》文見《大正藏》第 22 册,第 935 頁下—936 頁上;引《摩訶僧祇律》文見《大正藏》第 22 册,第 500 頁中下。

而咒願曰:'以今所修福,普沾於鬼趣。食已免極苦,捨身生樂處。菩薩之福報,無盡若虛空。施獲如是果,增長無休息!'持將出外,於幽僻處,林叢之下,或在河池之內,以施先亡矣。①

中國的與印度比較接近,所以義淨僅在記述印度的咒願程序後,稱"江淮間設齋之次,外置一盤,即斯法也"②。南海十洲的程序則稍複雜一些:

> 衆僧亦既食了,盥漱又畢,乃掃除餘食,令地清淨。布以華燈,燒香散馥。持所施物,列在衆前。次行香泥,如梧子許。僧各揩手,令使香潔。次行檳榔豆蔻,糅以丁香龍腦,咀嚼能令口香,亦乃消食去癊。其香藥等,皆須淨瓶水洗,以鮮葉裹,授與衆僧。施主至上座前,或就能者,以箸觜瓶,水如銅箸,連注不絶,下以盤承。師乃手中執華,承其注水,口誦陀那伽他。初須佛説之頌,後通人造。任情多少,量時爲度。須稱施主名,願令富樂。複持現福,回爲先亡。後爲皇王,次及龍鬼。願國土成熟,人物乂安,釋迦聖教,住而莫滅。其伽他譯之如別。斯乃世尊在日親爲咒願,但至食罷,必爲説特欹拏伽他,是將施物供奉之義。特欹尼野即是應合受供養人。是故聖制每但食了,必須誦一兩陀那伽他,報施主恩。^{梵云陀那鉢底,譯爲施主。陀那是施,鉢底是主。而云檀越者,本非正譯。略去那字,取上陀音,轉名爲檀,更加越字,意道由行檀舍,可自越渡貧窮。妙釋雖然,終乖正本。舊云達儭者訛也。}若不然者,既違聖教,不銷所飡。③

儘管印度(附帶中國)和南海十洲食後咒願的程序和咒願方式各不相同,表明咒願並無固定的内容,但它們都有一個共同點,就是都與先亡有關。或"以上先亡及餘神鬼應食""以今所修福,普沾於鬼趣""以施先亡",或"持現福,回爲先亡"。説明齋僧天然有追薦先亡、福利鬼趣的功能。與之相對應,僧人受食時的咒願,往往包括爲施主追薦先亡的内容。

第三節　作爲齋僧翻版的齋供儀式

宗教儀式作爲宗教信仰的行爲表現,有多種多樣的表現形態。佛教宗

---

① 王邦維:《南海寄歸内法傳校注》,第57頁。
② 王邦維:《南海寄歸内法傳校注》,第57頁。
③ 王邦維:《南海寄歸内法傳校注》,第66頁。

教儀式也是這樣,不僅品目繁多,內容紛雜,而且有讓人眼花繚亂的表現形態。本書將其統稱爲佛教儀式,將其二分爲修持儀式與齋供儀式,並以是否有齋僧作爲劃分修持儀式與齋供儀式的標準。其目的在於:那些僧人爲了滿足施主需要而舉行的宗教儀式,如果放在齋僧的平臺上來了解,就像不同地區、不同派別、不同稱謂、不同形式的各種各樣的戲曲,因爲都是在同一個戲臺上展演,不論表演者、表演內容、表演方式、表現過程、表演時間、曲本等有多大差異,它們被認識、理解、觀賞和評品的平臺相同。

那麼,齋僧是否真的可以成爲我們理解齋供儀式的平臺呢? 答案是肯定的。

首先,齋供儀式的核心,就是施僧食。換句話説,齋僧本身就是一個以施僧食爲核心的儀式過程,就是齋供儀式。

其次,齋僧包括施主、僧人和咒願這三個核心元素,它們是齋供儀式組合結構的核心。這三者已經搭建起了討論佛教儀式的戲臺。

再次,齋僧有諸多的稱名,有多樣的外在表現形態,齋供儀式亦是如此。齋供儀式多樣化的基礎,就是齋僧的不同表現形態。不論其名目如何多樣,形態如何豐富,都好比一個戲臺上展演的不同戲曲。

最後,立足齋僧,可以對齋供儀式有直觀的立體的認識。齋僧與齋供儀式不論在稱名、表現形態、核心元素還是組合結構上,幾乎都是一一對應的。

下面僅從齋僧和齋供儀式都有的齋須精潔、請僧用疏、聖僧證盟這三個方面,對齋僧與齋供儀式之間的這種關係展開論證。

一、齋須精潔

關於齋須精潔,早在漢代安世高譯《大比丘三千威儀》中已經出現。該經卷下有文説:"爲比丘僧作飯食,當令淨潔。"① 唐代義淨《南海寄歸內法傳》卷一,專門設"餐分淨觸"一節。其文稱:

> 又凡受齋供及餘飲噉,既其入口,身即成觸,要將淨水漱口之後,方得觸著餘人及餘淨食。若未澡漱,觸他並成不淨,其被觸人皆須淨漱。若觸著狗犬,亦須澡漱。其嘗食人,應在一邊,嘗訖洗手漱口,并洗嘗食器,方觸鐺釜。若不爾者,所作祈請及爲禁術,並無效驗。縱陳饗祭,神祇不受。以此言之,所造供設,欲獻三寶,并奉靈祇,及尋常飲食,皆須清潔。若身未淨澡漱,及大小便利不洗淨者,皆不合作食。俗亦有云:清齋方釋奠,翦爪宜侵肌,捨塵惑孔顏。如斯等類,亦是事須清潔,不以

---

① 《大正藏》第 24 册,第 922 頁上。

殘食而歆饗也。①

這段文字透露了一個重要信息,這個信息是義淨在《受齋軌則》中沒有明確表達的:齋供的對象是僧人,但在齋供時,還要將齋食獻給佛法僧三寶和相關天神地祇。因此在齋僧時,不論施主還是受施的僧人,"所造供設,欲獻三寶,并奉靈祇,及尋常飲食,皆須清潔"。

齋供儀式同樣要求齋食清潔。水陸會是齋供儀式中規模最大的法會。尚存世的數種水陸儀,對舉行水陸法會的程序和注意事項作了説明。其中南宋僧人祖覺重廣、元僧師習編次的《重廣水陸法施無遮大齋儀》教誡部分"集善如法"條説:

> 其造食尤宜精潔。項年,潼川人以穢薪蒸作,俄聞空中呼曰:上聖不受食,施主無利益。至今惟燒乾草蒸之。宣和初,成都大東廊姓黄人以造供爲生。然獻食多,不專謹。一日往東市造食而歸,至中路,有三四異人遮住共毆(殿)之,大呼救命。其人手如龍爪,有人秉燭救之者,殊無所見。惟黄獨言,每爲人説之。紹興間,瞿永壽者以販米爲業。中路忽聞米價倍增,乃於稻田取水潤米,不知其田已下糞矣。既而片雲忽起,震霆大作。永壽心自知非,罪必不免,因探腰間一緡授與同行,祝令遺其母。作是語已,天復開霽,遂得脱免。然則穢食餒人,不掇祸(?)乎?按如佛説,又不止於如是。死之後,定當隋(墮)於猪狗,爲蚨蟓,爲餓鬼。不可戒乎?故此,道場設供集善,須當如法,嚴潔行持。所謂大善難修也。

張興運等參考祖覺《水陸齋儀》編成的《眉山水陸》,其《教誡》部分"修設如法"一節稱:

> 其造食尤宜淨潔。項年,潼川府人以穢薪蒸作,聞空中呼曰:上聖不受食,施主無利益。至今惟燒乾草蒸之。又宣和初,成都東廊人姓黄,以造食爲生,然獻食不潔淨。一日往東市造食而歸,至中途,遇有三四異人,手如龍爪,遮攔住共毆(殿)之,大呼救命。人秉燭視之,殊無所見,惟黄獨見。此道場事事不可因循也。

引文中"上聖不受食,施主無利益"的説法,與上録《餐分淨觸》稱所造

---

① 王邦維:《南海寄歸内法傳校注》,第34頁。

設供的對象包括三寶、靈衹相印證。引文通過幾個具體事例,説明設齋辦會是積善行德,應當如法行持,齋食清淨嚴潔。敦煌遺書中不少齋文稱所設食爲"清齋""清供""淨食""玉饌"等,無疑正是在這一意義上使用。它們都説明,在要求齋食清淨這一點上,齋僧與齋供儀式完全相同。

二、請僧用疏

義淨《南海寄歸内法傳》卷一"受齋軌則"稱:"東夏齋法,遣疏請僧,雖至明朝,不來啓白。"①東夏即中國。按照義淨的記述,在中國,施主設齋供僧,並不像印度和南海一樣啓白禮請,而是採用疏文禮請僧人。

在敦煌遺書中,有不少齋供儀式的請僧疏文。限於篇幅,不一一羅列,僅録其中四條如下:

1. 龍(指龍興寺)請陳僧正、劉僧正、索僧正、馮僧正、張僧正、安老宿、馬法律、吴法律、大何法律、崇張法律、小何法律。

右今月廿七日就弊居,奉爲故　都押衙七七追念設供。伏乞法慈,依時早赴。謹疏。並巾鉢。

淳化三年八月　日哀子内親從都頭陳守定疏(P. 3152)

2. 三界寺謹請　張僧政和尚、班首大師、李大師等三人,董僧政和尚、周僧政和尚、陳僧政和尚、劉判官闍梨、張判官闍梨。

右今月廿五日就弊居,奉爲故男押衙小祥追念設供。伏願　慈悲,依時降駕。謹疏。

己巳年八月廿三日弟子都押衙宋慈順疏(P. 3367)

3. 金光明寺請馬張僧政、索僧政、龍法律、劉法律、二索法律、二張法律、二賈法律。已上大德二十人,成子闍梨、定安闍梨、曹家新戒二人、羅家新戒、平家新戒、大會、□德。

右今月十一日就衙,奉爲故兄太傅大祥追念設供。伏乞　慈悲,依時早赴。

開運四年(947)三月九日弟子歸義軍節度使檢校太保曹元忠疏(P. 3388)

4. 龍興寺僧次一十人

右瓊俊今月廿二日,奉爲　亡考遠忌設齋。幸請依時降止。謹疏。

二月廿日張瓊俊狀(S. 4309v)

---

① 王邦維:《南海寄歸内法傳校注》,第69頁。

從疏文內容來看，分別是舉行七七、小祥、大祥和遠忌追念法會，即誦經薦亡的齋供儀式。這些齋供儀式有一個共同的內容，就是設供或設齋，具體來説，前面三條是設供，第四條是設齋，都是設齋供僧。説明這些齋供儀式的請僧疏文，就是義淨所説的中土施主設齋時的請僧疏文。

不僅參與設齋薦亡的各寺僧人用疏文請，請爲齋會作證盟的聖僧亦用疏文請。所謂聖僧，即賓頭盧尊者。由於下文我們要對他的情況以及疏請他的文字作專門介紹，這裏從略。

總之，從請僧用疏這一點來看，齋僧就是齋供儀式，齋僧與齋供儀式名異實同。

三、聖僧證盟

義淨《南海寄歸内法傳》卷一"受齋軌則"記印度施食時説："食前全無咒願之法。施主乃淨洗手足，先於大衆前，初置聖僧供，次乃行食，以奉僧衆。復於行食末，安食一盤，以供呵利底母。"① 聖僧就是賓頭盧。"聖僧供"，就是齋供聖僧賓頭盧。

賓頭盧的全名是賓頭盧頗羅墮誓。劉宋釋慧簡譯《請賓頭盧法》説："賓頭盧者，字也；頗羅墮誓者，姓也。其人爲樹提長者，現神足故，佛擯之不聽涅槃，勅令爲末法四部衆作福田。"② 賓頭盧因現神足而被佛勅不聽涅槃之事，見於失譯《毗尼母經》卷第五③、姚秦佛陀耶舍共竺佛念等譯《四分律》卷第五十一④、竺佛念譯《鼻奈耶》卷第六⑤、佛陀什共竺道生等譯《五分律》卷第二十六⑥、吳竺律炎譯《佛説三摩竭經》⑦、西晉竺法護譯《佛説彌勒下生經》⑧等經。唐代道世集錄諸經，記述賓頭盧以神力取鉢後：

> 佛聞呵責：云何比丘爲外道鉢，而於未受戒人前現神通力？從今盡形，擯汝不得住閻浮提。於是賓頭盧如佛教勅，往西瞿耶尼，教化四衆，廣宣佛法。閻浮提四部弟子思見賓頭盧，白佛，佛聽還，坐現神足

---

① 王邦維：《南海寄歸内法傳校注》，第49頁。
② 《大正藏》第32册，第784頁中。
③ 《大正藏》第24册，第826頁中。
④ 《大正藏》第22册，第944頁下。
⑤ 《大正藏》第24册，第877頁下。
⑥ 《大正藏》第22册，第170頁中、下。
⑦ 《大正藏》第2册，第845頁上。
⑧ 《大正藏》第14册，第422頁中。

故,不聽涅槃,勅令爲末世四部衆作福田。其亦自誓:三天下有請悉赴。①

閻浮提又作南贍部洲,屬於我們現在居住的娑婆世界。《釋氏要覽》卷下"娑婆世界"條說:"正云索訶,又《自誓三昧經》云沙訶,漢言忍,或云堪忍。"②說明娑婆世界有不同的稱名。賓頭盧因爲現神足,被佛派遣到西瞿耶尼洲,後來應閻浮提四部弟子之請,又回到閻浮提爲四部衆作福田。因此之故,佛教每設齋供,必請賓頭盧尊者來南贍部洲娑婆世界某處赴供受食。

正如齋僧用疏請僧人一樣,設供時請賓頭盧亦用疏。敦煌遺書中保存的一則請賓頭盧疏,可以證明這一點:

謹請西南方雞捉(足)山賓頭盧波羅墮上座和尚

右今月八日,南澹(贍)部洲薩[訶]世界,大宋國沙州陰族兄弟,就於本居佛堂子,准舊設供。伏願誓授佛勅,不捨蒼生,興運慈悲,依時降假(駕)。謹疏。

開寶八年(975)十月　日兄弟社官陰幸恩等疏(S.6424v-b)③

由於是"准舊設供",則請聖僧賓頭盧亦是"准舊"而請。請賓頭盧的願望,是希望他"誓受佛勅,不捨蒼生,興運慈悲,依時降駕"。

據慧簡譯《請賓頭盧法》稱,如果設齋時賓頭盧應赴,會留下證據:

若得賓頭盧,其坐華即不萎。若新立房舍牀④榻,欲請賓頭盧時,皆當香湯灑地,燃香油燈,新牀新褥,奮綿敷之,以白練覆綿上。初夜如法請之,還閉房戶,慎勿輕慢闚看,皆各至心,信其必來。精誠感徹,無不至也。來則褥上現有臥處,浴室亦現用湯水處。受大會請時,或在上坐,或在中坐,或在下坐,現作隨處僧形。人求其異,終不可得。去後見坐處華不萎,乃知之矣。⑤

---

① 道世:《法苑珠林》卷四二,《大正藏》第53冊,第610頁上;《諸經要集》卷五,第54冊,第42頁中下。"坐"字《諸經要集》作"座",兹從《法苑珠林》。
② 富世平:《釋氏要覽校注》,北京:中華書局,2014年,第545頁。
③ 王惠民:《敦煌寫本〈請賓頭盧疏〉考察》,《敦煌學輯刊》2006年第2期。
④ 古文中"牀""床"往往並用,本書統一作"牀"。下同。
⑤ 《大正藏》第32冊,第784頁下。

慧皎撰《高僧傳》卷十二"釋道琳"條亦説：

> 琳於是設聖僧齋，鋪新帛於牀上，齋畢，見帛上有人迹，皆長三尺餘，衆咸服其徵感，富陽人始家家立聖僧坐以飯之。①

由於有感應，所以賓頭盧成爲家家户户立座供奉的對象。

出於供奉的需要，"故梁武帝時，漢國大德英儒共請西域三藏，纂集聖僧法用，翻出五卷"②。不過，在道世看來，唐代齋僧時齋供聖僧已經出現不合律制的情況，因此他指出了安置聖僧的正確方法：

> 今見齋家，多不依法。但逐人情安置凡人，全不憂佛及聖僧。既如前經所説，施主先須預掃灑佛堂及安置聖僧坐處，洗浴潔身，燒上名香，懸繒幡蓋，散衆雜華。手執香鑪，盡誠敬仰，奉請三寶及以聖僧。十方法界一切聖凡，亦皆普請。受弟子請，降屈聖儀，來臨住宅。合家大小，並共虔誠。預前七日已來，發此重心。若是貧家，無好香華，復無安置之處，然須臨時斟酌。僧未坐前，先上好處，安置佛座，掃灑如法。其次好處安聖僧座，敷設軟物，新白淨者布綿在上。若施主心重有感，食訖候看，似人坐處，即知報身來赴。若無相現，但化身來。若全輕慢，報化俱不至。③

與齋僧一樣，齋供儀式亦請賓頭盧。舉行大型的齋供儀式時，還有專門的迎請賓頭盧尊者的法事及法會儀式文本。法會文本的名字各不相同，或作《迎尊者科儀》，或作《迎請聖僧科儀》，或作《加持賓頭盧聖僧儀》，不一而足。就具體程序而言，以南宋僧人祖覺重廣《水陸齋儀》中《清旦請聖僧法事》所敍最爲詳盡，包括十三個程序：

攀請大意	嘆德宣疏	精衷禮請
禪室晏安	伸五供養	晚分安寢
寅旦叩定	請聖入浴	遵教設浴
三請沐浴	加持密語	入壇安慰

---

① 釋慧皎：《高僧傳》，湯用彤校注，北京：中華書局，1992年，第474頁。
② 《大正藏》第53册，第611頁上；第54册，第43頁下。
③ 《大正藏》第53册，第610頁中下；第54册，第43頁上。

陳獻粥供

其中"攀請大意"說："凡修設大作佛事，蓋自古先請聖僧。今啓法筵，必遵儀範。"說明迎請賓頭盧尊者的儀式在法會舉行之初即舉行，舉行時必須按照"儀範"來做。從法事文本内容來看，所說"儀範"，即目前習見的慧簡譯《請賓頭盧法》。因此儘管請賓頭盧儀式文本的正文文字各不相同，但由於有法可依，都包括宣疏禮請、安座、供養、設浴、入壇、獻齋等內容，所以主旨並無差異。

請賓頭盧的一個重要原因，是請他來作證盟。對此諸書都有說明。如明刻本《清旦請聖僧法事》稱："尊者大慈悲，受我香花請。降臨於道場，證盟諸佛事。"《天地冥陽水陸儀文》卷上說："南無一心再請，受佛付囑，不般涅槃，凡能舉集道場，伏乞證明法會。今當再請賓頭盧大德尊者。"《迎請聖僧科儀》亦說："檀越中浮迎聖僧，香花燈燭共敷陳。僧從竺國離禪定，願降香壇作證明。"又說："南無西域南天竺國、寶峰摩利支山、普天應供高僧大德賓頭盧尊者，並及五百大阿羅漢出定，光臨證明法席。"還說："伏願暫離西竺，高步雲霞而來；增重福筵，盡善冰霜而潔。庶此會，大作人天耳目；爲迷途，吐露佛法之肝腸。仰仗慈尊，均蒙法施。伏迄（祈）高登寶座，俯賜證盟。普爲幽顯，廣伸福利。""證明"通"證盟"，指證盟功德。請賓頭盧來證盟，就是請他來證明施主通過舉行法會，積了功德。

《清旦請聖僧法事》還提道："自晉宋以來，赴感者甚重。如雲俞布薩，曇延疏經，皆現身作證。又天人告宣律師云：賓頭盧日應諸方之供，若不具疏三請，終不降臨。此日道場，致疏禮請。"說明請賓頭盧要用疏文三請。

請賓頭盧用的疏文，相對完整的在敦煌遺書中保存了七件，時間從10至13世紀。它們是 P. 3645 - 1、S. 5696、S. 2974、BD02126. 1、BD02126v - 10、P. 3645 - 2、S. 4632。王惠民先生已錄其文①，這裏不贅引。可以補充說明的是，在俄藏黑水城遺書中，同樣保存了一件請賓頭盧疏：

宿請南天竺國摩泥（利）支山大聖濱（賓）頭盧尊者
右來臣亡過天屆於拔亡之辰，修言香齋一件。伏乞尊者，不離慈悲，降臨道場。和南謹疏。
光定八年（1215）（下殘）（俄藏黑水城遺書 A8v）

---

① 王惠民：《敦煌寫本〈請賓頭盧疏〉考察》，《敦煌學輯刊》2006年第2期。

敦煌遺書中的七件和黑水城遺書中的一件請賓頭盧疏文，都用於齋供儀式。其中七個與薦亡有關，或者是"拔亡"，或者是"大祥追福""大祥追福設供"，或者是"追念""修七追念設供""七七追薦設供""忌辰追念設供"，只有一個是"敬設大會"。其目的，都是請賓頭盧"誓授佛敕，不捨蒼生，興運慈悲，依時降駕"，與設供請賓頭盧相同。據佛經所説，賓頭盧居於南天竺摩利支山，故 P. 3645 - 1 中有"請南天竺國摩泥（利）支山大聖賓頭盧尊者"之文。不過，大部分敦煌遺書中保存的疏文，都稱"請西南方雞足山賓頭盧頗羅墮上座和尚"，説他居於西南方雞足山，但這一説法目前尚未見有什麼依據①。

總而言之，齋僧和齋供儀式，都請聖僧賓頭盧，請的方式都是如義淨所説用疏文，表明它們在這一點上是相同的。

本 章 小 結

本章通過對齋、齋僧、齋意等的討論，追溯齋供儀式的起源，披揭理解齋供儀式的直接背景，建構理解中國佛教儀式及相關儀式文本的平臺。提出如下觀點：

一、齋是齋供儀式的核心字。"齋"是多義詞，既包括中國傳統意義的"齋"，也包括佛教傳入中國後的"齋"，還包括與飯食有關的"齋"，以及作為齋供儀式的"齋"。要了解齋供儀式，首先必須知道齋僧。

二、齋僧，就是施主設齋供僧。用今天的話來説就是有人請僧人吃飯。齋僧是一種源於印度的具有普遍性的佛教宗教活動。由於托鉢化緣不能完全保障滿足僧人日常生活需要，為了保障佛教的生存和發展，在佛教宣傳的功德和功德轉移思想的影響下，齋僧在釋迦牟尼時代即已經普遍存在，並隨著佛教的傳播和發展而存在於佛教所及之處。不論是南傳、藏傳還是漢傳，也不論是小乘還是大乘各派，齋僧都是普遍存在的現象。

三、從施主的角度來説，齋僧是設齋供僧；從僧人的角度來説，齋僧就是僧人為滿足施主願望而舉行的齋供儀式。與此相對應，齋僧有不同的名稱。僅義淨《南海寄歸內法傳》所記，就有"受齋""受齋供""受齋赴請""赴請""設食""設齋供""齋法""設供齋僧""設齋""受供""食"

---

① 王惠民先生認為這種説法屬於錯誤的説法。參見王惠民：《古代印度賓頭盧信仰的產生及其東傳》，《敦煌學輯刊》1995 年第 1 期。

"齋""齋供""赴供"等詞。它們都是對齋僧施受雙方的不同角度的叫法，屬於同義詞。

四、齋僧有不盡相同的儀式程序，從而呈現出形態不同的齋供儀式；不同的齋供儀式，是齋僧的不同表現形態。

具體來説，就施主層面而言，一是不同地區施主齋僧的儀式程序不同；二是同一地區不同經濟條件施主齋僧的儀式程序不同；三是同一地區相同經濟條件的不同施主或不同的齋僧目的，其儀式程序也不同。就僧人層面而言，爲滿足施主需要，僧人會讚嘆佛德，會誦經，會爲施主舉行佛像開光儀式，從而有不盡相同的儀式程序。儘管由於施主與僧人的互動，導致不同齋供儀式的儀式程序各不相同，有不同的表現形態，但它們都屬於齋僧，因此，從僧人層面來説，與其説齋供儀式源自齋僧，不如説齋僧就是齋供儀式。爲便於理解，兹圖示如下：

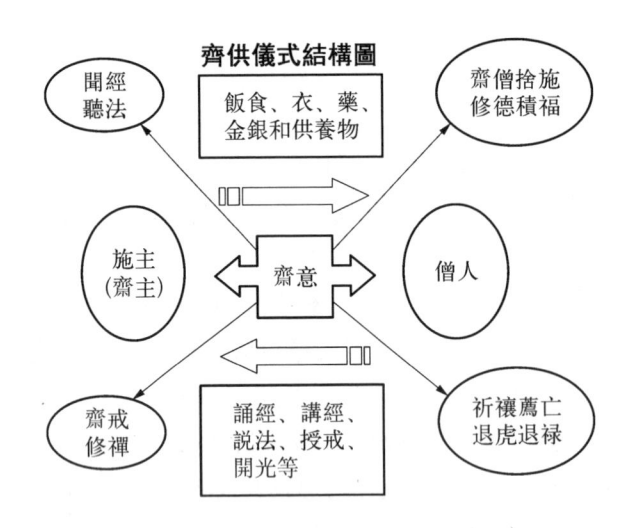

齋供儀式結構圖

- 聞經聽法
- 飯食、衣、藥、金銀和供養物
- 齋僧捨施修德積福
- 施主（齋主）
- 齋意
- 僧人
- 齋戒修禪
- 誦經、講經、説法、授戒、開光等
- 祈禳薦亡退虎退禄

從齋須精潔、請僧用疏、聖僧證盟等方面來看，齋僧與齋供儀式，名異而實同。

五、齋僧既是理解和認識齋供儀式的平臺，亦是理解和認識齋供儀式程序的直接參照，還是釋讀和討論齋供儀式文本具體應用的語境。以下五點值得强調：

（一）齋供儀式的核心，就是施僧食。換句話説，齋僧本身就是一個以施僧食爲核心的儀式過程，就是齋供儀式。

（二）僧人受齋時，要根據施主設齋意旨咒願。不知道齋僧咒願（即述齋意），不能説對齋僧有清楚的了解。

（三）齋僧包括施主、僧人和咒願（齋意）這三個核心元素，它們是齋供儀式組合結構的核心。這三者已經搭建起了討論佛教儀式的戲臺。

（四）齋僧有諸多的稱名，有多樣的外在表現形態，齋供儀式亦是如此。齋供儀式多樣化的基礎，就是齋僧的不同表現形態。不論其名目如何多樣，形態如何豐富，都好比一個戲臺上展演的不同戲曲。

（五）立足齋僧，可以對齋供儀式有直觀的立體的認識。齋僧與齋供儀式不論在稱名、表現形態、核心元素還是組合結構上，幾乎都是一一對應的。

第二章 道安三例

東晉僧人道安(312或314—385)被認爲是中國佛教史上開新紀元的人物,是中國佛教史上的第一座高峰①,"對中國內地僧團的確立和中國佛教理論體系的形成有較大的影響"②。道安對中國佛教的貢獻,包括佛經翻譯、編製經錄和研究般若學等方面③,前賢已經從不同側面作過較爲全面的研究,而且非本書研究對象,可置而不論。這裏只討論道安與中國佛教僧制確立有關的工作。

道安制定的"道安三例",被公認爲中國佛教儀式制度或念誦儀制的濫觴,對中國佛教儀式制度的形成有重要影響。不過,由於資料有限,一直未見有人作過專門的探討。

事實上,在現存相關資料中,可以發現"道安三例"與齋僧有關的證據。將"道安三例"置於齋僧的語境下,結合有關道安事迹的記載,可以通過梳理僧人赴請時講經説法、授八關齋戒等通行儀軌,豐富對"道安三例"的認識,深化對中國早期佛教儀式的了解。

第一節 道安三例與齋僧

一、道安三例及研究史

所謂"道安三例",指的是道安爲僧尼制訂的三種律例。梁慧皎《高僧

---

① 季羨林先生指出:"在中國佛教史上,道安開創了一個新時期。"(季羨林:《中印文化交流史》,收入季羨林著《季羨林學術精粹》第三卷,濟南:山東友誼出版社,2006年,第41頁)業師方廣錩先生亦指出:"道安是中國佛教史上一個劃時代的人物,也是中國佛教史上的第一座高峰。"(方廣錩:《道安評傳》,北京:崑崙出版社,2004年,第280頁)
② 任繼愈主編:《中國佛教史》第二冊,北京:中國社會科學出版社,1985年,第195頁。
③ 呂澂:《中國佛學源流略講》,北京:中華書局,1979年,第55—65頁。

傳》卷五"道安傳"説:"安既德爲物宗,學兼三藏,所制《僧尼軌範》、《佛法憲章》,條爲三例:一曰行香、定座、上講經、上講之法;二曰常日六時行道、飲食唱時法;三曰布薩、差使、悔過等法。天下寺舍,遂則而從之。"①梁僧祐《出三藏記集》卷十二《法苑雜緣原始集目録序第七》"經唄導師集卷第六"中,亦有"《安法師法集舊制三科》第二十一"②的記述。説明道安確實爲中國僧尼制定了三種律例③。

不過,上引慧皎所記文字,雖然較爲簡略,仍然是目前有關"道安三例"的最詳細表述。後世僧人如道世、贊寧等人在提到"道安三例"時,均未超出慧皎的記載④。正因爲相關記載語焉不詳,難以展開討論,故湯用彤、鎌田茂雄和方廣錩等先生均指出:有關"道安三例"的詳細内容,目前已經無從考訂清楚⑤。

儘管如此,仍有學者試圖從各個方面搜集信息,提出對"道安三例"的解釋。如認爲"道安三例""從内容上講,囊括了護法宣教、日常生活和悔過自新三個重要環節,後世稱爲'講經儀'、'課誦齋粥儀'、'道場懺法儀'"⑥。"是後世叢林制度、梵唄經懺方式的淵源"⑦。"具有濃郁的中國色彩"⑧。當然,這些觀點均未見具體的證據支持。

總之,受資料限制,目前有關"道安三例"的研究成果不多,取得的成績亦較爲有限。

二、道安三例的背景

贊寧《大宋僧史略》卷中"道俗立制"條説:

---

① 釋慧皎:《高僧傳》,第183頁。
② 僧祐:《出三藏記集》,第486頁。
③ 鎌田茂雄先生《簡明中國佛教史》(上海:上海譯文出版社,1986年,第50頁)認爲,道安除《僧尼軌範》和《法門清式二十四條》外,"還著有《四時禮文》一卷,這是一本禮懺文的什錦集"。由於《四時禮文》今不存,故無從考訂。他在《中國佛教通史》第一册(關世謙譯,高雄:佛光出版社,1985年,第379頁)中的説法,相對謹慎一些:"有關道安對僧尼戒律的整備與實行,在祖琇的編年通論中,對於僧尼規範以外,舉有法門清式二十四條,也有以之爲道安的著述。另外義天的教藏總録第一卷,載有道安著作的四時禮文。這項四時禮文是道安手輯的禮懺文;抑或僧尼規範中規定的六時行道附屬的禮懺文,被另行刻印的部分。"
④ 周叔迦、蘇晉仁:《法苑珠林校注》,第545、1171頁(並見道世集:《諸經要集》卷四,《大正藏》第54册,第32頁下);《大正藏》第54册,第241頁上中。
⑤ 湯用彤:《漢魏兩晉南北朝佛教史》,北京:中華書局,1983年,第153頁;鎌田茂雄:《中國佛教通史》第一册,第377頁;業露華:《中國佛教的儀規》,第3頁;方廣錩:《道安評傳》,第199頁。
⑥ 王志遠:《中國佛教表現藝術》,北京:中國社會科學出版社,2006年,第134頁。
⑦ 勞政武:《佛教戒律學》,北京:宗教文化出版社,1999年,第65頁。
⑧ 王永會:《中國佛教僧團發展及其管理研究》,成都:巴蜀書社,2003年,第20—21頁。

晉道安法師傷戒律之未全，痛威儀之多缺，故彌縫其闕，堘堰其流，立三例以命章，使一時而生信。①

有學者結合這條記載指出，道安制訂"道安三例"的背景，是他在襄陽時，由於徒衆日衆，需要制訂僧規加以節度②。亦有學者認爲，"道安三例"是道安制訂來攝衆的寺内規範③。這兩種解釋雖然看上去都有道理，但並不是"道安三例"出現的背景，至少不是全部背景。

我們先來看三則材料：

1. 自佛法東傳，事多草昧。故《高僧傳》曰：設復齋懺，同於祠祀。魏晉之世，僧皆布草而食，起坐威儀，唱導開化，略無規矩。至東晉，有僞秦國道安法師，慧解生知，始尋究經律，作赴請僧跋、讚禮、念佛等儀式。凡有三例，一曰行香定座是也。④

2. 《僧傳》稱，漢魏以來，請僧設供，同於祠祀。起坐威儀，略無規矩。至晉朝，安法師始依經律，作赴請、禮讚等儀，立爲三例：一行香定座上講，二六時禮懺，三布薩等法。⑤

3. 今之赴請儀式，行香定座之事，皆道安法師布置也。⑥

這三則材料分別出自宋代贊寧《大宋僧史略》、志磐《佛祖統紀》和道誠《釋氏要覽》，其中都出現了"道安法師"或"安法師"，內容又都與"道安三例"有關，說明是宋代有關"道安三例"的資料。

這三則材料證明，"道安三例"出現的背景是齋僧。理由有四：

其一，三條材料中都包括"赴請"一詞。本書上章已經指出，赴請是從僧人層面對齋僧的叫法。所以這三條材料都與齋僧有關。

其二，三條材料中都包括"行香"一詞。下文將指出，行香也是齋供的特點之一。故"行香"一詞證明"道安三例"與齋僧有關。

其三，第一則材料中"僧跋"一詞的含義，證明"道安三例"與齋僧或僧

---

① 富世平：《大宋僧史略校注》，北京：中華書局，2015年，第70頁。
② 湯用彤：《漢魏兩晉南北朝佛教史》，第153頁；巨贊：《道安》，見中國佛教協會編：《中國佛教》（二），第22頁；許理和：《佛教征服中國》，李四龍等譯，南京：江蘇人民出版社，2003年，第239—240頁。
③ 勞政武：《佛教戒律學》，第65頁。
④ 富世平：《大宋僧史略校注》，第43—44頁。標點略異。
⑤ 釋道法：《佛祖統紀校注》，上海：上海古籍出版社，2012年，第746頁。
⑥ 富世平：《釋氏要覽校注》，第216頁。

人赴請受齋有關。

什麼是僧跋？道誠集《釋氏要覽》卷上"食前唱密語"條說：

> 外道弟子尸利毱多，即樹提伽長者姊夫也。以毒和食，請佛及眾僧齋。佛知，亦許之。佛語大眾：待唱僧跋，然後可食。由是眾毒，竟無所害。《梵摩難國王經》云：夫欲施食者，皆當平等，不問大小。於是佛令阿難臨飯唱僧跋。僧跋者，眾僧飯皆平等。《寄歸傳》云：三鉢羅佉多，舊云僧跋，訛也。①

外道弟子尸利毱多以毒食施佛及僧事，見於馬鳴造、鳩摩羅什譯《大莊嚴論經》卷第十三②。西晉失名譯《佛說梵摩難國王經》有文說：

> 佛語阿難：比丘有四事，受人施飲食美味衣服，善惡不得有逆。一者欲福布施家，二者不欲逆施者意，三者或年老，或身體有病，四者恐人行道勤苦。夫欲食美，當存念重戒。一切眾生皆我親屬，但展轉久遠，各更生死，不識其本耳。譬如人身體，有瘡及病者，服藥趣令其愈，不得貪著。夫欲施者，皆當平心，不問大小。佛於是令阿難，臨飯說僧跋，僧跋者，眾僧飯皆悉平等。③

另外，《法苑珠林·受請篇》亦引《摩得勒伽論》說：

> 眾僧行食時，上座應語：一切平等與。使唱僧跋，然後俱食。④

這兩條材料證明，所謂僧跋，是佛制訂的僧人受齋時食前唱念的內容，與眾僧受齋臨飯行食有密切關係。

因此，從有關"道安三例"材料中"僧跋"一詞的含義來看，"道安三例"與齋僧有關。

其四，第一、第二這兩則材料證明，"道安三例"出現的背景是齋僧。第一、第二兩則材料都引《高僧傳》或《僧傳》交代了道安制定"道安三例"的背景。第一則材料中的"設復齋懺"數字，僅在慧皎《高僧傳》卷一出現。"設

---

① 富世平：《釋氏要覽校注》，第 204 頁。
② 《大正藏》第 4 冊，第 332 頁中下。
③ 《大正藏》第 14 冊，第 794 頁中。
④ 周叔迦、蘇晉仁：《法苑珠林校注》，第 1324 頁。

復"有假設、如果的意思,"設復齋懺"的字面意思當爲"在齋懺時"。第二則材料所引《僧傳》中未見"設復齋懺"四字,相對應文字是"請僧設供",表明第一則材料中的"設復齋懺",意爲設齋供僧,齋懺就是齋僧。無論如何,第一、第二兩則文字表明,在道安之前,中國佛教史上存在第二則材料所記"請僧設供,同於祠祀。起坐威儀,略無規矩"的歷史,即僧人在受齋應赴時,存在沒有自身規矩,行爲舉止與中國傳統的祭祀法相同的現象。齋僧,是道安制定三種律例的背景。

總之,就目前有關"道安三例"的材料來看,道安制定"道安三例"的背景是齋僧。

三、道安三例的目的

"道安三例"的背景是齋僧。齋僧有兩個主體,一是設齋供僧的齋主(施主),二是受齋應赴的僧人。如上引第一則材料所記,道安制定"道安三例"的原因,是"僧皆布草而食,起坐威儀,唱導開化,略無規矩"。制定"道安三例"的目的,就是解決齋僧時存在的問題,一方面讓僧人起座受食有儀,另一方面是讓僧人唱導開化有規矩。當然,由於專門記載"道安三例"的材料較爲有限,目前只能借助其他相關材料,來討論道安制定"道安三例"的目的。

唐代道宣的著作《四分律删繁補闕行事鈔》注意到齋僧有兩個問題不容回避,一是僧人在受齋應赴時可能因缺少軌則而招致不良後果,二是僧人受齋赴請時,應對齋主的捨施有相應的回應。道宣稱前者爲"訃請設則",訃請即赴請,後者爲"導俗化方"。稍後,唐代僧人大覺撰《四分律鈔批》,對道宣《四分律删繁補闕行事鈔》中的"訃請設則"與"導俗化方"作了詳細疏釋。這兩種著作雖然不是研究道安的第一手材料,但由於討論的對象是齋僧,仍有助於幫助理解道安制定"道安三例"的目的。

道宣卷下一"訃請設則篇"有文說:

> 夫昏俗多務,慧觀難修。制營福分,用接愚惑。而施乃雜繁,皆多設食供。每於訃請,有違教法,外生譏毀,内長癡慢,反招苦趣,未成師誘。①

在道宣看來,由於俗世間雜務較多,修慧不易,佛教用布施、修功德積福

---

① 《大正藏》第40册,第135頁上。

等手段,來接引各類下層信衆。齋僧是這些手段中最多最常見的。僧人在應赴齋供過程中如果有違教法,在外容易引致各種譏毀,在内則生癡慢心,就可能好事被辦成壞事,産生不良效果,達不到最初的目的。

唐代僧人大覺撰《四分律鈔批》卷第十三本解釋上引道宣文字説:

> 俗寔曰淨田。俗有請福折延,理須訃接。脱虧軌度,納醜招譏。故此一篇,備明儀則。有召方臨,稱爲訃請;對時立法,目爲設則,故曰也。立云訃請兩字,義含道俗。謂俗來延請,僧意往訃。既開往訃,須有軌儀,故曰設則也。
>
> 夫"昏俗多務,慧觀難修"者,立謂俗人煩惑熾然,於真如理觀不然曉了,故曰昏俗。加復治生事務繁雜多途,不可令修定慧觀照之解,故曰慧觀難修也。"制營福分"等者,謂慧照既非其分,且修福業,使獲報人天,且免三塗之苦,故言"用接"等也。即如下文云:由俗網繫,靜業難繼,道門閑預,得專勝行,故分二途,即其義也。而"施乃雜繁,皆多設食"等者,立明施通四等,或以衣服、臥具資生所須,田園器物等並須惠施。而今就繁數者,不過設食。此門來意正明,對食請以立其儀也。"每於訃請,有違教法",乃至"反招苦趣"等者,正明比丘對施之時,威儀失則,不然軌生物善,何然消災拔苦?特由進止乖方,坐立無准,招俗輕侮,不然於三寶境界深起敬心。緣此輕蔑,皆墮地獄,故曰反招苦趣。①

大覺的解釋表明,從僧人衣食主要依賴信衆捨施這一點來説,齋僧是佛教得以生存和發展的重要基礎,亦是佛教與社會産生聯繫的最普遍的宗教活動。但是,僧人赴請時,如果沒有軌則可依,"同於祠祀",就會導致不好的後果。一方面是引起不信佛者的譏諷詆毀,不能讓施主對僧人生敬信之心,對佛教的傳播和發展有負面影響;另一方面則容易導致有的施主對僧人有嗔嫌輕慢之舉②,從而讓這些施主因造福而招惡報,不利於佛教導俗化方。爲了避

---

① 《續藏經》第42册,第1026頁上中。
② 如《四分律》卷四十九:"爾時世尊在舍衛國,時有居士請衆僧明日食,即於其夜辦具種種多美飲食,清旦往白時到。時諸比丘受請,食時錯亂。或有已坐者,有方坐者;或有已與者,有方與食者;或有已食者,有方食者;或有已去者,有方欲去者;或有已出者,有方欲出者。而彼檀越不知誰已食,誰未食。時諸居士,皆共瞋嫌:沙門釋子,不知慚愧,無有厭足。自言我知正法,受檀越請,錯亂去,或有已坐者、方坐者、或有已與食者、有方與食者,乃至或有已出者、有方欲出者,如是何有正法? 令我等不知已與誰、未與誰,誰已食、誰未食。"(《大正藏》第22册,第934頁下—第935頁上)

免僧人於赴請時威儀失則,坐立無準,招俗輕侮,讓施主因此輕蔑僧人而招致惡報,就有必要制訂相應的軌範。

確實,如果僧人在受齋赴請時,由於缺少軌則,威儀失範,坐立無準,招俗輕侮,讓施主因此輕蔑僧人而招致惡報,齋僧就會由好事變壞事。妥善解決這一問題的前提,就是僧衆守戒有則,這樣俗衆纔能發敬生信,達到最初的目的。所以,道安制訂"道安三例"的一個目的,就是"赴請設則",即讓僧人在赴請時起座受食有儀,唱導開化有則可依。這亦從另一個側面説明,"道安三例"制定的背景,確實是齋僧。

簡單地説,"道安三例""其内容之一爲行香、定座、上經、上講之法,二爲常日六時行道飲食唱時之法,三爲布薩差使悔過等之法"①。既然"道安三例"出現的背景是齋僧,下文將結合佛經和與道安相關文獻材料,根據齋僧的一般例則,從行香唱讚、安佛設座、誦經轉讀、講經論義、授戒布薩等方面,對"道安三例"進行探討和研究。儘管受材料限制,尚不能確定所論就是"道安三例"的具體内容,但"道安三例"依經編製,我們根據齋僧例則的討論,與"道安三例"的基本意旨當不會有太大出入。

第二節　行　香　唱　讚

慧皎所記"道安三例"中,第一例爲"行香定座上講經上講之法",方廣錩先生認爲第一個"講"字衍②,甚是。由於行香位列"道安三例"之首,且該詞南北朝以後頗繁出現於史料之中,故此前已有學者討論過其含義,認爲"行香"一詞中,"行乃周行分送之意"③。在宋贊寧《大宋僧史略》中,行香與唱導並稱爲"行香唱導",説明二者有一定的關係,關於這一點將在下一章再作討論。本節僅結合相關材料,一是對佛教燒香的意義和功能進行介紹,二是梳理道安與燒香唄、行香法、行香梵的關係。

一、香爲佛使

唐代有僧人稱,"香爲佛使"一説最早出自佛祖釋迦牟尼之口。如道宣《四分律删繁補闕行事鈔》卷下説:"《增一》云:有設供者手執香爐而白時

---

① 鎌田茂雄:《簡明中國佛教史》,第50頁。
② 方廣錩:《道安評傳》,第198頁。
③ 周一良:《魏晉南北朝史劄記》,北京:中華書局,1985年,第464頁。

至。佛言：香爲佛使，故須之也。"①相近的記載見於道宣《四分比丘尼鈔》卷下②、道世《法苑珠林》③、《諸經要集》和《毗尼討要》④卷下⑤。

在佛經中，確實可以找到佛稱"香是佛使"的説法。如三國吴支謙譯《須摩提女經》説：

  滿財問言："彼師可得見不？"須拔報言："若欲見彼大師，當好求須摩提女。"於是滿財下樓敬意白須摩提女言："汝今所事之師可得見不？"須摩提言："若長者迴心倒意深自歸德，我當爲長者香粉塗身登樓遠請。"爾時，須摩提女以香油塗身登高樓頭，遥白佛言："世尊！女今在難，爲衆邪所逼，願世尊大慈大悲救濟危厄。"於是，香氣如雲往到祇桓精舍。阿難見香非常所見，白佛言："世尊！此香異香從何處來？"佛言："此香是佛使之香，今須摩提女在滿富城中，爲諸邪道所逼，今遣香來請我并及卿等。速鳴槌集衆普會堂上，語言：'今須摩提女在滿富城中，爲衆邪道所逼，今遣香來請佛并及時衆，若有得神通變化者受籌，不得者默然。'"⑥

又説：

  是時長者問須摩提女曰：吾今欲得見汝所事師，能使來不乎？時女聞已，歡喜踊躍，不能自勝，而作是説：願時辦具飲食，明日如來當來至此，及比丘僧。長者報曰：汝今自請，吾不解法。是時長者女，沐浴身體，手執香火，上高樓上，叉手向如來而作是説：唯願世尊，當善觀察，無能見頂者。然世尊無事不知，無事不察。女今在此困厄，唯世尊當善察。……爾時阿難見祇洹中有此妙香，見已，至世尊所。到已，頭面禮足，在一面立。爾時阿難白世尊言：唯願世尊，此是何等香？遍滿祇洹精舍中。世尊告曰：此香是佛使。滿富城中須摩提女所請。汝今呼諸比丘，盡集一處而行籌，作是告勑：諸有比丘，漏盡阿羅漢，得神足

---

① 《大正藏》第 40 册，第 136 頁中。
② 《續藏經》第 40 册，第 759 頁下。
③ 周叔迦、蘇晉仁：《法苑珠林校注》，第 1309 頁。
④ 《毗尼討要》原本署"玄惲纂"。玄惲爲道世字號。爲不致混亂，本書將署"玄惲纂"的書，統一爲"道世纂"。
⑤ 《續藏經》第 44 册，第 376 頁中。
⑥ 《大正藏》第 2 册，第 836 頁中下。

者便取舍羅,明日當詣滿富城中,受須摩提請。阿難白佛:如是世尊。①

上引第二段在東晉僧伽提婆譯《增壹阿含經》卷二十二中同樣可以發現②。説明在道安及其以前,香爲佛使的説法已經在幾種佛經中出現。

香爲佛使,其功能是請佛僧。這一説法早在漢魏時期譯經中已經出現,如漢安世高譯《佛説柰女祇域因緣經》説:

祇域曰:願王請佛,從受明法。因爲王説佛功德,巍巍特尊。王聞大喜,曰:今欲遣烏臣以白象迎佛,可得致不?祇域曰:不用白象。佛解一切,遥知人心所念。但宿齋戒清淨,供具燒香,遥向佛作禮,長跪白請,佛必自來。王如其言,佛明日與千二百五十比丘俱來。飯食已畢,爲王説經。王意開解,便發無上正真道心,舉國大小皆受五戒,恭敬作禮而去。③

三國時譯經中,吴竺律炎譯《佛説三摩竭經》有國王至意燒香請佛,"佛神通照,知人心中所念"④的説法。吴支謙譯《撰集百緣經》卷一,亦記有婆羅門"上高樓,手執香花,長跪合掌,遥請世尊"⑤,佛與比丘往受彼請的事例。元魏慧覺等譯《賢愚經》卷六,則記述富那奇及其兄"辦足供養,各持香爐,共登高樓,遥向祇洹燒香,歸命佛及聖僧,唯願明日,臨顧鄙國,開悟愚朦盲冥衆生"⑥,並得佛和阿難等僧應赴之事。類似説法在其他佛經中尚多,不能備舉。

香爲佛使,其目的是請佛僧作證明。道世《法苑珠林》卷四十二又説:"又《增一阿含經》云:若有設供者,手執香鑪而唱時至。佛言:香爲佛使。故須燒香,遍請十方。既知燒香本擬請佛,爲凡夫心隔,目覩,不知佛令燒香,遍請十方一切凡聖,表呈福事,騰空普赴。⑦雙行小字中"十方一切凡聖,表呈福事,騰空普赴",指凡聖赴請道場,爲施主作證明。因此,道世的記述表明,香爲佛信使,燒香不僅請佛,亦請十方凡聖。而請十方凡聖的目的,則是爲施主證明功德。後世佛教法會儀式中,燒香爲法會最初

---

① 《大正藏》第 2 册,第 839 頁中下。
② 《大正藏》第 2 册,第 661 頁下—662 頁上。
③ 《大正藏》第 14 册,第 901 頁中。同册第 905 頁下《佛説柰女耆婆經》有相近文字。
④ 《大正藏》第 2 册,第 844 頁中下。
⑤ 《大正藏》第 4 册,第 203 頁上。
⑥ 《大正藏》第 4 册,第 395 頁上中。
⑦ 周叔迦、蘇晉仁:《法苑珠林校注》,第 1309 頁。

儀式程序之一，顯然與此有關。

二、燒香唄

燒香有燒香偈，即燒香梵唄。道世《法苑珠林》卷四十二說："如《大遺教經》云：比丘欲食時，當爲檀越燒香三唄，讚揚布施，可食美食。又從上座教言，道士各自出，澡手漱口已還，各就座而坐，各說一偈。以隨次起，不得踰越。"①在道世《諸經要集》，宋贊寧撰《大宋僧史略》和道誠集《釋氏要覽》，亦都有相近稱引《大遺教經》的文字。鳩摩羅什譯《佛垂般涅槃略說教誡經》又稱《佛垂涅槃教誡經》《佛遺教經》《遺教經》等，經本尚存，但沒有與上引相關内容，故該經與《大遺教經》無關。上引文中出現的"上座"，贊寧《大宋僧史略》卷中"僧寺綱糾"條有文解釋說："佛言：以其年臘最高者爲之，謂之上座"②，"年臘"又作"戒臘""法臘""夏臘"等，指僧尼受具足戒之後的年數，可知上座通常指僧人中受具足戒時間最長的僧人。贊寧《大宋僧史略》卷下"對王者稱謂"條載，漢魏兩晉時期，"習鑿齒呼道安爲道士"，僧人自稱則"或云我，或云貧道。故法曠上書於晉簡文稱貧道，支遁上書乞歸剡亦稱貧道，道安諫苻堅自稱貧道"③。在蕭齊以前的不少譯經中，佛教都稱自己爲道教，其他教爲外道或異道；稱僧人爲道士、道人④。故"道士"一詞，屬於蕭齊以前佛經對僧人的常用稱謂，《大遺教經》中有此詞，可推知該經爲蕭齊以前譯經。

目前所知最早提到《大遺教經》的，是梁僧祐《法苑雜緣原始集目錄序第七》的"僧寶集下卷第五"："比丘欲食當先燒香唄讚緣記第二十一 出《大遺教經》。"⑤不過，由於《大遺教經》詳情無考，所以目前僅能從諸書稱引文字，知道其中有"比丘欲食當先燒香唄讚"這一内容。

燒香時作唄讚嘆的原因，是設齋供僧時，要請佛和諸天鬼神，而佛和諸天鬼神又聽聞和喜聞唄聲。關於這一點，《十誦律》有文說："有比丘名跋提，於唄中第一。是比丘聲好，白佛言：世尊，願聽我作聲唄。佛言：聽汝作聲唄。唄有五利益：身體不疲；不忘所憶；心不疲勞；聲音不壞；語言易解。

---

① 周叔迦、蘇晉仁：《法苑珠林校注》，第 1308—1309 頁。
② 富世平：《大宋僧史略校注》，第 90 頁。
③ 富世平：《大宋僧史略校注》，第 189 頁。標點略異。
④ 如西晉竺法護譯《佛五百弟子自說本起經》"歸命諸道人，悔過自首已，請五百道人，供養以飯食。重悔過自首，歸命衆道人"（《大正藏》第 4 册，第 197 頁上）等文字，就是把佛弟子稱爲道人。蕭齊以前不少譯經中多有這樣的用法，不一一列舉。
⑤ 僧祐：《出三藏記集》，第 485 頁。

復有五利：身不疲極；不忘所憶；心不懈倦；聲音不壞；諸天聞唄聲，心則歡喜。"①贊寧《大宋僧史略》卷中"讚唄之由"條亦有文說："或曰：梵唄之聲，此何益也？通曰：一者佛道法樂也。此音韻雖哀不傷，雖樂不淫，折中中和，故爲法樂也。二者諸天鬼神，聞皆歡喜故。三者諸佛常法，十方刹土，何莫由斯樂也。"②

《十誦律》中的聲唄即梵唄。上引兩段文字說明，不僅佛聽聞梵唄，諸天鬼神亦喜聞。由於香爲佛使，並被用來請佛及一切凡聖，以爲施主證明功德，故燒香請佛時，往往要唱佛及諸天樂聞的梵唄。這一程序見於佛經，表明比丘食前燒香唄讚的做法在道安之前已經存在，而且其背景往往是齋僧。

三、行香法

贊寧《大宋僧史略》卷中"行香唱導"條有文說："經中長者請佛，宿夜登樓，手秉香鑪，以達信心。明日食時，佛即來至。故知香爲信心之使也。《大遺教經》曰：比丘欲食，先燒香唄讚之。又經中蛇呼比丘，自説宿緣，令爲懺悔，并將仙提來取我行香。此方教法既行，經律散漫，故安法師三例中，第一是行香定座上講，斯乃中夏行香之始也。"③說明燒香雖見於佛經，但由於最初經律傳譯不全，沒有一個統一的規定，是道安最先對其作了規定，所以，漢地佛教的行香始於道安。

道宣《四分律刪繁補闕行事鈔》卷上《説戒正儀篇》說："彼供養者待散華已，然後作禮，三捻香已，報鑪向上座所坐方，互跪，炷香鑪中。維那云：行香説偈。此法安師每有僧集，人别供養。後見繁久，令一人代衆爲之。廣如本文。"④這段文字出現的背景，是説戒儀式。不過，目前尚未看到不同儀式有不同的行香法，所以這裏雖然講的是道安説戒儀式的行香，但當通用於所有佛教儀式。

宋道誠集《釋氏要覽》卷上"行香"條説：

> 《南山鈔》云：此儀自道安法師布置。《賢愚經》云：爲蛇施金設齋，令人行香僧手中。《增一經》云：有施主設供者，手執香爐，白言時至。佛言香爲佛使，故須然也。《普達王經》云：佛昔爲大姓家子，爲父

---

① 《大正藏》第23册，第269頁下。
② 富世平：《大宋僧史略校注》，第83頁。標點略異。
③ 富世平：《大宋僧史略校注》，第73—74頁。
④ 《大正藏》第40册，第36頁下。

供養三寶，父命子傳香。故知行香非始今世。《大遺教經》云：比丘欲食時，當爲施主燒香，三唄讚揚布施。①

這段文字説明，漢地行香法創始於道安；道安佈置的行香法，源自齋僧時僧人食前爲施主燒香唱讚，適用於説戒、設供、齋僧、供養三寶等佛教儀式。行香的具體做法，則是將施主所炷香傳到上座手中，上座受香後，爲施主作唄，讚揚施主功德。

上引道宣記"此法安師每有僧集，人別供養"，説明道安時代，施主設齋請僧時，最初是由施主一一分別供養，一一行香。上引道世《法苑珠林》稱"又從上座教言，道士各自出，澡手漱口已還，各就座而坐，各説一偈。以隨次起，不得踰越"，正是對這一做法的記述。後來由於這樣做過於繁複費時，遂以其中某一僧代表全部僧人接受施主供養和行香。

上座受香，當坐受。安世高譯《大比丘三千威儀》卷上稱："所以坐受香者，達波國有比丘住處，婦女行香觸比丘手，因起欲心，即時罷道。師問所以，即説因緣。因是白佛，佛即制戒：若立受香者，得突吉羅罪。"②"突吉羅"爲梵語音譯，意爲惡作或過失③。只要遵守佛制即可不犯。所以爲了避免得突吉羅罪，僧人只能坐受行香。

行香有行香讚唄。道宣《四分律删繁補闕行事鈔》卷下"訃請設則篇"有文説："行香時唄，未見經文。而諸經律多有唄匿比丘。"④表明佛經中在提到行香時，雖然往往提到唱梵唄的僧人，但並没有提到梵唄文。則漢傳佛教的行香梵，當出自中國僧人之手。但現在的行香梵如"如來妙色身"偈和"戒香定香解脱香"偈，都看不出與道安有關係。

先來看"如來妙色身"偈。宋僧道誠集《釋氏要覽》卷上"行香"條有文稱："若今念'如來妙色身'三節文，出《勝鬘經》。今呼行香梵。"⑤由《佛祖統紀》卷三十六記載曹植"撰文制音凡六契，《經音義》云：傳爲後式"⑥，解釋契猶一節也。

---

① 富世平：《釋氏要覽校注》，第219頁。
② 《大正藏》第24册，第914頁中。
③ 《善見律毗婆沙》卷九解釋説："突吉羅者，不用佛語，突者惡，吉羅者作，惡作義也。於比丘行中不善，亦名突吉羅。律本中偈：突吉羅罪者，其義汝善聽。亦名是過失，又名爲蹉跎。如世人作惡，或隱或現前。"（《大正藏》第24册，第733頁下）《毗尼母經》卷七亦説："突吉羅者，名爲惡作。犯身口非儀，名爲惡作。"（《大正藏》第24册，第843頁上）
④ 《大正藏》第40册，第136頁中。
⑤ 富世平：《釋氏要覽校注》，第219頁。
⑥ 釋道法：《佛祖統紀校注》，第812頁。

"猶一節也",可知道誠所説"'如來妙色身'三節文"即三契。"如來妙色身"偈句屢見於佛經,但内容往往不相同。《勝鬘經》即劉宋求那跋陀羅譯《勝鬘師子吼一乘大方便方廣經》。其中有包括"如來妙色身"的兩契:

> 如來妙色身,世間無與等。
> 無比不思議,是故今敬禮。
> 如來色無盡,智慧亦復然。
> 一切法常住,是故我歸依。①

在唐代菩提流志譯《大寶積經》卷一、智嚴譯《大乘修行菩薩行門諸經要集》卷下中,亦有這兩契②。智昇《集諸經禮懺儀》卷上中,這兩契作爲行香梵三次出現③,説明唐代它們已被廣泛用於佛教儀式。

不過,由於智昇《集諸經禮懺儀》卷上收録的主要是三階教的禮懺儀④,其中包括三階教創始人信行撰《七階佛名經》⑤,且上兩契亦出現在《七階佛名經》中,即出現在三階教禮懺儀中,故其最早用作齋供儀式的時間,當始於隋代。

另外,由於"如來妙色身"偈最早出現在劉宋求那跋陀羅譯《勝鬘師子吼一乘大方便方廣經》中,該經翻譯於道安圓寂之後,故不可能爲道安所用。

再來看"戒香定香解脱香"偈。道宣《四分律删繁補闕行事鈔》卷上《説戒正儀篇》有文説:

> 彼供養者待散華已,然後作禮,三捻香已,報鑪向上座所坐方,互跪,炷香鑪中。維那云:行香説偈。……各説偈言,《華嚴》云:戒香定香解脱香,光明雲臺遍法界。供養十方無量佛,見聞普熏證寂滅。維那打靜訖,供養者復座,維那仍本位。⑥

在《四分比丘尼鈔》卷上他又説:

---

① 《大正藏》第12册,第217頁上。
② 《大正藏》第11册,第673頁上;第17册,第960頁中。
③ 《大正藏》第47册,第456頁中、457頁中、465頁上。
④ 汪娟:《敦煌禮懺文研究》,第115—200頁。
⑤ 文見《大正藏》第47册,第456頁中—第457頁中。參見汪娟:《敦煌禮懺文研究》,第115—200頁。
⑥ 《大正藏》第40册,第36頁下。

至行香説偈時,僧一時合掌説云:

> 戒香定香解脱香,光明雲臺徧法界。
> 供養十方無量佛,見聞普熏證寂滅。此出《華嚴》。①

不過,道宣稱"《華嚴》云"或"此出《華嚴》"的行香偈,並不見於《華嚴經》。甚至不見於現存的某一部佛經之中。由於目前較早稱"戒香定香解脱香"偈爲"《華嚴》云"或"此出《華嚴》"的人是道宣,故他可能是最早編纂和使用此行香偈,並稱其出自《華嚴經》的人。

總之,由於"如來妙色身"偈在劉宋時期纔譯出,隋代以後纔用於齋供儀式,道宣可能纔是最早編纂和使用"戒香定香解脱香"偈並稱其出自《華嚴經》的人,"戒香定香解脱香"偈出現較晚,看不出它們與道安有什麼關係。

綜上所述,在佛經中,最先流行的是香爲佛信使的説法。香爲佛使有兩層含義:一是在齋僧時用以請佛僧赴供;二是在佛事活動剛開始時,用來請佛及十方凡聖赴會,以證明功德。由於佛和十方諸天喜聞梵唄,故燒香有燒香唄。雖然佛事活動開始時要行香的理念和實踐隨著佛經傳入中國,已普遍存在於僧人宗教實踐中,但道安是漢地最先根據佛經制訂行香儀的僧人。行香時要唱唄讚,但道安當時的行香偈是什麼,暫時無考。目前漢地最早可考的行香偈,"如來妙色身"偈不早於劉宋時期。"戒香定香解脱香"偈可能唐代纔由道宣編纂並使用。

第三節 安佛設座

佛陀在世與佛陀圓寂後,僧人受齋赴請的儀式活動略有不同。因爲"佛教的創始者釋迦牟尼佛去世以後,後世的佛教徒爲了紀念這位教主,繪製或塑造釋迦佛的形象以供禮拜瞻仰"②。與之相應的是,佛教齋供儀式中出現並包括了禮拜供養釋迦佛的內容和程序。這是佛陀在世時所没有的。

從字面來看,"道安三例"中不包括安設佛像的內容。但從義淨所記齋僧的程序及僧人赴請的軌則來説,僧人在受齋赴請時,不僅要設座,還必須安設佛像。

---

① 《續藏經》第40册,第727頁下。
② 業露華:《中國佛教的儀規》,第1頁。

一、安設佛像

義淨《南海寄歸內法傳》卷一"受齋軌則"稱：

> 或可施主延請同前，於其宅中，形像預設。①

這裏的"形像"指佛像。説明施主在齋僧時，在請僧到家裏來以前，已經預先安設好佛像。不過，用於齋僧的佛像往往是專用的或共用的，並非施主自己所獨有，所以一般要從某個地方迎請至宅中安設。義淨《南海寄歸內法傳》卷一"受齋軌則"記南海齋僧時説：

> 第二日過午已後，則擊鼓樂設香花，延請尊儀。棚車輦輿，幡旗映日，法俗雲奔，引至家庭，張施帷蓋。金銅尊像，瑩飾皎然，塗以香泥，置淨盤內。咸持香水，虔誠沐浴，拭以香氎，捧入堂中，盛設香燈，方爲稱讚。②

表明佛像是從某個地方迎請到施主家的。由於施食時，"先於大眾行初，置聖僧供。次乃行食，以奉僧眾"③，故家中除設佛像外，還要安聖僧座。道宣《四分律刪繁補闕行事鈔》卷下一《訃請設則篇》在説明僧人到施主家的軌則時説：

> 若未安置佛像及聖僧座者，上座有德者先處分安像，極令清潔，勝於僧座。④

僧人到施主家後，如果看到尚未安置佛像和聖僧座，上座即安排人安設，並使其清潔乾淨。清潔的方法，是用牛糞塗淨。在義淨《南海寄歸內法傳》中，"其施主家設食之處，地必牛糞淨塗"⑤；"地以牛糞淨塗，鮮葉布上"⑥；"威儀法式、牛糞塗地、觀水、濯足、及所湌噉行食法用，並與西方大

---

① 王邦維：《南海寄歸內法傳校注》，第59頁。
② 王邦維：《南海寄歸內法傳校注》，第62頁。
③ 王邦維：《南海寄歸內法傳校注》，第49頁。
④ 《大正藏》第40冊，第135頁下。
⑤ 王邦維：《南海寄歸內法傳校注》，第49頁。
⑥ 王邦維：《南海寄歸內法傳校注》，第31頁。

同"①;"地以牛糞淨塗"②;"然後牛糞乾揩其地,令使清淨"③均爲其例。

安置聖僧座有專門的方法。據道宣介紹:

> 其法有五卷。梁武帝對中國三藏出之,不可具録。如《請賓頭盧法經》說,令豫宿請,在空靜處敷設虛軟爲座……或安置佛前,或雖處座而狹小舒位。④

正因爲安設了佛像,所以齋僧時,僧人在受食前,纔有禮敬和讚嘆的對象,施主亦纔有虔誠敬奉的對象。義淨《南海寄歸内法傳》卷一"受齋軌則"稱:

> 午時既至,普就尊儀。蹲踞合掌,各自心念。禮敬既訖,食乃同前。或可別令一人,在尊像前,長跪合掌,大聲讚佛。言長跪者,謂是雙膝踞地,豎兩足以支身,舊云胡跪者非也。五天皆爾,何獨道胡。唯嘆佛德,不雜餘言。施主乃然燈散華,一心虔敬。⑤

誦經完後,禮聖僧座纔有可禮的對象。義淨《南海寄歸内法傳》卷四"讚詠之禮"稱:

> 經師方下,上座先起,禮師子座。修敬既訖,次禮聖僧座,還居本處。第二上座,准前禮二處已,次禮上座,方居自位而坐。第三上座,准次同然,迄乎衆末。⑥

道安既有講經説法安設佛像的歷史,亦有與聖僧有關的經歷。據《高僧傳》記載:

> 苻堅遣使送外國金箔倚像,高七尺。又金坐像、結珠彌勒像、金縷繡像、織成像,各一張。每講會法聚,輒羅列尊像,布置幢幡,珠珮迭暉,

---

① 王邦維:《南海寄歸内法傳校注》,第 64 頁。
② 王邦維:《南海寄歸内法傳校注》,第 108 頁。
③ 王邦維:《南海寄歸内法傳校注》,第 49 頁。
④ 《大正藏》第 40 册,第 135 頁下—136 頁上。
⑤ 王邦維:《南海寄歸内法傳校注》,第 59 頁。
⑥ 王邦維:《南海寄歸内法傳校注》,第 175 頁。

烟華亂發,使夫昇階履閾者,莫不肅焉盡敬矣。①

說明道安舉行講經說法時,都安設佛像,佈置幢幡。

另外,《高僧傳》又載:

安常注諸經,恐不合理,乃誓曰:"若所説不堪遠理,願見瑞相。"乃夢見胡道人,頭白眉毛長,語安云:"君所注經,殊合道理。我不得入泥洹,住在西域,當相助弘通,可時時設食。"後《十誦律》至,遠公乃知和上所夢賓頭盧也。於是立座飯之,處處成則。②

這裏稱道安注經得到"頭白眉毛長"的賓頭盧的肯定,並稱立座飯聖僧始於慧遠,說明道安與賓頭盧有一定關係。但慧皎説慧遠在《十誦律》譯出後纔知道安所夢爲賓頭盧,意以爲道安不知賓頭盧,則缺乏證據。《十誦律》有文説:

爾時長老賓頭盧頗羅墮,聞樹提居士作栴檀鉢,絡囊盛懸高象牙杙上,沙門、婆羅門,不以梯杖能得者與;非,不與。聞已,詣目連所言:長老目連,汝知不?樹提居士作栴檀鉢,絡囊盛懸高象牙杙上,作是言:諸沙門、婆羅門,不以梯杖能取者與;非,不與。目連言:汝師子吼中第一,便可往取。爾時長老賓頭盧頗羅墮,過夜中前,著衣持鉢,以好威儀,行住坐立,往詣樹提居士舍。樹提居士遥見賓頭盧行住坐立,威儀清淨,著衣持鉢,作是念:如是比丘,行住坐立,威儀清淨,著衣持鉢,必能取鉢。居士即從坐起,偏袒右肩,合掌向賓頭盧言:善來頗羅墮,久不來此。命就座坐,樹提居士頭面禮頗羅墮足。賓頭盧坐已,問居士言:汝實作栴檀鉢,盛絡囊中懸高象牙杙上,作是言:諸沙門、婆羅門,不以梯杖能取者與;非,不與。答言:實爾。賓頭盧即入如是禪定,便於座上申手取鉢,以示居士。居士語言:如我先語,即便屬汝。居士又言:暫與我來。即取鉢入,盛滿粳米飯,授與賓頭盧。賓頭盧食已,便持是鉢示諸比丘言:汝等看是鉢,香好可愛。諸比丘言:實爾。從何處得?賓頭盧廣説上事。是中有比丘,少欲知足,行頭陀,聞是事,心不喜,種種因緣,呵責言:云何名比丘?爲赤裸外道物故,未受大戒人前,

---

① 釋慧皎:《高僧傳》,第179—180頁。
② 釋慧皎:《高僧傳》,第183頁。

現過人聖法。呵已,向佛廣説。佛以是事,集比丘僧,知而故問:賓頭盧頗羅墮,汝實作是事不?答言:實作,世尊。佛種種因緣,呵責賓頭盧:云何名比丘?爲赤裸外道物木鉢故,於未受大戒人前,現過人聖法。呵責已,語頗羅墮:盡形壽擯汝,不應此閻浮提住。賓頭盧受佛教已,頭面禮佛足,右遶,還自房。所受僧臥具牀榻,盡以還僧。持衣鉢入如是定,於閻浮提没瞿耶尼現,到已,多教化優婆塞、優婆夷,多畜弟子,起僧坊房舍,畜共行弟子、近行弟子,廣宣佛法。①

這段賓頭盧被呵責的文字,是《十誦律》中有關賓頭盧的唯一記述。但它只記述了賓頭盧在没有受過大戒(具足戒)的人面前現禪定神力,並没有提到賓頭盧"頭白眉毛長"的形象,更没有提到賓頭盧自稱"不得入泥洹,住在西域",要求僧俗"時時設食",所以看不出與道安所夢的賓頭盧有什麽關係。也就是説,上引文表明,慧遠並不能根據《十誦律》知道道安所夢是賓頭盧。慧皎《高僧傳》中慧遠根據《十誦律》來判斷道安所夢爲賓頭盧的説法,無法落到實處。

從齋僧時先立聖僧座,再向僧人行食的慣例來説,道安應當已經知道賓頭盧。南宋僧人祖覺編集《水陸齋儀·清旦請聖僧法事》稱:

至東晉,道安法師在襄陽時,有一僧弊衣垢面而來寄宿,維那輕之,止一小寮安歇。夜見出入窗隙音穴中,知其爲賓頭盧也,即詣作禮謝罪。尊者教令作會先伸請聖僧。安曰:我所作業,欲求生内院,可乎?尊者以手拂西北方,天雲洞開,見内院境界歷然。又謂曰:師未浴聖僧,故福力不廣。安如法開浴,俄見小兒數十輩來入浴,安知是尊者所化也。其後廬山遠法師同譯《十誦律》,見《請賓頭盧法》,乃追想其先師之遺訓,復行其事。

據此説法,道安在襄陽時,已經知道賓頭盧,而且知道受請作會要"先伸請聖僧"。至於慧遠與賓頭盧的關係,是因爲《十誦律》而"追想其先師之遺訓,復行其事"。

總之,慧皎《高僧傳》稱慧遠時纔根據《十誦律》知道賓頭盧的説法,與經文不符。從齋僧的慣例和古代相關文獻來看,道安應該已經知道賓頭盧,

---

① 《大正藏》第23册,第268頁下—269頁中。

並且有可能有應赴受齋時,指導"未安置佛像及聖僧座"信衆安置佛像及聖僧座的經歷。慧遠時因《十誦律》中提及賓頭盧,故追從道安遺訓,繼行其事。

二、設高座

義淨《南海寄歸内法傳》卷一"受齋軌則"有文稱:

> 次復別請兩僧,各昇佛邊一座,略誦小經半紙一紙。①

所説"座"當指高座,並且有兩個,兩僧"各昇佛邊一座",就是分別登上佛像旁邊的高座。

同書卷二"隨意成規"又說:

> 必須於十四日夜,請一經師,昇高座,誦佛經。②

卷四"讚詠之禮"稱:

> 既其坐定,令一經師,昇師子座,讀誦少經。③

師子座即高座④。上引三則文字説明,轉讀時,讀經的人不僅要昇座,而且要昇高座。高座或設一個,或設兩個,看具體情況而定。設兩個高座時,其方向是東西向還是南北向,由佛像的坐向決定⑤。附帶指出,敦煌遺書發現後,有學者在研究俗講過程中,結合文獻記載討論講經法師座位的方向,衆説紛紜,不能統一,均由於未注意到有這一例則。

轉讀和講經説法要昇高座,是釋迦牟尼時代就定下的規制,目的是讓聽者能清楚聽到説法者的聲音。基本的原則是"量處度宜"⑥,即座位的高低,按照聽衆的多少來設置,聽衆越多,座設得越高。隋闍那崛多譯《佛本行集

---

① 王邦維:《南海寄歸内法傳校注》,第 63 頁。
② 王邦維:《南海寄歸内法傳校注》,第 113 頁。
③ 王邦維:《南海寄歸内法傳校注》,第 175 頁。
④ 失譯(附《後漢録》)《分別功德論》:"阿難即時昇于座。座者師子座也。經所以喻師子座者,師子獸中之王,常居高地,不處卑下,故喻高座也。"(《大正藏》第 25 册,第 32 頁下)
⑤ 從義淨的記載來看,由於高座設在佛像兩側,故法師與都講座位的坐向,主要是根據佛像的坐向來安排的。
⑥ 王邦維:《南海寄歸内法傳校注》,第 175 頁。

經》卷五十有文説：

> 於是法師説法之時，大衆集會，其聲不顯，不能令衆愛樂歡喜，時諸比丘具白世尊。佛告諸比丘：我今已許於大衆中，敷設高座，應請法師昇座説法，令衆悉聞。又時聚會其衆，更大説法，諸師聲猶不徹，時諸比丘復往白佛。爾時世尊，告諸比丘：當須更倍敷設高座，使説法者昇是座上。爾時大衆，倍更增多，聲猶不徹，時諸比丘復往白佛。佛言：我已聽許。比丘或立或行，隨便説法。①

表明如果高座設到一定程度仍不能讓聽者聽到説法者的聲音，説法者可以站立著説法或走動著説法。究竟採取哪種方式，看具體情況決定。

三、定坐次

元人曇噩述《新修科分六學僧傳》卷十一《戒學・弘法科》"晉道安"條説：

> 安設法門憲章，條爲三例：一曰行香、定上座、開經、上講之法。②

曇噩的説法雖然出現年代稍晚，但由於其所説與齋僧的實際相符，應可從。所説"定上座"，就是排定僧人座次。僧人應赴時要定上座，排座次，是佛在世時就有的規定。《十誦律》有文説：

> 佛在舍衛國新造祇洹竟，諸居士辦供具，多諸比丘來，千二百五十人。諸比丘亂入，亂坐，亂食，亂起，亂去。諸居士呵責言：有餘沙門婆羅門，次第入，次第坐，次第食，次第起，次第去。是沙門釋子，自言善好有德，亂入，亂坐，亂食，亂起，亂去。不知誰得，誰不得，誰重得？諸比丘不知云何。是事白佛，佛言：從今日，應次第入，次第坐，次第食，次第起，次第去。③

如何次第坐呢？按尊卑的次第。義淨《南海寄歸内法傳》卷三"臥息方

---

① 《大正藏》第 3 册，第 884 頁中。
② 《續藏經》第 77 册，第 162 頁中。
③ 《大正藏》第 23 册，第 299 頁上。

法"稱：

> 然後牛糞乾揩其地，令使清淨，安置坐牀及木枮小席等，隨尊卑而坐。①

定尊卑的辦法，在釋迦牟尼在世時，已規定按僧臘，即以受具足戒的時間來決定，最早受具足戒的坐第一。《五分律》卷第十七説：

> 爾時諸比丘無上下坐，不相恭敬。諸居士見，譏訶言：此輩沙門，不知上、中、下坐，無有長幼，無沙門行，破沙門法。諸長老比丘聞種種訶責，以是白佛。佛以是事，集比丘僧，問：諸比丘，汝等實爾不？答言：實爾，世尊。佛種種訶責已，問諸比丘：誰應受第一座、第一施、第一恭敬禮拜？諸比丘或言刹利、婆羅門、長者、居士、出家者應受，或言誦毗尼法師、阿練若行十二頭陀乃至得阿羅漢者應受。佛言：不應爾。諸比丘白佛：若不爾，誰應受？佛言：……汝等從今，先受具足戒者應受第一坐、第一施、第一恭敬禮拜，如是奉行。②

王邦維先生亦綜合諸書説：

> 《求法高僧傳》講："寺内但以最老上座而爲尊主，不論其德。"講的那爛陀寺，就是這個意思。《寄歸傳》一開始第一章"破夏非小"，也講的是這件事："凡諸破夏，苾芻但不獲其十利，然是本位，理無成小。豈容昔時受敬，今翻禮卑？習以成俗，本無憑據。依夏受請，盜過容生？故應詳審，理無疏略，宜取受戒之日以論大小。縱令失夏，不退下行。"然後第二、第三、第十九、二十一、二十四章都講到這件事。
>
> 僧人的資歷，有時不僅以受戒的年數論，也以月、以日、以上下午，甚至以分秒論："凡西方南海出家之人，創相見者，問云大德幾夏。答云爾許。若同夏者，問在何時。若時同者，問得幾日。若日同者，問食前後。同在食前，方問其影。影若有殊，大小成異。影若同者，便無大小。

---

① 王邦維：《南海寄歸内法傳校注》，第 136 頁。
② 《大正藏》第 22 册，第 121 頁上。

坐次則據其先至,知事乃任彼前差。"(卷三"受戒軌則"章)①

根據僧臘,確定出上、中、下坐後,依先上座、次中座、末下座的次第坐。《四分律》卷四十九説:

> 彼往食處,錯亂聚住。佛言:不應爾,應隨次座。上座坐已,應看中座、下座,勿令不如法坐、不善覆身。若有不如法坐、不善覆身者,應彈指令覺,若遣人語,令知好如法坐。中座坐已,應看上座、下座,勿令不如法坐、不善覆身。若有不如法坐、不善覆身,應彈指令覺,若遣人語,令知好如法坐。下座坐已,亦如是。②

道宣《四分律删繁補闕行事鈔》卷下一略引作:

> 《四分》:往食處不應錯亂。雜聚而住,應隨次坐。上座坐已,應看中座、下座,勿令不如法、不善覆身。若有者,彈指令覺,若遣人語知,好如法坐。中座坐已,看上、下座,勿令非法。下座坐已,亦互看上、中亦爾。③

舉行五年大會即無遮大會④時,由於參與的人多,受時間限制,不能一一排列,僅對前面八名上座排尊卑,其他人看具體情況隨宜而坐。《摩訶僧祇律》卷二十七説:

> 若五年大會時,衆人猥多,下至上座八人,應當如法敷座,下座隨宜,是名上座坐法。⑤

卷四十七又説:

> 佛住舍衛城阿耆羅河彼岸。請二部僧食,比丘、比丘尼俱欲渡。比丘言:世尊制戒,不得共船載。比丘二人、三人,輕船而渡。渡盡,比丘

---

① 王邦維:《義淨與〈南海寄歸内法傳〉》,第117—118頁,附入《南海寄歸内法傳校注》。
② 《大正藏》第22册,第935頁上中。
③ 《大正藏》第40册,第136頁上。
④ 詳下文第五章第一節。
⑤ 《大正藏》第22册,第446頁中。

尼渡。渡已,問歲數,日時已過。時大愛道失食飢羸,到世尊所,頭面作禮,却住一面。佛知而故問:何故飢色?即以是事,具白世尊。佛言:從今日後,上座八人,當次第如法,餘者隨到而坐。若五年大會,多人集,比丘尼上座八人,當次第坐,餘者隨意坐。①

《四分律》卷四十八亦説:

> 爾時有居士請比丘尼僧,明日與食。彼於夜半辦具種種肥美食已,晨旦往白時到。時諸比丘尼,清旦著衣持鉢,往詣其家。彼此相問年歲大小頃,日時便過。諸比丘白佛,佛言:若時過,聽上座八比丘尼次第坐,餘者隨坐。②

由於律制是針對比丘尼的情況所定,道宣根據佛制,認爲僧人與比丘尼一樣排前面八名上座的次第。故他的《四分律删繁補闕行事鈔》卷下一説:

> 《四分》:至請家,彼此相問年歲大小訖坐。若恐日時欲過,聽上座八尼次第坐,餘者隨坐。僧須準此。③

總之,"道安三例"中,應遵從釋迦牟尼時即出現的規定,要求僧人應赴時定上座,排座次。在排好前八名上座的次第後,其他人隨宜而坐。

四、坐具與坐法

1. 坐具

在印度,不論是受齋還是講經説法,都設坐具。坐具有多種,其中最常用的當推牀。

古代的牀與現代的牀的所指並不相同。古代的牀是坐兼臥之具,而且主要是供人坐的。所以又稱牀座。由於這個原因,人們把從漢代就傳入中國的椅子稱爲"胡牀""繩牀"等④。義淨《南海寄歸内法傳》卷一"受齋軌

---

① 《大正藏》第22册,第548頁上。
② 《大正藏》第22册,第927頁下。
③ 《大正藏》第40册,第136頁上。
④ 童書業:《"牀"與"胡牀"》,見童教英整理:《童書業著作集》第三卷《童書業史籍考證論集》,北京:中華書局,2008年,第532—535頁。

"則"有文記印度齋僧情況說：

> 其施主家設食之處，地必牛糞淨塗，各別安小牀座。①

說明印度僧人受齋時的坐具是小牀等。卷一《食坐小牀》章又說：

> 西方僧衆將食之時，必須人人淨洗手足，各各別踞小牀。高可七寸，方纔一尺，藤繩織内，脚圓且輕。②

對印度僧人坐小牀的制作和高度作了説明。

由於僧分上、中、下座，所以他們的坐具亦相應不同。一般來説是上座坐好的坐具和高座，年少的坐次等坐具和卑座。《摩訶僧祇律》卷二十七説：

> 在上座坐者，敷座時，不得使年少座高，上座座卑，應當上座座高，年少座卑。當令齊整，正直坐具，好者應與上座，不好者與下座。若檀越家請，爲知識比丘敷好牀褥者，不得諍，從施主意。③

義淨《南海寄歸内法傳》卷一"受齋軌則"則稱：

> 卑幼之流，小枮隨事。④

枮同椹，指砧板、木墊板。説明爲了區別上、中、下座，年輕位卑僧人，已經不與上座一樣坐小牀，而只能坐小枮，即小木板。

設坐具時，座與座之間要有一肘的距離，以免互相觸及。義淨《南海寄歸内法傳》卷一"受齋軌則"説：

> 座乃各別小牀，不應連席相觸。⑤

同卷"食坐小牀"亦説：

---

① 王邦維：《南海寄歸内法傳校注》，第49頁。
② 王邦維：《南海寄歸内法傳校注》，第31頁。
③ 《大正藏》第22册，第446頁中。
④ 王邦維：《南海寄歸内法傳校注》，第31頁。"枮"字原作"拈"，據校記改。
⑤ 王邦維：《南海寄歸内法傳校注》，第48頁。

座去一肘,互不相觸。①

印度僧人根據僧人尊卑,主要設小牀和木枮爲坐具,"未曾見有於大牀上跏坐食者"②。

與印度不同,中國僧人是設大牀爲坐具。《南海寄歸内法傳》卷三"師資之道"有文説:

> 西國講堂食堂之内,元來不置大牀,多設木枮并小牀子,聽講食時,用將踞坐,斯其本法矣。神州則大牀方坐,其事久之。③

中國僧人坐大牀的時間究竟從何時開始呢?唐代道宣《四分律删繁補闕行事鈔》卷上説:"東晉之後,牀事始盛。今寺所設,率多牀、座,亦得雙用。"④則可能從東晉以後就已實行。

在義淨看來,中國僧人不僅設大牀爲坐具,而且牀的高度亦超過了標準,屬於高牀,已經有"坐高牀"之過。《南海寄歸内法傳》卷一"食坐小牀"説:

> 且如聖制,牀量長佛八指,以三倍之,長中人二十四指,當笏尺尺半。東夏諸寺,牀高二尺已上,此則元不合坐,坐有高牀之過。時衆如此,欲如之何?護罪之流,須觀尺樣。⑤

由於"神州則大牀方坐"不僅有較長的歷史,而且是普遍現象,所以義淨只能希望坐牀者能注意所坐牀的高低大小,而無法憑一己之力改變這一現狀。

圓仁《入唐求法巡禮行記》卷三稱:"今見齋會,於食堂内,丈夫一列,女人一列。或抱孩兒,兒亦得分。童子一列,沙彌一列,大僧一列,尼衆一列,皆在牀上,受供養。"⑥卷一又説:"次有一僧唱'敬禮常住三寶',衆僧皆下牀而立……乍立唱禮,俱登牀坐也。"⑦説明在圓仁入華的唐代中晚期,僧人受

---

① 王邦維:《南海寄歸内法傳校注》,第31頁。
② 王邦維:《南海寄歸内法傳校注》,第31頁。
③ 王邦維:《南海寄歸内法傳校注》,第148頁。
④ 《大正藏》第40册,第35頁中。
⑤ 王邦維:《南海寄歸内法傳校注》,第31頁。
⑥ 白化文等:《入唐求法巡禮行記校注》,石家莊:花山文藝出版社,2007年,第297頁。小野勝年本因標點習慣不同,不引録,也不再一一出注。
⑦ 白化文等:《入唐求法巡禮行記校注》,第69—70頁。

齋禮佛時,仍然是以牀爲坐具,只是圓仁未指出它們是否屬於高牀或大牀而已。

2. 坐法

上引文中,"西方僧衆將食之時,必須人人淨洗手足,各各別踞小牀","西國講堂食堂之内,元來不置大牀,多設木枮并小牀子,聽講食時,用將踞坐"等文字説明,印度僧衆的坐法爲踞坐。食時踞坐是釋迦牟尼成佛後最早的定制。安世高譯《大比丘三千威儀》卷上説:

> 所以淨衣者踞坐食者,佛始成道,食糜家女糜竟,自念:若有出家弟子者,云何坐?云何食?觀諸佛法,皆著淨衣,偏踞坐食一坐食。我弟子法亦如是。所以著淨衣者,欲作限礙,能防衆戒故。所以踞坐,爲淨衣故,亦反俗法,亦爲草坐食易故。因踞坐不如法,得九突吉羅罪。一者腳前却,二者闊腳,三者摇動,四者豎立,五者交,六者垂三衣覆足,七魁,八累腳,九累髀,盡皆犯突吉羅。因不踞坐,得三突吉羅罪。①

在道宣《四分律删繁補闕行事鈔》卷下和大覺《四分律鈔批》卷第十本,對此均有引述②。《大比丘三千威儀》卷上又説:

> 踞坐有五事:一者不得交足;二者不得雙前兩足;三者不得却踞兩手,掉捎兩足;四者不得支柱一足,申一足;五者不得上下足。③

大覺在《四分律鈔批》卷十三本解釋説:

> 踞坐者,立云右腳五指及膝拄地,腳根以尻坐腳上,左腳平著地上者是也。④

大覺對踞坐的解釋與實際有些出入。《漢語大詞典》解釋"踞坐",其中之一是"坐時兩腳底和臀部著地,兩膝上聳",這一解釋比較合理。因爲義淨《南海寄歸内法傳》卷一"食坐小牀"記述説"又經云:食已洗足。明非牀

---

① 《大正藏》第24册,第914頁上中。
② 《大正藏》第40册,第137頁上;《續藏經》第42册,第901頁下。
③ 《大正藏》第24册,第925頁上。
④ 《續藏經》第42册,第1009頁下。

上坐來。食棄足邊,故知垂腳而坐"①,如果不是兩腳底和臀部著地,無法垂腳。

正因爲是垂腳,所以《南海寄歸内法傳》卷三"師資之道"又説:

> 凡是坐者,皆足蹋地,曾無帖膝之法也。律云應先嗢屈竹迦,譯爲蹲踞②。雙足履地,兩膝皆竪,攝斂衣服,勿令垂地,即是持衣説淨常途軌式。或對別人而説罪,或向大衆而申敬,或被責而請忍,或受具而禮僧,皆同斯也。或可雙膝著地,平身合掌,乃是香臺瞻仰讚嘆之容矣。③

卷一"食坐小牀"亦説:

> 西方僧衆將食之時,必須人人淨洗手足,各各別踞小牀……雙足蹋地。④

不僅説明了踞坐"皆足蹋地""雙足蹋地""雙足履地,兩膝皆竪",是蹲坐,還對踞坐的各種場合都作了説明。

在中國,食時踞坐小牀或木枯的情況只是在佛教初傳時保存。晉代以後(不排除"道安三例"的影響),由於僧人將坐具變成大牀,食時坐法相應地亦變成衆僧"排膝而食"的跏趺坐。義淨指出,從學佛的角度來説,這種坐法不對,但即使有外來僧人和親自到過印度的中國僧人指出這一點,也没有人願意接受並改正。《南海寄歸内法傳》卷一"食坐小牀"記述説:

> 即如連坐跏趺,排膝而食,斯非本法,幸可知之。聞夫佛法初來,僧食悉皆踞坐,至乎晉代,此事方訛。自茲已後,跏坐而食。然聖教東流,年垂七百,時經十代,代有其人。梵僧既繼踵來儀,漢德乃排肩受業。亦有親行西國,目擊是非,雖還告言,誰能見用? 又經云: 食已洗足。明非牀上坐來。食棄足邊,故知垂腳而坐。是佛弟子,宜應學佛,縱不能依,勿生輕笑。……幸熟察之,須觀得失。⑤

---

① 王邦維:《南海寄歸内法傳校注》,第 32 頁。
② "踞",原作"居",據校注本校記改。
③ 王邦維:《南海寄歸内法傳校注》,第 147 頁。
④ 王邦維:《南海寄歸内法傳校注》,第 31 頁。
⑤ 王邦維:《南海寄歸内法傳校注》,第 32 頁。

與坐在牀上跏趺受食相應的,是在牀上拜佛,或在地上敷氈席拜佛。義淨指出,這種坐法並不見於其他地方,僅中國獨有。雖然其本意是敬佛,但有失恭敬。《南海寄歸内法傳》卷三"師資之道"説:

> 然於牀上禮拜,諸國所無。或敷氈席,亦不見有。欲敬反慢,豈成道理？至如牀上席上,平懷尚不致恭,況禮尊師大師,此事若爲安可？①

　　從圓仁《入唐求法巡禮行記》卷一的記載來看,唐代後期僧人雖然坐在牀上受齋供,但"禮佛之時,衆皆下牀,於地下敷座具。禮佛了,還上牀座"②。説明禮佛時,没有在牀上禮拜,而是"衆僧皆下牀而立"③,或"於地下敷座具"。至於這是因爲義淨批評的結果,還是圓仁僅只看到敷坐座具禮佛的情況,暫不能確定。

第四節　誦經轉讀

一、受請誦經

　　道宣《四分律删繁補闕行事鈔》卷下一《訃請設則篇》説:

> 施主令讀經者,依語爲之。④

意即僧人受齋時,有應施主之請讀經的程序。相近記載亦見於義淨《南海寄歸内法傳》卷一"受齋軌則"中:

> 次請一僧,座前長跪,讚嘆佛德。次復别請兩僧,各昇佛邊一座,略誦小經半紙一紙。⑤

誦經就是讀經。不過印度僧人和中國僧人誦經不同。《高僧傳》卷十三《唱

---

① 王邦維：《南海寄歸内法傳校注》,第 148 頁。
② 白化文等：《入唐求法巡禮行記校注》,第 89 頁。
③ 白化文等：《入唐求法巡禮行記校注》,第 69 頁。
④ 《大正藏》第 40 册,第 136 頁中。
⑤ 王邦維：《南海寄歸内法傳校注》,第 63 頁。

導·論》說：

> 天竺方俗，凡是歌詠法言，皆稱爲唄。至於此土，詠經則稱爲轉讀，歌讚則號爲梵唄。①

清僧靈椉輯《地藏菩薩本願經卷中科注》卷三解釋"歌詠"說：

> 歌詠者，《尚書》云：詩言志，歌永言。《詩序》曰：情動於中而形於言。言之不足，故嗟嘆之；嗟嘆之不足，故詠歌之。歌者，樂之聲也，直陳其德也。準《山海經》，帝俊八子，始爲歌。若吾教中，即梵唄也。尋西方之有唄，猶東國之有讚。讚者從文以結章，唄者短偈以流頌。比其事義，名異實同。今既作五聲八音之樂矣。②

說明歌詠就是五聲八音的梵唄。

轉讀是什麽呢？《大唐内典錄》卷五《隋朝傳譯佛經錄第十七》"衆經法式十卷"條説：

> 右一部。開皇十五年，文帝勅令有司撰。初即依位，辯而出之，奏聞在内。隋祖敬重教法，無時可忘，所以自始登極，終及大行。每日臨朝，於御林前置列高座二所，一置經師，令轉大乘，二置大德三人，通三藏者。帝目覽萬機，耳聆聲教，纔有喜怒，經師潛默。帝曰：師何默耶？僧曰：見陛下責人，不敢轉讀。帝曰：但讀。③

經師轉大乘經，停聲後，隋文帝令他讀，說明這裏的轉就是讀，讀就是轉，轉讀連文同義。

弄清歌詠和轉讀的意思後，可知在印度，讀經主要是以音樂歌詠，即唱，稱爲唄；在中國，誦經只是轉讀，只有歌讚纔唱，稱爲梵唄。

推究產生這種區別的原因，是由於印度原文和漢文譯文存在差別④。梁慧皎《高僧傳》卷十三《經師·論》説：

---

① 釋慧皎：《高僧傳》，第 508 頁。
② 《續藏經》第 21 册，第 710 頁中。
③ 《大正藏》第 55 册，第 279 頁下。
④ 蘇晉仁：《佛教文化與歷史》，北京：中央民族大學出版社，1998 年，第 16—23 頁。

自大教東流，乃譯文者衆，而傳聲蓋寡。良由梵音重複，漢語單奇。若用梵音以詠漢語，則聲繁而偈迫；若用漢曲以詠梵文，則韻短而辭長。是故金言有譯，梵響無授。①

梁僧祐《出三藏記集》和慧皎《高僧傳》中《鳩摩羅什傳》亦有文説：

什每爲叡論西方辭體，商略同異，云："天竺國俗甚重文藻②，其宫商體韻，以入絃爲善。凡覲國王，必有讚德；見佛之儀，以歌嘆爲尊③。經中偈頌，皆其式也。但改梵爲秦，失其藻蔚，雖得大意，殊隔文體。有似嚼飯與人，非徒失味，乃令嘔穢④也。"⑤

亦就是説，佛經在由梵文譯爲漢文的過程中，由於梵音和漢音不能對應，印度入弦歌讚的偈頌譯成漢文時，出於保存文意考慮，必須轉變文體，不再保存原有的歌韻形式，所以就只能誦而不能歌詠了。唱誦的，大都是中國僧人自己編撰的偈句。

二、轉讀程序

誦經要昇高座，並有一個誦經程序。後漢安世高譯《大比丘三千威儀》卷上説：

上高座讀經有五事：一者當先禮佛；二者當禮經法、上座；三者先一足躡阿僧提上正住坐；四者當還向上座；五者先手安座，乃却坐已。坐有五事：一者當正法衣安坐，二者犍搥聲絶，當先讚偈唄；三者當隨因緣讀；四者若有不可意人，不得於座上瞋恚；五者若有持物施者，當排下著前。⑥

表明上高座誦經的主要程序是：一、禮佛、經和上座；二、正法衣，安座正坐；三、犍搥聲停後，唱讚偈唄；四、隨因緣讀。

---

① 釋慧皎：《高僧傳》，第 507 頁。
② "藻"，《高僧傳》作"制"。
③ "尊"，《高僧傳》作"貴"。
④ "穢"，《高僧傳》作"哦"。
⑤ 釋僧祐：《出三藏記集》，第 534 頁；釋慧皎：《高僧傳》，第 53 頁。標點從《出三藏記集》點校本。
⑥ 《大正藏》第 24 册，第 917 頁上。

僧祐《出三藏記集》卷十五説：

　　初，經出已久，而舊譯時謬，致使深義隱没未通。每至講説，唯敘大意，轉讀而已。①

這段文字並見於慧皎《高僧傳》②。由於《大比丘三千威儀》在漢代已經譯出，説明在道安之前，已經有較爲固定的轉讀佛經和講經説法的程序。從現存資料來看，"道安三例"不僅包括《大比丘三千威儀》已有的安座、禮佛等程序，還包括讚唄和隨因緣讀。由於前面安佛設座一節已經涉及前面兩個程序，隨因緣讀下文討論，這裏只考察讚唄。

湯用彤先生指出：

　　《法苑珠林·唄③讚部》有曰："又昔時有道安法師，集制三科上經上講布薩等。先賢立制，不墜於地。天下法則，人皆習行。"又《祐録》十二載有《法苑原始集目録》，其中第六爲《經唄導師集》。此集末二項曰：
　　《導師緣記》第二十，
　　《安法師法集舊制三科》第二十一。
　　據此，安公所制三科上經上講布薩等，均唱梵唄。《珠林·説聽篇·儀式部》引《三千威儀經》，言及上高座讀經，應即"上經"，亦即上高座轉讀之法。彼經中有曰："坐有五事，一當正法衣安坐，二揵椎聲絶當先讚偈唄，三當隨因緣讀。（下略）"是於轉讀之前，當先唱梵唄。④

尚有其他材料能證明"道安三例"與梵唄有關。唐道宣《續高僧傳》卷五"釋僧旻"條説：

　　又嘗於講日謂衆曰：昔彌天釋道安每講，於定坐後，常使都講等爲含靈轉經三契。此事久廢。既是前修勝業，欲屈大衆各誦《觀世音經》一遍。於是合坐欣然，遠近相習。爾後道俗捨物，乞講前誦經，由此

---

① 釋僧祐：《出三藏記集》，第561頁。
② 釋慧皎：《高僧傳》，第179頁。
③ "唄"，原書作"明"，據《法苑珠林》改。
④ 湯用彤：《漢魏兩晉南北朝佛教史》，第153頁。

始也。①

宋法雲《翻譯名義集》卷四"唄匿"條亦説：

> 或梵唄。……《法苑》云：尋西方之有唄，猶東國之有讚。讚者從文以結章，唄者短偈以流頌。比其事義，名異實同。……《珠林》：齊僧辯能作梵契等。《音義》云：契之一字，猶言一節一科也。《弘明集》：頌經三契。道安法師，集契梵音。②

僧旻爲南朝梁代僧人，他稱道安讓都講轉經三契，似僅誦讀。但法雲稱道安"集契梵音"，契即節，三契即三節，則契當屬梵唄。唐窺基撰《妙法蓮華經玄贊》卷四有文稱：

> 此以歌唄供養，當得大士梵音聲故。梵云婆陟，此言讚嘆。唄匿訛也。陳思登漁山，聞巖岫誦經，清婉遒亮，遠谷流響，遂擬其聲而製梵唄。故今俗中謂之漁梵，冥合西域三契七聲，聞俱胝耳等所作也。③

七聲屬於轉經的音聲，並非讚唄。但三契則屬讚佛的唄偈。唐栖復集《法華經玄贊要集》卷二十解釋"三契"説：

> 契者，切約也。粱云：凡欲誦經，皆先有三數聲讚詠佛德及經功德，然後念經。④

栖復注中所説念經前讚詠佛德及經功德，與《大比丘三千威儀》卷上念經前要"先讚偈唄"互相印證。説明道安讓都講轉經三契，乃是梵唄而不是轉讀⑤。

義淨《南海寄歸内法傳》所記東印度耽摩立底國僧人誦經儀式程序能證明這一點。該書卷四"讚詠之禮"記其程序説：

---

① 道宣：《續高僧傳》，郭紹林點校，北京：中華書局，2014年，第158頁。
② 《大正藏》第54册，第1123頁下。
③ 《大正藏》第34册，第727頁中。
④ 《續藏經》第34册，第650頁中下。
⑤ 周叔迦先生指出："一契便是一個曲調。"(《周叔迦佛學論著全集》，第1061、1106頁)"所謂三契經就是歌詠三段經文。"(《周叔迦佛學論著全集》，第1107頁)"三契經便是歌唱三段經文。"(《周叔迦佛學論著全集》，第1061頁)亦證明了這一點。

> 既其坐定，令一經師，昇師子座，讀誦少經。……所誦之經多誦《三啓》，乃是尊者馬鳴之所集置。初可十頌許，取經意而讚嘆三尊。次述正經，是佛親説。讀①誦既了，更陳十餘頌論，迴向發願，節段三開，故云三啓。②

所説《三啓》，即《無常三啓經》。英藏敦煌遺書 S.153 首題殘，尾題"佛説無常三啓經一卷"下有注："初後讚嘆，乃是尊者馬鳴取經意而集造。中是正經，金口所説。事有三開，故云三啓也。"③與義淨所記相符。説明在印度，轉經前的讚嘆和轉經後的迴向發願，均爲梵唄。道安"使都講等爲含靈轉經三契"，乃是按照印度誦經時，前有讚嘆佛德、後有偈頌迴向發願這一慣例而制訂的，所以轉經三契，是唱三段經文，而不是轉讀三段經文。

三、誦讀懿聲

轉讀儘管是讀，但對音聲仍有特別的要求。慧皎《高僧傳》卷十三《經師·論》説：

> 但轉讀之爲懿，貴在聲文兩得。若唯聲而不文，則道心無以得生；若唯文而不聲，則俗情無以得入。故經言以微妙音歌嘆佛德，斯之謂也。而頃世學者，裁得首尾餘聲，便言擅名當世。經文起盡，曾不措懷。或破句以合聲，或分文以足韻。豈唯聲之不足，亦乃文不成詮。聽者唯增悗忽，聞之但益睡眠。使夫八真明珠，未捭而藏曜；百味淳乳，不澆而自薄。哀哉！若能精達經旨，洞曉音律。三位七聲，次而無亂；五言四句，契而莫爽。其間起擲盪舉，平折放殺，游飛却轉，反疊嬌弄。動韻則流靡弗窮，張喉則變態無盡。故能炳發八音，光揚七善。壯而不猛，凝而不滯；弱而不野，剛而不鋭；清而不擾，濁而不蔽。諒足以起暢微言，怡養神性。故聽聲可以娛耳，聆語可以開襟。若然，可謂梵音深妙，令人樂聞者也。④

轉讀的音聲，按梵語音律來説是"三位七聲"。三位指男聲、女聲和非男

---

① "讀"，底本作"讚"，據王邦維校注本該字校記改。
② 王邦維：《南海寄歸内法傳校注》，第 175 頁。
③ 《大正藏》第 85 册，第 1459 頁上。津藝 207 首殘，尾題"佛説無常三啓經"，尾題後題記同 S.153，但略有異字。
④ 釋慧皎：《高僧傳》，第 508 頁。

非女聲①。這三種聲,又都分爲八種聲,即"一體,二業,三具,四爲,五從,六屬,七依,八呼"②。P.3950(2)和北大 D245v 有法成譯《八轉聲頌》,對八聲有更爲具體的説明。兹以 P.3950(2)爲底本,以北大 D245v 爲校本(稱爲甲本),録文如下:

  八轉聲頌   國大德三藏法師法成譯③
  盛華④林有樹,其樹被⑤風颴。以樹推鳥到,爲樹故放水。
  從樹華盛發,是樹枝甚低。於樹鳥作巢,咄咄樹端嚴。
  第一顯本事,第二知是業,第三作作者,第四爲何施。
  第五從何來,第六由增⑥上,第七示住處,第八是呼詞。
  八轉聲頌一卷⑦

七聲即指除第八呼之外的其他七聲。之所以稱爲"三位七聲",是由於"七轉常用,呼聲用稀,故但云七也"⑧。第八聲雖然存在,但由於較少使用,所以被略去了。

漢地佛教七轉聲據説始於三國時的曹植。道宣《集古今佛道論衡》卷甲説:

  陳思王曹植,字子建,魏武帝第四子也。初封東阿郡王,終後諡爲陳思王也。幼含珪璋,十歲能屬文,下筆便成,初不改定。世間術藝,無不畢善。邯鄲淳見而駭服,稱爲天人。植每讀佛經,輒流連嗟翫,以爲至道之宗極也。遂製轉讀七聲昇降曲折之響。世之諷誦,咸憲章焉。⑨

上文提到,道安在講經時,"常使都講等爲含靈轉經三契"。但道安讓都

---

① 唐遁倫《瑜伽論記》卷一、窺基《瑜伽師地論略纂》卷一均稱:"泛聲有三,一男,二女,三非男女。"
② 《大正藏》第 42 册,第 331 頁上;第 43 册,第 18 頁下;第 54 册,第 640 頁上。
③ "國大德三藏法師法成譯",甲本作"吴三藏"。
④ "華",甲本作"花"。下同。
⑤ "被",底本作"披",據甲本改。
⑥ "增",底本作"曾",據甲本改。
⑦ "八轉聲誦一卷",甲本無。
⑧ 《續藏經》第 28 册,第 253 頁下。
⑨ 《大正藏》第 52 册,第 365 頁下。並見道世:《諸經要集》,《大正藏》第 54 册,第 33 頁上。參見《廣弘明集》卷五,《大正藏》第 52 册,第 119 頁中。

講轉三契經,是歌唱梵唄。因此,道安對於誦讀音聲是否有什麼特別的貢獻,目前尚不能確定。

四、隨因緣讀

安世高譯《大比丘三千威儀》卷上有文說:

> 已坐有五事:一者當正法衣安坐;二者揵搥聲絕,當先讚偈唄;三者當隨因緣讀;四者若有不可意人,不得於座上瞋恚;五者若有持物施者,當排下著前。①

其中第三即"當隨因緣讀"尤其值得注意。所謂因緣,指具體的條件和情況。隨因緣讀,就是根據具體的情況來誦讀佛經。

《大比丘三千威儀》卷上說:

> 行至人家讀經,有五事:一者當四人俱;二者往當隨次如法坐;三者當視因緣,可讀經不,不可讀經不;四者若坐席人不欲聞經,當退止;五者若座中有醉者,惡言形相經者,不應復讀。②

所說五事中,前兩事屬於讀經要求,一是要求一定的人數,二是按定上座要求如法坐。後三事都屬於隨因緣讀,首先是看具體情況是否可以讀經,來決定是否讀經;其次是如果在座的人不想聽經,則不讀經;其三是在座的人中有喝醉酒的人,有毀謗佛法僧三寶的人,就不讀經。

《大比丘三千威儀》卷上又說:

> 不應說經有五事:一者人不敬三師;二者人犯戒;三者誹謗佛道;四者比丘問經不如法;五者不應為白衣說比丘戒經,得罪。③

說經即講經。但講經並非單純的講經說法,要在誦經後纔講經,所以不說經的某些緣由,同樣適用於讀經。因此,不讀經的情況還包括在座的人不敬三師(戒和尚、羯磨師和教授師)、犯戒、誹謗佛道和白衣欲聽比丘戒經。

---

① 《大正藏》第24冊,第917頁上。
② 《大正藏》第24冊,第916頁下。
③ 《大正藏》第24冊,第917頁上。

第五節　講 經 論 義

僧人受齋時,往往會應施主的要求,在食後爲施主講經説法。義淨《南海寄歸内法傳》卷一"受齋軌則"説:

> 過午或講小經,或時連夜方散。①
> 第二日禺中浴像,午時食罷,齊暮講經,斯則處中者所務。②

僧人過午不食,故"過午"已是食後,與"午時食罷"同義。失譯《薩婆多毗尼毗婆沙》卷五説:

> 所以食竟與檀越説法者,一爲消信施故;二爲報恩故;三爲説法令歡喜清淨,善根成就故;四在家人應行財施,出家人應行法施故。③

《大智度論》卷十一説:"説法度人,名爲法施。"④卷二十二又説:"問曰:何等是法施? 答曰:佛所説十二部經,清淨心爲福德與他説,是名法施。復有以神通力令人得道,亦名法施。"⑤十二部經指修多羅、祇夜、受記經、伽陀、優陀那、因緣經、阿波陀那、如是語經、本生經、方廣經、未曾有經、論議經⑥,代表佛所説法。《大智度論》這兩段文字説明,僧人講經説法,以法施度人,既是作爲對施主財施的回報,亦是宣揚佛法,導俗化方。因此,道宣在綜引諸經集成的《四分律删繁補闕行事鈔》中,於"訃請設則"篇之後,專設"導俗化方"篇。而他最先論及的,就是"説法軌儀"⑦,即講經説法的具體軌則。

諸書記載"道安三例",第一例爲"行香定座上經上講之法",説明講經説法與轉讀誦經在"行香定座"方面是相同的。但講經説法並非只是單純的講經,還包括誦經,包括讓所講義理明白清晰或墮墬不成立的論義。因此,

---

① 王邦維:《南海寄歸内法傳校注》,第 68 頁。
② 王邦維:《南海寄歸内法傳校注》,第 68 頁。
③ 《大正藏》第 23 册,第 534 頁中。
④ 《大正藏》第 25 册,第 144 頁下。
⑤ 《大正藏》第 25 册,第 277 頁中。
⑥ 《大正藏》第 8 册,第 220 頁中;第 25 册,第 306 頁下。
⑦ 《大正藏》第 40 册,第 138 頁上。

論及講經説法時,不能不關注論義。對於講經説法的程序,下文第四章第二節要專門論述,本節僅從如法講經、三分判經、講經職事和論義四個方面來認識講經。

一、**如法講經**

道宣《四分律删繁補闕行事鈔》卷下一《導俗化方篇》有文稱:

《三千威儀》:上高座讀經,先禮佛,次禮經法及上座,後在座正坐,向上座坐。楗稚聲絶,先讚偈唄,如法而説。若不如法問、不如法聽,便止。①

所説《三千威儀》,即漢代安世高譯《大比丘三千威儀》。查原經,並不見有"如法而説。若不如法問、不如法聽,便止"等文字,説明它們是道宣新加的内容。不過,道宣將"如法而説"接在"上高座讀經"之後,一方面説明讀經與講經在某些程序上確實是共同的,甚至可能是合爲一體的,另一方面也説明,講經説法有一定的"法",即釋迦牟尼時的定制。

根據道宣"導俗化方"篇所引諸經,可以看出講經説法的定制至少包括如下數條:

(一) **聽説契經和不具説文句**

道宣《四分律删繁補闕行事鈔》卷下一《導俗化方篇》有文稱:

《四分》:爲檀越説法,聽説契經及分別義,得不具説文句。②

《四分》即《四分律》,該書卷三十五有文説:

時諸比丘受教已,月三時集,八日、十四日、十五日。時大衆集,周旋往來,共爲知友,給與飲食。王瓶沙亦復將諸群臣大衆來集。時諸比丘來集已,各各默然而坐。諸長者白諸比丘言:我等欲聞説法。諸比丘不敢説,以此事白佛。佛言:聽汝等與説法。既聽已,不知當説何法。佛言:自今已去,聽説契經。時諸比丘欲分別説義,當説義時,不

---

① 《大正藏》第 40 册,第 138 頁中。
② 《大正藏》第 40 册,第 138 頁上。

具說文句，各自生疑。佛言：聽說義，不具說文句。①

說義即說法，"不具說文句"指不完全按照佛經原文來講，意思比較容易理解。"契經"，指佛所說經。附於《後漢錄》的失譯《分別功德論》卷一說：

> 契經者，佛所說法。或爲諸天帝王，或爲外道異學，隨事分別，各得開解也。契者，猶綫連屬議理，使成行法，故曰契也。②

由於契經是"隨事分別"而說，故唐、宋時期佛教經疏又稱：

> 言契經者，謂能總攝、容納、隨順世俗勝義，堅實理言。如是契經，是佛所說，或佛弟子佛許故說。③

> 經者，梵音修多羅，義翻爲契經。契者，詮表義理契合人心，即契理契機也。經者，《佛地論》云：能貫能攝，故名爲經。以佛聖教，貫穿所應說義，攝持所化生故。④

明代《三藏法數》"小乘九部"條亦說：

> 一修多羅，梵語修多羅，華言契經。契者，上契諸佛之理，下契衆生之機也。經，法也、常也，乃聖教之總名。今言修多羅，即經中長行之文也。謂直說法相，隨其義理長短，不以字數爲拘，是爲長行也。⑤

則所謂契經，又指隨順世俗並契理契機的佛經。由於佛"聽說契經"，故講經說法時講什麼經，並沒有一個硬性規定，而是由講經說法時的具體情況決定。

佛制"聽說契經"，並允許僧人"略撰集好辭要義"⑥，不完全按照佛經原

---

① 《大正藏》第 22 册，第 816 頁下—817 頁上。
② 《大正藏》第 25 册，第 32 頁上。
③ 衆賢造：《阿毗達磨順正理論》卷四十四，《大正藏》第 29 册，第 595 頁上；《阿毗達磨藏顯宗論》卷二十四，《大正藏》第 29 册，第 891 頁下。並見《大正藏》第 41 册，第 288 頁上、685 頁下。
④ 子璿：《金剛般若經疏論纂要》，《大正藏》第 33 册，第 155 頁下；寶臣：《注大乘入楞伽經》卷一，《大正藏》第 39 册，第 434 頁上。
⑤ 釋一如編纂：《三藏法數》，第 376 頁上。
⑥ 《續藏經》第 42 册，第 244 頁上。

文來講,並見於失譯《毗尼母經》卷六:

爾時,瓶沙王在樓上見諸白衣皆相隨而去,王問邊人:此等諸衆,欲詣何處?諸臣答曰:外道有説法處,到彼聽法。王心中自念:彼此俱聽,何不詣佛聽法?爾時佛在王舍城,王即到佛所,頭面禮足,却坐一面。白佛言:世尊,外道日日説法,諸白衣輩日日大設供養。弟子意中願世尊月六齋日,聚集沙門,講説論議。弟子當作種種供養,飯佛及僧,兼得聞法。外道自言我法真正,佛若不説法,世人不識正法,皆入邪道。如來以是因緣,即集諸比丘。比丘集已,默然而坐。諸檀越皆來集已,意欲聽法,語諸比丘。比丘聞已,即白世尊。佛告諸比丘:聽汝等唄。唄者,言説之辭。佛雖聽言説,未知説何等法。諸比丘復諮問世尊。佛言:從修多羅乃至優波提舍,隨意所説。諸比丘,佛既聽説十二部經,欲示現此義,復有疑心。若欲次第説文,衆大文多,恐生疲厭。若略撰集好辭,直示現義,不知如何。以是因緣,具白世尊。佛即聽諸比丘引經中要言妙辭,直顯其義。①

《十誦律》卷五十七亦説:

諸外道梵志,六齋日和合一處説法,大得利養,增長徒衆。洴沙王深愛佛法,故作是念:願諸比丘,六齋日和合一處説法,我當引導大衆,自往聽法,令諸比丘以是因緣,大得供養,增長徒衆。以是事白佛。佛言:從今日聽諸不病比丘,六齋日和合一處説法。諸比丘隨佛教,聽六齋日一處説法,國王群臣皆來聽法,諸比丘大得供養,徒衆增長。諸比丘或有坐地説法,音聲不能遠聞。作是念:佛聽我立説法善。以是事白佛,佛言:聽立説法。爾時諸比丘廣説大經,説者勞悶,聽者疲極。以是事白佛,佛言:若宜止時到,聽止。時諸比丘,取佛經義,自用心廣分別説。諸比丘心疑:將無壞法耶?以是事白佛,佛言:從今日聽取佛經義,莊嚴言辭,次第解説。②

説明僧人説法時,不僅可以站著説法,可以選擇適宜時間停止,還可以不照經文,僅取佛經中義,依次進行解釋。

---

① 《大正藏》第 24 册,第 832 頁下—833 頁上。
② 《大正藏》第 23 册,第 420 頁下—421 頁上。

(二) 應機説法

講經説法除了使用契理契機的契經外，還需要根據聽衆的具體情況作應機説法。首先是對根機的説法。失譯《毗尼母經》卷六説：

> 復次説法比丘，應當籌量大衆，應説何法而得受解。衆若應聞深法，當爲説深法；應聞淺者，爲説淺法。不益前人，名爲惡説。何故不益前人？聞此淺法，不欲聽聞，不求取解。何者名爲深法？論持戒、論定、論慧、論解脱、論解脱知見、論十二因緣乃至論涅槃，是名深法。應聞深者，説如是法，樂欲聽聞，思求取解，是名爲益。若樂淺者，應爲説淺。何者是淺法？論持戒、論布施、論生天論。若衆樂淺，爲説深，不樂聽聞，不求受解，不益前人，是名惡説。淺者爲説淺法利益故，名爲善説。①

> 若諸法師欲説法時，應先觀察衆生根宜，然後隨須而爲演説。若知衆生聞於布施獲利益者，法師即應先説布施，令彼歡喜；當知此時，不應更説諸餘法門。或復有人樂欲持戒，法師則應爲説持戒；亦不得説餘深法也。如是衆生或時樂行忍辱、精進、禪定、智慧乃至樂聞種種法門，即皆爲説，令速開解。②

不論是説深、淺法，還是根據衆生根宜隨須説法，都是對根機的説法。

其次是應時、應處、應請、應需和護教。《大般涅槃經》卷十七説：

> 復次善男子，若我弟子受持讀誦，書寫演説是《涅槃經》，莫非時説，莫非國説，莫不請説，莫輕心説，莫處處説，莫自嘆説，莫輕他説，莫滅佛法説，莫熾然世法説。善男子，若我弟子受持是經，非時而説，乃至熾然世法説者，人當輕呵而作是言：若佛祕藏《大涅槃經》有威力者，云何令汝非時而説，乃至熾然世法而説？若持經者作如是説：當知是經爲無威力。若無威力，雖復受持，爲無利益。緣是輕毀《涅槃經》，故令無量衆生墮於地獄。受持是經，非時而説，乃至熾然世法而説，則是衆生惡知識也。③

---

① 《大正藏》第 24 册，第 832 頁上。
② 闍那崛多等：《大法炬陀羅尼經》卷六，《大正藏》第 21 册，第 686 頁上。
③ 《大正藏》第 12 册，第 467 頁下。

雖然經文只是以否定的方式，要求"莫非時説，莫非國説，莫不請説，莫輕心説，莫處處説，莫自嘆説，莫輕他説，莫滅佛法説，莫熾然世法説"，但正面意思，則是要求應時、應處、應請、應需和護教。

（三）佛制不應

針對僧人説法中存在的問題，佛制訂了講經説法不允許的規則：一是經中規定不得在受齋前説；二是律中有二比丘不得同一高座説法，不應同聲合唄，不得以過差歌詠聲説法或外道歌音説法等。

經中的規定見於漢安世高譯《佛説罵意經》。其文稱：

> 人請道人，道人未食，不應問經。道人爲説，有罪。道人食，乃得問經道。①

這裏所説道人，即指僧人。經中規定僧人未受食，不應問經，並稱如果僧人未受食先爲施主説法，則有罪。

另外，安世高譯《大比丘三千威儀》卷上亦説：

> 未食不得爲人説法。②

同樣規定未受齋食前不得説法。

律中的規定有數種。有二比丘不得同一高座説法和不得以極差歌詠聲説法。如《四分律》卷三十五説：

> 時二比丘共一高座説法。佛言：不應爾。二比丘同一高座説法，共諍。佛言：不應爾。彼相近敷高座説義，互求長短。佛言：不應爾。彼因説義，共相逼切。佛言：不應爾。③
>
> 時諸比丘二人，共同聲合唄。佛言：不應爾。時諸比丘欲歌詠聲説法，佛言：聽。時有一比丘去世尊不遠，極過差歌詠聲説法。佛聞已，即告此比丘：汝莫如是説法。汝當如如來處中説法，勿與凡世人同。欲説法者，當如舍利弗、目捷連平等説法，勿與凡世人同説法。諸比丘，若過差歌詠聲説法，有五過失：何等五？若比丘過差歌詠聲説

---

① 《大正藏》第17册，第531頁下。
② 《大正藏》第24册，第916頁中。
③ 《大正藏》第22册，第817頁上。

法,便自生貪著,愛樂音聲,是謂第一過失。復次,若比丘過差歌詠聲說法,其有聞者生貪著,愛樂其聲,是謂比丘第二過失。復次,若比丘過差歌詠聲說法,其有聞者,令其習學,是謂比丘第三過失。復次,比丘過差歌詠聲說法,諸長者聞,皆共譏嫌言:我等所習歌詠聲,比丘亦如是說法。便生慢心,不恭敬,是謂比丘第四過失。復次,若比丘過差歌詠聲說法,若在寂靜之處思惟,緣憶音聲以亂禪定,是謂比丘第五過失。①

此外,還有不得二比丘同一坐中共說一法,不得用外道歌音說法等數種。《毗尼母經》卷六說:

爾時佛聽說法,時有二比丘同一坐中,並共說一法。如來聞之,即制不聽。爾時會中復有一比丘,去佛不遠,立高聲作歌音誦經。佛聞,即制不聽用此音誦經。有五事過,如上文說。用外道歌音說法,復有五種過患:一者不名自持;二不稱聽衆;三諸天不悅;四語不正難解;五語不巧,故義亦難解。是名五種過患。②

《毗尼母經》的文字與《四分律》文有一定區別,但所說意思略近,表明如來至少制訂了兩類規定。

另外,《四分僧戒本》還規定了以下不得說法的情況:

人坐己立,不得爲說法。除病應當學。
人臥己坐,不得爲說法。除病應當學。
人在座,己在非座,不得爲說法。除病應當學。
人在高座,己在下座,不得爲說法。除病應當學。
人在前,己在後,不得爲說法。除病應當學。
人在高經行處,己在下經行處,不得爲說法。除病應當學。
人在道,己在非道,不得爲說法。除病應當學。③

佛制不許說法者尚多,不贅舉。從上面所引來看,關鍵在於是否當機,是否合律。

---

① 《大正藏》第 22 册,第 817 頁上中。
② 《大正藏》第 24 册,第 833 頁上。
③ 《大正藏》第 22 册,第 1029 頁下。

綜上有關講經的各種規定可以看出，講經有一個基本的儀式程序，但講的內容則是隨機的。如法講經，要求講經者把握講經説法的隨機性。而當機講經，則決定了講經的內容以及講經文並没有一個固定的模式。這一點對理解俗講，理解敦煌遺書中發現的講經文和變文等講唱體文獻當有啓發。

二、三分判經

三分判經是指將佛經科判爲序分、正宗分和流通分。據説始於道安。隋吉藏《仁王般若經疏》卷上一説：

> 諸佛説經，本無章段。始自道安法師，分經以爲三段。第一序説，第二正説，第三流通説。序説者由序義，説經之由序也；正説者不偏義，一教之宗旨也；流通者，流者宣布義，通者不擁義，欲使法音遠布無壅也。所以有三説者，欲明勝人致教，必有因緣。先明序説，開漸既彰；正經宜辨，故復正説；聖人大悲，無限衆生受化無窮，非止復益當時，乃欲遠傳後世，故有第三流通也。然此三非是三，故三乃是一三耳。序即是正，乃至流通即序，例如三寶一三三一也。①

唐代玄奘除翻譯《佛説佛地經》外，還翻譯了《佛地經論》。後者是親光對《佛地經》的注釋，其中有文稱：

> 於此經中總有三分：一教起因緣分；二聖教所説分；三依教奉行分。總顯已聞及教起時，别顯教主及教起處。教所被機，即是教起所因所緣，故名教起因緣分；正顯聖教所説法門品類差别，故名聖教所説分；顯彼時衆聞佛聖教，歡喜奉行，故名依教奉行分。②

親光將《佛地經》分爲三分，讓人想起了道安的三分判經。人們都不禁驚嘆於道安的先見之明。如道氤《御注金剛般若波羅蜜經宣演》卷上説：

> 晉朝道安法師，時人稱爲寶印手菩薩。科判諸經，以爲三分：序分、正宗、流通。後譯《佛地論》，親光菩薩釋《佛地經》，三分正同。是知妙理潛通，惠心玄合，彌天之稱，豈虚也哉？言三分者，一教起因緣

---

① 《大正藏》第 33 册，第 315 頁下。
② 《大正藏》第 26 册，第 291 頁下。

分;二聖教所說分;三依教奉行分。名雖少差,義理無別。①

良賁《仁王護國般若波羅蜜多經疏》第一上亦說:

昔有晉朝道安法師,科判諸經以爲三分:序分、正宗、流通分。故至今巨唐慈恩三藏譯《佛地論》,親光菩薩釋《佛地經》,科判彼經以爲三分。然則東夏西天,處雖懸曠,聖心潛契,妙旨冥符。②

不過,有僧人在認可道安是三分判經的創始人的同時,又稱道安三分判經是在《佛地論》譯爲漢文後纔被遵行的。如唐栖復《法華經玄贊要集》卷六說:

此方晉朝道安法師,時人稱爲寶印手菩薩。科一切經作三分:序分、正宗、流通。問:何名序分?答:序彰起說之由。問:何名正宗?答:正明即座之益。問:何③名流通?答:流通爲澤霑來兆。又由三義,故立三分。一除疑生信,立序分;二破執令解,立正宗分;三依法修行,立流通分。道安和尚判教了後,《佛地論》從西國來,果然有此三分,暗合親光菩薩科也。自後諸經,皆依三分判教也。④

清代來舟在《大乘本生心觀經淺注》中亦持相近說法⑤。

如上所引,早在隋代吉藏的《仁王般若經疏》中,已經認可並遵行了道安的三分判經。故這裏稱道安三分判經在《佛地論》譯爲漢文後纔被遵行,與事實不符。從相關記載來看,道安三分判經的創舉,當在道安時已被天下寺舍"則而從之"。

儘管有關道安三分判經的材料主要保存在佛經注疏中,但它並非只是用於佛經注疏,往往還用於講經法會。唐代日本來華僧圓仁在《入唐求法巡禮行記》卷二中記述唐代講經時,兩次提到這一點:

赤山院講經儀式:辰時,打講經鐘,打驚衆鐘訖。良久之會,大衆

---

① 《大正藏》第85册,第19頁上中。
② 《大正藏》第33册,第435頁中。
③ "何",底本無,據上下文行文補。
④ 《續藏經》第34册,第307頁下—308頁上。
⑤ 《續藏經》第20册,第889頁上。

上堂,方定衆鐘。講師上堂……梵唄訖,講師唱經題目,便開題,分別三門。①

新羅一日講儀式:辰時,打鐘,長打槌了。講師都講二人入堂。……唱經了,更短音唱題目。講師開經目。三門分別,述經大意。②

其中的"分別三門"和"三門分別",就是道安的三分判經。在敦煌遺書中發現的講經文中,對三門分別有具體的説明。如 BD07849《妙法蓮華經講經文(擬)》稱:

將釋一部經文,大分三段。序品之中,九種成就。第一序分……次有八品,號曰正宗……第三疏(流)通,有一十九品經文。

在《長興四年中興殿應聖節講經文》《佛説阿彌陀經講經文(擬)》《盂蘭盆經講經文(擬)》等已經整理發表的敦煌講經文中,同樣可以看到有關三門分別的説法③。

一些講經文雖然不完整,但仍透露出相關信息來。如《金剛般若波羅蜜經講經文(擬)》有偈言:"序分政(正)宗今講了,流通末後意如何,一段經文三段唱,且當第一唱將羅。"④末又説:"上來有三:一、序分;二、政(正)宗;三、流通。……三段不同,總是一卷經文。"⑤《目連變文(擬)》亦説:"上來所説序分竟,自下第二正宗者。"⑥由於變文有明顯的屬於齋供儀式文本的證據,因此上面提及的講經文和變文,無疑都是道安三分判經用於佛教齋供儀式的證據。

三、講經職事

講經説法屬於集體項目,需要由數人配合纔能完成。講經職事就是直接參與講經説法的人員。有關講經職事的記述,目前以道宣《續高僧傳》記述最爲詳盡。該書卷一"菩提流支傳"附傳"寶意傳"記載説:

---

① 白化文等:《入唐求法巡禮行記校注》,第 187 頁。
② 白化文等:《入唐求法巡禮行記校注》,第 188 頁。
③ 潘重規:《敦煌變文集新書》,臺北:文津出版社有限公司,1994 年,第 39、158、487—488 頁。
④ 潘重規:《敦煌變文集新書》,第 120 頁。
⑤ 潘重規:《敦煌變文集新書》,第 122 頁。
⑥ 潘重規:《敦煌變文集新書》,第 735 頁。

於時又有中天竺僧勒那摩提,魏云寶意,博贍之富,理事兼通。誦一億偈,偈有三十二字。尤明禪法,意存遊化。以正始五年初屆洛邑……初,寶意沙門神理標異,領牒魏詞,偏盡隅奧。帝每令講《華嚴經》,披釋開悟,精義每發。一日正處高座,忽有持笏執名者形如大官,云:"奉天帝命,來請法師講《華嚴經》。"意曰:"今此法席尚未停止,待訖經文,當從來命。雖然,法事所資,獨不能建,都講、香火、維那、梵唄,咸亦須之,可請令定。"使者即如所請見講諸僧。既而法事將了,又見前使云:"奉天帝命,故來下迎。"意乃含笑熙怡,告衆辭訣,奄然卒於法座。都講等僧亦同時殞。魏境聞見,無不嗟美。①

《續高僧傳》卷二十六另有記載説:

釋僧意,不知何人,貞確有思力。每登座講説,輒天花下散,在於法座。元魏中,住太山朗公谷山寺,聚徒教授。迄於暮齒,精誠不倦。……將終前夕,有一沙彌死來已久,見形禮拜云:"違奉已來,常爲天帝驅使,栖遑無暇,廢修道業。不久天帝請師講經,願因一言,得免形苦。"意便洗浴燒香,端坐靜室,候待時至。及期,果有天來,入寺及房,冠服羽從,偉麗殊特。衆僧初見,但謂是何世貴入山參謁,不生驚異。及意爾日無疾而逝,方知靈感。其都講住在兗州,自餘香火、唄匿散在他邑,後試檢勘,皆同日而終焉。②

從二僧名及其他齋職同逝的背景來看,這兩條材料可能講的是同一件事,故所記與僧意同逝的齋職爲都講、香火、唄匿,與寶意講經需要的都講、香火、維那、梵唄相近。説明"法事所資,獨不能建",除法師外,"都講、香火、維那、梵唄,咸亦須之",講經職事包括法師、都講、香火、維那和梵唄。在講經説法時,他們各司其職,互相配合,纔能讓法會圓滿完成。由於香火只是負責照管燒香燃燈,没有更多內容,且郝春文先生已有較爲全面的討論③,故

---

① 道宣:《續高僧傳》,第16—17頁。相近記述並見唐法藏:《華嚴經傳記》卷二(《大正藏》第51册,第158頁下)、澄觀:《大方廣佛華嚴經隨疏演義鈔》卷十五(《大正藏》第36册,第116頁上)、道宣:《法苑珠林》卷二十四(《大正藏》第53册,第467頁中)、智昇:《開元釋教録》卷六(《大正藏》第55册,第540頁中下)、圓照:《貞元新定釋教目録》卷九(《大正藏》第55册,第838頁下—839頁上)等。
② 道宣:《續高僧傳》,第993頁。
③ 曉文:《釋"香火"》,《北京師範學院學報》(社會科學版)1992年第5期;郝春文:《中古時期社邑研究》,臺北:新文豐出版公司,2006年,第182頁注120。

這裏只討論法師、都講、維那和梵唄。

(一) 法師

法師即昇高座講經説法者。故又稱高座、高座法師、高座道人(道人爲高齊以前對僧人的稱呼)等。P.2081"法師行法第九"説：

> 法師説法，應當正念，自利利人。是以《大集經》云：若有法師欲説法時，當先洗浴，令身淨潔。持妙香華，正東而禮。一心憶念十方諸佛，慈[心]普及一切衆生，然後乃昇師子法坐(座)。《十住毗沙論》云：欲昇高坐(座)，先應恭敬禮拜大衆，然後昇座。衆有女人，應觀不淨。威儀視瞻，有大人相。敷演法音，顔色和悦。於惡言問難，應當忍辱。《佛藏經》云：有能清淨持戒，[無]有癥(瑕)疵。不垢不濁，自在不著。身證法者，無有疑悔。我聽是人，高坐(座)説法，雖是凡夫，清淨持戒，心不貪著外道經義，一心勤求沙門上果。不貪利養，善巧定説。多聞廣喻，猶如大海。乃至失命，猶不妄語，唯説清淨第一實義。所説如是，亦如是行。如是説者，我聽説法。《涅槃經》云：説大涅槃者，説佛性者，説大乘者，説聲聞乘者，説辟支佛乘者，欲見佛性者，先當清淨其[身]。以身淨故，則無呵嘖；無呵嘖故，令無量人於大涅槃生清淨信；信心生故，恭敬是經，若聞一偈、一句、一字及説法者，則得發於菩提之心。當知是人，則是衆生真善知識。①

其中廣泛徵引佛經，陳述對法師的要求。另外，在《雜阿含經》、闍那崛多等譯《大法炬陀羅尼經》中，亦有關於法師的相關説明②。綜合諸經所説，大致包括以下幾個方面：

一是法師應具備的基本條件。法師應具備的條件有多種説法，一種稱："一者廣博多學，能持一切言辭章句；二者決定善知世間、出世間諸法生滅相；三者得禪定慧，於諸經法隨順無諍；四者不增不損，如所説行。"③第二種稱："一者善能安住陀羅尼門，深信樂法；二者善得般舟三昧，勤行精進，持戒清淨；三者不樂一切生處，不貪利養，不求果報；四者於三解脱，心無有疑。又能善起諸深三昧，具足威儀，憶念堅固。有念安慧，不調戲，不輕躁，不無羞。不癡亂。言無錯謬，守護諸根，不貪美味。善攝手足，所念不忘。樂行頭

---

① P.2081 所引經的翻譯時間，不早於南朝蕭齊，故推知其成書時間在東晉以後。
② 《大正藏》第 2 册，第 5 頁下；第 21 册，第 686 頁上中。
③ 龍樹：《十住毗婆沙論》卷七，鳩摩羅什譯，《大正藏》第 26 册，第 53 頁下。

陀,分別世間、出世間法,心無疑悔。言辭章句,不可窮盡。爲諸聽者求安隱利,不求他過。有如是法,應處師子座。"①第三種稱:"若諸法師凡欲説法調伏衆時,必須聰慧利根,多聞博識,形貌端雅,正見家生,三業清白,衆德具備,著淨潔衣,威儀齊整。"②具備這些條件的法師,在有人勸請説法時,就應登獅子座爲衆説法。

　　二是説法時應注意的事項。據《十住毗婆沙論》所説包括四種:"一者欲昇高座,先應恭敬禮拜大衆,然後昇座。二者衆有女人,應觀不淨。三者威儀視瞻,有大人相,敷演法音,顏色和悦,人皆信受;不説外道經書,心無怯畏。四者於惡言問難,當行忍辱。"③

　　三是説法時的態度。有多種説法,第一種是:"一者於諸衆生,生饒益想。二者於諸衆生,不生我想。三者於諸文字,不生法想。四者願諸衆生從我聞法者,於阿耨多羅三藐三菩提而不退轉。"④第二種是:"一不自輕身;二不輕聽者;三不輕所説;四不爲利養。"⑤第三種稱:"又諸法師不應諍論。夫諍論者,即是無明煩惱根本。是故法師應勤精進,速滅無明,亦勸他離。毗舍佉,是諸法師要先具備如上功德,然後爲衆方便説也。毗舍佉,法師常當如是思惟:我今所處,即是如來師子之座,宜應忍默,何忽起瞋?隨彼衆生一切問難,我當解釋,皆令歡喜。作是念已,諸有諍論、彼我之心,自然消滅。"⑥第四種説:"夫法師者,常應慈愍,愛語謙下,將護衆心。何以故?若懷瞋妒,心存勝負,獲大重罪;慈心説法,成大功德,能令佛法久住於世。凡所生處,常得值遇諸佛菩薩及衆聖賢,能消世間種種供養。假以高大師子寶座,又以億數無價名衣奉上法師,豈能報彼法師恩德?而彼法師雖受是事,應深慚愧,勿起貪心,應生慈愍,不得我慢。無令消滅施主善根,當令衆生咸得歡喜。"⑦

　　四是説法的背景。主要是按照聽衆的根機,根據需要説法。這點在上文如法講經時已經提到。

　　五是説法的内容。所説法包括多種,一種是偏於強調勸人離苦修善,如《雜阿含經》卷一稱:"佛告比丘:若於色説是生厭、離欲、滅盡、寂靜法者,是名法師。若於受、想、行、識説是生厭、離欲、滅盡、寂靜法者,是名法師,是名

---

① 龍樹:《十住毗婆沙論》卷七,鳩摩羅什譯,《大正藏》第 26 册,第 53 頁下—54 頁上。
② 《大正藏》第 21 册,第 686 頁中。
③ 龍樹:《十住毗婆沙論》卷七,鳩摩羅什譯,《大正藏》第 26 册,第 53 頁下。
④ 龍樹:《十住毗婆沙論》卷七,鳩摩羅什譯,《大正藏》第 26 册,第 53 頁下。
⑤ 龍樹:《十住毗婆沙論》卷七,鳩摩羅什譯,《大正藏》第 26 册,第 54 頁上。
⑥ 闍那崛多等譯:《大法炬陀羅尼經》,《大正藏》第 21 册,第 686 頁上。
⑦ 《大正藏》第 21 册,第 686 頁中。

如來所説法師。"①一種是以四相方便説甚深法。如《十住毗婆沙論》卷七説:"佛告阿難:説法者應説何法?阿難,所可説法,不可示,不可説,無相無爲。世尊,法若爾者,云何可説?阿難,是法甚深。如來以四相方便而爲演説,一以音聲;二以名字;三以語言;四以義理。"②

六是説法的條件。"一者爲度應度衆生;二者但説色、受、想、行、識名字;三者以種種文辭章句,利益衆生;四者雖説名字,而亦不得。譬如鉢油清淨無垢,於中觀者自見面相。"③

由於對法師有一定的要求,所以並不是每個人都能成爲合格的法師。在中國佛教史上,堪任法師的人,如道安、慧遠、鳩摩羅什、竺道生等,往往都是因爲有某些過人之處,纔能顯赫於當世,留名於後代。一般人則只能以上述要求作爲努力的目標。

(二) 都講

宋贊寧《大宋僧史略》卷上"都講"條説:

> 敷宣之士,擊發之由。非旁人而啓端,難在座而孤起。故梁武講經,以枳園寺法彪爲都講。彪公先一問,梁祖方鼓舌端。載索載徵,隨問隨答。此都講之大體也。又支遁至會稽,王内史請講《維摩》,許詢爲都講。許發一問,衆謂支無以答;支答一義,衆謂詢無以難。如是問答,連環不盡。是知都講,實難其人。又僧伽跋陀羅就講,弟子法勇傳譯,僧念爲都講。又僧導者,京兆人也。爲沙彌時,僧叡見而異之曰:君於佛法,且欲何爲?曰:願爲法師作都講。叡曰:君當爲萬人法主,豈對揚小師乎?此則姚秦之世,已有都講也。今之都講,不聞擊問。舉唱經文,蓋似像古之都講耳。④

稍後,道誠《釋氏要覽》卷下"都講"條亦説:

> 即法師對揚之人也。梁武帝每講經,詔枳園寺法彪爲都講。彪先舉一問,帝方鼓舌端。載索載徵,隨問隨答。晉支遁至越,王羲之請講《維摩經》,以許詢爲都講。詢發一問,衆謂遁無以答;遁答一義,衆謂詢

---

① 《大正藏》第 2 册,第 5 頁下。
② 龍樹:《十住毗婆沙論》卷七,鳩摩羅什譯,《大正藏》第 26 册,第 54 頁上。
③ 《大正藏》第 26 册,第 54 頁上。
④ 富世平:《大宋僧史略校注》,第 54—55 頁。標點略異。

無所難。今之都講,但舉唱經文,而亡擊問也。①

比較兩者内容,可以看出道誠的解釋脱胎於贊寧的《大宋僧史略》。不過,贊寧對"都講"的解釋並不準確。

事實上,都講司唱經、唱經題,並非"實難其人",以發問爲其專職之一。不論在梁武帝時、梁武帝前還是梁武帝後的講經法會,都可以證明這一點。如道宣《廣弘明集》卷十九,記載了天監三年(504)二月二十六日梁武帝爲法師,法彪爲都講的具體情況:

> 都講枳園寺法彪唱曰:《摩訶般若波羅蜜經》。
> 制曰:蔓蓓云談何容易,在乎至理,彌不可説。雖罄兩端,終慚四答。……大聖世尊,不違本誓,以方便力,接引衆生,於無名相寄名相説,使訪道者識塗,令問津者知歸,所以於王舍城大師子吼,説《摩訶般若波羅蜜經》。②

又如天監十年(511)五月,爲了討論是否當斷酒肉,在梁武帝的倡導下,舉行了論辯大會。道宣《廣弘明集》卷二十六記其事説:

> 二十三日旦,光宅寺法雲於華林殿前登東向高座,爲法師;瓦官寺慧明登西向高座,爲都講,唱《大涅槃經》四相品四分之一,陳食肉者斷大慈種義。法雲解釋。③

這兩條材料中,都只是都講唱經或唱經題,然後法師解釋,並没有都講先發問,法師"載索載徵,隨問隨答"。贊寧説"梁武帝每講經,詔枳園寺法彪爲都講。彪先舉一問,帝方鼓舌端",並無實據,不可從。

在梁武帝之前,竺道生根據六卷本《泥洹經》提出了"一闡提悉有佛性"的觀點。這一觀點曾經一度受到質疑,但大本《涅槃經》譯出後,"果稱闡提悉有佛性"④,纔得到認可。隋灌頂撰《大般涅槃經玄義文句會本》卷下記述了竺道生得認可後在劉宋都城講經説法的情況:

---

① 富世平:《釋氏要覽校注》,第438—439頁。
② 《大正藏》第52册,第238頁上。
③ 《大正藏》第52册,第299頁上。
④ 釋慧皎:《高僧傳》,第256頁。

> 開經之朝,宋城道俗五千餘人咸集講會。生(竺道生——引者)昇座已,便令都講偏唱經文四十餘段,説一闡提悉有佛性。於是便立一切衆生至一闡提有佛性義,教令衆論議意,無一人申論場者。①

這場講經法會,先由都講唱了經文,在竺道生"立一切衆生至一闡提有佛性義"後,無人應對,所以同樣没有"載索載徵,隨問隨答"。

在梁武帝之後,據《續高僧傳》"玄鑒"傳記載,唐代武德年間(618—626),僧人講經説法時,"都講唱文,諸天神等皆斂容傾耳,恐其聲絶;法師解釋,皆散亂縱恣,無心聽受"②,與武帝時一樣,同樣是都講唱經文、法師解釋。

在敦煌遺書中的齋供儀式文本,提到都講時,則都以之唱經或唱經題:

> 願聞法者合掌著,都講經題唱將來。③
> 若要聽得真經,須藉法師都講。④
> 都講闍梨道德高,音律清泠能宛轉。
> 好韻宫商申雅調,高著聲音唱將來。⑤

綜上可知,從梁武帝時的講經説法情況,從梁武帝之前和之後的講經説法情況來看,都講都只是司唱經、唱經題,並未以發問爲其專職。

那麼,贊寧爲什麼説都講是"敷宣之士,擊發之由。非旁人而啓端,難在座而孤起",並引"梁武講經,以枳園寺法彪爲都講"爲例呢? 這與對支遁爲法師,許詢爲都講的講經法會的理解有關,亦與贊寧不了解論義有關。由於這個問題關係到對論義的認識,下文介紹完論義後再詳論。

(三) 維那

贊寧《大宋僧史略》卷中"雜任職員"條解釋"都維那"説:

> 都維那者,《寄歸傳》云:華、梵兼舉也。維是綱維,華言也;那是略梵語,删去羯磨陀三字也。⑥

---

① 《續藏經》第36册,第40頁中。
② 道宣:《續高僧傳》,第525頁。
③ 《大正藏》第85册,第1298頁上。
④ 黄征等:《敦煌變文校注》,北京:中華書局,1997年,第742頁。
⑤ 黄征等:《敦煌變文校注》,第704頁。
⑥ 富世平:《大宋僧史略校注》,第117頁。標點略異。

所説《寄歸傳》，即義淨《南海寄歸内法傳》。該書卷四"灌沐尊儀"説："但西國諸寺，灌沐尊儀，每於禺中之時，授事便鳴揵稚。授事者，梵云羯磨陀那。陀那是授，羯磨是事，意道以衆雜事指授於人。舊云維那者非也。維是周語，意道綱維。那是梵音，略去羯磨陀字也。寺庭張施寶蓋，殿側羅列香瓶。取金銀銅石之像，置以銅金木石盤内。令諸妓女，奏其音樂。塗以磨香，灌以香水，取栴檀沉水香木之屑，於礛石上，以水磨使成泥，用塗像身，方持水灌。以淨白氈而揩拭之。然後安置殿中，布諸花彩。此乃寺衆之儀，令羯磨陀那作矣。"①説明維那是梵語"羯磨陀那"的意譯"綱維"、音譯"羯磨陀那"的末一字的合稱。

義淨《大唐西域求法高僧傳》卷上説：

若鳴揵稚及監食者，名爲羯磨陀那，譯爲授事，言維那者略也。②

《大宋僧史略》卷中"僧寺綱糾"條又有文説：

案：西域知事僧總曰羯磨陀那，譯爲知事。亦曰悦衆，謂知其事、悦其衆也。③

説明維那因負責鳴揵稚、監食等事，故又意譯爲授事、知事和悦衆。綜上所説，維那的梵語爲"羯磨陀那"，維那一詞爲華意"維"和梵音"那"雙舉。維那負責鳴揵稚、監食等事，故又意譯爲授事、知事和悦衆等。

維那一職的設立，始於釋迦牟尼時。《十誦律》卷三十四説：

佛在舍衛國，爾時祇陀林中僧坊中，無比丘知時限唱時，無人打揵稚，無人掃灑塗治講堂食處，無人次第相續敷牀榻，無人教淨果菜，無人看苦酒中虫，飲食時無人行水，衆散亂語時無人彈指。是事白佛，佛言：應立維那。……作維那比丘，應知時限，知唱時，知打揵稚，知掃灑塗治講堂食處，知次第相續敷牀榻，知教淨果菜，知看苦酒中虫，知飲食時行水，衆散亂語時彈指。④

---

① 王邦維：《南海寄歸内法傳校注》，第 172 頁。
② 王邦維：《大唐西域求法高僧傳校注》，北京：中華書局，1988 年，第 113 頁。
③ 富世平：《大宋僧史略校注》，第 89—90 頁。標點略異。
④ 《大正藏》第 23 册，第 250 頁中下。

維那所打揵稚,又作揵稚、楗稚、楗搥、揵搥、楗椎、揵椎等。原指打擊後能鳴聲的器物,中國則指鐘磬等樂器。道誠集《釋氏要覽》卷下"揵稚"條有文說:

> 今詳律,但是鐘磬、石板、木板、木魚、砧搥,有聲能集衆者,皆名揵稚也。今寺院木魚者,蓋古人不可以木朴擊之,故創魚象也。又必取張華桐魚之名,或取鯨魚一擊,蒲勞爲之大鳴也。①

說明不少東西都能作揵稚。

揵稚有多種功能,集衆是其中的主要功能之一。唐道世纂《毗尼討要》卷上"鳴槌集衆章"有文說:

> 將欲鳴槌,先須施座。故律云:當敷座打槌,盡集一處。《出要律儀》引《聲論》翻楗槌云:巨塞反。槌音地。,此云磬也。亦名爲鍾。……維那將欲鳴鐘,先具威儀,禮十方佛已,至誠爲物。召集凡聖之意,然後漸漸生槌,令從微至著,不得攏心大打,驚動衆心。法用甚多,不能具述,略申此意,行者宜知。②

由於鳴揵槌要先施座,故鳴揵槌與安座有關。而維那鳴鐘前要至誠禮十方佛,說明還與法會有關。鳴揵槌有召集凡聖等多種功用,安世高譯《大比丘三千威儀》,稱上高座坐後,"揵搥聲絶,當先讚偈唄",說明鳴揵槌亦用於講經法會。由於鳴揵槌由維那負責,故維那爲講經法會中的要職之一。

維那除負責鳴揵稚外,還充當唱導師申讀表嘆法會興由。如圓仁《入唐求法巡禮行記》卷二記"赤山院講經儀式"說:

> 釋題目訖,維那師出來於高座前,讀申會興之由,及施主別各③所施物色,申訖,便以其狀轉與講師。講師把麈尾,一一申舉施主名,獨自誓願。④

---

① 富世平:《釋氏要覽校注》,第528頁。
② 《續藏經》第44册,第317頁下。
③ "各",小野勝年本(《入唐求法巡礼行記の研究》,第二卷,東京:鈴木學術財團,昭和41年,第143頁)、白化文等校注本作"名",似未安。從上下文看,如作"名",則與下文講師一一申舉施主名重複。"別各"則指不同的人、每個人。
④ 白化文等:《入唐求法巡禮行記校注》,第187—188頁。

記"新羅一日講儀式"亦説:

> 釋經題目竟,有維那師,披讀申事興所由。其狀中,具載無常道理。亡者功能,亡逝日數。①

不論"讀申會興之由"還是"披讀申事興所由",都是維那在講經法會中所擔任角色的具體記載。

正由於維那在法會中的工作是説明舉辦齋供儀式的前因後果,所以他又被稱爲表嘆師。圓仁《入唐求法巡禮行記》記"竹林寺齋禮佛式"説:

> 表嘆師打槌,唱"一切恭敬禮常住三寶,一切普念"。次寺中後生僧二人手把金蓮,打蠡鈸。三四人同音作梵。供主行香,不論僧俗男女,行香盡遍了。表嘆先讀施主設供書。次表讚了。便唱"一切普念"。……打槌唱云施食咒願。……次打槌念佛。表嘆師打槌云……②

這一禮佛式中表嘆師的表現有兩個方面值得注意:一是打槌並唱念,二是"讀施主設供書"和"表讚"。上文已指出,維那一貫司打槌,維那讀申舉辦齋供儀式的緣由,與表嘆師既打槌又讀設供書和表讚相同,説明維那在法會中的司職可以有幾個,除打槌外,他還負有讀狀和表嘆之職。由於唱導師在法會中即負責嘆佛咒願③,所以在講經法會中,維那師又兼作唱導師。

(四) 梵唄

梵唄就是歌詠、歌讚。梵唄出現的背景是禮敬讚嘆。這一點在義淨《南海寄歸內法傳》卷四"讚詠之禮"有詳細記載。東聖方耽摩立底國的具體表現,是"令其能者作哀雅聲,明徹雄朗,讚大師德。或十頌,或二十頌",誦經時,"初可十頌許,取經意而讚嘆三尊","讀④誦既了,更陳十餘頌論,迴向發願"⑤。那爛陀寺的情況是:"每禮拜時,高聲讚嘆,三頌五頌,響皆遍徹。迄乎日暮,方始言周。""且如禮佛之時,云嘆佛相好者,即合直聲長讚,或十頌二十頌,斯即其法也。又如來等偈,元是讚佛,良以音韻稍長,意義難顯。或

---

① 白化文等:《入唐求法巡禮行記校注》,第188頁。
② 白化文等:《入唐求法巡禮行記校注》,第265頁。
③ 詳下文第三章第二節。
④ "讀",原作"讚",據校記改。
⑤ 王邦維:《南海寄歸內法傳校注》,第175頁。

可因齋靜夜，大衆悽然，令一能者，誦《一百五十讚》及《四百讚》，並餘別讚，斯成佳也。"①

　　總的來説，印度禮敬崇奉，"盛傳讚嘆，但有才人，莫不於所敬之尊而爲稱説"②。如尊者摩咥里制吒，"自悲不遇大師，但逢遺像。遂抽盛藻，仰符授記，讚佛功德。初造《四百讚》，次造《一百五十讚》，總陳六度，明佛世尊所有勝德。斯可謂文情婉麗，共天蘤而齊芳；理致清高，與地岳而爭峻。西方造讚頌者，莫不咸同祖習。無著、世親菩薩悉皆仰止。故五天之地，初出家者，亦既③誦得五戒十戒，即須先教誦斯二讚，無問大乘小乘，咸同遵此。有六意焉：一能知佛德之深遠，二體制文之次第，三令舌根清淨，四得胸藏開通，五則處衆不惶，六乃長命無病。誦得此已，方學餘經"④。

　　義淨同時指出："然而斯美未傳東夏。"⑤所以"神州之地，自古相傳，但知禮佛題名，多不稱揚讚德"⑥。讚德屬於梵唄，讚德在中國不興，與印度梵唄沒有傳入中國密切相關，具體地説是與梵唄原有偈頌在翻譯爲漢語後不能保存原有唱頌形式有關。慧皎《高僧傳》卷十三《經師·論》指出：

　　　　自大教東流，乃譯文者衆，而傳聲蓋寡。良由梵音重複，漢語單奇。若用梵音以詠漢語，則聲繁而偈迫；若用漢曲以詠梵文，則韻短而辭長。是故金言有譯，梵響無授。⑦

正因爲"梵響無授"，所以中國佛教梵唄乃是中國人的創制。梵唄的創始人與轉讀七聲一樣，據説亦是三國時的曹植。道宣《集古今佛道論衡》卷一附《魏陳思王曹植辯道論》末有曹植小傳説：

　　　　陳思王曹植，字子建，魏武帝第四子也。……世間術藝，無不畢善。邯鄲淳見而駭服，稱爲天人。植每讀佛經，輒流連嗟翫，以爲至道之宗極也。遂製轉讀七聲昇降曲折之響。世之諷誦，咸憲章焉。嘗遊魚山，忽聞空中梵天之響，清颺哀婉，其聲動心。獨聽良久，而侍御莫聞。植深感神理，彌悟法應，乃慕其聲節，寫爲梵唄，撰文製音，傳爲後式。梵

---

① 王邦維：《南海寄歸内法傳校注》，第177頁。
② 王邦維：《南海寄歸内法傳校注》，第178頁。
③ "既"，校注本作"即"，據《大正藏》本改。
④ 王邦維：《南海寄歸内法傳校注》，第179頁。
⑤ 王邦維：《南海寄歸内法傳校注》，第180頁。
⑥ 王邦維：《南海寄歸内法傳校注》，第175頁。
⑦ 釋慧皎：《高僧傳》，第507頁。

聲光顯,始於此焉。其所傳唄凡六契,見梁釋僧祐《法苑集》。①

僧祐《法苑集》,當即僧祐撰《法苑雜緣原始集》。其書不傳,僅目錄收入僧祐的《出三藏記集》卷十二。其中卷六"經唄導師集"中,第八爲"陳思王感魚山梵聲制唄記"。說明陳思王確實創制過梵唄。有關曹植所創梵唄的具體內容,在慧皎《高僧傳》卷十三《經師・論》《唱導・論》中曾簡單提及:

> 昔諸天讚唄,皆以韻入絃綰。五衆既與俗違,故宜以聲曲爲妙。原夫梵唄之起,亦兆自陳思。始著《太子頌》及《睒頌》等,因爲之製聲。吐納抑揚,並法神授。今之皇皇顧惟,蓋其風烈也。②
> 始有魏陳思王曹植,深愛聲律,屬意經音。既通般遮之瑞響,又感魚山之神製,於是刪治《瑞應本起》,以爲學者之宗。傳聲則三千有餘,在契則四十有二。③

《瑞應本起》即三國時支謙譯《佛說太子瑞應本起經》兩卷。該經詳述釋迦牟尼得授記、出生、遊四門、納妃、出家、修行、成佛、轉法輪、收服迦葉等故事,係成書較早的佛傳材料,爲讚嘆佛德提供了極好的素材。曹植"刪治《瑞應本起》"的結果,可能就是他所著的《太子頌》。

在曹植之後,屢有創制梵唄者。慧皎《高僧傳》卷十三《經師・論》接著說:

> 其後居士支謙,亦傳梵唄三契,皆湮沒而不存。世有共議一章,恐或謙之餘則也。唯康僧會所造《泥洹梵唄》,于今尚傳,即《敬謁》一契,文出雙卷《泥洹》,故曰泥洹唄也。爰至晉世,有高座法師,初傳覓歷,今之行地印文,即其法也。籥公所造六言,即大慈哀愍一契。于今時有作者,近有西涼州唄,源出關右,而流于晉陽,今之面如滿月是也。凡此諸曲,並製出名師。後人繼作,多所訛漏。或時沙彌小兒,互相傳授。疇昔成規,殆無遺一,惜哉!④

---

① 《大正藏》第52册,第365頁下。並見道世《諸經要集》,《大正藏》第54册,第33頁上。參見《廣弘明集》卷五,《大正藏》第52册,第119頁中。
② 釋慧皎:《高僧傳》,第508—509頁。
③ 釋慧皎:《高僧傳》,第507頁。
④ 釋慧皎:《高僧傳》,第509頁。

從僧祐撰《法苑雜緣原始集》目錄來看,該書卷六"經唄導師集",除《陳思王感魚山梵聲制唄記》外,還包括以下內容:

《法橋比丘現感妙聲記》第七　　出《志節傳》。
《陳思王感魚山梵聲制唄記》第八
《支謙製連句梵唄記》第九
《康僧會傳泥洹唄記》第十
《覓歷高聲梵記》第十一　　唄出《須賴經》。
《藥練夢感梵音六言唄記》第十二　　唄出《超日明經》。
……
《安法師法集舊製三科》第二十一①

　　與《高僧傳》所記大致能對應。其中值得進一步明確的,有以下三點:
　　首先是"道安三例"中,梵唄方面的影響未必如慧皎所說的大。雖然慧皎稱"道安三例"提出後,"天下寺舍遂則而從之",但就僧祐撰《法苑雜緣原始集》卷六"經唄導師集"目錄來看,《安法師法集舊製三科》僅爲二十一種之一。另據道宣《續高僧傳》記載,六朝劉宋時僧人僧旻"嘗於講日謂衆曰:'昔彌天釋道安每講,於定坐後,常使都講等爲含靈轉經三契。此事久廢。既是前修勝業,欲屈大衆各誦《觀世音經》一遍。'於是合坐欣然,遠近相習。爾後道俗捨物,乞講前誦經,由此始也"②。上文指出,這裏的"爲含靈轉經三契"屬於梵唄,說明道安在梵唄方面的"前修勝業",到六朝時已經不再實行,經僧旻變通後,變成了道俗乞講前的誦《觀世音經》。但據梁《高僧傳》記載,梁代時三國"康僧會所造《泥洹梵唄》,于今尚傳"③。同爲晉代的高座法師帛尸梨密多羅傳梵唄於其弟子覓歷,"今之行地印文,即其法也",稍後劉宋時支曇所造六言契,"傳響于今",說明他們所傳梵唄一直有傳承。所以相對起來,道安在梵唄方面的影響並不突出,一方面是僅爲二十一種之一,另一方面是六朝初即久廢,經僧旻變通後成爲誦《觀世音經》。
　　其次是慧皎《高僧傳》所說"籥公所造六言,即大慈哀愍一契"的具體內容。慧皎《高僧傳》卷十三說:

---

① 釋僧祐:《出三藏記集》,第485—486頁。
② 道宣:《續高僧傳》,第158頁。
③ 釋慧皎:《高僧傳》,第509頁。

支曇籥,本月支人,寓居建業。少出家,清苦蔬食,憩吴虎丘山。晉孝武初,勅請出都,止建初寺。孝武從受五戒,敬以師禮。籥特稟妙聲,善于轉讀。嘗夢天神授其聲法,覺因裁製新聲。梵嚮清靡,四飛却轉,反折還喉疊哢。雖復東阿先變,康會後造,始終循環,未有如籥之妙。後進傳寫,莫匪其法。所製六言梵唄,傳響于今。後終于所住,年八十。①

慧皎稱支曇籥"所製六言梵唄,傳響于今",説明梁代此梵唄尚存。由於慧皎又稱"籥公所造六言,即大慈哀愍一契",從而爲我們尋究該六言契提供了綫索。道世《法苑珠林》卷三十六"唄讚篇"所收讚嘆偈,其中包括以下一偈:

　　大慈哀愍群生　爲癡蓋盲冥者
　　開無目使視睇　化未聞以道明
　　處世界如虚空　猶蓮華不著水
　　心清淨超於彼　稽首禮無上尊②

由於這一偈頌首作"大慈哀愍群生",且爲六言偈頌,因此可以推斷它就是慧皎所説由支曇籥制作並長期流傳的偈頌。《法苑珠林》注稱此偈出自《超日明經》,該經全名《佛説超日明三昧經》,太始七年(471)譯出,今存。其中讚佛偈首頌爲:

　　大慈哀愍群黎　爲陰蓋盲冥者
　　開無目使視瞻　化未聞以道明
　　處世間如虚空　若蓮花不著水
　　心清淨超於彼　稽首禮無上聖③

文字與《法苑珠林》所引在文字上略有出入。在梁僧祐撰《法苑雜緣原始集》卷六"經唄導師集"目録中,有"《藥練夢感梵音六言唄記》第十二　唄出《超日明經》。"④一條,其中的"梵音六言唄",所指當即上引《佛説超日明三昧經》中的六言偈句,亦就是慧皎《高僧傳》稱支曇籥"嘗夢天神授其聲法",醒

---

① 釋慧皎:《高僧傳》,第498頁。
② 周叔迦、蘇晉仁:《法苑珠林校注》,第1170頁。
③ 《大正藏》第15册,第532頁上。
④ 釋僧祐:《出三藏記集》,第486頁。

後"所製六言梵唄"或支曇籥所造六言"大慈哀愍一契"。

其三是"面如滿月"偈的具體內容。《高僧傳》中有"于今時有作者,近有西涼州唄,源出關右,而流于晉陽,今之面如滿月是也"的文字,上文已引過。這個梁時稱爲"今之面如滿月"的具體內容是什麼呢？在梁代以前,後漢竺大力共康孟祥譯《修行本起經》卷下、支謙譯《佛說太子瑞應本起經》卷上和竺法護譯《普曜經》卷六中,均有"面如滿月色從容,名聞十方德如山。求佛像貌難得比,當稽首斯度世仙"一偈。由於此偈是讚嘆佛德偈,與梵唄讚佛德相同,故可推知就是《高僧傳》所說的"面如滿月"唄。

梵唄與讚嘆佛德有密切關係。鳩摩羅什曾經指出：

> 天竺國俗甚重文藻,其宮商體韻,以入絃爲善。凡覲國王,必有讚德;見佛之儀,以歌嘆爲尊。經中偈頌,皆其式也。①

表明齋供儀式中禮敬三尊時的讚嘆佛德,就是梵唄。在齋供儀式中,讚嘆佛德有兩種情況,其中一種是在施食前,要在佛像前稱讚佛德。義淨《南海寄歸內法傳》卷一"受齋軌則"和卷四"讚詠之禮"中有詳細記載②。由於上文已有引文,茲不贅。

不可否認的是,佛教傳入中國後,梵唄即廣泛應用於佛教法會中。其中大慈哀愍唄的下半契由於被廣泛用於佛教儀式中,成爲衆人習知的偈句,故曾被用於漢文大藏經的袟號編排③。由於講經說法要唱梵唄,梵唄需要專門的人來歌詠讚嘆,故梵唄一職亦是講經法會重要職事之一。

四、論義

論義是講經法會的組成部分之一。不過,在佛教研究領域,由於存世材料有限,有關論義的研究尚未展開④,從而影響了對道安時代佛教文獻的解

---

① 釋僧祐：《出三藏記集》,第534頁。
② 王邦維：《南海寄歸內法傳校注》,第59、62、68、175頁。
③ 方廣錩：《中國寫本大藏經研究》,上海：上海古籍出版社,2006年,第441—477頁。從所引偈頌來看,只有一個"如"字。
④ 王小盾、戴建國認爲論義"乃指一種由表演雙方圍繞特定命題往復詰難、以問答形式進行的語言藝術及其文學記錄""是一項具有重要影響因而得到豐富記載的唐代伎藝。其淵源可追溯到先秦的論辯風尚,其流變則及於宋以後的許多戲劇曲藝品種"(參見王小盾、戴建國：《敦煌的論議》,《中國古籍研究》第一卷,上海：上海古籍出版社,1996年,第170—171頁。並見王昆吾：《從敦煌學到域外漢文學》,北京：商務印書館,2004年,第2頁)。這個解釋已經超出佛教論義的範圍,且他們所用材料亦較本書寬泛,與我們專門討論的佛教論義不是同一概念。

讀。幸運的是,敦煌遺書中保存的一批論義文,爲漢地佛教論義的研究提供了新材料,奠定了深化這一論題的基礎。

(一) 論義與論端

1. 論義

什麽是論義呢? P.2807v 説:

> 夫論義者,實主陳列,立破甄明。然後可以激濁揚清,辯明其邪正。使見聞者長無疆之福,發希有心。今即列兩座,分二宗,宜立義端,互相問答,理合如是。

唐代入華日僧圓仁《入唐求法巡禮行記》,保存了極爲珍貴的佛教資料。其中即包括對論義程序的記載:

> 誓願訖,論義者論端舉問。舉問之間,講師舉塵尾,聞問者語。舉問了,便傾塵尾,即還舉之,謝問便答。帖問帖答,與本國同,但難儀式稍別。側手三下後,申解白前,卒爾指申難,聲如大嗔人,盡音呼諍。講師蒙難,但答,不返難。論義了,入文讀經。①

則所謂論義,屬於講經法會的一個程序,包括賓主雙方,位列兩座,立義問難。論義時,由賓方根據主方所講經論或所豎義,設義問難;主方立論或豎義後,接受參與論義之賓的問難,通難釋疑而不返問。雙方只是圍繞所立義展開問答。論義的目的,是讓現場聽衆明白佛教義理的邪正,增長或發敬信之心。

2. 論端

論義的開頭稱爲舉問論端或義端。如果没有舉問論端或義端,就没有論題,論義就無從開展。所以論義的第一步是"立義端"或"論端舉問"。在P.2174中,又作"豎論端"和"發論端"。雖然説法不一,但意思相同。

豎立論端或舉問義端是問難者的任務。問難者舉問義端時,會先交代論場具體情況,稱讚施主及參與僧統、法師之德,並卑己高人,望法師慈悲賜恩,以便通過論義得解迷惑,然後再根據法師所講經論,問立義端,請法師釋疑,並稱法師所立義都是法門要義,非淺識可知,只有高才博識的人能助人除却疑惑。這些内容在P.3549中均能看到:

---

① 白化文等:《入唐求法巡禮行記校注》,第188頁。

△乙聞：夫像教西傳，盛揚雄迹。慈風東扇，元啓宏宗。群生悟而淨眼開，邪魔聞之心曠（膽）裂。是以廣崇政教，匡護於兹者，則我　司空之謂歟？

　　伏惟我　司空祚承大業，聖福無疆，克修永圖，誕應天命，威加四海，恩洽八難，流演一乘，以安邦國，則我司空之德矣。

　　伏惟我都僧統和尚，德包三藏，道管（貫）幽明，敷惠日以流暉，動香風以寫月，鳴（明）珠久著，七辯縱横，慈運四生，嘆之難盡，則我和尚之德矣。

　　伏惟我當席法將和尚，威振八方，化臨四海之端列，口若江海之傾流，七辯奔胸，似煙霞而落採，則我法將和尚之德矣。

　　但△乙虛霑緇服，覺路由迷。叨尊勝席，戰汗交馳。願捨慈悲，小人始能開戰，恩甚恩甚。

　　△乙聞：滔滔大海，歸之者百川；岌岌孤峰，登之者萬刃。法師以山爲德，以海爲深。度天地之知，成敗之原，側陰陽知生滅之際，洞閑般若，妙悟無生。挺將（特）難倫，英髦罕足。但△乙近預緇流，濫處僧位。方隅未曉，法況豈知？囑以高命，普霑感祚。若有昆季之情，乞賜矜容，恩甚恩甚。

　　△乙聞：臺鏡不明，無以濫（鑒）其像；洪鍾不擊，無以弁其聲。真法不宣，何以之其後？今且日光西謝，司空坐疲。亦須盡命而作，欲得兩山相向，欲得兩海相扒，事須於理斷決。若也蒙朧，便以一杓。謹依所集《維摩經》中立三身義，《百法論》中立四智義。一經一論，立義兩端。幸請法師，略垂呵責。

　　而上之語，並是釋教玄宗，法門幽趣。至於淺識，難可測量。幸願高才，散決疑情，恩甚恩甚。

　　問難者在立論端敍述論義背景，提及參與者時，往往使用"伏惟""仰惟"等詞，有"則我××之德矣"一類的句式。問難者自稱"△乙""△乙聞"，稱對方爲"法師""法獎（匠）"，並往往會使用"恩甚恩甚""幸（……）垂呵責"等詞。立論端時，會按照問題的多少，稱"立義×端"（×代表所立義的數量）。相近材料多有，如 P. 2174、P. 2770v、P. 2807、P. 2807v、P. 3173、P. 3500、P. 3547v、P. 3549、S. 2472v、S. 3702、S. 6981DV、S. 8168、臺北"中央圖書館"藏 135 等，不一一引錄。

　　如果問難者不立論端，則論義就無從展開。這種情況並不鮮見。如 P. 3256v 説：

厶乙聞三千世界，一佛居尊；八萬法門，二諦稱首。然以根緣各別，五位分差；化設隨機，三乘教異。是以騰蘭東邁，安遠南旋。英風振於此國，教法流於國境。其有授如來囑付，應慈覺之傳道者，則我　　聖神贊普之謂與。伏惟　聖君三皇習德，五帝崇規。萬國之尊，澤被九天之位，故得崇釋宗，示化被閻皇獸，履真教之玄風，都安帝業。時有番大德七弁生知三端神□譽高，壁聲遠八方既承恩命，遠屆流沙。仁慈用圓，寵光法席。次有在會尊宿釋門教主爰及諸法律、闍梨等，悉是玄門龜鏡，法海舟航，持像教於劫中，播真風於末代。今欲提攜小子，指示童朦，親詣道場，同觀法席。次有諸法將等，並内閑三藏，外達九流，立之則海廣山高，破之則雲分雨散。但小人一介微昧，識性膚疏，聊申管見之情，豈敢取笑之用。理合逾揚至教，扣擊真宗。開三學之妙門，闡五乘之微典。然爲士林數廣，難發論端。光影西移，留在他日。

P. 3179 説：

　　某乙聞：如來有教，而無論端。一問二答而解經，三徵四釋而解難。法師自不酌度，將不智義詣大場。恰至拷中間，恐怕傷魂碎骨。賴值慈悲之日，且放全還。對四衆之前，布施歡喜。

P. 2871v 説：

　　△乙聞：明鏡含暉，不照闇中之像；華鍾畜響，豈因風擊之鳴？但△乙德劣詞踈，極誠悚息，自恨愚情智淺，聖教幽深，縱使盡力宣揚，伏似螢光助日。言語乖□，不合聖情。今對諸賢，聊申微謝。幸願慈悲，布施歡喜。

　　這三則文字，在提出自己難發論端、不發論端、因學識有限而不發論端而表示歉意的同時，都没有立論端，所以未真正進行論義。

（二）論義程序

　　論義時，論端纔立，徵難即興；客問難，主通釋。主者除偶爾需要問難者對某一問題進行肯定從而發問外，都是蒙問即答；一問一答，直到疑網解除。論義雙方，都圍繞論端來問答。如 P. 2807v 有文説（引文中偶爾出現主、客二字，爲便於統一識别，引者在部分段前括號中酌情加"主""客"或"客答"）：

（賓）△乙聞：滔滔大海，歸之者百川；岌岌孤峰，登之者萬仞。法師內明至教，外括九流。故則朝興論席，今古恆規。才既不同，宏開法義。仰惟法將，攝精神，攬魂魄，文義必莫朦朧。略陳知見，希垂採納。謹依大乘經中立真如佛性義，又於所習《維摩經》中立八難義，又於下文之中立六神通義，又依《入道次第》中立三無性義。謹依所見，立義四端。幸請法公，一一聊簡。

（主）△乙聞：法師學業洪深，詞峰秀逸。裹量坐銶，唯敵是求。△乙濫居法座，深愧襃揚。向所問八難名目如何①，答：言八難者，一是地獄，二者餓鬼，三是畜生，四不北越單，五無相天，六世智辯聰，七佛前佛後，八生盲生聾。所言八者，數也。一是數之初，十是數之始。十十相資，名之爲百。千、萬、億、兆，當之亦然。言難者，障不出世，名之爲難。

（客）徵辭曰：法師比日經論目歷而潛通，書史耳聞即闇誦。今日恰似失魂。八難約何立名？

（主）釋曰：再爲解釋，側耳靜聽。故言道頭知尾，道表知裏。向者慰說，由（猶）不醒之。再問八難約何得名者，地獄、餓鬼、畜生，此是三塗，約苦立名。北洲約處立名，無相約界立名，世智辯聰，約見立名，佛前佛後約時立名，生盲生聾約報立名。略答如是。若也不曉，任再申陳。

客難云：所配八難，約略如是。八難之咎，過累極深。未審依何而得斷除？

主通云：向者所問。然八難之咎過累雖深，聖製四輪而能除斷。一願生善處輪除初五難，所謂地獄、餓鬼、畜生、北洲、無相天等是。二發正願輪除世智辯聰難，三願生善人輪除佛前佛後難，四深種善根輪除生盲生聾難。

言四者，數也；言輪者，摧輾義，能摧輾無明，不復令生。又言輪者，轉也，能轉淺智至深，從小至大，轉凡成聖。約言願者，誓也。若無其誓，所事不成。言生者，受也。約此義邊，名曰四輪，能摧八難。可不如是耶？

（客答：）如是。

主嘲辭：如是妙判，疑網合除。若再發論端，即是箇没孔鐵搥。

法師答問後，往往會說"略答如是。若也不曉，任再申陳""既言如是，有疑任徵""奉答如是，有疑任徵"等語，以便其他人繼續發問。如果法師覺

---

① 上書"八難關云"。

得某一論端已經講得很明白，但還有人看上去不明白，準備"再發論端"，就會像上引"主嘲辭"文一樣，表示自己的嘲意，以結束論端。如果有人再發論端，會被認爲是腦袋不開竅，就像没有孔的鐵搥一樣。與此相近的結束論端辭，亦見於 P. 3547v，其文作：

上來所説，法合斷疑。若要説楊（揚），法席任申。所問若是聰明利智，道頭即合知尾。若也更再三，同蒙何别？

義端論畢，往往還會用偈句的形式來往問答，稱爲"申關並"（"並"字又作"弊""問""敵"等）。如 P. 2807v 有文説：

六通關：謹案釋門目連救母，衆僧自恣之日。未審乾連既證六通，爲是假説，爲是真言？是第一關。
答：法師所問，以此義深微，非者不了。此宗玄奥，非法師不知。既問如斯，不可默爾。乾連其六通爲真爲假者，經法明著，直是真説，非假説也。
問：是且目連證六通之果頻見。經説：一人出家，七祖受福；二人出家，七代沉淪。又經云：一人出家，勝造八萬四千寶塔。又《陁羅尼決》云：若人初死，臨欲殯殮，持陁羅尼咒土七遍，散於亡人身上，乘此咒力，亡人不落地獄，上昇天堂。今乾連非但持戒不犯，及證六通，兼身出家，勝造寶塔，陁羅尼行具足在身。母落地獄不能救，足明之三種並陟虛無，恐爲謬也。所以再徵。
答：既上如徵，即合杜口。然有妙理，不□□言。前者一人出家，謂持戒故，福及七祖；一人出家，七祖沉淪，爲犯戒故，七祖墮落。且乾連六通據實，靜戒具足；母落惡道，□拔無方。謂母業力，兒救不得。業力者，佛力廣大，尚自不能。目連□聖，去□（何）能耶？
問：法師所答稍曚朧。即欲細盤，恐妨後哲。且申關並，伏垂領之。
答：善哉善哉，適本願也。
難：六通大神力，自合福及親。親既墮惡道，神力非六通。
答云：六通大神力，理合救慈親。母謂惡業多，障重不能親。
難：六通大圓滿，入定自合見。要假□□佛，定見並妄見。
答：六通是圓滿，入定理合見。爲母業□深，定照障不見。
難：聞母墮惡道，煞身亦合救。要假代此日，此日如何救？

答：聞母墮惡道，煞身理合救。此日佛自恣，佛日不能救。
難：神通能變現，變苦合安樂。慈母救不□，神通無變見。
答：神通能變見，變苦得安樂。慈母為業重，非是無變見。

論義畢申關並的情況，除 P. 2807v 還有其他的文偈外，尚見於 P. 2670、P. 2807v、S. 4275、S. 4341、S. 6172v、臺北 135。關並的內容與論義的論端有密切關係，故不同的論義，關並各不相同，但文體則屬於同一類型，都是客難主答、循環回復的偈句。限於篇幅，不一一引列。

關並之後，論義即告結束。

(三) **論義失誤**

論義過程中，問難者申問呈疑和法師答難通關，都可能存在失誤。P. 2770v 收錄了論義過程中對對方失誤的指陳，從一個側面反映了論義中常見的失誤：

領問不明　　向來所宣多義非□之□。然誰為領問不明，更索再提□身□□果知…□天假聰明，神與才辯，方可堪昇法座，啓發義端。未達老聃之宗，豈識如來奧旨？不曉以杖叩□，為作□□苦。若愚朦難教，良功鑿竅。

問答錯謬　　且如一問一答，須引經論為宗。聽彼來詞出何章疏，窮詰理將紕謬對答。顛之倒之，未是鐵內錚錚，妄作傭中佼佼。不揣子微之□，來敵丘也之門。即欲子細根尋，實恐未知死所。

答義違宗　　凡立義宗旨，無不博考金言；起答問端，理藉達於聖教。開一面之綱，容遣偷生。放令掉尾振鱗，還望銜珠相報。若也不知恩貸，處陸非遙。縱使相吁，何年見濕？

引文避難　　纔欲切磋妙理，巧拙先章。不作圖南，便為奔北。苟且引文脫難，終期大敗，誠將難逃。未展七擒之謀，豈勞百勝之術？速須銜璧，負請詣□，若也進退遲疑，俄見頭飛白刃。

多語亂人　　某乙聞：言語者，君子之樞要也。向聽申述，無一要詞。妄事多言，徒亂人耳。若效鈍刀一割，由擬哀矜。更騁石□五能成，堪以為口實。井魚受知滄海，□□莫識春秋。可惜造化之功，虛生天地之一物。□□□□，難與其言。樗散之林，安施斤斧？

問不當宗　　夫問語興詞，須當宗旨。未尋秘藏，妄起異端。有若登太華而訪明珠，涉滄波而求杷梓。縱當五味，莫辯酸辛；縱聽八音，匪諧律呂。自可居陰，止影座下。伏應不息良工，為彫朽木。

答不依問　　所答深義，將爲洞達幽微，詳檻兼詞，真似夢中更夢。彰（章）疏並無此義，經論不載斯文。應緣狂閒多時，今日擅生穿鑿，未覩公輸之巧，先陳嫫母之形。以方投圓，終爲齟齬。不料井班之智，來此對談；更獨龍象之威，致使自夷伊戚。

　　答語朦朧　　凡是問答義理，皆須剖析分明。聽彼答詞，深爲朦昧可嘆；齊竽濫吹，然知怪石亂珍。自責失言，何堪徵詰？

　　言詞蹇澀　　未發清詞，爲有賜也之辯；及聞宣吐，翻成李廣之談。祇如目檻五行，口揚三教。大擊大響，小叩小鳴者，敢以當人焉。觀彼訥言，實非君子；登其論座，可惜光陰。急須□（六？）鶂退飛，用避後賢之路。

　　重言報語　　若欲激揚聖教，先須討本窮源。未得昇堂，無由入室。論難深乖理性，徵詰多敗真宗。先言不易管窺，後語復依前範，足爲矜愍，何可笑焉？寧進伽膝之榮，不忍墜泉之辱。若難而退，幸且偷生。祇應溷沌頑囂，無事來遊武口。

　　爲說不領　　適開秘典，言爲甘露潑心，不期未悟真如，法義怎何入耳？虞公清唱，感動樑塵；伯牙鼓琴，駟馬仰抹。塵馬上（尚）明音律，法師深昧玄言。迴遑無處容頭，進退復羸其角，急須褰旗臥鼓，棄甲遁逃。忽然萬弩齊施，不得妄稱屍骸。明鏡含暉，不照暗中之象；華鐘蓄響；豈應風擊之鳴？

《晉魏隋唐殘墨》"唐殘墨"部分，有部分文字與上引"引文避難""重言報語"兩條近同①，說明 P.2770v 對論義失誤的記述有一定普遍性。

對於這些失誤，有的法師會在論義時當面責難對方。如 P.2770v 有"責重言"說：

　　一言有失，駟馬何追？土覆白珪，終難磨點。若有別理，可答前徵。既無異聞，徒宣舊義。重言而藏已過，此未必爲能；報語而惑時人，此未必爲是。更有見解，即任申明。知無智能，早須避席。重言報語，何所益乎？

不給失誤者一點面子。

────────

① 《晉魏隋唐殘墨》，合肥：安徽美術出版社，1992 年，第 79 頁。參見方廣錩：《〈晉魏隋唐殘墨〉綴目》，《敦煌吐魯番研究》第六卷，北京：北京大學出版社，2002 年，第 327—328 頁。

（四）論義的時間

從圓仁的記載可以看出，論義並不就是講經説法，而只是講經法會中的一個程序。論義的舉行一般有特定時間。如 S.610、P.2542、P.2770v、P.2807 所記，是在大齋日①、四月八日設齋講説時；如 P.2807、臺北 135 號，是在七月十五盂蘭盆節設齋時；如 P.2761、P.2807、P.2985、P.3097、P.3219、S.2474、S.4413v、P.2631，在二月八日佛逾城日或衣僧大會時；如 P.2670、P.2930、P.2947，在佛成道日。當然，亦有圓仁所記的非特定時間講經時的論義。

如果結合法會程序來看，時間更爲具體。或者如 P.2807 所説，是"法事已畢，各清心聽聞"；或者如 P.2770v、P.2807 所説，是"開經之次"，即在開經題之後；或者是在日光西下，天色近晚，衆人久坐疲勞時。如 P.2770v、P.2807、P.2871、P.3097、P.3179、P.3256、P.3549、P.3500、S.3702、S.4341、Дх06202 均是如此。

綜上諸説，可知論義一般是在重要節日設大齋講會時舉行。結合法會程序來看，或者是在法事開始，如開經題、誓願之後，讀經文之前，或者是在大齋日太陽西下，大衆聽經久坐疲憊的時候。

（五）論義文

敦煌遺書中目前識别出的論義文總數有 90 餘號。但尚未發現完整的論義文。幸運的是，如果我們將其中兩個殘缺的文本放在一起，分别作爲一個論義文的首尾兩部分，可以對完整的論義文有一個大致的認識。

首部以 P.2761、S.3702 爲代表。兹僅録 P.2761：

> 厶聞：玄宗廓落，聖典希夷。靈文備(初)載於西天，瑞典來臨於東夏。遂得慈雲迴布，拔三界之迷徒。慧日高懸，潤四生之衆類。今則皇儲離闕，白馬逾城。釋俗競慕而雲奔，士女皆來而霧集。同希聖境，龍象講演暢於花臺；共屬良緣，俊彦宣揚於法席。如斯勝事，則我　大王之建矣。伏惟府主　大王，雲鵬志達，岸虎揚威。懷濟物之奇謀，三邊寧泰；負安民之妙勛，四塞無虞。皆歌寂度之來遲，盡播賈琮之至晚。加以心居雁塔，弘福善而永定燉煌；注想猴江，繼勳業而化臨玉塞。建兹會者，則我大王匡護之德也。
>
> 伏惟涼國夫人，間生音貌，淑質端凝。芝宫輝碧玉之祥，蘭披稟綠珠之麗。故得寬弘協體，二州爲共治之仁；恭儉資君，七群作閨門之瑞。而乃敬僧心切，重佛情堅。年年親詣於法場，歲歲來臨於講暢者，則我

---

① 六齋日受八關齋戒，往往被稱爲大齋日。

涼國夫人之德也。

次則伏惟使臣司空，中華盛德，海內清門。懷謹密以奉公，葉英雄而事上。故得迂叩銜帝命，穿千山之險壟，屆於此境。每想玄門，勿怪卑場，赴斯法會者。

伏惟都僧統大師，間生奇傑，天假長才。繼龍樹之芳猷，顯騰蘭之盛迹。策邁二部，位列千僧。遐邇之覦恭欽威，道俗之瞻容頂謁，則我大師之德耶。

伏惟當座法獎和尚，空門俊徒，釋內英髦。量越磨騰，智邁羅什。故能累承寶座，宣妙典而極（賑）拔四生。久履花臺，演金言而十類，則我　　之德也。

但厶空霑僧伽，虛履緇門。學漸纖粉之能，藝乏片言之效。不斟力劣，徒慕高峰。未見嶇崎，亡魂失瞻。伏望法獎大造，以濟卑微，特啓慈門，勿怪卑微，即是恩甚。

厶乙聞：至理玄深，無言何以釋其體。真宗浩渺，非宣無以記其文。故能秘典顯於三川，妙旨揚於八水。但厶乙雖披法服，謬處僧倫。問奇立奇無能，乃趨恒而愧惡。今者法雲再闢，慧日重開。談聖教於中庭，講微言於大廈。不避呵責，輒履論場。既寧芳猷，方敢法集。則有同時同侶、舊識舊聞者大雲寺索法律，僧中第一，衆內無雙。説該倫典，則曉於心源。攬釋宗，則朗於志府。但以晉鐘雖響，不擊而豈遇佳音？秦鏡亘明，不臨而莫逢清鑒。今遇宣談妙法，廣演玄言。此度若不跳龍門，鵲進之期難及。幸希仁眷，速訪光臨。豈怪荒迷，即是恩甚。

厶乙聞：聞樂不樂，難遭得遇之期；聞喜不懽，何是再逢之日？況是前賢軌知，今古格言，道合依從。仰惟法師，住名遠振，往業遐彰。能談十誦之文，解説一乘之義。累曾思得，莫假英明。今既得會論場，方乃見其勝捷。但以金烏西邁，玉兔東迴。有疑直任可申，立得重併多謂。是主是泛，穩審理，合當公途。或免互説有參差，便有淺顯諷誦。仰惟法師，久持三藏，接踵四依。談經之奇比摩騰，講論之意同羅什。但厶荒迷晚輩，粗寞僧門，耻無見識之德。實旦霑出俗之流，乃乏釋家之行。更欲往來繁難，但滯後徒對答。

上來言須迴向實況，且法師所問一乘三無性義者，可不如是？

答：如是。

既言如是，有疑任徵。①

---

① "任徵"，底本作"甚忸緻"，據文意改。

尾部以 S.1488 爲代表：

[主：]向且法師所問六波羅蜜、三身、八識、四智義者，可不如是？
[客：]如是。
[主：]既言如是，有疑任徵。
問：未審六波羅蜜之中，六者何義？波羅蜜者何言？三身之中，三者何義？身者何言？八識之中，八者何義？識者何言？四智之中，四者何義？智者何言？
答：六波羅蜜者，六者是數；波羅蜜者，梵語，唐言是彼岸義。三身之中，三者是數；身者，果圓故滿，稱之爲身。八識之中，八者是數；識者，了別爲義。四智之中，四者，數也；智者，了知一切，名之爲智。
問：六波羅蜜、三身、八識、四智，名目如何？
答：六波羅蜜者，一布施，二持戒，三忍辱，四精進，五禪定，六智惠。
言三身者，一法身，二報身，三化身。
言八識者，一眼，二耳，三鼻，四舌，五身，六意，七末那，八阿賴耶。
言四智者，第①一成所作智，第二妙觀察智，第三平等性智，第四大圓鏡智。
奉答如是，有疑任徵。
問：六波羅蜜之中，何名布施？
答：運心普及，名之爲布；撥與惠人，曰施。
問：何名持戒？
答：堅守名持，無非曰戒。
問：何名忍辱？
答：他人加惡，於中能忍，故名忍辱。
問：何名精進？
答：練心入法，名之爲精；精心慕道，稱之爲進。
問：何名禪定？
答：澄心靜慮，名之爲禪；心不異緣，稱之爲定。
問：何名智惠？
答：割斷爲智，照空明(名)惠。
又問：六波羅蜜之中，何者是粗？何者是細？
答：前者是粗，後者是細。

---

① "第"，底本作"弟"，據文意改。下同。

問：何者是肓(？)？何者是道？

答：前者是肓，後者是道。

問：何者是福？何者是智？

答：前者是福，後者是智。中間四個，亦福亦智。

又問：六波羅蜜開說多少？合說如何？

答：開說八種十重，合說則爲六種。

又問：三身之中，化身作用如何？

答：悲心菩薩巡數六道，化利有情，現異類身，故名爲化。

問：報身作用如何？

答：菩薩因地之時，修万行、六通、四攝之事，果中獲得卅二相、八十種好報知身，故名爲報身。

問：法身作用如何？

答：離之名言，絕百非相，湛寂如如，故名法身。

又問：一身之中，何要八識？

答：作用不同，故要八識。

又問：八識作用，緣境如何？

答：眼緣色境，耳緣聲境，鼻緣香境，舌緣味境，身緣眼境，意則攀緣之境，識生分別之境，末那含藏之境。

問：何者恒如不審？何者審如不恒？何者亦相(恒)亦審？何者非恒非審？

答：恒如不審，是前之五識；審如不恒，是第六識；亦恒亦審，是第七識；非恒非審，是第八識。

又問：八識之中，心異幾分所成？

答：四分所成。

問：四分名目如何？

答：一者相分，二者見分，三者自證分，四者證自證分。

問：四分之中，何者是內？何者是外？

答：初之相分，約內而論；後之三種，約內(？)如說。

又問：將此四分與三量，何者是見量？何者比量？何者是非量？

答：前之三種，皆通見量；後之一種，或時非量所攝。

又問：何故見分通非量所攝？

答：若隨相分所緣境之時，故之(知)見分通非量所攝。

奉答如是，有疑任徵。

△乙聞王子調笙，鳳凰來舞。孫吳善想，龍馬逞祥。仰惟法獎和

尚,久談幽秘,通論通經。實相理中,如魚處水。適蒙判割決,已達疑情。關閇少多,分明領取。若也嶙嵯,便有啾唧。①
　　問:布施能閏生,許稱波羅蜜。持戒非閏生,云何波羅蜜?
　　答:布施能閏生,閏生波羅蜜。持戒生善因,望因波羅蜜。
　　問:持戒生善因,善因波羅蜜。忍辱非善因,云何波羅蜜?
　　答:持戒生善因,善因波羅蜜。忍辱伏嗔怒,伏怒波羅蜜。
　　問:忍辱伏嗔怒,伏怒波羅蜜。精進非伏怒,云何波羅蜜?
　　答:忍辱伏嗔怒,伏怒波羅蜜。精進除懈慢,懈慢波羅蜜。
　　問:精進除懈慢,懈慢波羅蜜。禪定非懈慢,云何波羅蜜?
　　答:精進除懈慢,懈慢波羅蜜。禪定離諸念,離念波羅蜜。
　　問:禪定離諸念,離念波羅蜜。智惠非離念,云何波羅蜜?
　　答:禪定離諸念,離念波羅蜜。智惠能解②癡,解癡波羅蜜。
　　問:智惠能解癡,解癡波羅蜜。前五非解癡,云何波羅蜜?
　　答:智惠能解癡,解癡波羅蜜。前五三事空,亦稱波羅蜜。

　　P.2761 的末三行,與 S.1488 的首三行大致相當,根據這三行大致重合的文字,如將 P.2761 中的"且法師所問一乘三無性義者",改作 S.1488 的"向且法師所問六波羅蜜、三身、八識、四智義者",即可以將兩份文本前後相接,從而組成一篇論義程序相對完整的論義文。儘管由於抄寫字迹潦草和塗改等原因,首部釋錄的文字有個別地方文意不通,但完整的論義文既提供了了解論義程序和內容的文本,又爲如何鑒別敦煌遺書中的論義文提供了一個參照標本。

　　(六) 都講非論義職事

　　從目前來看,敦煌遺書中的論義文總數近 100 號(詳下文附錄)。由於數量不少,故其中部分材料,此前曾引起前輩學者的注意。如李正宇先生討論過 P.3165③,陳祚龍先生則輯錄並校訂了 P.2807 正反面、P.3699、P.2631、P.3549、P.3500、P.3219、P.3179、P.2761④。他們的共同特點,就是認爲這些材料都屬於講經中都講與法師通難致語詞。他們的看法,又都

---

① 以下文字並見於 P.2807、S.4504v。
② "解",底本作"懈",據文意改。下同。
③ 李正宇:《敦煌俗講僧保宣及其〈講經通難致語〉》,《程千帆先生八十壽辰紀念文集》,南京:江蘇古籍出版社,1992 年,第 210—219 頁。
④ 陳祚龍:《唐代敦煌佛寺講經之真象》,中國唐代學會編輯委員會編輯:《第二屆國際唐代學術會議論文集》(上),臺北:文津出版社,1993 年,第 581—615 頁。

與上文引贊寧"都講"條的觀點相同。

贊寧稱:"敷宣之士,擊發之由。非旁人而啓端,難在座而孤起。故梁武講經,以枳園寺法彪爲都講。彪公先一問,梁祖方鼓舌端。載索載徵,隨問隨答。此都講之大體也。又支遁至會稽,王內史請講《維摩》,許詢爲都講。許發一問,衆謂支無以答;支答一義,衆謂詢無以難。如是問答,連環不盡。是知都講實難其人。"説明他的觀點主要基於他對東晉時法師支遁與都講許詢、六朝梁武帝講經以枳園寺法彪爲都講兩則故實的理解。現存有關東晉時法師支遁與都講許詢的故實,最早見於《世説新語》:

> 支道林、許掾諸人共在會稽王齋頭。支爲法師,許爲都講。(《高逸沙門傳》曰:"道林時講《維摩詰經》。")支通一義,四坐莫不厭心。許送一難,衆人莫不抃舞。但共嗟詠二家之美,不辯其理之所在。①

在梁慧皎《高僧傳》中,場面被記載得更爲精彩:

> (支遁)晚出山陰,講《維摩經》,遁爲法師,許詢爲都講。遁通一義,衆人咸謂詢無以厝難;詢設一難,亦謂遁不復能通。如此至竟,兩家不竭。凡在聽者,咸謂審得遁旨,迴令自説,得兩三反便亂。②

上文已經指出,梁武帝講經説法時,都講並無"載索載徵,隨問隨答"的情況。贊寧對梁武帝講經情況的認識有誤。因此,他在錯誤理解相類資料的情況下,根據支遁與許詢的故實得出的"是知都講實難其人"的結論,存在偏頗。受贊寧的影響,不少學者根據上引支遁爲法師、許詢爲都講的相關記載,認爲都講的專職之一是負責向法師發問。不過,如果考慮支遁爲法師、許詢爲都講通難釋疑這條材料的背景是論義,記述的是論義的情景,就會明白,向法師發問並不是都講的專職之一。當都講許詢向支遁法師發問時,他的身份纔是論義時的發問者,爲向法師發問者之一。

如 P.2807 所説,論義是"賓主陳列,立破甄明"。參與者一方是講經説法的法師,另一方是在場的其他人。法師是主,其他人是賓,因此所有與會者,都可以向法師申難呈疑,參與論義。保存在敦煌遺書中的《啓顏錄》(S.610),以數則論義材料證明了這一點:

---

① 余嘉錫:《世説新語箋疏》(修訂本),上海:上海古籍出版社,1993年,第227頁。
② 釋慧皎:《高僧傳》,第161頁。

北齊高祖嘗以大齋日設聚會,時有大德法師開道俗有疑滯者,皆即論難。並援引大義,廣説法門,言議幽深,皆存雅正。石動筩最後論義。謂法師曰:"且問法師一個小義。佛常騎何物?"法師答曰:"或坐千葉蓮花,或乘六牙白象。"動筩云:"法師全不讀經,不知佛所乘騎物。"法師又即問云:"檀越讀經,佛騎何物?"動筩答云:"佛騎牛。"法師曰:"何以知之?"動筩曰:"經云:世尊甚奇特。豈非騎牛?"坐皆大笑。又謂法師曰:"法師既不知佛常騎牛,今更問法師一種小事:比來每經之上,皆云價直百千兩金,未知百千兩金,總有幾金?"法師遂無以對,一坐更笑。

高祖又嘗作内道場,時有一大德法師,先立無一無二,無是無非義。高祖乃令法師昇高座講,還令立其舊義。當時儒生學士,大德名僧,義理百端,無難得者。動筩即請難此僧,必令結舌無語。高祖大悦,即令動筩往難。動筩即於高座前褰衣闊立,問僧曰:"看弟子有幾個腳?"僧曰:"兩腳。"動筩又翹一腳向後,一腳獨立,問僧曰:"更看弟子有幾個腳?"僧曰:"一腳。"動筩云:"向有兩腳,今有一腳,若爲得無一無二?"僧即答云:"若其二是真,不應有一腳,腳既得有一,明二即非真。"動筩既以僧義不窮,無難得之理。乃謂僧曰:"向者劇問法師,未是好義。法師既云無一無二,無是無非。今問法師此義,不得不答。弟子聞天無二日,土無二王。今者天子一人,臨御四海。法師豈更得云無一?卦有乾坤,天有日月,皇后配於天子,即是二人。法師豈更得云無二?今者帝德廣臨,無幽不照,昆蟲草木,皆得其生。法師豈更得云無是?今既四海爲家,萬方歸順,唯有宇文黑獺,獨阻皇風。法師豈更得云無非?"於是僧遂默然無以應。高祖撫掌大笑。

高祖又嘗以四月八日齋會講説。石動筩時在會中,有大德僧在高座上講,道俗論難,不能相決。動筩後來乃問僧曰:"今是何日?"僧答云:"是佛生日。"動筩即云:"日是佛兒?"僧即變云:"今日佛生。"動筩又云:"佛是日兒。"衆皆大笑。

隋有三藏法師,父本商胡,法師生於中夏,儀容面目,猶作胡人。行業極高,又有辯捷。嘗以四月八日設齋講説,當時朝官及道俗觀者數千餘人。大德名僧及官人有辯捷者前後十餘人論議,法師隨難即對,義理不窮,無難得者。最在後,有一小兒姓趙,年始十三,即於衆人中出。衆以法師辯捷,既已過人,又復向來論議,皆是高名舊德,忽即見此小兒,形容幼小,欲來論議,衆咸怪笑。小兒精神自若,即來就座,大聲語此僧曰:"昔野干和尚,自有經文,未審狐作闍梨,出何典誥?"僧即語云:"此郎君子聲高而身小,何不以聲而補身?"小兒即應聲報云:"法師以弟子聲高而身小,何不以聲而補身。法師既眼深而鼻長,何不截鼻而補眼?"衆皆驚異,起立大笑。當時既是夏月,法師左手把如意,右手搖扇,既爲衆人笑聲未定,法師又思量答語,即以所搖之扇掩面低頭。小兒又大聲語云:"圓扇團團,形如滿月,不藏顧菟,翻掩雄狐。"衆又大笑。法師即去扇,以如意指麈,別送關,並語未得盡,如意頭遂擺落。小兒即起謂法師曰:"如意既折,義鋒亦摧。"即於座前長揖而去。此僧既怒且慚,更無以應。衆人無不歡笑,驚難稱嗟。①

　　上録材料證明,論義不是由法師和都講來完成的。法師立義後,包括都講在内的所有與會者,上至都講,下至孩童,都可以參加論義。參與論義的都講立義端後,由於他水平較高,大家都可能認爲法師不能回答他提出的問題;而法師回答都講的問題後,大家又可能想象都講不能再設難。如此反復,兩家不竭。這説明上引支遁與許詢的故實,實際上是論義時主賓論義的真實寫照。不能因爲許詢作爲都講參與論義,就認爲都講的主要任務或基本職責是問難②。

　　支遁與許詢故實之所以是論義,與佛教傳入中國後,論義有一個興盛時期有關。我們知道,聲明、因明、醫方明、工巧明和内明是印度傳統的學術分類。從《瑜伽師地論》卷十五對因明③、《顯揚聖教論》卷十一對論法④、《大乘阿毗達磨雜集論》卷十六對論軌⑤的記述可以看出,論義屬於因明學的範疇,起源於印度。印度人爲了論義,建有專門的論義堂⑥。在佛教傳播、發展過程中,論義一直是佛教有效的傳教手段之一。佛教入華後,論義隨著佛經的翻譯和講説傳入了中國。後漢支曜2世紀末葉譯《佛説成具光明定意經》中"佛滅度後,弟子立廟圖像佛形,并設講堂論義經法"⑦一段文字,證明"論義"一詞早在漢代已爲中國佛教界使用。不過,論義在中國興盛的時期,

---

① 郝春文主編:《英藏敦煌社會歷史文獻釋録》(三),北京:社會科學文獻出版社,2003年。
② 楊維中在《古代講經雜考》中,已注意到"在講經法會中,不但是'都講'可以問難,任何聽衆都可以問難"(《佛學研究》,2008年,第80頁),但仍然以爲都講"主要的任務是'問難'"(第79頁),"'都講'的基本職責是'問難'"(第80頁),似前後不協。
③ 《大正藏》第30册,第356頁上—360頁下。
④ 《大正藏》第31册,第531頁上—535頁中。
⑤ 《大正藏》第31册,第771頁上—772頁下。
⑥ 卑摩羅叉續譯:《十誦律》卷六十,《大正藏》第23册,第446頁中;真諦譯:《婆藪槃豆法師傳》,《大正藏》第50册,第190頁上。
⑦ 《大正藏》第15册,第456頁上。

是在兩晉南北朝之際。

東晉時期佛教論義的領袖當推僧人釋道安。《高僧傳》記載道安被苻堅擄到長安後，"京兆爲之語曰：學不師安，義不中難"①。由於唐宗密《圓覺經大疏釋義鈔》卷一將"義不中難"記作"義不堪難"②，宋志磐《佛祖統紀》卷三十七、祖琇《隆興佛教編年通論》卷三、本覺《釋氏通鑒》卷三將"義不中難"記作"義不禁難"③，説明"義不中難"就是"義不堪難""義不禁難"，義指義解、立義、論義，因此"學不師安，義不中難"的意思就是，如果不以道安爲師，向他學習，論義時立義就經不起問難。"學不師安，義不中難"這句話，一方面肯定了道安的佛學水平，另一方面亦説明，論義在當時非常盛行。

慧遠是道安最有名的弟子，有關他論義的兩條材料，既説明了他有高超的論義水平，亦證明了當時長安人對其師道安的評價並未言過其實。首先是慧遠年輕時就有過論義的經歷。《高僧傳》記載，慧遠"年二十四，便就講説。嘗有客聽講，難實相義，往復移時，彌增疑昧。遠乃引《莊子》義爲連類，於是惑者曉然。是後安公特聽慧遠不廢俗書"④。客難實相義，就是客與慧遠就實相展開論義。其次是慧遠在荆州通過一場論義，遏制了當時"六家七宗"之一的"心無宗"的發展勢頭。慧皎《高僧傳》記載這場論義的經過是，道安的同學竺法汰生病，慧遠奉師命到荆州看望，當時僧人道恒所立"心無義"在當地比較流行，竺法汰認爲是邪説，"乃大集名僧，令弟子曇一難之。據經引理，析駁紛紜。恒仗其口辯，不肯受屈。日色既暮，明旦更集。慧遠就席，設難數番，關責鋒起。恒自覺義途差異，神色微動，塵尾扣案，未即有答。遠曰：'不疾而速，杼軸何爲？'座者皆笑矣。心無之義，於此而息"⑤。針對《高僧傳》的這條記載，陳寅恪先生據《出三藏記集》中相關材料，指出"心無義彼時固未息，而《高僧傳》之言不可信也"⑥，心無義"未爲慧遠所破息"⑦。不過，由於慧遠在論義時獲勝，所以這場論義肯定會對心無義在當地的流行和傳播產生影響，這是毋庸置疑的。論義在當時較流行，亦可以通過慧遠上述兩件事跡得到證實。

---

① 釋慧皎：《高僧傳》，第181頁。
② 《續藏經》第9册，第479頁上。
③ 釋道法：《佛祖統紀校注》，第828頁；《續藏》第75册，第121頁上；《續藏經》第76册，第27頁上。
④ 釋慧皎：《高僧傳》，第212頁。
⑤ 釋慧皎：《高僧傳》，第192—193頁。
⑥ 陳寅恪：《陳寅恪史學論文選集》，上海：上海古籍出版社，1992年，第109頁。
⑦ 陳寅恪：《陳寅恪史學論文選集》，第110頁。

此後不久,姚秦時鳩摩羅什的弟子道融,曾經與婆羅門有過一場影響深遠的論義。《高僧傳》卷六載:

> 俄而師子國有一婆羅門,聰辯多學,西土俗書,罕不披誦,爲彼國外道之宗。聞什在關大行佛法,乃謂其徒曰:"寧可使釋氏之風獨傳震旦,而吾等正化不洽東國?"遂乘駝負書來入長安。姚興見其口眼便僻,頗亦惑之。婆羅門乃啓興曰:"至道無方,各尊其事。今請與秦僧捔其辯力,隨有優者,即傳其化。"興即許焉。時關中僧衆,相視缺然,莫敢當者。什謂融曰:"此外道聰明殊人,捔言必勝,使無上大道,在吾徒而屈,良可悲矣。若使外道得志,則法輪摧軸,豈可然乎。如吾所觀,在君一人。"融自顧才力不減,而外道經書未盡披讀,乃密令人寫婆羅門所讀經目,一披即誦。後剋日論義,姚興自出,公卿皆會闕下,關中僧衆四遠必集。融與婆羅門擬相訓抗,鋒辯飛玄,彼所不及。婆羅門自知辭理已屈,猶以廣讀爲誇,融乃列其所讀書,并秦地經史名目卷部,三倍多之。什因嘲之曰:"君不聞大秦廣學,那忽輕爾遠來。"婆羅門心愧悔伏,頂禮融足,數日之中,無何而去。像運再興,融有力也。①

關中佛教是當時中國佛教的主流。論辯的結果,關係到是佛教還是婆羅門教有資格在關中傳播這一大問題。此次論義的獲勝,奠定了佛教名正言順在中國傳播發展的基礎,爲佛教贏得了最廣泛的信衆,從而最大限度地促進了佛教的廣泛傳播,可以説影響深遠。

道安、慧遠和道融都是與支遁同時代的人物。他們與論義的密切關係,説明支遁與許詢的故實應當在論義興盛的背景下來理解,將其視爲論義而不是一般意義上的講經説法。明乎此,即可知道向法師發問不是都講的專職之一。在論義時,包括都講在內的所有人,都可以作爲發問者臨時參與論義。贊寧將都講理解爲"敷宣之士,擊發之由","實難其人",是他對論義沒有清晰了解的情況下得出的片面性結論,並不是對都講的正確認知。

附錄　敦煌遺書中的論義文

敦煌遺書中保存的論義文此前一直未被識讀出來。茲將筆者初步辨識

---

① 釋慧皎:《高僧傳》,第 241—242 頁。

出的按其敦煌遺書序號列目如下,並以圖表的方式比較此前諸種目錄的定名,以供參考。需要提請注意的是,由於一些卷子上抄錄的內容較爲複雜,故並非所列卷子上的文字都屬論義文。

敦煌遺書中的論義文

卷子號	《敦煌遺書總目索引》	《敦煌遺書最新目錄》	《敦煌遺書總目索引新編》	其 他
S.191	法師問答	法師問答	法師問答	某僧與法師問答(《釋錄》一)法師問答(《英》)
S.191v	贊僧文	贊僧文	贊僧文	僧智盈請周法律共立論端文(《釋錄》一)
S.1170	釋門雜文	釋門雜文	釋門雜文	某都講設難問疑致語(《釋錄》五)書儀新鏡(《英》)
S.1172v		謝某法師招引提攜文	謝某法師招引提攜文	都講辯惠設難問疑致語(《釋錄》五)文樣(謝某法師招引提攜文)(《英》)
S.1488	佛經疏釋	佛經疏釋(六波羅蜜問答)	佛經疏釋	《英》未收
S.2213	釋門雜文	釋門雜文	致都統和尚狀	法海與都統和尚疏(《英》)
S.2472v	釋門雜文	開城隍關係文、釋門雜文	A 釋門雜文	佛誕日請某大師大開講筵疏(《英》)
S.2717vc	押衙爲亡考百日設齋祁(祈)福文	押衙爲亡考百日設齋祈福文	押衙爲亡考百日設齋祈福文	押衙爲亡考百日設齋祈福文(《英》)
S.2961	願文、釋門雜文	願文、釋門雜文(釋三轉三退四智)	a 願文 b 釋文(門)雜文	發願文、文樣(請僧文)、釋三轉三退四智(《英》)
S.3702	講經和尚頌,共六種	講經和尚頌(共六種)	講經和尚頌,共六通	文樣(請講經和尚)(《英》)
S.4191	釋門應世文範	釋門應世文範	吐番時代釋門應用文	文樣(道場願文、法師贊文)(《英》)

第二章　道安三例　·121·

（續　表）

卷子號	《敦煌遺書總目索引》	《敦煌遺書最新目錄》	《敦煌遺書總目索引新編》	其　他
S.4275	釋門應用文範	釋門應用文範	釋門應用文範	文樣（三界義問答）（《英》）
S.4275v				雜寫（智原小人未閑教綱忽承高問）（《英》）
S.4298	佛經疏釋	妙法蓮華經論釋（擬、所引經雲具見妙法蓮華經卷一方便品末尾之偈言）	佛經疏釋	《英》未收
S.4341	河西節度大將軍功德會講經文	河西節度大將軍功德會講經文	河西節度在（大）將軍功德會講經文	《書儀》（《英》）
S.4341v				文樣（答大乘因果）（《英》）
S.4413v	求受戒文	求受戒文	求受戒文	文樣（求法文）（《英》）
S.4504v	10頌僧文	頌僧文、六波羅蜜問答	Vi頌僧文 vj六波羅蜜問答	發願文（《英》）
S.4576	佛經疏釋	成唯識論解難（擬）	佛經疏釋	《英》未收
S.4639	釋門雜文	釋門雜文	釋門雜文	與法師書（《英》）
S.5625v	某法師頌	某法師頌	某法師頌	請某法師檢校狀（《英》）
S.6108	三寶四諦文	三寶四諦文	三寶四諦文（原題）	
S.6172v	釋門應用文範	佛經問答	釋門應用文範	《法師問答》（《英》）
S.6197	願文	願文	願文	請法獎和尚說經文、請顯德寺梁闍梨說經文（《英》）
S.6263	釋門雜文	釋門書牘文範	釋門雜文	文樣（謝法師文）（《英》）

(續　表)

卷子號	《敦煌遺書總目索引》	《敦煌遺書最新目錄》	《敦煌遺書總目索引新編》	其　他
S.6981v		6 釋門雜文		B"某年八月太子大師上法獎和尚啓"(《榮》第56頁)D背面"請法獎和尚説經文"(《榮》第58頁)《太子上法獎和尚啓（二通）》(《英》)6981v"請法獎説經文"(《英》)dv"請法獎和尚説經文""法獎和尚講經法會開講贊文並答稿"(《方目》)
S.8168				"河西法會功德贊文"(《榮》第75頁)背面"某人上法師狀"(《榮》第75頁)"請程僧正説經文"(《英》)"上堂請益文"(《方目》)
S.8836				佛教疏釋(《方目》)《英》未收
S.10560				殘狀（?）(《英》)論場宣贊辭(《方目》)
P.2044v	沙州本地釋子所用文範	2 聞南山講（釋門文範）	釋子文範	願文範本(《黃》)釋門文範(《法》)
P.2174		釋門應用文範（聖主贊、法師贊、四時贊等）	禦注金剛般若波羅蜜經宣演卷上	釋門文範(《法》)《佛教宣演》,内有:天寶十一載(《巴》)
P.2434v	三寶四諦問答	三寶四諦問答	"三寶四諦問答"一節	三寶四諦問答(《法》)
P.2523P2v		6 殘文書三行	碎片	釋門文範(《法》)
P.2542v	釋子文	釋門範文	釋子文	釋門文範(《法》)
P.2631	釋子文範	釋門文範	釋子文範	釋門文範(《法》)《巴》)

（續　表）

卷子號	《敦煌遺書總目索引》	《敦煌遺書最新目錄》	《敦煌遺書總目索引新編》	其　他
P.2670	釋子祈禱文	頌揚法師文（附深淺放大）	釋子祈禱文	釋門文範（《法》）
P.2726	比丘法堅發願文	比丘法堅發願文	比丘法堅發願文	比丘法堅發願文（擬）（《黃》）比丘法堅願文（《法》）
P.2761	祈禱文	祈禱文、釋門書範	祈禱文	祈禱文（《法》）
P.2770v	釋子文範	釋門文範（附深淺放大）	釋子文範	釋門文範（《法》）
P.2807	釋子應用文	天王文、布薩文、憂終設齋文、釋門文範、瑜伽論略出十七地義及十支義等	釋子應用文	釋門文範、佛教問答、瑜伽論略出十七地義及十支義等、釋門文範、佛教問答、六言詩一首、七律詩一首、釋門文範、佛教問答、釋門文範、佛教問答、釋門文範、俗語摘抄、唯識宗關在百法論、三身關彌勒菩薩所問（《法》）
P.2807v	佛經注解數段	佛經義疏雜抄（八難關、四智關）、七言詩一首、釋門文範、六通關、金剛般若關、唯識論疏、俗語數則、法虛狀	佛經注解數段、七言詩一首、願文等	佛教問答、六言詩一首、七律詩一首、釋門文範、佛教問答、釋門文範、佛教問答、釋門文範、俗語摘抄、唯識宗關在百法論、三身關彌勒菩薩所問（《法》）
P.2807P2v				佛教論釋（《法》）
P.2820（b）P.2820（d）	釋子祈禱文	釋門文範	雜齋文一卷（原題）	論義道士答言論義道士又答（《法》）
P.2828v				佛教論釋（《法》）
P.2871	殘佛經無書名	六波羅蜜義三身義八識義四智義開決	六波羅蜜義三身義八識義四智義開決	六波羅蜜義三身義八識義四智義開決（《法》）

（續　表）

卷子號	《敦煌遺書總目索引》	《敦煌遺書最新目錄》	《敦煌遺書總目索引新編》	其　他
P.2871v	釋子禮佛文	都僧統和尚頌文、列疑數條蘄法師垂領文釋門範文	釋子文範	釋門文範（《法》）
P.2930	諸雜齋文（末有"三界寺比丘道真持念"一行）	釋門文範	諸雜齋文（題記："三界寺比丘道真持念"）	釋門文範（《法》）
P.2947	殘佛經，內有節目：八並明義	1 法師頌文，列疑數條，蘄法師垂引文（參見伯2871號背面及伯2828號背面）2 列疑數條，蘄法師垂責解釋文	殘佛經	釋門文範、佛經答難（《法》）
P.2947v	祈禱文及佛書兩節		祈禱文及佛書兩節	佛經答難（《法》）
P.2985	諸雜齋文	諸雜齋文	諸雜齋文	諸雜齋文（《法》）
P.3097	諸雜齋文（適用于張議潮時代）	諸雜齋文（歸義節度令公受佛付囑文、列疑數條蘄法師分明解釋文）	諸雜齋文	釋門文範（《法》）
P.3097v		呈疑蘄法師開示文	呈疑蘄法師開示文	釋門文範（《法》）
P.3165	雜齋文	諸雜齋文	雜齋文	雜齋文（《法》）《講經通難致語》（《李》）
P.3173	殘願文	祈願文	殘齋文	《願文》（擬）（《黃》）、齋文（《法》）
P.3179	本土作佛事大會疏文	佛日作佛事大會疏文	佛日作佛事大會疏文	佛日作佛事大會願文（《法》）

（續　表）

卷子號	《敦煌遺書總目索引》	《敦煌遺書最新目錄》	《敦煌遺書總目索引新編》	其　他
P.3219	1 釋子讚頌文 2 殘佛經（設爲問答體，存論六通之一段）	請都僧統和尚開示"六通"大義	a 釋子讚頌文 b 請都僧統和尚開示"六通"大義	釋門文範、請都僧統和尚開示六通大義（《法》）
P.3256v		釋門書儀願文		祈願文（《法》）
P.3258	祈願文兩篇	祈願文（附深淺放大）	祈願文兩篇	祈願文（《法》）
P.3258v		諮請法師座下諸尊決疑文（附深淺放大）	諮請法師座下諸尊決疑文	諮請法師座下諸尊決疑文（《法》）
P.3260v	祈願文	祈願文	祈願文	祈願文（《法》）
P.3456	齋文殘篇	齋文殘篇	齋文殘篇	齋文（《法》）
P.3470	殘佛經數行	三寶讚	三寶讚等（殘）	佛是大慈父偈、釋門文範（《法》）
P.3470v				釋門文範（《法》）
P.3500	庵園大講時祈願文	庵園大講時祈願文	庵園大講時祈願文	庵園大講時祈願文（《法》）
P.3547v	齋文一篇	列疑數則蘄都僧統和尚開示文	齋文一篇	釋門文範（《法》）
P.3549	祈願文（三節）	釋門書儀	祈願文（三節）	釋門文範（《法》）
P.3577	卷太殘，僅存上截，爲問答體佛書	主客答難蘄法師開示文	主客答難蘄法師開示文	主客答難蘄法師開示文（《法》）
P.3699	齋文	祈願文	齋文	齋文（《法》）
P.3800v	齋文三篇	齋文三篇（末附謝恩文範）	vc 齋文	釋門文範（《法》）
P.3804v	雜齋文一篇	贊文迴向文	雜齋文	釋門文範（《法》）

（續　表）

卷子號	《敦煌遺書總目索引》	《敦煌遺書最新目錄》	《敦煌遺書總目索引新編》	其　他
P.3887v	齋文一篇	列疑數端蘄法師賜論文	某人致某法師詰問信劄	釋門文範(《法》)
P.4020	諸雜齋文	祈願文	諸雜齋文	釋門文範、上吐蕃贊普書(《法》)
P.4701v	七言詩兩首	七言詩兩首	七言詩兩首	法師偈(《法》)
P.4703	信劄末尾（存七斷行）	布施祈福文	布施祈福文	發願文(《法》)
P.4712v	殘佛文	列疑數條蘄請法師開釋啓（蘄請疑作請蘄）	列疑數條蘄法師開釋啓	1《淨名經關中釋抄》2《釋門文範》(《法》)
P.4762	作佛會祈願文，共卅二行	作佛會祈願文（附深淺放大）	作佛會祈願文	祈願文(《法》)
P.4762v	佛文七行	布施文（附深淺放大）	布施文七行	布施文(《法》)
P.4805		小乘三科	小乘三科	三寒法義(《法》)
P.4969	殘佛文	法師讚頌	釋子文範	釋門文範(《法》)
Ф263v Ф326v				《釋門文範》(《俄》)
Дx01260v				《齋文》(《俄》)
Дx01293				《法師問難》(《俄》)
Дx01444				《釋門文範》(《俄》)
Дx05081－5084				此前未定名
Дx06202				此前未定名
Дx06770				此前未定名
Дx11631				此前未定名
北大 D139				金剛經諮義(《北》)

（續　表）

卷子號	《敦煌遺書總目索引》	《敦煌遺書最新目錄》	《敦煌遺書總目索引新編》	其　他
晉魏隋唐殘墨（79頁）				《唐俗講話本殘片》（《晉》）、《齋文》（擬）（《方》）
"臺灣中央圖書館"藏135		爲二太子中元盂蘭薦福文		《爲二太子中元盂蘭薦福表》（《潘》）、《爲二太子中元盂蘭薦福文（擬）》（《臺》）、《爲二太子薦福發願文（擬）》、《金剛般若法喻》（《黄》第726頁）
中村不折169②				《詩文殘片》（《中村》第63頁）
羽七一五R				《說來法師維摩詰經問》《兒來法師所問於維摩經中立三轉法輪義》（《秘》）
羽七一五V				《兒來法師維摩詰經法輪義》、《請維摩經中立三轉法輪義解釋》（《秘》）

略目説明：
《巴》　　《巴黎國家圖書館藏敦煌寫本題記分年初錄》，《敦煌學》第一輯，第42頁。
《北》　　《北京大學圖書館藏敦煌文獻》，上海：上海古籍出版社，1995年。
《法》　　《法藏敦煌西域文獻》，上海：上海古籍出版社，1995—2005年。
《俄》　　《俄藏敦煌文獻》，上海：上海古籍出版社，1992—2001年。
《方》　　方廣錩：《〈晉魏隋唐殘墨〉綴目》，《敦煌吐魯番研究》第六卷，北京：北京大學出版社，2002年，第327—328頁。
《方目》　方廣錩：《英國圖書館藏敦煌遺書目錄》（斯08400號—斯10000號）（待出版）。
《臺》　　"臺灣中央圖書館"藏敦煌卷子，臺北：石門圖書公司，1976年十一月影印出版。
《黄》　　黄征等：《敦煌願文集》，長沙：岳麓書社，1995年，第726頁。
《晉》　　《晉魏隋唐殘墨》，合肥：安徽美術出版社，1992年，第79頁。
《李》　　李正宇：《敦煌俗講僧保宣及其〈講經通難致語〉》，《程千帆先生八十壽辰紀念文集》，南京：江蘇古籍出版社，1992年，第210—219頁。
《潘》　　潘重規：《"臺灣中央圖書館"所藏敦煌卷子題記》，敦煌學會編印：《敦煌學》第二輯，香港：香港新亞研究所敦煌學會出版，1975年12月，第52頁。
《釋錄》一　郝春文：《英藏敦煌社會歷史文獻釋錄》第一卷，北京：科學出版社，2002年。
《釋錄》五　郝春文：《英藏敦煌社會歷史文獻釋錄》第五卷，北京：社會科學文獻出版社，2006年。
《英》　　《英藏敦煌文獻》，成都：四川人民出版社，1990—1995年。
《中村》　磯部彰編：《台東區立書道博物館所藏中村不折舊藏禹域墨書集成》卷下，東アジア善本叢刊第二集，2005年，第63頁。
《秘》　　《敦煌秘笈》（目錄册），大阪：武田科學振興財團出版，2009年，第258—259頁；《敦煌秘笈》（影片册九），大阪：武田科學振興財團出版，2013年，第136—139頁。

第六節　布　薩　懺　悔

一、應赴授戒

道宣《四分律刪繁補闕行事鈔》卷下《導俗化方篇》"初明説法軌儀、受戒方法"，所説"受戒"即"授戒"①，道宣將受戒方法與講經説法相提，並最先作詳細介紹，表明從受齋赴請和導俗化方的角度來説，講經説法與授戒密不可分。漢代安世高譯《佛説柰女耆婆經》有文説：

> 耆婆曰：願王請佛，從受明法。便爲王説佛之功德，巍巍特尊。王聞大喜，曰：今欲遣烏臣白象迎佛，可得致不？耆婆曰：不用白象也。佛解一切，遥知人心所念。但宿齋戒清淨，供具燒香，遥請向佛作禮，長跪白請，佛必自來。王如其言。佛明日與千二百五十比丘俱來，飲食已畢，爲王説經。王意開解，便發無上正真道心。舉國大小，皆受五戒，各各恭敬，作禮而去。②

同爲安世高譯《阿那邠邸化七子經》中，亦有佛受阿那邠邸長者及七子甘饌飲食供，爲其講經説法並授戒的故事③。這些佛經至少在漢代已傳入中國，説明道宣論及導俗化方時將講經説法與受戒相提並論，是有經典依據的。僧人應赴時，往往會爲齋主舉行授戒儀式。

二、布薩二義

"道安三例"中，"三曰布薩、差使、悔過等法"，最先提到的是布薩。一般比較熟悉的布薩，是僧人每月十五日的布薩自恣，指同住比丘每半月齊集布薩堂，聽上座比丘説戒反省並懺悔的佛教宗教活動。但布薩還有另外一層意思，即此前較少有學者討論的受八關齋戒。

八關齋戒亦稱布薩。如《大智度論》卷十三説：

---

① 就授、受的使用來説，"授戒"是從僧人的角度，"受戒"是從信衆的角度。
② 《大正藏》第 14 册，第 905 頁下。
③ 《大正藏》第 2 册，第 862 頁下—863 頁上。

> 我某甲若身業不善,若口業不善,若意業不善,貪欲、瞋恚、愚癡故,若今世,若過世,有如是罪,今日誠心懺悔。身清淨,口清淨,心清淨,受行八戒,是則布薩,秦言共住。①
>
> 我某甲受行八戒,隨學諸佛法,名爲布薩。願持是布薩福報,願生生不墮三惡八難。我亦不求轉輪聖王、梵、釋天王世界之樂,願諸煩惱盡,逮得薩婆若,成就佛道。②

有時則稱作八支齋布薩。如求那跋陀羅譯《雜阿含經》卷二十三說:

> 時王各辦四寶瓮、金銀琉璃頗梨,盛諸香乳及諸香湯,持種種飲食,幡幢寶蓋,各有千種,及種種花香伎樂,受持八支齋布薩,著白淨衣服,執持香鑪在於殿上,向四方作禮。③

另外是六齋日的宗教活動被稱爲布薩。《四分律》卷五十八說:

> 有三種布薩,十四日、十五日、月初日。④

隋闍那崛多譯《起世經》卷七亦說:

> 一一月中,有六烏晡沙他。(隋言增長,謂受持齋法,增長善根。)白月半分,有十五日,黑月半分,亦十五日。白、黑二月,各有三齋。何者白月半分三受齋日?所謂月八日、十四日、十五日。黑月亦有三受齋日,如白月數。⑤

黑月和白月的月初日、十四日、十五日,即六齋日,說明六齋日舉行的受八關齋被稱爲布薩。《雜阿含經》卷四十說:

> 爾時世尊告諸比丘:於月八日,四大天王勅遣大臣,案行世間,爲何等人供養父母、沙門、婆羅門,宗親尊重,作諸福德。見今世惡,畏後世罪,行施作福,受持齋戒。於月八日、十四日、十五日及神變月受戒布

---

① 《大正藏》第 25 册,第 159 頁中。
② 《大正藏》第 25 册,第 159 頁下。
③ 《大正藏》第 2 册,第 169 頁上。
④ 《大正藏》第 22 册,第 998 頁中。
⑤ 《大正藏》第 1 册,第 346 頁下。

薩。至十四日，遣太子下，觀察世間，爲何等人供養父母乃至受戒布薩。至十五日，四大天王自下世間，觀察衆生，爲何等人供養父母乃至受戒布薩。①

綜上可以看出，就布薩一詞的具體含義而言，"道安三例"中的布薩有兩層意思，一指僧人每月十五日的布薩自恣，一指佛爲在家信衆所制戒——受八關齋戒。從其出現背景與齋供儀式有關來説，"道安三例"中所説布薩，既指僧人修持儀式的布薩，亦指受八關齋戒。

布薩與差使和懺悔有密切關係。差使又被認爲是"作舉"，指夏安結束舉行"自恣"儀式，差有德之僧舉他人之過②。"懺悔"一詞，"悔"字爲中國固有字，本意爲悔恨、懊悔；"懺"字爲梵語 ksama 即"懺摩"的略譯，意爲陳白自己的罪過。"懺悔"是一個"華梵雙舉"的合成詞，意爲在佛、菩薩、師長、大衆面前表白追悔過去之罪，以達到滅罪的目的。不過，在佛經的翻譯過程中，不同時期的譯本往往會使用不同的專有名詞。早在漢代，"懺悔"一詞已經出現在佛經中，但在安世高等人所譯佛經中並未出現。如安世高譯《大比丘三千威儀》中，雖然"懺"字和"悔"字都出現，但並未組合在一起，僅出現"悔過"一詞。而根據安世高譯《佛説舍利弗悔過經》來看，其中"悔過"一詞的含義，其實就是懺悔。由於差使和懺悔較多從屬於佛教修持儀式，且已有相當多學者關注過禮懺儀式③，故本書考察"道安三例"中的"布薩、差使、悔過等法"，僅限其中屬於齋供儀式的受八關齋戒。當然，授戒時必須先懺悔纔能得戒，故下文儘管主要討論授八關齋戒，但亦會提到懺悔。

三、八關齋戒

（一）兩種戒條

八關齋戒，略稱八戒、八齋戒等。指在八關齋時所授的八條戒。但八關齋戒包括哪八條戒，在佛教典籍中至少有兩種不同的説法。一種是在八戒戒條中包括不非時食，另一種則不包括。

1. 包括不非時食的八戒

東晉瞿曇僧伽提婆譯《增壹阿含經》卷三十八説：

---

① 《大正藏》第 2 册，第 295 頁下。
② 任繼愈主編：《中國佛教史》（第二册），第 177 頁。
③ 如郝春文先生即根據敦煌遺書中相關材料，討論了唐後期五代宋初敦煌僧尼的布薩活動。參見郝春文：《唐後期五代宋初敦煌僧尼的社會生活》，北京：中國社會科學出版社，1998 年，第 196—200 頁。

> 世尊告曰：彼云何名爲八關齋法？一者不殺生；二者不與不取；三者不婬；四者不妄語；五者不飲酒；六者不過時食；七者不處高廣之牀；八者遠離作倡伎樂、香華塗身。是謂。比丘，名爲賢聖八關齋法。①

不非時食即不過時食，指過午不食。在支謙譯《佛説齋經》、康僧會譯《六度集經》卷八《摩調王經》、失譯《優陂夷墮舍迦經》、東晉瞿曇僧伽提婆譯《增壹阿含經》卷十六（六）、東晉瞿曇僧伽提婆譯《中阿含經》卷五十五《晡利多品持齋經》、失譯《受十善戒經》、法護等譯《佛説八種長養功德經》中，都提到八關齋戒，而且都包括不過時食，其順序也都爲第六條。

2. 不包括不非時食的八戒

另一種是八戒中不包括不非時食。如支謙譯《菩薩本緣經》卷下《龍品》説：

> 八戒齋者：一者不殺；二者不盜；三者不婬；四者不妄語；五者不飲酒；六者不坐臥高廣牀上；七者不著香華、瓔珞、以香塗身；八者不作倡伎樂，不往觀聽。如是八事莊嚴，不過中食，是則名爲八戒齋法。②

所説八戒中，不包括不非時食。在八戒外，纔提到"不過中食"即不非時食。鳩摩羅什譯《大智度論》卷十三記受八關齋戒的戒條時亦説：

> 如諸佛盡壽不殺生，我某甲一日一夜不殺生亦如是；如諸佛盡壽不盜，我某甲一日一夜不盜亦如是；如諸佛盡壽不婬，我某甲一日一夜不婬亦如是；如諸佛盡壽不妄語，我某甲一日一夜不妄語亦如是；如諸佛盡壽不飲酒，我某甲一日一夜不飲酒亦如是；如諸佛盡壽不坐高大牀上，我某甲一日一夜不坐高大牀上亦如是；如諸佛盡壽不著花瓔珞、不香塗身、不著香熏衣，我某甲一日一夜不著花瓔珞、不香塗身、不著香熏衣亦如是；如諸佛盡壽不自歌舞作樂、亦不往觀聽，我某甲一日一夜不自歌舞作樂、不往觀聽亦如是。已受八戒，如諸佛盡壽不過中食，我某甲一日一夜不過中食亦如是。③

---

① 《大正藏》第 2 册，第 756 頁下。
② 《大正藏》第 3 册，第 69 頁中。
③ 《大正藏》第 25 册，第 159 頁中下。

《大智度論》在八戒外還要求不過中食,從戒條上來說已有九條,但仍稱爲八關齋。

如何理解八戒外的"不過中食"?《薩婆多毗尼毗婆沙》卷一解釋説:

> 問曰:"夫以齋法過中不食,乃有九法,何故八事得名?"答曰:"齋法以過中不食爲體。以八事助成齋體,共相支持,名八支齋法。是故言八齋,不云九也。"①

《大方便佛報恩經》卷六亦説:

> 優波離復白佛言:"夫八齋法通過中不食,乃有九法,何以八事得名?"答曰:"齋法過中不食爲體,八事助成齋體,共相支持,名八支齋法,是故言八齋,不云九也。"②

這就說明,八關齋以不非食時爲齋體。儘管不非時食不在八戒之中,屬於八戒之外的要求,但由於不非時食爲齋體,故仍稱爲八關齋戒。唐代道世撰《法苑珠林》卷八八亦解釋説:

> 問曰:諸經論中,何名八關齋,亦名關戒耶?答曰:前八是關閉八惡,不起諸過。不非時食者是齋。齋者,齊也。謂禁止六情,不染六塵,齊斷諸惡,具修衆善,故名齋也。又齋戒體一名別。若尋名定體,體容小別。齋者,過中不食爲名;戒者,防非止惡爲義。故《薩婆多論》云:八個是戒,第九是齋。齋戒合數,故有九也。③

在《毗尼討要》卷三中,道世又作了相近的説明④。都將不非時食作爲齋體來看待。

(二) 六齋日受

八關齋戒是佛爲在家居士"隨學諸佛法"所制,"必一日一夜受"⑤,故又稱爲一日夜戒。《薩婆多毗尼毗婆沙》卷一説:

---

① 《大正藏》第23册,第508頁下。
② 《大正藏》第3册,第159頁下。
③ 周叔迦、蘇晉仁:《法苑珠林校注》,第2533—2534頁。
④ 《續藏經》第44册,第383頁上。
⑤ 《大正藏》第3册,第159頁中。

受八齋法，應言一日一夜不殺生，令言語決絶，莫使與終身戒相亂也。問曰：受八戒法，得二日、三日乃至十日一時受不？答曰：佛本制一日一夜，不得過限。若有力能受，一日過已，次第更受，如是隨力多少，不計日數也。①

相近的説法，並見於《大方便佛報恩經》卷六②。均説明佛制受八關齋戒的時間爲一日一夜。如果想不只一天受八關齋戒，可以過完一天後又再受一天，如此次第受戒，不限天數。

根據佛經所説，受八關齋戒必須在特定時間舉行。具體地説是在每月的六齋日。所謂六齋日，即"所謂八日、十四日、十五日、二十三日、二十九日、三十日"③。對於在六齋日舉行受八關齋戒的原因，《大智度論》卷十三解釋説：

問曰：何以故六齋日受八戒、修福德？答曰：是日惡鬼逐人，欲奪人命，疾病、凶衰，令人不吉。是故劫初聖人教人持齋，修善、作福，以避凶衰。是時，齋法不受八戒，直以一日不食爲齋。後佛出世，教語之言：汝當一日一夜，如諸佛持八戒，過中不食，是功德將人至涅槃。如《四天王經》中佛説：月六齋日，使者太子及四天王，自下觀察衆生，布施、持戒、孝順父母少者，便上忉利，以啓帝釋；帝釋、諸天心皆不悦，言：阿修羅種多，諸天種少。若布施、持戒、孝順父母多者，諸天、帝釋心皆歡喜，説言：增益天衆，減損阿修羅。是時，釋提婆那民見諸天歡喜。説此偈言：

　　六日神足月，受持清淨戒，

　　　是人壽終後，功德必如我。

佛告諸比丘：釋提桓因不應説如是偈。所以者何？釋提桓因三衰、三毒未除，云何妄言持一日戒，功德福報必得如我？若受持此戒，必應如佛，是則實説。諸大尊天歡喜因緣故，得福增多。復次，此六齋日，惡鬼害人，惱亂一切，若所在丘聚，郡縣國邑，有持齋受戒行善人者，以此因緣，惡鬼遠去，住處安隱。以是故，六日持齋受戒，得福增多。④

---

① 《大正藏》第 23 册，第 509 頁上。
② 《大正藏》第 3 册，第 159 頁下—160 頁上。
③ 《大正藏》第 23 册，第 420 頁下。
④ 《大正藏》第 25 册，第 160 頁上。

（三）依從僧尼

受八關齋戒必須依從僧尼五衆受持。《薩婆多毗尼毗婆沙》卷一説：

> 夫受齋法，必從他受。於何人邊受？五衆邊已受八戒。①

對於在五衆邊受戒的具體情況，瞿曇僧伽提婆譯《增壹阿含經》卷第三十八説：

> 是時，彼優波離白佛言：云何修行八關齋法？世尊告曰：於是，優波離，若善男子、善女人，於八日、十四日、十五日，往詣沙門若長老比丘所，自稱名字，從朝至暮如羅漢，持心不移、不動，刀杖不加群生，普慈於一切，我今受齋法，一無所犯，不起殺心，習彼真人之教。不盜、不婬、不妄語、不飲酒、不過時食、不在高廣之座、不習作倡伎樂、香華塗身。設有智慧者，當作是説；假令無智者，當教彼如此之教。又彼比丘當一一指授，無令失次，亦莫超越。②

受過八關齋戒的人能不能稱爲優婆塞，有兩種不同的説法。一種認爲能，屬於七衆；另一種認爲不能，只能稱爲中間人，不屬於七衆。《薩婆多毗尼毗婆沙》卷一説：

> 若受八戒人，於七衆中爲在何衆？雖不受終身戒，以有一日一夜戒故，應名優婆塞。有云：若名優婆塞，無終身戒。若非優婆塞，有一日一夜戒，但名中間人。問曰：若七衆外有波羅提木叉戒不？答曰：有。八齋是。以是義推，若受八戒，不在七衆也。③

不過，《大智度論》卷十三有文説：

> 問曰：五戒、一日戒，何者爲勝？答曰：有因緣故，二戒俱等；但五戒終身持，八戒一日持。又，五戒常持，時多而戒少；一日戒時少而戒多。復次，若無大心，雖復終身持戒，不如有大心人一日持戒也。譬如

---

① 《大正藏》第23册，第509頁上。
② 《大正藏》第2册，第756頁下—757頁上。
③ 《大正藏》第23册，第508頁下—509頁上。

軟夫爲將,雖復將兵終身,智勇不足,卒無功名;若如英雄奮發,禍亂立定,一日之勳,功蓋天下。是二種戒,名居家優婆塞法。①

這裏由於將八關齋戒與五戒一樣視爲居家優婆塞戒法,無疑肯定了受八關齋戒爲優婆塞説。

四、懺悔受戒

唐澄照撰《略授三歸五八戒并菩薩戒》,是目前所見藏經中授戒程序保存相對較完整的著作。該書授五戒法稱:

第一説受由序;第二請聖證明;第三翻邪歸依;第四懺除往業;第五説法開悟;第六正發律儀;第七示相護持;第八發願迴向。②

雖然澄照此文適用於授三歸五戒、八戒和菩薩戒,但授八戒的程序,因爲與授五戒相同而未見。因此,目前在藏經中找不到相對完整的授八關齋戒程序。幸運的是,在敦煌遺書中仍然保存了相對完整的授八關齋戒文,可以幫助我們對古代受八關齋戒有一定程度的了解。

俄 Φ109 是一個《受八關齋戒文》的完整範本,較爲全面地反映了唐代授八關齋戒的完整程序。與俄 Φ109 一樣,敦煌遺書中數種受八關齋戒文的結構都分爲七部分,稱爲"七門分别"。如 P.3697v《受八關齋戒文》説:

夫受戒者,先以七門分别:第一讚戒功德;第二啓請賢聖;第三懺悔罪障;第四歸依三寶;第五政(正)受羯磨;第六説其戒相;第七迴向發願。

由於八關齋戒又作"八支淨戒",因此 P.2668v《受八關齋戒文》、BD00038《受八關齋戒文》均有文説:

夫受八枝淨戒,先與七門分别:第一讚戒功德;第二啓請賢聖;第三懺悔罪障;第四歸依三寶;第五政(正)受八戒羯磨;第六説其戒相;第七迴向發願。

---

① 《大正藏》第 25 册,第 160 頁中下。
② 《續藏經》第 59 册,第 357 頁。

這說明俄Ф109等《受八關齋戒文》的七門分別,是敦煌地區《受八關齋戒文》的主要結構。

從程序次第來看,七門分別與澄照撰《略授三歸五八戒并菩薩戒》的八門次第大致相同。但亦存在重要區別。最主要的,是澄照撰《略授三歸五八戒并菩薩戒》的八門次第,是先受三歸,後懺悔。而俄Ф109等敦煌遺書中的《受八關齋戒文》,則是先懺悔,後受三歸。那麼,是先懺悔對還是先三受三歸對呢?

(一) 先歸後懺

應該看到,澄照在授戒時先歸依三寶,後懺悔,有其經典依據。如失譯《佛說師子月佛本生經》中,記阿羅漢爲獼猴授戒過程是:

> 爾時,比丘即爲獼猴說三歸依,告言:"法子!汝今隨學三世佛法,應當求請受三歸依,及以五戒。"爾時,獼猴即起,合掌白言:"大德!憶念我今欲歸依佛、法、僧。"比丘告言:"汝當歸依佛、歸依法、歸依僧。"第二、第三亦如是說:"歸依佛竟、歸依法竟、歸依僧竟。"第二、第三亦如是說:"次當懺悔。"告獼猴言:"汝於前身無量劫來,貪欲、瞋恚、愚癡、邪見、嫉妬、憍慢、誹謗、破戒,作諸惡事滿足十惡。作五逆罪謗方等經、婬比丘尼、偷僧祇物、作衆重罪無量無邊,我今生分已盡,不受後有。大阿羅漢能除衆生無量重罪。所以者何?我初生時與大悲俱生,三世賢聖法皆如是,亦與大悲俱共生世。"如是慇懃,三爲獼猴說出罪懺悔。既懺悔已,告獼猴言:"法子!汝今清淨是名布薩,汝從今日至盡形壽,受不殺戒。三世諸佛諸阿羅漢,永不殺生,身口意淨,汝亦如是。"
>
> 爾時,獼猴白羅漢言:"我願作佛,隨大德語,從於今日乃至成佛,終不殺生。"是時,羅漢聞獼猴語,身心歡喜即授五戒:"法子!汝從今日至盡形壽,隨學佛法。三世諸佛、諸聲聞衆,身業清淨,常不殺生,持不殺戒。汝亦如是,至盡形壽持不殺戒,能受持不?"獼猴答言:"我能奉持。"次受不盜、不邪婬、不妄語、不飲酒,亦如上法。既受戒已,時阿羅漢告言:"汝當發願,汝是畜生,現身障道,但勤精進求阿耨多羅三藐三菩提。"①

所記阿羅漢爲獼猴授戒程序,是先爲其受三歸依,後懺悔,最後纔授五戒。其次是《大智度論》卷十三有文說:

---

① 《大正藏》第3冊,第444頁中下。

問曰：云何受一日戒？答曰：受一日戒法，長跪合掌，應如是言：我某甲今一日一夜，歸依佛、歸依法、歸依僧！如是二、如是三歸依。我某甲歸依佛竟、歸依法竟、歸依僧竟。如是二、如是三歸依竟。我某甲若身業不善，若口業不善，若意業不善，貪欲、瞋恚、愚癡故。若今世，若過世，有如是罪，今日誠心懺悔。身清淨，口清淨，心清淨，受行八戒，是則布薩，秦言共住。①

上面這一經一論的記述，尤其是《大智度論》的解釋，明確了授八關齋戒先歸依三寶後懺悔的先後次序。此後，道宣在《四分律刪繁補闕行事鈔》卷下中，述及受八戒法時，轉引了上引《大智度論》文字②。

總之，上引材料表明，澄照撰《略授三歸五八戒并菩薩戒》，不論是授五戒還是授八戒，都先歸依三寶後懺悔，有其經典依據，因此是如法如律的。

(二) 先懺後歸

但是，敦煌遺書中的受八關齋戒文，都是先懺悔後受戒。不僅上面提到的俄 Φ109、P. 2668v、P. 3697v、BD00038 等受八關齋戒文中"七門分別"是這樣，敦煌遺書中的其他受八關齋戒文，受八關齋戒時亦是先懺悔後受戒的。這一程序大致是敦煌遺書中受八關齋戒文的通則。

初步看起來，例外的是敦煌遺書 P. 3318v 稱"將受八戒，五門分別：一啓請十方；第二皈依三寶；第三發露懺悔；第四識相護持；第五迴向發願"。初步看上去其五門分別的程序次第，是先皈依三寶，後發露懺悔，但尋究 P. 3318v 的實際內容，則依次爲啓請賢聖、發露懺悔、識戒意、三歸依、說戒。亦即是說，敦煌遺書 P. 3318v 儘管表面上是先皈依三寶，後發露懺悔，但實際上仍然是先懺悔，後歸依三寶。

第七節 附 論

與道安同時代的名士習鑿齒，在寫給謝安的信中，對道安給予了較高評價。該信並見於僧祐《出三藏記集》和慧皎《高僧傳》。其文稱：

---

① 《大正藏》第 25 冊，第 159 頁中。
② 《大正藏》第 40 冊，第 140 頁上。

来此见释道安,故是远胜,非常道士。师徒数百,斋讲不惓①。无变化伎术可以感常人之耳目,无重威大势可以整群小之参差,而师徒肃肃,自相尊敬,洋洋济济,乃是吾由来所未见。②

习凿齿给谢安写信时,正与道安一同在襄阳,熟知道安的具体情况。信说得非常清楚,道安当时的日常宗教活动是斋讲。那么,什么是斋讲呢?

一、待解的斋讲

台湾成功大学王翠玲教授敏锐地注意到了斋讲的研究一直被忽略,故先后撰写了《中国仏教の斋—斋讲をめぐって—》③和《中国佛教的斋讲》④两篇文章对斋讲作了讨论。她的研究指出,在道安以前,已经有"斋讲"一词。佚名译《分别功德论》卷四有文说:

> 他罗婆摩比丘勤率,施立斋讲者,佛委僧事,分部所宜。契经契经一处,毗尼毗尼一处,大法大法一处,坐禅坐禅一处,高座高座一处,乞食乞食一处,教化教化一处,随事部分,各使相从。若有檀越来请者,以次差遣,不问高下。若有私请者,不听在此例。时檀越请尽六群比丘,次值贫家,怀恨而还,向佛怨言:"摩罗见欺,自受好处。见遣贫家,岂是平等耶?"佛命摩罗:"卿实尔耶?"答曰:"不也。于时无食,日欲差中,便和牛屎,饮以当斋。"闻六群语"无以自明",即于佛前,吐此粪浆。六群惭愧,二人感结漏尽,二人还为白衣,二人面孔出沸血,命终堕阿鼻也。斋讲者,斋集部众,综习所宜,善能劝成,故称第一也。⑤

《分别功德论》经目附见于《后汉录》,当译于汉代,说明"斋讲"一词汉代已经出现。由于《分别功德论》对斋讲的说明较难理解,所以王教授在她的大作中把"斋讲"析分为"斋"和"讲"分别讨论。不过,她在将"斋讲"析分为"斋"和"讲"后,始终未能将二者结合起来,故她的研究,虽有开先之功,但未能告诉我们究竟什么是斋讲。

---

① "惓",《高僧传》作"倦"。
② 释僧祐:《出三藏记集》,苏晋仁、萧鍊子点校,北京:中华书局,1995年,第562页;释慧皎:《高僧传》,第180页。标点从苏晋仁等点校本。
③ 王翠玲:《中国仏教の斋—斋讲をめぐって—》,《印度学佛教学研究》第54卷第1号,平成17年12月,第49—55页。
④ 王翠玲:《中国佛教的斋讲》,《成大中文学报》第十四期,2006年6月,第63—104页。
⑤ 《大正藏》第25册,第42页中。

二、從道安三例看齋講

我們注意到,習鑿齒將道安的宗教活動統稱爲"齋講"。而就現有材料來看,與道安日常宗教活動關係密切的,是"道安三例"。這表明對齋講的研究,不能離開對"道安三例"的認識。只有在了解"道安三例"的基礎上,纔能知道什麼是齋講。

上文指出,"道安三例"與僧人受齋赴請有關。從文獻記載中"齋講"一詞出現的情況來看,東晉瞿曇僧伽提婆譯《增壹阿含經》卷三稱"能廣勸率,施立齋講,陀羅婆摩羅比丘是"①,姚秦鳩摩羅什譯《佛説彌勒下生成佛經》和《佛説彌勒大成佛經》中分別有"或以施僧常食,齋講設會,供養飯食"②、"或造僧祇,四方無礙,齋講設會,供養飯食"③等文。在隋唐時期成書的《啓顔録》等書中,則有"齋會講説"④、"設齋講説"⑤等説法;道宣《續高僧傳》中有"同爲建齋,講《大智論》"⑥、"每月一集,建齋講觀"⑦。就諸書中"齋講"一詞出現的上下文來看,"齋講"出現的背景,是施主供僧飯食,即齋僧。因此,對於"齋講"一詞的理解,應結合僧人受齋赴請來進行。

上文結合義淨"受齋軌則"和道宣"導俗化方篇"對"道安三例"的考察表明,僧人受齋,往往會應施主之請講經,甚至爲施主授戒。從僧人的角度來説,僧人受齋講經可以稱爲齋講;從施主的角度來説,施主設齋或齋僧聽經亦可以稱爲齋講。齋爲受齋、設齋或齋僧,講爲講經説法、講經受戒或聽講佛法、聽講佛經。

結合上文對齋僧和"道安三例"的考察,來看上引《分別功德論》中相關文字,可知僧人應赴按契經、毗尼、大法、坐禪、高座等,以類分批,各成部衆,當與僧人受齋時的咒願有關。因爲僧人受齋,不僅要應施主之請講經説法,佛制還要求上座"應唄咒願讚嘆","若上座不能,次第二應作。第二不能,第三應作。如是次第,能者應作"。如果一起受齋的僧人不是同一部類,一則不利於依類講經説法,二則不利於他們次第排列能咒願者。但如果"齋集部衆,綜習所宜",則"善能勸成",既能滿足施主的不同需要,又能給施主以相應的咒願。習鑿齒稱道安"師徒數百,齋講不倦",指的是道安師徒出於導

---

① 《大正藏》第2册,第557頁中。
② 《大正藏》第14册,第424頁下—第425頁上。
③ 《大正藏》第14册,第432頁上中。
④ 郝春文主編:《英藏敦煌社會歷史文獻釋録》(三),第261頁。
⑤ 郝春文主編:《英藏敦煌社會歷史文獻釋録》(三),第261頁。
⑥ 道宣:《續高僧傳》,第48頁。
⑦ 道宣:《續高僧傳》,第479頁。

俗化方的需要,受齋赴請時講經說法或給人授戒等,不知疲倦。

總之,儘管道安及其弟子的宗教活動包括修持儀式和齋供儀式兩個方面,但上文有關"道安三例"中齋供儀式的考察,幫助我們對古代文獻中出現的"齋講"一詞有了新的理解。這在一定程度上表明,對於中國古代佛教的研究,從齋供儀式角度的考察不僅是新思路,而且極有可能是中國佛教研究取得重要突破的切入點。

三、齋講非俗講

田光烈先生認爲,齋講實即俗講。他說:

> 俗講的名稱,始見於唐初,實即六朝以來的齋講,乃是運用轉讀、梵唄和唱導來作佛經的通俗演講的。①

由於受撰寫體例限制,田先生既未解釋齋講是什麽,更未對他的俗講即齋講這一觀點進行論證,所以我們不知道他提出這一觀點的理由。不過,他的觀點在《中國佛教百科全書》中得到繼承和發展。該書《儀軌卷》"俗講"條稱:

> 俗講是由六朝以來的齋講演變而成的,它是指應用轉讀(詠經)、梵唄(讚唄)、唱導等手法進行佛經的通俗演講。②

但上文對齋講的考察我們知道,齋講就是受齋講經或設齋聽經,而俗講則是唐五代時期一種得皇帝敕令或官方同意後,在三長月勸俗人施物輸財的佛、道教法會(詳下文),這就說明,齋講不是俗講。認爲俗講即齋講或由齋講演變而成,目前找不到切實的證據。

本 章 小 結

"道安三例"的出現,標誌著中國佛教儀式的形成。諸多材料證明,制定"道安三例"的背景是齋僧,目的是讓僧人起座受食有儀,讓僧人唱導開化有

---

① 田光烈:《俗講》,中國佛教協會編:《中國佛教》(二),第367頁。
② 楊維中等:《中國佛教百科全書·儀軌卷》,上海:上海古籍出版社,2001年,第151頁。

規矩。

　　本章根據齋僧的一般例則，結合相關參證資料，分別對"道安三例"中行香唱讚、安佛設座、誦經轉讀、講經論義、授戒布薩等齋供儀式程序進行了探討。每一部分的考察，都儘量根據佛經及義淨的相關記述，從其佛典依據、與齋供儀式的關係、與道安的關係，以及它們在道安之後的變化來進行。儘量溯其源，究其流。一些與敦煌遺書關係密切的文字，則在校錄後發掘其內涵。對於敦煌遺書中一些相關文獻，則根據最新認識重新擬名，以便作歸類研究。

　　由於有關"道安三例"的材料不多，而且大都是後人追述，同時代的材料較少，因此，本章只是對"道安三例"中與齋講有關的內容作了研究，研究的是"道安三例"的部分內容。具體地説，本章所説的"道安三例"，僅只是"道安三例"中的齋供儀式。

　　需要指出的是，以往儘管肯定"道安三例"是中國佛教法事儀式制度或念誦儀制的濫觴，但一直缺乏切實有效的研究。本章將"道安三例"置於齋僧背景之下進行考察，是道安研究的新思路。從這一思路出發，即使古代文獻記載有限，但齋供儀式的通行慣例，使得有限的文字有了上下文，死的文本變成了活的儀式，既幫助我們對道安制定的佛教齋供儀式中僧人導俗化方的説法軌儀和受戒方法有了較爲具體的了解，還對以往未受到重視或未得到確切認知的"齋講"有了新的理解。同時，將"道安三例"放到齋僧背景下，通過對"道安三例"內涵溯源究流的考察、分析和梳理，對中國佛教齋供儀式形成初期的主要形態進行了探討，使本書上章提出的中國佛教齋供儀式爲齋僧變化形態的觀點落實到具體的儀式程序中，從而爲中國佛教齋供儀式的定性、定型，提供了直觀的可驗性參照。

第三章　唱　導　研　究

佛教典籍中對唱導的專門記述，以慧皎《高僧傳》較早，而且影響也最大。敦煌遺書發現後對其中俗文學文獻釋讀和研究的過程中，有部分學者討論了唱導與俗講的關係，認爲俗講與唱導名異實同①。近年來，有學者在前人研究的基礎上，對敦煌遺書中與俗文學相關諸多文獻作了新的界定，稱其爲"唱導文學文獻"②，並得到個別學者的贊同③。

但是，將敦煌遺書中的一些文獻稱爲唱導文獻，首先應弄清唱導的行實，弄清它與俗講的關係，然後纔能明確哪些文獻可歸入唱導文獻。學者們在討論"唱導文學文獻"時，對這一問題雖有涉及，但對唱導的理解，是"現代日語'唱導'一詞的學術含義，即是：'用佛教（有時還包括其他宗教）的教義來教導俗人的宗教活動'。就是說，包括'説教'、'講經'、'法談'等對俗人舉行的活動"④。這樣的解釋，其實只是將唱導作爲佛教宗教活動的一種，並未對唱導的具體所指作說明，與向達將俗講泛化後討論其與唱導的關係一樣沒有新的進步。

不難發現，以往在研究唱導時，只提及慧皎《高僧傳》卷十三的這段文字：

> 唱導者，蓋以宣唱法理，開導衆心也。昔佛法初傳，於時齋集⑤，止宣唱佛名，依文致禮。至中宵疲極，事資啓悟，乃別請宿德昇座說法，或

---

① 向達：《唐代俗講考》，《燕京學報》第十六期，1934年。
② 荒見泰史：《敦煌的唱導文學文獻——以〈佛説諸經雜緣喻因由記〉爲中心探討》，載張子開主編：《項楚先生欣開八秩頌壽文集》，北京：中華書局，2012年，第48—61頁。
③ 汪娟：《關於"唱導"的歧義》，臺灣成功大學中文系《成大中文學報》第四十一期，2013年6月，第70頁。
④ 荒見泰史：《敦煌的唱導文學文獻——以〈佛説諸經雜緣喻因由記〉爲中心探討》，載張子開主編：《項楚先生欣開八秩頌壽文集》，第50頁。
⑤ "齋集"，各種版本均作"齊集"，據文意改。按：古代"齊"通"齋"，佛教典籍中也不例外，"受齋"常作"受齊"、"齋戒"常作"齊戒"，故"齊集"通"齋集"。

雜序因緣,或傍引譬喻。其後廬山釋慧遠,道業貞華,風才秀發,每至齋集,輒自昇高座,躬爲導首,先明三世因果,却辯一齋大意。後代傳受,遂成永則。①

對於宋贊寧《大宋僧史略》卷中"行香唱導"條論及唱導的文字,則較少予以關注。其文稱:

唱導者,始則西域上座凡赴請,咒願曰"二足常安,四足亦安,一切時中皆吉祥"等,以悅可檀越之心也。舍利弗多辯才,曾作上座,讚導頗佳,白衣大歡喜。此爲表白之椎輪也。梁《高僧傳》論云:夫唱導所貴,其事四焉:一聲也;二辯也;三才也;四博也。非聲則無以警衆,非辯則無以適時,非才則言無可採,非博則語無依據。此其大體也。據《寄歸傳》中云,焚香胡跪,嘆佛相好。合是導師胡跪爾。或直聲告,或詰曲聲也。又西域凡覲國王,必有讚德之儀。法流東夏,其任尤重。如見大官謁王者,須一明練者通暄涼,序情意,讚風化,此亦唱導之事也。齊竟陵王有導文,梁僧祐著《齊主讚嘆緣記》及諸色《咒願文》,陳、隋世高僧真、觀深善斯道,有《導文集》焉。從唐至今,此法盛行于代也。②

比較兩條材料,可知慧皎的論述比較簡約,贊寧的説法則較全面。衆所周知,將全面的論述置於一邊,而只根據簡約不完整的文字理解唱導,其結論是否客觀,是很值得懷疑的。如果只注意到慧皎的論述,而忽略贊寧所記,難免偏頗。

結合贊寧的説法,參證相關資料來理解慧皎的論述,可以發現唱導與"道安三例"一樣,與設齋供僧有關。唱導的所指,並不是簡單的"宣唱法理,開導衆心",而是包括宣名致禮、昇座説法和辯齋意等内容。設齋供僧可以講經説法,也可以不講經説法,並没有統一的規定,但就齋供儀式程序而言,咒願是其中必須包括的核心内容,不存在没有咒願的齋供儀式。全面認識齋意,既有助於辨識敦煌遺書中的齋意文,又有助於對俗講有新的認識。本章將從以下幾個方面對上述認識展開論證:一、唱導的背景;二、唱導行實;三、齋意的不同名稱;四、齋意文;五、唱導與俗講的關係。

---

① 釋慧皎:《高僧傳》,第521頁。
② 富世平:《大宋僧史略校注》,第75頁。標點略異。

第一節　唱導的背景

　　從上引慧皎有關唱導的記述,可看出"齋集"是唱導出現的背景。那麽,什麽是齋集呢?

　　在佛教典籍中,我們找不到"齋集"一詞的確切解釋,説明它不是一個有具體所指的專有名詞。一些學者引用這段文字時,或者將"齋集"解釋爲齋會,以之泛指一切與齋有關的佛教法事活動,似乎"齋集"是一個意義廣泛的類概念,指的是集體性的佛教法事活動。也有學者將齋集理解爲"法集齋會"①,還有學者認爲齋集是受戒(常持續幾個日夜)及其他道場即大型法會②。這表明目前對齋集的理解尚未形成共識性的看法。

　　對於缺少明確解釋的概念,最好的辦法是將其放在與之相對應的具體場景中去理解。確切地説,是從唱導在什麽場合中出現來理解齋集。就慧皎《高僧傳》相關材料來看,唱導出現的場合主要有以下幾種:

　　一是八關齋。慧皎《高僧傳》卷十三説:

　　　　至如八關初夕,旋繞行周,煙蓋停氛,燈惟靖燿,四衆專心,叉指緘默。爾時導師則擎爐慷慨,含吐抑揚,辯出不窮,言應無盡。③

八關即八關齋。導師即唱導之師、唱導師。導師於八關齋之夜執爐唱導,説明八關齋是唱導出現的場合之一。

　　二是禮懺齋會和薦亡會。慧皎《高僧傳》卷十三有文説:

　　　　釋曇宗……少而好學,博通衆典。唱説之功,獨步當世。辯口適時,應變無盡。嘗爲孝武唱導,行菩薩五法禮竟,帝乃笑謂宗曰:朕有何罪?而爲懺悔。宗曰:昔虞舜至聖,猶云予違爾弼。湯武亦云萬姓有罪,在予一人。聖王引咎,蓋以軌世。陛下德邁往代,齊聖虞殷,履道思沖,寧得獨異?帝大悦。後殷淑儀薨,三七設會,悉請宗。宗始嘆世道浮僞,恩愛必離。嗟殷氏淑德,榮幸未暢,而滅實當年,收芳今日,發

---

① 張弓:《漢唐佛寺文化史》,北京:中國社會科學出版社,1997年,第467—468頁。
② 姜伯勤:《變文的南方源頭與敦煌的唱導法匠》,見氏著:《敦煌藝術宗教與禮樂文明》,北京:中國社會科學出版社,1996年,第402頁。
③ 釋慧皎:《高僧傳》,第521頁。

言悽至。帝泫愴良久，賞異彌深。①

孝武即南朝宋孝武皇帝劉駿（453—464），由曇宗爲孝武帝"行菩薩五法"懺悔，可推知"菩薩五法"與現仍保存在大藏經中的梁代佚名譯《菩薩五法懺悔文》②性質相同，屬於禮懺文。曇宗爲孝武帝"行菩薩五法"唱導，即爲之行禮懺。另外，慧皎《高僧傳》卷十三記劉宋時唱導僧人曇光，"每設齋會，無有導師。王謂光曰：獎導群生，唯德之本，上人何得爲辭？願必自力。光乃迴心習唱，製造懺文。每執爐處衆，輒道俗傾仰"③，說明唱導時需要使用懺文。據這兩條材料可知，禮懺是唱導出現的場合之一。

此外，曇宗傳記載孝武帝爲其妃殷淑儀"三七設會"，即設齋七會超度殷淑儀時，也請曇宗爲唱導，說明薦亡齋會也是唱導出現的場合之一。

三是赴請和赴會。慧皎《高僧傳》卷十三記述唱導僧時，尚有如下文字：

釋曇穎……性恭儉，唯以善誘爲先。故屬意宣唱，天然獨絶。凡要請者，皆貴賤均赴，貧富一揆。張暢聞而嘆曰："辭吐流便，足騰遠理。"④

釋慧芬……住穀熟縣常山寺。學業優深，苦行精峻。每赴齋會，常爲大衆説法。梁楚之間，悉奉其化。⑤

釋法鏡……既得入道，履操冰霜。仁施爲懷，曠拔成務。於是研習唱導，有邁終古。齊竟陵文宣王厚相禮待，鏡誓心弘道，不拘貴賤，有請必行，無避寒暑。財不蓄私，常興福業。⑥

曇穎、慧芬、法鏡作爲唱導僧人，不論貴賤貧富，凡有請均赴齋會，說明了赴請、赴會是唱導出現的場合之一。

上文指出，赴請、赴齋會都是從僧人角度對齋僧活動的表述，屬於齋供儀式。禮懺、八關齋戒、薦亡齋屬於僧人滿足信衆需要時舉行的重要宗教活動，亦屬於齋供儀式。周叔迦先生指出，"集僧而施食謂之齋"⑦，意以爲齋集就是設齋集僧，就是集僧施食。這與齋供儀式的所指相同，說明所謂齋

---

① 釋慧皎：《高僧傳》，第513頁。
② 《大正藏》第24冊，第1121中—1121下。
③ 釋慧皎：《高僧傳》，第514頁。
④ 釋慧皎：《高僧傳》，第511頁。
⑤ 釋慧皎：《高僧傳》，第514頁。
⑥ 釋慧皎：《高僧傳》，第520頁。
⑦ 周叔迦：《周叔迦佛學論著全集》第四冊，第1600頁。

集,就是指齋供儀式。

　　總之,從慧皎、義淨和贊寧的記載來看,唱導有其特定的背景——齋集,這個背景就是僧人赴請時的咒願等儀式活動,就是包括八關齋、禮懺、薦亡會等在內的赴請齋會,就是齋供儀式。唱導師"宣唱法理,開導衆心",導首慧遠"却辯一齋大意",與這個背景有關。理解唱導時,有必要結合這個背景來展開。

第二節　唱　導　行　實

　　關於唱導的行實,慧皎提到三種:一是"宣唱佛名,依文致禮";二是"別請宿德昇座説法,或雜序因緣,或傍引譬喻";三是"辯一齋大意"。現存有關唱導的材料中,有與這三種表現形式相對應的文本文獻,可以幫助我們對唱導有進一步的認識。

一、宣名致禮

　　唐代來華日僧圓仁《入唐求法巡禮行記》記有"新羅誦經儀式":

　　　　打鐘定衆了。下座一僧起打槌,唱"一切恭敬敬禮常住三寶"。次一僧作梵,"如來妙色身"等兩行偈。音韻共唐一般。作梵之會,一人擎香盆歷行衆座之前。歷①行行便休。大衆同音誦"摩訶般若"題數十遍也。有一師陳申誦經來由了。大衆同音誦經。或時行經本。或時不行經本。念經了。導師獨唱"歸依佛,歸依法,歸依僧"。次稱佛菩薩號。導師唱云"南無十二大願"。大衆云"藥師琉璃光佛"。導師云"南無藥師也",大衆同音云"琉璃光佛"。導師云"南無大慈悲也",大衆同音云"觀世音菩薩。"餘皆如是。禮佛了,導師獨結願迴向。迴向稍長。迴向之後,導師云"發心",大衆同音亦云"發心"。次導師唱發願,已竟,頂禮三寶。次施主擎施物坐。導師與咒願。便散去。②

　　這一誦經儀式中的導師,即唱導師。在整個儀式中,他的工作主要有以下幾項:

---

①　"歷",原抄本作"歷",小野勝年從之,白化文等校注本改作"急",今從原抄本。
②　白化文等:《入唐求法巡禮行記校注》,第189頁。

1. 獨唱"歸依佛,歸依法,歸依僧";
2. 引領人"稱佛菩薩號";
3. "獨結願迴向";
4. 引領大衆發心;
5. 唱發願;
6. 與施主咒願。

唱導師要爲施主咒願,我們下文要專門討論。他的獨唱、獨結願迴向,屬於有唱無和。但他的"稱佛菩薩號"則較好地説明了什麼是唱導,因爲圓仁的記載已明確説明,唱導師在稱佛菩薩名號時,並不只是他自己一個人,而是有人與他配合。將他們的唱和文字合攏起來,即能發現就是齋供儀式文本中常看得到的一段完整文字:

唱導師先唱"南無十二大願",其他人接著唱"藥師琉璃光佛",其文本就是"南無十二大願藥師琉璃光佛"。

唱導師先唱"南無藥師也",其他人接著唱"琉璃光佛"。據實地調查所知,類似唱導師唱的"也"字,在齋供儀式過程中起提醒其他人唱和的作用,但它是一個虛詞,故文本合起來就是"南無藥師琉璃光佛"。

唱導師先唱"南無大慈悲也",其他人接著唱"觀世音菩薩"。"也"字是起提醒其他人唱和的虛字,故文本合起來就是"南無大慈悲觀世音菩薩"。

文本中凡是稱佛菩薩號的地方,在齋供儀式中,都按上述唱和方式來進行。而在具體的法會儀式中,每唱和佛、菩薩名之際,法師都要帶頭躬身向佛菩薩致禮。因此,從圓仁所記唱導師"稱佛菩薩號"的內容和實際操作來看,顯然就是慧皎所説的"宣唱佛名,依文致禮"。

與"新羅誦經儀式"一樣能看出唱導具體表現的,是圓仁所記的"竹林寺齋禮佛式":

午時,打鐘。衆僧入堂。大僧、沙彌、俗人、童子、女人依次列坐了。表嘆師打槌,唱"一切恭敬禮常住三寶,一切普念。"次寺中後生僧二人手把金蓮,打蠡鈸。三四人同音作梵。供主行香,不論僧俗男女,行香盡遍了。表嘆先讀施主設供書。次表讚了。便唱"一切普念"。大僧同音,唱"摩訶般若波羅蜜"。次唱佛菩薩名。大衆學詞,同禮"釋迦牟尼佛、彌勒尊佛,文殊師利菩薩、大聖普賢菩薩、一萬菩薩、地藏菩薩、一切菩薩摩訶薩"。"爲廿八天(帝)釋梵王等,敬禮常住三寶。""爲聖化無窮,敬禮常住三寶。""爲今日供主衆善莊嚴,敬禮常住三寶。""爲師僧父母、法界衆生,敬禮常住三寶。"打槌唱云"施食咒願"。上座僧咒願了,行飯食。上下、老少、道俗、男女平等供養也。衆僧等吃齋了。行水湯口。次打槌念佛。表嘆師打槌云:"爲今日施主(衆)善莊嚴及法界衆生,念'摩訶般若波羅蜜多'。"大衆同音念"釋迦牟尼佛、彌勒尊佛,大聖文殊師利菩薩、一萬菩薩、一切菩薩摩訶(薩)。"如次學詞同念,念佛了,打槌隨意,大衆散去。①

這是一次完整的齋僧儀式。打槌的表嘆師,就是在齋供儀式中表白讚嘆的唱導師(詳下文)。在這個齋供儀式中,他擔負引領儀式的角色,主要包括:

1. 率先唱"一切恭敬禮常住三寶,一切普念";
2. 讀施主的設供書,表讚施主德;
3. 領唱"一切普念"(其他僧人與他一起唱"摩訶般若波羅蜜");
4. 領唱佛菩薩名(大衆學詞,同念、同禮);
5. 提示上座食前咒願;
6. 齋後打槌念佛,再次引領大衆念"摩訶般若波羅蜜多"等。

唐代智昇撰《集諸經禮懺儀》卷上"《十方佛名經》一卷"後,接以一無名禮懺文,其中有與這個程序大致相對應的文本。茲引錄其中相關文字,與圓仁所記唱導具體表現作比較(僅比較前4項)如下:

表3-1 唱導過程與文本比照表

	圓仁《竹林寺齋禮佛式》	智昇《集諸經禮懺儀》
1	表嘆師打槌唱"一切恭敬禮常住三寶,一切普念"。	一切恭敬敬禮常住三寶,一切普誦。
	寺中後生僧二人手把金蓮,打蠡鈸。三四人同音作梵。	如來妙色身,世間無與等。無比不思議,是故今敬禮。如來色無盡,智慧亦復然。一切法常住,是故我歸依。
	供主行香,不論僧俗男女,行香盡遍了。	敬禮常住三寶
2	表嘆先讀施主設供書,次表讚了。	嘆佛咒願:天上天下無如佛,十方世界亦無比。世界所有我盡見,一切無有如佛者。
3	便唱"一切普念"。大僧同音,唱"摩訶般若波羅蜜"。	

---

① 白化文等:《入唐求法巡禮行記校注》,第265頁。"釋"字圓仁寫作"尺",今統一改作"釋"。

	圓仁《竹林寺齋禮佛式》	智昇《集諸經禮懺儀》
4	次唱佛菩薩名。大衆學詞,同禮"釋迦牟尼佛、彌勒尊佛,文殊師利菩薩、大聖普賢菩薩、一萬菩薩、地藏菩薩、一切菩薩摩訶薩"。 爲廿八天釋①梵王等,敬禮常住三寳。 爲聖化無窮,敬禮常住三寳。 爲今日供主衆善莊嚴,敬禮常住三寳。 爲師僧父母、法界衆生,敬禮常住三寳。	敬禮釋迦牟尼佛, 敬禮當來彌勒尊佛, 敬禮東方善德如來一切諸佛, 敬禮東南方無憂德如來一切諸佛, 敬禮南方栴檀功德如來一切諸佛, 敬禮西南方寳施如來一切諸佛, 敬禮西方無量明如來一切諸佛, 敬禮西北方花德如來一切諸佛, 敬禮北方相德如來一切諸佛, 敬禮東北方三乘行如來一切諸佛, 敬禮上方廣衆德如來一切諸佛, 敬禮下方明德如來一切諸佛, 敬禮賢劫千佛千五百佛, 敬禮五百花首百億金剛藏佛, 敬禮三十五佛五十三佛, 敬禮過現未來三世諸佛, 敬禮舍利形像浮圖廟塔, 敬禮十二部尊經甚深法藏, 敬禮諸大菩薩一切賢聖, 爲二十八天釋梵王等,敬禮常住三寳, 爲諸龍神等風雨順時。敬禮常住三寳, 爲過現諸師恒爲導首。敬禮常住三寳, 爲天皇天后聖化無窮。敬禮常住三寳, 爲諸王公主文武百官。敬禮常住三寳, 爲現存父母諸善知識。敬禮常住三寳, 爲十方施主六度圓滿。敬禮常住三寳, 爲此國過往諸人神生淨土。敬禮常住三寳, 爲僧伽藍神并諸眷屬。敬禮常住三寳, 爲四方寧靜兵甲休息。敬禮常住三寳, 爲三塗八難受苦衆生。敬禮常住三寳。

　　由於圓仁所記是"受齋禮佛"儀式,而智昇的著作則是"禮懺儀",故二者不會完全相同並一一對應,但二者的程序顯然有可比較之處。所以除圓仁所記"便唱'一切普念'。大僧同音,唱'摩訶般若波羅蜜'"在智昇著作中未見外,表中其他文字,大都有可相互對應之處。通過二者比較,可以直觀地看出唱導在齋供儀式中所起的作用,以及其他人在唱導師先唱後,他們是如何後和的。

---

① "天釋",小野本和白化文等校注本補作"天帝釋"。智昇《集諸經禮懺儀》中文字與圓仁所記相符,説明作"天釋"不誤。

唱導師的宣名致禮，從一個側面反映了"唱導"一詞的含義。贊寧《宋高僧傳》卷三十有文說：

> 昔梁《傳》中立篇第十曰《唱導》也，蓋取諸經中"此諸菩薩皆唱導之首"之義也。唱者，固必有和乎？導者，固必有達者。①

說明"唱導"一詞是"唱"與"導"的合成，既要分爲二字來看，亦要合爲一詞來解。分開來看，《說文解字》解釋說：

> 唱，導也。從口昌聲。
> 導，引也。從寸道聲。

可知唱即導，導即引。另外，上引贊寧文指出，有唱必有和，有導則有達，故唱即唱和，導即導達。合起來看，唱導就是導引或引導，就是引導性唱和。既是唱和，自然有唱有和，此唱彼和，互相呼應。

總之，從字面意思來看，"唱導"一詞有"導引"或"引導"的意思，而且亦有"唱和""導達"的意思。唱導師在齋供儀式中引領大衆宣名致禮，與大衆一唱一和，直觀地反映了"唱導"一詞的含義。另外，上文提到，維那師即表嘆師，唱導師也表嘆，說明維那師可以是唱導師。

唱導由維那（唱導師）打槌先唱，參加法會的其他人隨後應和，這種一唱一和的形式至少有兩種情況：一種是一人唱一人和，另一種是一人唱衆人和。

上引圓仁所記的"新羅誦經儀式"和"竹林寺齋禮佛式"，都是一人唱衆人和的。田青先生1995年以前在湖南等地作佛教音樂田野調查時，已經注意到這種情況在佛教法會儀式過程中仍然保留。他記述說：

> 我在多年佛教音樂的田野工作中，發現了一個非常有趣的現象：當某一法事有樂器伴奏的時候，常常不是按音樂界的慣例，由歌者根據伴奏樂器提供的確定的調高來決定自己的音高，而是在領唱單獨開始後，伴奏者臨時根據歌者（維那）的音高，迅速找到相應（有時是相近）的調高來伴奏。②

---

① 贊寧：《宋高僧傳》，范祥雍點校，北京：中華書局，1987年，第756—757頁。
② 田青：《中國佛教法事中的音樂——是爲神還是爲鬼》，《音樂藝術——上海音樂學院學報》1995年第3期，第17頁。

1989年夏,我到潮州開元寺錄製《潮州佛樂》音樂磁帶,當時,參加錄製工作的有開元寺退休老方丈、佛樂大師慧原法師和他的弟子們、以及擔任樂隊伴奏的幾個居士。錄製工作一開始,我便發現,無論是慧原法師擔任維那起腔,還是他的弟子傳然尼師擔任維那起腔;也無論演唱、演奏的是"禪和板",還是"香花板",擔任樂隊伴奏的幾個居士總是等維那起腔後,纔根據維那起腔的音高,笛子摸索著找孔位定調,二胡摸索著找把位定調,就連揚琴,也要在弦上試敲幾個音後,纔找到所需要的調,然後伴奏。①

　　(在湖南南嶽)錄音一開始,我便又遇到了同樣的現象:維那起腔之前,所有的樂器都不定調。待維那起腔之後,唱誦的僧衆接腔的同時,笛子和二胡纔試探著進入。與潮州的情況一樣,樂器進入後的第一個5至15秒内,樂師們忙著尋找合適的調高,直到"搭調"爲止。開始後的頭兩首曲子,由於維那和樂師都還没有找到感覺,歌聲與笛聲始終相差幾乎半個調,而二胡,雖然在按音時與歌聲一致,但在空弦音時,則明顯露出破綻。②

　　雖然田青先生記述這兩次經歷的目的,是爲了論證他提出的觀點,即佛教法事音樂的功能主要是"娱神"(或"通神"),"娱人"是第二位的、附屬的功能,但他所記的事實,正是佛教法會中音樂的唱和。具體地説,維那爲起腔的唱導,接腔者和伴奏者爲唱和的人③。另外,在張應華和齊柏平的調查中,一人引領、衆人應和的情況同樣存在,只不過他們只記其情況④,而未將其作爲值得關注的問題加以討論而已。

　　一人唱一人和,指的是行持法事者一人起頭提問,一人唱和回答,共同宣演法會儀式。2001年我在觀摩雲南省大理州劍川縣張宗義、楊崇文等先生行持《銷釋金剛經科儀》時,發現在佛教法會儀式中是普遍現象。一些小説對此有生動的表現,如《金瓶梅》第五十一回所記宣演《金剛科儀》的過程

---

① 田青:《中國佛教法事中的音樂——是爲神還是爲鬼》,《音樂藝術——上海音樂學院學報》1995年第3期,第17—18頁。
② 田青:《中國佛教法事中的音樂——是爲神還是爲鬼》,《音樂藝術——上海音樂學院學報》1995年第3期,第19頁。
③ 王志遠先生認爲"唱導是説不是唱"(王志遠:《中國佛教表現藝術》,第194頁),一是忽略了唱導引領大衆讚嘆佛德屬於梵唄這一事實,二是對佛教儀式的實際展演了解不多,所以不可信從。
④ 張應華:《湘黔交界"五溪蠻"地區民間臨濟派道場音樂之考察》,《貴州大學學報》(藝術版)2001年第4期;齊柏平:《鄂西土家族喪葬儀式音樂的文化研究》,第50頁。

即是如此：

> 月娘因西門慶不在，要聽薛姑子講說佛法，演頌《金剛科儀》。正在明間內，安放一張經卓兒，焚下香。薛姑子與王姑子兩個一對坐，妙趣、妙鳳兩個徒弟，立在兩邊，接念佛號。大妗子、楊姑娘、吳月娘、李嬌兒、孟玉樓、潘金蓮、李瓶兒、孫雪娥和李桂姐，一個不少，都在跟前，圍著他坐的，聽他演誦。
>
> 先是薛姑子道："蓋聞電光易滅，石火難消。落花無還樹之期，逝水絕歸源之路。畫堂繡閣，命盡有若長空；極品高官，祿絕猶如作夢。黃金白玉，空爲禍患之資；紅粉輕衣，總是塵勞之費。妻孥無百載之歡，黑暗有千重之苦。一朝枕上，命掩黃泉。空榜揚虛假之名，黃土埋不堅之骨。田園百頃，其中被兒女爭奪；綾錦千廂，死後無寸絲之分。青春未半，而白髮來侵；賀者纔聞，而弔者隨至。苦苦苦，氣化清風塵歸土！點點輪迴喚不回，改頭換面無遍數。
>
> 南無盡虛空遍法界過見未來佛法僧三寶
> 　　無上甚深微妙法，百千萬劫難遭遇，
> 　　我今見聞得受持，願解如來真實義！"
>
> 王姑子道："當時釋伽牟尼佛，乃諸佛之祖，釋教之主。如何出家？願聽演說。"
>
> 薛姑子便唱五供養："釋伽佛，梵王子，捨了江山雪山去。割肉喂鷹鵲巢頂，只修的九龍吐水混金身，纔成南無大乘大覺釋伽尊。"
>
> 王姑子又道："釋伽佛，既聽演說。當日觀音菩薩，如何修行，纔有莊嚴百化身，有天道力？願聽其說。"
>
> 薛姑子又道："大莊嚴，妙善主，辭別皇宮香山住。天人送供跏趺坐，只修的五十三參變化身，纔成南無救苦救難觀世音。"
>
> 王姑子道："觀音菩薩，既聽其法。昔日有六祖禪師，傳燈佛，教化行西域，東歸不立文字。如何苦功，願聽其詳！"
>
> 薛姑子道："達磨師，盧六祖，九年面壁功行苦，盧芽穿膝伏龍虎。只修的隻履折盧任往來，纔成了南無大慈大願昆盧佛。"
>
> 王姑子道："六祖傳燈，既聞其詳。敢問昔日有個龐居士，捨家私送窮船歸海以成正果，如何説？"
>
> 薛姑子道："龐居士，善知識，放債來生濟貧苦。驢馬夜間私相居，只修的拋妻棄子上法船，纔成了南無妙乘妙法伽藍耶。"

小說所記,正是薛姑子與王姑子一唱一和。故《銷釋金剛經科儀》的宣演,就是由薛姑子與王姑子一唱一和表演完成的。另外,薛姑子最初唱念的"南無盡虛空遍法界過見未來佛法僧三寶",顯然屬於宣唱佛名的內容。而其中唱讚的音樂,則證明唱導有說有唱,並非只是說而沒有唱。

二、昇座說法

對於唱導在昇座說法時的表現,敦煌遺書中有較爲豐富的材料,而且大部分都保存在押座文中。兹根據昇座說法的類型,將其分爲三種:

(一) 受八關齋戒

上文已經指出,受戒是唱導出現的背景之一。敦煌遺書中保存的不少《聲聞唱導文》《菩薩布薩文》《和戒文》《大乘布薩儀軌》等布薩和授菩薩戒的儀式文本,亦有明顯的唱導文的特徵。不過,由於布薩和授菩薩戒包括在家、出家二衆,目前尚無證據證明這些儀式文本均屬於齋供儀式,故這裏只討論在家弟子行持的受八關齋戒。

受八關齋戒的押座文目前在敦煌遺書中有兩種,一種見於俄 Ф109《受八關齋戒文》卷首,其文稱:

> 善哉大聖大慈尊,三世十方無數佛,
> 各願乘花兼寶座,惟願今朝降道場。
> 無邊菩薩起慈心,擁護道場諸弟子,
> 大梵天王兼帝釋,願坐祥雲降碧空,
> 閻羅天子及將軍,司命天曹諸官長,
> 羅刹夜叉惡鬼等,加被今朝受戒人。
> 山中有廟獨孤魂,地土靈祇諸聖者,
> 更有河沙諸眷屬,願降慈悲入道場。
> 先亡父母及公婆,亡過兄弟及姊妹,
> 願降道場親受戒,不墮三塗地獄中。
> 平生現在及尊親,惣願合家無障難。
> 更願座中諸弟子,清淨身心戒品圓。
> 從兹發願速修行,願證菩提不退轉。
> 今辰擬說甚深文,惟願慈悲來至此。
> 聽衆聞經罪消滅,總證菩提法報身,
> 火宅忙忙何日休,五欲終朝生死苦。
> 不似聽經求解脱,學佛修行能不能?

能者合掌虔恭著，經題名字唱將來。①

另一種爲無首題押座文，其文稱：

佛世難遇，似優曇鉢花，我輩得逢，似盲龜值木。
生死海中千萬劫，轉換從來多少身。
億億萬劫數雖多，幾度得逢佛出世。
必若當初逢著佛，爭肯將身向這裏來，
縱緣心願見慈尊，即漸擬求親近去。
動說無邊無量劫，日月時長大曬難，
見佛不是暫時間，百千萬劫長時見。
欲得來生者個數，聽文能不能？
能者便生渴仰心，似見世尊須一種。
樂者虔恭合掌著，經題名字唱將來。②

俄 Ф109《受八關齋戒文》正文内容包括七個部分，用文中的說法就是"七門分别"。其中第二部分爲啓請聖賢，所請包括十方諸佛、諸大菩薩、羅漢、聖僧、梵王、天龍八部、金剛蜜迹、閻羅天子、五道大神、太山府君、察命司録、天曹地府、善惡部官、諸仙、羅刹夜叉、行病鬼王等。這些内容大都見於押座文。押座文在請聖賢後，願先亡父母等入道場受戒，願平生現在及尊親與座中弟子戒品圓具，最終證得菩提，則屬於七門分别中第七部分迴向發願的内容。說明押座文部分反映了正文的内容。

從内容來看，上引無首題押座文亦爲受八關齋戒押座文。因爲《受八關齋戒文》正文七門分别之"第一讚戒功德"中，既有人身難得，"如盲龜遇浮木孔"的說法，亦有"佛世難值"的經文，其意思均見於上引無首題押座文，說明此押座文與《受八關齋戒文》正文内容相對應。一般說來，押座文的内容都見於其後的正文，目前尚未見其他講經文或緣喻故事中有相近内容，故推知該押座文爲《受八關齋戒》押座文。

兩種受八關齋押座文，在倒數第二或第三句都有"能不能"的發問語。雖然文本中没有出現回答的答案，但下文"能者""樂者"的行文，表明顯然是有人回答"能"或"樂"的。

---

① 潘重規：《敦煌變文集新書》，第33—34頁。
② 潘重規：《敦煌變文集新書》，第31頁。

問"能不能",與回答"能""樂",前者是唱,後者是和,一唱一和,正是唱導師在受八關齋戒時唱導的重要表現。

除了押座文外,敦煌遺書中的《受八關齋戒文》,亦有唱導師唱導的內容。如 BD01482 擬名《受八戒儀》,內容即《受八關齋戒文》,其中有文稱:

若人不受戒,如車無二輪;若人不受戒,如鳥無雙翼。車無二輪,不能遠涉;鳥無雙翼,豈能高飛?若人不受戒,如弓不著弦;若有惡人來,如何能禦敵?《薩遮尼乾子經》云:若人不受戒,疥癩野干之身尚不能得,何況此人身?佛子

人身難得今已得,中國難生今已生,六根難具今已具,正[法]難聞今已聞,善心難發今已發。佛子

……

既得人身不修福,却向三途亦任居。今朝既至道場中,努力聽説並受戒。總願生天受快樂,莫交苦處更沈淪。今將戒品菩提樹,莫忘法師今朝説。臨命終時心清淨,願生極樂見彌陀。此是第一略舉戒因,粗標緣起。從此向下,第二廣清(請)聖賢,普亡(爲)證明,聞不聞?佛子

春雲若起,百草前生。稽首和南,道芽增長。百花若秀,結實堪收。渚(諸)佛遍在虛空,不清(請)無由降下。志心啓清(請)諸佛,清(請)不清(請)?

大衆清(請)佛,慇懃賢聖,悉來摩頂。◇◇蹈跪合掌,各稱本名,隨法師先清(請)佛寶,能不能?

其文甚長,不具引。從上所錄可以看出,此《受八關齋戒文》中,頻繁出現"佛子""聞不聞""請不請""能不能"等唱導師唱導時使用的詞語,在下文中,又多次出現"能不能""是不是""知不知"等詞,清楚表明此《受八關齋戒文》爲唱導文。

上文引錄過的 BD02317、BD06164 和北大 D211 表明,受八關齋戒時,往往講經説法和説因緣故事,證明受八關齋不僅包括唱導儀式程序,亦包括講經説法程序。上引俄 Φ109《受八關齋戒文》卷首押座文中"今辰擬説甚深文,惟願慈悲來至此。聽衆聞經罪消滅,總證菩提法報身,火宅忙忙何日休,五欲終朝生死苦。不似聽經求解脱,學佛修行能不能?能者合掌虔恭著,經題名字唱將來"等文字,亦能證明這一點。

(二) 講經説法

講經押座文有數種,其中《維摩經押座文》作:

頂禮上方香積世，妙喜如來化相身。
示有妻兒眷屬徒，心淨常修於梵行。
智力神通難可測，手搖日月動須彌。念菩薩佛子
我佛如來在菴園，宣說甚深普集教；
長者身心歡喜了，持其寶蓋詣如來。念菩薩佛子
偏偏搖動布金鈴，七寶雙雙相送遠，
直到菴園法會上，捧其寶蓋上如來。佛子
五百花蓋立其前，聖力合成爲一蓋，
日月星辰皆總現，山河大地及龍宮。佛子
世界搖時寶蓋搖，世界動時寶蓋動，
一切十方諸淨土，三世如來悉現中。佛子
毗耶離國地中心，寶樹光暉金璨爛，
多出人賢惟慈愍，久曾過去早修行。佛子
居士維摩衆中尊，十德圓明人所重，
親近無邊三世佛，故號維摩長者身。佛子
五百聲聞皆被訶，住相法空分所證，
更有光嚴彌勒衆，身心皆拜道徒中。佛子
不二真門性自融，只有維摩親證悟，
示疾室中而獨臥，廣談六品不思議。佛子
大聖牟尼悲願深，一一親呼十大衆，
皆曰不堪而問疾，唯有文殊千佛師。佛子
巍巍身動寶星宮，炎炎珠搖飛寶座，
八萬仙人香滿國，千千聖衆遍長空。佛子
請飯上方香積中，化座燈王師子吼，
盡到毗耶方丈室，作其佛事對弘經。佛子
今晨擬說甚深文，惟願慈悲來至此，
聽衆聞經罪消滅，總證菩提法寶身。佛子
火宅茫茫何日休，五欲終朝生死苦，重述
不似聽經求解脫，學佛修行能不能？
能者虔恭合掌著，經提（題）名目唱將來。①

《温室經講唱押座文》（擬題）作：

---

① 潘重規：《敦煌變文集新書》，第11—13頁。

今晨擬説甚深文，唯願慈悲來至此，
聽衆聞經罪消滅，總證菩提法寶身。
閻浮濁惡實堪悲，老病終朝長似醉，
已捨喧喧求出離，端坐聽經能不能？
能者虔恭合掌著，經題名字唱將來。①

這兩條押座文，在倒數第二句都有"能不能"的問語，並在下文中有"能者"的行文，表明有唱和對答，爲唱導獨有的內容，是唱導師在講經時唱導的表現。尤其是《維摩經押座文》，多次在偈句後出現"念菩薩佛子""佛子"的字眼，是唱導師在唱念中讓參與法會者念佛名或菩薩名的專門説明。這些唱導文所獨有的內容，正是講經説法時唱導的表現。

敦煌遺書中現存的講經文，有唱導獨特內容的講經文有數種，其中以S.6551《佛説阿彌陀經講經文》（擬題）尤爲突出，其中有文如：

昇坐已了，先念偈，焚香，稱諸佛菩薩名。
自從大覺啓玄門，鹿苑靈山轉法輪。
五部三乘諸海藏，流傳天下總沾恩。
……
朝朝只是憂家業，何曾一日得聞經。
大衆暫時合掌著，聽法齊心能不能？②
凡是聽法，必須求哀，發露懺悔，先受三歸。次請五戒，方可聞法，增長善根。然後唱經，必獲祐福，稱三五聲佛名。佛子③
門徒弟子，今日既來法會，大須努力，齊心合掌，與弟子懺悔十惡五逆之罪，洗除垢穢，起慇心淨心，來世往生西方淨土。蓮花化生，永抛三惡道，長得見彌陀，願不願？能不能？善哉善哉！稱可佛心，龍天歡喜，必當罪滅三世。④
懺悔已了，此受三歸，復持五戒，便得行願相扶，福智圓滿，將永佛果，永免輪迴。必受三歸，免沈邪道，歸依佛者，不墮地獄。歸依法者，不受鬼身。歸依僧者，不作畜生。門徒弟子，受此三歸，能不能，願不

---

① 潘重規：《敦煌變文集新書》，第 18 頁。
② 潘重規：《敦煌變文集新書》，第 147 頁。
③ 潘重規：《敦煌變文集新書》，第 148 頁。
④ 潘重規：《敦煌變文集新書》，第 149—150 頁。

願? 稱佛名。佛子①

次下請十方佛,作大證明,便受五戒,門徒弟子,能不能? 願不願? 善哉善哉!②

上來已與門徒弟子,受三歸五戒了,更欲廣説法門無邊,窮劫不盡。次下便與門徒弟子唱經,能不能? 願不願? 念佛三五聲,《佛説阿彌陀經》。將釋此經,且分三段,初乃序分,次則正宗,後乃流通,一句一偈,價值百千兩金,我門徒弟子細解説。③

已下便即講經,大衆聽不聽? 能不能? 願不願?《佛説阿彌陀經》。④

講經文中頻繁出現的"能不能""聽不聽""願不願"等文字,都屬於唱導獨有的内容。

另有《佛説阿彌陀經講經文》(P.2122、P.3210)亦説:

願不願? 此下白道。願者還須早至道場聽一回。妙法人勸多人,求經作佛,若是信心,即須覺悟。諸佛説法,意在如恩。能不能? 能者高聲念阿彌陀佛,講下時用阿彌陀經。

……

既捨喧喧求出離,端坐身心能不能?
能者虔恭合掌著,清凉商調唱將來。

……

普勸門徒修真行,學佛修行能不能? 能者念阿彌陀。⑤

這一講經文中,出現了數次"願不願"和"能不能",同樣證明其爲講經説法中的唱導文。

(三) 説緣喻

慧皎稱唱導"或雜序因緣,或傍引譬喻",即講説因緣故事和譬喻故事。因緣故事又包括兩類:一類是佛本生故事,如 P.2187 中的《四獸因緣》即是如此。另一類是包括佛傳故事在内的各種因緣故事,如 BD03129《諸經雜緣

---

① 潘重規:《敦煌變文集新書》,第 151 頁。
② 潘重規:《敦煌變文集新書》,第 152 頁。
③ 潘重規:《敦煌變文集新書》,第 158 頁。
④ 潘重規:《敦煌變文集新書》,第 160 頁。
⑤ 潘重規:《敦煌變文集新書》,第 176—178 頁。

喻因由記》。譬喻故事則是通過寓言故事背後蘊含的道理來宣傳佛教基本教義。不論是因緣故事還是譬喻故事,都包括敍述三世因果的內容。

在 P. 3849v 和 S. 4417 所記"講《維摩》",即講《維摩詰經》儀式中,有"説緣喻"這一儀式程序。並見於 P. 3849v 和 BD03129 的《諸經雜緣喻因由記》,首題中有"緣喻"二字,内容則抄輯衆經諸雜因緣而成。五代周廣順叁年癸丑(953)三界寺僧人法保抄寫的《頻婆娑羅王後宮綵女功德意供養塔生天因緣變》,内容爲頻婆娑羅王後宮綵女功德意因供養塔生天的因緣故事,其卷末有文稱"佛法寬廣,濟度無涯,至心求道,無不獲果。但保宣空門薄藝,梵宇荒才,經教不便於根源,論典罔知於底漠。輒陳短見,綴秘密之因由;不懼羞慚,緝甚深之緣喻"①。這兩條材料,都將因緣故事和譬喻故事稱爲緣喻,説明緣喻或即"雜序因緣"與"傍引譬喻"末一字的合成。P. 3849v 和 S. 4417 中所記"説緣喻",就是講因緣故事或譬喻故事。

敦煌遺書中説緣喻所講的因緣故事文本,往往在首尾題中帶有"變"字,如"降魔變""破魔變""降魔變文""大目乾連冥間救母變文""大目犍連變文""頻婆娑羅王後宮綵女功德意供養塔生天因緣變""漢將王陵變""漢八年楚滅漢興王陵變""舜子變""舜子至孝變文"。這是後人長期將敦煌遺書中諸多講唱體文獻稱爲"變文"之淵藪。不少學者已經意識到,這一稱謂是片面的。因爲齋供儀式文本中儘管包括因緣故事,但並非以講因緣爲主,故將這些文本都稱爲變文,有以偏概全之嫌。

説緣喻屬於唱導,仍然從押座文即可看出。八相指釋迦牟尼一生所經歷的八個重大事件,"八相變"是釋迦牟尼八相因緣故事的稱呼之一。《八相押座文》有文説:

　　殘雲被狂風吹散去,月影長空便出來。
　　在聽甚深微妙法,身中佛性甚分明。
　　一沾兩沾三沾雨,滅卻衢中多少塵。
　　一句兩句大乘經,滅卻身中多少罪。
　　我擬請佛,恐人坐多時,便擬説經。願不願? 願者檢心掌待著。②

另外,講述釋迦牟尼成佛因緣故事的《太子成道經》卷首押座文亦説:

---

① 潘重規:《敦煌變文集新書》,第 750 頁。
② 潘重規:《敦煌變文集新書》,第 3—4 頁。

吟　　上從兜率降人間，托蔭王宫爲生相。
　　　九龍齊温香和水，淨浴蓮花葉上身。
　　　聖主摩耶往後園，彩女嬪妃奏樂喧。
　　　魚透碧波堪上岸，無憂花樹最宜觀。
　　　無憂花樹葉敷榮，夫人緩步彼中行。
　　　舉手或攀枝餘葉，釋迦聖主袖中生。
　　　釋迦慈父降生來，還從右脅出身胎。
　　　九龍吐水早是貴，千輪足下瑞蓮開。
　　　阿斯陀仙啓大王，此令瑞應極禎祥。
　　　不是尋常等閒事，必作菩提大法王。
　　　前生以殿下結良緣，賤妾如今豈敢專。
　　　是日耶輸再三請，太子當時脱指環。
　　　長生不戀世榮華，厭患王宫爲太子。
　　　捨卻輪王七寶位，夜半逾城願出家。
　　　六時苦行在山中，鳥獸同居爲伴侶。
　　　日食麻麥求勝行，雪山修道證菩提。
　　　見人爲惡處强攢頭，聞道講經伴不聽。
　　　今生小善總不曾作，來世覓人大教難。
　　　火宅忙忙何日休，五欲終朝生死苦。
　　　不似聽經求解脱，學佛修行能不能？
　　　能者嚴心合掌著，經題名目唱將來。①

　　兩條押座文中，同樣出現了"願不願""能不能"這一唱導獨特的内容，説明説緣喻確實就是慧皎所説"或雜序因緣，或傍引譬喻"，"明三世因果"的唱導。

　　唱導師昇座説法，從一個側面反映了唱導往往就是法師。本書第二章指出，講經職事包括法師、都講、香火、維那和梵唄。不過，在唱導出現的齋供儀式中，維那師擔負唱導之責。這與贊寧記唱導時稱"須一明練者通暄涼，序情意，讚風化，此亦唱導之事也"正相符。説明在齋供儀式中，由於法師有較高的水平，他不僅負責講經，還根據法會實際情況引導唱和，咒願齋意，因此法師與唱導師，有時往往由同一個人擔任。

---

① 潘重規：《敦煌變文集新書》，第498—499頁。

三、辯齋意

慧皎稱慧遠齋集時自昇高座,親自爲唱導師,"先明三世因果,却辯一齋大意"。所說"一齋大意",簡稱齋意。"辯"通"變",與慧皎所說唱導推重的"聲、辯、才、博"①中的"辯"相通。"辯一齋大意",就是辯齋意。

(一) 齋意

從字面來說,齋意就是設齋意旨,即舉行齋供儀式的目的。在齋供儀式中,辯齋意是法會儀式程序之一。在已經整理發表的宋代佛教科儀中,"入意"②這一法會程序就是辯齋意。與之相對應的文本保存不少,茲錄其中實物文字一種如下:

> 時也,臘盡春來,經翻吉祥熾盛;陰超陽泰,貝宣妙法華嚴。益壽延年,世所願也;木本水源,子當思焉。
>
> 恭准
>
> 釋迦如來遺教弟子臨壇奉行保奏法事緇流續濃疏爲雲南省劍川縣奠南區鍾賢邑村居住奉佛修因、叩天懺罪、消災解厄、超宗拔祖、迎祥保安信士○○○③……右洎合家人等,即日薰沐頓首,投誠上言:
>
> 伏以佛號經聲,誦念吉祥熾盛;冥王玉偈,宣演報祖答宗。有願皆從,無求不應。茲者信士○○④言念一介書生,未酬父生之教德;三才儒士,有虧母育之養恩。虛磨駒光,空負子職。恩思有日,報答無期。是以夫妻偕榮,怡堂蘭孫來復去;長子卅六,鱣庭燕禧映連綿。兼以憶父逝風波,目暝未繳職牒;悲母早泉路,乳恩缺跪羔羊;骨肉雙兄,命飛雲外;嫂氏妯娌,分離妙年。念切興悲,情殷祈薦。由是延緇,敬涓黃道,經功超渡,正薦當齋亡人○○○⑤……並及○⑥氏門中歷代遠近內外宗親等統仗經功,以祈以薦行持冥王之科儀,香焚二畫,拜禮宥罪之寶懺,燭炬三宵,祝家道以昌隆,冀宗親而脫化,伏願萬聖鴻恩,住宅清寧興門第;千真駿澤,先祖高登昇淨邦。更冀百忍宗風,紹箕裘而輝先緒;千秋世業,子孫榮而後裔昌。六畜豐孳,財源隆盛。凡未及言,全叨

---

① 慧皎《高僧傳》說:"夫唱導所貴,其事四焉:謂聲辯才博。非聲則無以警衆,非辯則無以適時,非才則言無可採,非博則語無依據。"《高僧傳》,湯用彤校注本,第521頁。
② 方廣錩主編:《藏外佛教文獻》第六輯,第225、270頁;第八輯,第78頁。
③ "○○○",人姓名,茲略去。
④ "○○",人名,茲略去。
⑤ "○○○",人姓名,茲略去。
⑥ "○",姓,茲略去。

默佑。

　　等因,謹於十二月二十三日召值迎黄,開壇請聖。

　　　　　　二十四日早旦進表,申奏三府,開方破獄。

　　　　　　二十五日宣演科儀,謝恩,送聖,晚分經功圓滿。

　　今則華壇潔備,教典正行,蕩穢則天清地淨,懸幡則鳳舞鸞翔,迎請三元大聖,敬迓四府高真,光降道場,主盟修奉,興我檀那,大作利益,所錄情悃,謹意以聞。

　　　　　　歲次壬戌年臘月二十五日謹意

　　類似這樣的用於齋會唱念的文本即齋意文,又稱"經單簿"①"意旨簿""詣旨""行移""意款"等,其結尾往往有"謹意"二字。根據具體情況,其文字有詳有略。王熙遠《桂西民間秘密宗教》②、胡天成《民間祭禮與儀式戲劇》③和筆者《雲南阿吒力教經典研究》④均已經公開發表了各不相同的詳本錄文。上引屬於略本,是一個三天法會的齋意文。就其內容來論,可知齋意包括設齋的時間、原因、目的、願望和法會具體安排。

　　因此,辯齋意並不是簡單的敘說設齋意旨,而是包括相當豐富的内容。

(二) 辯

　　贊寧稱"據《寄歸傳》中云,焚香胡跪,嘆佛相好。合是導師胡跪爾。或直聲告,或詰曲聲也。又西域凡覲國王,必有讚德之儀。法流東夏,其任尤重。如見大官謁王者,須一明練者通暄涼,序情意,讚風化,此亦唱導之事也"⑤,説明唱導與用聲及用聲嘆佛讚德有關。在慧皎所説唱導推重的聲、辯、才、博四事中,聲屬於梵唄,在上文討論行香梵和以偈嘆佛時已經作過介紹,這裏從略。才、博由於缺乏比較直接的材料,本書暫不討論。這裏只討論"辯"。

　　什麽是辯呢？慧皎稱高僧之"辯"是"適時"或"適會無差"。"適會無差"是對緣,"適時"則是知時宜。説明"辯"通"變"⑥,指根據具體情況對所

---

① (民國)《合川縣志》卷八十三《禮儀民俗》,民國十年(1921)刻本。轉引自丁世良等主編:《中國地方志民俗資料彙編》(西南卷上),北京:北京圖書館出版社,1991年,第203頁。
② 王熙遠:《桂西民間秘密宗教》,第372—381頁。
③ 胡天成主編:《民間祭禮與儀式戲劇》,第1065—1069頁。
④ 侯沖:《雲南阿吒力教經典研究》,第275—278、288—305、313—315頁。
⑤ 富世平:《大宋僧史略校注》,第75頁。標點略異。
⑥ 《漢語大詞典》引《莊子·逍遥遊》:"若夫乘天地之正,而禦六氣之辯,以遊無窮者,彼且惡乎待哉！"郭象注:"禦六氣之辯者,即是遊變化之塗也。"郭慶藩集釋:"案辯與正對文。辯讀爲變……辯、變古通用。"又引漢揚雄《法言·寡見》:"惟五經爲辯,説天者莫辯乎《易》。"李軌注:"惟變所通應四時之宜。"

説内容作相應的變化。

1. 對緣

所謂對緣,就是根據施主的喜好和施主齋僧的目的,宣唱相對應的咒願詞。關於這一點道宣《四分律删繁補闕行事鈔》卷下"訃請設則篇"記述甚詳。其文稱:

《四分》:若檀越欲聞布施,應嘆布施;欲聞檀越法,爲嘆檀越法;乃至欲聞説過去父祖,應爲嘆父祖;乃至讚佛法僧亦爾。
……《僧祇》:若爲亡人施福者,應作是咒願:
一切衆生類,有命皆歸死。
隨彼善惡行,自受其果報。
行惡入地獄,爲善者生天。
若能修行道,漏盡得泥洹。
若生子設福者,應云:
童子歸依佛,七世大聖尊。
譬如人父母,慈念於其子。
舉世之樂具,皆悉欲令得。
室家諸眷屬,受樂亦無極。
若新舍成就,估客欲行及以取婦,若復出家,各有咒願。文如彼説,僧上座不知,得罪。廣如三十四卷中。
《長含》世尊咒願云:
可敬知敬,可事知事。
博施兼愛,有慈愍心。
諸天所嘆,常與善會。
《五分》佛咒願賈人云:
四足汝安隱,二足汝安隱。
去時亦安隱,來時亦安隱。
如耕田有望,下種亦有望。
汝今入海望,獲果亦如是。①

《四分》即《四分律》,《僧祇》即《摩訶僧祇律》,《長含》即《長阿含經》,《五分》即《五分律》。道宣所引,部分在梁僧祐《出三藏記集》卷十二"法寶集下

---

① 《大正藏》第40册,第136頁中下。

卷第三"列目的"爲亡人設福咒願文第二十一出《僧祇律》""生子設福咒願文第二十二出《僧祇律》""作新舍咒願文第二十三出《僧祇律》""遠行設福咒願文第二十四出《僧祇律》""取婦設福咒願文第二十五出《僧祇律》"①，均有具體出處，且能在藏經中找到原文②，説明其説有據。由於能對緣而説，故在宣唱法理的同時，可以滿足不同施主的心願。

2. 知時宜

《雜寶藏經》卷六"長者請舍利弗摩訶羅緣"詳記佛弟子舍利弗與僧人摩訶羅唱導有不同結果之事③。道宣略引其文説：

> 《雜寶藏》：舍利弗次爲上座，以施主諸慶大集故，食已行水，對長者咒願言：今日良時得好寶，財利樂事一切集，踊躍歡喜心悦樂，信心勇發念十力，如似今日後常然。時摩訶羅苦求誦習，舍利弗不免意，授之。便爲亡人咒願，及損胡麻、繞麥、積塚上、迎婦、驚雁、盜、謗，七被棒打，方至祇桓白佛。佛言：諸比丘，若説法、咒願，當解時宜，憂悲喜樂，知時、非時，不得妄説。④

上引宋贊寧《大宋僧史略》卷中"行香唱導"條稱"舍利弗多辯才，曾作上座，讚導頗佳，白衣大歡喜。此爲表白之椎輪也"，與他能"悦可檀越之心"有關。摩訶羅之所以"七被棒打"，主要原因是他不解時宜。所以佛纔教導要"知時、非時"。所謂時即時宜、人時，指"觀其道場徒衆多少，或晝或夜，或廣或略，有道場請主，爲何善事"⑤，針對不同人的喜好，使用相應的咒願詞。慧皎記其中知時者的咒願詞説：

> 如爲出家五衆，則須切語無常，苦陳懺悔。若爲君王長者，則須兼引俗典，綺綜成辭。若爲悠悠凡庶，則須指事造形，直談聞見。若爲山民野處，則須近局言辭，陳斥罪目。凡此變態，與事而興。可謂知時知衆，又能善説。⑥

---

① 釋僧祐：《出三藏記集》，第 481 頁。
② 如引《四分律》文見《大正藏》第 22 册，第 935 頁下—936 頁上；引《摩訶僧祇律》文見《大正藏》第 22 册，第 500 頁中下；引《長阿含經》文見《大正藏》第 1 册，第 12 頁下；引《五分律》文見《大正藏》第 22 册，第 103 頁中。
③ 《大正藏》第 4 册，第 479 頁下—480 頁中。
④ 《大正藏》第 40 册，第 136 頁下。
⑤ 《大正藏》第 47 册，第 475 頁上。
⑥ 釋慧皎：《高僧傳》，第 521 頁。

但是，要做到知時，並非一件易事。唐道宣《四分律删繁補闕行事鈔》卷下説：

《四分》：若檀越欲聞布施，應嘆布施；欲聞檀越法，爲嘆檀越法；乃至欲聞説過去父祖，應爲嘆父祖；乃至讚佛法僧亦爾。《僧祇》云：上座應知前人所施，當爲應時咒願。若不能，次座應説。又不能者，乃至下座。都無者，並得罪。①

宋元照（1048—1116）《四分律行事鈔資持記》下解釋説：

咒願中，初科《四分》令隨彼欲。欲即是機，應機説法實難。其任在乎有智，隨事觀量。《僧祇》選能，不必上座，其在茲矣。"乃至"者隨有，不能次第選下也。"並得罪"者，合衆吉羅，制須學故。②

元照的解釋表明，唱導咒願並不容易，一方面是需要知時宜，應機説法；另一方面是需要有"隨事觀量"的才智和能力。由於應機説法需要一定的智能，不是每個人都能做到，所以佛在《摩訶僧祇律》中説："若前沙門不能咒願，語令能咒願者咒願。不得言汝在前坐、前取水、前食而使我咒願，應當咒願。"③在《十誦律》中又説："若上座不能，次第二應作。第二不能，第三應作。如是次第，能者應作。"④都强調要由有才力者來咒願。

有才力的唱導師在應機唱導時，往往有不俗的表現。在慧皎《高僧傳》中，釋法願"善唱導。及依經説法，率自心抱，無事宮商，言語訛雜，唯以適機爲要"⑤。釋道照"指事適時，言不孤發，獨步於宋代之初。宋武帝嘗於内殿齋，照初夜略敍百年迅速，遷滅俄頃。苦樂參差，必由因召。如來慈應六道，陛下撫矜一切，帝言善久之"⑥。道宣《續高僧傳》中，釋法稱"善披導，即務標奇，雖無希世之明，而有隨機之要"⑦。釋慧明"利口奇辯，鋒涌難加。摛體風雲，銘目時事。吐言驚世，聞皆諷之。……陳文御世，多營齋福，民百風從，其例遂廣。衆以明騁銜脣吻，機變不思，諸有唱

---

① 《大正藏》第 40 册，第 136 頁中下。
② 《大正藏》第 40 册，第 402 頁上。
③ 《大正藏》第 22 册，第 512 頁上。
④ 《大正藏》第 23 册，第 299 頁中。
⑤ 釋慧皎：《高僧傳》，第 518 頁。
⑥ 釋慧皎：《高僧傳》，第 510 頁。
⑦ 道宣：《續高僧傳》，第 1244 頁。

導,莫不推指。明亦自顧才力有餘,隨聞即舉,牽引古今,包括大致,能使聽者欣欣恐其休也"①。都可謂"解時宜""知時、非時"的代表。而慧皎《高僧傳》中釋曇宗"辯口適時,應變無盡"②,釋道儒"言無預撰,發響成製"③,釋慧重"言不經營,應時若瀉。凡預聞者,皆留連信宿,增其懇詣"④,則可謂能辯的唱導高僧。

慧皎讚其中知時能辯者説:

> 談無常,則令心形戰慄;語地獄,則使怖淚交零。徵昔因,則如見往業;覈當果,則已示來報。談怡樂,則情抱暢悦;敍哀感,則灑淚含酸。於是闔衆傾心,舉堂惻愴。五體輸席,碎首陳哀。各各彈指,人人唱佛。爰及中宵後夜,鐘漏將罷,則言星河易轉,勝集難留。又使人迫懷抱,載盈戀慕。當爾之時,導師之爲用也。⑤

當然,慧皎亦指出無才力、缺辯能的僧人無法被稱爲高僧:

> 若夫綜習未廣,諳究不長。既無臨時捷辯,必應遵用舊本。然才非己出,製自他成。吐納宮商,動見紕謬。其中傳寫訛誤,亦皆依而唱習。致使魚魯淆亂,鼠璞相疑。或時禮拜中間,懺疏忽至。既無宿蓄,恥欲屈頭,臨時抽造,罃棘難辯。意慮荒忙,心口乖越,前言既久,後語未就。抽衣謦咳,示延時節,列席寒心,觀徒⑥啓齒。施主失應時之福,衆僧乖古佛之教。既絶生善之萌,祇增戲論之惑。始獲濫吹之譏,終致伐⑦匠之咎。若然,豈高僧之謂耶?⑧

咒願知時,既指知時宜和人時,亦包括不得妄説,咒願要如實。疏子是疏通施主齋意,記述咒願内容的文字,因此道誠《釋氏要覽》卷上"疏子"條説:

---

① 道宣:《續高僧傳》,第1241頁。
② 釋慧皎:《高僧傳》,第513頁。
③ 釋慧皎:《高僧傳》,第516頁。
④ 釋慧皎:《高僧傳》,第516頁。
⑤ 釋慧皎:《高僧傳》,第521—522頁。
⑥ "徒",底本作"途",據校注改。
⑦ "伐",底本作"代",據校注改。
⑧ 釋慧皎:《高僧傳》,第522頁。

> 夫祝辭不敢以小爲大,故修辭者,必須確實,則不可夸誕詭妄,自貽伊戚。①

不過,唐代道宣《四分律刪繁補闕行事鈔》卷下"訃請設則篇"指出:

> 比世流布,競飾華辭,言過其實。凡豎褒揚,貴族貧賤,讚逾鼎食,發言必成虛妄,舉事唯增訛諂。故《成實》云:雖是經法,説不應時,名爲綺語。況於浮雜,焉可言哉?②

宋代元照《四分律行事鈔資持記下》解釋説:

> 正示中初文初斥世訛。豎謂未冠之童稚,今但通目泛常小人以爲凡豎。貴族謂豪富長者之人。鼎食,鼎即盛食之器,卿大夫已上皆列鼎而食。令他傳誤謂之訛,强言妄悦謂之諂。今時讀疏,現事昭然。故下引況,經法猶爾,餘何足言?③

説明唐代一些僧人在唱導時,已經存在説不應時,唱導詞與具體對象身份不能相符的情況。出現這些問題的原因,與片面追求唱念時的華麗詞藻有關。故道宣在《四分律比丘尼鈔》卷下中又指出:"今時導師貪事宮商綺詞,逸口妄説者也。"④揭示了當時存在這一病端的原因。

綜上可以看出,"辯"通"變"。所謂辯齋意,就是根據齋供儀式舉行的時間、地點、原因、目的、願望和法會具體安排等不同情況,向施主咒願並滿足施主願心的一個儀式程序。

第三節　齋意的不同名稱

義淨記北方諸胡僧人赴請時,"唱導師廣陳咒願,然後方食",贊寧稱"唱導者,始則西域上座凡赴請,咒願曰'二足常安,四足亦安,一切時中皆吉祥'等,以悦可檀越之心也"。這兩條材料證明,咒願是齋僧必不可少的儀式

---

① 富世平:《釋氏要覽校注》,第 224 頁。
② 《大正藏》第 40 册,第 136 頁下。
③ 《大正藏》第 40 册,第 402 頁上。
④ 《續藏經》第 40 册,第 759 頁下。

程序。由上述唱導行實來看,辯齋意與咒願密切相關,故唱導研究,應包括對僧人赴請時的咒願。

需要指出的是,在不同的齋供儀式文本或相關記述中,對於咒願有不同的表述方式,即有不同的名稱。由於這些名稱與咒願意思相同,故全面揭示它們與咒願之間的關係,有利於認清這些資料的屬性,搜集相關資料促進唱導的研究。

一、咒願與達嚫

佛制僧人受施主齋供時,當咒願。咒願包括食前咒願和食後咒願。咒願師就是唱導師。這一點上文已多次提及。在佛經中經常出現的"達嚫"一詞,爲梵語音譯,又作達嚫拏、達嚫那、馱器尼、達襯、大櫬、達櫬、檀嚫、嚫嚫、達儭等,意譯作施頌、財施、布施,華梵並舉作嚫施、襯施、儭施,簡單地說就是指齋僧時的布施。由於僧人受布施後要對施主說咒願,咒願與布施如影隨形,所以在佛典中,"達嚫"有時與咒願同義。

(一)財施

苻秦罽賓三藏僧伽跋澄等譯《尊婆須蜜菩薩所集論》卷二注釋"檀嚫"說:"秦言財施。"①此後,唐法藏《華嚴經探玄記》卷十八有文說:"達櫬者,《尊婆須論》作檀嚫。此云財施。律云:施之法名曰嚫嚫。"②稍後,慧琳《一切經音義》卷五十九"達嚫"條有文說:"或作大櫬,梵言訛也。案:《尊婆須蜜論》亦作檀。此云財施。"③宋道誠《釋氏要覽》卷上"嚫錢"條亦說:"梵語達嚫拏,此云財施。今略達拏,但云嚫。"④

這些著作,都說明了達嚫拏、達嚫的意思是財施。那麼,什麼是財施呢?

一般來說,財施與法施相對,爲二施之一⑤,亦與無畏施、法施相對,爲三施之一⑥。《大智度論》卷六十解釋其含義說:"財施者,供養具衣食等。"⑦《瑜伽師地論》卷三十九亦說:"財施者,謂以上妙清淨如法財物而行

---

① 《大正藏》第 28 册,第 737 頁上。
② 《大正藏》第 35 册,第 443 頁下。
③ 《大正藏》第 54 册,第 704 頁中。
④ 富世平:《釋氏要覽校注》,第 224 頁。
⑤ 如《大寶積經》卷九十說:"在家菩薩住於慈愍不惱害心,應修二施。何者爲二?一者法施,二者財施。"(《大正藏》第 11 册,第 515 頁下)《增壹阿含經》卷十九說:"世間有二施業。云何爲二? 所謂財施、法施。"(《大正藏》第 2 册,第 642 頁上)
⑥ 如《佛說大乘菩薩藏正法經》卷三十八說:"云何布施? 謂財施、法施及無畏施。"(《大正藏》第 11 册,第 881 頁上)又如《成唯識論》卷九說:"施有三種,謂財施、無畏施、法施。"(《大正藏》第 31 册,第 51 頁中)
⑦ 《大正藏》第 25 册,第 486 頁上。

惠施,調伏慳悋垢而行惠施,調伏積藏垢而行惠施。調伏慳悋垢者,謂捨財物執著;調伏積藏垢者,謂捨受用執著。"①説明財施指所捨施的供養具、衣食等淨財物。《五分律》卷五將食後施僧衣物稱爲"達嚫"②,説明達嚫與財施一樣,有時指具體的衣物。

齋僧時,齋食之外的達嚫在食後舉行。義淨《南海寄歸内法傳》卷一"受齋軌則"説:

> 但至食罷,必爲説特欽拏伽他,是將施物供奉之義。特欽尼野即是應合受供養人。是故聖制每但食了,必須誦一兩陀那伽他,報施主恩。^{梵云陀那缽底,譯爲施主。陀那是施,缽底是主。而云檀越者,本非正譯。略去那字,取上陀音,轉名爲檀,更加越字,意道由行檀捨,自可越渡貧窮。妙釋雖然,終乖正本。舊云達嚫者訛也。}若不然者,既違聖教,不銷所飡。乞餘食法,時有行處,然後行其嚫物。或作如意樹以施僧,或造金蓮華以上佛。鮮花齊膝,白氎盈牀。③

由於是"聖制",即佛所規定,所以達嚫即施財當存在於佛教所及之處。受嚫後,僧人要誦偈以報施主恩。在宋宗賾集《禪苑清規》卷一中,提到了目前所知的受嚫偈。其文稱:

> 食遍,維那白槌一下,首座接食觀想訖,大衆方食。維那於聖僧帳後轉身問訊首座(乃請首座施財),却歸本位。打槌一下,首座施財,唱④云:
> 　　財法二施,等無差別。
> 　　檀波羅蜜,具足圓滿。
> 　庫頭或維那次第行襯,輕手放僧前單上,意在恭敬。衆僧合掌受襯,不得眼覷,及不得將襯錢擲被位作聲。齋畢收之。⑤

此偈後被南宋僧人宗壽收入其所著《入衆須知》中,文作:

---

① 《大正藏》第 30 册,第 510 頁上。
② 《大正藏》第 22 册,第 30 頁中。
③ 王邦維:《南海寄歸内法傳校注》,第 66—68 頁。
④ "唱",底本作"喝",據校記改。
⑤ 宗賾:《禪苑清規》,蘇軍點校,鄭州:中州古籍出版社,2001 年,第 10 頁。行文格式參考了《續藏經》第 63 册,第 525 頁中的録文格式。

維那打遍食槌訖,却去首座對面遙一問訊,又回本所打槌一下,請施財。首座施財云:

  財法二施,等無差別。
  檀波羅蜜,具足圓滿。

知事燒香,同行者儭襯。行者先問訊,維那後行襯。僧衆受食偈云:若受食時,當願衆生,禪悅爲食,法喜充溢。①

在如馨《經律戒相布薩軌儀》、元賢《律學發軔》、讀體《毗尼日用切要》、性祇《毗尼日用錄》等明清僧人著述中,亦將此偈作爲受襯(嚫)偈②。因此之故,在近代編《禪門日誦·二時臨齋儀》中,亦能看到這一偈句③。

(二) 咒願捨施

僧伽跋澄等譯《尊婆須蜜菩薩所集論》卷二説:

  達嚫名者何等法?或作是説:報施之法名曰達嚫,導引福地亦是達嚫。④

達嚫被稱爲報施之法和導引福地,是指對施主捨施的回報,由於施主捨施有功德,故可以讓施主得生福地。不論是報施之法還是導引福地,都屬於咒願捨施。所以,除指財施外,達嚫有時亦指咒願財施。

財施包括飲食衣物,咒願的場合或在受施物後,或在食前食後。如吳支謙譯《佛説長者音悦經》説:

  爾時,長者聞佛德音……即以好白氎,直金千萬兩,奉上如來。佛即受之,而爲達嚫。佛告長者……⑤

《毗奈耶》卷四亦説:

  王藏中有病瘦醫藥,持用供佛及比丘僧。時世尊默然可王所説。

---

① 《續藏經》第 63 册,第 560 頁上。
② 參見《續藏經》第 60 册,第 799 頁下、570 頁下、147 頁下。
③ 《禪門日誦》,浙江天台山國清寺法物流通處印行,天台印刷廠印刷,1990 年,第 114 頁 b 面。
④ 《大正藏》第 28 册,第 737 頁上。
⑤ 《大正藏》第 14 册,第 808 頁中。

時世尊與王達嚫：梵志事火……三佛爲首。世尊如是説達嚫已，還去。①

這兩條都是受施物的情況。
至於受施食的情況，則如《四分律》卷四十九所説：

時有比丘，食已默然而去。彼檀越不知食好不好，食爲足不足，諸居士皆譏嫌：諸外道人皆稱嘆布施，讚美檀越。而沙門釋子食已，默然而去，令我等不知食好不好，足不足。諸比丘白佛，佛言：不應食已默然而去，應爲檀越説達嚫。乃至爲説一偈：
　　若爲利故施，此利必當得。
　　若爲樂故施，後必得快樂。
世尊既言應説達嚫，時人人皆説，遂便鬧亂。佛言：不應人人亂説。②

《毗奈耶》卷七亦説：

時長者見賢嚴坐定，自行澡水，布種種飲食。飲食已竟，重行澡水已，在一面坐，聽達嚫。摩訶迦葉説達嚫已，即從坐起去。③

不論是受施物還是受施食的達嚫，意思顯然就是咒願。後魏法場譯《辯意長者子經》又説：

辯意起，行澡水，敬意奉食。下食未訖，有一乞兒前歷座乞。佛未咒願，無敢與者。遍無所得，瞋恚而出，便生惡念。……佛達嚫訖，有一乞兒來入乞丐，座中衆人，各各與之，大得飯食，歡喜而去……佛食已訖，説法，即還精舍之中。佛告阿難：從今以後，嚫訖下食，以此爲常。④

在這段經文中，咒願與達嚫分別單獨出現，但其意思相同，明確説明咒願即達嚫，達嚫即咒願。正是在這個意義上，達嚫有時又被譯爲施頌。在義

---

① 《大正藏》第 24 册，第 867 頁上中。
② 《大正藏》第 22 册，第 935 頁下。
③ 《大正藏》第 24 册，第 882 頁中。
④ 《大正藏》第 14 册，第 839 頁中。

淨譯《根本説一切有部毗奈耶》中，屢次出現"施頌"一詞：

> 時勝光王見衆坐已，自持種種清淨上妙飲食奉佛僧衆。既飯食已，澡漱復訖，佛爲大王説施頌伽他，并演妙法，還歸本處。①
>
> 時欲將中，鄔波難陀方始來至，遂便行食。時諸苾芻，有噉少許，有不食者。佛爲長者説施頌已，從座而去。②
>
> 時鄔陀夷時欲將過，方至行食。諸苾芻輩，有噉少許，有不食者。佛爲長者説施頌已，從座而去。③
>
> 爾時世尊即往長者家，敷座而坐。其護財象隨佛後行，佛在長者家，其象門外立，爲不見佛故，即欲推門屋倒。佛以神力，變其宅舍化爲水精，内外相照，令遥見佛世尊。食竟，説施頌已，從坐而去。其象隨佛後行。④
>
> 長者見已，即取赤白銅器，次第行輿，奉上妙食，手自供養，皆令飽滿。飯食訖，嚼齒木澡漱已，收鉢器。長者便取卑席，對世尊坐。佛爲説法，示教利喜，并説施頌鐸欹拏已，從舍而去。⑤

據上録五段引文上下文，可以看出施頌即達嚫，施頌伽他即咒願偈句。尤其是第五段引文中的"鐸欹拏"，即"達欹拏"的同音異譯，"施頌鐸欹拏"爲華梵同義並舉，更明確説明施頌即達嚫。

（三）咒願達嚫

咒願達嚫又作噠嚫咒願。由於達嚫有時即咒願捨施，故咒願達襯和噠嚫咒願的意思屬於同義並舉，仍然只是表示咒願，表示咒願捨施。就其出現的場合來説，主要是食前和食後。

食前咒願如西晉竺法護譯《佛説申日經》説：

> 佛言：持毒飯來，我自食之。申日歡喜，即如佛教，分布飯具，皆悉周遍。便即受之，咒願達嚫，其毒飯者，變爲百味，香聞十方。其有聞此飯香氣者，自然飽滿，身得安隱，皆發無上平等道意。⑥

---

① 《大正藏》第 23 册，第 869 頁上。
② 《大正藏》第 23 册，第 866 頁上。
③ 《大正藏》第 23 册，第 995 頁上。
④ 《大正藏》第 24 册，第 198 頁上中。
⑤ 《大正藏》第 24 册，第 325 頁上。
⑥ 《大正藏》第 14 册，第 818 頁下。

失譯《大愛道比丘尼經》亦說：

  檀越下手巾竟，下食訖，悉平等，乃咒願達嚫而食。①

食後咒願的情況則如吳康僧會譯《六度集經》卷六說：

  後日長者復請比丘，普及衆僧，悉令詣舍。辦飲食具，時至皆到，坐定行水。飲食已，咒願達嚫。②

支謙譯《佛說菩薩本業經》說：

  飯食已訖，當願衆生，德行充盈，成十種力。講經說法，當願衆生，志意開達，聞法即寤。咒願達嚫，當願衆生，悉令通佛，十二部經。③

東晉竺曇無蘭譯《玉耶經》亦說：

  佛飯畢竟，嚫願咒願，五十善神擁護汝身。④

只有西晉竺法護譯《般泥洹後灌臘經》提到的嚫願咒願與浴佛有關。其文稱：

  所以者何？爲佛投槃作禮，以五種香水，手自浴佛，師嚫願咒願，當此之時，天龍鬼神皆明證知。⑤

總之，從上引諸經上下文來看，不論是咒願達嚫還是嚫願咒願，其意思都與達嚫相同，或者指食前咒願，或者作食後咒願，或者爲浴佛儀式時的咒願。這提醒我們，對包括"達嚫"一詞在內的佛教儀式專有名詞的理解，需要根據該詞出現的具體場合，結合上下文來進行。

---

① 《大正藏》第 24 册，第 951 頁上。
② 《大正藏》第 3 册，第 35 頁下—36 頁上。
③ 《大正藏》第 10 册，第 449 頁上。
④ 《大正藏》第 2 册，第 867 頁上。
⑤ 《大正藏》第 12 册，第 1114 頁上。

二、行香咒願

"道安三例"中,"一曰行香、定座、上經、上講之法"。關於行香,上文第二章第二節已經討論過。但行香有時又與咒願有關。如道宣《四分律刪繁補闕行事鈔》卷下稱:

> 六、行香咒願法。《四分》中,食竟方爲咒願、説法。而此土盛行並在食前。道安法師佈置此法,依而用之,於理無失。若至請家,施主令讀經者,依語爲之。主人口不言者,不須輒問,同類邪命。①

道世纂《毗尼討要》卷下亦説:

> 第六行香咒願者,此律佛受賈客麨已,然後咒願。《辨意長者子經》食前咒願。此土盛德道安法師等布置此法,亦令在食前。依而用之,於理無失。若至請家,施主不請讀經者不須誦,心輒索讀之,恐落邪命攝也。②

上引兩條材料均提到行香咒願與道安的關係,稱漢地佛教食前咒願是道安法師布置安排③,説明了"道安三例"中的行香即道宣等人所説的行香咒願。

道宣《四分比丘尼鈔》卷下"訃請篇第二十五"列其目説:

> 此篇大門有十一:一簡請;二釋非;三訃會;四至家;五就座;六淨食;七香願;八受食;九食儀;十嚫嚫;十一還法。

具體內容則作:

> 第七行香咒願　《增一》云:有設供者手執香鑪而白時至,佛言

---

① 《大正藏》第40册,第136頁中。
② 《續藏經》第44册,第376頁中。
③ 元照《四分律鈔資持記》下稱:"《辯意經》者即安師所據。彼云:佛告阿難:從今已後,嚫訖下食,以此爲常。嚫即咒願説法。"(《大正藏》第40册,第402頁下)道安最先學習的第一部經就是《辯意經》,但道安之前的譯本已不存,且道安時已不知其譯者。現存爲後魏法場譯《辯意長者子經》。此經譯出時,道安早已不在人世。故如果元照是據道安之前譯本立説的話,其解可從。

香爲佛使,故須之也。……此律佛受賈客麨已,然後咒願。《辯意長者子經》云：食前咒願。《僧祇》云：上座應知,前人所施,當爲應時咒願。若不能者,次座應說；又不能者,乃至下座都無者,並得罪。《雜寶藏經》云：諸比丘,若說法咒願,當解時宜。憂悲喜樂知得,不得妄說。①

對比目錄與正文行文,可以看出"香願"爲"行香咒願"的略稱。據上引"行香咒願"具體内容,可知行香即齋僧時僧人所作行香梵；咒願即施食前咒願；施主請讀經,即上文已經討論過的受請誦經。因此,行香咒願實際上對應於"道安三例"中的行香、上經,而且與《歷代法寶記》載"事相威儀,法事咒願、讚嘆等,出此道安法師"②相符。由於咒願爲唱導師的工作之一,故"道安三例"中的齋供儀式,不僅與經師有關,而且與唱導有關。經師與唱導屬於齋供儀式的有機組成,並不存在分列或合流一致的情況。

三、嘆佛咒願

顧名思義,嘆佛是讚嘆佛德、唱導佛德,咒願則是咒願施主。在佛教法會儀式文中,當嘆佛咒願並稱時,如果知道某些文字屬於讚嘆佛德,同時也就弄清了咒願施主的是哪些文字。

上引"行香唱導"條文中,贊寧稱："據《寄歸傳》中云,焚香胡跪,嘆佛相好。合是導師胡跪爾。或直聲告,或詰曲聲也。又西域凡覲國王,必有讚德之儀。法流東夏,其任尤重。如見大官謁王者,須一明練者通暄涼,序情意,讚風化,此亦唱導之事也。"③但是,在義淨《南海寄歸内法傳》中,找不到完全能與贊寧所說相對應的文字。僅在該書卷四"讚詠之禮"章中,能找到有關焚香和讚詠佛德的記載。其文稱：

神州之地,自古相傳,但知禮佛題名,多不稱揚讚德。何者？聞名但聽其名,罔識智之高下。讚嘆具陳其德,故乃體德之弘深。即如西方制底畔睇,及常途禮敬,每於晡後或曛黄時,大衆出門,繞塔三匝,香花具設,並悉蹲踞,令其能者作哀雅聲,明徹雄朗,讚大師德。或十頌,或二十頌。……至如那爛陀寺,人衆殷繁,僧徒數出三千,造次難爲詳集。寺有八院,房有三百,但可隨時當處,自爲禮誦。然此寺法,差一能唱導

---

① 《續藏經》第 40 册,第 759 頁下。
② 《大正藏》第 51 册,第 182 頁下。
③ 富世平：《大宋僧史略校注》,第 75 頁。標點略異。

師,每至晡西,巡行禮讚。淨人童子,持雜香華,引前而去。院院悉過,殿殿皆禮。每禮拜時,高聲讚嘆,三頌五頌,響皆遍徹。迄乎日暮,方始言周。此唱導師,恒受寺家別料供養。或復獨對香臺,則隻坐而心讚,或詳臨梵宇,則眾跪而高闐,然後十指布地,叩頭三禮。斯乃西方承籍禮敬之儀。而老病之流,任居小座。

其讚佛者而舊已有,但爲行之稍別,不與梵同。且如禮佛之時,云嘆佛相好者,即合直聲長讚,或十頌二十頌,斯其法也。又如來等偈,元是讚佛,良以音韻稍長,意義難顯。或可因齋靜夜,大眾悽然,令一能者,誦《一百五十讚》及《四百讚》,并餘別讚,斯成佳也。①

義淨指出,中國唐代以前舉行齋供儀式,主要是禮佛和唱經題名,基本上不稱揚讚嘆佛德。禮佛名和唱經題名,既不能讓人知道僧人的能力和學識水平,又不能體察佛的弘深之德。與中國不同的是,在印度,舉行禮佛儀式時,先陳設香花,請能者作梵高聲讚嘆佛德。嘆佛偈或十頌,或二十頌,都是嘆佛相好的讚如來等偈。水平高的人還誦《一百五十讚》《四百讚》以及其他歌讚。

義淨的說法,能與慧皎論唱導時稱"昔佛法初傳,於時齋集,止宣唱佛名,依文致禮"相互印證。它們一方面說明了印度"讚詠之禮""未傳東夏",另一方面亦說明行香嘆佛屬於"唱導之事"。

行香有行香偈,即上文第二章第二節討論過的"戒香定香解脫香"偈。在隋唐時期出現的禮懺文中,一般在焚香或行香梵後都要讚嘆佛德。讚嘆佛德的方式有兩種:一種是以文嘆佛,一種是以梵唄嘆佛。

1. 以文嘆佛

智昇《集諸經禮懺儀》卷上所收《十方佛名經》一卷,即信行撰《七階佛名經》②。在其行香梵後,有文稱:

敬禮常住三寶
嘆佛咒願
如來、應供、正遍知、明行足、善逝、世間解、無上士、調御丈夫、天人師、佛、世尊。佛有如是無量功德,嘆不能盡。
以此善根,已集、當集、現集一切善根。以此善根,滋益法界眾生,

---

① 王邦維:《南海寄歸內法傳校注》,第175—177頁。
② 參見汪娟:《敦煌禮懺文研究》,第139—163頁。

悉得離苦解脫,捨邪歸正,發菩提心,永除三障,常見一切諸佛、菩薩及善知識,恒聞正法,福智具足,一時作佛。①

從內容來看,"嘆佛咒願"之後的文字,第一段是嘆佛,第二段是咒願。嘆佛使用的是文而不是偈句。與之相應的是,咒願的文字比較簡單,似乎經過節略,故意思看上去不甚明晰。

唐善導集記《安樂行道轉經願生淨土法事讚》卷下中亦出現了嘆佛咒願,但不是在行香梵後,而是在敬禮佛法僧三寶後。其文稱:

次打磬子,唱敬禮常住三寶。
次唱嘆佛咒願。嘆佛竟,即依法唱七禮,敬唱隨意。
竊以彌陀妙果,號曰無上涅槃。國土則廣大莊嚴,遍滿自然眾寶。觀音大士左侍靈儀,勢至慈尊則右邊供養。三華獨迴,寶縵臨軀。珠內輝光,天聲外繞。聲聞菩薩,數越塵沙,化鳥天同,無不遍會,他方聖眾,起若雲奔,凡惑同生,過踰盛雨。十方來者,皆到佛邊。鼓樂彌歌,香華繞讚,供養周訖,隨處遍歷親承。或入百寶池渠會,或入寶樓宮殿會,或入寶林寶樹會,或上虛空會,或入大眾無生法食會。如是清淨莊嚴大會聖眾等,同行同坐,同去同來,一切時中,無不證悟。西方極樂,種種莊嚴,嘆莫能盡。

然今清信弟子某甲等爾許多人,知身假合,四大共成,識命浮危,譬似嚴霜對日。十方六道,同此輪迴。無際循循沈愛波,而沈苦海。佛道、人身難得今已得,淨土難聞今已聞,信心難發今已發。仰惟今時同生知識等爾許多人,恐畏命同石火,久照難期,識性無常,逝踰風燭。故人人同願共結往生之業,各誦《彌陀經》爾許萬遍,念彌陀名爾許萬遍。又造某功德等,普皆周備。故於某月日,莊嚴院宇,瑩飾道場,奉請僧尼,宿宵行道。又以厨皇百味,種種甘香,奉佛及以僧徒,同心慶喜。……又願修羅息戰諍,餓鬼除飢虛,地獄與畜生,俱時得解脫。豎通三界,橫括九居,莫不等出娑婆,同歸於淨土。

下座唱七禮
南無本師釋迦牟尼佛等一切三寶。我今稽首禮迴,願往生無量壽國。
……

---

① 《大正藏》第47册,第456頁中。

唱竟即云隨意。①

上引文的綱要,是"次唱嘆佛咒願。嘆佛竟,即依法唱七禮,敬唱隨意"這二十餘字。具體來說,從"竊以彌陀妙果"至"嘆莫能盡"是嘆佛,"然今清信弟子某甲等爾許多人"至"同歸於淨土"是咒願。從"下座唱七禮……唱竟即云隨意"則是"嘆佛竟,即依法唱七禮,敬唱隨意"。

由於其中僅單獨出現"嘆佛"一詞,而未單獨出現"咒願"一詞,故"咒願"與"嘆佛"當可以單獨出現,但所指則是包括"嘆佛咒願"的内容。相似的情況見於唐代段成式《寺塔記》。其中有文稱:

寺之制度,鐘樓在東,唯此寺緣李右座林甫宅在東,故建鐘樓於西。寺内有郭令珎瑁鞭及郭令王夫人七寶帳。寺主元竟多識釋門故事,云李右座每至生日常轉[經],請此寺僧就宅設齋。有僧乙嘗嘆佛,施鞍一具,賣之,材直七萬。又僧廣有聲名,口經數年,次當嘆佛,因極祝右座功德,冀獲厚[贐](襯)。齋畢,簾下出綵筐,香羅帕籍一物如朽釘,長數寸。僧歸失望,慚惋數日。且意大臣不容欺已,遂攜至西市,示於商胡。商胡見之,驚曰:"上人安得此物,必貨此不違價。"僧試求百千,胡人大笑曰:"未也,更極意言之。"加至五百千,胡人曰:"此直一千萬。"遂與之。僧訪其名,曰:"此寶骨也。"②

從其内容來看,引文中的"嘆佛",並非只是單純的嘆佛,而是與上文"嘆佛竟"中"嘆佛"一樣,意爲"嘆佛咒願"。

2. 以梵唄嘆佛

灌頂《國清百録》卷一"敬禮法"有文說:

行道竟,敬禮常住三寶。
嘆佛咒願。咒願云:
　　色如閻浮金,面逾淨滿月。
　　身光智慧明,所照無邊際。
　　摧破魔怨衆,善化諸人天。
　　乘彼八正船,能度難度者。

---

① 《大正藏》第47册,第437頁下—438頁中。
② 段成式:《酉陽雜俎》,北京:中華書局,1981年,第253頁。

聞名得不退,是故稽首禮。
　　嘆佛功德:三界天龍,皇國七廟,師僧父母,造寺檀越,一切怨親等,會真如共成佛果。上座當用智力自在説。
敬禮常寂光土毗盧遮那遍法界諸佛
敬禮蓮華藏海盧舍那遍法界諸佛
　　……
　　爲梵釋四王,八部官屬,持國護法諸天神等,願威權自在,顯揚佛事。敬禮常住諸佛。
　　爲諸龍王等,願風雨順時,含生蒙潤。敬禮常住諸佛。
　　爲天台山王①及眷屬,峰麓林野一切幽祇,願冥祐伽藍,作大利益。敬禮常住諸佛。
　　爲武元皇帝、元明皇太后七廟聖靈,願神遊淨國,位入法雲。敬禮常住諸佛。
　　爲至尊聖御,願寶曆遐長,天祚永久,慈臨萬國,拯濟四生。敬禮常住諸佛。
　　爲皇后尊體,願百福莊嚴,千聖擁護。敬禮常住諸佛。
　　爲皇太子殿下,願保國安民,福延萬世。敬禮常住諸佛。
　　爲在朝群臣百司五等,願翼贊皇家,務盡成節。敬禮常住諸佛。
　　爲經(今)生父母,歷世師僧,四輩檀越,財法二恩,願早超苦海,永出愛河。敬禮常住諸佛。
　　爲基業施主,命過檀越,往化諸僧等,願六度早圓,七財具足。敬禮常住諸佛。
　　爲州牧使君,六曹參佐,此縣鎮將,五鄉士女,願風祥雨順,闔境豐寧。敬禮常住諸佛。
　　爲創寺已來,開治墾伐,田園厨庾,行住運動,凡所侵傷,願命過歸真,將來無對。敬禮常住諸佛。②

　　根據上引文所列,"嘆佛咒願"後的程序爲"咒願""嘆佛功德"等。不過,參證上引善導集記《安樂行道轉經願生淨土法事讚》卷下文字,可知並非如此。"嘆佛咒願"之後的實際程序及內容,事實上依次是嘆佛和咒願。其中"天上天下無如佛"偈句是讚嘆佛德的嘆佛梵;自"嘆佛功德"以下的文

---

① "王",底本作"王王",據文意删。
② 《大正藏》第46册,第794頁上下。

字,均爲咒願文。這就説明,上引文"嘆佛咒願"四字之後單獨出現的"咒願"一詞,雖然未與"嘆佛"並稱,但所指實爲"嘆佛咒願"。在這段文字中,嘆佛即咒願,咒願即嘆佛,嘆佛與咒願連文同義。據此,上引文中"嘆佛功德"四字的實際所指,乃是"咒願功德","嘆佛功德"四字以下的文字,均爲咒願文。

智昇《集諸經禮懺儀》卷上集録的"《十方佛名經》一卷"後,收有一無名禮懺文,其行香梵後文字爲:

  敬禮常住三寶。
  嘆佛咒願
    天上天下無如佛,十方世界亦無比。
    世界所有我盡見,一切無有如佛者。
  敬禮釋迦牟尼佛
  敬禮當來彌勒尊佛
  ……
  爲諸龍神等風雨順時。敬禮常住三寶。
  爲過現諸師恒爲導首。敬禮常住三寶。
  爲天皇天后聖化無窮。敬禮常住三寶。
  爲諸王公主文武百官。敬禮常住三寶。
  爲現存父母諸善知識。敬禮常住三寶。
  爲十方施主六度圓滿。敬禮常住三寶。
  爲此國過往諸人神生淨土。敬禮常住三寶。
  爲僧伽藍神并諸眷屬。敬禮常住三寶。
  爲四方寧靜兵甲休息。敬禮常住三寶。
  爲三塗八難受苦衆生。敬禮常住三寶。①

由於有上引《國清百録》文字爲參照,故其內容很清楚:在"嘆佛咒願"之後,"天上天下無如佛"偈句是讚嘆佛德的嘆佛梵,此後文字均爲咒願文。

《俄藏黑水城文獻》中,TK250v 內有"黄昏禮佛文"的首題,禮佛後亦殘存有"爲××敬禮常主(住)三寶"的文句。但由於此抄本係聽音記字或憑記憶抄録,除多記音別字外,部分內容已經不全,故不作討論。

---

① 《大正藏》第 47 册,第 457 頁中—458 頁上。

綜合比較上引不同的嘆佛咒願、唱導佛德文字，可以看出嘆佛咒願的内容較其字面意思豐富。從大的組成來看，既包括嘆佛、咒願，還包括敬禮諸佛。就細部而言：嘆佛有諸種不同的方式和文字；所禮佛有種種名目；咒願的對象包羅衆多，有梵釋四王、八部官屬、持國護法諸天神、僧伽藍神，有龍王、龍神、山王及眷屬，有峰麓林野一切幽祇，還有皇帝、皇太后、皇后、皇太子、公主、在朝群臣、父母、師僧、檀越、施主、州牧使君、六曹參佐、此縣鎮將、五鄉士女等。義淨《南海寄歸内法傳》記僧人爲施主咒願時，"任情多少，量時爲度。須稱施主名，願令富樂。復持現福，迴爲先亡。後爲皇王，次及龍鬼。願國土成熟，人物乂安，釋迦聖教，住而莫滅"①，與上引嘆佛咒願文内容正可相互印證。在敦煌遺書中，這些嘆佛咒願文被稱爲齋文，並有諸多不同的名稱。明白嘆佛咒願的具體所指後，就能清楚知道這些齋文都屬於唱導所用的嘆佛咒願文。

四、表白

表白即唱導。《大宋僧史略》卷中"國師"條有注文説：

> 導師之名而含二義。若《法華經》中商人白導師言，此即引路指迷也。若唱導之師，此即表白也。故宋衡陽王鎮江陵，因齋會無有導師，請曇光爲導。及明帝設會，見光唱導稱善，勑賜三衣瓶鉢焉。②

宋道誠《釋氏要覽》卷上"表白"條亦説：

> 《僧史略》云：亦曰唱導也。始則西域上座凡赴請，咒願以悅檀越之心。舍利弗多辯才，曾作上座，讚導頗佳，白衣大歡喜。此爲表白之椎輪也。③

梁昭明太子《文選序》稱："椎輪爲大輅之始"④。則"椎輪"在這裏指事物的創始。這説明，舍利弗被道誠推爲表白之始。

作爲唱導之師，表白的工作除咒願外，還包括請佛菩薩證明。慧琳《一切經音義》卷六十有文解釋"特欷拏伽他"一詞説：

---

① 王邦維：《南海寄歸内法傳校注》，第 66 頁。
② 富世平：《大宋僧史略校注》，第 114 頁。標點略異。
③ 富世平：《釋氏要覽校注》，第 223 頁。
④ 蕭統：《文選》上册，北京：中華書局，1977 年，第 1 頁。

梵語也。此云將施物供養三寶之義。伽陀即偈頌也。是咒願施主福德資益之意。即以此方表白賢聖，證明此施，願增施主所施福田。初引佛經偈頌，後加人意所頌也。①

由於是請賢聖證明所施功德，所以唱導表白時，往往會燒香請佛菩薩。唐善導集記《觀無量壽佛經疏》卷三説：

行者若見此相，即須嚴飾道場，安置佛像，清淨洗浴，著淨衣，又燒名香，表白諸佛、一切賢聖。向佛形像，現在一生，懺悔無始已來，乃身、口、意業所造十惡五逆、四重謗法、闡提等罪。②

其中的燒香表白諸佛、一切聖賢，就是表白行香請佛菩薩證明。而請佛菩薩來證明的辦法，是宣疏表意。道誠《釋氏要覽》卷上"中食"類"疏子"條稱："即祝佛之文也，蓋疏通施主今辰之意也。"③卷下"送終"類"疏子"條稱："白佛辭也，蓋疏通齋意爾。"④説明疏、疏子，都是敍述齋意的白佛辭。

明徐師曾《文體明辨》"道場疏"條説：

按道場疏者，釋、老二家慶禱之詞也。慶詞曰生辰疏，禱詞曰功德疏，二者皆道場之所用也。……其曰齋文，即疏之別名也。⑤

道場含義較爲豐富：一指成佛的地方。如鳩摩羅什稱："佛所坐處，於中成道，故名道場。"⑥竺道生解釋道場作"得佛之處也"⑦。二指佛寺。始於隋煬帝"以我爲古，變革事多，改僧寺爲道場"⑧。三指做法事的地方。四指法事。贊寧《大宋僧史略》卷中稱："魏太武帝始光二年（425）立道場，至神四年（431），勅州鎮悉立道場，慶帝生日……自爾以來，臣下吉祝，必營齋

---

① 《大正藏》第 54 册，第 711 頁中。
② 《大正藏》第 37 册，第 262 頁上。
③ 富世平：《釋氏要覽校注》，第 224 頁。
④ 富世平：《釋氏要覽校注》，第 585 頁。
⑤ 徐師曾：《文體明辨》，北京：北平文化供應站，1933 年，第 177 頁。
⑥ 《大正藏》第 38 册，第 363 頁下。
⑦ 《大正藏》第 38 册，第 363 頁下。
⑧ 《大正藏》第 54 册，第 247 頁中。

轉經,謂之生辰節道場。"①此後遂有人將"營齋轉經"法事稱爲道場,甚至將"法事"與"道場"並舉,稱爲"道場法事"②。上引"道場疏"中的道場,即指法事,道場疏則爲佛教齋供儀式時使用的疏文、疏子,即白佛通施主齋意的齋文。S.5559v 有文稱"道場之意,一一具在疏聞(文)",正是疏文爲道場意文的明證。

表白宣讀齋文,是要向佛菩薩表白施主舉行齋供儀式的齋意,以及表白讚嘆佛菩薩德行的悃意。在敦煌遺書中,保存了大量的齋文,它們均屬於慧皎所說的"懺疏"③,即表白唱導時所用的儀式文本——齋意文(有關齋意文的討論詳見下文)。

《舊五代史》卷四十七說:

(清泰二年三月)辛亥,功德使奏:"每年誕節,諸州府奏薦僧道,其僧尼欲立講論科、講經科、表白科、文章應制科、持念科、禪科、聲贊科,道士欲立經法科、講論科、文章應制科、表白科、聲贊科、焚修科,以試其能否。"從之。④

《册府元龜》卷六十一有更詳細的說明:

末帝清泰二年(935)三月辛亥,兩街功德使雍王重美奏:每年誕節諸道州府奏薦僧尼道士紫衣、師號漸多,今欲量立條式。僧講論、講經、表白各三科,文章應制十二科,持念一科,禪聲贊科,並於本伎能中條貫。道士經法科,試義;十道講論科,試經論;文章應制科,試詩;表白科,試聲喉;聲贊科,試步虛;三啓焚俢科,試齋醮儀。詔曰:重美學洞儒玄,官居尹正,因三教之議論,希千春之渥恩,特立條流,以防濫進。從之。⑤

由於官方設科條試,故此後表白成了僧人種類或僧職之一。"宋初九

---

① 富世平:《大宋僧史略校注》,第 150 頁。標點略異。
② 如宗密《圓覺經道場修證儀》《圓覺經道場略本》均如此。參見《續藏經》第 74 册,第 375 頁下、513 頁上。
③ 釋慧皎:《高僧傳》,第 522 頁。
④ 薛居正等:《舊五代史》第二册,北京:中華書局,1976 年,第 644—645 頁。洪邁《容齋隨筆》(北京:中華書局,2005 年,下册,第 533—534 頁)轉引了這段文字,但繫於"唐末清泰二年二月"。
⑤ 王欽若等:《册府元龜》,北京:中華書局,1960 年,第 686 頁。

僧"之一的希畫，在《書〈嚴遜記〉碑》末署"甥遂州表白僧希畫書"①，正說明他爲表白僧。

與表白成爲僧職相對應的，是宋代以後的齋供儀式中出現了嘆佛宣疏②或嘆德宣疏③這一程序④，其中心内容一方面是讚嘆佛德，另一方面是宣疏請聖。與這一程序相匹配的疏文，有疏、牒、表、意旨等多種稱名⑤。在齋供儀式中，由於表白法師負責宣讀法會儀式中的各種齋文，故宣讀疏文的工作，由表白法師完成。明代小説《續西遊記》記齋會時，稱"表白敷宣意旨"⑥，説的就是這個意思。

五、莊嚴

P.3849v 和 S.4417 中記俗講等三種儀式程序的文字，内容大致相同，而且均分爲三段。其中第一段和第三段中，都出現了"莊嚴"這一程序。什麽是莊嚴呢？

唐法照《淨土五會念佛略法事儀讚》介紹略作五會法事程序説：

> 衆詮一人爲座主，稽請、莊嚴、經讚法事，須知次第。一人副座，知香火，打磬，同聲唱讚，專知撿挍。先須焚香、聲磬，召請聖衆。當座人念佛一聲，白衆云：……言訖，即打磬一下。作梵了，念阿彌陀佛、觀音、勢至、地藏菩薩各三五十聲，然後至心稽請。次莊嚴了，依前念佛，即須觀其道場徒衆多少，或晝或夜，或廣或略，有道場請主，爲何善事。切須知時，別爲莊嚴，廣與念誦。⑦

説明莊嚴爲法事程序之一。莊嚴時需要知時觀緣，根據道場具體情況"廣與念誦"，與上文咒願需要"知時、非時"相同。

莊嚴時念誦的文字稱爲莊嚴文，唐法照《淨土五會念佛略法事儀讚》中録有其中之一：

---

① 重慶大足石刻藝術博物館等編：《大足石刻銘文録》，重慶：重慶出版社，1999 年，第 328 頁。
② 方廣錩主編：《藏外佛教文獻》第六輯，第 51—52、235—236 頁；第八輯，第 78—79 頁。
③ 方廣錩主編：《藏外佛教文獻》第七輯，第 121 頁。
④ 參見仁岳撰：《釋迦如來涅槃禮讚文》，《大正藏》第 46 册，第 964 頁中；遵式述：《天台智者大師齋忌禮讚文》，《大正藏》第 46 册，第 966 頁中。
⑤ 參見侯沖：《雲南阿吒力教經典研究》，第 220—284 頁。
⑥ 張穎等校點：《續西遊記》，瀋陽：春風文藝出版社，1986 年，第 126 頁。
⑦ 《大正藏》第 47 册，第 475 頁上。

莊嚴文

粵大哉至理，真法一如，化物利人，弘誓各別。故我釋迦應生於濁世，阿彌陀出現於淨土，方淨穢兩殊，利益齊一。若易修易證，真唯淨土教門。然彼西方，殊妙難比。其國土也，嚴以百寶，蓮敷九品以收人；其名號也，能蕩千殃，音開五會而攝物。故使稱其名者，則十方諸佛常護其人；願生其國者，則異華五雲爭捧其座。是知彌陀悲願，不可思議，實謂啓三界之橫門，截四生之直路，故得恒沙諸佛，舒舌證明，勸念彌陀，令生佛國。若不以斯淨教，所在佛宣，則何以能令未聞者聞，未見者見？今之念佛，意在茲焉。

惟願釋梵護世，衛國衛人，八部天龍，調風調雨。伏願皇帝輪寶飛來，韜戈偃鉀。舜澤退霑於萬國，堯風遠備於八荒。太子聲飛洊雷，諸王志堅盤（磐）石，公主銀樓耀彩，卿相永鎮，臺衡無戌，節越長光，堯天永佐，郎官侍御，雲飛省閣，星映天臺，大將高斑，榮耀日新，臺逾百勝長官。馬分駝色，衣含繡文。巫薄慰等佐理分憂，清聲遠振。禪和尚定水澄淨，禪河廓清，慈風莫收，慧日長掛。法和尚道山彌峻，慧海逾深，久住人天，常爲舟機。律和尚戒珠常淨，無慚照乘之理，定沼恒清，豈謝滄浪之綠？當寺三綱照彰，梵宇宿睦，乘門徒衆，稟其清風，寺舍和於水乳。諸闍梨等三學圓明，慧燈長映，願弘斯教，同往淨土。尼衆等戒月常明，凝神入定，恒春道樹，永秀覺華。諸公等福霈山岳，壽齊椿鶴。夫人娘子玉質長春，千秋不易。清信士女等，恒沙業累，聞佛名以冰消；無量福田，隨念佛而增長。觀業成就，三昧現前。若坐若行，常見諸佛。然願佛日高懸，法輪大闡，幽塗息苦，錚丘心寧。希望者何願不從，所念者應時咸遂。有情有識，同超有漏之因；此界他方，咸願同生安樂。阿彌陀佛，福海無邊。大衆虔誠，普爲念阿彌陀佛。①

在敦煌遺書中，P.3770 有如下文字：

作梵了，法師先念佛三二十口竟，令都講舉經題，便迴向。
俗講莊嚴迴向文

以此開讚大乘甚深句義所生功德，無量無邊，先用奉資梵釋四王、龍天八部，伏願威光熾盛，福力彌增，興運慈悲，救人護國，使四時順序，八表無虞，九橫不侵，萬人安樂。亦使法輪常轉，佛日長明，刀兵不興，

---

① 《大正藏》第 47 册，第 475 頁下—476 頁上。

疫毒休息。經聲歷歷,上徹天宮;鍾梵泠泠,下臨地獄。刀山落刃,劍樹摧鋒,爐炭收烟,冰河息□。針咽餓鬼,永絶飢羸;鱗甲畜生,莫相□□(食噉)。歌謡乾闐,弦管長鳴;鬥爭修羅,旌旗永折;散支大將,護國護人;歡喜龍王,調風調雨;惡星變怪,掃出天門;異獸靈禽,潛藏地户;懷胎難月,母子平安,征客遠行,鄉關早達;機關繫閉,枷鎖離身;病卧纏眠,起居輕利;亡過眷屬,頂拜彌陀。合道場人,常聞正法。亦願盲者見道,聾者再聞,啞者能言,愚者得智,如斯不完具者,願承此法力,因緣悉得,法相具足……伏持勝福,次用莊嚴當今皇帝永垂闡化,四海一家,廣扇仁風;三邊鎮靜……又持勝福,次用莊嚴皇太子……又持勝福,次用莊嚴將相百官……

P. 3770 稱名爲"俗講莊嚴迴向文",與其中多次出現"次用莊嚴……"有關,其內容爲咒願,説明莊嚴即咒願。在敦煌遺書中的齋文中,亦多有"莊嚴""女莊嚴""武莊嚴""亡莊嚴""莊嚴孩子""莊嚴尚書"等字樣①,説明齋文與莊嚴有關。就法照《淨土五會念佛略法事儀讚》中莊嚴文來看,雖然正文中並未出現"莊嚴"二字,但其內容第一段屬於嘆佛,第二部分屬於咒願。由於莊嚴即咒願,故莊嚴文即咒願文,爲表白在齋供儀式上所誦念的齋文。敦煌遺書中,不少齋文都出現"以斯捨施功德,迴向念誦勝因,盡用莊嚴亡靈所生魂路,惟願……""以資(茲)設齋功德,迴向勝因,總用莊嚴社邑即體,惟願……""以斯捨施功德,迴向福因,先用莊嚴亡靈所生神道,惟願……"等文字,亦説明了迴向與莊嚴之間的這種關係。

因此,從莊嚴文內容來看,莊嚴即咒願;莊嚴文即咒願文,即齋文、疏文或疏子。

六、迴向

南齊蕭子良撰《淨住子》"迴向佛道門"有文稱:

言迴向者,以不著爲義,原一切衆生備修萬行,捨身命財,所以不得解脱生死者,皆緣耽著果報,不能捨離。若能不執其心,修行攝度,隨有微福,迴施群生向於佛道者,則於果報不復生著,便於生死蕭然解脱。②

---

① 郝春文主編:《英藏敦煌社會歷史文獻釋録》(三),第 88—90 頁。有時"莊嚴"又被省作"嚴"。如《國家圖書館藏敦煌遺書》第 BD04687v"嚴病""嚴僧""嚴檀越""嚴亡"等。所説"嚴",即莊嚴,就是咒願。

② 《大正藏》第 52 册,第 320 頁中下。

説明迴向的原意，是將功德迴施群生，使之趣向菩提。不過，這一解釋與施食咒願略有出入。

本書第一章已指出，僧人受齋時，必須要咒願。咒願有食前咒願和食後咒願兩種。與此相對應，齋供儀式中的咒願亦包括兩種：一種是儀式最初的嘆佛咒願和迴向莊嚴，另一種是儀式結束前的迴向發願。道誠《釋氏要覽》卷上"咒願"條説：

> 今呼念誦迴施也。《十誦律》云：佛言：應爲施主種種讚嘆咒願。若上座不能，即次座能者作。①

説明咒願就是迴向捨施。上文已經討論過，迴向捨施以知時宜爲要，以滿足施主心願爲目的，未必就是使施主趣向菩提。

上文還指出，莊嚴即咒願，故莊嚴即迴向，迴向即莊嚴，莊嚴迴向亦是連文同義。上引 P.3770 名"俗講莊嚴迴向文"，其題前有"便迴向"三字，同樣證明了這一點。

敦煌遺書中，保存有爲數不少的迴向文。其名爲"迴向文""迴向讚嘆文""迴施文""迴向疏"等，異名較多，但内容則近同。如 BD6164 有文説：

> ……迴向發願取散
> 弟子某甲等，合道場人，上來所有受戒功德，無量無邊，盡皆迴施法界衆生，未離苦者，願令離苦；未得樂者，願令得樂；未發心者，願皆發心；已發心者，早願發心，使無退轉，普願成佛。
> 以斯受戒功德，所生福利，無量無邊，先用資益梵釋四王，龍天八部。伏願威光轉盛，福力彌增，興運慈悲，救人護國，使四時順序，八表無虞，九横不侵，萬人安樂，法輪常轉，佛日恒明，刀兵不興，役毒休息。亦願經聲歷歷，上徹天宫，鍾梵零零，下臨地獄，刀山落刃，劍樹摧峰，爐炭收煙，冰消息浪，針咽餓鬼，永絶虚羸，鱗甲畜生，莫相食噉，歌謡乾闥，弦管長鳴，鬭諍修羅，征旗永折，散諸（脂）大將，護國護人，歡喜龍王，調風調雨，惡星變怪，掃出天門，異獸靈禽，潛藏地穴，懷胎難月，母子平安，征客遠行，鄉關早達，獄囚繫閇，枷鏁離身，病苦□②纏，眠起輕

---

① 富世平：《釋氏要覽校注》，第 226 頁。
② "□"，底本無，據文意補。

利,亡過眷屬,頂拜彌陀,合道場人,恒聞正法。亦願盲者見道,啞①者能言,聾者再聞,愚者得智。如斯不完具者,願承法力因緣,悉得諸相具足,然後天成地平,河清海晏,五穀豐稔,千相善盈,官補恩波,人和樂節。仰希大衆,各竟精誠,奉爲龍天八部,土地靈祇,大聲念摩訶般若波羅蜜。一切普誦。……

其文甚長,不具錄。上錄文字大都包括迴向發願的内容,與上引P.3770"俗講莊嚴迴向文"文字近同,説明迴向文就是迴向發願文,就是莊嚴迴向文。

雖然迴向文的内容比較複雜,但大都與現實關係比較密切,反映了齋供儀式與施主現實生活密切相關的特點。

七、發願

發願即發起誓願。從字面意思來説,發願既不能説就是咒願,亦不能説就是迴向,更不能説就是嘆佛。不過,部分有關齋供儀式程序的記述,顯然將嘆佛咒願與發願等同。如P.2130中法照《白西方道場事文》説:

作道場時,先須作梵,梵了啓請,啓請了即須發願,發願了即須誦《散花樂讚》了,即四字念佛三五十口,即誦《阿彌陀經》,衆和了,即五會念佛了,即誦《散花樂讚》,即至誠懺悔。佛前懇到,至心發願,作清淨梵,唱四禮即散。

BD05441無首題,尾題"西方淨土讚文一卷",其中亦有文説:

作道場時,先須作梵,梵了啓請,啓請了即須發願,發願了即須誦《散花樂讚》了,即四字念佛三五十口,即誦《阿彌陀經》,衆和了,即五會念佛了,即誦《散花樂》,即至誠懺悔。佛前懇到,至心發願,作清淨梵,唱四禮即散。

BD05441的文字與P.2130中法照文幾乎完全相同,故可推知這部分内容亦爲法照著作。其中有衆和的記述,屬於唱導儀式。將其作梵—啓請—發願—誦經—五會念佛—誦《散花樂讚》—懺悔—發願—清淨梵—唱禮散的

---

① "啞",底本作"亞",據文意改。

程序,與上面嘆佛咒願部分引文中的儀式程序比較,可知這裏的發願,就是咒願、嘆佛、表白、莊嚴、迴向等,就是齋意。而上列咒願、嘆佛、表白、莊嚴、迴向文,往往都包括發願,進一步說明相當一部分發願文與咒願文、嘆佛文、表白文、莊嚴文、迴向文一樣,都屬於齋意文。

唐代道宣著《廣弘明集》,其中收錄有梁簡文帝蕭綱作《唱導文》。但該文在目錄中則作"唱導佛德文"。與之名字相近的,有王僧孺《唱導佛文》(正文作《懺悔禮佛文》《初夜文》);性質相近的,有簡文帝作《謝佛事啓》(正文作《禮佛發願文》)。綜合其正文中的名稱來看,則唱導文即唱導佛德文、唱導佛文,又作懺悔禮佛文、禮佛發願文等。從其稱名來看,目錄中的"唱導佛德",就是讚嘆佛德,"唱導佛"即"唱導佛德"的略寫,說明它們與嘆佛咒願、發願等名異實同。這點可以從收錄在《廣弘明集》中的發願文看出來。如其中《禮佛發願文》(十餘首)第一條作:

夫至覺玄湛,本絕聲言;妙慮虛通,固略筌象。雖事絕百非,而有來斯應;理亡四句,故無感不燭。皇上道照機前,思超繫表。凝神汾水,則心謝寰中;屈道軒丘,則形勞宇內。斯乃法忍降迹,示現閻浮之境;大權住地,俯應娑婆之域。故欲洗拔萬有,度脱群生。濯淨水於寶池,蔭高枝於道樹。折伏攝受之仁,遇緣而咸極;苦言軟語之德,有感而斯唱。日用不知,利益莫限。衆等相與增到,奉逮至尊,五體歸命。云云。

仰願皇帝陛下,至道與四游並運,玄風與八埏共廣。反淳源於三古,捨澆波於九代。至治已覿於今日,大道復屬於此時。虎豹尾而不驚,虺蛇蹍而莫噬。埋金抵玉,毀契焚文。嘉禾生,醴泉出。金車玉馬,自相暉曜;玄鶴丹鳳,飛鳴來往。光景之所照燭,舟車之所驅汎。莫不屈膝係頸,迴首革音。入侍藁街,迎拜渭水。與天地而長久,等金石而愈固。中岳可轉,長河有清。而我聖皇愈溫愈眸,不言而化行,無爲而教肅。①

第二條作:

夫道備監撫,望表元良。察遠知微,貫宗包極。不勞斧藻,無待審諭。況復靜悟空有,同觀真俗。能行能説,既信既持。衆等齊誠,奉逮儲君殿下,歸命敬禮。云云。

---

① 《大正藏》第 52 册,第 205 頁下—206 頁上。

仰願皇太子殿下，厚德體於蒼蒼，廣載侔於磻礴。前星照曜，東離煥炳。淑問自遠，和氣熏天。異才爭入，端人並至。玉體怡清，金聲妙越。①

兩條文字，雖然稱名爲"禮佛發願文"或"謝佛事啓"，但前面是讚嘆佛德，後面是願文。其他數條與這兩條相同，結構上都是前面嘆佛咒願，後面發願。

由於敦煌遺書中不少齋意文都稱"願文"，與寫經、造像題記中的願文同名，故有學者根據《佛學大辭典》稱願文"爲法事時述施主願意之表白文也"，將以祈願禳災爲主要内容的散食文、行城文、布薩文、燃燈文等都統稱爲"願文"，並結集出版②。這一界定引起衆多學者的關注，並從各個角度提出了不同的理解，認爲將齋文稱爲願文，這一界定過於寬泛③。不過，由於大家都只是從文獻到文獻的討論，所以很難說服對方。因爲從表面上看，將齋意文稱爲願文，並將其與寫經願文、俗人願文相提並論，並無不妥。

必須指出，《佛學大辭典》稱願文"爲法事時述施主願意之表白文也"，是結合願文的實際應用來說的。由於願文的特定背景是做法事，故在對其進行定性和研究時，不能脫離其特定的背景。本書上文的研究表明，除設齋抄經外，一般的寫經願文僅出現在寫經中，而稱爲願文的齋意文，僅出現於齋供儀式中，它們都不是泛泛的發願，不能混爲一談。從齋供法事的實際操作來看，願文從屬於齋意文，因此，不能用願文來作爲齋意文的通稱。本書下節的討論，將會進一步證明這一點。

第四節　齋　意　文

贊寧《大宋僧史略》卷中說"齊竟陵王有導文，梁僧祐著《齊主讚嘆緣

---

① 《大正藏》第 52 册，第 206 頁上。
② 黄征等：《敦煌願文集》，長沙：岳麓書社，1995 年。
③ 郝春文：《關於敦煌寫本齋文的幾個問題》，《首都師範大學學報》1996 年第 2 期；張廣達：《慶祝鄧廣銘教授九十華誕論文集》，石家莊：河北教育出版社，1997 年；趙和平：《敦煌表狀箋啓書儀輯校》，南京：江蘇古籍出版社，1997 年；饒宗頤：《談佛教的發願文》，《敦煌吐魯番研究》第四卷，北京：北京大學出版社，1999 年；王曉平：《東亞願文考》，《敦煌研究》2002 年第 5 期；《晉唐願文與日本奈良時代的佛教文學》，《東北亞論壇》2003 年第 2 期等。黄維忠先生對這一討論作了一定的綜合。詳見黄維忠：《8—9 世紀藏文發願文研究》，北京：民族出版社，2007 年，第 5—14、207—208 頁。

記》及諸色《咒願文》,陳、隋世高僧真、觀深善斯道,有《導文集》焉"①,但這些唱導文現已無存。現存贊寧之前的唱導文,主要是收録在《廣弘明集》中的梁簡文帝蕭綱作《唱導文》(目録作"唱導佛德文")和《禮佛發願誓文》(目録作"謝佛事啓"),王僧孺《懺悔禮佛文》(目録作"唱導佛文")等十餘篇。從這些文本在齋供儀式中的出現場合來說,它們都屬於齋文,確切地説是齋意文②。與保存在敦煌遺書中的齋意文相比,它們一方面是數量少,另一方面是形式多樣,一時不易梳理。因此,下面僅以敦煌遺書中的相關材料爲主,對齋意文進行探討。

敦煌遺書中保存有數百件的齋文文本,收録齋意文上千篇,早已引起學術界的關注。如陳祚龍先生較早對《齋琬文》作了録文整理③。法國學者梅弘理先生和張廣達先生又對《齋琬文》文本進行了復原和研究④,宋家鈺先生亦從《齋文》的角度對其文本進行了復原⑤。湛如從齋文文本結構和佛教行事的角度討論了齋文和願文的區別⑥。臺灣的王三慶則以齋文爲研究對象,在整理録文的基礎上發表了多篇文章⑦。郝春文先生不僅對齋文的名稱和種類作了研究和探討⑧,考訂了其中一部分文

---

① 富世平:《大宋僧史略校注》,第75頁。標點略異。
② 在過去的研究中,齋文、願文是使用最普遍的詞,但所指均爲齋意文。爲方便行文,本書下文仍然會依照學術界目前的叫法,使用齋文一詞。
③ 陳祚龍:《新校重訂〈齋琬文〉》,《敦煌學海探珠》下册,臺北:臺灣商務印書館,1979年,第322—332頁。
④ 梅弘理:《根據P.2547號對"齋琬文"的復原和斷代》(耿昇譯),《敦煌研究》1990年第3期;張廣達:《"嘆佛"與"嘆齋"——關於敦煌文書中的〈齋琬文〉的幾個問題》,田餘慶主編:《慶祝鄧廣銘教授九十華誕論文集》,石家莊:河北教育出版社,1997年,第60—73頁;張廣達:《文書、典籍與西域史地》,桂林:廣西師範大學出版社,2008年,第192—210頁。王書慶先生有《敦煌文獻中的〈齋琬文〉》(《敦煌研究》1997年第1期;《敦煌佛教與禪宗研究論集》,香港:香港天馬出版有限公司,2006年,第27—43頁),但他所説的《齋琬文》,與一般人討論的《齋琬文》不同,故本書不作評述。
⑤ 宋家鈺:《佛教齋文源流與敦煌本〈齋文〉書的復原》,《中國史研究》1999年第2期,增補後收入宋家鈺等編:《英國收藏敦煌漢藏文獻研究》,北京:中國社會科學出版社,2000年,第295—319頁。
⑥ 湛如:《敦煌佛教律儀制度研究》,第八章。
⑦ 參見王三慶《敦煌本〈齋琬文〉一卷研究》,《第三屆國際唐代學術會議論文集》,臺灣政治大學中國文學系編印,1997年,第17—68頁(筆者尚未獲睹);《北京大學圖書館藏本〈諸文要集〉一卷研究》(潘重規等:《慶祝吳其昱先生八秩華誕敦煌學特刊》,臺北:文津出版社,2000年,第157—178頁)、《敦煌文獻中齋願文的內容分析研究》,載項楚等主編:《新世紀敦煌學論集》,成都:巴蜀書社,2003年,第598—620頁;《敦煌文獻〈諸雜齋文〉一本研究》(《敦煌學》第二十四輯,2003年,第1—28頁)、《敦煌文獻印沙佛文的整理研究》(《敦煌學》第二十六輯,2005年,第45—74頁)等系列論文。
⑧ 郝春文:《敦煌寫本齋文及其樣式的分類與定名》,《北京師範學院學報》1990年第3期。

獻的年代①,與寧可先生一道對社邑文書進行了綜合整理與考察研究②,還發表了數篇後續相關成果③,對部分齋會如水則道場作過研究④。近年郝先生還指導研究生開展專題研究,其中僅2004年就有兩篇碩士學位論文專門以齋文爲主要研究對象⑤。他們的研究不僅僅局限於齋文本身,而且還討論到齋會的具體活動,討論到敦煌地區佛教信衆的信仰情況。他們基於原始文本的研究成果,基本上反映了目前各個領域對這批齋文的最高研究水平。

大部分的學者都提到,齋文是實際宣念的法會文書。上文指出,唱導屬於僧侶赴應世俗的齋供儀式的程序之一;唱導包括咒願嘆德,其文本就是齋供儀式中用於宣白齋意的齋意文。因此,如果能在文本研究的基礎上,進一步將敦煌遺書中這批齋文放在其具體應用中去理解,結合唱導的不同稱名,弄清楚齋文的主體結構,無疑可以把死的文本讀成活的程序,從而充分凸顯這批齋文文獻的價值。

另外,在唐宋時期敦煌齋文中,最有代表性的是《齋琬文》⑥。目前對《齋琬文》的認識已經取得一定的成績,但尚未能將其放在齋文具體應用的背景中去認識,所以仍有進一步拓展的空間。重新探討《齋琬文》,同樣可以挖掘敦煌遺書中齋文豐富的信息,深化對齋供儀式的了解。

一、敦煌遺書中齋文的性質

郝春文先生將敦煌遺書中齋文分爲"齋儀"和齋文文本兩類。在他看來,"'齋儀'與書儀性質相同,是供起草齋文參考用的文書;齋文文本是僧

---

① 郝春文:《敦煌寫本社邑文書年代彙考》(一),《首都師範大學學報》1993年第4期;(二),《首都師範大學學報》1993年第5期;(三),《社科縱橫》1993年第5期。
② 寧可、郝春文:《敦煌寫本社邑文書述略》,《首都師範大學學報》1994年第4期;《敦煌社邑文書輯校》,南京:江蘇古籍出版社,1997年。
③ 郝春文:《關於敦煌寫本齋文的幾個問題》,《首都師範大學學報》1996年第2期。
④ 郝春文:《唐後期五代宋初敦煌的春秋官齋、十二月轉經、水則道場與佛教節日》,《慶祝吳其昱先生八秩華誕敦煌學特刊》,臺北:文津出版社,2000年,第243—267頁。
⑤ 張承東:《敦煌寫本齋文探析》,首都師範大學碩士學位論文,2004年5月;冀志剛:《唐後期五代宋初敦煌信衆佛教信仰初探——以齋會爲中心的考察》,首都師範大學碩士學位論文,2004年5月。
⑥ 張廣達先生認爲:"《齋琬文》是研究唐代通俗文化的文體、文風,研究下層百姓的思維方式、社會心態、宗教信仰、憂慮、期待、追求、冥報等一系列心理活動的第一手資料。"(張廣達:《我和隋唐、中亞史研究》,載張世林編:《學林春秋》三編上冊,北京:朝華出版社,1999年,第69頁。並見張廣達:《史家、史學與現代學術》,桂林:廣西師範大學出版社,2008年,第328頁)對《齋琬文》給予了較高的評價。

人在各類齋會上宣讀的文書,它既有實用性,又保存了'齋儀'的一些特點"①。湛如教授和宋家鈺先生亦持相近觀點②。

從文本比較來看,上述觀點均有其道理。不過,從齋文的實際應用來説,敦煌遺書中的齋文在嚴格意義上來看都是齋儀或齋文範本,並不存在非範本性質的齋文。

首先,敦煌遺書中的齋文,都有作爲齋文範本的功能。不僅已經被認爲是齋儀或齋文範本的齋文是這樣,即使被認爲是實用齋文的齋文文本,亦如郝春文先生所説,"既有實用性,又保存了齋儀的一些特點",同樣可以視爲齋文範本。

其次,齋會儀式中實際使用的齋文不能被保存下來,能保存下來的都是齋文範本或沒有在齋會中使用的文本。理由有三:

一是口頭唱導沒有齋文。齋文的内容,就是唱導在齋會上宣白的齋意。由於要求唱導者有隨機應變和出口成章的能力,要根據具體情况來應機宣白,所以早期唱導並沒有成文的底本,能保存下來的,都只是節略性的記録,並非全部,將其視爲實際應用的齋文,與具體情况不符。

二是唱導在齋會中宣念的齋文文本,在宣念完後即被焚化,不可能被保存下來。口頭唱導對唱導師有較高的要求,所以有時會出現舉行齋會而沒有唱導的情况。爲了解決這一問題,有一定結構的齋文文本應運而生。齋文文本出現後,在齋會實際應用中,按慣例必須要將齋文即時焚化,纔能使齋意上達聖聽;齋文如果不焚化,齋意不能被佛菩薩聖衆所知,則齋會的功德就不能被證明,齋會就被認爲没有意義。所以,在齋會中實際使用的齋文不可能保存下來。

三是現在保存下來的齋文,只是實際應用齋會文本的備份或有錯訛的文本。爲了表示對佛菩薩和十方諸聖的誠敬之心,要焚化的齋文,不論是抄寫的内容、文字還是格式,都有嚴格的要求,諸如要抄寫工整,不允許有錯漏,抄寫詞表時甚至要求抄寫者口含檀木,焚香,跪著恭恭敬敬抄寫,最後還要蓋上法印纔能生效③。有錯漏或抄寫不工的,都不能用作正式的齋文並焚化奉佛。敦煌遺書中現在看上去像是齋會實際使用的齋文,有一些是抄

---

① 郝春文:《敦煌寫本齋文及其樣式的分類與定名》,《北京師範學院學報》1990年第3期;氏著:《中古時期社邑研究》,第484頁。
② 湛如:《敦煌佛教律儀制度研究》,第321頁;宋家鈺:《佛教齋文源流與敦煌本〈齋文〉書的復原》,《中國史研究》1999年第2期;宋家鈺等編:《英國收藏敦煌漢藏文獻研究》,第317頁。
③ 據胡天成等介紹,重慶地區亦有相近的情况。參見《民間祭禮與儀式戲劇》,第1060—1061頁。

寫中存在問題,不符合實際使用的文本,是廢棄不用的;有一些則是有心的唱導在齋會前備份後,以備日後參考之用,是作爲範本纔得以保存的。正因爲它們不是齋會中宣念的文本,所以一方面存在錯訛,另一方面抄寫大都不工整,並有相當一部分是抄録彙集在一起的。

總之,敦煌遺書中的齋文,都屬於用作齋文範本的咒願文或嘆佛唱導文。不同時期的唱導文有不盡相同的風格,但咒願文有一個大致的結構,這是將它們歸類研究的基礎。唱導文中一些齋會實際應用文本的備份或略有錯訛的文本,反映了齋會實際行持的具體情況,爲了解當時齋會唱導的具體內容提供了重要的資料。同時,敦煌遺書中數量衆多的齋文,不是實際應用的齋文文本,而是廢棄不用的可以作爲範本使用的文本,屬於廢棄之遺而不是避難之遺①。

二、齋文的結構

齋會是由幾個儀式程序組成的一個完整的儀式過程,有其總體結構。齋文亦一樣,既包括不同的組成部分,還有其組成結構。要了解齋文,就不能不了解其組成結構。

1. 齋文非"四段式"結構

在説到齋文結構時,目前比較流行的是"四段式"説。S.2832 有文説:

> 夫嘆齋分爲段:
> 爰夫金烏旦上,逼夕暮而藏輝;玉兔霄明,臨曙光而匿曜。春秋互立,冬夏遞遷。觀陰陽上(尚)有施謝之期,況人倫豈免去留者? 則今晨(辰)某公所陳意者何? 奉爲考妣大祥之所設也。
> 惟靈天資沖邈,秀氣英靈;禮讓謙和,忠孝俱備_{已上嘆德}者,爲巨椿比壽,龜鶴齊年。何期皇天罔祐,掩降斯禍。日居月諸,大祥俄届。公乃奉爲先賢之則,終服三年。素衣霸(罷)於今晨(辰),淡服仍於旬日,爰於此晨(辰),崇齋奉福。_{齋意}
> 是日也,嚴清甲弟(第),素幕横舒;像瞻金容,延僧白足;經開貝葉,梵奏魚山;珍羞具陳,爐香馚馥。_{道場}
> 如上功德,奉用莊嚴亡靈;願騰神妙境,生上品之蓮臺;寶殿樓前,

---

① 在這個意義上,方廣錩先生所主張的"廢棄説"(參見方廣錩《敦煌學佛教學論叢》(上),第17—48頁)顯然更符合敦煌遺書的實際情況。

聞真淨之正法。莊嚴①

有學者根據上引文字，認爲"一篇完整的齋文，都具有'嘆德'、'齋意'、'道場'、'莊嚴'四段内容"②。這種說法，可稱爲"四段式"說。

由於 S.2832 對齋文有明確的分段，所以"四段式"說的提出，並非無據。但"四段式"說並不可從。

首先是證據有限。目前在敦煌遺書中，與 S.2832 内容相近並有分段的俄藏 Дx01285v，由於缺"莊嚴"，只分三段。所以明確將齋文分爲四段的材料，目前僅見一件，故證據尚顯單薄。

其次齋文並非只是"四段式"的劃分。如敦煌遺書中出現的"號頭""時候"（或作"時氣"）等表示文本結構的稱謂，就是"四段式"說之外對齋文結構的劃分。有關"號頭""時候"的材料在敦煌遺書中多次出現。如 P.3819、P.3825 第一"（慶）幡"文末尾注稱：

已上文頭尾、時氣，共初《佛堂文》通用，更不要添加。

"亡文第五"中"亡妣德"條後有文說：

一切頭尾、時候，共《丈夫文》同用。
亡男　號同前……

S.4992"優婆（夷）"條結尾亦說：

但是頭尾、時氣，共前《亡母文》，不別通用。
亡妻文　號准前……

S.5637"[□□篇第五]"中"三周（僧尼）"條尾有文稱：

---

① 俄藏 Дx01285v 作"□…□辰△乙公所陳意者者何？奉□考妣大祥之所設也。惟靈天資冲邈，秀氣英□；禮讓謙和，忠孝俱備已前嘆德者，爲巨椿比壽，龜鶴齊年。何期皇天罔祐，掩降斯禍。日□月諸，大祥俄届。公乃奉爲先賢之則，終服三□。□衣霸（罷）於今辰，淡服仍於旬日，爰於此晨（辰），□□奉福。齋意。是日也，嚴請（清）甲弟（第），素幕橫舒；□□金容，延僧白足；經開貝葉，梵奏魚山；珍羞畢□，爐香馤馥。道場如上功德，奉用莊嚴亡靈，□勝神妙境，生上品之蓮臺；寶殿樓前，聞真淨□□法"。
② 宋家鈺：《佛教齋文源流與敦煌本〈齋文〉書的復原》，《中國史研究》1999 年第 2 期；宋家鈺等編：《英國收藏敦煌漢藏文獻研究》，第 300 頁。

尼文頭尾並同。

"優婆夷"條尾稱：

其賢者時候亦同。

"諸雜篇第六"中"僮僕德·奴"條有文稱：

其婢時候、莊嚴，亦共此同用。

"牛"條又有文稱：

其時候、莊嚴，同前《馬文》。

P.3545v"牛"條末亦説：

其時候、莊嚴，同前《馬文》。

對於"時候"指什麽，目前未見明確的記載。由於"四段式"中並不包括"時候"，故以往在根據 S.2832 認爲齋文是"四段式"文體結構時，顯然並未將"時候"納入齋文的組成結構加以討論。那麽，上引文中與"頭尾"相提並論的"時候"（或"時氣"），是否可以忽略呢？

實地調查中發現，齋文中都有專門説明法會舉行時間的文字"月令時也"①，由於屬於齋意的内容，所以它們是齋文的重要組成部分。從字面意思來説，"時候"或"時氣"就是齋文中舉行齋會的時節和時景，有的是從季節的角度來説，如"青陽上朔""太簇中旬""初元順節"等；有的是從具體的時間來説，如"二月八日""四月八日"等。在齋文中亦有這類材料的專門説明，如 S.2832 的"十二月時景兼陰晴雲雪諸節""十二月時節"，以及 P.3772 卷首的内容即是如此。譚蟬雪先生利用敦煌遺書研究敦煌歲時文化時，正是敏鋭地利用了其中這些有關"時候"的資料，將佛教齋文繫於具體的月節時日坐標上，討論敦煌一年中不同月份的宗教活動。這説明，"時候"亦是齋文的重要組成部分，在討論齋文結構時，應當納入討論

---

① 侯沖：《雲南阿吒力教經典研究》，第 222—223 頁。

的對象中。

另外，大多數學者都已經指出，號即號頭，尾即號尾。號頭相當於齋文前的"小序"，被認爲是整篇齋文的引言，號尾似指"莊嚴"部分①。由於注意到了"號頭"這一稱謂，所以郝春文先生早在20世紀90年代中期就發現S.2832所說的"四段式"不可從，從而提出齋文分爲五個部分說②。在這個意義上來說，"四段式"說是不了解前賢研究新成果的過時論斷。

總的來說，由於"號頭""時候"（或作"時氣"）等表示文本結構的稱謂未被納入"四段式"之中，故"四段式"說欠確切。

其三是S.2832對齋意的界定並不明確。上文已經指出，就齋意的內容來論，包括設齋的時間、原因、目的、願望和法會具體安排。郝春文先生分析研究敦煌遺書中的齋文後，指出齋意是指"設齋的緣由和目的"③。這個理解與上文所引齋意文的內容大致相符。

但S.2832對"齋意"一詞的使用，顯然與上面的認識不相符。如其"則今晨（辰）某公所陳意者何？奉爲考妣大祥之所設也"一段文字中有"意"字，說明當屬於齋意的內容，但被稱爲"以上嘆德"。S.2832中被稱爲齋意的，是"爲巨椿比壽，龜鶴齊年。何期皇天罔祐，掩降斯禍。日居月諸，大祥俄屆。公乃奉爲先賢之則，終服三年。素衣霸（罷）於今晨（辰），淡服仍於旬日，爰於此晨（辰），崇齋奉福"這樣一段文字。雖然"崇齋奉福"與齋意有關，但與"爲考妣大祥之所設"相比，仍不夠明確。這說明S.2832在使用"嘆德""齋意"等詞作爲齋文結構名目時，存在概念界定不清的問題。在使用S.2832討論齋文結構時，仍需要作一定的辨析。

總之，對齋文分段的資料在敦煌遺書中目前僅發現兩件，即S.2832和俄藏Дx01285v，由於它們不僅未提及"頭尾、氣候"等分段名目，而且相互之間的分段亦各不相同，所以，S.2832對齋文的四段式分段，不能認爲就是齋文的通行分段或標準分段。

2. 齋文結構的特點

既然齋文不是"四段式"，那麼是幾段式呢？或者說是否有段式呢？

從齋文的實際應用來說，齋文確實有段式，但其段式並不固定，不同歷

---

① 郝春文：《關於敦煌寫本齋文的幾個問題》，《首都師範大學學報》1996年第2期；氏著：《中古時期社邑研究》，第493—494頁。

② 郝春文：《關於敦煌寫本齋文的幾個問題》，《首都師範大學學報》1996年第2期；氏著：《中古時期社邑研究》，第493—494頁。參見季羨林主編：《敦煌學大辭典》，上海：上海辭書出版社，1998年，第458頁。

③ 郝春文：《關於敦煌寫本齋文的幾個問題》，《首都師範大學學報》1996年第2期；氏著：《中古時期社邑研究》，第493—494頁。

史時期,不同的齋供儀式,齋文結構並不相同,有隨機組合的特點。

齋文屬於讚嘆唱導,唱導有嘆佛、咒願、讚德、表白、莊嚴、迴向、發願等不同的稱謂。唱導的這些不同的稱謂,都可以作爲齋文結構的名目。故對於齋文的理解,應放在讚嘆唱導這一背景下進行。

如上所説,齋文就是齋意文。齋意要敍一齋大意,要對設齋的時間、地點、齋主、原因、目的、法會具體安排和舉行齋會的願望等進行説明,還要讚嘆佛德和齋主德。因此,根據一篇完整的齋文,即可對一場法會有一個總體的了解。不過,由於有的齋意有時目的很明確,所以在敍述過程中,有的內容會被略寫,並與被詳寫的部分合并,成爲詳寫部分的附屬。但究竟哪些詳哪些略,既與齋意有關,亦與抄録和使用這一齋意文的唱導有直接關係,故齋文段式的組合,存在較大的隨機性。

從齋文的結構來看,完整的齋文無疑應該包括首尾、嘆德、時候或道場等重要部分。但唱導的隨機性,決定了不是所有的齋文都一定包括這些重要部分。如迴向發願文或莊嚴文,其內容主要只是發願或莊嚴,並不一定包括嘆德、時候、道場等部分。又如結壇散食迴向發願文,由於法會程序需要,其內容就比較多,文本結構亦與上述"四段式"齋文不同。因此,齋文結構並無"×段式"的通則。

綜上所言,齋文在敍述齋意時,會對設齋的時間、地點、齋主、原因、目的、法會具體安排和舉行齋會的願望進行敍述,從而可能使一篇完整的齋文分爲相應的部分。敦煌遺書中一篇完整的齋文,理論上會包括號頭、嘆德、齋意、道場、時候、莊嚴(號尾)等部分。由於組合比較隨意,所以並没有固定的段式。在對之進行研究時,既要把完整的包括各個組成部分的齋文視爲齋文,亦要把未將所有要素都包括在內的,只是表現了齋意某一要素的文本視爲齋文,纔能對之有較爲全面的把握。

三、《齋琬文》與《齋文》

《齋琬文》和《齋文》(擬,下同)都是齋文文集的名稱。現在敦煌遺書中保存的《齋琬文》和《齋文》都不完整,有學者對它們進行了研究和復原。由於敦煌遺書中齋文數量衆多,形態複雜,而且大都殘破不全,所以復原有時是費力不討好的工作。下面對相關情況作簡單的回顧和分析。

(一)《齋琬文》及其復原

1. 關於《齋琬文》

敦煌遺書中帶《齋琬文》標題的卷號有三個,即 P. 2940、P. 2104v 和 P. 2178v,但都殘缺不全。該書原序今存,唯 P. 2940 保存完整,其文稱:

詳夫慧日西沉,紀神功者奧旨;玄颷東扇,隆聖教者哲人。於是慷慨摩騰,御龍車而遊帝里;抑揚僧會,啓金相而耀皇畿。莫不搖智劍以孤征,警(擎)法蠹而獨步。摧邪辯正,其在茲乎!洎有龍樹抽英,冠千齡而擢秀;馬鳴馳譽,振萬古而流光。廬山則杞梓成林,清河則波瀾藻鏡。可謂異人間出,髦彥挺生;振長錫而播清風,沉圓杯而浮德水。紹繼則住而(如)三寶,主化則應供十方。弈葉傳燈,蟬聯寫器;開物成務,匠(匪)益人、天者焉!

　　但爲代移正象,人變澆淳;或藉名教以尋真,或假聲光而悟道。所以爲設善權之術,傍施誘進之端;示其級(汲)引之方,授以隨宜之説。故違代高德,先已刊制《齊(齋)儀》,庶陳奬道之規,冀啓津梁之軌。雖並詞驚擲地,辯架譚天,然載世事之未周,語俗緣而尚缺,致使來學者未受瞳蒙,外無繩准之規,内乏隨機之巧。擢令唱道(導),多卷舌於宏筵;推任宣揚,競緘唇於清衆。豈直近招譏謗,抑亦遠墜玄猶,沉聖迹之威光,缺生靈之企望者。但緇林朽籜,寂路輕埃;學闕未聞,才多不敏。輒以課茲螺累,偶木成狂簡,斐然裁爲《嘆佛文》一部。爰自和宣聖德,終乎庇祐群靈。於中兼俗兼真、半文半質,耳目之所歷,竊形迹之所經。應有所祈者,並此詳載。

P.2940 抄寫尚算工整,但亦有俗寫的地方,故諸家錄文不盡相同,對於其中文字的理解亦不盡相同。如"違代"有學者識錄作"遠代"。《漢語大辭典》解釋"違代,猶去世","遠代,猶古代。"從《齋琬文》編撰時間來看,儘管迄今並無一個固定的説法,但基本上認定是唐代。東晉"道安三例"制定以後,漢地佛教的齋供儀式纔開始有則可依,説明刊製的《齋儀》的時間不可能早於晉代,相對於唐代來説,尚不足以稱爲"遠代"。因此作"遠代"不妥。而"違代高僧"指剛去世不久的高僧,意思尚能説得通。

　　序文表明《齋琬文》與唱導有關。一方面是序文稱,《齋琬文》又叫《嘆佛文》,與唱導又作"嘆佛",表示讚嘆佛德和施主德相同。宋家鈺先生指出:"《齋琬文》的含義,就是借琬圭的'象德'之義,來表示它是'齋會上用的嘆德之文'。"①他的觀點可從。另一方面是《齋琬文》出現的背景與唱導"外無繩准之規,内乏隨機之巧"有關。序中"擢令唱道(導),多卷舌於宏筵;推任宣揚,競緘唇於清衆。豈直近招譏謗,抑亦遠墜玄猶,沉聖迹之威光,缺生靈之

---

① 宋家鈺:《佛教齋文源流與敦煌本〈齋文〉書的復原》,《中國史研究》1999 年第 2 期;宋家鈺等編:《英國收藏敦煌漢藏文獻研究》,第 304 頁。

企望者"的說法,在慧皎《高僧傳》中可以找到可資比較的說法。

慧皎稱:

> 若夫綜習未廣,諳究不長。既無臨時捷辯,必應遵用舊本。然才非己出,製自他成。吐納宮商,動見紕謬。其中傳寫訛誤,亦皆依而唱習。致使魚魯淆亂,鼠璞相疑。或時禮拜中間,懺疏忽至。既無宿蓄,恥欲屈頭,臨時抽造,罄棘難辯。意慮荒忙,心口乖越,前言既久,後語未就。抽衣謦咳,示延時節,列席寒心,觀途啟齒。施主失應時之福,眾僧乖古佛之教。既絕生善之萌,祇增戲論之惑。始獲濫吹之譏,終致代匠之咎。①

序文與慧皎所記的唱導有不同之處,也有大致相同之處。不同的是,《齋琬文·序》講,唱導者由於缺乏齋疏,所以影響了他們在法會上發揮,往往張口結舌,無話可說。而慧皎則指出,唱導者由於不能夠隨機應變,言辯敏捷,所以只能使用以前的本子。由於本子係他人編集而成,不是宣念者自己的東西,所以或者宣念起來不合原旨,本子中存在的錯誤亦不能發現,只能依舊唱習;或者禮拜時纔看到懺文和齋疏,由於平時沒有了解,臨時抽用,又不願意承認自己的能力有限,結果心慌口亂,說了前句沒有下句,在那裏結結巴巴拖延時間,充其量只能算一個傳聲筒。大致相同的是結果,一方面是唱導者有濫竽充數之譏,另一方面是唱導者的不良表現影響了佛教的形象。兩條材料,證明了《齋琬文》與唱導文屬同一性質。

總之,《齋琬文》的序文說明,《齋琬文》的出現,與唱導的需要有關,《齋琬文》屬於唱導文。

2.《齋琬文》目錄及復原

《齋琬文》序稱"應有所祈者,並此詳載",說明《齋琬文》從類型上已經包括了與唱導有關的齋供儀式種類。其序文又說:

> 總有八十餘條,攝一十等類。所刪舊例,獻替前規。分上、中、下目,用傳末葉。其所類號,勒之於左。
>
> 一、嘆佛德　王宮誕質　踰城出家　傳(轉)妙法輪　示歸寂滅
>
> 二、慶皇猷　鼎祚遐隆　嘉祥薦社　四夷奉命　五穀豐登
>
> 三、序臨官　史剌(刺史)　長史　司馬　六曹　縣令　縣承(丞)　主簿　縣尉

---

① 釋慧皎:《高僧傳》,第522頁。

折衝
　　四、隅受職　文　武
　　五、酬慶願　僧　尼　道士　女官
　　六、報行道①　役(役)使東、西、南、北　征討東、西、南、北
　　七、悼亡靈　僧尼　法師　律師　禪師　俗人考、妣、男、婦、女
　　八、述功德　造繡像　織成　鐫石　彩畫　雕檀　金銅　造幡　造經　造堂　造浮圖
　　九、賽祈讚　祈雨　賽雨　賽雪　滿月　生日　散學　闕字　藏鈎　散講　三長　平安　邑義　脫難　患差　受戒　賽入宅
　　十、祐諸畜　放生　贖生　馬死　牛死　駝死　驢死　羊死　犬死　猪死

　　細檢具體內容，可發現目錄一方面是存在錯別字和倒乙字，如"轉妙法輪"作"傳妙法輪"，"刺史"作"史刺"，"縣丞"作"縣承"，重抄的痕迹明顯；另一方面是十類中，細目僅七十六條（見下表），並非序文所說的"總有八十餘條"，說明有缺漏。

表 3-2　　P.2940《齋琬文》子目統計表

序　　號	類　　名	子目數(條)
1	嘆佛德	4
2	慶皇猷	4
3	序臨官	9
4	隅受職	2
5	酬慶願	4
6	報行道	8
7	悼亡靈	10
8	述功德	11
9	賽祈讚	16
10	祐諸畜	9
合計		77

說明：1. 統計的子目數僅以 P.2940 所列爲準。
　　　2. 計算方法以子目字面所指計。如文武、僧尼均各計爲 2 條。役使和征討均有東西南北，各計 4 條。其他均計 1 條。

───────

① "道"，P.2547 作"恩"。

敦煌遺書中，帶《齋琬文》標題的三個卷號，P.2940首存尾殘，內容包括首題、序文、目錄、第一類以及第二類的前兩條；P.2104v存首題（"齋琬一卷並序"）及序文四行；P.2178v存首題（"齋琬一卷並序"）及序文六行，都可以説是有頭無尾。P.2547雖然由於殘缺沒有《齋琬文》原題，且破損嚴重，但抄寫工整，保存了一個與上引P.2940相同，但内容較P.2940更完整，文字又無錯訛的目錄，可看出其時間早於P.2940。另外，P.2547雖然殘缺，但十大類中，絕大部分類都殘存部分文字，根據内容可以肯定它亦是《齋琬文》，從而爲了解《齋琬文》的全貌提供了重要綫索和資料。因此，張廣達先生與法國學者梅弘理先生以P.2940、P.2547、Φ342、P.2867、P.3772、P.2991、Дx1309－1310(3)、S.1441、P.3825等寫本爲基本依據，嘗試對《齋琬文》進行了復原，根據P.2547對P.2940細目作了補缺，在"敍臨官"末補入"果毅""兵曹"二條，"述功德"末補入"造塔輪""開講""散講""盂盆""温室"五條，最後湊足八十餘條①。目前諸家引錄的《齋琬文》目錄，只有復原本是全的。

由於有目可依，而且各大類均有可資比較的殘存内容，如Φ342v即保存了未見於其他文獻的"四夷奉命""五穀豐登"等内容，所以儘管復原後的文本並不就是原本，但仍爲了解《齋琬文》全貌提供了重要信息，故這項工作的意義是明顯的。

有學者以爲P.2940的目錄是完整的，認爲P.2547較P.2940目錄多了數條，並有嘆佛文、社邑、課邑、疫病、諸齋月、燃燈、在道燒香等不同的内容，是《齋琬文》流傳過程中内容的變化②。但我們的理解與此不同。

首先，如上所述，P.2940目錄中的細目並不足八十餘條，P.2547看上去多出的部分，實際上正是P.2940傳抄過程中缺漏的，並非新增内容。

其次，P.2940有頭無尾，要否定其殘缺的内容不是P.2547中保存的部分，需要證據。但至少從目錄看是找不到證據的。

其三，P.2547中看上去多出的内容與目錄相符。如所謂"諸齋月"，其内容正是正、五、九月等，與目錄中的三長月正相印證，顯然不能説是新增的。再如"燃燈""在道燒香"等，它們的位置，正處"賽祈讚"類中，燃燈、燒

---

① 張廣達：《"嘆佛"與"嘆齋"——關於敦煌文書中的〈齋琬文〉的幾個問題》，田餘慶主編：《慶祝鄧廣銘教授九十華誕論文集》，第61—65頁；張廣達：《文書、典籍與西域史地》，第199頁；梅弘理：《根據P.2547號對"齋琬文"的復原和斷代》（耿昇譯），《敦煌研究》1990年第3期。
② 宋家鈺：《佛教齋文源流與敦煌本〈齋文〉書的復原》，《中國史研究》1999年第2期；宋家鈺等編：《英國收藏敦煌漢藏文獻研究》，第305頁。

香祈福,不論從齋意還是從齋會行持的方式來講,都是吻合的,故亦不能稱爲多出内容。

總之,P.2547 較 P.2940 時代早,尚没有證據表明其内容是《齋琬文》内容的變化,這是可以肯定的。對於了解《齋琬文》的本來面目來説,P.2547 的重要性不容忽視。

(二)《齋文》及其復原

敦煌遺書中,有部分齋文像《齋琬文》一樣,集中按類分編成卷册,並有部分内容可以與《齋琬文》相比較。宋家鈺先生根據 P.2915、P.2820(a.c)、S.3875、S.9749、P.3800、S.5638、S.5742v、S.8583 將其擬名爲《齋文》。

由於分類編集的文本都存在殘缺,故宋家鈺先生綜合了 S.1441、P.3494、P.3819、P.3825、S.6923①、S.5637、P.3545 等殘本,對其進行了復原。初步復原的類别及其子目爲:

　　慶楊(揚)文第一　　佛堂文(佛堂内開光明文)　　嘆像(嘆佛文)　　慶經幡(慶幡)
　　讚功德文第二　　開經文　　散經文　　四門轉經文　　願文(願齋文)
[社邑文](社齋文)
　　禳災文第三　　安傘文　　二月八日文
　　患文第四　　[患文]　　難月文
　　亡文第五　　[亡僧]　　尼德　　亡父母　　亡姝德　　亡男　　亡女　　賢者　　優婆夷
　　諸雜文(篇)第六　　入宅　　僧德　　婢德　　馬　　牛　　犬　　疫病　　征去　　征還　　釋禁
　　諸色文(篇)第七　　國忌②

爲便於下文比較説明,先將宋先生所列用來復原《齋文》的各個本子相關内容列表比較如下:

---

① 《英藏敦煌文獻》列其目作"讚佛功德""文樣(四門轉經文、燃燈文、社邑文、印沙佛文、社文、嘆佛文、讚功德文)"。與宋家鈺先生下表中所列名目略有出入。下表中"[嘆像]、慶經、幡""讚功德文第二、開經"等内容,在 S.6923 未尋見。
② 宋家鈺:《佛教齋文源流與敦煌本〈齋文〉書的復原》,《中國史研究》1999 年第 2 期;宋家鈺等編:《英國收藏敦煌漢藏文獻研究》,第 310—311 頁。

表 3-3 《齋文》復原文本內容比照表

類別	S. 1441	P. 3494	P. 3819 / P. 3825	S. 6923	S. 5637	P. 3545
一	慶楊文第一佛堂幡	佛堂難像文慶經文幡	[佛堂文]嘆像慶經幡	[嘆像]慶經幡		
二	讚功德第二開經嘆像慶經願文	讚功德篇第二開經散願文齋文四門轉經文	讚功德文第二開經	讚功德文第二開經四門轉經燃燈社邑印沙佛嘆像		
三			禳災文第三安傘文二月八日文			
四	患文第四患文難月文		患文第四[患文]			
五	亡文第五亡僧尼德亡父母文妣德亡男亡女優婆夷		亡文第五[亡僧]尼德亡父母文妣德亡男亡女難月文	[□□篇第五][臨壙]僧尼亡考妣亡妣德孩		
				子嘆女孩子賢者優婆夷		
六				諸雜篇第六人宅德僮婢德牛馬疫犬病征去釋禁	燃燈社邑願文齋文牛馬犬疫征病去釋禁	文齋文馬犬征還
七				諸色篇第七國忌睿宗大聖皇帝忌六月廿日	諸色篇第七國忌睿宗大聖皇帝忌六月廿日	

宋家鈺先生對《齋文》的復原，使我們注意到了敦煌遺書中與《齋琬文》一樣將齋文分類編目的其他文獻的存在，具有啓發性。不過，我們對復原工作目前的成果持保留態度。理由有三：

首先是名實難符。這又包括三個方面：

一是擬名的文本不是復原內容的文本。如上所說，《齋文》是宋先生根據 P.2915、P.2820(a.c)、S.3875、S.9749、P.3800、S.5638、S.5742v、S.8583 擬名的。但從上列表可以看出，這些用來擬名的文本，其中沒有一件是用來復原《齋文》內容的文本。說明用來擬名的文本與用來復原的文本相互之間沒有聯繫，二者名實難副。

二是同名文本的內容與復原文本的內容出入太大。在用來擬名的文本中，題名中稱"齋文"的只有 P.3800 和 S.8583。S.8583 有目無文，P.3800 卷內子目爲大祥、慶鐘、滿月、慶橋、患文、齋文，這些內容與上表中用來復原諸本和復原後《齋文》的內容有較大出入，明顯名實不符。

三是用來復原的本子與復原名不符。如 S.5637、P.3545 中的類目，都以"諸"字開頭，表明其所包括的內容是諸齋內容。因此，如果據內容復原其名，當作《諸齋文》而不會作《齋文》。

其次是材料有限。比較上表中諸本類目、子目的保存情況可以看出，就大類來說，"慶揚文第一""禳災文第三"和"諸雜篇第六"都只出現了一次；就子目來說，其中只有"諸色篇第七"是完全相同的。說明用來復原的材料普遍是孤證，使得復原出來的《齋文》缺乏普遍性。

其三是變複雜爲簡單，有一刀切之嫌。一是將敦煌遺書中形態多樣複雜的齋文文本簡單化，只是選取與"復原"目錄相類的材料進行比對，在比較諸文結構時，未將帶有分類篇題但與"復原"目錄不相符的 S.5742v、P.2571 作爲比較對象。二是在沒有任何參照標準的情況下，確定"復原"目錄。類目由於材料有限，可置而不論。就細目來說，除"諸色篇第七"由於只有"國忌"一條而完全相同外，其他六類的子目，都不存在完全相同的情況，呈現出複雜不一的態勢。每一種子目，既有可能屬於，亦有可能不屬於它所在的類，故沒有一個標準來確定它的歸屬。對於復原來說，如果沒有一個可以作爲參照的標準，即對其內容進行取捨，顯然存在較大的隨意性。在這種背景下"復原"出來的目錄，雖然使複雜情況變得簡明，但是有一刀切之嫌。

（三）《齋琬文》與《齋文》比較

雖然"復原"後的《齋文》是新編齋文，但由於它是根據數種齋文文本新編的，故儘管它的名字可能叫"諸齋文""諸雜齋文"，它也不可能是真正實有的《齋文》，但仍反映了用來"復原"它的數種齋文文本的某些特點。因此,儘管我們不認同這種"復原",下文爲方便敍述,仍然使用其"復原"後的名稱——《齋文》。但在使用《齋文》時,只是將其作爲像《齋琬文》一樣將齋文分類編目的文本的代稱,並且主要局限於利用它的分類形式來討論問題。

將《齋文》與《齋琬文》進行比較後,即能發現它們有不少相同的地方:

1. 總體上來說,它們都對齋文進行了分類編目。

2. 從目錄上來說,有個別相同或相近的地方。如大類都有亡文篇和功德篇,子目中有部分條目名是相同或相當的。

3. 從內容上來看,它們都有與國家宗教活動有關的齋供儀式。如《齋琬文》中是慶皇獻,《齋文》中是國忌。

當然,它們之間的差別亦很明顯,表面上來看是:

1. 大類不同。《齋琬文》分十類,《齋文》分七類,兩者之間除個別重複外,大部分互不相同。

2. 具體內容不同。不僅相互間大類的名目不同,而且細目的種類亦各不相同。相對而言,《齋琬文》看上去更全面,"應有所祈者,並此詳載",而《齋文》的子目則較少。

但這兩點不同,都只是《齋琬文》和《齋文》表面形式上的不同。事實上,它們之間之所以會有這些不同,是因爲二者分類編目的指導思想不同。具體地說,《齋琬文》的分類編目,不是按照齋供儀式的種類來分類,而是按照齋文文本的類型來分,即將同一類型的齋文集中在一起進行分類編排。而《齋文》則是從齋意分類的角度,按照齋供儀式的種類進行分類編排。這一點下章再作詳細討論。

第五節 俗講新考

自20世紀30年代向達先生率先發表《唐代俗講考》[①],提出俗講"專爲啓發流俗的通俗講演"[②]以來,俗講就一直受到研究者的重視,成爲敦煌學、唐五代中國文學甚至唐代文化研究領域的一個熱門論題。20世紀40年代向達先生最後定稿發表的《唐代俗講考》一文[③],提出了"俗講之與唱導,論

---

① 向達:《唐代俗講考》,《燕京學報》第十六期,1934年,第119—132頁。
② 向達:《唐代俗講考》,《燕京學報》第十六期,第123頁。
③ 據張廣達先生介紹,此文1940年定稿。參見張廣達:《向達先生文史研究的貢獻》,原載《唐代文學研究年鑒1985》,西安:陝西人民出版社,1987年,第478頁。後收入張廣達:《史家、史學與現代學術》,第203頁。

其本旨,實殊途而同歸,異名而共實者爾"①的觀點,不僅被認爲是"確論"②,亦被認爲是此文的第一個成就③。而此文稱俗講話本"爲敦煌所出押座文變文一類通俗文學作品"④的觀點,經孫楷第先生公開肯定⑤後,至今未見不同意見⑥。本章前面幾節引錄的不少敦煌遺書中的講經文、緣喻等講唱體文獻,亦都被公奉爲俗講的底本⑦。大多數學者都認爲,俗講是"通俗講經"⑧或"通俗化講經"⑨的簡稱。

　　向達先生在撰《唐代俗講考》時,曾抱怨有關俗講的記載太少,讓人對俗講了解不多。查閱敦煌遺書目錄後,可以發現五萬餘號敦煌遺書中,明確提到俗講的材料僅有三號,與記載正相印證。這説明俗講在唐代並非佛道教的主流,所以纔記載不多,保留下來的實物資料亦極爲有限。重新考察有關俗講的資料後,可以發現所謂俗講,其實是指唐、五代時期一種經官方同意或得皇帝敕令的在三長月舉行的勸俗人施財輸物的佛、道教宗教法會。俗講有講經、受八關齋戒兩種方式和相應的俗講儀式。佛經、道典、講經文、變文、因緣文和八關齋文等都可以是俗講的話本,但它們並非只是俗講的話本。向達先生對俗講的理解,一方面將其内涵泛化,另一方面則將其話本内容窄化。

　　在對唱導有清楚的理解後,重新認識俗講與唱導的關係,可以發現向達"俗講之與唱導,論其本旨,實殊途而同歸,異名而共實者爾"的看法並非確

---

① 周紹良等編:《敦煌變文論文錄》(上),第47頁。
② 俞曉紅:《從寺院講唱到俗講、轉變》,《河南教育學院學報》2006年第1期。
③ 林家平等:《中國敦煌學史》,北京:北京語言學院出版社,1995年,第111頁。
④ 周紹良等編:《敦煌變文論文錄》(上),第52頁。
⑤ 孫楷第先生《唐代俗講軌範與其本之體裁》稱向達"以爲今敦煌寫本所錄諸説唱體俗文即唐時'俗講'之本,其立義善矣"。文見《敦煌變文論文錄》(上),第71頁。
⑥ 張廣達先生指出:"向先生此文與孫楷第先生的《唐代俗講軌範與其本之體裁》一文被學界公認爲研究散韻交錯、講唱兼及的唐代變文的不刊之作,永爲研究唐代文學史的人們所必讀。"張廣達:《向達先生文史研究的貢獻》,原載《唐代文學研究年鑒1985》,第478—479頁;後收入張廣達:《史家、史學與現代學術》,第203頁。
⑦ 向達:《敦煌變文集引言》,見王重民等編:《敦煌變文集》,北京:人民文學出版社,1957年,第3頁;並見王重民:《敦煌遺書論文集》,北京:中華書局,1984年,第335—336頁;[日]神田喜一郎:《敦煌學近況》(二),見氏著:《敦煌學五十年》,高野雪等譯,北京:北京大學出版社,2004年,第42頁;王文才:《俗講儀式考》,載甘肅省社科院文學研究所編:《敦煌學論集》,1985年,第100頁。
⑧ 白化文:《從圓珍述及俗講的兩段文字説起——紀念周太初(一良)先生》,《敦煌吐魯番研究》第六卷,北京:北京大學出版社,2002年,第4頁;白化文等:《行歷抄校注》,石家莊:花山文藝出版社,2004年,第271頁。
⑨ 季羨林主編:《敦煌學大辭典》,第528頁。張弓主編:《敦煌典籍與唐五代歷史文化》"文學章"稱:"一般説來,我們可以把'俗講'看做是'化俗講經'的簡稱,它指的是佛教僧人教化世俗人的通俗化講經。"(第643頁)

論。與俗講儀式程序有關的齋供儀式程序，下章有詳細討論，這裏從略。本節只大致參照向達先生《唐代俗講考》定稿文的結構，先分別從什麼是俗講、俗講儀式和俗講話本三方面進行考察，對上述觀點進行論證。

一、什麼是俗講？

有關俗講的記載，在歷史文獻中儘管有限，但已經明確告訴了我們什麼是俗講。《資治通鑑》卷二四三《唐紀·敬宗紀》説：

> 己卯，上幸興福寺，觀沙門文漵俗講。

胡三省注釋説：

> 釋氏講説，類談空有，而俗講者又不能演空有之義，徒以悦俗邀布施而已。①

按照胡三省的説法，俗講只是"悦俗邀布施"的一種宗教活動。這一説法在日僧圓珍《佛説觀普賢菩薩行法經文句合記》卷上可以找到支持：

> 凡講堂者，未審西天樣圖。若唐國堂，無有前户，不置佛像，亦無壇場及以牀座。尋其用者，爲年三月俗講經，爲修佛地、堂塔，勸人覓物，以充修飾……講了，閉之以荊棘等，若無講時不開之。言"講"者，唐土兩講：一、俗講，即年三月就緣修之。只會男女，勸之輸物充造寺資。故言"俗講"（僧不集也。云云。）。二、僧講，安居月傳法講是（不集俗人類也。若集之，僧被官責。）。上來兩寺事皆申所司（可經奏外申州也，一月爲期。），蒙判行之。若不然者，寺被官責（云云。）。②

圓珍將僧講、俗講並舉，稱僧講是僧人安居月不集俗人的傳法講，而俗講則"爲年三月俗講經，爲修佛地、堂塔，勸人覓物，以充修飾""俗講，即年三月就緣修之。只會男女，勸之輸物充造寺資。故言'俗講'"，不僅説明了俗講的重要特點是"悦俗邀布施"，俗講是勸俗人輸物充修飾或充造寺資的

---

① 司馬光：《資治通鑑》，北京：中華書局，1956年，第7850頁。
② 《智證大師全集》中卷，第402頁。轉引自白化文：《從圓珍述及俗講的兩段文字談起——紀念周太初（一良）先生》，《敦煌吐魯番研究》第六卷，第5—6頁。並見白化文等：《行歷抄校注》，第272—273頁。

宗教活動,而且明確説明俗講舉行的時間是在"年三月"。俗講的俗,是世俗的俗,指聽衆是俗人;不是通俗的俗。俗講,不是指通俗的講經説法,而是指專門針對俗人的講經説法。正因爲專對俗人,所以"僧不集也"。

"年三月"指正、五、九三長齋月。有關舉行俗講的材料中,有確切時間的都在這三個月。如唐時入華的日僧圓仁《入唐求法巡禮行記》記當時的俗講説:

> [正月]九日　五更時,拜南郊了。早朝歸城。幸在丹鳳樓,改年號——改開成六年爲會昌元年。又敕於左右街七寺開俗講。左街四處,此資聖寺令雲花寺賜紫大德海岸法師講《花嚴經》,保壽寺令左街僧錄三教講論賜紫引駕大德體虚法師講《法花經》,菩提寺令招福寺内供奉三教講論大德齊高法師講《涅槃經》,景公寺令光影法師講。右街三處,會昌寺令内供奉三教講論賜紫引駕起居大德文漵法師講《法花經》——城中俗講,此法師爲第一;惠日寺崇福寺講法師未得其名。……從大和九年以來廢講,今上新開。正月十五日起首,至二月十五日罷。①
>
> [(會昌元年)九月]一日　敕兩街諸寺開俗講。②
>
> 會昌二年歲次壬戌　正月一日　家家立竹杆,懸幡子。新歲祈長命。諸寺開俗講。③
>
> (會昌二年)五月　日　奉敕開俗講。兩街各五座。④

圓仁稱"從大和九年以來廢講,今上新開",則開俗講有時略稱開講。文獻記載中在三長月求化修補寺宇功德的開講,無疑就是開俗講。王溥《五代會要》(後唐天成)"二年六月七日敕"説:

> 此後如有修補寺宇功德,要開講求化,須至斷屠之月,即得於大寺院開啓,仍許每寺只開一坐。……其坊界及諸營士女,不因三塲(長)齋月開講,亦不得過僧舍。⑤

---

① 白化文等:《入唐求法巡禮行記校注》,第365頁。引文中省略文字爲:"又敕開講道教:左街令敕新從劍南道召太清宫内供奉矩令費於玄真觀講《南花》等經;右街一處,未得其名。並皆奉敕講。"不過,從俗講三長月舉行來看,當可成立。
② 白化文等:《入唐求法巡禮行記校注》,第390頁。
③ 白化文等:《入唐求法巡禮行記校注》,第392頁。
④ 白化文等:《入唐求法巡禮行記校注》,第400頁。
⑤ 王溥:《五代會要》,上海:上海古籍出版社,2006年,第198頁。

斷屠之月即三長齋月①。這段文字亦説明,五代時開俗講的時間在三長月。

雲辨名圓鑒,是五代時俗講僧,他的《圓鑒大師二十四孝押座文》及《十慈悲偈》等著作見於敦煌遺書②。宋代《洛陽搢紳舊聞記》有文記述他開俗講的時間亦在五月,屬三長月:

  時僧雲辨能俗講,有文章,敏於應對,若祀祝之辭,隨其名位高下,對之立成千字,皆如宿搆,少師尤重之。雲辨於長壽寺五月講,少師詣講院,與雲辨對坐,歌者在側。③

日本學者荒見泰史認爲,俗講並非只在三長月舉行。因爲上引《資治通鑑》卷二四三唐敬宗皇帝觀文漵俗講的時間,是六月的己卯日;唐孫棨《北里志》中,保唐寺有講席的時間是月之八日,即初八、十八和二十八這三八日,都不符合三長齋月。另外,敦煌遺書 S. 3475《淨名經集解關中疏》和臺北"中央圖書館"藏本潘重規目録 4737《淨名經集解關中疏》題記,也證明俗講的時間是三長月以外的其他齋日④。不過,我們對這些材料的理解與他不同。

首先,如果《資治通鑑》卷二四三記載的唐敬宗觀文漵俗講的時間確實是己卯日,那麼當非六月而可能是五月。《資治通鑑》卷二四三記載唐敬宗觀文漵俗講的原文,上文已引。向達先生引該段文字作"寶曆二年六月己卯,上幸興福寺觀沙門文漵俗講"⑤,荒見泰史引作"寶曆二年(826)六月己卯,上幸興福寺,觀沙門文漵俗講"⑥,都對原文作了增補,即將"己卯"擴展爲"寶曆二年六月己卯",雖明確了己卯日的年月,但已非《資治通鑑》原文。查陳垣先生《二十四史朔閏表》,唐敬宗寶曆二年六月一日的干支爲丁酉⑦,該月無己卯日。大概由於這個原因,荒見泰史認爲"現在《資治通監(鑑)》

---

① 劉淑芬:《中古的佛教與社會》,上海:上海古籍出版社,2008 年,第 83—90 頁。
② 周紹良:《五代俗講僧圓鑒大師》,載《紹良文集》,北京:北京古籍出版社,2005 年,第 1679—1691 頁。
③ 張齊賢:《洛陽搢紳舊聞記》卷一,朱易安等主編:《全宋筆記》第一編第二册,鄭州:大象出版社,2003 年,第 152 頁。
④ 荒見泰史:《敦煌變文寫本的研究》,復旦大學博士學位論文,上海,2001 年 4 月,第 151—152 頁。
⑤ 向達:《唐代長安與西域文明》,第 300 頁;周紹良等編:《敦煌變文論文録》(上),第 47 頁。
⑥ 荒見泰史:《敦煌變文寫本的研究》,第 151 頁。
⑦ 陳垣:《二十四史朔閏表》,北京:中華書局,1962 年,第 104 頁。

裏所寫的具體日期已經沒法知道"①。不過,寶曆二年五月一日的干支爲戊辰,五月十二日爲己卯;七月一日的干支爲丙寅,七月十四日爲己卯。因此,如果《資治通鑑》所記唐敬宗觀文漵俗講的時間爲己卯日不誤,由於寶曆二年六月無己卯日,只有五月和七月纔有,那麽六月己卯日就不可信從。根據《資治通鑑》卷二四三所記該條上下文來看,似可作七月己卯。但農曆七月在中國俗稱"鬼月",在該月開俗講的可能性不大。最大的可能是五月十二日己卯,屬三長月,與其他材料對俗講開講時間的記述一致。總之,就《資治通鑑》卷二四三唐敬宗皇帝觀文漵俗講的時間而言,還沒有足夠的理由認爲不在三長月。

其次,沒有證據證明"有講席"就是俗講。孫棨《北里志》首條確實記載"保唐寺有講席"的時間,是月之八日,即每月初八、十八和二十八。但"有講席"並不就是俗講,俗講的特徵之一是勸人輸物充修飾或充造寺資,由於沒有發現這類證據,所以沒有理由將《北里志》中"有講席,多以月之八日"作爲俗講研究的一手資料,更沒有理由據之推斷俗講舉行的時間不是三長齋月。

最後,雖然講經是俗講的一種形式,但並非講經就是俗講。在荒見泰史所引 S.3475《淨名經集解關中疏》和臺北"中央圖書館"藏本 121 號《淨名經關中疏》②題記中③,不見有勸人輸物充修飾或充造寺資的信息,故用這兩種講經文的題記來推斷俗講的時間,證據並不充分。

還有一條荒見泰史沒有提到的材料需要討論。唐代入華日僧宗叡《新書寫請來法門等目録》(一卷)中著録有《授八戒文一卷》,下注:"俗講法師文。"説明這篇文獻,既是《授八戒文》,又是法師俗講的底本。授八戒就是授八關齋戒。按照佛教的説法,"一月六齋持八戒"④,受持八關齋戒的時間是每月"六齋日——月八日、二十三日、十四日、二十九日、十五日、三十日"⑤。如果授八關齋戒都開俗講,則俗講的時間就不僅限於三長月,而可能是每個月的六齋日。但目前尚未發現非三長月開俗講的證據,所以儘管宗叡的這條著録沒有説明該《授八戒文》使用的具體月份,也應該理解爲,這

---

① 荒見泰史:《敦煌變文寫本的研究》,第 151 頁。
② 按:該文獻在《"臺灣中央圖書館"藏敦煌卷子》第三册(臺北:石門圖書公司,1976 年,第 1152 頁)中編爲第 121 號,首殘尾存,尾題爲"淨名經關中疏卷上",與荒見泰史所説名略有不同。
③ 《"臺灣中央圖書館"藏敦煌卷子》,第三册,第 1152 頁;荒見泰史:《敦煌變文寫本的研究》,第 152 頁。
④ 《優陂夷墮舍迦經》,《大正藏》第 1 册,第 913 頁。
⑤ 鳩摩羅什譯:《摩訶般若波羅蜜經》卷十二,《大正藏》第 8 册,第 310 頁。

裏記録的《授八戒文》是開俗講那三個月的六齋日中用的,而非三長月以外的六齋日使用的《授八戒文》。由於俗講的目的是勸人施財輸物,它與平時用的《授八戒文》略有不同,所以宗叡特別予以注明。敦煌遺書伯2807有《朝(嘲)辭》説:"月六説八關,年三勸道俗。積寶向如山,眼滿心不足。""月六"與"年三"互文,表明俗講僧人不停地勸世俗信衆施財輸物的六齋日是三長月的六齋日。因此,就目前所見材料來説,宗叡著録的俗講法師的《授八戒文》,其使用時間只能是三長月的六齋日。

此外,以下三條信息是重新理解俗講的重要資料:

首先是俗講有條件限制。所謂條件,用日僧圓珍的話來説,是"就緣修之","僧不集也","皆申所司(可經奏外申州也,一月爲期。),蒙判行之。若不然者,寺被官責"①;用圓仁的話來説,是"奉敕開俗講"②("敕於左右街七寺開俗講"③、"敕兩街諸寺開俗講"④、"從大和九年以來廢講,今上新開"⑤)。將二人所説綜合起來,可知開俗講必須向寺院管理機構提出申請,得到所司同意,或者奉皇帝敕令,纔能開俗講,否則"寺被官責"。這一點此前未被特別指出。

結合唐敬宗到興福寺觀文漵俗講,五代時有開俗講"須至斷屠之月,即得於大寺院開啓,仍許每寺只開一坐。……其坊界及諸營士女,不因三場(長)齋月開講,亦不得過僧舍"等記載,可知俗講並不是三長月日常性的講經活動,必須得到官方的允許或皇帝的命令,纔能開俗講。有司或皇帝同意開俗講的,只有"兩街諸寺""左右街七寺""大寺院",而且"許每寺只開一坐",並不能隨意爲之。這與開俗講的目的是勸人施財輸物有密切關係。

其次是道教也有俗講。根據圓仁的記載,俗講並非佛教獨有,開成六年(即會昌元年,841)正月敕開俗講時,"又敕開講道教:左街令敕新從劍南道召太清宮内供奉矩令費於玄真觀講《南花》等經;右街一處,未得其名。並皆奉敕講"⑥。説明在三長月開俗講,不僅只是佛教,道教也一樣開。

其三是俗講所講並不通俗。按圓仁的記載,佛教開俗講,"左街四處,此資聖寺令雲花寺賜紫大德海岸法師講《花嚴經》,保壽寺令左街僧録三教講

---

① 《智證大師全集》中卷,第402頁。轉引自白化文:《從圓珍述及俗講的兩段文字談起——紀念周太初(一良)先生》,《敦煌吐魯番研究》第六卷,第5—6頁。並見白化文等:《行歷抄校注》,第272—273頁。又見《佛説觀普賢菩薩行法經記》卷上。
② 白化文等:《入唐求法巡禮行記校注》,第400頁。
③ 白化文等:《入唐求法巡禮行記校注》,第365頁。
④ 白化文等:《入唐求法巡禮行記校注》,第390頁。
⑤ 白化文等:《入唐求法巡禮行記校注》,第365頁。
⑥ 白化文等:《入唐求法巡禮行記校注》,第365頁。

論賜紫引駕大德體虛法師講《法花經》,菩提寺令招福寺內供奉三教講論大德齊高法師講《涅槃經》,景公寺令光影法師講。右街三處,會昌寺令內供奉三教講論賜紫引駕起居大德文溆法師講《法花經》"①。不論是《花(華)嚴經》《法花(華)經》還是《涅槃經》,雖然都是習見經典,但其內容並不通俗。而且與敦煌遺書中變文相關者,僅《法華經》;《花(華)嚴經》和《涅槃經》在變文題名中都沒有明確的表現。事實上,由於開俗講的目的是勸人施財輸物,所以只要能達到目的,可以講經,亦可以授八關齋戒,還可以宣演變文。俗講與通俗講經之間並無必然的關聯。

總之,根據現有可考材料,可知所謂俗講,專指唐、五代時期一種在三長月經官方同意或得皇帝敕令後,只由某些寺院舉行的勸俗人施財輸物的佛、道教宗教法會。俗講的地點,在佛寺、道觀;俗講的方式,或者講經,或者授八關齋戒;由於其目的是勸人施財輸物,充造寺資,故沒有官方同意或皇帝敕令,不得開俗講。而且,正因爲目的是勸人施財輸物,所以俗講與通俗的講經並無必然聯繫。

二、俗講儀式

有關俗講儀式的材料較爲有限,目前只有敦煌遺書 P.3849v 和 S.4417 爲我們展現了俗講儀式的程序。

P.3849 正面爲《新定書儀鏡》,背面爲《佛説諸經雜緣喻因由記》,並抄有這樣的文字:

> 夫爲俗講,先作梵了,次念菩薩兩聲。説押坐了,素旧《溫室經》,法師唱釋經題了,念佛一聲了。便説開經了,便説莊嚴了,念佛一聲。便一一説其經題字了,便説經本文了,便説十波羅蜜等了,便念念佛贊了,便發願了,便又念佛一會了,便迴[向]發願取散云云。已後便開《維摩經》。
>
> 夫爲受齋,先啓告請諸佛了,便道一文表嘆使主了,便説讚戒等七門事科了,便説八戒了,便發願施主了,便結緣念佛了。迴向發願取散。
>
> 講《維摩》,先作梵,次念觀世音菩薩三兩聲,便説押坐了,便素唱經文了。唱日法師自説經題了,便説開讚了,便莊嚴了,便念佛一兩聲了。法師科三分經文了,念佛一兩聲,便一一説其經題名字了,便入經,説緣喻了,便説念佛贊。便施主各各發願了,便迴向發願取散。

---

① 白化文等:《入唐求法巡禮行記校注》,第365頁。

S.4417 亦有相近的文字：

> 夫爲俗講,先作梵了,次念菩薩兩聲,說押坐了,素唱《溫室經》。法師唱釋經題了,念佛一聲了,便說開經了,便說莊嚴了,念佛一聲,便一一說其經題字了,便說經本文了,便說十波羅蜜等了,便念佛讚了,便發願了,便又念佛一會了,便迴向發願取散云云。已後便開《維摩經》。
>
> 夫爲受齋,先啓告請諸佛了,便道一文表嘆使主了,便說讚戒等七門事科了,便說八戒了。便發願施主了,便結緣念佛了。迴向發願取散。
>
> 講《維摩》,先作梵。次念觀世音菩薩三兩聲,便說押坐了,便素唱經文了,唱日法師自說經題了,便說開讚了,便莊嚴了,便念佛一兩聲了,法師科三分經文了,念佛一兩聲,便一一說其經題名字了,便入經,說緣喻了,便說念佛讚。

如上所引,P.3849v 和 S.4417 的文字幾出一轍,故可視爲同一文本。就其內容來看,它們都有從作梵請佛至迴向發願取散的程序,完整地表現了三個內容不同的法會儀式。其程序名目可列表如下：

表 3－4　P.3849v 和 S.4417 儀式程序比照表

夫爲俗講	夫爲受齋	講《維摩》
先作梵了	先啓告請諸佛了	先作梵
次念菩薩兩聲		次念觀世音菩薩三兩聲
說押坐了		便說押坐了
素旧(唱)《溫室經》		便素唱經文了
法師唱釋經題了		唱日法師自說經題了
念佛一聲了		
便說開經了		便說開讚了
便說莊嚴了	便道一文表嘆使主了	便莊嚴了
念佛一聲		便念佛一兩聲了
	便說讚戒等七門事科了	法師科三分經文了
		念佛一兩聲
便一一說其經題字了	便發願施主了	便一一說其經題名字了

(續　表)

夫爲俗講	夫爲受齋	講《維摩》
便説經本文了	便説八戒了	便入經
便説十波羅蜜等了		説緣喻了
便念念佛讚了	便結緣念佛了	便説念佛讚了
便發願了		便施主各各發願了
便又念佛一會了		
便迴[向]發願取散云云	迴向發願取散	便迴向發願取散
已後便開《維摩經》		

　　荒見泰史根據以上文字内容，認爲它們分别是俗講(《温室經》講經)、八關齋會、《維摩經》講經①。我們則認爲這三段文字記述的是俗講的講經和受八齋戒儀式。

　　《温室經》爲《佛説温室洗浴衆僧經》的略稱。《歷代三寶紀》卷四、《開元釋教録》卷一等記此經爲後漢安世高譯。《出三藏記集》卷二、《法經録》卷一則謂係西晉竺法護所譯。敦煌遺書存 P. 3919B，署"宋時求那跋陀譯"，但内容與《大正藏》第十六册所收署"後漢安息三藏安世高譯"者相同。故其譯者有不同説法，暫時不能確定哪一種説法可信。該經講述醫王耆域請佛及衆僧於所設温室洗浴，佛乃爲説澡浴之法，當用七物，除去七病，而得七福報。P. 2044《真言要訣》卷第三有文説：

　　　　《温室》之經，多説利養，至於講説，歲有百千；《遺教》之經，專明禁戒，至於講説，未見一人。以此參驗，足明心迹。化誘取物，剥脱貧窮，不問有無，唯多即喜。②

　　"《遺教》之經"即鳩摩羅什譯《佛垂般涅槃略説教誡經》，又稱《佛遺教經》。該經稱，"戒爲第一安隱功德之所住處"③，佛入滅後，當尊重珍敬波羅提木叉，持淨戒。按照《真言要訣》的説法，《遺教經》由於强調戒律，所以很

---

①　荒見泰史：《敦煌變文寫本的研究》，第 69、109、131—132、149 頁；《唐代講經的法會及押座文的位置》，吳兆路等主編：《中國學研究》第五輯，濟南：濟南出版社，2002 年，第 59 頁；《敦煌的講唱體文獻》，《敦煌學》第二十五輯，2004 年，第 268 頁。
②　《大正藏》第 85 册，第 1233 頁下。
③　《大正藏》第 12 册，第 1110 頁下。

少有僧人講說;《溫室經》由於多說利養,故常被僧人用來宣傳福報,勸化信衆布施。P. 3849v 和 S. 4417 記載開俗講時講《溫室經》,既與該經多說利養的特點相符,又與俗講勸人布施輸物的目的相符。

但俗講並不只是講《溫室經》。圓仁《入唐求法巡禮行記》記載開俗講還講《華嚴經》《法華經》《涅槃經》。P. 3849v 和 S. 4417 所記《溫室經》講經儀式之末"已後便開《維摩經》"數字,說明《維摩經》即《維摩詰所說經》同樣用於俗講。開俗講時,如果講完篇幅短小的《溫室經》,還可以繼續講經,比如另講《維摩經》,但只是在內容上增加,而不會按照 P. 3849v 和 S. 4417 所記講《維摩經》的程序來進行,因爲在同一個儀式中,其程序不能有兩次相同的開頭和結尾。

比較上列《溫室經》和《維摩經》講經儀式程序名目,可以發現其主要程序(念佛是可以隨機補入的環節,故略去)是:作梵—說押坐—素旧(唱)經名(經題)①—法師唱釋經題—讚經—說莊嚴—科三分經文—說經題字—入經(說經本文)—說十波羅蜜(或說緣喻)等—念念佛讚—施主發願—迴[向]發願取散。除經文內容不同和說十波羅蜜與說緣喻不同外,其他程序完全能對應。由於講《溫室經》的程序爲俗講程序,故可推知與之程序相同的《維摩經》講經儀式也是俗講講經儀式。俗講講《華嚴經》《法華經》《涅槃經》等經的程序,亦當與此相同。

"受齋"一詞並見於 P. 3849v 和 S. 4417,但以往或被識作"虔齋"②,或被解作"受座"③。屬於釋讀錯誤④。在漢文文獻中,受齋有兩個不同的意思:一是受供或受齋供,指施主設齋食供養僧人。詳細情況見於義淨《南海寄歸內法傳》卷一"受齋軌則",本書第一章已經依之作過介紹。二是齋戒或受齋戒,爲"受齋戒"或"受齋戒會"的省稱。意思是按照齋儀領受戒法。我們贊同荒見泰史的看法,認爲 P. 3849v 和 S. 4417 中的"受齋"是指受齋戒,即受八關齋戒。

受八關齋有專門的《受八關齋文》。敦煌遺書中,以俄藏敦煌寫本Φ109、P. 3697v、BD00038 等保存的文字比較完整。其內容都包括"七門分別",即有關八關齋會的七個程序:第一讚戒功德;第二啓請賢聖;第三懺悔

---

① 根據法會程序,此處作"經文"不妥,當作"經名"或"經題"。
② 向達:《唐代長安與西域文明》,第 303 頁;陳祚龍:《中華佛化散策·關於敦煌古抄的俗講法會儀軌》,原載《海潮音》第 64 卷 5 月號,收入氏著:《敦煌學園零拾》,臺北:臺灣商務印書館,1985 年,第 401—402 頁。
③ 田青:《有關唐代俗講的兩份資料》,《中國音樂學》1995 年第 2 期。
④ 參見侯沖:《受座,還是受齋?》,《敦煌吐魯番研究》第十一卷,上海:上海古籍出版社,2009 年,第 213—218 頁。

罪障;第四歸依三寶;第五正受八戒羯磨;第六説其戒相;第七迴向發願。相當於 P. 3849v 和 S. 4417 記"受齋"時提到的"讚戒等七門事科""説八戒"等。説明 P. 3849v 和 S. 4417 中的"受齋",確實是指受齋戒,指受八關齋或受八關齋戒。

綜上可以看出,雖然敦煌遺書 P. 3849v 和 S. 4417 與俗講有關文字都分爲三段,但只是記述了俗講講經和授八關齋戒的儀式程序。這兩種儀式程序,與僧人爲滿足施主願望而舉行的齋供儀式的程序(詳見下章)完全相同,表明就儀式程序來説,俗講與齋供儀式程序並没有明顯的區别。

三、俗講話本

討論俗講話本,離不開對俗講的理解。這一點冉雲華教授已經指出:

> 變文和其他唐代宗教的講唱文學,是"俗講"的文字話本一點,現在已爲學者們所接受。因此想要查探變文的起始和它們的性質,都得從"俗講"談起。①

道宣《續高僧傳》卷三十説:

> 釋寶巖,住京室法海寺。氣調閑放,言笑聚人,情存道俗,時共目之説法師也。與講經論,名同事異。論師所設,務存章句,消判生滅,起結詞義。巖之制用,隨狀立儀,所有控引,多取《雜藏》《百譬》《異相》、《聯璧》、觀公導文、王孺懺法、梁高、沈約、徐、庾、晉、宋等數十家,包納喉衿,觸興抽拔。每使京邑,諸集塔寺肇興,費用所資,莫匪泉貝。雖玉石通集,藏府難開。及巖之登座也,案几顧望,未及吐言,擲物雲崩,須臾坐没,方乃命人徒物,談敍福門。先張善道可欣,中述幽途可厭,後以無常逼奪,終歸長逝。提耳抵掌,速悟時心,莫不解髮撤衣,書名記數,剋濟成造,咸其功焉。……以貞觀初年卒于住寺,春秋七十餘矣。②

如上所述,俗講專指唐、五代時期一種經官方同意或得皇帝敕令在三長月舉行的勸俗人施財輸物的佛、道教宗教法會。僧人寶巖通過"談敍福門",

---

① 冉雲華:《俗講開始時代的再探索》,饒宗頤主編:《敦煌文藪》(上),臺北:新文豐出版公司,1999年,第116頁。
② 道宣:《續高僧傳》,第1261—1262頁。

使人"解髮撤衣,書名記數,剋濟成造",與俗講僧"悅俗邀布施"、勸人輸物充修飾或充造寺資行實相同。其人唐初圓寂,説明類似俗講的宗教活動,在唐代以前已經存在,只不過人們當時沒有使用"俗講"這個名稱,也不稱這類僧人爲"俗講僧"而已。

《續高僧傳》載寶巖談敘福門時所用文本材料,《雜藏》即《雜寶藏經》,《百譬》即《百喻經》,《異相》即《經律異相》,《聯璧》即《法寶聯璧》,都屬於講述緣喻故事的佛經或類書;"觀公導文"當指僧人真觀(538—611)撰《諸導文》(今不存),"王孺懺法"當指梁時王僧孺撰懺文(今存《唱導佛文》《歸佛發願誓文》等),都是懺文和唱導文。梁高指梁高祖蕭衍,沈約爲齊梁間著名文人,徐、庾是指徐摛與庾信,他們都是齊、梁時期著名文士,均曾撰導文和懺法。因此,就寶巖談敘福門的文本材料的構成來説,與敦煌遺書中發現的變文、講經文、押座文、緣起、唱導文、懺文相近。這就是説,爲了勸人施財輸物,俗講所用話本,不僅包括以前認爲是俗講話本的變文、講經文、押座文等,還包括懺文、唱導文。幾乎是敦煌遺書中的所有講唱體文獻。

不容忽視的是,作爲官方同意或皇帝敕令只在三長月舉行的勸俗人施財輸物的佛、道教宗教法會,俗講只是佛、道教宗教活動的一種。因此,儘管幾乎所有的敦煌遺書中的講唱體文獻,都可以像寶巖所用文本材料一樣用於俗講,但它們並非只是用於俗講。換句話説,開俗講時,佛經、道經、講經文、變文、因緣文、押座文、莊嚴文和受八關齋戒文等都可以是俗講的話本,但是,正如寶巖所用文本最初並沒有專門用於俗講一樣,不能認爲它們只是俗講的話本。由於它們同樣可以用於僧人爲滿足施主願望而舉行的宗教活動即齋供儀式,而且其儀式程序與齋供儀式並無區別,故俗講與齋供儀式的區別,一是舉行時間,二是舉行目的。只有實際應用於三長月勸俗人輸財的文獻,纔能確定爲俗講話本。

四、俗講與唱導的關係

上文的考察表明,筆者與向達先生對俗講的認識有如下不同點:

(一)俗講並非就是通俗的講經。俗講是唐五代時期一種經官方同意或得皇帝敕令在三長月舉行的勸俗人輸財施物的佛、道教法會。

(二)俗講儀式與齋供儀式在程式上沒有明顯區別。二者的區別主要有三點:一是從時間上看,俗講只在三長月舉行,齋供儀式則不受此限;二是從舉行目的來説,僧人是爲了勸俗人輸財,而齋供儀式則是僧人爲滿足施主的需要而應緣舉行,僧人是被動地獲得財物;三是從舉行方式上來看,俗講必須得官方同意或得皇帝敕令纔能舉行,齋供儀式則沒有這一前提條件。

（三）俗講話本與齋供儀式話本在文本上並無區別。俗講可以使用佛經、緣喻故事和懺文或唱導文。當佛經、講經文、受八關齋戒文和唱導文被用在勸俗人輸財的場合中，就能被稱爲俗講的話本。

因此，從目前所見俗講相關材料來看，不能認爲俗講就是通俗的講經或通俗化的講經。俗講的目的是勸人輸財，只要能達到勸人輸財這一目的，不論是講經還是授八關齋戒，都可能出現在俗講中。不存在專門的俗講儀式或俗講話本。俗講只有在唱導被用於俗講時，它纔與俗講"異名而共實"。講經文、受八關齋戒文、唱導文等只有被用來勸人輸財時，纔算是俗講的話本。此前向達先生未加限制地將俗講與唱導等同，一方面是窄化了唱導及講經文、受八關齋戒文、唱導文的外延，另一方面則是泛化了俗講的內涵。

本章第二節，我們根據慧皎、贊寧等人的記載，參照相關材料，分別從"宣名致禮""昇座説法"和"辯齋大意"三個方面對唱導的行實作了考訂。與上述有關俗講的最新認識比較後，顯然看不到它們之間"異名而共實"的證據。因此，向達先生有關唱導與俗講關係的論述，同樣不能成立。

本 章 小 結

唱導不僅與"道安三例"有關，而且與"道安三例"一樣，還與齋僧有關。唱導包括宣名致禮、昇座説法和辯齋意等內容，並有相應的文本存世。宣名致禮和昇座説法時，一唱一和是唱導的重要標誌。舉行齋供儀式時，可以講經説法，可以宣懺禮佛，説明它們可能出現在齋供儀式中，亦可能不出現。但是，舉行齋供儀式都要敍齋意，故齋供儀式離不開亦不可能離開唱導。唱導是齋供儀式的核心。

本章首先將唱導放在它出現的背景中進行考察，指出唱導出現的背景"齊僧"，是包括受八關齋戒、禮懺、薦亡法會等佛教齋供儀式的平臺，其次分別對唱導宣名禮佛、昇座説法和辯齋意的行實進行了論述，梳理出達嚫、咒願、表白、莊嚴、迴向、發願等齋意的不同表述方式，並對敦煌遺書中的齋意文進行了辨析。

講經和説緣喻宣傳三世因果，是唱導師昇座説法向施主或與會者勸化的主要內容。唱導師由於擔負引導唱和之職，故在舉行法會的過程中，往往會發出"能不能""願不願""樂不樂"的提問，並有"佛子"等提示唱念的專有名詞。它們代表著齋供儀式中僧人與施主及與會者之間的互動，是佛教儀式中唱導獨有的名詞概念，爲辨識齋供儀式中的唱導文，了解唱導發問或引領唱念以及與會者的回應提供了直觀的參照。

僧人赴請齋供,往往要對施主給以咒願。咒願的内容就是齋意。辯齋意是知時適會的集中體現,屬於唱導師的工作之一,故能"辯"歷來爲唱導所推崇。齋意在齋供儀式程序的文本表述中,有達嚫、嘆佛、表白、莊嚴、迴向、發願等不同的稱名。不過,它們在不少場合都與咒願同義,甚至同義連文。因此這些不同的稱名,都是齋意的代名詞。在明白這些不同的概念都是齋意的代名詞後,即可將與這些概念相對應的文本如嘆佛咒願文、疏文、莊嚴文、意旨文、迴向文、發願文、願文等進行歸類研究,深化對齋意的認識。

唱導研究既有助於了解和研究齋供儀式,更有助於理解敦煌遺書中的講經文、變文以及數量衆多的齋文。敦煌遺書中的齋文,就是唱導文中的齋意文。將這些齋文放在它賴以出現的背景中去理解,可以發現現在保存在敦煌遺書中的齋意文,都是齋文範本,不存在用於法事具體活動的齋文。某些齋文雖然有某些大致相同的結構,但隨機應緣纔是齋文的特點和實質。敦煌遺書中按類分編成卷册的《齋琬文》和《齋文》,由於均殘缺不全,故都存在復原的問題,但要做好這項工作,仍有較長的路要走。

現存有關俗講的材料雖然不多,但已經清楚地告訴我們,俗講是唐五代時期一種經官方同意或得皇帝敕令在三長月舉行的勸俗人輸財的佛、道教法會。俗講與齋供儀式的重要區別不在於儀式程序、儀式文本,而在於舉行的意旨。只要是能達到勸人輸財這一目的,不論是講經還是授八關齋戒,都可能被用於俗講。但俗講必須得官方同意或得皇帝敕令纔能舉行,這一點並不是齋供儀式的硬性要求。

在對唱導有如上認識後,可以看出唱導不僅僅只是"用通俗的語言,隨緣設譬,宣揚佛教教義"[1],俗講亦不是"化俗講經"的簡稱或"通俗化講經"。認爲俗講與唱導"異名而共實",一方面是窄化了唱導及講經文、唱導文的外延,另一方面則是泛化了俗講的内涵。從文學史、音樂、藝術等角度對唱導、俗講的研究,除要對齋供儀式有清楚的認識外,還需要注意到,受齋赴請與勸人輸財即齋供儀式與俗講的區別,主要是齋意,而不是時間、地點、儀式程序或儀式文本。

---

[1] 張中行:《佛教與中國文學》,合肥:安徽教育出版社,1984年,第18頁。

第四章 齋供儀式的分類與程序

第一節 齋供儀式的分類

在記述或介紹多種齋供儀式時,首先要面對和解決的,是如何分類的問題。

前賢曾經根據齋文,對齋供儀式的分類作過一定探討。如王三慶先生將敦煌遺書中的齋文,分爲全國性定時舉行的法會齋文和不定時舉行的區域性法會齋文兩種①;張廣達先生參考《齋琬文》的分類,從齋意的角度,將敦煌遺書中的齋文分爲與戒律規定的本來意義上的持齋有關的齋文,與行道、行香之官齋及相應之私齋有關的齋文,百官爲廣開福門、祈求勝願而舉行的法會所用的齋文,個人或社邑爲祈求各種護祐的功德法會所用的齋文,爲悼亡追福而舉行的法會所用的齋文等七個大類②。儘管表面上他們是對齋文進行分類,實際上亦是從齋文的角度對齋供儀式的分類。

但是,以往在利用齋文分類時,或者由於兼顧的因素太多,或者由於對其實際程序了解不清,所以存在體例不一、類別不明的情況。有鑒於此,這裏結合古人的心得,對齋供儀式的分類作新的探討。

一、齋供儀式的羅列與齋意分類法

(一) 問題的提出

義淨《南海寄歸内法傳》對齋僧的記述表明,齋僧種類多樣,形式繁雜。不僅不同地方的齋僧情況不一,即使是同一地方的齋僧,亦由於施主的經濟

---

① 王三慶:《敦煌文獻中齋願文的内容分析研究》,項楚等主編:《新世紀敦煌學論集》,第598—620頁。
② 張廣達:《"嘆佛"與"嘆齋"——關於敦煌文書中的〈齋琬文〉的幾個問題》,田餘慶主編:《慶祝鄧廣銘教授九十華誕論文集》,第69—71頁。並見張廣達:《文書、典籍與西域史地》,第206—209頁。

情況和齋僧目的不同而各不相同。與此相對應,齋供儀式亦是種類多樣,形式繁雜。

齋供儀式的這一特點,在佛教史籍中有清楚的表現。

首先是齋有多種名稱。在代表性佛教史傳中出現的齋名,梁慧皎《高僧傳》有"齋供""齋集""齋講""齋懺""三七齋懺""八關齋""三七普賢齋懺""金光明齋""普賢齋""聖僧齋"等;梁寶唱《比丘尼傳》有"七日齋""觀世音齋""聖僧齋"等;唐道宣《續高僧傳》有"齋講"①、"日百僧齋"②、"六齋"③、"大齋"④、"豎義齋"⑤、"千僧齋"⑥、"三千僧齋"⑦、"五千僧齋"⑧、"千僧官齋"⑨、"萬僧齋"⑩、"法齋"⑪、"齋集"⑫、"仁王齋"⑬、"齋供"⑭等;宋贊寧《宋高僧傳》有"千僧齋"⑮、"忌齋"⑯、"三百菩薩大齋"⑰、"冥齋"⑱、"羅漢齋"⑲、"大會齋"⑳、"無遮大齋"㉑、"羅漢大齋"㉒、"齋講"㉓等;宋道誠《釋氏要覽》有"八關齋"㉔、"三日齋(見王齋)"㉕、"累七齋"㉖、"預修齋七"㉗

---

① 道宣:《續高僧傳》,第 9 頁。
② 道宣:《續高僧傳》,第 34 頁。
③ 道宣:《續高僧傳》,第 35 頁。
④ 道宣:《續高僧傳》,第 50 頁。
⑤ 道宣:《續高僧傳》,第 147 頁。
⑥ 道宣:《續高僧傳》,第 278 頁。
⑦ 道宣:《續高僧傳》,第 278 頁。
⑧ 道宣:《續高僧傳》,第 500 頁。
⑨ 道宣:《續高僧傳》,第 650 頁。
⑩ 道宣:《續高僧傳》,第 704 頁。
⑪ 道宣:《續高僧傳》,第 831 頁。
⑫ 道宣:《續高僧傳》,第 870 頁。
⑬ 道宣:《續高僧傳》,第 938 頁。
⑭ 道宣:《續高僧傳》,第 946 頁。
⑮ 贊寧:《宋高僧傳》,第 10 頁。
⑯ 贊寧:《宋高僧傳》,第 172、200、225 頁。
⑰ 贊寧:《宋高僧傳》,第 366 頁。
⑱ 贊寧:《宋高僧傳》,第 399、729 頁。
⑲ 贊寧:《宋高僧傳》,第 400 頁。
⑳ 贊寧:《宋高僧傳》,第 512 頁。
㉑ 贊寧:《宋高僧傳》,第 592 頁。
㉒ 贊寧:《宋高僧傳》,第 594 頁。
㉓ 贊寧:《宋高僧傳》,第 615 頁。
㉔ 富世平:《釋氏要覽校注》,第 172 頁。
㉕ 富世平:《釋氏要覽校注》,第 539 頁。
㉖ 富世平:《釋氏要覽校注》,第 541 頁。
㉗ 富世平:《釋氏要覽校注》,第 543 頁。

等;宋志磐《佛祖統紀》有"千僧齋"①、"五百衆齋"②、"大齋"③、"齋講"④、
"百僧齋"⑤、"文殊忌齋"⑥、"無遮大齋"⑦、"佛祖忌齋"⑧、"僧齋"⑨、"三長
齋"⑩、"六齋"⑪、"十齋"⑫、"七七齋"⑬、"預修齋"⑭、"水陸齋"⑮、"齋
懺"⑯、"御齋"⑰、"水陸大齋"⑱、"救苦齋"⑲、"道俗大齋"⑳、"平等大齋"㉑、
"盂蘭盆齋"㉒、"仁王大齋"㉓、"萬僧齋"㉔、"千人齋"㉕、"五百僧齋"㉖、"祝
聖齋"㉗、"法華齋"㉘、"三萬僧齋"㉙、"普度大齋"㉚、"祝壽齋"㉛等。名目繁
多,不一而足。

　　其次是齋有不同内容。南宋志磐《佛祖統紀》卷三十四《法門光顯志》
是目前爲數不多的有關"佛事"的專門記述,該志先後記録的佛事有:

----

① 釋道法:《佛祖統紀校注》,第 177 頁。
② 釋道法:《佛祖統紀校注》,第 185 頁。
③ 釋道法:《佛祖統紀校注》,第 232 頁。
④ 釋道法:《佛祖統紀校注》,第 423 頁。
⑤ 釋道法:《佛祖統紀校注》,第 637 頁。
⑥ 釋道法:《佛祖統紀校注》,第 653 頁。
⑦ 釋道法:《佛祖統紀校注》,第 655 頁。
⑧ 釋道法:《佛祖統紀校注》,第 748 頁。
⑨ 釋道法:《佛祖統紀校注》,第 749 頁。
⑩ 釋道法:《佛祖統紀校注》,第 752 頁。
⑪ 同上。
⑫ 同上。
⑬ 同上。
⑭ 釋道法:《佛祖統紀校注》,第 753 頁。
⑮ 釋道法:《佛祖統紀校注》,第 755 頁。
⑯ 釋道法:《佛祖統紀校注》,第 813 頁。
⑰ 釋道法:《佛祖統紀校注》,第 841 頁。
⑱ 釋道法:《佛祖統紀校注》,第 854 頁。
⑲ 釋道法:《佛祖統紀校注》,第 859 頁。
⑳ 釋道法:《佛祖統紀校注》,第 860 頁。
㉑ 同上。
㉒ 釋道法:《佛祖統紀校注》,第 863 頁。
㉓ 釋道法:《佛祖統紀校注》,第 867 頁。
㉔ 釋道法:《佛祖統紀校注》,第 882 頁。
㉕ 釋道法:《佛祖統紀校注》,第 912 頁。
㉖ 釋道法:《佛祖統紀校注》,第 914 頁。
㉗ 釋道法:《佛祖統紀校注》,第 1017 頁。
㉘ 釋道法:《佛祖統紀校注》,第 1039 頁。
㉙ 釋道法:《佛祖統紀校注》,第 1055 頁。
㉚ 釋道法:《佛祖統紀校注》,第 1135 頁。
㉛ 釋道法:《佛祖統紀校注》,第 1246 頁。

雕像	鑄像	畫像	舍利塔	
浴佛	浴僧	輪藏	大士籤	
供燈	身燈	無盡燈	放燈	無盡財
講懺儀	諸經行法	供佛	供知識	供羅漢
佛祖忌齋	僧齋	設粥	乞食	持齋
出生飯	三長齋	六齋	十齋	七七齋
預修齋	供天	盂蘭盆供	水陸齋	六道斛
十王供	無常鐘	挂幡	寓錢	放生
改祭	戒五辛	喪服	戒焚亡僧不塔袈裟①	

儘管志磐在記述這些"佛事"時，主要介紹它們的經典依據、起源及歷史源流等方面的情況，沒有述及具體的活動，故目前尚不能確定其中的"大士籤""無常鐘""戒五辛""喪服"和"戒焚亡僧不塔袈裟"等條目是否是齋供儀式，但其他條目屬於齋供儀式則基本可以確定。由志磐對這些屬於齋供儀式的"佛事"的記載，可以知道齋除有不同稱名外，還有不同內容。

統觀諸書對佛教齋供儀式的介紹，最常用的方法是羅列式。如義淨介紹"受齋軌則"，按地區，對印度、南海諸國和北方諸胡，分別進行羅列介紹，中間穿插中國的情況。而志磐介紹多種"佛事"，則是逐一介紹其經典依據、起源及歷史源流等。

羅列式的優點是具體，把知道的所有儀式種類都一一羅列出來，甚至還介紹其經典依據、起源及歷史源流等，看起來比較直觀。但羅列式的介紹存在明顯的問題：一是見木不見林，羅列的名目不少，但讓人看不出它們之間的相互關係以及總體概貌。二是舉不勝舉。即使把作者所知的所有名目都羅列了，亦不能說已經包括了全部齋供儀式。三是知其表而不知其實。讀者雖然知道有這些佛事，但往往不知道它們的功能是什麼。總的來說，羅列式表面上有分類，但實際上不是科學意義上的分類。

那麼，用什麼方法可以將形態複雜的齋供儀式表現出來，讓大家對齋供儀式的種類有一個清楚的了解呢？目前來看是下面要介紹的齋意分類法。

（二）齋意分類法

古人顯然早已注意到羅列式介紹齋供儀式時碰到的問題，並在宗教實踐中使用了按齋意分類的方法。

---

① 釋道法：《佛祖統紀校注》，第743—764頁。

上文指出，齋意就是一齋大意，是包括讚嘆佛德和齋主德等內容在內的，有關設齋的時間、地點、齋主、原因、目的、法會具體安排和舉行齋會的願望等的說明。而齋意最核心的內容，就是舉行齋供儀式要達到的目的。俗語"條條大路通羅馬"，說明要達到某一目的，可以有不同的方式。就佛教來說，要通過舉行齋供儀式達成齋意，可以有不同的情況複雜的方式。

以薦亡為例，佛教有多種多樣的齋供方式。可以是齋僧，可以是造塔、造窟、造像；可以抄經、誦經、講經，可以持齋，當然亦可以舉行七七齋、十王齋、六道斛、盂蘭盆會和水陸法會等，甚至還可以是齋戒、禮懺。

求福報同樣如此，可以雕像、鑄像、畫像、造塔、浴佛、浴僧、輪藏、供燈、放燈、講經禮懺、供佛、供僧、供天、舉行水陸齋、放生等，方式多樣。

正是由於要達成某種目的有不同的齋供方式，同一齋供儀式可以幫助施主達成不同的目的，這兩種情況又存在部分的交叉，從而給齋供儀式分類帶來不便，於是，齋意分類法應運而生。

齋意分類法將各種齋供儀式按齋意分類，綱舉目張，次第井然，便於從總體上把握齋供儀式的各種情況。如以薦亡齋來說，國忌日屬於薦亡齋供儀式，名僧忌日屬於薦亡齋供儀式，社邑薦亡追福齋屬於薦亡齋供儀式，七七齋和水陸齋亦都可以算薦亡齋供儀式。就具體的薦亡儀式來說，超度僧人、道士是薦亡齋供儀式，追薦祖考顯妣、兄弟姊妹、小孩是薦亡齋供儀式，舉行臨壙、百日、小祥、中祥、大祥等是追薦儀式，超度牛馬羊犬等同樣亦是薦亡齋供儀式。儘管種類眾多，但根據齋意，都可以歸在薦亡類中，便於了解和認識。在撰寫和查尋齋文時，亦可以輕易根據其類別，找到並使用或借鑒相近的文本內容。

當然，齋意分類法同樣存在缺點，即往往將具體的齋名消解在類別之中，不能讓人知道羅列式所列齋的具體名稱，所以看上去並不能讓人知道做的是哪一種齋供儀式。如薦亡類齋供儀式，有各種各樣具體形態，在歸入薦亡類中後，這些形態都像一滴水隱入大海中不見了。另外，由於對齋意的理解不同，不同人對齋意的分類往往亦各不相同，類別之下的子目的區別更大。對於當時的人來說，這些都不算問題；但是後人在理解時，由於對具體情況了解不多，難免存在困難。

（三）《齋琬文》不按齋意分類

《齋琬文》是目前所知敦煌唐宋時期最有代表性的齋文，具有重要的研究價值，長期以來一直受到廣泛關注，並出現了一系列研究成果。當然，其中也有一些說法有必要再作辨析。

湛如法師認為"《齋琬文》的十種分類，也是對當時的齋會和佛教法會行事的分類"①。由於嘆佛德、慶皇猷、悼亡靈、賽祈讚等與齋意分類相同，故筆者最初亦持有同樣的想法。不過在根據《齋琬文》中齋意文來對齋供儀式進行分類時，發現《齋琬文》的分類不是按齋意而是按齋文類型來分的。

以"序臨官"爲例。從目錄上看不出它們作爲齋意的地方。從齋文組成結構來說，它們雖然屬於齋意文，但並不是設齋意旨。從字面上來看，"序臨官"似指某人蒞臨某地爲官②，但如果作進一步探究，會發現這種理解與齋文内容不相符。

《齋琬文》中，P. 2940、P. 2104v 和 P. 2178v 均没有保存"序臨官"的齋文，僅 P. 2547 中有殘存文字，但已看不出文意。與 P. 2547 中"刺史"條殘存文字相對應的文字，並見於俄 Φ342v 和 P. 2867。其文作（齋文一般包括號頭、齋意、嘆德、時間、道場、號尾或莊嚴等部分。爲方便說明，在引述相關文字進行討論時，下文將對其結構進行標目）：

　　［號頭］嘆像（佛）文　竊以慈氏降靈，掩十方而開實相；正真演化，被三界而鼓玄風；妙覺圓明，人天資其汲引。善權方便，凡聖冀其津梁。諒知黄馬英才，登法橋而驤首；碧雞雄［辯］，仰慧日以延襟。勝躅芳猷，難得而榆楊者矣。

　　刺史
　　［嘆德］惟公股肱王室，匡贊邦家，任重濟川，委臨方岳。於是剖符千里，建節百城，露寇宣威，襃惟演化。朱輪始憇，下車揚恩慧之風；翠蓋將臨，拂座置檀那之供。惟公珪璋特秀，標逸氣於百城；山岳降靈，扇人風於千里。憂勞士庶，弘化人倫。瀟灑拔華之英，蓊欝千雲之峻。故能體正真之實相，思福潤於闡之良因。建勝善以投誠，仰慈雲而結貌。

　　［道場］須緣某事，云云

　　［嘆德］惟公五陵貴族，三輔良家。匡贊大藩，羽儀朝野。綜六經而蓋代，該七德以冠時。仁廉將定水俱澄，風化共禪林等茂。

　　［道場］須緣某事。

　　［號尾］惟願金香郁列（烈），逆散春溫；玉粒凝甘，蜜符龄筭。於是蝗飛避境，雨逐迴車。芳績著於一方，英聲播於千里。

---

① 湛如：《敦煌佛教律儀制度研究》，第 340、386 頁。
② 陳祚龍：《新校重訂〈齋琬文〉》，《敦煌學海探珠》下册，第 331 頁。

都督

[嘆德]惟公名高烈日,氣勵青雲。星戈動而太陽迴,月弓鳴而巨石裂。近以邊陲紛糺,扶劍前駈;既而紅旗颺天,霜鉾曜日。命寄鋒鋋之上,形馳白刃之間。竊自遠謀,不能無懼。望靈山而稽顙,仰兜率以翹誠。於是一揮劍而千里平,再攘臂而百城靜。今者事清歸馬,奉國奉家,畫崇曹鐘,銘功變鼎。玖以明珠玉衆,駿馬輕裘,併入檀財,慶詶恩造。

[道場]須緣某事,云云

俄 Φ342v 和 P.2867 中,有關長史、司馬、六司、縣令等的文字,亦都是這樣的結構,表明所謂序臨官,是講述蒞臨齋供儀式現場的官員的德行。

宋家鈺先生認爲"《齋琬文》的含義,就是借琬圭的'象德'之義,來表示它是'齋會上用的嘆德之文'"①。他的解釋雖然與《齋琬文》的内容不盡相符,但可以看出《齋琬文》所收齋文,就是包括號頭、號尾在内的齋會上的"嘆德"部分。號頭、號尾和嘆德都不是設齋意旨,故序臨官不屬於從齋意角度對齋供儀式的分類。這表明,《齋琬文》並不是從齋意角度對當時的齋會和佛教法會行事的分類。

既然《齋琬文》不是從齋意角度進行分類,那麽,它是按什麽來進行分類的呢?我們注意到,"序臨官"所舉官職名如刺史、都督、長史、司馬、六司、縣令等,不見於修功德、薦亡和慶誕法會等類别;"隅受職"中子目文、武不見於修功德和慶誕等類别;"祐諸畜"中馬死、牛死、駝死等不見於"悼亡靈"類,表明《齋琬文》中齋文不是按齋意,而是按齋文類型來分類的。嘆佛德、慶皇猷、悼亡靈、賽祈讚等類目雖然可以用於齋意分類法,但在《齋琬文》中,它們顯然是被用作從齋文類型分類的類目。

總之,《齋琬文》對齋供儀式的分類,表面上是按齋意來分,並且亦確實有部分類别與按齋意分類類别相同,但就其具體内容來說,則並非如此。《齋琬文》對齋供儀式的分類,是按齋文類型進行的分類。

二、齋供儀式的分類

由於羅列式分類不能稱爲科學意義上的分類,故本書主張從齋意角度對佛教齋供儀式進行分類,以便從總體上把握各種齋供儀式的具體情況。

---

① 宋家鈺:《佛教齋文源流與敦煌本〈齋文〉書的復原》,《中國史研究》1999 年第 2 期;宋家鈺等編:《英國收藏敦煌漢藏文獻研究》,第 304 頁。

我們知道,宋代至明清時期應赴僧所用科儀,楊雲軒先生將其分爲祈、薦、火、虎、瘟等種類①。這一分類與宋代以降中國佛教齋供儀式大致相符,可以不再討論。綜合目前所見,可以將宋代以前的齋供儀式,按齋意大致分爲以下幾種:

(一) 讚嘆佛德類

對於佛教信徒來説,釋迦牟尼不僅自己修行成佛,還以慈悲濟世之心度化世人,有高尚的品德和偉大的精神,值得世人紀念讚嘆。於是,在佛涅槃後,一些佛教徒將佛的生平事迹編成故事宣傳,一些人則寫成詩歌讚頌。

在各種佛傳故事中,尊者馬鳴的《佛所行讚》②可謂其中的代表。該經"意述如來始自王宫,終乎雙樹,一代佛法,並輯爲詩。五天南海,無不諷誦。意明字少,而攝義能多,復令讀者心悦忘倦,又復纂持聖教,能生福利"③。在佛教所及之處都有廣泛影響。

受《佛所行讚》等經的影響,有佛教徒將佛一生的重要事件分作八部分,稱爲八相成道。不過,對於八相成道有不同的説法。如隋代智顗《維摩經玄疏》卷三和《四教義》卷七稱八相成道是一從兜率天下;二托胎;三出生;四出家;五降魔;六成道;七轉法輪;八入涅槃④。窺基《大乘法苑義林章》稱《大般若經》卷五百六十八説八相是一從天没,即入胎相;二嬰兒,即受生相;三童子,即受欲相;四苦行;五成道;六降魔;七轉法輪;八入涅槃⑤。五代初玄鑒集《護國司南抄》稱八相是生天、降神、納妃、出家、苦行、成佛、轉法輪、入涅槃⑥。當然,儘管説法略有出入,但大家都認同佛出生、佛出家、佛成道、佛轉法輪等佛本行故事,並有與之相對應的紀念法會。《齋琬文》中的王宫誕質、逾城出家、轉妙法輪、示歸寂滅,即八相成道中的出生、出家、轉法輪和入涅槃,説明佛生日、佛出家日、佛轉法輪日和佛滅日是佛教讚嘆佛德的重要法會。

義淨《南海寄歸內法傳》卷四"灌沐尊儀"説:

> 詳夫修敬之本,無越三尊,契想之因,寧過四諦。然而諦理幽邃,事隔麁心,灌洗聖儀,實爲通濟。大師雖滅,形像尚存。翹心如在,理應遵

---

① 侯沖:《雲南阿吒力教經典研究》,第 23 頁。
② 又名《佛本行經》《佛本行詩》等。
③ 王邦維:《南海寄歸內法傳校注》,第 184 頁。
④ 《大正藏》第 38 册,第 536 頁下;《大正藏》第 46 册,第 745 頁下。
⑤ 《大正藏》第 34 册,第 698 頁下;第 45 册,第 365 頁上。
⑥ 方廣錩主編:《藏外佛教文獻》第七輯,第 90 頁。

敬。或可香華每設,能生清淨之心。或可灌沐恒爲,足蕩昏沉之業。以斯摽念,無表之益自收;勸獎餘人,有作之功兼利。冀希福者宜存意焉。①

又説:

洗敬尊容,生生值佛之業;花香致設,代代富樂之因。自作教人,得福無量。②

大概由於沐像和香花供養佛像被認爲可以得福致富,所以從敦煌遺書所見材料來看,在讚嘆佛德類齋供儀式中,二月八日和四月八日是兩個最隆重的法會。譚蟬雪先生根據敦煌遺書相關資料,已對其具體情況作過詳盡討論,可參看③。不過,她在引用 P.2081"四月八日、二月八日功德法第五"時,引錄有脱文④。今據圖版重録其文如下:

然則勸餂尊像,無言利益,奉戴四出,亦同齊見。爾時四衆皆願供養,但寺舍隘狹,或復僻遠,行者供養,必不周普。自今已後,諸佛弟子道俗衆等,宜預擇寬平清潔之地,修爲道場。於先一日,各送象(像)集此,種種伎樂、香花供養,令一切人物得同會行道。若俗人設供請佛及僧,亦於是日通疏白知。至於明旦日初出時,四衆恃(侍)衛,隨緣應供。設供檀主與其眷屬,執持香花,路左奉迎,恭敬供養,如法齋會。如是齋畢,然後還寺。

這段文字對浴像和行像前一天的具體安排作了詳細説明。其中提到俗人設供請佛供僧"於是日通疏白知",與義淨記載"東夏齋法,遣疏請僧"⑤可相印證。《洛陽伽藍記》卷三載景明寺"伽藍之妙,最得稱首。時世好崇福,四月七日,京師諸像,皆來此寺"⑥,卷一載昭儀尼寺"寺有一佛二菩薩,塑工精絶,京師所無也。四月七日常出詣景明。景明三像,恒出迎之。伎樂之

---

① 王邦維:《南海寄歸内法傳校注》,第171頁。
② 王邦維:《南海寄歸内法傳校注》,第174頁。
③ 譚蟬雪:《敦煌歲時文化導論》,臺北:新文豐出版公司,1998年,第75—92、147—158頁。
④ 譚蟬雪:《敦煌歲時文化導論》,第154頁。
⑤ 王邦維:《南海寄歸内法傳校注》,第69頁。
⑥ 楊衒之:《洛陽伽藍記校箋》,楊勇校箋,北京:中華書局,第124—125頁。

盛,與劉騰相比"①,亦是在齋日的前一天將洛陽各寺佛像集中在景明寺中,與上引 P.2081 文同樣可相印證。另外,P.3405"安傘"文說:

> 上元下葉,是十齋之勝辰;安傘行城,實教中之大式。所以聲鐘擊鼓,排雅樂於國門,命二部之僧尼,大持幡蓋,蓮花千樹,登城邑而周旋;士女王公,悉攜香而布散。念誦傾心,梵音以佛聲震地;簫管弦歌,共浮雲爭響。我皇降龍顏於道側,虔捧金爐,爲萬姓而期恩。願豐年而不儉,五稼倍收於南畝,三農不廢於桑麻。家給年登,千廂足望。

P.3819+P.3825 中"禳災文第三"包括安傘文和二月八日文,説明安傘與二月八日法會有共通之處。二月八日法會又稱"行像""行城"或"巡城",是紀念釋迦牟尼遊四門的行城法會。由於十齋日指每月初一、八、十四、十五、十八、二十三、二十四、二十八、二十九、三十等十日,故二月八日亦屬十齋日。P.3405 爲金山國時期的文獻,上引文中"上元下葉,是十齋之勝辰;安傘行城,實教中之大式",表明記述的是金山國二月八日的巡城法會。文中"我皇降龍顏於道側,虔捧金爐,爲萬姓而期恩",指金山國皇帝張承奉捧爐立身於道側。P.2081 中"設供檀主與其眷屬,執持香花,路左奉迎,恭敬供養,如法齋會"一段文字,説明張承奉是這次法會的大齋主,但出於"如法齋會"的要求,他只能在行城時立身於道側。由上引證可知,對於認識和理解 P.3405 所記浴像、行城等讚嘆佛德類齋供儀式來説,P.2081 是重要的參證材料。

(二) 慶皇猷類

義淨《南海寄歸內法傳》卷一"受齋軌則"記南海十洲齋供儀式,表明舉行齋供儀式,有祝福皇王和五穀成熟豐收、民安物阜的功德②。因此,在需要祝福皇祚、鞏固皇家風化時,會舉行慶皇猷的齋供儀式。

皇猷即指帝王的謀略、教化和功績等。慶皇猷的目的,是對當朝文治武功、民情政況的謳歌讚頌。《齋琬文》中所列有鼎祚遐隆、嘉祥薦祉、四夷奉命和五穀豐登四條。其中 P.2940 保存了前兩條,俄 Ф342v 保存了後兩條。茲錄前兩條如下:

鼎祚遐隆

---

① 楊衒之:《洛陽伽藍記校箋》,第 53 頁。
② 王邦維:《南海寄歸內法傳校注》,第 62—66 頁。

竊以法蓋遙臨,承帝雲而演慶;慈舟廣運,浮聖海而通祥。藻(澡)七淨於珠旒,果隆珠帳;發三明於金鏡,道暢金輪。迴開不二之門,潛匡得一之化。崇基所以岳鎮,景祚所以天長。伏惟皇帝陛下,澤掩四空,德敷千界。仁深披(被)物,遐通有頂之區;積惠澄襟,普照無邊之域。滌董(薰)風於庶品,沐甘露於群生;基餘劫石之基,祚迭恒沙之祚。丹墀叶慶,紫極延祥。就日騰暉,與星虹而等耀;皇雲流彩,共樞電而同鮮。寶運遐隆,琁儀永泰。於是傾埏疊愭,罄宇馳懽,率土懷生,咸思薦壽。某等忝居黎首,同獻丹誠;仰讚皇猷,式陳清供。惟願凝流演福,與四時而並臻;端扆通詳,應萬物而弥顯。三靈普潤,六氣常和;玉燭然而慧炬明,金鏡懸而法輪滿。

嘉祥薦祉

竊以道格圓穹,天無秘寶;慧覃方[磒],地不潛[瑜]。故使錄錯摛英,式表雙瞳之德;玄珪效社,爰標三漏之功。莫不列縠金編,流芳玉篆;聖上風高驥帝,化軼馳王。動植霑恩,飛沉賴慶。故使昭彰瑞牒,書殫東塢之豪;鬱藹祥圖,紀盡南山之竹。斯乃素麟踐野,挺一角以呈祥;丹鳳栖同(桐),揚九色而表瑞。甘露凝珠而綴葉,慶雲瑩玉而霏柯;連理則合幹分枝,嘉和(禾)則殊苗共穎。百狼躑躅,驚皓質於翻霜;赤雀紛綸,奮朱毛而皎日。河清一代,湛碧浪而浮榮;芝草千莖,擢紫英而絢彩。莫不祥符萬古,福應一人;永契璿儀,長階寶歷。某等忝齊圓(元)首,仰載(戴) 皇猷;擊壤馳懽,何酬 聖澤?敢陳清供,式慶嘉祥。薦輕露於福原,獻纖塵於壽岳。惟願集木(休)徵於宇宙,藻佳氣於環(寰)瀛。契福資宸,共圓穹而等祚;通祥青陸,與輪月而同高。花萼興謠,[□]隆於棣屏;肅維成德,永茂於禮輝。

從其文字來看,第一條先讚頌皇帝崇奉佛教,佛教興盛,國家得隆祚的情況,然後歌頌了皇帝的德澤仁惠,像甘露一樣沐浴民衆群生,使得國運隆盛,庶民思慶,遂設供讚揚皇猷。第二條讚揚皇帝聖化,動植物都沾承其恩,故國内河清海晏,芝英昭彰,祥符瑞應,故設供慶賀。

一般來說,慶皇猷儀式不大可能在戰亂頻繁或災害橫行的時代舉行。另外,儘管國力強盛、四海安寧,但如果皇帝不信佛,舉行慶皇猷一類齋供儀式的可能性亦不大。儘管其中不免奉承之詞,但表明慶皇猷一類齋供儀式舉行的背景,一是皇帝崇信佛教;二是國家安寧,國運興隆;三是五穀豐登,出現祥瑞靈符;四是國力強盛,周邊安寧。

在中國歷史上,這樣的時期並不多見。就唐代而言,貞觀至安史之亂之間應可算,安史之亂之後的一段時間,亦有某種迹象。因此,這四條齋意文一方面表明慶皇獻類齋供儀式出現的背景,另一方面亦從側面説明了《齋琬文》可能出現的時間。《十力經序》稱"玄宗至道大聖大明孝皇帝,孝理天下,萬國歡心,八表稱臣,四夷欽化"①,與慶皇獻類中"四夷奉命"相符,可以説是《齋琬文》出現背景的輔證。則《齋琬文》成型的時間,大概是唐玄宗時期。

(三) 慶讚功德類

上文已經指出,功德即功能福德,指能給人帶來福報的事情。慶讚功德指佛堂開光、嘆佛像、慶經、慶幡等齋供儀式,大致可分爲修造塔像和寫造佛經兩類。

1. 修造塔像

志磐撰《佛祖統紀》卷三十四《法門光顯志》,最初的四條"佛事"即雕像、鑄像、畫像、舍利塔②。造像造塔,在佛教中被認爲是有不可思議利益,可以世世代代值佛獲福的善舉。如義淨《南海寄歸内法傳》卷四"灌沐尊儀"説:

> 造泥制底及拓模泥像,或印絹紙,隨處供養,或積爲聚,以甎裹之,即成佛塔,或置空野,任其銷散。西方法俗,莫不以此爲業。③
>
> 又復凡造形像及以制底,金、銀、銅、鐵、泥、漆、甎、石,或聚沙雪。當作之時,中安二種舍利,一謂大師身骨,二謂緣起法頌。其頌曰:"諸法從緣起,如來説是因。彼法因緣盡,是大沙門説。"要安此二,福乃弘多。由是經中廣爲譬喻,嘆其利益,不可思議。若人造像如積麥,制底如小棗,上置輪相,竿若細針,殊因類七海而無窮,勝報遍四生而莫盡。④

上文已指出,"制底"爲梵文音譯,漢語的意思爲佛塔。義淨的記述,表明了佛教對造塔和造像功德的强調。當然,義淨的説法是有佛經依據的。如《佛説觀佛三昧海經》卷六説:

> 佛告父王:云何名如來從忉利天下閻浮提時,光相變應?我初下

---

① 《大正藏》第17册,第715頁下;第51册,第979頁下。
② 釋道法:《佛祖統紀校注》,第743—744頁。
③ 王邦維:《南海寄歸内法傳校注》,第173頁。
④ 王邦維:《南海寄歸内法傳校注》,第174頁。

時，無數天子、百千天女侍從世尊，獨見一佛，圓光一尋，放千光明，足步虛空，躡階而下。時佛光中七佛像現，從佛光出，導佛前行。時優填王戀慕世尊，鑄金爲像，聞佛當下，象載金像來迎世尊。蓮華色比丘尼化作瑠璃山，結加趺坐在山窟中，無量供具奉迎世尊。爾時金像從象上下，猶如生佛，足步虛空，足下雨華，亦放光明，來迎世尊。時鑄金像合掌叉手，爲佛作禮。爾時世尊，亦復長跪，合掌向像，時虛空中百千化佛，亦皆合掌長跪向像。

爾時世尊而語像言：汝於來世大作佛事。我滅度後，我諸弟子以付囑汝。空中化佛，異口同音咸作是言：若有眾生於佛滅後，造立形像，幡花眾香，持用供養，是人來世，必得念佛清淨三昧。若有眾生知佛下時種種相貌，繫念思惟，必自得見。佛告阿難：佛滅度後，佛諸弟子知佛如來下忉利天及見佛像，除却千劫極重惡業。①

《佛說造立形像福報經》亦借佛之口說：如果有人作佛形象，下世相好無比，所生之處，無有諸惡，常爲眾人所共敬愛，生富貴、帝王、公侯、賢善之家，得作尊勝國王，得尊勝智慧。死後不墮三惡道，最終當得佛涅槃之道。最後佛宣稱：

作佛形像，其福無量，無窮盡時，不可稱數。如是四天下江河海水尚可升量，作佛形像，其福甚多，多四天下江河海水過出十倍，後世所生，常護佛道。

作佛形像，譬如天雨，人有好舍，無所憂畏。作佛形像，死後不復入於地獄、畜生、餓鬼諸惡道中。其有眾生見佛形像，生恭敬心，叉手自歸佛塔舍利者，死後百劫不復入於地獄、畜生、餓鬼道中。死即生天，天上壽終，復生世間勢富之家。如是受福，不可稱數，會當得佛涅槃之道。

佛告優填王，人作善者，作佛形像，其福祐功德如是，終不唐苦。②

由義淨的記述可知，佛像和佛塔可以由不同的材質建造，不僅是金、銀、銅、鐵、泥、漆、甎、石，甚至堆沙聚雪，以沙和雪造像，都有功德。按上引《佛說觀佛三昧海經》經文所說，佛像和佛塔造好後，要香花供養。而最初的香花供養儀式，就是開光儀式。

---

① 《大正藏》第15冊，第678頁中。
② 《大正藏》第16冊，第789頁中。

開光儀式有不同的形態，既有專門的齋供儀式，亦有附屬於某項活動的開光儀式。義淨《南海寄歸內法傳》記南海齋僧情況説：

> 次請一僧，座前長跪，讚歎佛德。次復別請兩僧，各昇佛邊一座，略誦小經半紙一紙。或慶形像，共點佛睛，以求勝福。①

所謂"慶形像，共點佛睛"，就是舉行開光慶讚儀式。義淨所記南海開光儀式在齋供儀式第三天舉行，説明它是附屬於齋僧儀式之中。"慶形像"可以略稱"慶像""慶揚"。S.5574《佛堂內開光明文》稱舉行的齋供儀式爲"慶像設供諸（之）福會也"，S.5638、S.6048《慶像文》稱"奉爲慶揚諸（之）所施也"，都使用了這一略稱。

慶讚功德類齋供儀式有相應的齋文。在《齋文》中，它們被稱爲"慶揚文""讚功德文"。《齋琬文》第八"述功德"中的造繡像、織成、鑴石、彩畫、雕檀、金銅、造幡、造堂、造浮圖等齋文，就是在舉行造像、造塔廟等開光慶讚儀式上用的。這樣的齋文在現存各《齋琬文》抄本中殘缺，但見於 BD04456v 的有金銅像、繡像、素像、畫像等的齋文；見於北大 D192《諸文要集》的有以金銅像、畫像、佛堂、慶經、慶幡、慶佛、慶菩薩、浮圖等爲題的齋文。當然，從目前保存的內容來看，BD04456v 和北大 D192 中的功德類齋文，由於屬於《齋琬文》，故都不是完整的齋文，只是保存了其中的號頭、號尾及嘆德部分。

在石窟造像中不乏慶讚功德類齋供儀式的痕迹。慶賀讚頌佛像的開光儀式被認爲是"慶讚良因""慶讚良緣"，所以在唐宋時期的石窟造像銘文中，往往將開光儀式稱爲"修齋表讚""設齋表慶""慶讚"②。舉行的齋供儀式則有水陸會、圓通會等，種類多樣。大足石篆山第 7 號"三身佛"龕完工後於"戊辰年十月七日修水陸齋慶讚"③，陳明光等先生考訂戊辰年爲北宋元祐三年（1088），這是目前有文字記載的最早用於造像開光的水陸法會。

---

① 王邦維：《南海寄歸內法傳校注》，第 63—64 頁。
② 在重慶大足縣北山石窟時間跨度爲唐、前後蜀至兩宋的 70 件造像龕刻銘文中，可辨有設（修）齋表讚、設齋表慶、百日齋表讚、追齋、終七齋表讚、修齋表慶、修掛幡齋表白、命僧看經表慶、修設圓通妙齋施獻壽幡以伸慶讚、仗僧慶讚、齋僧慶讚、表慶的銘文達 30 餘處。北灣宋代培修、裝絢記銘文 10 件，可辨有齋供表讚、修齋表慶、修水陸齋表慶、修囗表慶、表讚、命僧慶題、齋僧十位看經囗囗慶的銘文即有 7 件。石壁寺、石篆山宋代造像鑴記、題刻和宋代培修、裝絢記銘文 9 件，可辨有修齋表慶、設水陸齋慶讚、修水陸齋慶讚、思作佛事、開建道場修設三碑水陸法施大齋，看經燃燈准儀法事的銘文 5 件。參見重慶大足石刻藝術博物館等編：《大足石刻銘文錄》，重慶：重慶出版社，1999 年，第 12—330 頁。
③ 重慶大足石刻藝術博物館等編：《大足石刻銘文錄》，第 317 頁。

2. 寫造佛經

除造像外,造經即抄寫佛經亦被認爲有大功德。如《佛說十王經》①有文說:

若復有人修造此經,受持讀誦,捨命之後,不生三塗,不入一切諸大地獄。讚曰:
若人信法不思議,書寫經文聽受持。
捨命頓超三惡道,此身長免入阿鼻。
在生之日,煞父害母,破齋破戒,煞豬、牛、羊、雞、狗、毒虵,一切重罪,應入地獄,十劫五劫。若造此經及諸尊像,記在冥案,身到之日,閻王歡喜,判放其人,生富貴家,免其罪過。讚曰:
破齋毀戒殺雞豬,業鏡照然報不虛。
若造此經兼畫像,閻王判放罪消除。②

有的佛經是在舉行薦亡齋供儀式期間抄寫的。津藝193號、國圖BD04544(岡44)和P.2055是歸義軍時期翟奉達爲亡妻抄寫的寫經,共抄經十種,每一種後面都有寫經題記,依次爲:

顯德五年(958)歲次戊午三月一日夜,家母阿婆馬氏身故,至七日,是開七齋,夫檢校尚書工部員外郎翟奉達憶念,敬寫《無常經》一卷,敬畫寶髻如來佛一鋪。每七至三年周,每齋寫經一卷追福。願阿娘托影神遊,往生好處,勿落三塗之災。永充供養。

十四日,二七齋追福供養。願神生淨土,莫落三塗之難。馬氏承受福田。

廿一日,是三七齋,以家母馬氏追福,寫經功德,一一領受福田。永

---

① 《佛說十王經》即《佛說預修十王生七經》。在敦煌遺書中,《閻羅王授記經》自20世紀30年代就引起中外學者的注意。大陸學者以杜斗城先生《敦煌本佛說十王經校錄研究》影響較大,而張總先生的《〈閻羅王授記經〉綴補研究》則通過對經本材料的查閱,對《閻羅王授記經》經本作了徹底的考察,梳理出經本成立先後次序應是《閻羅王授記經》→《佛說十王經》→《地藏十王經》,綴合了此經的插圖、寫本,還對完整的插圖本兩種類型作出了分析區別,討論了該經的流傳情況,並在考訂推年、發現經源等方面取得新的進展。張總先生大作中所說的《佛說十王經》,就是見於《續藏經》的《佛說預修十王生七經》,杜斗城先生校錄整理的甲本。參見《敦煌吐魯番研究》第五卷,北京:北京大學出版社,2000年,第81—115頁。本書下文所引主要即此經。

② 杜斗城:《敦煌本佛說十王經校錄研究》,蘭州:甘肅教育出版社,1989年,第4—5、24—25、36頁。

充供養。

廿八日,是四七齋,願以家母馬氏作福,一一見到。目前災障消滅,領受福因。一心供養。①

四月五日,五七齋寫此經。以阿孃馬氏追福。閻羅天子以作證明,領受寫經功德,生於樂處者也。

四月十二日,是六七齋,追福寫此經。馬氏一一領受寫經功德,願生於善處。一心供養。

四月十九日,是收七齋,寫此經一卷,以馬氏追福。生於好處,遇善知識,長逢善因。眷屬永充供養。②

六月十一日,是百日齋,寫此經一卷,爲亡家母馬氏追福。願神遊淨土,莫落三塗。

爲亡過家母寫此經一卷,年周追福。願托影好處,勿落三塗之災。佛弟子馬氏一心供養。

弟子朝議郎檢校尚書工部員外郎翟奉達,爲亡過妻馬氏追福,每齋寫經一卷,標題如是:

第一七齋,寫《無常經》一卷;第二七齋,寫《水月觀音經》一卷;

第三七齋,寫《咒魅經》一卷;第四七齋,寫《天請問經》一卷;

第五七齋,寫《閻羅經》一卷;第六七齋,寫《護諸童子經》一卷;

第七[七]齋,寫《多心經》一卷;百日齋,寫《盂蘭盆經》一卷;

一年齋,寫《佛母經》一卷;三年齋,寫《善惡因果經》一卷。

右件寫經功德,爲過往馬氏追福,奉請龍天八部、救苦觀世音菩薩、地藏菩薩、四大天王、八大金剛以作證盟,一一領受福田。往生樂處,遇善知識。一心供養。③

上引題記中多次提到"×七齋",宋釋道誠《釋氏要覽》卷下"累七齋"條説:

人亡,每至七日,必營齋追薦,謂之累七,又云齋七。④

説明"×七齋"即齋七或七七齋日,由每七日營齋追薦得名。關於齋七的詳

---

① 以上見於津藝193號。
② 以上見於國圖BD04544。
③ 以上見於P.2055。
④ 富世平:《釋氏要覽校注》,第540頁。

情下文會討論,這裏暫略。上引材料表明,翟奉達爲超度亡妻馬氏,除設七七齋外,還設了百日齋、一年齋和三年齋。在每次舉行專門的齋七儀式時,他都爲馬氏抄經,故一共抄了十卷。由於是在設齋期間抄寫,經文都比較短小。

在設齋日抄經是一個普遍的現象。北大 D184 有文説:

> 又願家内平安,設一七人供,寫《藥師經》一卷、《無常經》一卷、《觀世音經》一卷、《菩薩戒經》一卷、《多心經》一卷、《尊勝經》一卷。
> 　右件供並寫經,願家内大小平安,無諸災障,今因齋次,請爲表嘆。
> 十一月廿三日弟子楊延光疏

設一七人供即齋僧七人。楊延光是在設齋時寫經,受時間限制,所寫經都是只有一卷的經,篇幅比較小。如果要在一天内抄六部經,需要幾個人纔能完成。但如果一次只齋一人,由於有七個齋日,一個人亦能抄完。不論是哪種情況,都是在齋日抄經。

遲至清代,應赴僧在替人舉行齋供儀式期間,往往抄寫科書,以爲日後使用。如湖北省巴東地區清抄本《五天開啓宿壇科》共分五部分,前三部分即三日開啓,在第三部分卷末有題記説:

> 光緒四年(1878)十月上浣,在白沙坪譚榮海家修齋,抄寫《三日開啓》科書一本。黄學林愚筆。入於靖一雷壇,應顯十方。

第四部分卷末又有題記説:

> 光緒四年(1878)十月中浣六日,在田文清家下修設五日齋筵,學林親筆抄寫。免哂。

第五部分卷末亦有題記説:

> 光緒六年(1880)十二月廿二日,在黄定督家下修齋六日,偷閑抄寫。學林筆。應供十方,利己利人(下殘)。

儘管應赴僧的抄經與翟奉達抄經薦亡並不是一回事,但它們都是在設齋日進行,所抄内容都比較短小,這是二者相同的。

與舉行開光慶讚功德的齋供儀式有相應的齋文一樣,佛經抄完後,往往亦會舉行慶經儀式,並有相應的齋文。從敦煌遺書 P. 2588、P. 2838、S. 1441、P. 3819+P. 3825、P. 3494、S. 6923 中《慶經文》來看,敦煌地區經常抄寫的佛經有《法華經》《觀音經(《普門品》)》《金剛經》《藥師經》《無常三啓經》《大悲經》《心經》《阿彌陀經》《華嚴經》《維摩詰經》《楞伽經》《思益梵天所問經》等,篇幅長短不一。至於究竟抄寫哪部經,以及齋日抄什麼經好,尚未看見有什麼規律,似乎完全是隨人之所好。

(四) 薦亡類

據義淨《南海寄歸內法傳》卷一"受齋軌則"所記印度和南海的食後咒願表明,齋僧有修福資鬼趣、度先亡的功能。佛教齋供儀式以齋僧爲平臺,故往往被用來舉行薦亡法會。

佛教傳入中國後,齋供儀式的薦亡功能得到繼承和發展,相當多的齋供儀式被用於超薦亡魂。與這些薦亡儀式相對應的齋文,其名目在《齋琬文》中有"悼亡靈"類的僧、尼、法師、律師、禪師、俗人、考妣、男、婦、女,"祐諸畜"類的馬死、牛死、駝死、驢死、羊死、犬死、豬死等。在《齋文》中,"亡文第五"的亡僧、尼德、亡父母、亡妣德、亡男、亡女、賢者、優婆夷,"諸雜篇第六"的僮德、婢德、馬、牛、犬,"諸色篇第七"的國忌等,亦是薦亡類齋供儀式的齋文目。至於散見於各抄本中的齋文,則有亡齋文、願亡人文、亡和尚文、亡闍梨文、亡丈夫文(亡夫文)、亡夫人文、亡兄弟文、亡弟文、亡姊文、亡孩子文、脫服文、遠忌並邑文、臨壙文等各種名目。

薦亡類齋供儀式中,最有代表性的是七七齋。鑒於七七齋在唐末五代以後與預修思想結合,奠定了中國佛教深入民間的基礎,故將在本書第六章作專門討論,兹不贅。

附帶指出的是,薦亡類齋供儀式中,齋僧能薦亡的特點一直很明顯。如道誠《釋氏要覽》卷下"三日齋"條有文説:

> 北人亡,至三日,必齋僧,謂之見王齋。《法苑》云:唐中山郎元休撰《冥報拾遺記》云:北齊仕人姓梁,將死,告其妻曰:吾生所愛奴并馬,皆爲殉。既死,家以土囊壓奴死。至第四日,奴還魂,言地府見郎主,被鎖械人衛,謂某曰:我謂同死,得你使喚,故囑你來。今各自受,必告放你迴。言訖,驅入府。奴於屏外窺,聞官問衛者曰:昨日壓得多少脂?對曰:八斗。官曰:今日壓石六。尋便牽出。至明旦,見有喜色,謂奴曰:今日必告放你。既入府,奴復窺聽,官問壓脂。衛人對曰:以此人死經三日,妻子設齋,眾僧作唄轉經,鐵梁輒折,故壓脂不得。官

稱善,尋告放還。乃囑曰:傳語妻子,賴汝營齋追薦,獲免大苦。猶未全脫,更告營齋福相救,慎勿殺生祭奠。又不得食,但益吾罪。①

故事的內容,顯然是在宣傳齋僧薦亡,宣傳齋僧時不能殺生。而故事中"衆僧作唄轉經",與義淨記印度和南海等地僧人受齋供時爲施主誦經並無二致。説明了漢傳佛教的薦亡齋供儀式,承襲的是印度齋僧的傳統。如果説宋代以後中國佛教已變成太虚大師所説的"死人佛教"的話,那麼其淵藪實際上當推齋僧。

(五) 祈禳類

義淨《南海寄歸内法傳》卷上"餐分淨觸"説:

> 又凡受齋供及餘飲噉,既其入口,身即成觸,要將淨水漱口之後,方得觸著餘人及餘淨食。若未澡漱,觸他並成不淨,其被觸人皆須淨漱。若觸著狗犬,亦須澡漱。其嘗食人,應在一邊,嘗訖洗手漱口,并洗嘗食器,方觸鐺釜。若不爾者,所作祈請及爲禁術,並無效驗。縱陳饗祭,神祇不受。以此言之,所造供設,欲獻三寶,并奉靈祇,及尋常飲食,皆須清潔。②

其中"所作祈請及爲禁術,並無效驗",説明施主舉行齋僧儀式,可以有多種目的,祈請、禁咒是其中之一。在佛教經典中,有關奉佛或舉行齋供儀式可以達到所求願望的説法頗多。如《衆經撰雜譬喻》卷下説:

> 大德,欲求心中所願,當修何功德?諸比丘答言:欲求所願者,當受持八關齋,所求如意。③

屬於祈禳類的齋供儀式包羅衆多,並有相對應齋文。從敦煌遺書來看,《齋琬文》的賽祈讚、祈雨、賽雨、賽雪、滿月、生日、散學、闕字、藏鈎、脱難、患差、征去、征還等,《齋文》中的安傘文、患文、難月文等,都屬於祈禳類齋供儀式的齋文。

祈類齋供儀式中,與群體日常生活密切相關的,當以祈雨、祈晴最多。

---

① 富世平:《釋氏要覽校注》,第 539—540 頁。
② 王邦維:《南海寄歸内法傳校注》,第 34 頁。
③ 《大正藏》第 4 册,第 540 頁中。

在佛典中,至少從晉代開始,人們已經請僧設齋祈雨。《法苑珠林》卷六十三有文説:

> 晉①沙門竺曇蓋,秦郡人也。真確有苦行。持鉢振錫,行化四輩。居于蔣山,常行般舟,尤善神咒,多有應驗。司馬元顯甚敬奉之。衛將軍劉毅聞其精苦,招來姑孰,深相愛遇。義興五年大旱,陂湖竭涸,苗稼燋枯,祈祭山川,累旬無應。毅乃請僧設齋,蓋亦在焉。齋畢,躬乘露航,浮泛川溪。文武士庶,傾州悉行。蓋於中流焚香禮拜,至誠慷慨。乃讀《海龍王經》。造卷發音,雲氣便起。轉讀將半,沛澤四合。纔及釋軸,洪雨滂注,畦湖畢滿,其年以登。劉敬叔時爲毅國郎中令,親豫此集,自所覩見。②

在唐代圓仁《入唐求法巡禮行記》中,亦有請僧乞晴、乞雨的記載。其文稱:

> 自去十月來,霖雨數度,相公帖七個寺,各令七僧念經乞晴,七日爲期。及竟,天晴。唐國之風,乞晴即閉路北頭;乞雨,即閉路南頭。相傳云:乞晴閉北頭者,閉陰則陽通,宜天晴也;乞雨閉南頭者,閉陽則陰通,宜零雨也。③
> 四日　依金正[南]寄請,爲令修理所賣船,令都匠、番匠、船工、鍛工等卅六人向楚州去。人於當寺請僧,令乞雨,以七人爲一番以讀經。④
> 今年已來,每雨少時,功德使奉敕帖諸寺觀,令轉經祈雨。感得雨時,道士偏蒙恩賞,僧尼寂寥無事。城中人笑曰:"祈雨即惱亂師僧,賞物即偏與道士。"⑤

五臺山甚至有專門的求雨院。圓仁記述説:

> [五月]廿日　始巡臺去。從花嚴寺向西上阪……更向西上阪,十

---

① "晉",校注本作"漢",據魯迅校錄《古小説鈎沉》注改。
② 周叔迦、蘇晉仁:《法苑珠林校注》,第1882—1883頁。
③ 白化文等:《入唐求法巡禮行記校注》,第71頁。
④ 白化文等:《入唐求法巡禮行記校注》,第105—106頁。
⑤ 白化文等:《入唐求法巡禮行記校注》,第442頁。

餘里到中臺。臺南面有求雨院。①

由於與海上航行有關,圓仁還記載了兩次祈風的情況。一次是在海上祈風:

> 十五日　平明,海水紺色,風起正西。指日出處而行。巳時,風止。未時,東南風吹。側帆北行。水手一人病苦死去,落卻海裏。申時,令卜部占風:"不多宜。"但占"前路雖新羅界,應無驚怪",云云。船上官人爲息逆風,同共發願祈乞順風。見日沒處當大檣正中。入夜祭五穀供,誦《般若》、《灌頂》等經,祈神歸佛,乞順風。子時,風轉西南,不久變正西。②

另外一次則是在陸上:

> 五日　下舶登陸,作五月節,兼浴沐浣衣。晚頭,從舶上將狀來。其狀稱:"順風難搞,不遂利涉。[船]頭判官共衆議:合船潔齋。從明日始三個日,延屈諸和尚轉經念佛,祈願順風。照察,幸垂光儀者。"緣夜,未即赴。夜頭於陸岸宿。
>
> 六日　早朝,赴舶上去。於舶上齋。新羅譯語道玄向押衙宅去。齋後更登陸岸,著幕,排比修法之事。晚頭,祭五方龍王,戒明法師勾當其事。
>
> 七日　雨下。
>
> 九日　早朝,轉經事畢。③

兩次的目的,都是爲了祈求風平浪靜,行船順利、平安。

與祈雨、晴相提並論的往往是禳災。敦煌遺書的齋文中,常常在祈雨沛年豐時,又希望無蝗災之害,甚至會舉行專門的禳蝗災儀式。這種情況在 P.3405(7)、S.4652、S.4992、P.2058v、S.4245 中都有一定程度的反映。

祈雨、祈晴、乞風等本身已經包括了祈字,禳災患等亦包括了禳字,歸入祈禳類意思容易理解。患文等之所以亦歸入祈禳文,是因爲這些儀式是通

---

① 白化文等:《入唐求法巡禮行記校注》,第 280 頁。
② 白化文等:《入唐求法巡禮行記校注》,第 146—147 頁。
③ 白化文等:《入唐求法巡禮行記校注》,第 156 頁。

過祈求佛菩薩除災除病患的。如 P. 2058v"患文"説:

夫佛爲醫王,有疾咸救;法爲良藥,無苦不治。是以應念消矢(失),所求必遂者,則我佛法之用也。……伏聞三寶是出世醫王,諸佛如來爲四生福田之慈父,所以危中告佛,厄乃求僧。仰拓(托)三尊,乞祈加護。

佛爲醫王本是佛經中用作比喻的詞,這裏將其實指,並將佛説成是醫病之王,認爲祈求可以除病。另外,上圖 085(1)等不少患文都稱:

伏聞三寶是出世之法王,諸佛如來爲死(四)生之慈父。所以危中告佛,厄乃求僧。仰托三尊,乞祇(祈)加護。

顯然是在有危急厄難時,都把佛僧當作可以依賴和值得祈求的對象,因此可以將其歸入祈禳類中。

綜上可以看出,祈禳類齋供儀式內容豐富,有多種多樣的形式。從上録有關祈禳類齋供儀式材料來看,幫助施主達成祈禳目的的方式,主要是轉經祈佛。

(六) 受戒類

受戒類齋供儀式指舉行受五戒、八戒、菩薩戒、度僧和受具足戒等宗教活動。具體又分爲兩類:一類是信徒請僧爲自己授五戒、八戒和菩薩戒,另一類是施主設齋度僧。第一類由於常見諸記載,相對容易理解,而第二類過去未見從齋供儀式角度關注,故先説第二類。

1. 公度和圓具

(1) 公度

義淨《南海寄歸内法傳》卷三"受戒軌則"説:

又神州出家,皆由公度。①

神州指稱中國,公指朝廷、國家、公家,度爲剃度,公度即指由國家統一舉行的俗人出家儀式。在中國歷史上,度僧有向受度者收取費用的歷史,但在文獻記載中,相當多公度是通過設齋來完成的。如唐道宣《續高僧傳》卷十九説:

---

① 王邦維:《南海寄歸内法傳校注》,第 126 頁。

又隋大業元年……送璟還山,爲智者設一千僧齋,度四十九人出家,施寺物二千段,米三千石,并香酥等。又爲寺造四周土牆。大業六年,又往揚州參見,仍遣給事侍郎許善心送還山,又爲智者設一千僧齋,度一百人出家,施寺物一千段,嚫齋僧人絹一匹。①

唐慧立《大唐大慈恩寺三藏法師傳》卷九説:

（顯慶元年夏四月）至十五日,度僧七人,設二千僧齋,陳九部樂等於佛殿前,日晚方散。②

同書卷十又説:

（顯慶三年七月）勅先委所司簡大德五十人、侍者各一人,後更令詮試業行童子一百五十人擬度。至其月十三日,於寺建齋度僧,命法師看度。至秋七月十四日,迎僧入寺,其威儀、幢蓋、音樂等一如入慈恩及迎碑之則。　勅遣西明寺給法師上房一口,新度沙彌海會等③十人充弟子。④

敦煌遺書中,《開元皇帝讚金剛經功德》説:

國王大臣傳聖教,我皇敬信世間希。
每月十齋斷宰殺,廣修善業度僧尼。⑤

可以看出度僧尼的時間是每月的十齋日即斷殺日,度僧的主體是國王大臣,是我皇。

黑水城遺書俄 TK98 西夏夏仁宗章獻欽慈皇后羅氏印施《大方廣佛花嚴經普賢行願品》發願文稱:

今皇太后羅氏,慟先帝之遐昇,祈覺皇而冥薦。謹於大祥之辰,所

---

① 道宣:《續高僧傳》,第 722 頁。
② 慧立等:《大慈恩寺三藏法師傳》,第 189 頁。
③ "海會等",校注本無,據校記補。
④ 慧立等:《大慈恩寺三藏法師傳》,第 215 頁。
⑤ 《大正藏》第 85 册,第 159 頁中。

作福善,暨三年之中,通興種種利益,俱列于後。……大法會燒結壇等三千三百五十五次,大會齋一十八次。開讀經文藏經三百二十八藏,大藏經二百四十七藏,諸般經八十一藏,大部帙經並零經五百五十四萬八千一百七十八部。度僧西番、番、漢三千員,散齋僧三萬五百九十員。

其他"建齋度僧""修齋度僧"的情況尚多,不一一列舉。這些材料,都證明了僧人出家或公度,並不一定會收取費用。

由國家公度的僧尼可以得到國家統一頒發的度牒,作爲其身份的證明。在新度僧人的度牒上,同樣可以看出公度作爲齋供儀式的證據。郝春文先生曾引錄了敦煌遺書中的三件,爲方便比較,今逐錄如下:

S.515v:

  敕歸義軍節度　牒
  敦煌鄉百姓某乙男某乙,年多少。
  牒得前件人狀稱,其男在小慕道,不樂囂塵,今因爲國薦福大會之次,許令出度者,故牒。
  天復　十月九日兼御史中丞使檢校右散騎常侍兼御史大夫張

S.1563:

  西漢敦煌國聖文神武王　敕
  押衛知隨軍參謀鄧傳嗣女　自意,年十歲。
  敕　隨軍參謀鄧傳嗣女自意,姿容順麗,窈窕柔儀,思慕空門,如蜂念蜜,今因大會齋次,准奏,宜許出家,可依前件。
  甲戌年五月十四日

S.4291:

  敕歸義軍節度使　牒
  洪潤鄉百姓張留子女勝蓮,年十一。
  牒得前件人狀稱,有女勝蓮,生之樂善,聞　佛聲而五體俱歡;長慕幽宗,聽梵響而六情頓喜。今爲父王忌日,廣會齋筵,既願出家,任從剃削者。故牒。
  清泰伍年二月拾　日　牒。

使檢校司空兼御史大夫曹示①

據榮新江先生研究,第一件中的"兼御史中丞使檢校右散騎常侍兼御史大夫張"爲張承奉,由於天復元年(901)十月張承奉已稱尚書,故這件文獻的年代可能爲天復元年②。第二件上鈐敦煌國印三方,當屬張氏金山國時期(894—914)文獻,張氏金山國無年號,現存官私文書均用甲子紀年③,甲戌年即唐乾化四年(914)。從其有鈐印來看,當爲正式度牒。曹元德935—939年在位④,清泰五年(938)爲曹元德在其父忌日設齋時所用度牒。説明它們均爲歸義軍時期的度牒。

度牒都有大致相同的結構。其中稱度僧尼的場合,一是"爲國薦福大會",二是"大會齋次",三是"父王忌日,廣會齋筵",都與設齋有關。因此,公度爲基於設齋的受戒類佛教齋供儀式。

(2) 圓具

在雲南傣族地區上座部佛教地區,不論是出家還是受具足戒,都舉行隆重的昇級儀式。負責爲昇級儀式出資的,是昇級者的幹爹幹媽。他們有一定的經濟基礎,認爲助人出家和受具足戒都有大功德,都心甘情願去做。因此,目前所知雲南南傳佛教地區僧人的昇級儀式,都屬於齋供儀式。在中國佛教史上,貞觀元年(627)開始設立的方等道場,目的是爲沙彌舉行圓具儀式,亦屬於齋供儀式⑤。由於有關方等道場的材料有限,宜合并討論,故對它與齋供儀式的關係,將在下文討論其儀式程序時再予展開,這裏從略。

2. 在家信衆受戒

受五戒、八戒在第二章齋講儀式中有過討論,這裏不贅。受菩薩戒較爲複雜,有僧人受戒和俗人受戒兩種,但與設齋相提並論的,可以肯定屬於齋供儀式。如志磐《佛祖統紀》卷六説:

---

① 郝春文:《唐後期五代宋初敦煌僧尼的社會生活》,第7—9頁。
② 榮新江:《歸義軍史研究——唐宋時代敦煌歷史考索》,上海:上海古籍出版社,1996年,第93頁。
③ 榮新江:《歸義軍史研究——唐宋時代敦煌歷史考索》,第219頁。
④ 榮新江:《歸義軍史研究——唐宋時代敦煌歷史考索》,第107—110頁。
⑤ 道宣《續高僧傳》卷二十四"釋慧乘"傳説:"貞觀元年,乘以銜荷特命,義須崇善,奉爲聖上,於勝光寺起舍利寶塔,像設莊嚴,備諸神變。并建方等道場,日夜六時,行坐三業。"(道宣:《續高僧傳》,第942頁)湛如法師《敦煌佛教律儀制度研究》(第105頁)以爲方等道場唐代宗永泰元年(765)纔設立,似稍晚。

（隋開皇）十一年，晉王代爲總管，晉王楊廣代秦王，遣使奉迎。師曰：
"我與晉王深有緣契。"即束衣順流，不日而至。王製文請授菩薩戒，師
三辭不免，乃立四願：一者雖好禪學，行不稱法，願勿以禪法見欺；二者
身闇庠序，口拙喧涼，願不責其規矩；三者爲法傳燈，願勿嫌其去就；四
者若丘壑念起，願放飲啄，以終餘年。許此四心，乃赴優旨。時王方希
淨戒，遂允其願。以是年十一月二十三日，於總管大聽事設千僧齋，授
菩薩戒法。①

同書卷九亦說：

　　陳皇太子淵，後主子也，至德四年（586）正月十五日，於崇正殿設千
僧齋，請大師授菩薩戒。《百錄》、《請戒文》名淵，《南史》名深，恐因請戒改此名。其《請戒文》云："重道尊
師，由來尚矣。請世世結緣，遂其本願。"授戒之日，傳香在手，臉下垂
淚。師爲立名善萌。②

　　這類國王或大臣設齋授菩薩戒的記載多有，不一一列舉。由於是設齋
授戒，故屬於齋供儀式。
　　授菩薩戒時，會仿僧人有度牒之例，由僧人給受戒者菩薩戒牒。受五戒
和受八戒者亦存在類似情況。幸運的是，敦煌遺書中保存的一批受五戒牒、
受八關齋戒牒和受菩薩戒牒，爲了解齋供儀式受齋戒戒牒提供了極爲珍貴
的實物資料。就收入《敦煌社會經濟文獻真蹟釋錄》的來看，以受八關齋戒
牒最多，有 24 通（依時間順序分別見於 S.6264、P.2994、P.3392、P.3414、
S.532、P.3482、S.347、P.3140、S.330、S.330、P.3203、P.3207、P.3439、
P.3439、P.3439、S.2448、P.3206、S.330、S.330、S.1183、P.4959、S.330、
P.3483、S.4115）；五戒牒次之，有 7 通（依時間順序分別見於 S.532、
P.3238、P.3320、S.532、P.3455、S.5313、S.4844）；菩薩戒牒有 3 通
（S.4482、S.4915、S.3798）。此外還有千佛大戒牒 1 通（P.3143）③。除有部
分遺漏（如 S.330 六通僅錄五通）外，這一統計還未包括俄藏敦煌遺書中菩

---

① 釋道法：《佛祖統紀校注》，第 177 頁。晉王爲智顗設千僧齋、智顗授菩薩戒法事並見《佛
　　祖統紀校注》，第 432 頁。
② 釋道法：《佛祖統紀校注》，第 237 頁。
③ 以上據唐耕耦等《敦煌社會經濟文獻真蹟釋錄》第四輯（北京：敦煌吐魯番學北京資料中
　　心，1988 年，第 68—102 頁）所收統計。

薩戒牒兩通（Дx02881+Дx02882、Дx02888）和千佛戒牒一通（Дx02889）在內。

另外，十無盡戒牒亦屬於受菩薩戒牒。未收入《英藏敦煌文獻》的S.2851即爲十無盡戒牒，其文作：

菩薩十無盡戒
奉請釋迦牟尼佛爲和尚
奉請文殊師利菩薩爲羯磨師①
奉請彌勒菩薩爲教授②師
奉請十方諸佛爲證戒師
奉請十方諸大菩薩爲同學伴侶
發四弘誓願：

衆生无邊誓願度，煩惱無邊誓願斷，法門無邊誓願學③，無上菩提誓願成。若有人所須乞者，不得違逆；若無財物施，但誦此偈：

我今初發心，善根未成熟。待彼成熟時，後必當施與。

第一不得故煞有情命根；二不得偷盜他人財物；三不得婬欲④；四不得妄語；五不得自沽酒、教他沽酒；六不得説出家、在家菩薩過失；七不得自讚毀他⑤；八不得慳悋財法；九不得自嗔、教人嗔；十不得自謗三寶、教他謗三寶。

右以前十戒，仰人各寫一本，令誦持。如因齋日試不通，罰一七人供。

大曆十五年正月卅日女弟子妙德於沙州靈圖寺受戒
傳戒法師智廣

除最末三行外，其文並見於P.4597。P.4698v則錄有十戒的主要内容，並出現了"菩薩十無盡戒"的字樣。"發四弘誓願"以後内容除受戒時間、地點不同並有個別文字不同外，並見於Дx02888。由於僧尼亦可以受菩薩戒，故如果沒有最末三段，完全可以用於僧尼授菩薩戒。但倒數第三行中"如因齋日試不通，罰一七人供"，則説明此無盡戒牒用於齋日授戒，是俗人受菩薩

---

① "阿闍梨"，底本殘，上下文行文補。
② "授"，底本作"受"，據P.4597改。
③ "學"，底本殘，據P.4597補。
④ "欲"，底本殘，據P.4597、Дx02888補。
⑤ "毀他"，底本殘，據P.4597、Дx02888補。

戒的戒牒。如果受戒者在齋日未通過考試,就會被罰供僧七人①。

齋戒類齋供儀式往往在三長月舉行,故《齋琬文》第九"賽祈讚"類中的"三長""受戒",屬於齋戒類齋供儀式活動的齋文。之所以"受戒"齋文被歸入"賽祈讚"類齋文,據説是"受戒"有除惡避災的功能。志磐《佛祖統紀》卷三十七説:

> 簡文帝^{諱昱,成帝幼子。} 咸安元年,有烏來巢太極殿,帝召曲安遠筮之,曰:"西南有女人師,能除此怪。"時尼道容住歷陽烏江寺,召至都,以華置席下驗凡聖,容所坐華不萎。謂帝曰:"陛(陛)下當奉行八關齋戒,自然消弭災怪。"帝如言行之,群烏運巢而去。勅建新林寺以居之。②

女尼道容的説法,在佛經中能找到依據。《賢愚經》卷三"差摩現報品第十九"説:

> 婆羅門婦,字曰差摩^{晉言安隱},飯僧已訖,諸尊弟子,勸請差摩受八關齋。受齋已訖,各還精舍。……於時差摩,常聞人説:若世有人受持八關齋者,衆邪惡鬼,毒獸之類,一切惡災,無能傷害。③

以此之故,受齋戒類齋供儀式有時亦被用於祈禳彌災。

(七) 綜合類

所謂綜合類齋供儀式,既可能包括上述齋供儀式中的某幾類,亦可能是上文未述及的齋供儀式。

先看綜合某幾類上述齋供儀式的情況。P.2341v《亡考》文稱:

---

① S.1780 當爲僧人受菩薩戒戒牒,與俗人受菩薩戒戒牒內容稍有不同。其文作"弟子有相於元年建未月七日申時,於沙州龍興寺受菩薩戒。釋伽(迦)牟尼佛爲和上,文殊師利菩薩爲羯磨阿闍梨,當來彌勒尊佛爲教受(授)師,十方諸佛爲證戒師,十方諸大菩薩爲同學伴侶,神卓法師爲傳戒和上。歸依佛,不可壞;歸依法,不可壞;歸依僧,不可壞;歸依戒,不可壞。發四弘誓願:衆生無邊誓度,煩惱無邊誓願斷,佛法無邊誓願學,無上菩提誓願成。同受戒人:上惠、上智、等心、上仙、惠明、法光、寳明、廣自在、妙果、莊嚴、藥上、正無礙、淨心、淨念、善光。和上神卓"。
② 釋法:《佛祖統紀校注》,第 825 頁。晉簡文召尼道容授八關齋戒烏運巢而走事,並見《佛祖統紀校注》,第 1244 頁。
③ 《大正藏》第 4 册,第 370 頁上中。

[嘆佛]竊聞大聖法王,運一乘而化物;大雄利見,越三界以居尊。故能廣布慈雲,普洽無邊之潤;遐開慧日,咸輝有識之流。无(天)中之天,爲四生之父母;像外之像,建六趣之津梁。妙覺巍巍,理絕名言者矣。

[齋意]然今即席捧爐,虔跪所爲,意者齋雖一會,意有二端:

一爲亡考忌晨(辰)之所設也。惟亡考英譽早聞,芳猷素遠;人倫領袖,朝野具(俱)瞻。夜壑俄遷,魂隨閬水。至孝等自惟薄福,上延亡考,望得久住高堂,常堪孝養。何虧殀卒,掩(奄)就崩亡。時運不停,奄經遠日。既居仁(人)子,上戀情深。粉骨莫酬,灰身難報。降延清衆,廣列齋壇。

二爲合邑諸公等,或鐘鼎承家,[或]羽儀資國,或文參八坐(座),或武貫三軍,或千里專城,或一同撫辨,或六條毗化,或五美傳風,或浪[迹]丘園,或栖神世表,莫不行業齊芳,玄花爭秀,功名至極,世所推移。知火宅之不堅,悟三界之牢獄。是以三官啓發,合邑虔誠,罄捨珍財,同修白業。

[道場]是時也,列釋座,嚴尊容,燒海岸香,餐天廚饌。總思(斯)勝福,夫何以加?

[莊嚴]先用莊嚴亡靈所生魂路,捨不堅身,得金剛體。神遊淨域,識托寶方。稟佛大乘,逍遥快樂。未來之際,還作善緣。莫若今生,愛別離苦。

又持勝善,奉福莊嚴合邑諸公等。惟願霧卷千殃,雲被百福。七珍具足,六度薰修。頂蔭慈光,心燃惠炬。前佛後佛,勝寶莊嚴。來生此生,善牙(芽)增長。

齋文中記述道場的文字不多,僅爲"列釋座,儼(嚴)尊容,燒海岸香,餐天廚饌",表述的齋意則有兩種:一是超度亡考,二是爲合邑人士同修白業①。與齋意相對應的是,嘆德包括兩次:一次是嘆亡考德,一次是嘆合邑諸公德;莊嚴亦有兩種:一是莊嚴亡靈,二是莊嚴合邑人士。由其有兩種齋意、嘆德和莊嚴,顯然已屬於綜合類齋供儀式。

再看上文未及的綜合類儀式。這種齋供儀式的特點,是齋供儀式的内容較多,設齋捨施的意圖亦比較複雜。如 P.2704 有疏文四通,其中有兩通

---

① 施護譯《佛説白衣金幢二婆羅門緣起經》卷上解釋説:"云何白業?謂不殺生、不偷盜、不邪染、不妄言、不綺語、不兩舌、不惡口、不貪、不瞋、正見,是此白業。"(《大正藏》第 1 册,第 217 頁中)則所謂白業即十善,具體是身三種善(不殺生、不偷盜、不邪染),口四種善(不妄言、不綺語、不兩舌、不惡口)和意三種善(不貪、不瞋、正見)。

均爲設齋、轉經、捨施、度僧意文。第一通作：

請大衆轉經一七日，設齋一千五百人，供度僧尼一七人，紫盤龍綾襖子壹領，紅宮錦暖子壹領，大紫綾其襖子千湖宰相換除半臂壹領，白獨窠綾袴壹腰。^{已上施入大衆} 布壹拾陸疋。^{施入一十六寺} 細緤壹疋。^{充經覰} 緤壹疋。^{充人事}

右件設齋、轉經、度僧、捨施，所申意者，先奉爲龍天八部，調瑞氣於五涼；梵釋四王，發祥風於一郡。當今聖主帝業長隆，三京息戰而役臻，五府輸誠而向化。大王受寵，台星永曜而長春；功播日新，福壽共延於海岳。 天公主抱喜，日陳忠直之謀；夫人陳歡，永闡高風之訓。司空助治，紹倅職於龍沙。諸幼郎君負良才而奉國。小娘子姊妹恒保寵榮。合宅官人同霑餘慶。然後燉煌境內，千祥並降於 王庭；蓮府域中，萬瑞咸來自現。東朝奉使，早拜 天顏；于闐使人，往來無滯。今因大衆，親詣道場，渴仰慈門，幸希迴向。

長興四年(933)十月九日弟子河西歸義等軍節度使檢校令公大王曹議謹疏

第四通作：

請大衆轉經一七日，設齋一千六百人供，度僧尼二七人。紫花羅衫壹領，紫錦暖子壹領，紫綾半臂壹領，白獨窠綾袴壹腰。^{已上施入大衆} 布壹拾陸疋，麥粟豆共叁拾碩，黃麻叁碩貳㪷。^{已上施入一十六寺} 細緤壹疋。^{充經覰} 布壹疋。^{充法事}

右件轉經、設齋、度僧、捨施，所申意者，先奉爲龍天八部降瑞氣，剋伏五涼；梵釋四王逼妖邪，廓清七郡。中天聖帝，澤潤無私。退邁輻湊於仁明，戎虜欽風而仰賴。大王福祚，壽海無窮，寵祿俱臻，福山轉茂。天公主播美，日隆王母之顏。夫人溫和，月闡仙娥之貌。司空俊傑，懷三令之奇能。諸幼郎君，負五伸之美德。小娘子姊妹，丞訓範於宮門。合宅枝羅，匡軌儀於王室。然後河隍晏謐，烽燧帖靜於四鄰；社稷恒昌，戈甲不興於一境。西成稼穡，三秋轉茂而豐登；東作秀苗，九夏殷盈於壠畝。朝庭貢使，沊路不值於煙塵；還駕無虞，喜音速降於旬日。癘疾消散，疫障蠲除。遠近征徭，早還桑梓。今因大會，詣就道場，渴仰三尊,請申迴向。

　　長興伍年(934)五月十四日弟子河西歸義等軍節度使檢校令公大王曹議金　謹疏

從迴向疏文內容來看,舉行的是"設齋、轉經、度僧、捨施"或"轉經、設齋、度僧、捨施"大會,每一種捨施或道場行爲,都有專門的對象。如第四通對應的齋供儀式,包括施捨大衆、十六寺,用作充經儭和轉經、度僧等法事,有數種意圖。這通疏文,就是功德主曹議金在大會時親詣道場,向佛法僧三寶表達齋意,希望願望得到滿足。由於這四通捨施疏表述的齋意比較複雜,無法歸入上面各類齋供儀式中,只能歸入綜合類。

與設齋、轉經、度僧、捨施齋供儀式相對應的疏文,亦見於 P.3781。其文作:

　　厥今霞開玉殿,敷奮瓊宫,齋金容以(與)日月爭暉,建幢幡以(與)祥雲競彩。四部會臻於蓮宇,官僚虔敬於三尊,請千世之能仁,邀摩梨之首座。經轉如來之教,玉軸環周;爐焚龍寶之香,徘徊靉靆。捨珍財求長延寵位,度僧尼助佐緇倫,設廣會祈百歲餘糧,啓洪願則禳災却難者,爲誰施作？時則有　　我使主尚書先奉爲龍天八部云云。尚書德後云。加以信珠頂捧,惠鏡居懷。憑釋教以定八方,望聖賢而安社稷。故得年嘗(常)軫慮,大闡玄官;每載春秋,弘施兩會。更能降十方淨土,隱影來瑞於衆中;小界聲聞,競湊雲奔於此供。真流修定,俗輩鍊心。合境虔恭,傾城懇顙。供延大會,諺法界而召淨人;饌獻七珍,味烈(列)香積之瑞異。樂音前引,鈴梵後從。幡花迓迎而盈場,鈸讚鴻鳴而滿域。度僧尼如同鹿苑,不乏三寶之名。設珍帛溥施洪基,傾心善願。今者星臺掩户,玉軸罷而還宫。寶藏停開,金字收光,止屭半滿之教。琉璃匣内,不舒大小中乘;瑪瑙函中,無現十方諸大菩薩。施願竟而歸蓮,三世應供。如來乞隨,大願育物。是時也,寒雲已降,牧童喜延譿之聲;佳雪纔飛,野老嘆迎春之瑞。總斯多善云云。自後莊嚴取穩便行,更不重述。

在佛教文獻中,賓頭盧被認爲住在南天竺摩利支山,故上文中"摩梨之首座"指賓頭盧尊者。每設齋會,他都會被邀請來作證盟。此件文獻郝春文先生擬名《度僧尼文文範》①。從其内容來看,除度僧尼外,還包括轉經、捨施、度僧、設齋等内容,故亦屬於綜合性齋供儀式齋文。

---

　　① 郝春文:《唐後期五代宋初敦煌僧尼的社會生活》,第 12—13 頁。

第二節　齋供儀式的程序

齋供儀式的程序與齋供儀式的種類之間，並無必然聯繫。因爲如上所說，同一種齋意，可能使用不同的齋供形式，如薦亡可以通過設齋誦經完成，亦可以在造像塔後，通過舉行慶讚儀式達到，還可以通過設齋度僧達成；一個目的，可以通過多種方式達成。同樣，同一種齋供形式，亦可以達成不同的齋意。如 P.2058v 有文説：

厥今虔恭奉聖，結勝壇於八荒；轉昌（唱）金言，連朝夜如（而）不絶。爐焚寶[香]，供備天廚，請佛延僧，設齋散食者，有誰施作？時則有我河西節度使令公，先奉爲龍天八部，靜四塞而衛護敦煌；梵釋四王，日雍（擁）當時而蕩除妖孽。亦爲蝗飛遠境，不犯草木之苗；謂大自在天神，證（澄）散庶惱；摩殄（醯）首羅天主（王），伏以蝗軍。又願令公遐祚，公主夫人恒安，郎君小娘子居閨，合郡絶憂惶之道之所作也。

這一設齋請僧、設壇轉經齋供儀式的意圖，包括保護敦煌，消除妖孽，驅趕蝗蟲，保佑施主福祚遐長、平安無憂等。顯然亦屬於綜合類齋供儀式。

正是由於達成一種齋意的齋供儀式有多種，一種齋供儀式可以達成多種齋意，齋供儀式與齋意二者之間不能一一對應，故討論齋供儀式程序時，很難按照齋意來進行介紹。我們注意到，齋供儀式的程序不能根據齋意分類，但大致可以根據具體內容分爲設齋供僧、講經説法和受戒三大類。另外，由於它們相互之間有時可能重合，甚至可能合三爲一，即在一個齋供儀式中就包括這些內容，故另外再增加一個綜合類。本節就按這四種分類分別介紹齋供儀式的程序。

一、設齋供僧

齋供儀式包括施主層面和僧人層面兩種叫法，對於齋供儀式程序的記述，亦有從旁觀者和参與者兩種不同的角度。前者主要記述儀式的主要程序，而後者則記述每個程序的具體做法。如果將兩者進行對比，無疑可以進一步加深了解，看到一個較爲清楚的可作爲範式的個案。

圓仁的《入唐求法巡禮行記》保存了極爲珍貴的佛教歷史文獻資料，僅較爲完整的設齋供僧儀式的記述就有三條。比較這三條材料可以看出，如果是一日設齋供僧，其主要程序包括入堂、列坐、作梵行香、嘆佛咒願（表讚）、行食吃齋、供養、食後漱口、食後咒願、行散。兹列其要目表解如下：

表 4-1　齋僧儀式程序比照表

要　目	食　儀　式	五百僧齋式	寺齋禮佛式
時間及齋名	［077］［十一月］廿四日堂頭設齋。衆僧六十有餘，幻群法師作齋嘆文。	［084］［十二月］八日國忌之日，從捨五十貫錢於此開元寺設齋，供五百僧。	［320］［五月］五日　寺中有七百五十僧齋。諸寺同設。並是齊州靈岩寺供主所設。
	食儀式：		竹林寺齋禮佛式：
入堂列坐	衆僧共入堂裏，次第列坐。有人行水。施主僧等於堂前立。	早朝，［諸］寺衆僧集此當寺，列坐東北西廂裏。辰時，相公及［將］軍入寺來——從大門相公、將軍雙立，徐入來。步陣兵前後左右咸衛，州府諸司皆隨其後。至講堂前磚砌下，相公、將軍東西別去。相公［東］行人入東幕，將軍西行，入西幕下。俄頃，改鞋澡手出來。殿前有二砌橋，相公就東橋登，將軍就西橋登。曲各東西來，會於堂中門。就座禮佛畢，即當於堂東西兩門各有數十僧列立，各擎作蓮花並碧幡。	午時，打鐘。衆僧入堂。大僧、沙彌、俗人、童子、女人依次列坐了。
作梵行香	衆僧之中有一僧打槌，更有一僧作梵，梵頌云："云何於此經，究竟到彼岸。願佛開微密，廣爲衆生説。"音韻絶妙。作梵之間有人分經。梵音之後，衆共念經，各二枚許。即打槌，轉經畢。次有一僧唱"敬禮常住三寶"，衆僧皆下牀而立，即先梵音師作梵，"如來色無盡"等一行文也。作梵之間，綱維令請益僧等入裏行香，盡衆僧數矣。行香儀式與本國一般。	有一僧打磬，唱"一切恭敬敬禮常住三寶"畢，即相公、將軍起立取香器，州官皆隨後，取香盞，分配東西各行。相公東向去，持花幡僧等引前，同聲作梵，"如來妙色身"等二行頌也。始一老宿隨，軍亦隨衛，在廊檐下去。盡僧行香畢，還從其途，指堂迴來，作梵不息。將軍向西行香，亦與東儀式同。一時來會本處。此項，東西梵音交響絶妙。其唱禮，一師不動獨立，行打磬，梵休即亦云"敬禮常住三寶"。相公、將軍共坐本座，擎行香時受香之香爐，雙坐。	表嘆師打槌，唱"一切恭敬敬禮常住三寶，一切普念"。次寺中後生僧二人手把金蓮，打蠡鈸。三四人同音作梵。供主行香：不論僧俗男女，行香盡遍了。

(續　表)

要　目	食　儀　式	五百僧齋式	寺齋禮佛式
嘆佛咒願（表讚）	其作齋晉人之法師先衆起立,到佛左邊,向南而立。行香畢,先嘆佛,與本國咒願初嘆佛之文不殊矣。嘆佛之後,即披檀越先請設齋狀,次讀齋嘆之文。讀齋文了,唱念"釋迦牟尼佛",大衆同音稱佛名畢,次即唱禮,與本國道爲天龍八部諸善神王等頌一般。乍立唱禮,俱登牀坐也。	有一老宿圓乘和上讀咒願畢,唱禮師唱爲天龍八部等頌。語旨在嚴皇靈,每一行尾云"敬禮常住三寶"。相公諸司共立禮佛,三四遍唱了,即各隨意。	表嘆先讀施主設供書。次表讚了。便唱："一切普念。"大僧同音唱"摩訶般若波羅蜜"。次唱佛菩薩名。大衆學詞,同禮"釋迦牟尼佛、彌勒尊佛,文殊師利菩薩、大聖普賢菩薩、一萬菩薩、地藏菩薩、一切菩薩摩訶薩"。"爲廿八天釋梵王等,敬禮常住三寶。""爲聖化無窮,敬禮常住三寶。""爲今日供主衆善莊嚴,敬禮常住三寶。""爲師僧父母、法界衆僧,敬禮常住三寶。"打槌唱云施食咒願。上座僧咒願了,
行食吃齋	讀齋文僧並監寺、綱維及施主僧等十餘人,出食堂至庫頭齋。自外僧、沙彌咸食堂齋。亦於庫頭別爲南岳、天台等和尚備儲供養。衆僧齋時,有庫司僧二人弁備諸事。	相公等引軍至堂後大殿裏吃飯。五百衆僧於廊下吃飯。隨寺大小,屈僧多少：大寺卅,中寺廿五,小寺二十。皆各座一處長列。差每寺之勾當,各令弁供。處處勾當,各自供養。	行飯食。上下、老少、道俗、男女平等供養也。
供養	唐國之風,每設齋時,飯食之外別留料錢。當齋將竟,隨錢多少,僧衆僧數,等分與僧。但作齋文人別增錢數。若於衆僧,各與卅文;作齋文者,與四百文。並呼道儭錢。計與本國道布施一般。		
食後漱口	齋後,同於一處漱口歸房。		衆僧等吃齋了,行水湯口。

(續　表)

要　目	食　儀　式	五百僧齋式	寺齋禮佛式
食後咒願			次打槌念佛。表嘆師打槌云"爲今日施主[衆]善莊嚴及法界衆生",念"摩訶般若波羅蜜多"。大衆同音念"釋迦牟尼佛、彌勒尊佛,大聖文殊師利菩薩、一萬菩薩、一切菩薩摩訶[薩]"。如次學詞同念念佛了,打槌隨意,
行散		其設齋不遂一處,一時施飯,一時吃了,即起散去,各赴本寺。	大衆散去。
備註	凡寺恒例:若有施主擬明朝煮粥供僧時節,即暮時交人巡報:"明朝有粥。"若有人設齋時,晚際不告,但當日早朝交人巡告:"堂頭有飯。"若有人到寺請轉經時,亦令人道:"上堂念經。"其揚府中有卅餘寺,若此寺設齋時屈彼寺僧次來,令得齋儭,如斯輪轉,隨有齋事,編錄寺名次第,屈餘寺僧次。是乃定寺次第,取其僧次。一寺既爾,餘寺亦然,互取寺次,互取僧次。隨齋饒乏,屈僧不定。一寺一日設齋。計合有當寺僧次,比寺僧次。	於是日,相公別出錢,差勾當於兩寺,令涌湯,浴諸寺衆僧,三日爲期。	

圓仁記齋供儀式時,除了記其程序外,只將他所見所聞與日本的情況作比較,未對僧人的具體的操作作進一步的敍述。

從僧人實際操作角度對齋僧情況作詳細說明的,是宋代僧人宗賾的《禪苑清規》。該書是現存最早的漢傳佛教僧人清規,共十卷,内容豐富。

其中卷一"赴粥飯"和卷六"中筵齋"兩條,既記述了僧人應供的程序、所應當遵守的規定,又對一些具體行法作了詳細說明①。爲便於與圓仁所記進行比較,兹依圓仁記程序要目,將宗賾所記齋僧時僧人的具體做法表解如下:

表 4-2　齋僧儀式程序比照表

要目	赴　粥　飯	中　筵　齋
		如遇施主入院作中筵齋,監院先問外請僧俗客若干,食襯錢各若干,然後報住持人知,同典座定食,次辦齋料。直歲安排坐位,或在庫司,或法堂上,香花奕幕,隨家豐儉。書狀依吉凶齋意,修寫文疏。
入堂列坐	粥飯坐位,須依戒臘資次。早晨開靜之後,齋時三下已前,先於食位就坐,候長版鳴及打三下,即起身下鉢^{舊說不得過三位},放鉢須當上肩。打木魚已後,竝不得入堂。 入堂之法,門入者,竝從南頰入。^{先舉右足}所以不從北頰入者,尊住持人也。^{後門入者,上間坐北頰入,先舉左足;下間坐南頰入,先舉右足}。於聖僧前問訊訖坐。 上牀之法,問訊鄰位,先以右手斂左邊衣袖,腋下壓定;復以左手斂右邊衣袖略提提,然後兩手提面前袈裟,次併以左手提之,即踏牀近裏而坐,然後棄鞋。先以左手托牀,次先縮左腳上牀,次收右腳,舉身正坐,左腳壓右腳,敷袈裟蓋膝上,不得露内衣,亦不得垂衣坐牀緣,須退身一鉢許地,以明護淨。^{一安袈裟。二展鉢盂。三頭所向。}是名三淨。 監院、維那、直歲、侍者等在堂外上間,知客、浴主、炭頭、街坊、堂主等在堂外下間。 鳴鼓三通,住持人赴堂,知事、頭首依位問訊。堂前鳴鐘,大衆同下牀。住持人入堂問訊聖僧罷,與大衆問訊,然後就位,復問訊訖,住持人就座,大衆方可上牀。侍者沙彌參隨住持人下堂外排立,候大衆坐,一時問訊,然後侍者入卓子問訊出。	維那安排坐位、照牌。住持人居主位,^{出即監院代之}首座分首,^{如有尊宿名德可當席面,即首座居住持人左手}。藏主已下依位列,施主、俗客在照位,監院、維那、直歲在鼓下,自餘頭首、宿德,相度安排。遠則東西相照,近則合榻相朝,並從南爲上。魚鼓集衆,鳴鐘就坐,賓主問訊,皆同入堂。

---

①　宗賾:《禪苑清規》,蘇軍點校,鄭州:中州古籍出版社,2001年,第 9—12、73—74 頁。

（續　表）

要目	赴粥飯	中筵齋
作梵行香	次後維那入堂，聖僧前問訊罷燒香，就砧槌邊立，大衆展鉢。_{洪濟添打槌一下云：大衆各念《心經》三卷，迴向某人。諸方設土地粥，方有此一槌。}	於聖像前先聲法事，知客點淨，引施主行香。從住持人起，至中筵東南角。次從席面起，至中筵西南角。自餘從便，以徑截爲上。
嘆佛咒願（表讚）	如遇吉凶齋設，行香罷，跪爐次，槌一下云：_{稽首薄伽梵，圓滿修多羅，大乘菩薩僧，功德難思議。或云：佛法僧寶，最勝良田，凡所歸投，皆彰感應。或云：水澂秋月現，懇禱福田生。唯有佛菩提，是真歸仗處。蓋槌邊不可誦長偈也。}今晨修設有疏，恭對雲堂，代伸宣表。伏惟慈證。 宣疏罷云：上來文疏已具披宣，聖眼無私，諒垂昭鑒，仰憑尊衆念^{良久云：}"清淨法身"等。下槌太疾，即打著佛腳。下槌太慢，則打著佛頭。如遇尋常塡設，即白槌云"仰惟三寶，咸賜印知"，更不嘆佛也。	行香罷，施主像前跪爐，法事唱禮，維那宣疏，念十聲佛，施主就位。如行香不用法事，則請法事頭一人先唱恭敬頭，^{一切恭敬，信禮常住三寶，此略梵。}次第舉佛，至行香罷，法事唱如來梵。^{"如來妙色身"，乃至"是故我歸依"，信禮常住三寶。}跪爐頭①讀疏、念佛、就座同前。若無法事及不舉佛，亦不讀疏，維那鳴磬唱禮，恭敬頭、施主行香罷像前跪爐，維那唱如來梵，白齋意，念誦。施主就坐，鳴磬結位。
行食吃齋	十聲佛罷，良久打槌一下，首座施食。^{粥云：粥有十利，饒益行人，果報生天，究竟常樂。又云：粥是大良藥，能除消飢渴，施受獲清凉，共成無上道。齋云：三德六味，施佛及僧，法界人天，普同供養。鑽飰云：施者受者，俱獲五常，色力命安，得無礙辯。已上竝引聲高唱也。} 施食訖，行者喝食入。〔喝〕^{食須言語分明，名目不賺。若有差悞，受者之法不成，須令再唱。行食太速，受者倉卒。行食太遲，坐久生惱。} 食遍，維那白槌一下，首座接食觀想訖，大衆方食。	復鳴磬一下，首座施食。次行香喝食遍，^{中筵齋行者更不喝食，但逐味行食遍，在中筵外立之。}鳴磬一下，大衆祇揖，默然作觀，然後出生。喫食飰遍，
供養	維那於聖僧帳後轉身，問訊首座，^{乃請首座施財。}却歸本位。打槌一下，首座施財。〔喝〕^{云：財法二施，等無差別，檀波羅蜜，具足圓滿。}庫頭或維那次第行襯。^{輕手放僧前單上，意在恭敬。衆僧合掌受襯，不得眼覷，及不得將襯錢擲被位作聲，齋畢收之。}	維那鳴磬，首座施財，或施主俵襯，或知事代行。

---

① "頭"，點校本無，據校記補。

（續　表）

要目	赴粥飯	中筵齋
	展鉢之法，先問訊，解複帕，取鉢拭疊令小，及匙筋袋當面近身橫放，次展淨巾蓋膝，開複帕，及疊三角向裏令齊整，一角垂牀緣。先以兩手開鉢單，覆右手把向身，單緣蓋鉢盂上，即仰左手取鉢安單上左邊，以兩手頭指拼取鐼子，從小次第展之，不得作聲。如坐位稍窄，只展三鉢。次開袋取匙筋，^{取則先筋，入則先匙}，安橫於頭鐼之後。匙筋頭向上肩，鉢刷安下肩單外緣，刷柄向外，以待出生。 行食之法，當淨人自行，僧家不得自手取食。淨人行食，禮合佇細，羹粥之類，不得污僧手及鉢盂緣。點杓三兩下，良久行之，曲身斂兩手當胷，粥餅多少，各隨僧意。 受食之法，兩手捧鉢，低手離鉢單，平鉢受之。應量而受，不得有餘。維那未白遍槌，不得擎鉢。先作供養，候聞遍槌，合掌揖食。次作五觀，^{一、計功多少，量彼來處；二、忖己德行，全缺應供；三、防心離過，貪等爲宗；四、正事良藥，爲療形枯；五、爲成道故，應受此食也。}然後出生，^{未作五觀，非己食分，不得出生。}偈云：汝等鬼神衆，我今施汝供，此食遍十方，一切鬼神共。 喫食之法，擎鉢就口，不得將口就食。鉢盂外邊半已上名淨，半已下名觸。以頭指安鉢內，第二第三指傅鉢外，第四第五指不用。鐼子亦如之。取鉢放鉢及拈匙筋，不得有聲。《四分律》云：正意受食，平鉢受羹飯。羹飯俱食，以次食，不得挑鉢中央食，無病不可得爲己索羹飯，不得以飯覆羹更望得，不得視比座鉢中起嫌心。當繫鉢想食，不得大搏飯食，不得張口待飯食，	
	不得含食語，不得搏飯擲口中，不得遺落飯食，不得頰飯食，不得嚼飯作聲，不得噏飯食，不得舌舐食，不得振手食，不得手把散飯食，不得汗手捉食器。已上律文，並宜遵守，亦不得抓頭，令風屑墮盂鐼中。亦不得搖身捉膝踞坐欠伸及搐鼻作聲。如欲嚏歕，須當掩鼻；如欲挑牙，須當掩口。菜滓果核，安鐼鉢後屏處，以避隣位之嫌。如隣位鉢中有餘食及果子，雖讓不得取食。及隣位有怕風之人，不得使扇。^{如自己怕風，白維那堂外喫食。}或有所須，默然指授，不得高聲呼取。	

(續 表)

要目	赴 粥 飯	中 筵 齋
食後漱口	食訖,鉢中餘物以鉢拭淨而食之。頭鉢受水,次第而洗,仍不得於頭鉢内洗鐼子。次第拭鉢鐼令極乾,匙筯洗拭盛袋内。鉢水之餘,不得瀝牀下。棄鉢水真言曰:唵。摩休羅細。莎訶。頭鉢以下,以兩手大指拼安鉢内,仰左手把鉢,取安帕複中心,覆右手,把近身單緣蓋鉢盂上,兩手疊單安鉢口,次以向身帕角覆鉢上,又以垂牀緣帕角向身覆之,然後疊淨巾兼匙筯袋。鉢刷在帕上,以鉢拭覆之。複鉢盂訖。	
食後咒願	聞下堂槌,念食訖偈:飯食訖已色力充,威震十方三世雄,回因轉果不在念,一切衆生獲神通。住持人出,起身掛鉢,令掛搭單齊整,蹲身踞牀坐,然後左手斂後裙衣,襯體覆牀緣,徐徐垂足而下,不得跨牀便下。如堂内大坐茶湯,入堂出堂,上牀下牀,並如此式。	大衆食畢,法事頭或維那鳴磬,念"處世界,如虚空"等,略取疏中大意迴向。念十佛罷,鳴磬而起。或打磬兩下,一以念食訖偈,二以離位。
行散	粥後放參,即住持人出堂,打放參鐘三下。如遇早參,更不打鐘。如爲齋主,三下後陞堂,亦須打放參鐘。大坐茶湯罷,住持人聖僧前問訊出,即打下堂鐘三下。如監院、首座入堂煎點,送住持人出,却來堂内聖僧前,上下間問訊罷,盞橐出,方打下堂鐘三下,大衆方可下牀。出堂威儀,並如入堂之法。	

　　上表中宗賾對僧人受齋時各個儀式程序的説明,雖然與圓仁所記要目相同,但由於視角和側重點不同,所以相互之間出入較大,需要對照起來作綜合的理解,纔能知道在某一程序時,外人看見什麽,而僧人又在做什麽。

　　當然,由於宗賾在説明程序時,對唱念部分往往只是作簡要説明,所以要作進一步了解,則還需要參證敦煌遺書 S. 3424v 的《齋僧文》等材料。S. 3424,《翟目》未定名;《總目》作"端拱二年(公元 989)往西天取菩薩戒兼傳授菩薩戒僧志堅狀";《黄目》分正反兩面著録,正面作"維摩詰經卷上",背面作"端拱二年往西天取菩薩戒兼傳授菩薩戒僧志堅狀";《新編》亦分正反兩面著録,正面作"維摩詰經卷上(尾題)",背面作"端拱二年(989)往西天取菩薩戒兼傳授菩薩戒僧志堅狀(尾部)";《英藏》收録背面,著録作"端拱二年(989)僧志堅狀";榮新江先生稱其號爲 S. 3463,並與李正宇先生一樣稱其爲《菩薩戒法》和《傳授菩薩戒法》①。

S. 3424v 文前有"往西天取菩薩戒兼傳授菩薩戒僧志堅敬勸",文後有"端拱二年九月十六日往西天取菩薩戒兼傳授菩薩戒僧志堅狀",表明其作者爲志堅。在俄藏敦煌遺書俄 B63 中,其自稱"往西天取菩薩戒僧智堅",俗姓董,宋國人,端拱二年爲二十四歲②。S. 3424v 內容分兩部分:第一部分爲受齋戒文,首有"受戒弟子"四字,記述受齋戒的程序及其要領;第二部分是齋僧文,首有"凡欲受齋"四字,記述僧人受齋的程序和注意要領。由於敦煌遺書中受齋戒和齋僧都稱爲"受齋",容易相混,爲便於區別,此號根據其內容擬名,作"受齋戒文"和"齋僧文"。今比照上述圓仁和宗賾所記僧人受齋程序要目,將"齋僧文"表解如下(原件文字被塗抹,據圖版錄文時,不能識讀的字用"□"代替):

表 4-3　受齋儀式程序表

要　目	S. 3424v
入堂列坐	凡欲受齋,先須脫鞋受淨水。若不脫鞋,作閻提牛入佛殿堂,果報亦復如是。淨水偈云:八功德水淨諸塵,灌掌去垢心無染。執持禁戒無缺犯,一切衆生亦如是。
作梵行香	唱禮作梵。先念一切恭敬,恭敬常住三寶。然後行香,爐度手(?)過,
嘆佛咒願（表讚）	作如來梵:如來妙色身,世間無以等。無比不思議,是故今敬禮。如來色無盡,智惠亦復然。一切法常住,是故我歸依。 敬禮常住三寶 爲天龍八部諸善神王,敬禮常住三寶。 爲皇帝聖化無宮,敬禮常住三寶。 爲今身齋主福受莊嚴,敬禮常住三寶。 爲四恩三有法界衆生,和南一切衆聖。
	爲□方可下淨草,佛前隨多少下食。 供養諸佛了後,自己前頭下食,說施偈云:施者受者,俱獲五常。色力命安,得無礙辯。

---

① 榮新江:《海外敦煌吐魯番文獻知見錄》,南昌:江西人民出版社,1996 年,第 125 頁;李正宇:《俄藏〈端拱二年八月十九日往西天取菩薩戒僧智堅手記〉決疑》,甘肅敦煌學學會、社科縱橫編輯部合編:《敦煌佛教文化研究》,蘭州:社科縱橫編輯部出版,1996 年,第 7、10 頁。

② 李正宇:《俄藏〈端拱二年八月十九日往西天取菩薩戒僧智堅手記〉決疑》,甘肅敦煌學學會、社科縱橫編輯部合編:《敦煌佛教文化研究》,第 3 頁。過去誤作黑水城文書,收入《俄藏黑水城文獻》第 6 册,第 65 頁。

(續 表)

要 目	S. 3424v
行食吃齋	又食總遍了後,口云:等供三德六味,獻佛及僧。法界衆生,普同供養。普供養真言:唵引。誐誐曩。三婆嚩日囉二合斛。 供養已後,出衆生食,施與阿利底母,亦云鬼子母,然後齋人自食。□□先出生,但先喫食者,五百劫墮斬手地獄;從地獄出,作餓鬼;從餓鬼出,作畜生;從畜生出,作下賤人中。 又坐齋比起,□相不得説雜話言語。若説離話言語者,五百劫作百舌鳥身。聽法之處雜話言語者,果報亦復如是。若輪□□法者,不遮喫食過後所者,餘食合掌説迴□□□:齋者餘食,迴施與後坐淨人,當來無窮,不障聖迹。其有出衆生食分,收著一處,著鉤次坐面前,用淨水一碗,念水真言三遍:南無索嚕婆耶。索嚕婆耶。莎呵。 寫(瀉)水在食中,念咒食真言三遍:唵。婆囉婆囉。三婆囉。三婆囉。莎呵。又:檀越所修福,慈悲願力故。普施諸蟲鳥,胎卵及濕化。去捨十惡業,解脱生佛前。念偈了後,發遣鬼神真言三遍,耳邊彈指,念:唵。嚩日囉二合。穆又木。又佛前供養食聖偈言:應施五種人喫□□□,二者寺内病俗□□□□寺人,四者守護伽藍人,五者修功德人。□…□得貧窮果報。
供養	
食後漱口	齋人須用澡豆淨水漱口,方可成齋,過□用者得罪。□…□齋斷諸惡齋□…□
食後咒願	齋了後,念佛迴施。
行散	

與宗賾的記述一樣,S. 3424v 亦是從僧人角度來記述齋僧儀式的。當然,由於没有具體的儀式程序,故這個儀式文本顯然不完整。而不少文字被塗抹,導致意思亦多有不清楚之處。值得重視的是,其中保存了一些未見於圓仁和宗賾文的内容。如在印度齋僧時見到的澡浴程序,完整的淨水偈、如來梵、咒食偈,以及與佛名同時舉唱的龍神、皇帝、齋主等内容。另外,受食和供養過程中念誦的真言,是密教傳入中國後滲入齋僧儀式的重要佐證,雖未見於圓仁和宗賾的記述中,但同樣提供了一個齋僧儀式程序的範式,可以從一個側面補充圓仁和宗賾的記述。

總之,上述三種材料,分別出自唐代圓仁、北宋志堅和宗賾之手,它們大都能相互印證,並且都包括"嘆佛咒願(表讚、迴施)"這一齋供儀式的核心要素,代表了唐宋間設齋供僧的齋供儀式程序,可以視爲中國佛教史上齋供儀式程序的典範。

二、講經説法

上文第三章在考察俗講時指出,比較 P. 3849v 和 S. 4417 中俗講和講《維摩經》的程序,可看出俗講與一般齋供儀式程序並没有明顯區别。除去念佛等可以隨機補入的環節,講經説法大致包括作梵—説押座—素旧(唱)經名(經題)①—法師唱釋經題—讚經—説莊嚴—科三分經文—説經題字—入經(説經本文)—説十波羅蜜(或説緣喻)等—念念佛讚—施主發願—迴[向]發願取散等程序。這一點在圓仁《入唐求法巡禮行記》記講經儀式中亦可以找到有力的證據。

圓仁《入唐求法巡禮行記》記有講經儀式三類,爲方便理解,兹將 P. 3849v 和 S. 4417 所記俗講程序與之列表比較如下:

表 4-4 講經儀式程序比照表

文獻	P. 3849v	S. 4417	圓仁《入唐求法巡禮行記》		
要目	夫爲俗講,	講《維摩》,	赤山院講經儀式:	新羅一日講儀式:	新羅誦經儀式(大唐唤作"念經"):
時間			辰時,打講經鐘,打驚衆鐘訖。良久之會,大衆上堂,方定衆鐘。	辰時,打鐘,長打槌了。講師都講二人入堂。大衆先入列座。	打鐘定衆了。
禮嘆佛名			講師上堂,登高座間,大衆同音稱嘆佛名——音曲一依新羅,不似唐音——講師登座訖,稱佛名便停。	講師、讀師入堂之會,大衆同音稱嘆佛名長引。其講師登北座,都講登南座了,讚佛便止。	下座一僧起打槌,唱"一切恭敬敬禮常住三寶"。
作梵	先作梵了,次念菩薩兩聲。説押坐了,	先作梵,次念觀世音菩薩三兩聲,便説押坐了,	時有下座一僧作梵,一據唐風,即"云何於此經"一行偈矣。至"願佛開微密"句,大衆同音唱云——"戒香、定香、解脱香"等頌。	時有下座一僧作梵,"云何於此經"一長偈也。	次一僧作梵,"如來妙色身"等兩行偈。音韻共唐一般。作梵之會,一人擎香盆歷行衆座之前,急行行便休。

---

① P. 3849v 和 S. 4417 記講《維摩》時,在押座後,説經題前"唱經文"。根據法會程序,作"經文"不妥,當作"經名"或"經題"。

(續 表)

文獻	P.3849v	S.4417	圓仁《入唐求法巡禮行記》		
唱釋經題	素唱《溫室經》,法師唱釋經題了,念佛一聲了。便說開經了,	便索唱經文了。唱曰法師自說經題了,	梵唄訖,講師唱經題目,便開題,分別三門,釋題目訖。	作梵了,南座唱經題目——所謂唱經長引,音有屈曲。唱經之會,大眾三遍散花。每散花時各有所頌。唱經了,更短音唱題目。講師開經目。三門分別,述經大意。	大眾同音誦"摩訶般若"題數十遍也。
說莊嚴(嘆佛咒願)	便說莊嚴了,念佛一聲。	便說開讀了,便莊嚴了,便念佛一兩聲了。	維那師出來於高座前,讀申會興之由,及施主別各所施物色,申訖,便以其狀轉與講師。講師把塵尾,一一申舉施主名,獨自誓願。	釋經題目竟,有維那師披讀申事興所由。其狀中具載無常道理,亡者功能,亡逝日數。	有一師陳申誦經來由了。
論義			誓願訖,論義者論端舉問。舉問之間,講師舉塵尾,聞問者語。舉問了,便傾塵尾,即還舉之,謝問便答。帖問帖答,與本國同,但難儀式稍別。側手三下後,申解白前,卒爾指申難,聲如大嗔人,盡音呼諍。講師蒙難,但答,不返難。		
入經	便一一說其經題字了,便說經本文了,便說十波羅蜜等了,	法師科三分經文了,念佛一兩聲,便一一說其經題名字了,便入經,說緣喻了,	論義了,入文讀經。		大眾同音誦經。或時行經本,或時不行經本。

（續　表）

文獻	P.3849v	S.4417			圓仁《入唐求法巡禮行記》
念念佛讚	便念念佛讚了，	便說念佛讚了。			念經了。導師獨唱"歸依佛，歸依法，歸依僧"。次稱佛菩薩號。導師唱云"南無十二大願"。大眾云"藥師琉璃光佛"。導師云"南無藥師也"，大眾同音云"琉璃光佛"。導師云"南無大慈悲也"，大眾同音云"觀世音菩薩"。餘皆如是。
施主發願迴向咒願	便發願了，便又念佛一會了，	便施主各各發願了，	講訖，大眾同音長音讚嘆。		禮佛了，導師獨結願迴向。迴向稍長。迴向之後，導師云"發心"，大眾同音亦云"發心"。次導師唱"發願已竟，頂禮三寶"。次施主擎施物坐。導師與咒願。
迴向起散	便迴向發願取散云云。	便迴向發願取散。	讚嘆語中有"迴向"詞。請師下座。一僧唱"處世界如虛空"偈——音聲頗似本國。講師升禮盤，一僧唱三禮了。講師大眾同音。出堂歸房。		便散去。
覆講			更有覆講師一人，在高座南下座，便讀講師昨所講文。至"如含義"句，講師牒文釋義了。覆講亦讀，讀盡昨所講文了。講師即讀次文。每日如斯。		

道宣《四分律行事鈔資持記》"導俗化方篇"所記講經説法的程序，在相關資料有限的情況下，可以視爲齋供儀式講經的代表。宋僧元照撰《四分律行事鈔資持記》中的"釋導俗篇"，是對道宣"導俗化方篇"的注釋，其中有文説：

初禮三寶；二昇高座；三打磬靜衆^{今多打木}；四贊唄^{文是自作，今並他作。聲絕，秉爐説偈、祈請等。}；五正説；六觀機進止，問聽如法，樂聞應説^{文中不明，下座，今加續之。}；七説竟迴向；八復作贊唄；九下座禮辭。《僧傳》云：周僧妙每講下座，必合掌懺悔云：佛意難知，豈凡夫所測？今所説者，傳受先師，未敢專輒，乞大衆於斯法義，若是若非，布施歡喜。最初鳴鐘集衆，總爲十法。今時講導，宜依此式。①

元照對講經説法程序的説明，與上表中的講經程序大部分共通。略有區別的是，前者包括論義這一程序，後者則強調在講經時"觀機進止，問聽如法，樂聞應説"。關於講經和論義的程序，參見本書第二章相關部分。

綜上可以看出，不論是圓仁《入唐求法巡禮行記》所記講經儀式，還是P.3849v和S.4417所記講《維摩詰經》和俗講的講經儀式，與道宣和元照所記講經儀式在總體結構上是相同的。儘管不同的講經儀式所講內容不同，但它們都包括嘆佛咒願（説莊嚴、讀申興會之由、讀申事興之由、陳申誦經來由），這是判定它們爲齋供儀式的重要標誌。

三、受戒

受戒類齋供儀式，包括兩個層面：一個是在家信衆的受戒，包括受五戒、八戒和菩薩戒；另外一個是出家人受五戒、十戒和具足戒。前者可統稱爲受齋戒，而後者由於材料有限，暫以建方等道場爲代表。

（一）受齋戒

在家信衆的受戒情況，除受菩薩戒的程序由於材料尚不明晰需另文討論外，受五戒、八戒的程序在本書第二章已作過介紹，但仍有需要進一步辨析的地方。如P.3849v和S.4417均有文稱：

夫爲受齋，先啓告請諸佛了，便道一文表嘆使主了，便説讚戒等七

---

① 《大正藏》第40册，第404頁中。

門事科了，便説八戒了。便發願施主了，便結緣念佛了。迴向發願取散。

這裏的"受齋"一詞，爲"受齋戒"或"受齋戒會"的省稱，意思是按照齋儀領受戒法。敦煌遺書中保存的《受八關齋戒文》，以俄藏敦煌寫本Ф109、P.3697v、P.2668v、BD00038等的文字較完整。其内容都包括"七門分別"，即有關八關齋會的七個程序：第一讚戒功德；第二啓請賢聖；第三懺悔罪障；第四歸依三寶；第五正受八戒羯磨；第六説其戒相；第七迴向發願。

將"七門分別"與上引P.3849v和S.4417中"受齋"相關文字作比較，可以看出它們似有能對應的地方：一、啓告請諸佛（啓請聖賢）；二、説讚戒等七門事科（以七門分別）；三、讚戒（功德）；四、説八戒（正受羯磨，説其戒相）；五、迴向發願。

但是也有不能對應的地方：

其一，次序不一。《受八關齋文》是七門分別，從一至七，按序行持，有條不紊。而P.3849v和S.4417對"受齋"的説明則是先啓告請諸佛，道一文表嘆使主，然後纔説讚戒等七門事科，接以説八戒、發願施主、結緣念佛，最後迴向發願取散，秩序與《受八關齋文》不一致。

其二，程序内容不一。《受八關齋文》的七門分別，每一道程序均有具體的内容，而P.3849v和S.4417對"受齋"的説明，則較《受八關齋文》多出了"道一文表嘆使主""發願施主""結緣念佛"三道程序；在迴向發願後加上了"取散"，而缺少了《受八關齋文》中的第三、第四兩項内容；在《受八關齋文》中分爲第五、第六的内容，在這裏亦僅作"便説八戒了"。

通過這一比較，可以確定"受齋"是"受八關齋"。對不能對應的地方進行分析，可以看出P.3849v和S.4417對"受齋"的文字説明，是按照一般齋會的程序來説"八關齋"的程序。因爲舉行包括受八關齋戒在内的齋供儀式，都要敍説齋意，這一程序在P.3849v和S.4417中，就是"啓告請諸佛"和"道一文表嘆使主"，在"七門分別"中卻没有相對應的程序和内容。因此，P.3849v和S.4417敍述"受齋"儀式程序時，只有"説讚戒等七門事科了，便説八戒了"，"迴向發願取散"是説"受八關齋"的，其他的文字都屬於舉行一般齋會時必須要説的内容，但在專門的齋會程序如《受八關齋文》中，這些内容未必出現。

相近的例子見於《銷釋金剛經科儀》。這一科儀在雲南省劍川縣民間至今仍然在使用，其卷首作：

衆等皈依,金剛堅固力。漢朝感夢,白馬西來意。
摩騰化時,鳩摩羅什譯。秦宗奧典,佛日照昏衢。
法身無相,不時掛心懷。得見如來,文殊在五臺。
給孤長者,祇園布黃金。說法化導,果證紫金身。
般若海會佛菩薩
大衆志誠心,同嘆開科偈:

　　　　說經教主大法王,法身不壞號金剛。
　　　　巍巍相好真三昧,灼灼祥光照十方。
　　　　不長不短功莫測,無去無來德難量。
　　　　自從西域傳心印,超越前三與後三。

般若海會佛菩薩　　嘆佛宣疏

摩訶空最大,最大是摩訶,般若波羅蜜,撒手見彌陀。茲有開科疏文,謹當宣讀。

　　　　報答親恩甚奇哉,本來心地豁然開。
　　　　旃檀牛首無價寶,盡是能仁花裏來。

上來開科疏文,仰讚功曹,就焚爐化。
凡情上達天宮

凡情上達,聖澤下垂。加持諸佛出定真言,作法念誦。

　　　　三身覺海圓明衆,此界他方大導師。
　　　　願聞禪定密加持,令此道場得成就。

南無囉怛那。怛羅夜耶。南無薩哩縛。沒馱冒地。莎怛羅曩。稽首梵音,三皈依。覺照義,南無佛馱耶;軌持義,南無達麼耶;和合義,南無僧伽耶。

信禮常住佛法僧三寶　　　降臨來菩薩
　　惟願來降臨來菩薩　　三聲
　　　　白馬馱來一卷經,一番拈起一番新。
　　　　蒙師已問經題目,試誦《金剛》一卷經。

蓋聞漢朝感夢,白馬西來。摩騰彰漢化之初時,羅什感秦宗之代典。明明佛日,照破昏衢民;朗朗慧燈,至今不滅。教之興也,其在斯焉。末法之代,至於今日。恭白十方賢聖,現坐道場。

本師釋迦牟尼佛,文殊、普賢二大菩薩,滿空聖衆一切神祇,有天眼者,天眼遙觀;有天耳者,天耳遙聞。他心宿住,聖心玄鑒。慈愍故,悲愍故,大慈悲愍故。

信禮常住三寶

歸命十方一切佛
　　歸命十方一切法　　法輪常轉度衆生
　　歸命十方一切僧①

　　習見的《銷釋金剛經科儀》，其正文始於"白馬馱來一卷經"，科儀最初的内容裏，包括有"恭白十方賢聖，現坐道場"和"信禮常住三寶"的程序，這與《受八關齋戒文》中"第二啓請賢聖"相類似。由於舉行法會都會有開壇，在開壇部分已經包括了"啓告請諸佛"，開壇後在進入正式的誦經或演科之前，仍要"嘆佛宣疏"，即P.3849v和S.4417中的"啓告請諸佛""道一文表嘆使主"。所以如果是完整的儀式程序，就會先有"啓告請諸佛""道一文表嘆使主"的程序，然後纔進入科儀正文。由於科儀正文中往往包括"恭白十方賢聖，現坐道場"和"信禮常住三寶"等内容，這就出現了像上面一樣既有啓告請諸佛又有啓請聖賢的情況。

　　總之，從儀式實際操作程序來看，P.3849v和S.4417中最先提到的"先啓告請諸佛了"，並不是《受八關齋戒》"七門分別"中的"第二啓請賢聖"，而是指齋會開始時，開壇中已經出現的焚香請三寶。對於齋供儀式文本的理解，需要放在儀式實際背景中纔能清楚它們的所指。

（二）方等道場

　　敦煌遺書中保存的有關方等道場的文獻資料引起不少學者的關注，並從不同角度對之進行了研究②。其中郝春文先生不僅理清了方等道場的授戒對象與所授之戒法，舉行的時間、地點，還探討了其程序與過程等問題③，取得了較大的突破。有關方等道場的儀式程序，可參看郝先生的介紹，這裏不再重複。要補充説明的是，僧尼受具足戒的方等道場，屬於齋供儀式。

　　首先，史籍中不乏官方出錢設齋舉行方等道場的記載。如不空《謝　恩賜大興善寺施戒方等并糧料表一首》説：

　　　　沙門不空言：中使李憲誠奉宣　聖旨，特賜大興善寺施戒方等道場粳、糯、粟、米、油、柴諸物等，無不備足，以充齋供。捧對慚惕忻悚交。并許其道場，爲幸已甚，更賜僧供，雨露實深。自媿無階能上答效，但晝

---

① 方廣錩主編：《藏外佛教文獻》第六輯，第315—316頁。按："上來開科疏文……降臨來菩薩""三聲"，整理本作"化納"。
② 姜伯勤：《敦煌戒壇與大乘佛教》，氏著：《敦煌藝術宗教與禮樂文明》，第340—359頁；湛如：《敦煌佛教律儀制度研究》，第105—130頁。
③ 郝春文：《唐後期五代宋初敦煌僧尼的社會生活》，第25—73頁。

夜精勤，加功念誦，冀酬萬一。謹率求受戒僧衆等，於三七日懇誠念誦，精馳行道，奉爲國家，以修勝福。冀無邊功德，上資聖躬。不勝慚載之至。謹因中使李憲誠附表，陳謝以聞。

沙門不空誠歡誠懼謹言。

大曆六年三月二十八日特進試鴻臚卿大興善寺三藏沙門大廣智不空上表①

表明不空之所以上表感謝，是因爲唐代宗不僅允許開設方等道場，而且齋供無不備足。有齋供的方等道場，顯然應該視爲齋供儀式。

再如宗密《圓覺經大疏釋義鈔》卷三有文説：

此國今時官壇受具足戒，方便謂一兩月前，先剋日牒示，召集僧尼士女，置方等道場禮懺，或三七、五七。然後授法了，皆是夜間，意在絶外，屏喧亂也。授法了，便令言下息念坐禪。至於遠方來者，或尼衆、俗人之類，久住不得，亦直須一七、二七坐禪，然後隨緣分散。亦如律宗臨壇之法，必須衆舉，由狀官司給文牒，名曰開緣。或一年一度，或三年、二年一度不等開數開。②

清楚説明方等道場爲官壇，即由官方主辦的齋供儀式。就其儀式程序來説，既包括三七、五七的禮懺，亦包括一七、二七的坐禪。郝春文先生根據敦煌遺書，對方等道場中"發露""問想"和"甄別"等程序有精彩的探討③，他提到"發露"與懺悔有關，認爲"問想"與坐禪有關，但没有提及舉行方等道場的相關文獻，所以未能確定發露即禮懺，問想確實源自坐禪。宗密的記述表明，方等道場中，禮懺和坐禪是主要的内容。這無疑爲郝先生的觀點提供了有力的佐證。

其次，敦煌遺書亦證明，方等道場屬於齋供儀式。這一類資料主要是榜和齋文。

榜是在舉行道場儀式時公開張貼的文書和告示。儀式結束後，對榜的處理與齋意文不同。齋意文要在法會上燒化，而榜則除非有人揭下來（見圖4-1。四角和上下的殘缺部分大都爲撕揭痕迹），或由於其他原因而損壞，

---

① 《大正藏》第52册，第838頁中。
② 《續藏經》第9册，第533頁下。
③ 郝春文：《唐後期五代宋初敦煌僧尼的社會生活》，第43—57頁。

會在儀式結束後亦一直張掛。因此歷代保存下來的榜文中，往往有道場正式使用的榜文。敦煌遺書中方等道場榜文均鈐有"河西都僧統印"，表明它們都是正式使用的榜文。

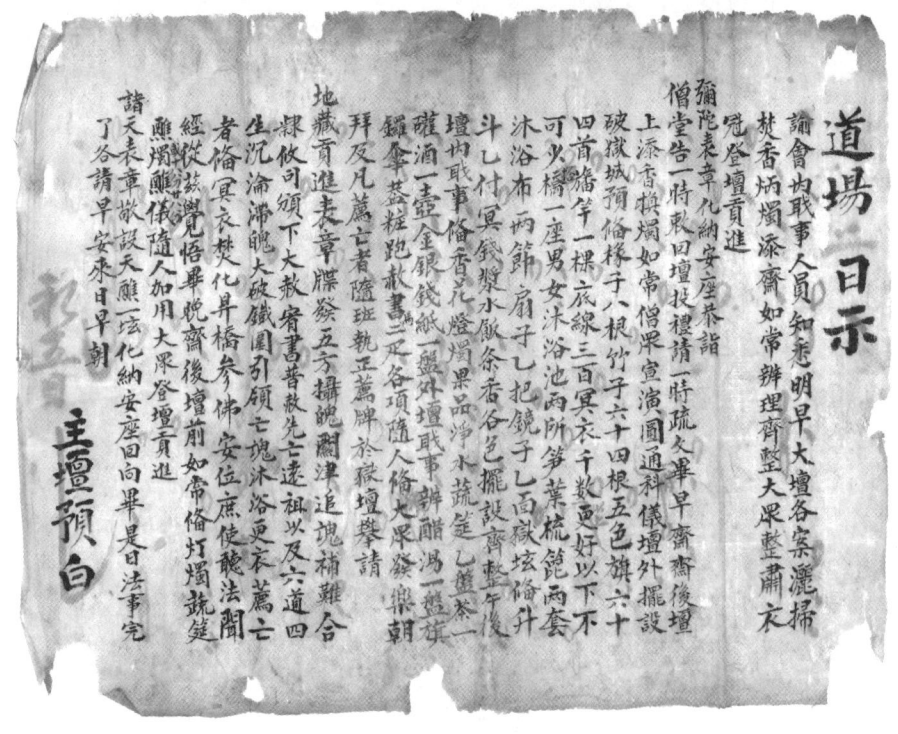

圖 4-1　被撕揭保存的民國時期阿吒力僧所用榜文

方等道場榜文對方等道場的具體操作有明確的説明。S.2575 中保存的兩通天成三年（929）設立方等道場榜文，清楚證明方等道場屬於齋供儀式。時間稍早一通作：

　　應管內外都僧統　　　牓
　　　　普光寺方等道場司
　　右奉　處分，令置方等戒壇。
　　　　竊聞龍沙境域，憑　佛法以爲基；玉塞退關，仗王條而爲本。況且香壇淨法，自古歷代難逢。若不值國泰民安，戒場無期製作，今遇令公鴻化，八方無爟火之危；每闡福門，四部有康寧之慶。斯乃青春告謝，朱夏纔迎，奉格置於道場，今乃正當時矣。准依律式，不可改移聖教，按然憑文施設。
　　　　——釋迦誕世，設教無邊。爲度尼人，真風陷半。戒條五百，一一分明。若不從依，釋儀頓絶。　如來上妙之服，不過青黑墨蘭；剃削持盂，極甚端嚴表正。雖乃國豐家富，僧俗格令有殊。戒條切制囂華，律中不佩錦繡。今緣香壇逼邇，獲晨同躋道場，俱不許串綺綵之裳，錦繡覆其身體。錦腰錦襻，當便棄於胸前。雜邊繡口納鞋，即目捐於足下。銀匙銀筯，輒不得將入衆行面上；夜後添粧，莫推本來紅白。或若有此之輩，正是釋中大魔。消息臥具之資，又罷持氍錦被。更有高宗自在，不許引禮亂儀。古云：君子入於學中，須共庶民同例。邊方法事，取此難成。即時若不制之，自後教儀似滅。輒有不遵律禁，固犯　如來大由，便仰道場司申來，錦衣收入庫内，銀匙銀筯，打碎莫惜功夫。或有恃勢之徒，陳官別取　嚴令。各仰覽悉，莫云不知。尤咎及身，後悔無益。

——投緇習業，必須懇苦爲先；禮敬無乖，感得戒神早就。家家憐男愛女，諮官剃削歸真。必藉審練因由，助佐　國家福事。香壇具戒，取次難逢，衣鉢之途，不是容易。身入道場之内，便須密護鵝珠。或若邪視輕非，必定有其重責。戒儀微細，律式難更，忽迫恥辱依身，律無捨法。

——浮危採寶，必羨舟航；欲度人天，先憑戒律。令公洪慈，方等只爲薦　國資君；舉郡殷誠，並總爲男爲女。但依　聖條行下，寔乃不失舊規。若也違背教文，此令交容不得。甘湯美藥，各任於時供承；非食醇醪，切斷不令入寺。前門後户，關鎖須牢；外界院牆，周迴蘭（欄）塞，或有非人逃蕘，交下無此之儀。便須推度知由，具狀申於衙内。檢校大德，不令暗順他情。必須晝夜丁寧，愆及無人替代。

——求真進戒，緣會方臨。本行齋延（筵），豈勞方外？釋迦成道，衣鉢隨求無餘；應病藥中，不假貪榮廣廢（費）。應管受戒式叉沙彌尼等，逐日齋時准依總數幾人。共造一日小食者，依團便祇。一朝盡暮煮藥香湯，以備淨戒沐浴。齋時，新戒食料，人各饋餅兩事，餕餅一翻，餬餅一枚，餑餶一個。其檢校大德未可以（與）新戒齊眉。禮法之間，固令加色，准依新戒食外，更添饋餅一枚，鐵餃蒸餅，乳餶菜蔬齊酪，巡行均行。羹飥粥流，隨宜進飽。切緣一壇戒品衆平雅斷低昂，伏緣貧富有殊，輪次互生高下，或有父孃住世，兄弟推梨，額外更覓名聞，食上重增色數。如此之事，切令不行。若有固違之流，道場司便須申糾。如或同欲嗜味，曲允他情，斯事透露之時，司人須招重罰，新戒逐出壇内，父孃申官別科。恰值面色失光，互看致甚不便。

右件條令，依律戒儀，曉衆知之，各令遵守者。故牓。
天成肆年三月六日牓

> 應管內外僧統龍辯
> 應管內外都僧海晏

郝春文先生指出,榜文中的"令公",指當時沙州地區最高統治者歸義軍節度使曹議金①,可從。榜文不僅稱"若不值國泰民安,戒壇無期製作,今遇令公鴻化",申明道場舉行的背景是國泰民安和上層統治者的允許,還多次涉及方等道場與設齋的關係。如稱"方等只爲薦　國資君""甘湯美藥,各任於時供承""求真進戒,緣會方臨。本行齋延,豈勞方外"等。説明方等道場的齋筵備辦,是由官方負責,方等道場儀式屬於齋供儀式。

上引榜文公示後三天,又張布了另一通榜文。其文作:

> 普光寺置方等道場　　　　　　榜
> 　謹取三月十二日首淨入道場。十三、十四日停。十五日請令公祈願。十六日停。十七日請禪、律諸寺大德策發,其夜發露。十八日停。十九日問想。廿日停。廿一日祈光。廿二日停。廿三日甄別。廿四日停。廿五日過狀兼　判。廿六日停。廿七日受戒。廿八日別置登壇道場,限至四月五日式叉須了。六日就僧寺求戒。
> 　右如來教式,歷代興焉;八藏玄文,今自見在。此時法事,不比別段之儀。須憑四分要門,彌罕練窮本典,仍仰都檢校大德等不違　佛敕,依律施行。稍有不旋,必當釋罪者。天成四年三月九日　榜

此通榜文張掛的時間是三月九日,而内容則是從三月十二日開始至四月六日的道場程序,目的是像其他榜文一樣,提前將道場具體安排"曉衆知之,各令遵守"。郝春文先生對方等道場的程序與過程作了全面的考察,加深了人們對方等道場的認識。

這通榜文表明,方等道場期間,"十五日請令公祈願"。這一程序與曹議金"每闡福門",出資舉行方等道場有關,證明此次方等道場爲佛教齋供儀式。像其他齋供儀式在道場開始後,要由施主宣嘆齋意一樣,此次方等道場也要請曹議金來拈香證盟,即祈願。一般來説,在法會開始以前,該次齋供儀式的齋意文早已寫好,在舉行這一程序時由道場維那宣念。這次請曹議金祈願,當是讓他履行他作爲齋主的儀式程序。

敦煌遺書 S.520+S.8583 天福八年(943)"報恩寺方等道場榜",亦能證

---

① 郝春文:《唐後期五代宋初敦煌僧尼的社會生活》,第42頁。

明方等道場爲齋供儀式。該榜中"竊緣　釋迦留教，律寶朗然，累代精修，不聞隳壞。乃見邊方安泰，法眼重興，道俗傾心，上下虔敬。自從司徒秉政設法，再役河西，改俗□風，專慕弘揚　佛日。今且四方開泰，五穀豐盈，別建福門，許當方等"等文字，說明該方等道場的設置，與政局安定、五穀豐登、爲時爲司徒的曹元深建齋修福有關，故該次方等道場的設立屬於齋供儀式。

除榜外，齋文同樣證明了方等道場爲佛教齋供儀式。P.3781 爲"受戒方等道場祈光文"，其文稱：

　　△乙聞：大雄誕聖，膺聖降質於娑婆；天人至尊，爲尊化臨於法界。指三乘之頓漸，頓漸之理俱彰；示八藏之淺深，淺深之相惠朗。遂乃耆虵闡教，逗根補而一音；鷲嶺重宣，量機開而四衆。於是化緣將畢，雙樹寂然。遺教恒沙，文成貝葉。前十一年內，爲利根不制尸羅；後十二年來，因犯隨人所禁爾。自王舍城之內，結三藏之幽元；七簪嚴窟中，集毗尼之五部。擊妙高山頂，會十方之聖賢。印牘封門，選五百俱解脫。因茲曇無德奉譯，見行四分之名；薩婆多纂成，光讚十誦之號。我大師化迹，嘆莫能窮。奇哉！異哉！難測者矣。

　　厥今三春已末，九夏迎福。開寶殿大置方壇，闢星宮進圓受具者，有誰施作？時則有　　我河西節度使曹公，奉法王所制，大闡真風；受正覺玄文，再隆釋衆；使天龍保護，社稷永泰而恒昌；八部加威，佛日重興而轉盛之所作也。

　　伏惟我尚書膺天文，備德風骨雄才；稟地理，降祥龍胎傑俊。蘊黃公之美略，三端絕舉世之神資。抱孫子之韜鈐，六藝有超倫之遠智。寧戎靜塞，千門賀舜日之清；歲稔時豐，萬戶拜堯年之慶。除奸殄詐，山賓讚玄猷之歡；罷佞輸忠，野客嘆移蝗之化。故得東西路泰，使人絡繹而交馳；南北通和，駟騎往來而無滯。加以信珠爲捧，慕玄風而漢帝思真；惠鏡居懷，轉法輪而周昭再聞。遂能澄清紫塞，王（玉）關返烈而祇園；故晏河湟，鶉首會臨而淨土。所以報如來之恩德，廣備方壇；授大師之遺蹤，俄圖具戒。

　　是時也，梅梨藥白，芬芬以遍而雪花；桃杏開紅，鬱鬱共連而丹氣。其受戒△人等，並澄心練意，棄垢除瑕。精誠三七之晨昏，虔禱二旬而朝暮。勤爲發露，披肝願獲於圓珠；設命蟠生，稽顙保全而具戒。望應真目斷，摧三毒而逝水漂蓬；企妙覺情，哀懷六迷而嵐風卷草。居金湢之內，請帝釋垂降道場；守玉罄音儀，啓梵王親馳法席。銀爐香霧，遍兜率會就慈尊；燈朗蓮臺，照閻浮俱臻證戒。亦願十方諸佛，振金鼓潛護生靈；三世如來，放玉毫慈悲攝受。清涼山一萬菩薩，去本座勇驟而來儀；摩梨耶五千之聖賢，並飛錫雲奔而鑒照。王舍城法集大衆，各爲護戒之證非。七簪巖漏盡沙門，誓降保傳之法眼。伏願賜大慈之應念，密放神光；施末代之蒼生，靈奇降瑞。今合賢聖自在，測塞虛空。蓋爲凡眼障深，不能可見。

敬禮常住三寶

右件轉經、設齋、度僧、舍施功德，所申意者，先奉爲龍天護世，膺社稷永保金湯；梵釋四王，保燉煌康寧泰樂。梁朝聖帝，德業茂於堯時；遐邇瞻風，溥洽還同舜日……次爲尚書覺位，日降河右之歡，壽比王公，布宣風以齊七政。戎夷跪伏，銀箭克定……

文中"其受戒△人等"不是具體的人名，以及抄寫多錯訛，說明它並非道場實際使用文而是一篇範本。但這篇範文仍然透露了相當多的信息。

其一，這是一篇標準齋文，包括了一般齋文都有的"號頭""道場""時候""莊嚴"等內容。疏文名中的"祈光"，是祈求諸佛聖賢"賜大慈之應念，密放神光；施末代之蒼生，靈奇降瑞"，即祈請佛聖密放神光，降靈賜瑞。按照方等道場程序，祈光在"問想"之後、"甄別"之前舉行，屬於獨立的儀式程序，這就是舉行該儀式時表達齋意的齋文。

其二，該文證明方等道場爲有齋主的齋供儀式。齋文中"我河西節度使曹公""我尚書"，說明曹氏歸義軍節度使中的某人是齋主；而齋意則是"奉法王所制，大闡真風，受正覺玄文，再隆釋衆，使天龍保護，社稷永泰而恒昌；八部加威，佛日重興而轉盛"，即希望通過設齋舉行受戒方等道場，達到天龍八部護佑社稷永泰恒昌，佛法興盛。

其三，齋文證明懺悔（發露）是方等道場的核心程序之一。齋文中"其受戒△人等，並澄心練意，棄垢除瑕。精誠三七之晨昏，虔禱二旬而朝暮。勤爲發露，披肝願獲於圓珠；設命蟠生，稽顙保全而具戒。望應真目斷，摧三毒而逝水漂蓬；企妙覺情哀，懷六迷而嵐風卷草"，"發露"即發露懺悔，就是禮懺。故這段文字是對參與方等道場僧人在受戒期間舉行發露（懺悔）儀式的記述。

祈光前一日爲甄別，S.2575v中保存的"甄別"相關文稿説：

伏惟我　令公，五等神時，鏡（靜）一道一開河；七德兼明，匡八宏之獷俗。故得風(烽)煙不舉，斥候無虞；三善養人，六條布政。又爰因國務□，每申禮敬之誠。使三寶之長隆，俾法流之不絶。矧知則道不孤運，弘之在令置香壇。二衆進具於斯晨，一期方等於此日。八萬細行，承瞻禮於人寰；三千威儀，渥火宅之煙焰者。則道場也，於是星羅金地，灑麗清華,幢幡窮佛部之嚴,繩墨盛律章之要。異香芬鬱,佳氣翔空,禮懺無乖於六時,唱和萬聖之尊號。浴室□淨,離非道之往來;消息齋餐,泯六賊之邪視,詵詵蹈步,競生十善之業;弈弈練磨,頻趣四禪之路。其檢校大德等數旬勞勖,策勵忘疲,匠訓軌持,箴規無舛,繩愆糾謬,革其非心。恩惠以春露俱柔,威肅等秋霜比麗;訓之以苦口良藥,誨之以逆耳真言。首末公心,初終不替。有功無賞,後無所憑。法事終時,別有錫(賜)賚。其求戒政學、沙彌等,自入道場,已經二七,堅精勇捍,至禱心慇,歷想翹誠,請求加被。人心不等,昇墜有殊,若不較量,孰甄優劣?或有傾誠懇切,啓告　聖凡,一往專精,邀科八部,遂感他心帖護,道眼照臨,嘉瑞頻頻,膺祥處處。故得無始五蓋,承禮懺而雲飛;曠劫十纏,隨佛聖而霧卷。身器既淨,未可例同。

文中"禮懺無乖於六時,唱和萬聖之尊號",證明了"發露(禮懺)"屬於方等道場的重要儀式程序。與前面所引宗密《圓覺經大疏釋義鈔》卷三可相互印證,是對方等道場確實包括"發露(禮懺)"程序的證明。

甄別文稿,儘管不如 P.3781"受戒方等道場祈光文"完整,但其中"伏惟我　令公"數字,亦證明舉行包括此甄別儀式方等道場屬於齋供儀式,齋主是"每申禮敬之誠"的某"令公"。

綜上所述,不僅傳世佛教文獻記載,而且敦煌遺書中保存的榜文和齋文,都證明了方等道場屬於佛教受戒類齋供儀式。

四、綜合類

敦煌遺書 S.6551v 的相關文字,是綜合類齋供儀式文本的代表。此前關於 S.6551v 的研究已經不少①。目前對該文獻至少已經有"佛說阿彌陀經講經文"和"說三歸、五戒文"兩種擬名,將其稱爲講經文或授戒文。有數位學者討論了其寫作的時間和地點,也有數位學者指出其作爲法事文書的性質。不過,目前尚未見將該號文獻置於齋供儀式背景下討論的著述,甚至對其自然情況的介紹都不能說完全②。

事實上,不論講經還是授戒,都屬於佛教儀式。由於 S.6551v 包括咒願施主文和莊嚴文,故可以確定其爲佛教齋供儀式文本。上引 P.3849v 和

---

① 申國美等:《英藏法藏敦煌遺書研究按號索引》,北京:國家圖書館出版社,第 1307—1311 頁。
② 如潘重規《敦煌變文集新書》164 頁稱"此卷黃紙,正面戒文,背抄此文"。事實上正面是戒釋而不只是戒文,背面除《佛說阿彌陀經講經文》外,還有正面文字的摘抄和印沙佛文。衷心感謝方廣錩先生提供 S.6551 相關資料和條記目錄!

S.4417記述的俗講、授八齋戒和講《維摩詰經》的儀式結構表明，不論是設齋、講經還是授戒，往往有大致相同的主要程序，諸如前面都包括作梵行香、嘆佛咒願，後面都有布施咒願、迴向發願取散等基本程序。略有區別的是，齋後是講經，還是舉行受戒等其他活動，並不確定。現實生活中，由於某些施主有特殊的要求，所以在大型齋會中，這些內容甚至往往會被合并在一起進行。S.6551v所記的，就是既包括授五戒，又包括講經説法的綜合性大型齋供儀式。故這份文獻是敦煌遺書中目前所知記述佛教齋供儀式最典型的資料。兹列其要目並録相關文字表解如下：

表4-5 綜合類儀式程序表

要 目	録　　文
昇高座	昇坐已了，
作梵	先念偈，
念菩薩	焚香，稱諸佛菩薩名。
説押坐	自從大覺啓玄門，鹿菀(苑)靈山轉法論(輪)。 五部三乘諸海藏，流傳天下總沾恩。 僧尼四衆來金地，持花執盖似奔雲。 此日既能抛火宅，暫時莫鬧聽經文。 三乘聖教實堪聽，句句能教業鄣輕。 不但當來成佛果，必應累劫罪山崩。 朝朝只是憂家業，何曾一日得聞經。 大衆暫時合掌著，聽法齊心能不能？
表嘆使主	但少(小)僧生逢濁世，濫處僧倫，全無學解之能，虛受人天信施，東遊唐國幸(華)都，聖君賞紫，承恩特加師號。擬五臺山上，松攀(攀松)竹以經行；文殊殿前，獻香花而度日。欲思普化，爰別中幸(華)，負一錫以西來，途經數載；製三衣於沙磧，遠達崑崙。親牛頭山，巡于闐國。更欲西登雪嶺，親詣靈山。自嗟業鄣尤深，身逢病疾，遂乃遠持微德，來達此方。睹我聖天可汗大迴鶻國，莫不地寬萬里，境廣千山，國大兵多，人强馬壯……更有諸都統、毗尼、法師、三藏、法律、僧政、寺主、禪師、頭陀、尼衆、阿姨師等，不及一一稱名，並乃戒珠朗耀，法水澄清，作人天師，爲國中寶。
求哀發露	更欲廣申讚嘆，恐度時光，不及子(仔)細談揚，以下聊陳懺悔。 凡是聽法，必須求哀發露懺悔，先受三歸，次請五戒，方可聞法，增長善根，然後唱經，必獲祐福。稱三五聲佛名　佛子……門徒弟子，今日既來法會，大須努力，齊心合掌，與弟子懺悔十惡五逆之罪，洗除垢穢，起殷心淨心，來世往生西方淨土，連(蓮)花化生，永抛三惡道，長得見彌陀。願不願？能不能？善哉善哉！稱可佛心，龍天歡喜，必當罪滅三世。諸佛因地之日，總是凡夫，皆因善知識發露懺悔，得成佛果。過去諸佛已成佛，現[在]諸佛今成佛，未來諸佛當成佛。門徒弟子，既解懺悔，改往修來，未來世中，必定成佛，更莫生疑。稱名

(續　表)

要　目	録　　文
啓請賢聖	次請十方佛，爲作證明。
懺悔滅罪	弟子某甲等合道場人無始已來造諸惡業：煞生、偷盜、邪婬、妄語、綺語、兩舌、惡口無度、造貪嗔癡、飲酒、食肉、煞父害母、破塔壞寺、破和合僧、出佛身血……弟子等名(多)生作福，今生又得人身，朝朝聽法聞經，日日持齋受戒。縱有些些罪障，懺悔急遣消除。如斯清淨之心，必値龍花三會。
受三歸依	懺悔已了，此受三歸，後持五戒，便得行願相扶，福智圓滿，將永(承)佛果，永曉(免)輪迴。必受三歸，免沉邪道。 歸依佛者，不墮地獄。 歸依法者，不受鬼身。 歸依僧者，不作畜生。 門徒弟子，受此三歸，能不能？願不願？稱佛名　佛子 　　歸依三寶福難陳，免落三塗受苦辛。 　　不但未來成佛果，定知累劫出沉淪。 那謨那耶，那謨捺摩耶，那謨僧伽耶。三説 歸依佛，兩足尊；歸依法，離欲尊；歸依僧，衆中尊。三説 門徒弟子，言歸依佛者，歸依何佛？且不是磨(摩)尼佛，又不是波斯佛，亦不是火祆佛，乃是清淨法身、圓滿報身、千百億化身釋迦牟尼佛。歸依法者，乃五千卷藏經，名之爲法。歸依僧者，號出家，乃是四果四向，剃髪染衣，二部僧衆，真佛弟子，號出家人。且如西天有九十六種外道，此間則有波斯、摩尼、火祆、哭神之輩，皆言我已出家，永離生死，並是虛誑，欺謾人天。唯有釋迦弟子，是其出家，堪受人天廣大供養。稱佛名 　　其嗟外道百千般，忍飢受渴曼村(存)顚。 　　自誑誑他無利益，何曾死後得生天。 　　生天先要調心地，持齋布施入深禪。 　　每到日西獨喫飯，飢人遥望眼精(睛)穿。念佛
受戒	次下請十方佛，作大燈(證)明，便受五戒。門徒弟子，能不能？願不願？善哉善哉！ 夫五戒者，是成佛之良因，爲入聖之要路。三千威儀，八万細行。比丘有二百五十戒，比丘尼五百戒。近事男、近是(事)女八戒、十戒，並從五戒而生。天名五星，在地名五岳，在道教爲五行，在儒爲五帝，在釋爲五戒。第一不得煞，能持否？……第二不得偷盜，能持否？……第三不得邪婬，能持否？……第四不得妄語，能持否？……第五不得飲酒食肉，能持否？
唱釋經題	上來已與門徒弟子受三歸五戒了，更欲廣説，法門無邊，窮劫不盡。次下便與門徒弟子唱經，能不能？願不願？念佛三五聲 佛説阿彌陀經
三分經文	將釋此經，且分三段。初乃序分，次則正宗，後乃流通。一句一偈，價直百千兩金。我門徒弟子細解説。

（續　表）

要　目	録　　文
説莊嚴	即將已此開讀大乘《阿彌陀經》所生功得（德），先用莊嚴可汗天王，伏願壽同日月，命等乾坤，四方之戎虜來庭，八表之華夷稽伏。奉爲可汗天王，念一切佛。 諸天公主，伏願雲仙化態，鶴質恒芳。長承聖主之恩，永沐皇王之寵。 念佛 諸天特勲，奉願命同松竹，不逢彫謝之災；福等山河，永在聖天諸（之）後。 ……願生正見除邪見，來生早坐紫金連（蓮）。
觀機進止，問聽如法，樂聞應説	更欲廣談名相，又恐虛度時光。不如講説經文，早得菩提佛果。但緑（緣）總愛聲色，所以污出言詞，莫怪偈頌重重，切要門徒勸喜。至如娑婆世界，須將聲色化身，上方香積如來，聞香便成佛果。或有因味悟道，或有因解發心。五大乘者，五境總城（成）佛事。一切物並是真如，蓮花出在污泥中，煩惱變城（成）果。不同大乘執見，每生別分之心。不知五境本空，便言障人道果。 　　聲香味觸本來空，空與不空總是空。 　　法界元來本清淨，都不關他空不空。 此娑婆世界，以音聲爲佛事。如來所以現世（卅）二相，但文（聞）聲教，便成道果。《維磨（摩）經》説……法師即將少許偈讚，化人無罪過。已下便即講經，大衆聽不聽？能不能？願不願？
便一一説其經題字了，便説經本文	佛説阿彌陀經。梵語母那，唐言名佛。佛者覺也，有三覺……梵云阿彌陀，言無量壽。且知應言阿波囉米多，阿之字，唐言是無。波囉二字，唐言是量。米多二字，唐言是壽。梵云素怛囉，唐言是經，或言是綫。前言佛説，乃是釋迦如來金口所説。説者，言説。屬其聲，故知此界，因聲悟道。無量壽者，乃是佛名。問此如來，在於何處……

　　上面對 S.6551v 文字的表解要目，既可以在齋僧供佛儀式中找到，亦可以在講經説法儀式中找到，還可以在受八關齋戒等儀式程序中找到。但是，在每一種儀式程序中，都只能找到其中的某幾種，表明 S.6551v 屬於綜合類齋供儀式，即綜合了講經、授戒等齋供儀式的程序。所以它既不僅僅只是講經文，也不僅僅只是授（説）三皈、五戒文。在其齋意中，我們找不到它是三長月僧人用於勸人輸財的法會文本的證據，所以它也不能被認定爲俗講的底本。

　　但是，由於 S.6551v 文字前有表嘆使主，後面有説莊嚴的内容，與佛教齋供儀式完全對應，故將其釋讀爲佛教齋供儀式文本則可以肯定是成立的。從其中"凡是聽法，必須求哀發露懺悔，先受三歸，次請五戒，方可聞法，增長善根，然後唱經，必獲祐福"；"上來已與門徒弟子受三歸五戒了，更欲廣説，法門無邊，窮劫不盡。次下便與門徒弟子唱經，能不能？願不願？"；"已下便即講經，大衆聽不聽？能不能？願不願？"三段文字可以看出，授三皈五戒是講經説法的儀式程序之一，在該儀式程序後，纔開始講經説法。但在講經説法以前，法師會問聽經的人"聽不聽""願不願"等。這種一唱一和的表現方式，正是上章討論的唱導的特點之一。故此前人往往稱變文源自唱導，有其合理性。只不過對唱導的理解不能只是局限於其講説因緣故事，必須還包括依文致禮、稱念佛名和根據具體情況述説齋意等。

齋供儀式在實際操作過程中，與齋僧一樣，可以有不同的表現形態，尤其是僧人講經和咒願都需要應機，因此在根據 S.6551v 文字舉行齋供儀式時，可能會有多種變化。諸如可能只根據授三皈五戒文舉行授戒儀式，也可能不舉行授三皈五戒儀式，直接進行講經説法。甚至還可能由於舉行的是大型齋供儀式，除授三皈五戒和講《阿彌陀經》外，還會舉行論義，甚至插入講説歷史故事，等等。具體如何操作，都由主持法事的僧人根據具體情況作出不同的安排。並不是必須要完全按照文本舉行的宗教儀式，纔是如法如律的。真正的如法如律，是像醫生開處方治病一樣，根據不同的病開不同的處方，對癥下藥。

本 章 小 結

如何對齋供儀式進行分類介紹，是佛教儀式研究不可回避的重要問題。爲了解決羅列式分類法存在的見木不見林等種種問題，中國古代僧人在長期的宗教實踐中，提出了齋意分類法。

齋意分類法雖然亦存在不可回避的缺點，但其優點亦比較突出。在將各種齋供儀式按齋意分類後，綱舉目張，次第井然，便於從總體上把握齋供儀式的各種情況。敦煌遺書中引人注目的《齋琬文》，表面上看是從齋意角度對齋供儀式的分類，並且亦確實有部分類別與按齋意分類相同，但就其具體內容來説，則是按齋文類型進行的分類。從齋意的角度，可以將齋供儀式分爲讚嘆佛德類、慶皇猷類、慶讚功德類、薦亡類、祈禳類、受戒類和綜合類。每一類齋供儀式，在敦煌遺書中都可以找到相應的齋意文。

齋意與齋供儀式之間並沒有必然的聯繫。一種齋意的達成，可以使用各種不同的齋供形式，如薦亡可以通過設齋誦經完成，亦可以造像塔後舉行慶讚儀式達到，還可以通過設齋度僧達成。與此相同的是，舉行同一種齋供形式，可以達成不同的齋意，諸如轉經誦讀被認爲可以薦亡，亦可以祈雨禱雨、祛病消災，等等。因此，齋供儀式的程序，與根據齋意分類的齋供儀式種類之間，並無必然聯繫。在探討齋供儀式程序時，只能根據齋供儀式程序的具體內容來進行介紹。

　　齋供儀式一般可以分爲設齋供僧、講經説法和受戒三大類。但由於它們相互之間會有重合的地方，甚至可以合三爲一，即在一個齋供儀式中按程序就包括這些内容。因此，就齋供儀式程序來看，則分爲設齋供僧、講經説法、受戒和綜合類。

　　與過去大家習慣的列要目後引述資料分析相比較，採取表解的形式介紹齋供儀式的程序看起來像是在羅列資料，看不出作者的分析研究，以及對這些儀式程序的追根溯源。之所以採取這一方式有兩個原因：首先是儀式實際過程往往"觀機進止"，現在所能看到的資料，都只是儀式程序的一個範例而不是通例，分析再多，都只代表一個個案，反不如表解直觀；其次是相關資料缺乏，目前有關古代齋供儀式的材料過於有限。希望將來可以採取其他研究方法來彌補這一缺憾。

　　表解齋供儀式程序表明，俗講的儀式程序與齋供儀式程序並無二致。過去將俗講泛化，將變文窄化，其觀點欠確實。另外，儘管中國佛教史上有買賣度牒的情況，但僧人受度和圓具更多的是由施主設齋請僧設壇完成的。敦煌遺書中保存不少材料的方等道場，就是由官方建立的齋供儀式。

第五章 水 陸 法 會

　　水陸法會又稱水陸會、水陸齋、水陸齋供、水陸大齋、水陸道場、水陸法事等，被認爲是佛教儀式中規模最大、最隆重的法會，一般在論及中國佛教時，往往都會提到水陸法會。如在介紹佛教儀式或中國佛教儀軌制度時，水陸法會都是重要内容[1]；在介紹宗教學基礎時，會將水陸法會作爲佛教基本知識加以介紹[2]。其中在學術界影響最大的，無疑是周叔迦、牧田諦亮等先生的研究[3]。

　　在周叔迦先生看來，水陸法會全名"法界聖凡水陸普度大齋勝會"，是北宋神宗時纔盛興起來的一種佛教儀式[4]，由唐代密宗的冥道供和梁武帝的《慈悲懺法》綜合組成[5]。牧田諦亮先生則認爲"水陸法會原本屬於放焰口的一種儀軌"[6]，"水陸法會本來不過是一種施食"[7]。林子青先生亦認爲水陸法會"略稱水陸會，又稱水陸道場，悲濟會等，是中國佛教經懺法事中最隆重的一種。這種法事是由梁武帝的《六道慈懺》(《即梁皇懺》)和唐代密教冥道無遮大齋相結合發展起來的"[8]。此後，習見工具書如《佛光大辭典》《中國佛教百科全書》，都認爲水陸法會是宋代興起的一種超度水陸衆鬼或

---

[1] 中國佛教協會編：《中國佛教》(二)，北京：知識出版社，1982年，第383—387頁；《佛教》(《中國大百科全書》選編)，北京：中國大百科全書出版社，1990年，第326頁；周叔迦：《佛教基本知識》，北京：中華書局，1991年，第38—40頁；《周叔迦佛學論著全集》，第1029—1031頁；楊維中等：《中國佛教百科全書·儀軌卷》，上海：上海古籍出版社，2001年，第161—164頁。周叔迦先生著作有多種版本，相近表述的其他諸書甚多，不贅舉。
[2] 王曉朝：《宗教學基礎十五講》，北京：北京大學出版社，2003年，第130頁；王曉朝、李磊：《宗教學導論》，北京：首都經濟貿易大學出版社，2006年，第87頁。
[3] 周叔迦：《法苑談叢》，《周叔迦佛學論著全集》，第1029—1031頁；牧田諦亮：《水陸法會小考》，載楊曾文、方廣錩編：《佛教與歷史文化》，北京：宗教文化出版社，2001年，第343—361頁；牧田諦亮：《中國近世佛教史研究》，第四章《水陸會考證》，臺北：華宇出版社，1984年。
[4] 周叔迦：《法苑談叢》，《周叔迦佛學論著全集》，第1030—1031頁。
[5] 周叔迦：《法苑談叢》，《周叔迦佛學論著全集》，第1082頁。
[6] 牧田諦亮：《水陸法會小考》，楊曾文、方廣錩編：《佛教與歷史文化》，第344頁。
[7] 牧田諦亮：《水陸法會小考》，楊曾文、方廣錩編：《佛教與歷史文化》，第349頁。
[8] 林子青：《水陸法會》，中國佛教協會編：《中國佛教》(二)，第383頁。

施餓鬼的法會。

水陸法會的研究離不開對水陸儀的認識。但前此有關水陸法會的認識，主要基於明代刊印的志磐《法界聖凡水陸勝會修齋儀軌》等水陸儀，以及目前叢林用來舉行水陸法會的《水陸儀軌會本》①等儀式文獻。雖然有人增加了敦煌遺書中部分材料，但限於釋讀方面的原因，未能充分發揮這些資料的價值。因此從水陸法會相關資料的發掘和釋讀來說，前人取得的成績並不明顯。

近年來，我們在查閱大理鳳儀北湯天經卷的過程中，發現了數種未爲前賢注意的水陸儀，並尋源究流，對志磐以前出現的《壇法儀則》《天地冥陽水陸儀》《水陸齋儀》《眉山水陸》等水陸儀作了搜集整理和初步探討②，一定程度上拓展了水陸法會的研究。本章將以這些資料爲基礎，從齋供儀式的角度，分別從無遮大齋與水陸法會的關係、水陸法會的演變、水陸法會的實踐三方面，對水陸法會作新的解讀。

第一節　無遮大會與水陸法會的關係

有關無遮大會已有學者作過關注③。不過，尚未有學者將其與齋供儀

---

① 本書所引爲上海佛學書局 2002 年據 1924 年重刻本影印。
② 侯沖：《廣施無遮道場儀》，方廣錩主編：《藏外佛教文獻》第六輯，第 360—371 頁；《〈水陸儀〉三種敍錄》，程恭讓主編：《天問》（丁亥卷），南京：江蘇人民出版社，2008 年，第 321—348 頁；《金剛峻經金剛頂一切如來深妙秘密金剛界大三昧耶修行四十二種壇法經作用威儀法則　大毗盧遮那佛金剛心地法門密法戒壇法儀則》，方廣錩主編：《藏外佛教文獻》第十一輯，北京：中國人民大學出版社，第 17—144 頁；《金剛峻經金剛頂一切如來深妙秘密金剛界大三昧耶修行四十九種壇法經作用威儀法則　大毗盧遮那佛金剛心地法門密法戒壇法儀則》，方廣錩主編：《藏外佛教文獻》第十一輯，第 145—231 頁；《佛教不只是非顯即密——爲拙文〈論大足寶頂爲佛教水陸道場〉補白》，《佛教文化》2008 年第 6 期；《唐末五代的水陸儀》，程恭讓主編：《天問》（傳統文化與現代社會），南京：江蘇人民出版社，2010 年，第 234—260 頁；《唐代英禪師舉行水陸法會考》，增勤主編：《首屆長安佛教國際學術研討會論文集》（三），西安：陝西師範大學出版社，2010 年，第 41—49 頁。另有學術研討會提交發表的論文《石篆山石刻：雕在石頭上的水陸畫》（2009' 中國重慶大足石刻國際學術研討會暨大足石刻列入《世界遺産名錄》10 周年紀念會，2009 年 10 月）、《四川僧俗對水陸法會的貢獻》（2009 法鼓山大悲心水陸法會論壇，2009 年 11 月）、《密教中國化的經典分析——以敦煌本〈金剛頂迎請儀〉和〈金剛頂修習瑜伽儀〉爲切入點》（首屆中國密教國際學術研討會，2010 年 4 月）等。
③ 霍旭初：《"無遮大會"考略》，氏著：《考證與辯析——西域佛教文化論稿》，烏魯木齊：新疆美術攝影出版社，2002 年，第 122—152 頁；湛如：《敦煌佛教律儀制度研究》，第 373—379 頁；陳艷玲：《〈大藏經〉中反映隋唐社會狀況的資料及研究——以史傳部分資料爲主》，陝西師範大學碩士學位論文，2005 年 4 月，第 46—53 頁；謝生保等：《敦煌文獻與水陸法會——敦煌唐五代時期水陸法會研究》，《敦煌研究》2006 年第 2 期。

式結合起來,對它與水陸法會的關係作過探討。重新解讀相關文獻,可以看出無遮大會屬於齋供儀式。唐代以後,無遮大會往往被用來指稱水陸大會,"無遮"與"水陸"相提並論,稱爲"無遮水陸"或"水陸無遮"。研究水陸法會,不僅需要與無遮大會研究結合起來,而且需要放在齋僧的語境下進行考察。

一、無遮大會爲大施會

1. 無遮大會辨析

無遮大會爲梵文 Pañca-vārṣika 的意譯,音譯作"般遮于瑟""般闍于瑟""般遮越師"等,一般被認爲指五年大會。如《法顯傳》說:"般遮越師,漢言五年大會也。"①《出三藏記集》卷九說:"河西沙門釋曇學、威德等凡有八僧,結志游方,遠尋經典。於于闐大寺遇般遮于瑟之會。般遮于瑟者,漢言五年一切大衆集也。"②唐法琳《一切經音義》卷六十七③、《翻譯名義集》卷五④,均稱無遮大會爲五年舉行一次的大會。此外,《大唐西域記》卷五"羯若鞠闍國"條⑤、《法苑珠林》卷三十八引《西域志》⑥,稱無遮大會五年舉行一次,亦從另一個角度證明了這一點。

不過,在具體實行過程中,無遮大會並非一定每五年纔舉行一次,而是一年、半年或五個月。《大唐西域記》卷十一"摩臘婆國"條說:"(王)在位五十餘年,野獸狎人。舉國黎庶,咸不殺害。居宮之側,建立精舍,窮諸工巧,備盡莊嚴,中作七佛世尊之像。每歲恒設無遮大會,招集四方僧徒,修施四事供養,或以三衣道具,或以七寶珍奇。奕世相承,美業無替。"⑦慧超《往五天竺國傳》"建馱羅國"條亦說:"此王雖是突厥,甚敬信三寶。王、王妃、王子、首領等,各各造寺,供養三寶。此王每年兩回設無遮大齋,但是緣身所受用之物妻及象馬等,並皆捨施。唯妻及象,令僧斷價,王還自贖。自餘駝馬、金銀、衣物、傢俱,聽僧貨賣,自分利養。此王不同餘已北突厥也。"⑧其中的"每歲恒設"或"每年兩回設",表明無遮大會是每年舉行一次或兩次,

---

① 章巽:《法顯傳校注》,上海:上海古籍出版社,1985年,第20頁。
② 釋僧祐:《出三藏記集》,第351頁。
③ 《大正藏》第54册,第749頁下。
④ 《大正藏》第54册,第1138頁上。
⑤ 季羨林等:《大唐西域記校注》,第429頁。《大慈恩寺三藏法師傳》卷二作:"五年一陳無遮大會,府庫所積並充檀舍,詳其所行,須達拏之流矣。"(慧立等:《大慈恩寺三藏法師傳》,第52頁)
⑥ 周叔迦等:《法苑珠林校注》,第1222頁。
⑦ 季羨林等:《大唐西域記校注》,第902頁。
⑧ 《大正藏》第51册,第977頁中。

並非五年舉行一次。另外,佛經中,隋闍那崛多譯《佛本行集經》卷三稱"彼祭祀德大婆羅門,欲爲六萬諸婆羅門,奉設一年無遮之會"①,同樣説明無遮會不是五年纔舉行一次。

綜上,從"般遮于瑟"的字面意思來看,無遮大會是五年大會,在印度也不乏該會五年舉行一次的記載。不過,在具體的實施過程中,無遮大會並不一定非要五年纔舉行一次。有的時候,無遮大會一年就舉行一次,甚至一年兩次。在理解無遮大會時,不能僅只是拘泥於其"五年大會"的字面意義。

2. 無遮大會是捨施會

無遮大會的目的是捨施。《佛本行集經》卷十説:"我於彼時,在此城内,所有街陌,四衢道頭,或復坊巷,隨有處立大無遮會,所有財寶,皆悉布施。須食與食,乃至資生,五行調度,皆令滿足。"②表明設立無遮會的目的,乃在於布施。《佛本行集經》卷三亦説:"時云童子從雪山下,安庠而至輸羅波城無遮會所。時彼六萬諸婆羅門遙見童子,即發大聲,唱言:善哉!是處善造此般遮會,今梵天至自來,受此般遮布施。"③所説"受此般遮布施",當指受此般遮會或無遮會的布施,同樣説明了般遮會或無遮會的内容爲捨施。

3. 大施會即無遮大會

《華嚴經》卷五十五有文提到大施會,説:"時彼都城北,有一大林名,曰日光,太子詣彼,設大施會,須食與食,須衣與衣,乃至車乘、華鬘、塗香、末香、幢幡、繒蓋,及餘一切寶莊嚴具。"④什麽是設大施會呢?

唐法藏述《華嚴經探玄記》卷八解釋説:"設大施會者,是無遮大會,種種皆施,謂不限物,不局時,不遮衆,無前無後,等施一切故也。如下香牙園處設大會等。梵名般遮于瑟,此云無遮大會也。"⑤宋從義《天台三大部補注》卷五亦説:"般遮于瑟,亦云般闍于瑟,此云五年一會也。西竺凡作大施法會,皆名般遮于瑟也。"⑥兩條解釋,均説明大施會叫作般遮于瑟,即無遮大會。

有關大施會内容的記述亦能證明這一點。《維摩詰經》卷上説:"我昔自於父捨設大施會,供養一切沙門、婆羅門,及諸外道、貧窮、下賤、孤獨、乞人。"⑦《大方等陀羅尼經》卷三亦説:"時有居士設大施會,請沙門、婆羅門、

---

① 《大正藏》第3册,第665頁中。
② 《大正藏》第3册,第698頁中。
③ 《大正藏》第3册,第665頁下。
④ 《大正藏》第9册,第748頁下。
⑤ 《大正藏》第35册,第263頁中。
⑥ 《續藏經》第28册,第222頁下。
⑦ 《大正藏》第14册,第543頁下。

貧窮、下賤，須衣與衣，須食與食，須珍寶與珍寶。"①表明大施會的具體內容，就是捨施或供養一切沙門、婆羅門，及諸外道、貧窮、下賤、孤獨、乞人食物、衣服、珍寶等。這與玄奘親自參加並有詳細記載的無遮大會完全相符（詳下文）。說明大施會就是無遮大會。

二、無遮大會為齋僧會

1. 無遮大會指齋僧會

佛經中有材料表明，般遮于瑟即無遮會，指齋僧會。《雜寶藏經》卷四"乾陀衛國畫師罽那設食獲報緣"說："昔乾陀衛國有一畫師，名曰罽那，三年客作，得三十兩金。欲還歸家，而見他作般遮于瑟，問維那言：一日作會，可用幾許？維那答言：用三十兩金，得一日會。即自念言：由我先身不種福業，故受此報，傭力自活。今遭福田，云何不作？即語維那：請為弟子，鳴椎集僧，我欲設會。設會已訖，踴躍歡喜，即便歸家。既到家已，其婦問言：三年客作，錢財所在？其夫答言：我所得財，今已舉著堅牢藏中。婦時問言：堅牢之藏，今在何許？夫言：乃在僧中。婦時慊責，即集親裏，縛其夫主，詣斷事人，而作是言：我之母子，貧窮辛苦，無衣無食。而我夫主，得財餘用，不擔來歸，請詰所以。時斷事人，問其夫言：何以爾也？答言：我身如電光，不久照曜。亦如朝露，須臾則滅。由是恐懼，深自念言：緣我前身不作福業，今遭窮苦，衣食困乏。故因見彼弗迦羅城中，作般遮會，眾僧清淨，心生歡喜，敬信内發。即問維那：得幾許物，供一日食？維那答言：得三十兩金，可得供一日。我三年中，作所得物，即與維那，使為眾僧作一日食。時斷事人聞是語已，心生歡喜，憐潸其人，脫已衣服、瓔珞及以鞍馬並諸乘具，悉施罽那，即分一村落而賞封之。華報如此，其果在後。"②《大莊嚴論經》卷四亦記載了這個故事③。據故事中畫師罽那自述，弗迦羅城中作般遮于瑟（般遮會），他以三十兩金給維那，請維那鳴椎集僧設會，供僧人一日食。因此可知，弗迦羅城中的這個般遮于瑟，指的就是齋僧會。

《大莊嚴論經》卷八也能證明這一點。該經稱："我昔曾聞：阿越提國其王名曰因提拔摩，有弟名須利拔摩，為諍國故，二人共鬥。須利拔摩擲羂，羂因提拔摩頭，羂已急挽。因提拔摩極大恐怖，作是願言：今若得脫，當於佛法中作般遮于瑟會。作是願時，羂索即絕。於佛法僧，深生信敬，即勅大臣

---

① 《大正藏》第 21 冊，第 655 頁中。
② 《大正藏》第 4 冊，第 468 頁上中。
③ 《大正藏》第 4 冊，第 279 頁上中。

名浮者延蜜多,營般遮于瑟。於時大臣即奉王教,設般遮于瑟,使人益食。時彼大臣處上座頭,坐見上座比丘留半分食,咒願已訖,以此餘食盛著鉢中,從坐起去。如是再三,大臣見已,生不信心,作是思惟:如此比丘,必不清淨。作是念已,具以此事上白於王。王問大臣:卿極得信心。臣答王言:不得信心。何以故?上座比丘留半分食從坐起去,必以此食與他婦女,我生疑惑。王聞是語,兩手覆耳,告大臣曰:莫作斯語。汝今莫妄稱量於人。汝無智力,云何而能分別前人?如佛言曰:若妄稱量衆生,必爲自傷。汝莫作是顛倒邪見……爾時大王躬詣僧中。供養衆僧。手自斟酌。爾時上座如前留食。咒願已訖,即便持去。"①上引文中因提拔摩王讓大臣作般遮于瑟會,顯然就是齋僧,所以先是大臣使人益食(添加食品),後是因提拔摩王親自給僧人添食。上座比丘受食後,留下一半的食物,在咒願以後即盛鉢中持走。

中國求法僧人法顯、玄奘等人所見的無遮會,亦證明了這一點。《法顯傳》稱:"般遮越師,漢言五年大會也。會時請四方沙門,皆來雲集,集已,莊嚴衆僧坐處,懸繒幡蓋,作金銀蓮華,著僧②座後,鋪淨坐具。王及群臣如法供養,或一月、二月,或三月,多在春時。王作會已,復勸諸群臣設供供養,或一日、二日、三日、五日,乃至七日③。供養都畢,王以所乘馬,鞍勒自副,使國中貴重臣騎之,並諸白氈、種種珍寶、沙門所須之物,共諸群臣,發願布施衆僧。布施僧④已,還從僧贖。"⑤《大唐西域記》卷一"梵衍那國"條説:"城東二三里伽藍中有佛入涅槃臥像,長千餘尺。其王每此設無遮大會,上自妻子,下至國珍,府庫既傾,復以身施。群官僚佐,就僧酬贖。若此者以爲所務矣。"⑥卷十一"伐臘毗國"條亦説:"今王,刹帝利種也,即昔摩臘婆國屍羅阿迭多王之姪,今羯若鞠闍國屍羅阿迭多王之子婿,號杜魯婆跋吒。唐言常叙。情性躁急,智謀淺近。然而淳信三寶,歲設大會七日,以殊珍上味,供養僧衆。三衣醫藥之價,七寶奇貴之珍,既以總施,倍價酬贖。"⑦所記無遮會,都是各國國王及群臣捨施供僧。

總之,從經文和相關著述來看,無遮會爲齋僧捨施大會。三國時支謙譯《撰集百緣經》卷八"我當勸化城中民衆,爲佛及僧,作般遮于瑟"⑧,用"作

---

① 《大正藏》第4冊,第302頁下—303頁上。
② "僧",校注本作"繒",據校記改。
③ "乃至七日",校注本無,據校記補。
④ "布施僧",校注本作"布施",據校記補"僧"字。
⑤ 章巽:《法顯傳校注》,第20頁。
⑥ 季羨林等:《大唐西域記校注》,第132頁。
⑦ 季羨林等:《大唐西域記校注》,第914頁。
⑧ 《大正藏》第4冊,第241頁中下。

般遮于瑟"指行捨施和舉行捨施會,顯然亦是在這個意義上使用的。

2. 無遮大會是大型供僧布施會

玄奘在印度時,曾親歷了戒日王五年一設的無遮大施會,爲我們了解無遮大會的具體過程提供了重要資料。《大慈恩寺三藏法師傳》卷五記載説:

> 至十九日辭(戒日)王欲還。王曰:"弟子嗣承宗廟,爲天下主,三十餘年,常慮福德不增廣,法因不相續,以故積集財寶,於鉢羅耶伽國兩河間立大會場,五年一請五印度沙門、婆羅門及貧窮孤獨,爲七十五日無遮大施。已成五會,今欲作第六會,師何不暫看隨喜。"法師報曰:"菩薩爲行,福慧雙修,智人得果,不忘其本。王尚不悋珍財,玄奘豈可辭少停住,請隨王去。"王甚喜。
>
> 至二十一日,發引向鉢羅耶伽國就大施場。殑伽河在北,閻牟那河在南,俱從西北東流至此國而會。其二河合處,西有大埠,周圍十四五里,平坦如鏡,自昔諸王皆就其地行施,因號施場焉。相傳云,若於此地施一錢,勝餘處施百千錢,由是古來共重。王勅於埠上建施場,豎蘆爲籬,面各千步,中作草堂數十間,安貯衆寶,皆金、銀、真珠、紅玻瓈、寶帝青珠、大青珠等,其傍又作長舍數百間,貯憍奢耶衣、斑氎衣、金銀錢等。籬外別作造食處,於寶庫前更造長屋百餘行,似此京邑肆行,一一長屋可坐千餘人。
>
> 先是王勅告五印度沙門、外道尼乾、貧窮孤獨,集施場受施……
>
> 辰旦,其戒日王與鳩摩羅王乘船軍,跋吒王從象軍,各整儀衛,集會場所,十八國諸王以次陪列。初一日,於施場草殿内安佛像,布施上寶上衣及美饌,作樂散花,至日晚歸營。第二日,安日天像,施寶及衣半於初日。第三日,安自在天像,施如日天。第四日,施僧僧萬餘人,百行俱坐,人施金錢百,文珠一枚,氎衣一具,及飲食香花供養訖而出。第五番施婆羅門,二十餘日方遍。第六番施外道,十日方遍。第七番遍施遠方求者,十日方遍。第八番施諸貧窮孤獨者,一月方遍。至是,五年所積府庫俱盡,唯留象、馬、兵器,擬征暴亂,守護宗廟。自餘寶貨及在身衣服、瓔珞、耳璫、臂釧、寶鬘、頸珠、髻中明珠、總施無復孑遺。
>
> 一切盡已,從其妹索麁弊衣著,禮十方佛,踊躍歡喜,合掌言曰:"某比來積集財寶,常懼不入堅牢之藏。今得貯福田中,可謂入藏矣。願某生生常具財法等施衆生,成十自在,滿二莊嚴。"會訖,諸王各持諸寶錢物,於諸衆邊贖王所施瓔珞、髻珠、御服等還將獻王。經數日,王衣服及

上寶等服用如故。①

這一記載表明：

（1）無遮大會是捨施大會。從戒日王舉行的無遮大會來看，一是規模大，地方廣，時間長；二是捨施的對象廣，沒有限制，包括"五印度沙門、婆羅門及貧窮孤獨"等。按順序來説，先是僧人，然後是婆羅門及貧窮孤獨等。

（2）無遮大會重視對地點的選擇。引文中捨施地"自昔諸王皆就其地行施，因號施場焉。相傳云，若於此地施一錢，勝餘處施百千錢，由是古來共重"。這點與《華嚴經》卷五十五有文稱"時彼都城北有一大林，名曰日光，太子詣彼，設大施會"②，日光"是昔施場"③相同。另外，《大唐西域記》卷一"梵衍那國"條記載："城東二三里伽藍中，有佛入涅槃臥像，長千餘尺。其王每此設無遮大會，上自妻子，下至國珍，府庫既傾，復以身施，群官僚佐就僧酬贖，若此者以爲所務矣。"④伽藍指佛寺，寺中的臥佛像長達千餘尺，一方面説明像長，另一方面説明該寺規模較大；表明該國的無遮大會是在大佛寺舉行。正因爲重視對地點的選擇，所以從法顯、玄奘等人的記載來看，舉行過無遮大會的地方，在印度和西域等地都屬於佛教聖迹。

（3）無遮大會是一套完整的齋供儀式。這個儀式的步驟包括從大會開始前戒日王令人"籬外別作造食處"，至"初一日，於施場草殿内安佛像，布施上寶上衣及美饌，作樂散花"，"第四日，施僧僧萬餘人，百行俱坐，人施金錢百，文珠一枚，氎衣一具，及飲食香花供養訖而出"。義净《南海寄歸内法傳》卷一"受齋軌則"表明，齋僧並不僅只是請僧人吃飯，它還包括施僧、開光、講經説法等一系列儀式程序。布施附屬在齋僧儀式中舉行，故捨施會實際上就是包括安像設坐、奉佛請聖、行食、食前咒願、受施咒願等的齋僧會。只要提到捨施，就包括齋僧的一套儀式程序。所以戒日王無遮大會在捨施前，先要"作造食處"，這是備齋僧之用；要安佛像，這是備齋僧時讚嘆佛德，請佛聖證盟之用。捨施時僧人"百行俱坐"，這是定上座和安坐具的結果；"飲食香花供養"，這是齋僧和供養僧人；捨施結束後，"從其妹索麁弊衣著，禮十方佛"，這是接受僧人咒願前的程序。這些内容，都説明整個無遮大會就是一個完整的禮佛、齋僧、捨施儀式。

---

① 慧立等：《大慈恩寺三藏法師傳》，孫毓棠等點校，北京：中華書局，1983年，第110—112頁。
② 《大正藏》第9册，第748頁下。
③ 《續藏經》第4册，第729頁上。
④ 《大正藏》第51册，第873頁中。

綜上佛經和《大慈恩寺三藏法師傳》等書的記載,可以看出無遮大會指齋僧會,是禮佛、齋僧、施僧的大型法會①。而齋僧是其中的核心元素。

三、水陸法會稱無遮大會

印度的無遮大會是大施會,是大型齋供法會,並且有一個顯著的特點,即王者施者捨施給僧人的東西,在大施會後往往又作價買回來。《法顯傳》"布施僧②已,還從僧贖"③,《大唐西域記》卷十一"伐臘毗國"條"既以總施,倍價酬贖"④,慧超《往五天竺國傳》"建馱羅國"條"唯妻及象,令僧斷價,王還自贖",都清楚說明了這一點。最有代表性的,是《大唐西域記》卷一"梵衍那國"條記其王設無遮大會,"上自妻子,下至國珍,府庫既傾,復以身施。群官僚佐,就僧酬贖",自己捨身布施後,由其臣屬向僧人贖回。

佛教傳入中國後,較少使用"般遮于瑟"等梵文詞,而更多地使用"無遮大會",但其含義與印度並無不同。法琳《辯正論》說:"右陳世五主……無遮大會,供僧布施,放生宥罪,弘宣十善,汲引四民,難得稱矣。"⑤釋惠洪建炎二年(1129)撰《資福法堂記碑》有文稱:"(潮音堂)越明年七月而堂克成,凡用緡百萬有餘,乃設無遮大會,飯凡聖僧而落成之。"⑥均說明中國的無遮大會與印度一樣,亦是設供齋僧布施。另外,在六朝時期,梁武帝為表示自己虔誠捨施,多次舉行無遮大會,捨身入寺,又讓大臣重金贖回(詳下文)。其所作所為,與《大唐西域記》卷一所記"梵衍那國"國王一樣,更進一步證明了中國的無遮大會亦是大施會,亦是大型齋供法會。

需要進一步指出的是,在"水陸法會"一詞出現後,無遮大會與水陸法會

---

① 窺基《因明入正理論疏》卷中稱:"時戒日王王五印度,為設十八日無遮大會,令大師立義。遍諸天竺簡選賢良,皆集會所。遣外道小乘,競申論詰。大師立量,時人無敢對揚者。"(《大正藏》第44冊,第115頁中)延壽《宗鏡錄》卷五十一稱:"真唯識量者,此量即大唐三藏於中印土曲女城,戒日王與設十八日無遮大會,廣召五天竺國解法義沙門、婆羅門等,並及小乘外道,而為對敵。立一比量,書在金牌,經十八日,無有一人敢破斥者。"(延壽《三支比量義鈔》同。見《續藏經》第53冊,第953頁下)故《因明疏》云:"且如大師周遊西域,學滿將還,時戒日王王五印土,為設十八日無遮大會,令大師立義。遍諸天竺揀選賢良,皆集會所。遣外道小乘,競生難詰。大師立量,無敢對揚者。"(《大正藏》第48冊,第717頁下—718頁上)據《大慈恩寺三藏法師傳》卷五記載,戒日王確實在曲女城為玄奘設會,玄奘為立論論主,歷經十八日,無人發問而散(《大慈恩寺三藏法師傳》,第107—109頁)。並未稱此會為無遮大會。故窺基和延壽所言"無遮大會",是從參與辯論者不受限制的角度上說無遮,與作為大施會這一意義上的無遮大會不同。
② "布施僧",校注本無"僧"字,據校記補。
③ 章巽:《法顯傳校注》,第20頁。
④ 季羨林等:《大唐西域記校注》,第914頁。
⑤ 《大正藏》第52冊,第503頁下。
⑥ 《石刻史料新編》第三輯,臺灣:新文豐出版公司,1986年,第13冊,第119頁下。

往往是混合在一起來指稱的。一方面是以"無遮"指代"水陸";另一方面是"無遮""水陸"同義連文,稱爲"無遮水陸"或"水陸無遮"①。

（一）無遮指水陸

楊鍔所撰《水陸儀》是宋代最早的《水陸儀》。該水陸儀已佚,但今存楊鍔《水陸齋儀文後序》説：

> 按蕭氏建無遮齋,其儀甚簡。今所行者,皆後人踵事增華,以崇其法。至於津濟一也。竊尋蕭意,蓋超三界之外,已入聖地者,上八位該焉;走三界之内,未出苦輪者,下八位備焉。已入聖地者,靡不供養;未出苦輪者,靡不薦拔。此所以爲無遮也。②

在楊鍔看來,無遮齋就是水陸齋,否則他不會説"水陸齋儀文"是"蕭氏建無遮齋"儀。按他的解釋,水陸的目的,在於津濟,指救濟、濟度水陸衆生,梁武帝之後水陸道場儀存在"踵事增華"的情況,但它們的目的相同。水陸大會既供養三界之外入聖地的上八位,又超薦三界内未出苦輪的下八位,可謂無所不包,所以稱爲無遮。

在楊鍔之後出現的宋代水陸儀,現在保存下來的還有宗賾集《天地冥陽水陸儀》、祖覺《重廣水陸法施無遮大齋儀》（下文略稱《水陸齋儀》）、張興運（號圓照居士）和寶月禪師編集《天地冥陽金山水陸法施無遮大齋儀》（下文略稱《眉山水陸》）、志磐《法界聖凡水陸勝會修齋儀軌》③。這些水陸儀都與楊鍔所記一樣,或用"無遮"指代"水陸",或"無遮"與"水陸"互文。

如宗賾《天地冥陽水陸儀》説："今此會者,昔大聖人之所興也。名彰平等,願啓無遮。念三界而未脱苦輪,嗟六道而難登彼岸。所以廣陳科式,普召冥陽。"(卷中"迎請天仙儀")"梁武帝感夢與神僧,齋修水陸;英禪師傳文於義濟,福被幽明。大設無遮,惟兹水陸。"(卷中"加持滅惡趣息苦輪儀")"今有某府某方居住奉三寶摩訶檀信某人發廣大心,修無遮供,詣於某寺,建置法界三乘天地冥陽無遮無礙清淨平等水陸大道場。"(《水陸雜文》卷下"祭

---

① 也許有學者會根據周叔迦先生"水陸法會是唐時密教的冥道無遮大齋與梁武帝的六道慈懺結合而發展起來的"（周叔迦：《法苑談叢》,《周叔迦佛學論著全集》,第 1031 頁）一説,認爲無遮大會與水陸法會的關係是唐代以後纔出現的。不過,下文將指出,認爲水陸法會是密教冥道無遮大齋與六道慈懺結合而成的説法,既没有提出明確證據,亦無法在水陸儀軌中找到明確的支持,故這裏暫不考慮它們出現的歷史背景。
② 《續藏經》第 57 册,第 118 頁中。
③ 侯沖：《〈水陸儀〉三種敍録》,程恭讓主編：《天問》（丁亥卷）,第 321—348 頁。並見侯沖：《雲南阿吒力教經典研究》,第 51—85 頁。

風伯雨師"疏)

　　又如宋僧祖覺《水陸齋儀》亦説:"夫無遮大齋者,本師釋迦垂教,大士梁武創儀。世間大慈,人中上供。於此可以修菩薩行,於此可以運如來心。宜當屏絕外緣,端持正觀。莫移一念,唯守四心。"(第二時"第六清淨心想")"將陳妙會,別有後文。大衆至誠,聽爲宣演。時願也不願? 答願。清信奉佛設供弟子某等,奉爲六道一切有情,供設無遮廣大施會,惟願一切賢聖……"(第六時"第六正陳法施")"清信奉佛某等,上奉佛勅,發大願心;下爲有情,設無遮會。與法界内一切衆生結大良緣,爲大施主。"(第六時"二十一啓志散壇")

　　再如《眉山水陸》①有文説:"宜科弟子普告大衆,合道場人,今日檀越修建無遮大齋,普爲濟度六道群生,非小因緣。今此先伸教誡,各當至誠諦聽,如法修設,自利利他,功德無盡。"(教誡)"夫無遮大齋者,本師釋迦垂教,大士梁武創儀。世間大慈,人中上供。於此可以修菩薩行,於此可以運如來心。宜當屏絕外緣,端持正觀。莫移一念,唯守四心。"(天地冥陽金山水陸大齋上時)"惟佛大慈,成我至願,是敢獻微妙之上蓋,散殊秾香之下赴,以梁武之儀文,陳無遮之法會。宜科弟子某稽首和南,一心奉請。"(天地水冥陽金山水陸法施無遮大齋耀章號)

　　還有被稱爲"志磐文"的《法界聖凡水陸勝會修齋儀軌》"奉請上位篇"有文説:"南無一心奉請獨居靜處,曾見焦面鬼王,娑婆界中,稱設無遮大會,起教大士阿難尊者並諸眷屬。"②"獻座安位篇"迴向發願偈有文説:"我今敬設無遮,以大願力普莊嚴。"③由於阿難常被稱爲是水陸法會的"起(啓)教大士",故這裏的"無遮會",顯然就是指水陸法會。

　　總之,在包括楊鍔《水陸儀》在内的數種宋代水陸儀中,"無遮"一詞其意或者指"水陸",或者與"水陸"互文,説明"無遮會"即"水陸會","水陸會"即"無遮會"。

(二) 無遮水陸(水陸無遮)

　　宋代水陸儀除使用"無遮"一詞指代"水陸"外,還和僧史一樣,將無遮會或水陸會合稱爲"無遮水陸"或"水陸無遮"。

1. 水陸儀使用無遮水陸(水陸無遮)

　　在宋代水陸儀中,除志磐"水陸儀"僅在正文中出現外,其他"水陸儀"

---

① 本書所引爲筆者以光緒甲辰年(1904)楊嘉賓抄本爲底本,李正榮清光緒三十二年(1906)抄本(甲本)、光緒五年(1879)抄本(乙本)爲校本的整理文本。
② 《韓國佛教儀禮資料叢書》第一輯,第589頁下。
③ 《韓國佛教儀禮資料叢書》第一輯,第601頁上。

不論是題名、齋題還是儀文内容，都往往出現"無遮水陸"或"水陸無遮"一詞。

（1）題名

《水陸齋儀》和《眉山水陸》都由數册合成，每一册上的題名並不相同，其中即包括"水陸無遮""無遮水陸"的合稱。如《眉山水陸》楊嘉賓抄本分抄爲十二册，其中第一册首題"天地冥陽金山水陸無遮加燈科法卷一"，第七册首題"法施無遮水陸科珠瓔校飾第壹耀章號"，第十册首題"天地冥陽金山水陸無遮法施大齋方圓號"。《水陸齋儀》存刊本七册，其中第二册包括兩卷，第一卷首題"重廣水陸無遮大齋儀文卷第五"，尾題"重廣水陸無遮大齋儀卷第五"；第二卷尾題"重廣水陸無遮大齋儀卷第六"。

（2）齋題

現存宋代水陸儀中都包括有"水陸齋題"。齋題即齋名。在舉行水陸法會時，齋題可以單獨使用，亦可以合并使用。《天地冥陽水陸儀》中的"水陸齋題"是"該羅法界、利濟四生、凡聖圓融、冤親平等、水陸無遮、法施大齋"，《眉山水陸》的是"該羅法界、利濟四生、凡聖混融、冤親平等、水陸無遮、法施大齋"。由於《天地冥陽水陸儀》和《眉山水陸》均據楊鍔《水陸儀》編集而成，故並見於這兩種水陸儀中的水陸齋題等内容，當出自楊鍔《水陸儀》，與上文提到楊鍔稱水陸會爲無遮會相符。"水陸齋題"還有文解釋"水陸無遮"說：

>　　水陸無遮者，悲也。儻若意源沉靜，禮佛土則極日月於三千；悲心忘緣，拯鬼趣則遍塵沙於百億。徹凡聖於三世，融刹海於一塵。有何障礙？故曰：水陸無遮者，悲也。①

將"水陸無遮"作爲一個專有名詞進行了解釋。

（3）正文内容

在水陸儀中，除諸多"水陸會上、無遮筵中"的說法外，還有"水陸""無遮"連文的情况。

如楊鍔《初入道場敍建水陸意》說："原夫無遮水陸大齋者，遵釋迦文之垂教，奉梁武帝之科儀。世間大慈，人中上供。於此可以修菩薩行，於此可

---

① 侯冲：《雲南阿吒力教經典研究》，第55頁。

以建①如來心。宜當屏絕外緣,端持正念。"②

《天地冥陽水陸儀》說:"今辰檀信某發真實最勝之心,建水陸無遮之會,將欲開啓法事,必先報於神聰。"(卷上"召請當境風伯雨師")又說:"原夫超出三界入聖流者,位設於上;拘縻三界未離苦輪者,位設於下。入聖流者,則無不備供;未離苦輪者,則無不追陞。所以仰四聖之洪勳,潤六凡之薄德。惠而不費,溢而愈深。境離自他之殊,心絶冤親之異。乃號曰清淨平等水陸無遮之勝會耳。"(卷上"召請土地使者發牒儀")

《水陸齋儀》說:"比丘某稽首和南,謹白清淨大衆:今此道場,號曰該羅萬有、利濟四生、即俗旋真、融凡入聖、重廣法施、水陸無遮道場。華嚴經標十種教誡,水陸法會六時奉行。蕭梁武皇帝御制科儀,覺華嚴禪師增添教誡。"(重廣法施水陸大齋提綱)又說:"比丘某謹白清淨大衆:今此重廣法施水陸無遮道場,先請西域聖僧法,並東晉道安法師軌儀。門外望西,專想摩利支山。殷懃作法,禮請尊者,設浴赴會。"(重廣法施水陸大齋提綱)

《眉山水陸》說:"水陸無遮法施大齋,廣利幽顯,其行法事僧人,若少輕易,便獲惡報。"(新集無遮法施水陸大齋六節教誡儀文)又說:"東震旦域南瞻布(贍部)洲,入意如上修建法施無遮水陸大齋道場一供,通誠△晝夜良宵△月△日,大善周隆,方伸告竣。"(天地冥陽金山水陸大齋無遮法施方圓號)

志磐重集、袾宏重訂的《法界聖凡水陸勝會修齋儀軌》,雖然經袾宏改訂過,但其中卷一至卷三的大部分內容,基本上可以認爲出自志磐之手③。該書卷三正文中,亦兩次出現"無遮之會"。一次是:"亘古逮今,際天極地。已悉行於號召,曾不棄於玄微。故凡居有性之倫,盡優入無遮之會。"④另一次是:"不洗塵,不洗體,既妙悟於圓通;必振衣,必彈冠,復善修其容止。斯可預無遮之會,是爲登大覺之門。"⑤

綜上可以看出,在宋代水陸儀中,水陸法會往往被稱爲"無遮會""無遮供""無遮齋"或"無遮之會",並多有"水陸無遮"或"無遮水陸"這樣的稱謂。

2. 僧史記載的水陸無遮會

由於歷來齋供儀式未受到重視,故僧史中與水陸儀有關的材料不多,而

---

① 根據祖覺《水陸齋儀》和張興運《眉山水陸》所引,"建"字疑作"運"。
② 《續藏經》第57册,第116頁中。
③ 《韓國佛教儀禮資料叢書》第一輯收錄《法界聖凡水陸勝會修齋儀軌》,署"志磐撰",顯然與志磐水陸儀有關。二者之間的關係有待明確。
④ 《續藏經》第74册,第807頁上。
⑤ 《續藏經》第74册,第808頁中。

且主要見於元代及其以後的僧史。儘管如此,僧史中亦出現了水陸無遮會(水陸大無遮會)的記載。

明僧如惺《大明高僧傳》卷一"元杭州上天竺沙門釋性澄傳"說:"釋性澄,字湛堂,號越溪……大德乙巳出住杭之東竺,丁未吳越大旱,師率衆說法禱雨格應。歲饑,民死無以斂,乃爲掩其遺骸,作水陸大會普度之。至大戊申,遷南竺之演福。至治辛酉,驛召入京,問道於明仁殿,被旨居清塔寺,校正大藏。駕幸文殊閣,引見問勞,賜無量壽佛等經各若干卷。事竣辭歸,特賜金襴衣。將行,俄有旨即白蓮寺建水陸大無遮會,時丞相東平忠獻王請陞座說法。事聞,寵賚尤渥,賜號佛海大師。"①卷三"蘇州華山沙門釋祖住傳"亦說:"釋祖住,字幻依,籙亭其號也……淮安胡給事延住鉢池山,造大藏經,作水陸無遮會。"②

如惺在書中將"水陸大會""水陸大無遮會""水陸無遮會"並稱,並不是水陸法會分爲水陸大會和水陸大無遮會、水陸無遮會等,而是舉行水陸法會時使用了不同的"水陸齋題",所以纔有不同的稱謂。水陸大無遮會和水陸無遮會,都是指水陸大會。

四、小結

上文的考察表明,無遮大會指以捨施爲目的的禮佛、齋僧、施僧的大施會或大型齋供法會。在諸種水陸儀文中,無遮大會被稱爲水陸法會,水陸法會亦被稱爲無遮大會。由於以齋僧爲基礎,故水陸法會又被稱爲水陸齋、水陸大齋,無遮大會亦被稱爲無遮齋、無遮大齋。在不少資料中,"無遮"與"水陸"連文同義,被稱爲"無遮水陸"或"水陸無遮"。

就水陸法會研究來說,認識到水陸法會本身是禮佛、施僧、齋僧的齋供儀式,是理解水陸法會的具體程序以及無遮即水陸、水陸即無遮的基礎。

首先,齋供儀式的屬性,決定了水陸法會沒有一成不變的模式。爲了回應施主的設齋,僧人有講經說法、受戒禮懺等多種導俗化方的手段,水陸法會同樣如此,既可以是轉經,亦可以是講經說法、受戒禮懺、論義等,並非一定要使用水陸儀舉行的法會纔稱爲水陸法會,亦並非沒有瑜伽焰口施食的法會就不是水陸法會。

其次,齋供儀式有與儀式程序相匹配的道場主體、道場設置。儘管存在

---

① 《大正藏》第50冊,第902頁下。
② 《大正藏》第50冊,第911頁下。清徐昌治編《高僧摘要》卷四"釋祖住"條有"淮安胡給事延住鉢池山,造大藏經,作水陸無遮會"之文,顯然摘自如惺文。參見《續藏經》第87冊,第349頁中。

一定變數,但齋供儀式肯定有特定的場所、相對應的齋主、相對應的時間、相對應的道場請來證明的佛聖、相對應的儀式程序和文本等。以道場所請佛聖來說,大型齋供儀式請聖時,顯然需要請十方三世的佛聖;由於道場功德巨大,可以濟度三界六道四生,故在請聖時,亦會同時請界趣聖神。

其三,齋供儀式有相對應的功能。正如義淨指出的一樣,齋供儀式除了滿足施主舉行齋供儀式所要達成的願望這一功能,還能利樂天龍八部和當朝皇王,並將供食普施衆生,利濟先亡及鬼趣,讓其離苦生樂處。這點無疑是國王舉行無遮大會或水陸法會,施主舉辦水陸法會薦亡的重要理論基礎。要特別指出的是,施僧食是齋供儀式的主體,施鬼趣食薦亡只是齋供儀式的儀式程序之一。

其四,受施無遮,受濟度亦無遮。無遮大會作爲齋僧布施的法會,是指受施者沒有遮攔限制,所有人都可以是受施者。作爲大型齋供儀式,無遮大會有相對應的大功德。正如受施者無遮一樣,受濟拔的亡魂鬼趣亦是無遮的。舉行無遮會,可以濟拔包括先亡和鬼趣在內的三界六道所有一切衆生。正是在這個意義上,可以說無遮即水陸,水陸即無遮,舉行無遮會,就是舉行水陸法會。

總之,由於弄清了無遮大會指大型齋供儀式,"水陸無遮"或"無遮水陸"爲"水陸""無遮"同義連文,一些重要資料有了被納入水陸法會研究視野的基礎,水陸法會的歷史源流因爲新資料的加入而顯得清晰可考。

第二節　水陸法會歷史源流
——以道場儀爲中心

志磐《佛祖統紀》卷三十三"水陸齋"條說:

> 梁武帝夢神僧告之曰:六道四生,受苦無量,何不作水陸大齋以拔濟之?帝以問諸沙門,無知之者。唯志公勸帝廣尋經論,必有因緣。帝即遣迎大藏,積日披覽,創立儀文。三年而後成,乃建道場,於夜分時親捧儀文,悉停燈燭,而白佛曰:若此儀文理協聖凡,願拜起,燈燭自明;或體式未詳,燭暗如故。言訖一禮,燈燭皆明;再禮,宮殿震動;三禮,天上雨華。天監四年二月十五日,就金山寺依儀修設,帝親臨地席,詔祐律師宣文。當時靈響,不能備錄。周隋之際,此儀不行。至唐咸亨中,西京法海寺英禪師夢泰山府君召往說法。後獨坐方丈,見一異人前告

之曰：向於泰山府君處竊覘尊容，聞世有水陸大齋，可以利益幽品。其文是梁武所集，今大覺寺吳僧義濟得之，願師往求，如法修設。師尋詣大覺，果得其文，遂於月望修齋。已畢，復見向異人與徒屬十數前至謝曰：弟子即秦莊襄王也。<small>莊裏是秦始皇父。至唐咸亨九百四十年。</small>又指其徒曰：此范睢（雎）、穰侯、白起、王翦、張儀、陳軫，皆秦臣也。咸坐本罪，幽囚陰府。昔梁武金山設會，前代紂王之臣皆得脫免。弟子是時亦暫息苦，但以獄情未決，故未獲脫。今蒙齋懺，弟子與此輩並列國君臣，皆承法力，得生人間。言訖而隱。自是英公常設此齋，流行天下。<small>東川楊諤《水陸儀》。蜀中有楊推官儀文，盛行於世。</small>①

周叔迦先生率先對志磐的這一說法提出了懷疑。他指出："據《廣弘明集》所載，梁武帝於天監三年（504）纔捨道事佛，不可能在天監四年以前已經披閱藏經三年之久。水陸儀軌中的文辭完全依據天台的理論撰述的。其中所有密咒出於神龍三年（707）菩提流志譯《不空羂索神變真言經》，這不僅是梁武帝所不能見，也是咸亨中神英所不能知的。現在通行的水陸法會分內壇、外壇。內壇依照儀文行事，外壇修《梁皇懺》及誦諸經。所謂梁皇帝撰儀文及神英常設此齋，可能只是指《慈悲道場懺法》而言，至於水陸儀文則是後人所增附的。"②

牧田諦亮先生亦對這個故事提出了懷疑。他說："據傳水陸法會是梁武帝時，由於寶志的勸勉，開始啓建，陳隋時隱沒不傳，後由唐代長安法海寺道寺復興……根據《靈迹記》，梁武帝與寶志談話的中心是阿難遇焦面鬼王，並建立平等斛食。《靈迹記》把這個故事作爲水陸法會的起源。但講述焰口惡鬼故事的經典——《佛說救拔焰口餓鬼陀羅尼經》（不空譯）、《佛說救面然餓鬼陀羅尼神咒經》（實叉難陀譯）的翻譯都遠晚於梁代，因此，水陸法會起源於梁武帝說自然是後代的附會。"③

不論是周先生還是牧田先生的懷疑，都很有道理。不過，周先生顯然是用後出甚至現在通行的水陸儀代替古代的水陸儀去說歷史，而牧田先生顯然不知道水陸儀有從施僧食到施餓鬼食轉變這一歷史，而且他們都沒有注意到水陸法會又稱無遮大會這一重要綫索。也就是說，限於資料和研究思

---

① 《大正藏》第49册，第321頁中下。此說最早見於楊鍔《水陸大齋靈迹記》(《續藏經》第57册，第113頁下—114頁中)，後在《釋門正統》中亦有相近說法(《續藏經》第75册，第303頁下—304頁上)。
② 周叔迦：《法苑談叢》，《法音》1983年第4期；《周叔迦佛學論著全集》，第1030頁。
③ 牧田諦亮：《水陸法會小考》，楊曾文、方廣錩編：《佛教與歷史文化》，第350—351頁。

路,他們的懷疑表面上有道理,但不能落到實處。事實上,志磐《佛祖統紀》所說雖然算不上十分準確,但我們確實可以找到梁武帝舉行水陸法會和唐代英禪師曾根據梁武帝水陸儀舉行過水陸法會的證據。下文會對英禪師舉行水陸法會進行考證,這裏只討論梁武帝舉行水陸法會和創編水陸儀的證據。

一、梁武帝創儀

敦煌遺書中 P. 2189 首殘尾全,有尾題稱:"大統三年(537)五月一日,中京廣平王大覺寺涅槃法師智歡供養《東都發願文》一卷,仰奉明王殿下在州施化,齊於友稱之世,流潤與姬文同等。十方衆生同含生,同於上願。令狐忄寶書之。"根據尾題,學術界通稱其爲《東都發願文》,並從不同角度作過討論。既肯定了它確實出自梁武帝之手,又對其抄手、供養者作過分析考證①。不過,由於此前人們没有發現水陸法會又稱無遮會,所以未能將這一材料作爲梁武帝舉行水陸法會或撰水陸儀的證據。根據《東都發願文》,可以看出史載梁武帝曾撰水陸儀並非空穴來風。理由有四:

(一) 梁武帝多次舉行無遮大會

梁武帝是中國歷史上著名的佛教徒皇帝。郭麗英教授根據相關史料,簡要列舉了梁武帝的重要佛教活動,表明他曾多次舉行過無遮大會:

527 年,創同泰寺並捨身於同泰寺。

529 年九月,幸同泰寺並設"四部無遮大會"。脱去了御服而披起了"法衣",行"清淨大捨",並"陞講堂法坐"爲四部大衆開《涅槃經》。由於已捨身於寺,大臣們以一億萬錢爲他贖身。

530 年,四月,幸同泰寺,設平等會。

533 年,幸同泰寺,設四部大會。

535 年,三月,幸同泰寺,設無遮大會;四月,幸同泰寺,鑄十方銀像,並設無礙大會。

536 年,三月,幸同泰寺,設平等法會;九月,幸同泰寺,設四部無礙法會;十月,幸同泰寺,設無礙大會。

537 年,夏五月癸未,幸同泰寺,鑄十方金銅像,設無礙法會;八月,

---

① 郭麗英:《敦煌本〈東都發願文〉考略》,謝和耐等:《法國學者敦煌學論文選萃》,北京:中華書局,1993 年,第 105—119 頁;饒宗頤:《談佛教的發願文》,《饒宗頤二十世紀學術文集》卷八,臺北:新文豐出版公司,2003 年,第 255—272 頁;孫曉林:《跋 P. 2189〈東都發願文〉殘卷》,《敦煌吐魯番研究》第二卷,北京:北京大學出版社,1997 年,第 331—335 頁。

幸阿育王寺，設無礙法喜食。
　　547年，三月，幸同泰寺，設無遮大會，捨身；夏四月，群臣以錢一億萬奉贖，僧衆默許。①

　　梁武帝舉行的無遮會名目繁多，各不相同。正如郭教授指出的一樣："武帝曾多次親自設會。這些會具有各種不同的名稱，但它們似乎具有同樣的意義，諸如'平等法會'、'無礙大會'和'無遮大會'等。那些被稱爲'四部無遮大會'和'四部無礙大會'者則是指爲'四部'（比丘、比丘尼、近事男和近事女，也就是佛陀的全部信徒）舉行的無遮大會。"②這點與水陸法會有不同的名字並且強調平等無礙是相似的。

　　要特別注意的是梁武帝無遮大會的捨身。無遮大會是大施會，捨身是無遮大會施主表示虔誠的一種表現方式。梁武帝既然舉行無遮大會以表示自己的虔誠信仰，自然免不了要大施。無遮大會的大施有多種多樣，小者爲自己受用的妻子、象馬等物，大者則以己身捨施。上列梁武帝的佛教活動中，他兩次以上的捨身，每次都由群臣花鉅資贖出，與《大唐西域記》卷一"梵衍那國"條國王"以身施。群官僚佐，就僧酬贖"一樣，都是舉行無遮大會行大施的表現。

　　據《高僧傳》記載，僧祐曾"建無遮大集捨身齋等"③。由於僧祐天監十七年（518）圓寂，則《高僧傳》所指當係梁武帝此前舉行的某次無遮捨身大會。楊鍔《水陸大齋靈迹記》載"天監四年二月十五日夜，帝召僧祐律師宣文，鳳舸親臨法會，興於水陸大齋，饒益幽冥，普資群彙"④，志磐《佛祖統紀》卷三十三"水陸齋"條記載梁武帝創立儀文後，於天監四年在金山寺依儀修設水陸會，"帝親臨地席，詔祐律師宣文"，與《高僧傳》載僧祐曾"建無遮大集捨身齋等"有契合之處，説明了史載梁武帝創立水陸儀並請僧祐宣文，當有事實背景。

（二）《東都發願文》爲梁武帝無遮大會齋意文
　　《東都發願文》有文説："又願今日此無遮大會，若有一豪（毫）隨喜，一豪（毫）歡（勸）助者，弟子蕭衍今日與此一切等共和合，無分別想，無分別財，共成一物、一共、一會、一心、一意。願此二隨喜勸助者，各各領受今日無遮大會功德，滿足如是大願，滿足如是大功德，滿足如是大智慧，滿足如是大

---

① 郭麗英：《敦煌本〈東都發願文〉考略》，謝和耐等：《法國學者敦煌學論文選萃》，第112—113頁。
② 郭麗英：《敦煌本〈東都發願文〉考略》，謝和耐等：《法國學者敦煌學論文選萃》，第113頁。
③ 釋慧皎：《高僧傳》，第440頁。
④ 《續藏經》第57册，第114頁上。

神力,滿足如是不思議無上大果。""無遮大會"一詞在這段文字兩次出現,一次説明所舉行的會爲無遮大會,一次説明舉行無遮大會有功德,這一功德可以滿足數種願望。正如佛教法會儀中某些程序要"三説",即説完一遍後還要重複兩遍,這段文字在《東都發願文》中三次出現①,故"無遮大會"一詞在全文中六次出現。

從内容來看,《東都發願文》是蕭衍舉行無遮大會的齋意文,是對梁武帝設齋過程和目的等的説明。

(三)《東都發願文》所請爲水陸道場所請神衹

舉行法會時,需要請佛菩薩證盟。《東都發願文》有文稱:

> 仰願十方盡虛空界一切諸佛,仰願十方盡虛空界一切尊法,仰願十方盡虛空界一切聖僧證明……
>
> 又仰願十方盡虛空界一切諸天,仰願十方盡虛空界一切諸仙,仰願十方盡虛空界一切聰明正直善神,又十方不可説不可説無邊幽顯一切大衆,同共證明。②

説明被請來道場作證明的佛菩薩和神衹,上至十方盡虛空界一切三寶,中至十方虛空界諸仙善神,下至十方幽冥陽顯一切大衆。我們知道,舉行法會時,都會請佛法僧三寶,都會請相關佛菩薩及諸神衹來作證明,但舉行法會的目的不同,所請神衹就會有區别。如果是薦亡,往往以請地府神衹爲主;如果是祈祥,則以請天府神衹爲主;如果是朝賀地方神,則主要請陽元諸神。只有舉行普施普濟的水陸法會,纔會請"十方盡虛空界"佛菩薩、諸神和幽顯一切大衆來作證明。由《東都發願文》所請包羅十方三界諸佛、菩薩、神衹等,可知該場無遮大會與水陸法會性質相同。

(四)《東都發願文》證明梁武帝舉行的無遮大會具有水陸法會的功能

楊鍔《水陸大齋靈迹記》稱梁武帝"忽於中夜,夢一高僧神清貌古,雪頂厖眉,前白帝言:'六道四生,受苦無量。世有水陸廣大冥齋,普濟含生,利樂幽顯。諸功德中,最爲殊勝,宜以差設'"③。志磐《佛祖統紀》卷三十三"水陸齋"條"梁武帝夢神僧告之曰:六道四生,受苦無量,何不作水陸大齋以拔濟之?"説明創設水陸齋的目的,是拔濟"受無量苦"的六道衆生。《東都發

---

① 由於是傳抄件,個别字詞前後有異。
② 黄征、吴偉編校:《敦煌願文集》,長沙:岳麓書社,1995年,第284頁。
③ 《續藏經》第57册,第113頁下。

願文》有文説：

　　仰願以今日一切會無量廣大清淨功德，上福皇考　太祖文皇帝，皇妣獻皇太后，仰願無始以來，至乎今日，一切罪障，皆得消滅；一切衆生苦，皆得解脱……

　　又願以今日一切會功德，仰福亡大兄長涉（沙）宣武王、亡二兄永陽照王，願無始以來，至乎今日，一切罪障，皆得消滅；一切衆苦，皆得解脱……

　　又願以今日一切會功德，願過去一切尊卑眷屬，願無始以來，至乎今日，種種罪障，皆得消滅；種種衆苦，皆得解脱……

　　又願以今日一切會功德，願使現前一切内外眷屬，若有種種煩惱未得斷除，今日斷［除］；若有種種罪障未得消滅，今日消滅；若有種種衆苦未得解脱，今日解脱……

　　又願以今日一切會功德，願無始以來，至於今身，過去一切本生因緣，尊卑眷屬，未出四生，同此福佑。若已得無漏，速成等覺，還救無邊一切衆生。願未得無漏，皆離惡趙（趣），俱生淨土，面視（覩）諸佛，解脱衆苦，滅諸罪障……

　　又願以今日一切會功德，願今日率土一切臣民、水陸空行一切四生，今日北虜爰及未賓之地，水陸空行一切四生，今日三途水陸空行一切四生乃至三界六趣，前盡前際，後盡十方，盡虛空界，於其中間一切四生，今日莫不同集此會，雖復形有阻礙，心神莫不俱到，今日平等，無復怨親。如是一切，皆善知識，乃至道場，無分別想。願此一切無邊四生，若有種種衆苦，乞以弟子蕭衍之身，皆悉代受。若有地獄等苦，乃至無間，衆生所不能堪，衆生所不能忍，弟子蕭衍誓入如是種種地獄，代一切四生受如是苦，願一切四生皆得安樂。

　　弟子蕭衍，誓使難化者［化］，難回者回，難調者調，難伏者伏，難入者入，難得者得，難齊者齊，難度者度，願此一切四生，皆悉隨從弟子蕭衍心之善念，滅一切兵革惡毒，滅一切饑饉惡毒，滅一切水旱惡毒，滅一切疾癘惡毒，滅一切草木惡毒，滅一切雲霧惡毒，滅一切地獄外惡毒，滅一切風火惡毒，滅一切貪淫惡毒，滅一切嗔害惡毒，滅一切癡惱惡毒。凡諸四生，有含毒者，皆悉伏滅。

　　若有煩惱未得斷除，今日皆悉隨從弟子蕭衍而得斷除；若有種種罪障未得消滅，今日皆悉隨從弟子蕭衍而得消滅；若有種種衆苦未得解脱，今日皆悉隨從弟子蕭衍而得解脱。翻四顛倒，立五善根，四無量心，六波羅蜜，常得現前，四弘誓願，六神通力，常不離行，勇猛精進，不休不息,世世生生,永不失離,乃至進修上乘佛果,還救無邊一切衆生。①

願文表明,梁武帝舉行無遮大會的目的,是拔濟"受無量苦"的六道衆生。不僅能讓亡者罪障消滅,衆苦解脫斷除,還能讓無邊衆生、水陸空行一切四生,斷除煩惱,無諸苦惱,消滅罪障,除諸惡毒,無諸緣難,成就佛果。這與修設水陸大會的功能完全相同。

總之,由於水陸法會又稱無遮大會,梁武帝多次舉行無遮大會,《東都發願文》的内容表明梁武帝無遮大會所請佛菩薩神祇與水陸法會相同,其功能亦與水陸法會拔濟"受無量苦"六道衆生的目的相同,故《東都發願文》作爲梁武帝舉行的無遮大會的齋文,證明了梁武帝舉行的無遮大會就是水陸法會。

(五) 梁武帝撰《東都發願文》屬於水陸儀

首先,東都發願文出自梁武帝之手。這點上文已經明確。

其次,齋意文屬於水陸儀。從佛教儀式的實際展演來説,齋意文不是孤立使用而是與儀式文本相配合的。齋意文是水陸法會儀式文本之一。《東都發願文》作爲齋意文,屬於水陸儀。

其三,梁武帝撰《東都發願文》屬於梁武帝編水陸儀。基於上面兩點,可以肯定《東都發願文》屬於梁武帝撰水陸儀,或者説,梁武帝首創水陸儀是事實。

其四,梁武帝不會假手他人編水陸儀。梁武帝一向自負,他舉行水陸法會時,不僅齋文出於自己之手,與齋文相匹配的水陸儀文,自然也不會假他人之手創作。宋人所記梁武帝根據經藏編製水陸儀,正證明了這一點。

總之,梁武帝歷史上曾經舉行過無遮大會,而水陸法會又稱無遮大會,因此否定梁武帝與水陸法會存在密切關係是不能成立的。佛教法會儀式文本與齋意文往往配合使用,自負的梁武帝既然已經作了《東都發願文》這一齋意文,自然不會讓他人代替自己撰寫儀文。雖然由於年代久遠,尚不能確定在《東都發願文》之外,梁武帝所撰水陸儀是否還有其他文字保存下來,但《東都發願文》作爲無遮大會齋意文,屬於水陸儀之一,因此它是梁武帝撰水陸儀的實物遺存。志磐等人稱唐代英禪師曾據梁武帝編製的水陸儀舉行水陸法會,由現存《東都發願文》可知他確實曾撰水陸儀。從梁武帝多次舉行無遮大會並留下齋意文來看,梁武帝首創水陸儀並非空穴來風。

二、唐代英禪師續作

上引志磐《佛祖統紀》所記唐代咸亨中英禪師舉行水陸法會,超度秦莊

---

① 黃征、吳偉編校:《敦煌願文集》,第283—288頁。

襄王等人一事,並非始於志磐《佛祖統紀》。因爲在他之前的宗鑒《釋門正統》、楊鍔撰《水陸大齋靈迹記》中,已經出現了這個故事。甚至早在贊寧《宋高僧傳》卷十八"唐京兆法海寺道英傳"中,已經有相近的記載①。不過,日本學者牧田諦亮先生指出,贊寧《高僧傳》中記載的這個故事,儘管是後世談水陸法會起源時都提到的故事,但"絲毫没有涉及水陸法會本身",它只是英禪師使用梁武帝水陸儀舉行水陸法會説年代的上限②,而水陸法會起源於梁武帝説是後代的附會③。

應該肯定,牧田諦亮先生的觀點有其道理。但是,筆者不同意他的觀點。

首先,梁武帝創水陸儀並非附會。這點上文已經討論過。

其次,有關英禪師施食給秦莊襄王等人的記載,並不是始於贊寧《高僧傳》,早在唐代中期韋述(?—757)撰《兩京新記》中已經出現④。爲便於理解,兹不避文煩,將《兩京新記》與《宋高僧傳》相關文字列表比較如下:

《兩京新記》卷三	《宋高僧傳》卷十八
西門之南,法海寺	唐京兆法海寺道英傳
本隋江陵總管清水公賀拔華宅,開皇七年,爲沙門法海捨宅,奏立爲寺,因以法海爲名。	釋道英,不知何許人也。戒德克全,名振天邑,住寺在布政坊。
咸亨元年,寺內有英禪師具戒見鬼,寺主沙門惠簡嘗日晚見二人,行不踐地,入英房中。惠簡怪而問之。英曰:"向秦莊襄王遣人傳語,饑虚甚久,以師大慈,從師乞一飱,並從者三百許人,勿辭勞費也。吾已報云,後日晚食當來,專相候也。"惠簡便以酒脯助之。至時秦王果至,侍從甚衆,貴賤羅列。食甚急,謂英曰:"弟子不食八十年矣。"英問其故,答曰:"吾生時未有佛法,地下見責功德,吾但以放赦矜恤應之。以福薄,受罪未了。受此一飱,更卌年矣。"	咸亨中見鬼物,寺主慧簡嘗曰:"曉見二人,行不踐地,入英院焉。"簡怪而問之,英曰:"向者秦莊襄王使使傳語,'饑虚久矣,以師大慈,欲望排食並從者三百人,勿辭勞也'。吾以報云'後日曉具饌,可來專相候耳。'"簡聞之,言以酒助之。及期果來,侍從甚嚴,坐食倉黃,謂英曰:"弟子不食八十年矣。"英問其故,答曰:"吾生來不無故誤,其如滅東周,絕姬祀。或責以功德,吾平日未有佛法可以懺度,唯以赦宥矜恤惸獨塞之,終爲未補。以福少罪多,受對未畢。今此一湌,更四十年方復得食。"

---

① 贊寧:《宋高僧傳》,第464—465頁。
② 牧田諦亮:《水陸法會小考》,楊曾文、方廣錩編:《佛教與歷史文化》,第350頁。
③ 牧田諦亮:《水陸法會小考》,楊曾文、方廣錩編:《佛教與歷史文化》,第351頁。
④ 平岡武夫編:《唐代的長安和洛陽(資料)》,上海:上海古籍出版社,1989年,第183—184頁。首尾封皮誤作《唐代的長安與洛陽資料》。參見周叔迦:《周叔迦佛學論著全集》,第1276頁。但《周叔迦佛學論著全集》中錄文多錯訛。

(續 表)

《兩京新記》卷三	《宋高僧傳》卷十八
因指座上人曰："此是白起,此是王翦,爲殺人多,受罪未了。"又指一人,云是陳軫,爲多虛詐,亦受罪未了。	因歷指座上云："此是白起、王翦,爲殺害多,罪報未終。"又云："此陳軫,以虛詐故。"
英曰："王何不從索食,自受饑窘?"答曰："慈心人少,且餘人又不相見,吾貴人,又不可妄作禍祟,所以然也。"因指酒脯曰："寺主將來耶。"深有所愧。	英曰："王何不從人索食而甘虛腹,此奚可忍乎?"王曰："慈心人少,餘人不相見。吾緣貴人,不可妄行祟禍,所以然也。"英指酒曰："寺主簡公將獻。"深有所愧。
臨去,謂英曰："甚愧,禪師,弟子有物在,即送相償。城東通化門墳塚,是弟子墓,俗人不知,妄云吕不韋塚。"英:"往遭赤眉發掘,何得更有物在?"鬼曰:"賊將粗物去,好者深,賊取不得,今見在。"英曰:"貧道出家,無用物處,必莫將來。"言訖,揖謝而去。	垂去謂英曰："甚感此行傷費饘飯,可知弟子有少物即送相償。城東通化門外尖塚,以其銳上而高大,是吾樓神之所。世人不知,妄云吕不韋墓耳。"英曰:"往遭赤眉開發,何有物來?"曰:"賊取不得。""貧道非發丘中郎。是出家人,無用物所,必勿將來。"言訖,長揖而去。
	英感下趣如此。罔知終畢。

上表說明,雖然兩條材料文字略有出入,但記載的都是唐代長安布政坊法海寺道英禪師咸亨年間施食給秦莊襄王等的故事。二者可以相互印證。

由於韋述編撰《兩京新記》參考過多部關於兩京的撰述①,從內容上看不出韋述曾作過改編的證據,說明它並非始於韋述,而是採自其他書。另外,劉知幾(661—721)的兒子劉餗與韋述大致是同一時期的人,劉餗所著《隋唐嘉話》有文説:"京城東有冢極高大,俗謂吕不韋冢,以其銳上,亦謂之尖冢。咸亨初,布政坊法海寺有英禪師言見鬼物,云秦莊襄王過其舍求食,自言是其冢,而後代人妄云不韋也。"②其中時間、人物、事件等內容,與《兩京新記》亦可相互印證。說明在那個時期,有關英禪師施食給秦莊襄王等人的這個故事已經廣泛流傳,並有較大影響,所以在不同書中均見載。

一般認爲,《兩京新記》成書於開元十年(722)③。《隋唐嘉話》的成書亦應在這一時期。《宋高僧傳》完成於端拱元年(988)。很顯然,前兩種唐

---

① 榮新江、王静:《韋述及其〈兩京新記〉》,《文獻》2004年第2期。
② 劉餗:《隋唐嘉話》,程毅中點校,北京:中華書局,1979年,第30頁。筆者所見最先使用本材料討論水陸法會的是王見川先生。詳見王見川:《從教外史料看宋代的水陸法會》,上海師範大學敦煌學研究所:《歷史、經典、儀式與圖像——佛教水陸法會研討工作坊資料彙編》,2016年11月19—20日,上海,第25頁;李世偉主編:《歷史、藝術與臺灣人文論叢》(十一),新北市:博揚文化事業有限公司,2016年,第130頁。
③ 榮新江、王静:《韋述及其〈兩京新記〉》,《文獻》2004年第2期。

代著作比《宋高僧傳》早二百餘年。有關英禪師施食給秦莊襄王等人的記載，並非始於贊寧《高僧傳》。

其三，從文字內容來看，《宋高僧傳》由於取用的材料已經是後代傳抄本或作過節略，故部分文句意思已經不如《兩京新記》明晰。如《兩京新記》的"日晚"，《宋高僧傳》作"曰曉"或"日曉"，顯然已非唐代舊貌。

其四，英禪師施食給秦莊襄王等人的故事，已經反映了英禪師舉行齋供儀式或水陸法會的事實。與此事實相關的信息包括以下三點：

其一，英禪師是通過舉行專門的薦亡儀式施食給秦莊襄王等。義淨《南海寄歸內法傳》卷一"受齋軌則"表明，僧人受齋時，有行食之末安放食物施鬼子母、食後以一盤食上先亡及其他鬼神的程序，但時間都是在午前。雖然故事中沒有明確說英禪師是通過舉行齋供儀式超度秦莊襄王等人，但故事的主幹是英禪師向秦莊襄王等施食，且稱英禪師讓秦莊襄王等晚食來。秦莊襄王爲秦時人，唐代只能以鬼的身份出現，說明英禪師向秦莊襄王等施食，不是僧人午時受齋施亡魂及鬼神的施食，而是英禪師專門舉行齋供儀式超薦亡靈。後世提到英禪師與秦莊襄王故事時，都與水陸法會有關，意即英禪師是舉行水陸法會超薦秦莊襄王等，故出現在《兩京新記》中的這個故事，意味著英禪師舉行的薦亡儀式就是水陸法會。

其二，年代和主體明確。英禪師在法海寺舉行齋供儀式，施秦莊襄王等鬼魂食，具體時間是咸亨元年（670）或咸亨二年（671）。英公是指英禪師而不是其他人。

其三，時間較爲具體。"日晚"與"日曉"是兩個不同的概念。傳統上陰陽兩隔，一天之中，午時爲至陽，子時爲至陰，鬼魂往往出現在傍晚至第二天天亮之間，"白天見鬼""大白天見鬼"被認爲是不正常或不可能的事，故僧人舉行薦亡施食儀式都只是在晚間。英禪師在晚食時向秦莊襄王等施食，符合僧人晚間舉行薦亡施餓鬼食的軌範。《宋高僧傳》中，由於"日晚"被誤寫作"日曉"，故牧田先生有"在《宋高僧傳》本文中，只看到普濟的形態，絲毫沒有涉及水陸法會本身"的結論。但這一結論的基礎，一方面是未注意到《兩京新記》等相關材料，另一方面是未注意到《宋高僧傳》"日曉"一詞難解，故他的看法並不可從。

總之，水陸法會包括有薦亡施食的功能，施食爲水陸法會的重要儀式程序，在《兩京新記》中出現的英禪師咸亨元年在法海寺晚食時施食給秦莊襄王等的故事，證明英禪師唐初確實曾舉行過水陸法會。這個故事能與後世楊鍔、宗鑒和志盤等人所述水陸歷史源流相互印證，表明英禪師唐咸亨中根據梁武帝創水陸儀復興水陸法會的說法，是可以信從的歷史。

三、唐末五代變革

宗鑒《釋門正統》卷四論及水陸儀時説：

> 熙寧中，東川楊鍔祖述舊規，又製儀文三卷，行於蜀中，最爲近古。①

在宋人看來，在楊鍔之前，已經有被宗鑒稱爲"舊規"的水陸儀②。存世佛教文獻資料表明，在楊鍔之前，唐末五代至少已經有《壇法儀則》《一行大師十世界地輪燈法》《廣施無遮道場儀》《無遮燈食法會儀》等水陸儀存在，它們一方面在儀式程序方面存在某些共性，顯示出同源共流的特點；另一方面則把密教施食納入儀式程序之中，使水陸法會的内容由單純的顯宗，一變而成爲顯密兼融，而且在舉行水陸法會時爲亡靈授戒，成爲水陸儀的核心程序之一。

（一）《壇法儀則》

《壇法儀則》未見歷代經録記載，目前僅在敦煌遺書中出現。由於其内容涉及禪宗和密教，故此前已有學者對之進行過探討③。筆者在全面搜集資料後，首次對《壇法儀則》的兩種文本作了全面的比勘和整理，並根據整理文本判斷其成書時間爲唐末五代④。《壇法儀則》屬於道場儀的一部分，不

---

① 《續藏經》第 75 册，第 304 頁上。
② 蘇軾《水陸法像贊並引》有文説："唯我蜀人，頗存古法。"（《續藏經》第 57 册，第 115 頁中）説明四川地區宋代以前確實存在較早的水陸儀。
③ 田中良昭：《禪宗燈史的發展》，《講座敦煌》8《敦煌仏典と禪》，東京：大東出版社，1980 年；《敦煌禪宗文獻の研究》，東京：大東出版社，1983 年；《敦煌的禪宗燈史——其出現之意義》，"中日敦煌佛教學術會議"論文，北京，2002 年；平井宥慶：《敦煌出土僞疑經文獻よりみた密教と禪》，《加藤章一先生古稀紀念論文集——佛教と儀禮》，東京：國書刊行會，1977 年；《敦煌本·密教疑經典考》，《密教文化》150 號；吕建福：《中國密教史》，北京：中國社會科學出版社，1995 年；田中公明：《金剛峻經とチベット仏教》，木村清孝編：《疑僞仏典の綜合的研究》，東京大學研究結果報告書（課題番號 09410010），2000 年，並見田中公明《敦煌密教と美術》，京都：法藏館，2000 年；李小榮：《敦煌密教文獻論稿》，北京：人民文學出版社，2003 年；郭麗英：《敦煌漢傳密教經典研究：以〈金剛峻經〉爲例》，《敦煌吐魯番研究》第七卷，北京：中華書局，2004 年；余欣：《神道人心——唐宋之際敦煌民生宗教社會史研究》，北京：中華書局，2006 年。田中良昭先生尚有相關論文數種，限於篇幅，不一一列出。
④ 侯沖整理：《金剛峻經金剛頂一切如來深妙秘密金剛界大三昧耶修行四十二種壇法經作用威儀法則、大毗盧遮那佛金剛心地法門秘法戒壇法儀則》，收入方廣錩主編：《藏外佛教文獻》第二編第十一輯，第 17—144 頁；《金剛峻經金剛頂一切如來深妙秘密金剛界大三昧耶修行四十九種壇法經作用威儀法則　大毗盧遮那佛金剛心地法門秘法戒壇法儀則》，收入方廣錩主編：《藏外佛教文獻》第二編第十一輯，第 144—231 頁。

僅内容豐富,而且涉及相關資料較多,頗值得作全面深入研究。限於主題和篇幅,這裏僅對該道場儀與水陸法會的關係略作介紹。由於《壇法儀則》兩種文本的内容互相補充,在舉行法會時也需要兩種文本互相配合,屬於同一個道場儀,因此下文在討論時,不將其分開引述。

1. 設水陸壇的水陸儀

《壇法儀則》是目前所出最早出現"水陸道場""水陸之壇""水陸之壇法""水陸燈壇""水陸燈壇之法"等稱名的佛教經籍。其中"水陸道場"是總稱,其他是別稱。

《壇法儀則》稱,水陸道場又作水陸壇、水陸之壇,包括水陸燈壇、文殊壇、五佛八菩薩壇等内容。水陸壇的設立,是在佛滅後,碰到國界不安,人民疾病,狂賊競起,風雨不順,五穀不成時,請三藏法主開設水陸壇,道場所請神佛則包括八大金剛和四大菩薩等。在舉行法事時,國王手執香爐,六時行道,禮佛懺悔,燒香發願,受持金剛總持王真言。設水陸壇的目的,是救度四生六道脱離惡趣。安設水陸壇舉行法事,可以護國護人,狂賊不能侵害,疾病自然消除,風雨順時,五穀豐登,萬民歡樂,國界清平,仁王安泰,諸佛歡喜,龍天八部長時擁護,災横不能侵害。

水陸壇内容豐富,在子壇下又設分壇。如子目水陸燈壇下,又分為天輪燈壇和地輪燈壇。《壇法儀則》分別有文説:

> 次結水陸燈壇之法。其壇四方,像於天地,天有八山為柱,地有四海為環。其壇是天地之輪。①
>
> 五佛壇、天輪燈壇,用八方善神、四金剛。其燈輪三千六百輻,三千六百盞燈。四角安八方善神,各執一幡。②
>
> 地輪燈壇闊二丈四,高三肘,或闊丈二,高二肘。其燈輪三千六百輻,燈三千六百盞。壇四角用八方善神,各執幡一口。四門用四金剛,地是水波。又里有衆生天輪、地輪、八方之壇。其八方壇有四善神,各執一幡。四金剛燈用三百六十盞燈,輪用三百六十輻。③

由於包羅衆多,内容複雜,所以《壇法儀則》有文總結説:

---

① 方廣錩主編:《藏外佛教文獻》第十一輯,第32頁。
② 方廣錩主編:《藏外佛教文獻》第十一輯,第42頁。
③ 方廣錩主編:《藏外佛教文獻》第十一輯,第43頁。

水陸之壇有十二種燈壇,十個天輪、地輪、八方之壇,五佛之壇,開啓之壇。①

《壇法儀則》所設水陸之壇,其目的在於救度四生六道。不過,其中"日日三時,散施飲食,修羅餓鬼,水陸有情,盡令得足。四生六道,遇此水陸道場,盡得生天,離其惡趣"②一段文字,以及在部第一、部第四、部第十、部第十八、部第二十、部第二十六、部第二十八、部第二十九中多次出現的"水陸有情"四字,說明《壇法儀則》中設"水陸之壇",主要因"水陸有情"而得名。就目前來看,"水陸道場"一名最早見於《壇法儀則》,故"水陸道場"一詞,或者最初即始於《壇法儀則》。

水陸之壇中的天輪燈、地輪燈和天地二輪,最早見於《壇法儀則》。在宋代成書的水陸儀中,亦能看到天輪燈、地輪燈和天地二輪,並有相對應的榜文、疏文等,說明《壇法儀則》與後世水陸儀之間有某種聯繫。

2. 授密法戒

敦煌遺書中,S. 2272v 首題"金剛界大毗盧遮那佛攝最上大乘秘蜜(密)甚深心地法門傳受蜜(密)法界(戒)大三昧耶修行瑜伽心印儀",並與《壇法儀則》一樣署"大廣智不空奉詔譯"。其内容大致分爲三部分:

第一部分稱過去尸棄佛等在菩薩位時,因受金剛密法戒,得證無上菩提。"乃至過去九十九億諸佛,弟(遞)代相傳,皆受金剛界必(密)法戒,得證無上菩提。"這一部分文字在《壇法儀則》卷四中有大致對應的内容③。

第二部分爲"授金剛密法心地蜜(密)法門戒"三問。屬於授戒儀式程序的内容。

第三部分爲《梵網經盧舍那佛説菩薩心地戒品》第十卷下"爾時盧舍那佛爲此大衆,略開百千恒沙不可説法門中心地,如毛頭許"至"我今盧舍那"頌偈。這一部分文字在《壇法儀則》卷四"付法藏品"中亦有大致對應的内容④。

S. 2272v 與《壇法儀則》頗多相近之處,說明二者之間存在一定聯繫。尤其是只在 S. 2272v 中出現的授"金剛界密法門戒"數字,提醒我們注意到《壇法儀則》的題名。

《壇法儀則》全名"金剛峻經金剛頂一切如來深妙秘密金剛界大三昧耶

---

① 方廣錩主編:《藏外佛教文獻》第十一輯,第 45 頁。
② 方廣錩主編:《藏外佛教文獻》第十一輯,第 32 頁。
③ 方廣錩主編:《藏外佛教文獻》第十一輯,第 99—101 頁。
④ 方廣錩主編:《藏外佛教文獻》第十一輯,第 101—103 頁。尤其參見 103 頁注[1]。

修行四十二種壇法經作用威儀法則　大毗盧遮那佛金剛心地法門密法戒壇法儀則"或"金剛峻經金剛頂一切如來深妙秘密金剛界大三昧耶修行四十九種壇法經作用威儀法則　大毗盧遮那佛金剛心地法門密法戒壇法儀則",當由兩個名字合成。前半部分名字,說明了密教壇法的名字、數量,後半部分重在指"大毗盧遮那佛金剛心地法門密法戒"。"戒"當指受戒,因爲在《壇法儀則》中,包括有大量授戒的文字。如:

  結五佛之壇,當受四十八戒。此四十八戒,是過去諸佛密法之戒。①
  若是國王、王子、大臣、百官長,授正真無上菩提心地法門密法戒。②
  夫受法者,先從師受四十八戒,後去壇東北角上,坐於白象,受於灌頂。後乃西南角坐七寶蓮臺,方受正法。③
  凡欲修行求無上菩提授大乘心地法門大乘戒者,菩薩授四十八戒,沙門授二百五十戒,比丘尼授五百戒,優婆塞、優婆夷授二十五戒,國王、王子、大臣授四十八戒。善男子、善女人授三歸五戒。④
  若是國王、王子、大臣、官長、婆羅門、居士等善男子、善女人、優婆塞、優婆夷,凡欲修行坐禪之法,修證無上菩提,先從師受四十八戒,受於灌頂,手執香爐,禮佛懺悔,受持《深妙秘密金剛界大三昧耶總持大教王成佛經》。⑤
  若是修證無上菩提,應從先師受四十八戒,依法受用,加持於身。⑥
  求師授於灌頂,先授四十八戒,後受羯磨,灌頂受記。⑦
  佛告諸大菩薩:吾今付汝,後代流傳,與比丘、比丘尼、國王、王子、大臣、優婆夷、優婆塞授佛法戒,比丘僧授二百五十戒,比丘尼授五百戒,國王、王子、大臣授佛四十八戒,優婆塞、優婆夷授佛二十五戒,沙彌僧授五戒、十戒。授此戒時,應請三藏法主開啓戒壇。⑧
  大毗盧遮那佛付法藏心地法門秘密甚深密法戒四十二種壇法傳授心印,遞代相傳,承受付囑,不令斷絕。⑨

---

① 方廣錩主編:《藏外佛教文獻》第十一輯,第 24 頁。
② 方廣錩主編:《藏外佛教文獻》第十一輯,第 24 頁。
③ 方廣錩主編:《藏外佛教文獻》第十一輯,第 26 頁。
④ 方廣錩主編:《藏外佛教文獻》第十一輯,第 37 頁。
⑤ 方廣錩主編:《藏外佛教文獻》第十一輯,第 67 頁。
⑥ 方廣錩主編:《藏外佛教文獻》第十一輯,第 71 頁。
⑦ 方廣錩主編:《藏外佛教文獻》第十一輯,第 79 頁。
⑧ 方廣錩主編:《藏外佛教文獻》第十一輯,第 87 頁。
⑨ 方廣錩主編:《藏外佛教文獻》第十一輯,第 136 頁。

這些文字表明,"密法戒"指的是大毗盧遮那佛遞代相傳付囑、不令斷絕的大乘戒。過去諸佛皆因爲得受此戒而證無上菩提,所以又稱爲"正真無上菩提心第法門密法戒""求無上菩提授大乘心地法門大乘戒"等。對於國王、王子、大臣來説,四十八戒就是密法戒。《壇法儀則》名字中的"大毗盧遮那佛金剛心地法門密法戒壇法儀則",主要指的是受《梵網經》四十八戒的壇法儀則。這無疑是《壇法儀則》中出現"四十八戒"這一《梵網經》獨有戒條的主要原因。

　　現存宋代出現的水陸儀中,受菩提心戒或受三昧耶戒,是其中的主要内容。雖然未必是受《壇法儀則》影響,但可以看出受戒是水陸儀的主要内容之一,所以宋代諸種水陸儀和《壇法儀則》,都無一例外地包括授戒這一儀式程序。而且所授戒都可以歸屬於"密法戒"。

　　3. 散食法

　　P.3861 卷首有于闐文發願文及多行藏文,卷尾後藏文中有漢字夾注。就内容來説,其第一部分《散食法》有文説:

> 觀行五如來咒:毗盧遮那佛,唵。阿閦佛,唵,吽。寶生佛,唵,怛啐。阿彌陀佛,唵,吃㗚。微妙勝佛,唵,噁。
>
> 修行之人入大乘者,觀此一身,即是佛身,更莫異緣,速得成佛。
>
> 頂上毗盧遮那佛,白色;額上阿閦佛,青色;右邊寶生佛,黃色;後面阿彌陀佛,赤色;右面微妙勝佛,綠色;左額角上盧左曩,地藏菩薩,胃;右額角上摩麼計,水藏菩薩,血;後右邊波拏囉嚩悉泥,火藏菩薩,脾(?);後左邊哆囉你尾,風藏菩薩,氣息;眼是嚕波嚩唧哩,色菩薩;耳是設沒那嚩唧哩,聲菩薩;鼻是嘇陀嚩唧哩,香菩薩;舌是囉思嚩唧哩,味菩薩;身是薩鉢囉思嚩唧哩,觸菩薩;意是達摩他都嚩唧哩。東門也滿哆歌,大慈金剛;南門鉢囉噫哆歌,大悲金剛;西門鉢特摩哆歌,大喜金剛;北門尾隔喱哆歌,大捨金剛。
>
> 身上一一配持,不得異緣密之。

　　這些文字,並見於《壇法儀則》①。P.3861《散食法》末又有文説:

> 然後擡縈身心,端身正坐。
>
> 想此身放大光明,遍照十方,三途息苦,地獄停酸。右肩上放一道

---

① 方廣錩主編:《藏外佛教文獻》第十一輯,第154—155頁。

乳光,照一切諸天,悉皆離苦解脱。左肩上放一道乳光,照十方世界一切人。右脅下放一道乳光,照一切畜生,盡得生天。左脅下放一道乳光,照一切餓鬼。右膝下放一道乳光,照清淨涼冷,照破一切八熱地獄,受苦衆生,悉皆生天。左膝下放一道温暖乳光,照八寒地獄,受苦衆生,皆得生天,無有一個受苦之者。

想我身即是諸佛,諸佛即是我身,餘外更無別物。

這段文字除個別字略異外,在《壇法儀則》中同樣出現①。

散食爲施食之一,後世水陸儀中都包括設斛食散施或焰口施食。P.3861《散食法》中的兩段文字,在《壇法儀則》同樣出現,説明《壇法儀則》當包括散食的內容。在《壇法儀則》中,亦多出現有關散食的文字。根據其内容,大致分爲以下幾種:

(1) 結壇散神食

見於《結壇散食迴向發願文》。其文稱:

散神食已了,次打斷鬼食。

奉請諸鬼神等,受我太傅及萬姓結壇道場五日五夜,所施飲食,如似深海……受我太傅結壇五日五夜,淨食……供養。伏願汝等迴禍爲福,守護我沙州一境土人民及太傅、刺史、尚書、枝羅宗族,免斯妖禍,歸依他界,莫慳萬人,永離鬼趣。②

(2) 剛入壇時的散食

凡入道場,先須灑淨燒香,散花然燈,散施飲食,著新淨衣。③

(3) 儀式進行程序中的散食

設有外國賊徒,皆悉遠離,設有國界不安,疾病起時,結此總持王壇,念總持王名字,香花燈屬,散施飲食,晝夜六時,行道七晝夜,國界清平,人民安樂,疾病消除。④

---

① 方廣錩主編:《藏外佛教文獻》第十一輯,第134—135頁。
② 方廣錩主編:《藏外佛教文獻》第十一輯,第142—144頁。
③ 方廣錩主編:《藏外佛教文獻》第十一輯,第52頁。
④ 方廣錩主編:《藏外佛教文獻》第十一輯,第46頁。

佛告菩薩：設有國內風雨不順，五穀不成，但結此總持王壇，香花燈屬，散施飲食，六時行道，啓告發願，諸佛歡喜，龍神祐助，仁王安泰，萬民歡喜。①

（4）散壇前散食

三日散食，度化水陸有情，解散道場。初結時右轉，解時左解。②
散施飲食，開禪，解散道場。③

（5）津濟水陸有情散食

日日三時，散施飲食，修羅餓鬼，水陸有情，盡令得足。四生六道，遇此水陸道場，盡得生天，離其惡趣。④

若是國王、大臣、婆羅門、居士、善男子、善女人欲求無上菩提，但請三藏阿闍梨傳授教法，六時行道，禮佛懺悔，發願，燒香散花，散施飲食，度化有情，定證無上菩提。⑤

日日三時，散施飲食，度化水陸有情，得離六趣，佛果菩提，定無所失。⑥

日日三時，散施飲食，修羅餓鬼，盡令得足，四生六類，總得生天。身自修行，直趣無上菩提。⑦

日日三時，散施飲食，度化水陸有情，盡得生天，四生六類，盡得解脫。興慈運悲，度化有情，現身是佛，更莫外求。⑧

日日三時，散施飲食，度化水陸有情，四生六類，總令解脫，盡得生天。⑨

（6）受戒或灌頂前散食

日日三時，散施飲食，度脫衆生。然燈，燒香，散花，安八佛頂，安八

---

① 方廣錩主編：《藏外佛教文獻》第十一輯，第46頁。
② 方廣錩主編：《藏外佛教文獻》第十一輯，第26頁。
③ 方廣錩主編：《藏外佛教文獻》第十一輯，第38頁。
④ 方廣錩主編：《藏外佛教文獻》第十一輯，第32頁。
⑤ 方廣錩主編：《藏外佛教文獻》第十一輯，第59頁。
⑥ 方廣錩主編：《藏外佛教文獻》第十一輯，第66頁。
⑦ 方廣錩主編：《藏外佛教文獻》第十一輯，第75—76頁。
⑧ 方廣錩主編：《藏外佛教文獻》第十一輯，第82頁。
⑨ 方廣錩主編：《藏外佛教文獻》第十一輯，第84頁。

供養,與眾生受其灌頂。①

　　日日三時,散施飲食,度化水陸有情,總然生天。修羅餓鬼,盡令充足。興慈運悲,求師授於四十八戒。②

綜上《壇法儀則》中所説的散食情況,散食法包括結壇散神食、入壇後散食、散壇前散食、受戒或灌頂前散食、儀式進行程序中的散食、津濟水陸有情等種種形態,並非只是津濟冥道餓鬼的散食。在後世《水陸儀》中,都包括散食這一儀式程序,説明這是《壇法儀則》與其他水陸儀共有的儀式程序。散食和施食,都是水陸法會的儀式程序之一。

4. 壇圖式稿

P.2012、P.4009 是繪圖稿或練習的畫樣。田中公明和郭麗英已經發現,它們與《壇法儀則》有關③。

P.2012 正反兩面均有畫樣。正面畫有四個不完全的曼陀羅壇圖,圖旁畫有數尊佛、菩薩、金剛,並注上這些佛、菩薩、金剛的名字及它們在曼陀羅壇上的方位和應有的顏色。在《壇法儀則》中,可以找到與這些佛、菩薩、金剛的名字、方位和顏色相對應的説明文字④。

P.4009 只是畫了一些佛、菩薩、金剛的像。在像旁沒有寫佛、菩薩、金剛等的名字。在圖樣間,夾寫有"佛於伽維那國付與普賢菩薩三昧壇法""爾時佛住王舍城金剛座付與普賢菩薩座禪壇"等文字,這些文字在《壇法儀則》的部第二十、部第二十一中可以找到對應的内容⑤。

P.2012、P.4009 壇圖式中的佛、菩薩、金剛的名字、方位和顏色,以及圖樣間夾寫的"佛於伽維那國付與普賢菩薩三昧壇法""爾時佛住王舍城金剛座付與普賢菩薩座禪壇"等文字,在《壇法儀則》中都能找到對應文字,説明了《壇法儀則》與 P.2012、P.4009 壇圖式是配合使用的。在後世水陸儀如《天地冥陽水陸儀》中,亦有對水陸儀壇場安置作專門説明的壇圖式,證明了《壇法儀則》與 P.2012、P.4009 壇圖式的配合,正如水陸法會有水陸畫一

---

① 方廣錩主編:《藏外佛教文獻》第十一輯,第 54 頁。
② 方廣錩主編:《藏外佛教文獻》第十一輯,第 77 頁。
③ 田中公明:《金剛峻經とチベット仏教》,木村清孝編:《疑偽仏典の綜合的研究》,東京大學研究結果報告書(課題番號 09410010),2000 年,並見田中公明:《敦煌密教と美術》,京都:法藏館,2000 年。
④ 郭麗英:《敦煌漢傳密教經典研究:以〈金剛峻經〉爲例》,載季羨林等主編:《敦煌吐魯番研究》第七卷,第 331—333 頁。
⑤ 參見方廣錩主編:《藏外佛教文獻》第十一輯,第 66—68、206—213 頁。

樣,屬於水陸道場的建置①。

綜上可以看出,見於《壇法儀則》中的"水陸道場""水陸之壇""水陸燈壇"等文字,是目前所知古代佛教儀式文本中系統出現"水陸道場""水陸壇"等詞的最早材料。它們説明了《壇法儀則》屬於佛教水陸法會儀式文本,對於了解早期水陸法會的内容、水陸法會的目的和功能、水陸法會的演變有重要參考價值。而《壇法儀則》中授密法戒、結壇散食的儀式程序,以及《壇法儀則》與壇圖式配合使用,是宋代以後水陸儀的核心内容,説明了《壇法儀則》確實是水陸儀。《壇法儀則》爲了解宋代以後水陸儀的構成和演變,提供了重要的綫索和資料。

(二)《一行大師十世界地輪燈法》

S.2454v 無標點和分段。原文不長,兹迻録其全文並根據文意分段如下:

> 一行大師十世界地輪燈法
>
> 按經云:地藏菩薩哀愍世間。人世有橫死者不少,或犯四煞,或天羅地網,觸突三尊,惡神所拘,致令失友,三屍説邪牙(?)減筭,不得壽終。世間興作,或犯土工,不避神煞。凡人拜壇,上官皆有衰捐,亦因起作,入新官宅,可先建十世界地輪燈。
>
> 於堂殿中畫地爲輪,以爲十道。每輪七燈,輪心安地藏菩薩。施主虔心勸請,發露懺悔,黄昏燃燈燒香,每輪淨食一分,各具疏,於菩薩前燒香。花、果、淨水、刀子。其食乃大悲心咒加持廿一遍,即普遍三千大千世界,水陸並蒙飽足,罪業消滅。至五更,以食以爲三分,一分施獄囚,一分送於野外,一分送致河池中。所有衰年厄月,並得消散,轉禍爲福。上至人王,下至群臣黎庶,力辦隨喜。此亦名施水陸冥道齋法。
>
> 衆生在世,多被怨家讎②訟,身遭橫死。若能設此燈法,應是殃厄,悉得消散。若有怨敵,欲來侵伐,亦設此燈,彼自遭殃,不果所願。蝗蟲犯境,五稼不成,雨雷傷苗,疫疾流行,亦得消滅。遇辦即作,不要擇日,具法如右。
>
> 天曹府君,地府閻羅天子,司命並諸侍③從,太④山府君並諸侍從,

---

① 沙武田:《敦煌畫稿研究》(北京:民族出版社,2006年,第421—423頁)對 P.2012 的内容作了詳細介紹,雖轉録了《壇法儀則》中部分文字(第417頁),但未注意到這些内容與《壇法儀則》的關係,亦未談及 P.4009。
② "讎",底本作"讎讎",據文意删。
③ "侍",底本作"持",據文意改。下同。
④ "太",底本作"大",據文意改。

司録並諸侍從，五道大神並諸侍從，察命並諸侍從，地府都官並諸侍從，本命都官①，主録庫使者，太歲諸神並諸侍從，主録庫使者，六道都判使者，本命神宿，土地靈祇，龍王之屬，南北閗屬司命使者，地府諸司一切官屬，天曹司判使者，地獄獄卒一切使者。

録文中首題作"一行大師十世界地輪燈法"，第二段末又説"此亦名施水陸冥道齋法"，表明 S.2454v 有兩個不同的稱名。由於《壇法儀則》中地輪燈屬於水陸壇之一，故可以推知這兩個名字並不矛盾，都表示其爲水陸儀文之一。只不過前者偏於從設壇的角度來説，而後者是從功能的意義上來説。

筆者録文時根據文意進行了分段。第一段説明地藏菩薩哀愍人世間存在横死、短命、犯神煞等，故凡有建房造屋等興作，都可能觸動土地，這時可建十世界地輪燈。第二段在説明了地輪燈壇的具體建法和行法後，稱地輪燈壇法又名施水陸冥道齋法。第三段説明地輪燈的功用，可以免遭横死，使殃厄消散，怨敵自殃，蝗蟲、疾病消滅，雨陽應時。第四段爲天曹地府神祇及其侍從眷屬名字。其中第四段僅列神及其眷屬，文意與上文没有直接聯繫，當屬於第二段中設地輪燈壇後"施主虔心勸請"的部分神名。

S.2454v 的這四段文字，只是對建十世界地輪燈的緣由、建法、行法、適用場合和勸請的部分神祇的説明，没有一般道場儀所具有的形式，故不是法會儀式文本。不過，該文獻第二段文字，記述了施水陸冥道齋的具體做法：

1. 在殿堂中畫地爲輪，每輪七燈，輪心安地藏菩薩。

2. 黄昏時，施主隨僧侶虔心勸請地藏菩薩及天曹地府等冥道神祇，於菩薩和神祇前發露懺悔，燒香，每輪奉淨食一份，並由表白宣讀疏文，説明舉行法會的緣由和目的。

3. 所奉食由僧侶用大悲心咒加持廿一遍。據説經過此咒加持的淨食能遍滿三千大千世界，讓水陸均能飽足，罪業消滅。

4. 五更時分，將食分爲三份：一份施地獄諸囚，一份送野外，一份送河池中。所謂施水陸冥道，指的就是分别以這三份食分施冥道、陸地、水中衆生。

5. 上至國王，下至普通百姓，只要隨己力量隨喜舉辦此法，不論何時，都能轉禍爲福。

S.2454v 所説的地輪燈壇及施食内容，見於《壇法儀則》及宋代以後成書的部分水陸儀中。對於理解水陸儀與齋僧的關係，理解水陸法會的具體

---

① "本命都官"，底本作"本命都官本命都官"，據文意删。

意義來説,該文獻亦提供了重要的資料。其成書時間不詳,從内容來看,當早於宋代各種水陸儀,故可視爲唐末五代的水陸儀。

(三)《廣施無遮道場儀》

《廣施無遮道場儀》是1956年在大理鳳儀北湯天法藏寺發現的大理寫經,現藏雲南省圖書館。該卷首尾殘缺,現名爲筆者整理時所擬。筆者還根據整理文本,推斷抄寫時間爲宋代或其以前①。

《廣施無遮道場儀》中雖然夾寫有部分梵文咒語,但從其總體内容來看,爲漢傳佛教齋供儀式文本。由於"宋揮玉斧"的原因,大理國與中原内地在文化上往來不多,故此科儀並非宋代纔出現,而當在唐末五代時已傳入雲南。

《廣施無遮道場儀》卷末稱"然後修齋善信、合道場人,綿筵(延)百載之洪庥,允協四時之福慶"②,説明該卷屬於齋供儀式文本。該文本由諸多儀式程序組成,在每一程序前,都有小節標題,它們是:

> [禮請八位聖衆];散花供養;守護結請本尊;加持咒水;五智花數;廣施無遮;密宗究竟;虚凝妙刹;瀝水供養;界趣聖神;召資下凡鬼趣;發心勤力;賑濟法食;普伸懺悔;均食普周;回施禮别聖賢。

不過,從這些見於《廣施無遮道場儀》儀式文本的程序,基本上看不出它們相互之間有什麽聯繫。這是因爲現存的儀式文本,並不是完整的《廣施無遮道場儀》。目前已經整理出版的完整大型阿吒力教科儀,都是由教誡、儀文、提綱、密教四大部分組成。現存的《廣施無遮道場儀》,從其内容構成來看,只是其中的提綱部分。一些見於教誡、儀文和密教的内容,並不都出現在提綱中,故單看提綱部分,很難看出前後儀式程序之間的關係。

雖然材料有限,但《廣施無遮道場儀》仍然保存了較爲豐富的内容。與後世水陸儀相關部分有以下幾點:

1. 請上八位

《廣施無遮道場儀》中,殘存文字卷首即有焚香點燈禮請八位聖衆的内容,其文稱:

> 是以香焚柏子,燈點蘭膏。念念懇祈,孜孜激切。恭叩十方寶輦光

---

① 侯沖整理:《廣施無遮道場儀》,並參看《大黑天神道場儀》[題解],方廣錩主編:《藏外佛教文獻》第六輯,第360—372頁。
② 侯沖整理:《廣施無遮道場儀》,方廣錩主編:《藏外佛教文獻》第六輯,第371頁。

臨,總相慈尊,盡一念以虔誠,將五輪而投地。祛除熱惱,端靖身心,向下殷勤,需禮請:

> 諸佛如來部
> 佛母蓮花部
> 真智金剛部

誠心仰請,秘密會上,遍法界中

> 法性毗盧佛,願垂哀憫,廣施無遮①,受請供養。
> 法王釋迦佛,
> 帝釋因陀羅,
> 摩訶迦羅天,
> 二乘二權眾,願垂哀憫,廣施無遮,受請供養。

上來禮請八位聖眾,已沐雲臨。伏願天心遙鑒,慧耳遙聞,放白毫光,當空寂照。與我檀那,消災消難,延福延祥。此日今時,受諸供養。

> 蓮花捧足降臨來②

文中稱"上來禮請八位聖眾,已沐雲臨",所說八位聖眾,從其上下文來看,當指諸佛如來部、佛母蓮花部、真智金剛部、法性毗盧佛、法王釋迦佛、帝釋因陀羅、摩訶迦羅天、二乘二權眾。宋代水陸儀中,楊鍔撰水陸儀有"宣白召請上堂八位聖眾"和"宣白召請下堂八位聖凡"③。祖覺《水陸齋儀》所請為上、下作位,眉山水陸乃"供養上、下八位者是也"④。說明上八位和下八位是早期水陸法會的重要內容。《廣施無遮道場儀》雖然與宋代水陸儀中上八位為常住佛陀耶眾、常住達麼耶眾、常住僧伽耶眾、無量大菩薩眾、無量大辟支伽、無量阿羅漢眾、無量神仙侶眾和無量護法龍神不同,但由於其出現時間要早,故為了解上八位的變遷提供了重要參考資料。

2. 請三部十方聖賢神祇,度六趣四生有情

水陸法會由於是大施會,亦是"普資有情生靈"⑤的大會,所以諸佛菩薩、十方神祇,無不被請來為法會作證明。《廣施無遮道場儀》"虛凝妙刹"一節稱:

---

① "廣施無遮",底本無,據下文行文補。
② 侯沖整理:《廣施無遮道場儀》,方廣錩主編:《藏外佛教文獻》第六輯,第360—361頁。
③ 《續藏經》第57冊,第116頁下—118頁中。
④ 《續藏經》第75冊,第304頁上。
⑤ 侯沖整理:《廣施無遮道場儀》,方廣錩主編:《藏外佛教文獻》第六輯,第363頁。"烏賢"原誤釋作"普賢",今據圖版和閆雪博士對臺北"故宮博物院"藏《真禪內印頓證虛凝法界金剛智經》的相關研究改正。

虚凝妙刹中,交感三千大千之聖賢;湛寂大空裏,包羅百億萬億之神靈。不分三部十方,寧論四乘之地。見聞感格,知覺來臨。五體投地,一心奉請

奉請虚凝妙刹中,太青文殊法界智。
圓寂烏賢真性王,聖中聖尊獨自在。
上首究竟吽迦羅,中下兮魯軍荼利。
三密金剛三族母,八大明王八明妃。
五密薩埵五普賢,歌謠供養八天女。
毗盧舍那薄伽梵,地藏勢至與觀音。
一百八佛海會衆,七十二賢聖劫尊。
八化佛頂五如來,三十七尊四護世。
八萬金剛蓮花族,二十八部諸藥叉。
塵刹去今及未來,十方三世一切佛。
辟支羅漢四果位,辯才天衆五通仙。
冥空緣覺及聲聞,修多羅藏總持教。
以天眼耳遥見聞,以他心通而證知。
不捨慈悲四弘誓,惻塞目前如雲集。
哀垂請者降臨此,願受法食普同飡。①

"虚凝妙刹"意不明。從"虚凝妙刹中,交感三千大千之聖賢;湛寂大空裏,包羅百億萬億之神靈"一句來看,虚凝妙刹與湛寂大空爲同義互文。而"不分三部十方,寧論四乘之地"亦以互文的方式,説明在虚凝妙刹的,是諸佛如來部、佛母蓮花部、真智金剛部三部,包括各有十地的聲聞乘、緣覺乘、菩薩乘、佛乘等四乘佛聖神靈。

"界趣聖神"一節又説:

盡天地水,恒沙國土之神祇;窮畜鬼人,刹塵幽冥之界趣。有情含識,無限冤親。上徹虛空,下窮水際。遥聞感格,遠見來臨。
伏以仰啓十方神,八海大龍諸小龍,
世主梵王天帝釋,修羅八部人非人。
摩訶迦羅大黑天,白姐聖妃訶梨帝。
三十三天與日月,二十八部諸神星。

---

① 侯沖整理:《廣施無遮道場儀》,方廣錩主編:《藏外佛教文獻》第六輯,第364—365頁。

九曜七星六甲神,五嶽四瀆及四鎮。
江海山川泉池沼,樹木丘陵塚墓間。
曠野邦荒沙溪谷,風雨雷電天地祇。
社稷津濟河伯①神,飛伏四王十二地。
魁罡太一天曹府,南斗北斗聖真人。
太歲飛鹿大將軍,太陰黃幡及豹尾。
歲德歲破並歲形,月煞日遊及禁忌。
月德月建青龍神,朱雀騰蛇勾陳等。
白虎玄武城隍神,雜行疫病十二鬼。
五方宅神土母公,門庭戶慰大小耗。
井竈巷佰階渠洇,碓磑庫藏穀稼神。
如是無量靈神帥,凡前興工多殘害。
迥恨心而趣菩提,終無參玄之善友。
復請冥間閻王衆,分生判死五道官。
司命司祿把薄主,冥使善惡雙同鬼。
遍周六趣無間獄,鐵圍黑暗中罪徒。
負財負命及冤家,七代考妣及宗祖。
墮在惡趣大僧尼,針咽海腹魍魎魅。
歷劫饑虛長因窮,枉錯形刹浮游鬼。
噉精食血伺胎魂,大力小力諸魔王。
如是無量魔鬼帥,各各將領所眷屬。
不可窮盡諸隨徒,比那耶迦及起屍,
水陸空行飛沈類。上極無色非非想,
下至泥犁金剛際。虛空盡邊諸神祇,
難度罪囚及鬼魅。仰希地藏申洪慈,
願領罪徒諸魔帥,無前無後高下等,
受我請以不違誓。弟子淺識而昧智,
鮮心顒召未能周。一念願以遍虛空,
普令受請無留滯。傾山拔海輕捷衆,
奮迅雄淩羅刹徒,降臨設會壇場中,
奔集如雲來應福。今欲廣施無遮食,
誠心供養等一如。隨我願力遍同霑,

---

① "伯",底本作"佰",據文意改。

> 法味充濟常分馥。居六趣者離六趣,
> 處四生者出四生。咸蒙餐已證菩提,
> 先得道皆相度者。①

界指欲界、色界和無色界。趣爲六趣,即六道衆生。按衆生出生的具體情況,又分爲胎生、卵生、濕生和化生,故合稱爲六道四生。界趣聖神指"十方盡天地水,恒沙國土之神祇;窮畜鬼人,刹塵幽冥之界趣",除聖神外,還有要受濟度的六道四生。

舉行法會要請佛菩薩和神祇證明,不同性質的法會,所請往往有相應的佛菩薩和神祇。綜上《廣施無遮道場儀》"虛凝妙刹"和"界趣聖神"兩節,可以看出該道場儀所說的廣施無遮會,所請既包括虛凝妙刹中三部四乘聖賢神靈,亦包括三界十方聖神,還包括六趣四生當濟度者。這與舉行水陸法會時道場請聖是一致的。

3. 廣施無遮法食

整理本擬名"廣施無遮道場儀"的根據,一是其中有文稱"我今敬設無遮會,以大願力普莊嚴"②,"次願上承佛力,發廣大心;下爲有情,起無遮會"③,說明所設會爲"無遮會"。二是其文稱"是以不憑廣施無遮法食,焉能普資有情生靈"④和"今欲廣施無遮食,誠心供養等一如"⑤,包括"廣施無遮"四字。由於此文獻爲法會儀式文本,所見佛教法會科儀大都稱爲"×××道場儀",故綜合諸種說法而擬此名。

佛教的布施有種種說法,僅二施即有財施和法施⑥、法施和食施⑦兩種說法。《賢劫經》卷二亦說:"若以法施及衣食施,是曰布施。"⑧在中文語境下,無遮通常指沒有遮攔之意,既指受施者沒有遮攔,亦指因設齋而受濟度者沒有遮攔。在《廣施無遮道場儀》中,所施主要包括法施和食施。

---

① 侯沖整理:《廣施無遮道場儀》,方廣錩主編:《藏外佛教文獻》第六輯,第366—367頁。
② 侯沖整理:《廣施無遮道場儀》,方廣錩主編:《藏外佛教文獻》第六輯,第369頁。
③ 侯沖整理:《廣施無遮道場儀》,方廣錩主編:《藏外佛教文獻》第六輯,第370頁。
④ 侯沖整理:《廣施無遮道場儀》,方廣錩主編:《藏外佛教文獻》第六輯,第363頁。
⑤ 侯沖整理:《廣施無遮道場儀》,方廣錩主編:《藏外佛教文獻》第六輯,第363頁。
⑥ 如《大方等大集經》卷二十九(《大正藏》第13冊,第203頁中)、《大智度論》卷二十八(《大正藏》第25冊,第270頁上)、《舍利弗阿毗曇論》卷十六(《大正藏》第28冊,第637頁上)均稱:"施有二種,財施、法施。"
⑦ 《佛說進學經》(《大正藏》第17冊,第744頁中)說:"又有二施:飲食美味以安身命,敷散經典開微悅聽。食施安身,法施遷神;一事雖快,法施爲最。"
⑧ 《大正藏》第14冊,第16頁下。

先看法施。《佛説阿惟越致遮經》卷中説："一切所捨,法施爲尊。"①《廣施無遮道場儀》中,多次提到法施,稱"無遮法施霑甘露,不限聖凡潤乳漿"②;又稱"利人接物周沙界,法施無遮施冥陽"③;還説"大密加持,上乘法施"④。其"賑濟法食"一節有文説:

　　□□無遮法食,所請有情,周遍普霑。飛騰羅刹,飛□□曠野鬼神,未受者令受,未足者令足,思食者受食,思水者受水,思火者受火。饑者與食,渴者與飲,冥者與光,寒者與温,熱者與涼,貧者與財,苦者與樂。盡虚空界,無邊遍匝,受一點者,得甘露味。既得霑者,所有罪障,悉皆消滅;一切苦惱,終不著身。善心增多,惡心自除。歡喜快樂,壽命長遠。早超苦海,速證無上正等菩提。

　　次願上承佛力,發廣大心;下爲有情,起無遮會。周遍法界一切含靈,爲大施主,結大良緣。或是千生父母,萬劫子孫,上下六親,尊卑九族,良朋善友,債主冤家,各坐本因,淪溺三界。未離苦者,願今離苦;未得樂者,願今安樂;未發無上菩提心者,願今發心。已發心者,願早成佛,願早成佛,願早成佛。⑤

表明廣施無遮,法施是主要内容。法施是通過廣施無遮法食,周遍資益一切有情,滿足一切有情的種種需要,讓一切有情離苦得樂,發心成佛。大概由於這個原因,法施在一切捨中被奉爲最尊。

再看食施。雖然法施在施捨中被奉爲最尊,但食施亦必不可少。《廣施無遮道場儀》"廣施無遮"一節有文説:

　　物人莫大,以飲食爲先,養資身命;教法莫大,以密言最上,利濟冥陽。伽耶山有麻米之儀,香積國供禪悦之喜。阿難夢回,然則三斛普施;調御乞飯,食則四衆□從。是以不憑廣施無遮法食,焉能普資有情生靈?諸佛開加持密咒法門,使一粒遍十方之大;衆生蒙賑濟甘露法乳,令一滴霑萬有之多。五音九族宗親,六道四生佛子。饑虚蒙六味波羅蜜,渴惱霑八德甘露漿。食者資慧命法身,了無生無熟之藏;飲者潤

---

① 《大正藏》第9册,第211頁上。
② 侯沖整理:《廣施無遮道場儀》,方廣錩主編:《藏外佛教文獻》第六輯,第362頁。
③ 侯沖整理:《廣施無遮道場儀》,方廣錩主編:《藏外佛教文獻》第六輯,第363頁。
④ 同上。
⑤ 侯沖整理:《廣施無遮道場儀》,方廣錩主編:《藏外佛教文獻》第六輯,第369—370頁。

真心妙體,□不垢不淨之原。大密加持,上乘法施。涓涓甘露霑法界,粒粒伊蒲佈大千。

> 溥天皇土食爲先,萬物生靈本亦然。
> 香國醍醐成玉饌,伽山麻米供金仙。
> 無邊法喜分三斛,最上密言誦五天。
> 一粒普施周法界,廣資水陸悉均霑。①

由於飲食是養資身命的基礎,密咒可以利濟冥陽,"諸佛開加持密咒法門,使一粒遍十方之大;衆生蒙賑濟甘露法乳,令一滴霑萬有之多",故經密咒加持的飲食,可以變成涓涓甘露,粒粒伊蒲,變爲無量無邊飲食,遍佈三千大千世界,普施法界萬有,能讓水陸六道四生,均蒙利濟。

所以,廣施無遮法會的含義,是通過廣施無遮法食和飲食,使無遮三界四生六類受施和得到濟度。這點亦與後世水陸法會廣施普度相同。

4. 開餓鬼咽喉

餓鬼常指腹如山谷、咽如針尖的有情。雖然經密咒加持過的飲食能普濟六道四生,但對於冥道餓鬼來說,不爲其開咽喉,仍然不能使其得到濟度。因此唐代不空譯《瑜伽集要救阿難陀羅尼焰口軌儀經》中,已經包括有爲餓鬼開咽喉程序②。《廣施無遮道場儀》"召資下凡鬼趣"一節,同樣有專門爲諸鬼開咽喉之説:

> 總分六道,各具一乘。稱惟餓鬼,無名之變身體;□其衆生,有諱之呼種形。三十六部幽魂,聞召而霧集;八萬四千餓鬼,知攝而雲趣。咽喉開通,氣形端淨。各乘甘露之法食,同關六道之業門。自兹皆發菩提心,咸蒙解脱;從此頓明本自性,總悟真空。
> 諸鬼既集已,瞻仰施食人。
> 猶如於父母,行人起慈悲。
> 興大慈悲心,與彼開咽喉。
> 須假三種力,二羽虛心合。
> 如蓮花未敷,三誦喉真言。
> 合蓮開三膣,心想一字呼。
> 在於合蓮上,變成水精珠。

---

① 侯沖整理:《廣施無遮道場儀》,方廣錩主編:《藏外佛教文獻》第六輯,第363—364頁。
② 《大正藏》第21册,第470頁下。

> 普施清冷光,照燭諸餓鬼。
> 三十六部衆,猛火悉消滅。
> 咽喉悉開通,開咽喉真言。①

在宋代成書的水陸儀中,在授三昧耶戒或菩提心戒以前,均需要施餓鬼食。但是,要施食給餓鬼,就都要爲其開咽喉,因此,諸多材料表明,開餓鬼咽喉亦是水陸儀的重要內容。

5. 發心勤力

楊鍔的《初入道場敘建水陸意》出自楊鍔《水陸儀》。其内容主要是發四心,即發菩提心、廣大心、大願心、大悲心②。《廣施無遮道場儀》"發心勤力"説:

> 開發三心,憑三種而修大善;竭勤二力,仗二門而□食緣。精進菩提,廣大之端;大願大悲,財食之貢。□伸念誦,以□幽冥③。
> 以精進心爲宫殿,以菩提心爲道場,
> 以廣大心爲法會,以大願力爲法食,
> 以大悲心爲法財,施食功德滿虛空。
> 受者功德亦如是,願此一食遍法界。
> 如法供養十方佛,功德成就濟群生。
> 我今敬設無遮會,以大願力普莊嚴。
> 無量有情皆飽滿,所得功德量難思。④

《廣施無遮道場儀》修大善濟度幽冥,以發三心勤二力爲重要手段。三心二力中,包括了楊鍔所説的發四心。在《眉山水陸》《天地冥陽水陸儀》《水陸齋儀》中,亦都包括發四心的相應程序,説明發心勤力是舉行水陸法會的重要内容。

總之,《廣施無遮道場儀》由於目前只是其中的提綱部分,一些見於教誡、儀文和密教的内容没有出現,故其中保存的信息有限,根據現存内容,不能對其前後儀式程序之間的關係有清楚的認識。不過,現存《廣施無遮道場儀》文字,仍然保存了請上八位、請三界十方神祇、廣施無遮法食、開餓鬼咽

---

① 侯沖整理:《廣施無遮道場儀》,方廣錩主編:《藏外佛教文獻》第六輯,第368頁。
② 《續藏經》第57册,第116頁中。
③ "冥",底本作"明",據文意改。
④ 方廣錩主編:《藏外佛教文獻》第六輯,第369頁。

喉、發心勤力等較爲豐富的早期水陸儀的內容和組成結構,是了解早期佛教道場儀的重要資料。

(四)《無遮燈食法會儀》

《無遮燈食法會儀》,1956年發現於大理鳳儀北湯天,現藏雲南省社會科學院圖書館。原爲卷軸裝,不知何時改爲册頁本。首殘尾全,卷內數頁有殘缺。原卷無首尾題。筆者據卷中"今承此願,周遍法界,普使聞者,雲集道場,受此無遮廣大供養""廣設無遮燈食法會""敬設無遮光明燈會"等文字擬今名①。

卷內正文有"南閻浮提大理國施主於此稱就處,奉爲囯家六道四生、九廟先靈、亡没宗枝等、師僧五廟、道俗下人及七代先亡等,廣設無遮燈食法會"一段文字,説明其原爲大理國時期所用科儀。行文中有"洪武叁拾伍年　月　日施主某乙奉上"的文字,卷末有"洪武三十五年九月　　日謹記"的題記,説明了該寫本確切的抄寫時間。朱元璋在位三十一年,洪武三十五年爲建文四年(1402),是年六月明成祖朱棣靖難之役成功後,不承認建文年號,於七月改稱"洪武三十五年",説明現存《無遮燈食法會儀》爲明建文四年下半年傳抄大理國寫本。

與《廣施無遮道場儀》一樣,《無遮燈食法會儀》爲漢傳佛教齋供儀式文本。由於"宋揮玉斧"②的原因,大理國與中原内地在文化上往來不多,故此科儀亦當在唐末五代時已傳入雲南。

此卷現存程序包括奉請十方神祇,燃火(或沐浴),咒願,稱七佛如來吉祥名號,受些摩耶戒,設法施會,至心懺悔,受三歸依戒,受菩提心戒,至心發願,行甘露水,行解脱香,轉大乘般若經,施禪悦法喜食,至心迴向,至心莊嚴,燒無盡法財(讀燒錢狀等),禮別賢聖。前面是請神,後面爲送聖,儘管卷首有殘缺,但結構大體完整。

燈的作用在於照明,無遮燈食亦一樣,所以無遮燈食法會又稱"無遮光明燈會",卷內亦多次稱法會爲"光明會"。如"至心發願"節和"盡心迴向"節中,都有"我今敬設光明會"的文字。卷末"禮別賢聖"節亦有文説:

> 清信佛弟子某甲等,上奉佛勑,發大願心,下爲有情,設光明會,與遍法界中一切群生結食緣,爲大法施,或是千生父母,萬劫子孫,上下六

---

① 侯沖:《南詔大理國佛教新資料初探》,見侯沖:《雲南與巴蜀佛教研究論稿》,第147頁;林超民等主編:《南詔大理歷史文化國際學術討論會論文集》,北京:民族出版社,2006年,第365頁。
② (清)孫髯翁:《大觀樓長聯》。

親,□□□族,良朋善友,債主怨家,各座本恩,淪溺三界。於我善者善念增多,於我惡者惡心消滅。善(普)願承佛神力,及此燈恩,盡捨惡心,並皆歡喜,速出六道,超過四生,早證三明,具八解脫。先得道者,還濟有情,化未化人,度未度者,財施法施,無盡無遮,法喜見聞,並皆成佛。一切賢聖及此會人,盡皈本方諸佛世界,同心稽首,奉辭皈命禮一切賢聖而散。①

説明無遮燈食法會或無遮光明燈會的目的,是濟拔六道四生"早證三明,具八解脫","並皆成佛"。

《無遮燈食法會儀》內文中,多次出現請六道四生及其神祇的文字,並有其他與水陸儀近同的程序,略述如下:

1. 奉請十方神祇及六道四生

在《一行大師十世界地輪燈法》和《廣施無遮道場儀》中,都分別有勸請天曹地府神祇及其侍從眷屬名字,有請界趣十方神祇和幽冥鬼趣的內容。《無遮燈食法會儀》中,同樣包括奉請十方神祇和六道四生的內容。其文稱:

  一心奉請,十方神祇,八大龍王衆,夜叉羅刹,毗那夜迦,大黑天神,福德龍女,鬼子母天,天火天水等天神,天□天府,河伯將軍,神沙浮丘,無量鬼帥,五岳四瀆,一切靈祇。惟願承佛神力,受此燈食。敬禮常住三寶。

  一心奉請,遍法界中一切人衆,尊□…□中國邊方,異服殊形,及餘□…□願承佛神力,受此香燈。敬禮常住三寶。

  一心奉請,阿修羅王,及餘眷屬,毛群□族,一切傍生,微細含靈,飛沉之屬。□願承佛神力,受此香燈。敬禮常住三寶。

  一心奉請,閻羅天子,五道大神,太山府君,司命司祿,冥司百吏,幽道十王,鬼使官僚,牛頭獄卒。伏願地藏菩薩,興大慈悲,導引此流,來入受燈食。敬禮地藏菩薩。

  一心奉請,五無間獄,極重罪人,鐵圍山間,無量地獄,極八寒八熱,幽暗衆生。伏願開地獄門,領諸罪人,受此燈食。敬禮地藏菩薩。

  一心奉請,餓鬼道中,飢寒長劫,骨立皮連,巨口微咽,針毛之屬。

---

① 方廣錩主編:《藏外佛教文獻》第十六輯,北京:中國人民大學出版社,2011年,第38頁。參見楊世鈺等主編:《大理叢書·大藏經篇》第4冊,北京:民族出版社,2008年,第3—33頁。

伏願地藏菩薩，領此罪流，來受燈食。敬禮地藏菩薩。

　　一心奉請，亡過僧尼，誤犯律儀，□…□並及施主七代先亡，債主怨家，負財負命。爲亡云或宿業留碍，未得托生。伏願地藏菩薩，興大慈悲，領此燈罪□，受此燈食。敬禮地藏菩薩。

　　一心奉請，五穀神等，山川水陸，一切靈祇，太歲將軍，黃幡豹尾，朱雀玄武，月煞日遊，騰蛇勾陳，六甲禁忌，土公土母，五方宅神，井竈精靈，門庭户慰，大耗小耗，十二時神，地騰伏龍，魁魖大一，社稷津濟，渠源等神，行病鬼王，食胎之屬。普願承佛神力，來受燈食。敬禮常住三寶。

　　一心奉請，遍法界中一切有情，六道外者，諸佛所説，非我見聞，有名無名，塵沙種族，比丘稱唱道僧名等，凡夫識昧，味具遍知，雖心無遮，恐言辭不備，今憑諸佛神力加持，令承此願，周遍法界，普使聞者，雲集道場，受此無遮廣大供養。一心歸命，敬禮常住三寶。①

所請十方神祇和幽冥鬼趣，與見於《廣施無遮道場儀》"界趣聖神"中三界聖神和六趣四生的名字大都可以對應。引文中既敬禮三寶，又多次敬禮地藏，與《一行大師十世界地輪燈法》以地藏爲主尊相近。可看出不同水陸儀之間存在一定的共性。

2. 爲衆等稱念七佛名號

在《阿含經》等佛經中，七佛指毗婆尸佛、尸棄佛、毗舍浮佛、拘留孫佛、拘那含牟尼佛、迦葉佛與釋迦牟尼佛。在《無遮燈食法會儀》中所稱念的七佛則不是此七佛。其文稱

　　　　普爲衆等，稱諸佛如來吉祥名號：
　　　　南無寶勝如來三遍　已聞寶勝如來名，故能令大衆積劫塵勞，悉皆清淨。
　　　　南無離怖畏如來已聞離怖畏如來名，故能令大衆得大安樂，離諸怖畏。
　　　　南無廣博身如來已聞廣博身如來名，故悉皆消滅□…□
　　　　南無甘露王如來已聞甘露王如來名□…□皆成甘露，永除□…□
　　　　南無妙色身如來已聞妙□…□
　　　　南無多寶如來已聞□…□
　　　　南無阿彌陀如來已聞阿彌□…□②

---

① 方廣錩主編：《藏外佛教文獻》第十六輯，第27—29頁。
② 方廣錩主編：《藏外佛教文獻》第十六輯，第30頁。

表明這裏稱念的七如來吉祥名號,是寶勝、離怖畏、廣博身、甘露王、妙色身、多寶、阿彌陀七如來。不空譯《瑜伽集要救阿難陀羅尼焰口軌儀經》亦列七如來,作寶勝、離怖畏、廣博身、妙色身、多寶、阿彌陀和世間廣大威德自在光明如來①。與這裏的七如來名號顯然有一定差別。

稱念七如來名號的情況不僅在《天地冥陽水陸儀》和《水陸齋儀》中,在其他宋代水陸道場儀中亦多出現②。説明了《無遮燈食法會儀》與宋代水陸儀之間存在較大共性。

3. 受菩提心戒

《大正藏》收録有不空譯《受菩提心戒儀》一卷。其程序依次爲禮佛、供養、懺悔、受三歸依、受菩提心戒。在《無遮燈食法會儀》,亦保存了相近的程序。其文作:

> 清信佛弟子某甲,奉爲六道一切無量有情,敬設無遮光明燈會。惟願一切賢聖,不捨慈悲,以大神通,加持覆護,令無量衆,各得所安,於一毛頭,坐微塵數。令此燈食,周遍普霑,各各受之,作大供養,無前無後,平等一如,無下無上,普心不二。並願受此燈食。飢□…□,咸證菩提。一心皈命禮常住三寶。
>
> 普爲衆等,至心懺悔。　　踞唱
>
> 清信佛弟子某乙,與如是等所請□□,從無始已來,至於今日,造諸罪業,□□無邊,坐此因緣,輪迴六趣,常生八難。佛後佛前,恒遇三災。劫頭劫尾,諸佛説法,未得親聞。諸佛出興,亦不面見。自作自受,非天與人。今日今時,遇善知識,教弟子某乙,發廣大善願,設大燈輪,起大慈悲,誠心懺悔,今於遍法界中,無量賢聖前,懇到至誠,發露先罪,非心所憶,非口能宣,一切罪根,皆悉懺悔。願罪消滅,如淨虛空,速得修行,成等正覺。一心皈命禮常住三寶。
>
> 普爲衆等,受三歸依戒。
>
> 清信佛弟子某乙等,與一切有情,稽首和南,一心奉請釋迦牟尼佛,及遍法界中無量諸佛,惟願不捨慈悲,哀受我請,爲我等輩,受三皈依。
>
> 清信佛弟子某乙等,與一切有情,與如是等□…□請有情,歸依佛陀

---

① 《大正藏》第 21 冊,第 471 頁上。
② 如《佛説消災延壽藥師灌頂章句儀》所附《放生儀》中,即出現了"稱揚七佛如來名號"的情況(方廣錩主編:《藏外佛教文獻》第七輯,第 224 頁)。《如來廣孝十種報恩道場儀》卷中"宣説寶勝如來名號",列了七佛中六名(方廣錩主編:《藏外佛教文獻》第八輯,第 201 頁)。

耶,歸依達摩耶,歸依僧伽耶。隨唱三遍。

　　清信佛弟子等,與一切有情,皈依一切佛竟,皈依一切法竟,歸依一切僧竟。隨唱三遍。

　　清信佛弟子乙等,與諸有情,今已皈依三寶,常願以佛爲無上大師,以法爲解脫大戒,以僧爲真正善友,以心爲清信弟子,誓至成佛,於其中間,更不皈依邪魔外道。一心皈依命禮常住三寶。

　　普爲衆等,受菩提心戒。

　　清信佛弟子等,與諸有情,稽首和南,一心奉請,遍法界中,一切賢聖,爲我等受菩提心戒。大慈愍故,哀受我請。後句大衆和聲。

　　衆等稽首和南,一心奉請釋迦牟尼佛,及遍法界中無量諸佛,爲我等作受菩提戒大和尚。　　和聲

　　衆等稽首和南,一心奉請彌勒菩薩摩訶薩,及遍法界中一切大菩薩摩訶薩,爲我等作受菩提戒羯磨阿闍梨。

　　衆等稽首和南,一心奉請優波離尊者,及遍法界中一切大阿羅漢,爲我等作受菩提心戒教授阿闍梨。　　和聲

　　衆等今日今時,承此燈因,見佛聞法。諸佛難值,如優曇鉢花,宜共即時便發阿耨多羅三藐三菩提心。能持不?

　　衆等已發菩提心竟,誓從今日,直至成佛已來,堅持不退。　　能持不?答:能持。

　　衆等已受菩提戒,於諸戒中,最爲第一。願一切諸佛、菩薩、羅漢、聖僧,遍入一切有情身心之内,以菩提放大光明,流注身心,堅固不動,令一切含識,承此戒光,各證真如無垢自性,到無爲岸,圓證三身。一心皈命敬禮常住三寶。①

這一程序包括禮三寶、懺悔、三歸依、受菩提心戒,雖然部分文字有殘缺,但總體結構保存完整,且其程序與不空所譯《受菩提心戒儀》大致相當。宋代包括祖覺撰《水陸齋儀》在内的道場儀中,往往有受菩提心戒儀式程序。以上均説明受菩提心戒是水陸儀重要程序之一。

4. 功能多樣

《無遮燈食法會儀》有文稱:

　　又恐弟子某甲行年降於三煞元辰五鬼之鄉,盡禄筭窮,形破災厄,大

---

① 方廣錩主編:《藏外佛教文獻》第十六輯,第30—33頁。

小行年，與身相違，感諸災異。或口舌枉橫，或被人謀，顛倒失常，身心迷惑，眷屬分散，身命憂危星之所愆，有如是難。長星勃於天漢，誠姦惡於下方。五星聚散，相持金木血光，怪異星光，無處□有大炁，或水旱兵戈，異炁攪擾。願佛光與燈光而洞照，庇護弟子

　　私云：厄難消滅，福壽延長，妖怪消亡，吉祥速至。

　　皇帝云：厄難消滅，聖壽無疆，皇基永固。

　　爲產：保護守胎，母子安樂。

　　爲囚：枷鎖解脱，口舌自消。

　　爲兵行：怨敵消亡，兵戈早息。

　　遠行：無辱君命，來往康寧。

　　爲亡：速超苦海，早證菩提。

　　一心皈命，敬禮常住三寶。①

　　文中的"私云"和"皇帝云"，指的是在舉行法會時，僧侶根據施主不同，使用不同的文字。而"爲產""爲囚""爲兵行""遠行""爲亡"，則是根據不同的齋意，選擇使用相應的文字誦念。這表明舉行水陸法會，並不是只有薦亡這一目的，還可以祈雨禱晴、護國佑民等。儀式與齋意並非一一對應，同一種儀式，可以有不同的施主，可以達成不同的齋意，而不是只能有某種齋意。水陸法會如此，其他法會亦一樣。

　　綜上對《無遮燈食法會儀》的考察可以看出，水陸法會有較爲複雜的儀式程序。設無遮燈、奉請十方神祇及六道四生、爲衆等稱念七佛名號、受菩提心戒，都是水陸法會的重要組成部分。尤其是爲亡靈授戒的程序，在水陸法會中都出現，表明其已經成爲水陸法會的核心程序。同時，水陸法會可以有多種功能，能達成不同的齋意；與同一種齋意可以通過舉行不同法會儀式完成一樣，齋意與法會儀式之間並非簡單地一一對應。

四、宋代興盛和發展——以楊鍔《水陸儀》爲例

　　水陸法會在宋代較爲興盛，先後出現了數種水陸儀，不僅有文獻記載能證明，而且數種存世的水陸法會儀式文本亦能證明。其中楊鍔《水陸儀》出現最早，奠定了宋代水陸儀的格局，並影響了此後出現的其他水陸儀。而其他水陸儀雖然均有遺存文字，但未超出楊鍔《水陸儀》創建的框架，如果一一梳理，本章篇幅將過大。有鑒於此，這裏僅綜合其他水陸儀的遺存文字，以

---

① 方廣錩主編：《藏外佛教文獻》第十六輯，第34頁。

楊鍔《水陸儀》爲例進行探討。

楊鍔,又記作楊諤(爲方便行文,除引用原文外,本書統一作"楊鍔")。字正臣,四川梓州(今四川綿陽三臺)人。景祐元年(1034)進士,大致生活在宋真宗至宋神宗在位期間(998—1085)。富有詩名,曾爲瀘州軍事推官①。

楊鍔在中國佛教史上的貢獻,用宗賾等人的話說,是"祖述舊規"編製《水陸儀》三卷。宋代宗賾《水陸緣起》、宗鑒《釋門正統》、志磐《佛祖統紀》等佛教文獻和《宋史·藝文志》②對此均有記載。

楊鍔《水陸儀》是宋代最早的水陸儀,對後世有不少影響,並留下了一些佚文。南宋宗曉編《施食通覽》中,《水陸大齋靈迹記》署"東川推官楊鍔",《初入道場敘建水陸意》署"出楊鍔《水陸儀》",《宣白召請上堂八位聖衆》與《宣白召請下堂八位聖凡》《水陸齋儀文後序》署"同前(出楊鍔《水陸儀》)"。說明它們均爲楊鍔《水陸儀》佚文。明刊本《天地冥陽水陸儀》卷中尾題"東川楊諤水陸儀文卷中",則楊鍔《水陸儀》當有部分内容保存在《天地冥陽水陸儀》卷中。另外,宗賾集《天地冥陽水陸儀》和張興運等《眉山水陸》都根據楊鍔《水陸儀》編輯而成,而它們相互之間均未提到對方,則在這兩種水陸儀中都出現的内容,可以推定出自楊鍔《水陸儀》。根據這些材料,對楊鍔《水陸儀》可以有以下初步的認識。

(一) 水陸靈迹

水陸靈迹爲楊鍔《水陸儀》的内容之一。《施食通覽》收錄了楊鍔《水陸大齋靈迹記》。其文爲:

水陸大齋靈迹記　　東川推官楊鍔

---

① (宋)司馬光《續詩話》:"科場程試詩,國初以來難得佳者。天聖中,梓州進士楊諤始以詩著。其天聖八年(1030)省試,蒲車詩云:草不驚皇轍,山能護帝輿。是歲以策用清問字,下第。景祐元年(1034)省試,宣室受釐詩云:願前明主席,一問洛陽人,諤是年及第,未幾卒。"參見文淵閣《四庫全書》第1478册(上海:上海古籍出版社,1987年,第259頁上。司馬光稱楊鍔景祐元年及第後"未幾卒"當誤,據《洛苑使英州刺史裴公墓誌銘》說,楊鍔曾爲瀘州軍事推官,是裴德興(字載之)(988—1054)的女婿。裴德興死後,嘉祐二年(1057)其子裴士禹請宋沈遘爲裴德興撰銘文時,未提及楊鍔已死。參見宋沈遘《西溪集》卷十,文淵閣《四庫全書》第1097册,第98頁下至101頁上。楊鍔較裴德興小,天聖八年(1030)省試,故推測他生年不早於宋真宗咸平元年(998)。他在熙寧年間(1068—1077)作《水陸儀》,結合他的生年,推測他卒年不晚於元豐年間(1078—1085)。《眉山水陸》記載他二十五歲丁母憂後作水陸儀,這個時間與他省試的時間出入稍大,似不可從。清抄本《(水陸)啟謝科》稱他爲"楊公中大夫"。

② 《宋史》卷二百五《藝文志四》說:"楊諤《水陸儀》,二卷。"(見元脱脱等:《宋史》第15册,上海:中華書局,1977年,第5187頁)當屬於分卷不同。

大梁武帝治化，清時道利，寰中兵戈永息，唯崇佛理。寢處優閑，艸履葛巾，布被莞席，精持齋戒，濟卹含生，悲念四恩，心緣三有，晝夜焚誦，靡暫停時，遂感聖賢，同扶邦國。忽於中夜，夢一高僧，神清貌古，雪頂厖眉，前白帝言：六道四生，受苦無量。世有水陸廣大冥齋，普濟含生，利樂幽顯，諸功德中，最為殊勝，宜以差設。

　　帝既覺悟，詰旦升朝，躬臨寶殿，即以夢水陸之事，首問大臣及諸沙門，悉無知者。唯志公奏曰：但乞陛下廣尋經教，必有因緣。帝依奏，即遣迎大藏經論，置於法雲殿。積日披覽，頗究端由。及詳阿難遇焦面鬼王，因地建立平等斛食，乃創製儀文，三年乃就。其間所得事類，具出一十一本經論。

　　其文既備，心猶有疑。一慮聖意罔周，二恐凡情未愜，遂乃再嚴廣內，特建道場，俯及夜分，親臨法席，跪膝致敬，手捧儀文，顧謂侍臣息除燈燭，悉令暗冥。帝乃虔誠焚香，發願敍其感夢，撰此齋文。儻若理契聖凡，利兼幽顯，願禮拜起處，道場燈燭，不熱自明。或體式未周，利益無狀，所止燈燭，悉暗不明。言訖，投地作禮。禮已，燈燭盡明，帝睹之，神情大悅。於是欲營此齋，乃召志公以問：當就何處？志公曰：宜以深山幽谷中差設最奇。貧道竊睹潤州澤心寺<small>即金山寺舊名也</small>江上一峰，水面千里，潭月雙照，雲天四垂，堪會神靈，境通幽顯。時天監四年二月十五日夜，帝召僧祐律師宣文，鳳舸親臨法會，興於水陸大齋，饒益幽冥，普資群彙。

　　自後陳隋兩朝，其文堙墜。至大唐咸享（亨）中，有僧可宗為陰府所攝，至泰山府君所，將加楚毒，遂亟告曰：某是西京法海寺英禪師之弟子也。府君聞已，乃不加罪，即遣捷疾往取英公。英公忽如夢寐，至府君所。府君問曰：可宗是師弟子否？英公曰：然。時可宗遂得免罪以歸。府君乃命英公演法事已，復遣送還。後過旬日，英公獨坐方丈，見一異人巍然冠冕，足不履地，前來告曰：弟子向於府君所，偶見禪師。知師拯救之慈，故來奉謁。有少悚悒，願聽所言。世有水陸大齋，可以利沾幽品。若非吾師，無能興設。英曰：當何營辨？異人曰：其法式齋文，是梁武帝所集。今大覺寺有吳僧義濟得之，久寘巾箱，殆欲蠹蠹。願師往取，為作津梁。苟釋狴牢，敢不知報？英公許之，尋詣大覺寺訪其義濟，果得其文。遂剋日於山北寺依法崇奉。

　　修設既畢，復見異人與徒屬十數輩咸來謝曰：弟子即秦莊襄王也。又指其屬曰：此范睢（雎）、穰侯、白起、王翦、張儀、陳軫等，皆其臣也。

咸坐本罪,久處陰司,大夜冥冥,無所依告。今蒙吾師設齋,並爲懺罪,弟子甚衆,皆承善力,將生人間。恐世異國殊,不得再見,故來相謝。今有少物在弟子墓下,願以爲贈。弟子之墓,在通化門外者是也。英公曰:我聞西漢赤眉作亂,塚墓悉已開發。此物豈可存耶?襄王曰:弟子葬時,深藏其物,人所不見矣。英公曰:但貧道貴於知足,雖有珍寶,亦何用也?願王等從此已往,各悟夙因,永離業界,清升善道。此貧道之所祝也。言訖而隱。

英公既因其事,彌加精固,遂與吳僧常設此齋,其靈感異應,殆不可勝紀。自爾流傳於天下,凡植福種德之徒,莫不遵行之。

時皇宋熙(熙)寧四年二月一日東川楊鍔字正臣謹記。

平江府靈巖山秀峰寺住持傳法賜紫覺海大師法宗,睹此靈迹異事碑碣,舊在鎮江府金山龍游寺,因改宮祠,又復遭燹,故無所存。恐世不傳,遂依古本,命工刊石當山,以示萬世靈感云爾。時皇宋宣和七年六月望日謹題。①

楊鍔此文主要包括兩個内容:(1)梁武帝撰《水陸儀》緣由和初次舉行水陸道場的經過。(2)唐咸亨中英禪師舉行水陸大齋濟度秦莊襄王等。從最末一段文字來看,現在所傳《水陸大齋靈迹記》,爲宣和七年(1125)僧人法宗依古本命工刻石本,似是單獨流傳。不過,此文作於熙寧四年(1071),與宗鑒《釋門正統》稱楊鍔熙寧年間(1068—1077)作《水陸儀》在時間上重合,由後世水陸儀均強調靈迹故事來看,此文亦當屬於楊鍔《水陸儀》的一部分,目的在於強調水陸儀的靈應,以之爲舉行水陸法會並使其廣泛流行作渲染。

(二)水陸儀名

諸書記載楊鍔所撰《水陸儀》時,只稱其爲"水陸儀"或"儀文",未提及其具體的名字。實際上楊鍔《水陸儀》當有數個稱名。

從《施食通覽》所收楊鍔"水陸大齋靈迹記""水陸齋儀文後序",《初入道場敍建水陸意》以及《水陸緣起》來看,楊鍔《水陸儀》又作"水陸齋儀文"或"水陸大齋儀文"和"無遮水陸大齋儀文"。

繼楊鍔《水陸儀》之後出現的宗賾《天地冥陽水陸儀》、祖覺重廣《水陸齋儀》和張興運等《眉山水陸》,均不同程度受楊鍔《水陸儀》的影響。清抄本《水陸九朝啓謝師祖科文》(簡稱《啓謝科》)以楊鍔爲《水陸儀》作者之

---

① 《續藏經》第57册,第113頁下—114頁中。

一,内容中亦有受楊鍔《水陸儀》影響的痕迹。《天地冥陽水陸儀》和《眉山水陸》題名中都包括"天地冥陽"四字,齋題中都有"水陸無遮、法施大齋"數字(詳下文),《啓謝科》有"天地冥陽^{法施}_{水陸}齋壇""天地冥陽^{水陸}_{法施}齋壇"等稱謂,可以推知"天地冥陽""水陸法施""法施水陸"等詞當受楊鍔《水陸儀》影響出現,並且當見於楊鍔《水陸儀》。因此,結合受楊鍔《水陸儀》影響諸書來看,除楊鍔自己所稱"水陸齋儀文""水陸大齋儀文""無遮水陸大齋"之外,楊鍔《水陸儀》另外當有包括"天地冥陽"四字的名字,如"天地冥陽水陸無遮法施大齋儀文"或"天地冥陽水陸法施無遮大齋儀文"等。

(三) 水陸齋題

水陸齋題即水陸齋名。在舉行水陸法會時,齋題可以單獨使用,亦可以合并使用。楊鍔之後出現的三種水陸儀,祖覺《水陸齋儀》的齋題作"該羅萬有、利濟四生、即俗旋真、融凡入聖、重廣法施、水陸無遮道場",《天地冥陽水陸儀》的齋題作"該羅法界、利濟四生、凡聖圓融、冤親平等、水陸無遮、法施大齋",《眉山水陸》的齋題作"該羅法界、利濟四生、凡聖混融、冤親平等、水陸無遮、法施大齋"。由於這三種水陸儀均參考過楊鍔《水陸儀》,故見於這三種水陸儀"水陸齋題"中相同的文字,可推知出自楊鍔《水陸儀》無疑。其中以《天地冥陽水陸儀》和《眉山水陸》"水陸齋題"的文字最相近。兹整理如下:

  水陸齋題①
  該羅法界、利濟四生、凡聖圓②融、冤③親平等、水陸無遮、法施大齋
  該羅法界者,體也。謂此法界一切衆生,身心之本體,從本以來,靈明廓徹,唯一真境而已。若無法當情,則可會萬法以爲己,含④衆妙而有餘;包染靜⑤以融通⑥,混真俗而無碍。故曰:該羅法界者,體也。
  利濟四生者,用也。群生無量,非廣大心難以包羅;七趣重昏,惟第⑦一心方能度脱。願廣大則豎窮三際,行廣大則橫遍十方。行願若乃相符,利用方能普濟。故曰:利濟四生者,用也。

---

① "水陸齋題",乙本作"修設天地冥陽金山水陸儀文題目"。
② "圓",乙、丙、丁本作"混"。
③ "冤",底、甲本作"怨",據乙、丙、丁本改。
④ "含",乙、丙本作"會",丁本作"舍"。
⑤ "靜",丁本作"淨"。
⑥ "融通",乙、丙、丁本作"通達"。
⑦ "第",乙、丙本作"策"。

凡聖圓①融者，事也。六位十身，元歸真體；四生七趣，盡屬染門。染淨凡聖雖殊，俱是生滅事法。所以理隨事變，一多緣起之無邊；事得理融，千差攝入而無碍。故曰：凡聖圓②融者，事也。

冤親平等者，理也。此理本來平等，同一覺故，不待續鳧截鶴，方得坦平；移嶽塞淵，然後齊等。聖凡③同體，高下一如。彼此無殊，自他不異。故曰：冤親平等者，理也。

水陸無遮者，悲也。儻若意源沉靜，禮佛土則極日月於三千；悲心忘緣，拯鬼趣則遍塵沙於百億。徹聖凡④於三世⑤，融剎海於一塵。有何障碍⑥？故曰：水陸無遮者，悲也。

法施大齋者，智也。佛法大海，信爲能入，智爲能度。諸施之中，法施爲最。若非般若神智，則所施之法不周。儻得正智現前，則能施之心寬廣。境智了不可得，能所亦自都捐。總大地爲一法施道場，盡虛空爲一清淨妙會。故曰：法施道場者，智也。

水陸⑦四義

水喻上聖，四義⑧：一、水能清潔⑨，喻體⑩絕諸相，無纖瑕障；二、水能脫垢，喻大智心，斷盡煩惱；三、水能清涼，喻甘露味，消除熱惱；四、水能就下，喻大悲心，入纏化物。

陸喻下凡，四義⑪：一、陸能堅厚，喻無明頑然，相續難斷；二、陸有肥瘠，喻人天鬼畜，流類不同；三、陸有高下，喻心不平等，趣有異故；四、陸無邊際，喻生死長夜，不可窮極。所以水無陸而不顯其用，陸無水而不彰其功。水陸相符，功用著矣。

頌⑫曰：

水陸大香壇，幽冥利濟寬。
齋題深有意，說著骨毛寒。

---

① "圓"，乙、丙、丁本作"混"。
② "圓"，乙、丙、丁本作"混"。
③ "聖凡"，乙、丙本作"凡聖"。
④ "聖凡"，乙、丙本作"凡聖"。
⑤ "世"，甲本作"也"。
⑥ "障碍"，甲本作"陣得"。
⑦ "陸"，丙本作"有"。
⑧ "四義"，乙、丙、丁本作"四義者何"。
⑨ "潔"，乙、丙、丁本作"淨"。
⑩ "體"，乙本作"理"。
⑪ "四義"，乙、丙、丁本作"四義者何"。
⑫ "頌"，乙、丙、丁本作"故"。

儘管《天地冥陽水陸儀》成書在前，但《眉山水陸》對其未置一詞，而且未見可以明確的出自《天地冥陽水陸儀》的內容，可知未曾受其影響。由《眉山水陸》與《天地冥陽水陸儀》的水陸齋題、水陸四義和偈頌等文字如此接近，可推知它們有共同的源頭，即均出自楊鍔《水陸儀》。

（四）建齋發心

《施食通覽》卷上《初入道場敍建水陸意》署"出楊鍔《水陸儀》"，其文稱：

> 原夫無遮水陸大齋者，遵釋迦文之垂教，奉梁武帝之科儀。世間大慈，人中上供。於此可以修菩薩行，於此可以建如來心。宜當屏絕外緣，端持正念。
>
> 第一須發菩提心以爲道場。當念此心本來湛寂，與諸佛同。但以煩惱所障，愛網所纏，遂使諸佛成道，我等在迷。只於今日今時，便須覺悟，發菩提心。譬如蓮華初生淤泥，華一出時，垢不能著。以是事故，當發菩提心以爲道場也。
>
> 第二須發廣大心以爲法會。當念此心，自無分別，與虛空等。徒以蔽於無明，礙於有欲，起吾我見，生怨親想，遂使如來滅度，我方受生。佗界有佛，我不能見。只於今日今時，即須懺洗，發廣大心。譬如月不離天，凡有水處，影無不現。以此因緣，當以廣大身心而爲法會。
>
> 第三須發大願心以爲供養。當念無邊眾生未曾得度，我今當度；一切眾生未得果證，我今令證。六道四生眾生，當津濟之使周；十方三世聖賢，當體事之使徧。只於今日今時，發如是大願心而爲供養。法無盡故，供養亦無盡也。
>
> 第四須發大悲心以爲法財。當念眾生造諸惡業，以惡業故，轉入惡道，一入惡道，無有休息。若人欲我代諸眾生受諸苦惱，我則不答。復於其中勸化發心，令彼迴心向善。只於今日今時，又須發起此大悲心而爲法施，施一切眾生離苦得樂也。
>
> 既能堅發此四種大心，則知此會，不同他會，乃是如來最勝無遮無礙大解脫門。是故我今修爲水陸冥場大齋，以集無量無邊功德也。今則當入法會正緣，先爲檀那，合道場人，及法界幽顯靈聰，依怙聖教。教有四種廣大身心①真言，云云。②

---

① "教有四種廣大心"，底本作"教四種廣大心有"，據文意改。
② 《續藏經》第 57 冊，第 116 頁中下。

末尾的"云云",根據見於《天地冥陽水陸儀》中的相類文字,代表儀文中被省略的偈句和咒語,説明這段文字確實出自楊鍔《水陸儀》。

在唐末五代水陸儀中,《廣施無遮道場儀》作"三心二力"。楊鍔《水陸儀》中的四心儘管都見於《廣施無遮道場儀》,但略有不同。看不出它們之間是否存在影響與被影響的關係。宋代諸種大型道場儀中,均包括發心這一程序。如與楊鍔《水陸儀》大致同時出現的侯溥《圓通三慧大齋道場儀》中,亦有勸發正信心、恭謹心、慈悲心和勇猛心四善心①。南宋思覺隆興年間(1163—1164)撰《如來廣孝十種報恩道場儀》,在發菩提心外勸發孝順心、拔苦心、設供心和報恩心四心等②。但内容與楊鍔所説不同,也看不出它們是否受楊鍔《水陸儀》的影響纔出現。祖覺《水陸齋儀》中亦有發菩提、廣大、大願、大悲四種大心的儀式程序,由於該書曾參考過楊鍔《水陸儀》,故當係受楊鍔《水陸儀》的影響編撰而成。而《眉山水陸》由於係綜合此前道場儀編輯而成,其文字有明顯改編自楊鍔《水陸儀》的痕跡,但更接近於祖覺《水陸齋儀》,故可以説是直接出自祖覺《水陸齋儀》。

(五) 設上下八位

楊鍔《水陸儀》中,包括《宣白召請上堂八位聖衆》和《宣白召請下堂八位聖凡》。上堂八位聖衆包括佛陀耶衆、達摩耶衆、僧伽耶衆、大菩薩衆、大辟支佛衆、大阿羅漢衆、五通神仙衆和護法天龍衆。下堂八位聖凡包括官僚吏從衆、三界諸天衆、阿修羅道衆、人道衆、餓鬼道衆、畜生道衆、地獄道衆、六道外者衆。

楊鍔《水陸齋儀文後序》有文稱:"按蕭氏建無遮齋,其儀甚簡。今所行者,皆後人踵事增華,以崇其法。至於津濟一也。竊尋蕭意,蓋超三界之外已入聖地者,上八位該焉;走三界之内未出苦輪者,下八位備焉。已入聖地者,靡不供養;未出苦輪者,靡不薦拔。此所以為無遮也。"③意以爲設上下八位始於梁武帝。楊鍔之後,蘇軾《水陸法像贊》亦有上堂八位和下堂八位,内容與楊鍔的大同小異。蘇軾《水陸法像贊序》亦稱梁武帝開始建水陸道場時,"虔召請於三時,分上、下者八位"④。

上文已經指出,梁武帝《東都發願文》所請水陸道場神祇,包括十方盡虚空界一切諸佛、十方盡虚空界一切尊法、十方盡虚空界一切聖僧、十方盡虚空界一切諸天、十方盡虚空界一切諸仙、十方盡虚空界一切聰明正直善神、

---

① 方廣錩主編:《藏外佛教文獻》第十二輯,第97—98頁。
② 方廣錩主編:《藏外佛教文獻》第八輯,第71頁。
③ 《續藏經》第57册,第118頁中下。
④ 《續藏經》第57册,第115頁上中。

十方不可説不可説無邊幽顯一切大衆,具體來説就是佛、法、僧、天、仙、神、幽顯大衆。雖然總括了十方盡虚空界一切三寶、諸仙善神和十方幽冥陽顯一切大衆,但並未見分成八位,更没有分上、下八位。唐末五代間出現的《廣施無遮道場儀》中,雖然有上八位,但内容並不明確,可知在楊鍔之前,並未立上、下八位。

由於楊鍔編製《水陸儀》是"祖述舊規",而此前並未立上、下八位,他"竊尋蕭意"云云,表明最早立上、下八位,以上八位該三界之外入聖地者,以下八位備三界之内未出苦輪者,就是他自己。蘇軾稱"梁武皇帝始作水陸道場,以一十六名"①,當亦本自楊鍔之説。

（六）教誡立齋日和敍齋職

楊鍔《水陸齋儀文後序》有文説:

> 凡齋……月望爲佳日。先期三日,以淨水置佛前,晝夜持咒,想水成甘露以洒法食,即三藏也;臨壇宣文,典其佛事,即法師也。以音聲屬和,梵唄間作,即歌讚也;捧鑪對聖,冥運願力,即檀越也。故檀越必勤其精意,精意然後能致其感;法師必選其高行,行高然後能尊其教;三藏必堅其正念,以正念然後能資其咒力;歌讚必嚴其端誠,以端誠然後能成其法會。先事齋居以致潔,畢會宴坐而如慕,各盡虔恭,方蒙饒益有情。或不謹便成無利,則弗爲聖賢所祐,且復有鬼神之譴。敢告大衆,其戒之哉。

楊鍔此文透露了以下三個重要内容:(1)舉行水陸無遮大齋的最佳時間是每月中旬的月望日。(2)法事的主要參與者包括三藏、法師、歌讚和施主。這些參與者由於與法事關係密切,故在法事中都有相應的分工和應具備的態度。具體來説,三藏負責加持念咒,並要在法會前三天即開始準備灑法食的甘露咒水;法師在舉行法事時負責宣文主持法事;歌讚負責梵唄;施主捧鑪對聖,一心發願。就各人當具備的態度來看,施主必須勤力精意,方有感通;法師必須行高過人,讓施主欽信;三藏必須正念,念咒方有感應;歌讚必須端嚴誠心,方能助成法會。(3)法事須齋潔。一是舉行法事之前嚴潔齋戒,二是法事進行過程中一心虔恭,方能得聖賢佑助,饒益有情。如果不能齋潔,不僅舉行法會没有好處,還會遭鬼神譴責。

上述楊鍔後序中的内容,在後世水陸儀中出現在儀文之前的教誡部分。

---

① 《續藏經》第57册,第115頁中。

所謂教誡,即壇前教誡,是法師在開壇舉行法事前對道場相關情況的説明。具體包括設立道場的依據、舉辦法事的目的、科儀編撰者、道場法器、佛像的安置、參會法師及其他法會參加者的要求等内容。宋僧祖照集《楞嚴解冤釋結道場儀》中的教誡可稱得上其中的代表①。在祖覺《水陸齋儀》卷首《壇前教誡·集善如法》、《眉山水陸》卷四《壇前教誡儀·修設如法》中,亦可以看到與此相近的内容。

綜上可以看出,楊鍔《水陸齋儀文後序》與其他水陸儀的壇前教誡,有相近的内容和相同的性質。由於其他水陸儀出現時間在後,故它們當曾受楊鍔後序的影響。

(七) 天輪、地輪燈壇儀

目前所知《天地冥陽水陸儀》儘管有不同刊本,但其卷中尾題均作"東川楊諤水陸儀文卷中"。這一尾題所説是否可信呢?

在《天地冥陽水陸儀》不同刊本卷中都有的内容,包括加持黄道儀、迎請天仙儀、召請下界儀、召請往古人倫儀、加持天輪燈壇儀、加持地輪燈壇儀、天地二輪總加持儀、加持乳海儀、加持八卦壇儀、加持望鄉臺儀、加持柱死城儀、加持鐵樹愛河儀、加持金橋事(儀)、加持滅惡趣息苦輪、破有相無間地獄儀、召請諸靈儀、加持傳燈顯密供養。由於材料有限,不能肯定這些内容都出自楊鍔《水陸儀》,但其中加持天輪燈壇儀、加持地輪燈壇儀、天地二輪總加持儀三部分,既見於《天地冥陽水陸儀》,亦見於《眉山水陸》,故可以肯定出自楊鍔《水陸儀》。

1. 天輪燈

天輪燈又作天輪般若燈,並見於《天地冥陽水陸儀》和《眉山水陸》。《天地冥陽水陸儀》"加持天輪燈壇儀"説:

> 夫天輪者,分形於混沌之初,列象於杳冥之始。懸七曜以示陰陽,廓二儀而爲天地。燈顯智光,輪爲輾壞,於是金穀相連兮解摧邪而顯正,銀燈續焰兮能傳法以度生。二氣生光,普照法界。一輪晃耀,遍滿娑婆。今乃安置般若之天輪,點照無盡之慧炬。供養天輪之聖衆,遍虚空界之星辰。會首虔誠,遥望燈壇,讚燈供養。
>
> 唵引。鉢頭摩波羅襧吽。娑嚩訶。
>
> 我以法輪無盡燈,正八位前普供養。

---

① 方廣錩主編:《藏外佛教文獻》第六輯,第50—53頁。

清淨光明照十方,無量無邊作佛事。①

《天地冥陽水陸儀》中的偈句,在《眉山水陸》中亦有相近的文字:

我今法輪無盡燈,上中下位普供養。
清淨光明照十方,六道觸光皆解脫。②

另外,楊耀章抄本《眉山水陸》卷一、卷二有"天輪燈疏文"説:

修設祈吉大齋道場所,疏爲入意,由是等因。今則就於覺皇壇内,然點天輪般若燈一堂,一一專伸供養上界上元天官日月星辰天仙部衆位下,準此燈光,保佑檀那增福延壽。伏願一燈烈燄,千炬聯芳。照日宫月宫衆星宫,遍欲界色界無色界。天堂有路,神遊不夜之威光;佛國有緣,永授然燈之炬。干冒大覺證盟之至。謹疏。③

就唐末五代水陸儀來看,《壇法儀則》中最早出現了"水陸道場"一詞,並有"水陸之壇"等文字。該書稱水陸道場所設水陸壇中的水陸燈壇,又分爲天輪燈壇和地輪燈壇。但天輪燈壇是什麽? 未見説明。相關解釋文字目前僅見於上引《天地冥陽水陸儀》和《眉山水陸》。在《天地冥陽水陸儀》中,天輪燈被稱爲"般若之天輪""無盡之慧炬",在《眉山水陸》中,天輪燈被稱爲"天輪般若燈",均有般若之意,尤其是二者有比較相近的偈句,足見二者同出一源。

道場所請爲上八位、下八位,在水陸儀中並見於楊鍔《水陸儀》、祖覺《水陸齋儀》和《眉山水陸》。從《天地冥陽水陸儀》雜文及其所請來看,其中無上八位、下八位之説(詳下文),祖覺《水陸齋儀》和張興運等《眉山水陸》編成的時間,均晚於《天地冥陽水陸儀》,故上引《天地冥陽水陸儀》"法輪無盡燈"偈中"正八位前普供養"("正八位"當即"上八位")等文,與《眉山水陸》中的"法輪無盡燈"偈、天輪燈疏文一樣,均源自楊鍔《水陸儀》。

2. 地輪燈

地輪又作地軸、地輪燈,並見於《天地冥陽水陸儀》和《眉山水陸》。《天

---

① 《天地冥陽水陸儀》卷中,中國國家圖書館藏明刊本,第30—31頁。
② 昆明應赴僧左光福藏1993年抄本卷一、卷二,無頁碼。
③ 昆明應赴僧左光福藏1993年抄本卷一、卷二,無頁碼。

地冥陽道場儀》"加持地輪燈壇儀"解釋説：

　　　地乃萬物住持之肇，輪爲百穀運轉之功。負載九曲之江河，任持五嶽之峰岫。四聖同居兜率之上，六凡共住閻浮之前。今者燈點千光，消昏作朗；燭燃萬種，破暗除迷。燈燈無盡，照般若之地輪；法法何窮，滅幽衢之大夜。①

《天地冥陽水陸儀》所附《水陸雜文》卷上有"地輪榜"説：

　　　修設大齋道場所　　夫地軸者，元氣初分，重濁居下。萬物生化之母，百穀成熟之原。負載江河，住持山嶽。四聖同居之地，六凡共處之鄉。今兹置設般若輪壇，天地神祇，蒙光照爛，同圓勝慧，悉證無爲法界。苦死孤爽生靈，速承妙因，高躋覺地者。
　　　　　年　　　月　　　日榜②

《眉山水陸》卷一、卷二有"地軸榜"説：

　　　修設大齋道場所　　伏以山川之秀氣，夫地軸者，元節初分，重濁居下。萬物化生之母，百穀苗稼之源。負載江河，住持山川。四聖同居之地，六凡共處之鄉。今兹置設寶蓋法燈，天地神祇，蒙光照耀，同緣勝會，悉證無上法界。孤魂苦死生靈，速乘妙果，高躋覺地。稽首太虛法會之至。謹榜。③

儘管略有異字，但可看出二者文字同出一源。另外《天地冥陽水陸儀》"加持地輪燈壇儀"又有偈説：

　　　我以法輪無盡燈，下八位前皆供養。
　　　無邊業障盡消除，心悟花開成正覺。④

如上所説，上八位、下八位之説並見於楊鍔《水陸儀》、祖覺《水陸齋儀》

---

① 《天地冥陽水陸儀》卷中，中國國家圖書館藏明刊本，第32頁。
② 《天地冥陽水陸雜文》卷上，中國國家圖書館藏明刊本，第16頁。
③ 昆明應赴僧左光福藏1993年抄本卷一、卷二，無頁碼。
④ 《天地冥陽水陸儀》卷中，中國國家圖書館藏明刊本，第32頁。

和張興運《眉山水陸》等水陸儀，但《天地冥陽水陸儀》雜文及其所請並無上、下八位。上引偈中"下八位前皆供養"數字，以及與之相關的《天地冥陽水陸儀》中"加持地輪燈壇儀"這部分内容，如其尾題所示，當出自楊鍔《水陸儀》。

3. 天地輪燈

《壇法儀則》所設水陸之壇，包括天輪燈、地輪燈和天地二輪。楊鍔《水陸儀》既然設置了天輪燈和地輪燈，受其影響，無疑亦會將其合在一起討論，稱爲天地二輪或天地二輪燈。《天地冥陽水陸儀》卷中"天地二輪總加持儀"開始即説：

蓋聞二曜循環，不及九幽之暗；一燈作照，能傳千炬之光。故佛號曰燈明，其明補於日月。昔阿闍具百斛照道，成大聖緣；至獵師一箭挑燈，得通天眼。今者會首既辦無遮之大供，敬造長明之二輪。憑此佛光，無幽不矚。四王星宿，上通有頂之天宫；五嶽山河，下及無邊之地獄。三千世界之種類，二十五有之輪迴。俱乘慧命而永脱迷津，不昧本心而咸通宿命。①

這裏將天輪燈與地輪燈合稱爲"長明之二輪"，稱其有照幽開慧等種種功能，説明開設無遮水陸會，天輪燈與地輪燈不能分開。由於没有證據表明宗賾對密教有深入了解，而他新編水陸儀主要參考楊鍔《水陸儀》，故出現在他所編《水陸儀》中的"天地二輪總加持儀"，亦當如《天地冥陽水陸儀》卷中尾題所説，出自楊鍔《水陸儀》。

(八) 古水陸壇圖

宗賾集《天地冥陽水陸儀》除儀文三卷、雜文二卷外，還配有"天地冥陽水陸之壇式"或"天地冥陽水陸壇場式"一册。其要目在首頁中均已出現，組合結構如圖 5-1 所示：

壇(場)式中包括"緣起碑"。"緣起碑"圖式上，有"前面書緣起，後面畫像"的説明。所説"緣起"，當即宗賾《水陸緣起》。此壇式爲宗賾集《天地冥陽水陸儀》的有機組成部分。

不過，壇(場)式中亦有並非宗賾所爲，而是根據"古作壇之法"來畫的壇式。壇(場)式中數種壇式内容獨特的説明文字，數種壇圖式與説明文字不符，以及與《天地冥陽水際儀》内容不符的壇圖式，可以證明這一點。

---

① 《天地冥陽水陸儀》卷中，中國國家圖書館藏明刊本，第33頁。

圖 5-1　天地冥陽水陸壇場式

1. 包括上、下八位的説明文字

"天地冥陽水陸之壇式"或"天地冥陽水陸壇場式"中，大部分圖式下面都有説明壇圖作法的文字。這些圖式名及圖下説明文字爲：

"法界之圖"：按古作壇之法，或木，或土擊築作三層，共高丈二，用香泥塗之。……

"八卦之壇"：按古云：此壇用土擊築，三層。……

"天輪之圖"：天輪者，就地作圓，用土擊或土築，三層。……

"地輪之圖"：遵古就地作方，用土擊築，三層。……

"乳海之圖"：古云就地或土擊，布圍作四方。……

"蓮池之圖"：古云就地或木土，作九品池相，用彌陀、觀音、勢至及九品化生像，或作牌子。……

"滅惡趣之圖"：古云就地用土擊作車輪相，分八輻，安八如來像，或牌子。……

"息苦輪之圖"：古云就地用土擊作車輪相，分一十六輻，每一輻安一菩薩像，或牌子。……

"枉死之城"：遵古式云，就地用土擊作塼色，城內用十類橫亡形像及用六類牌子。……

"破地獄壇"：古云就地用土擊作鐵色，城內五獄罪像，及牌子用白色或黑色。……

宗賾沒有明言"按古作壇之法""按古""遵古""古云"的所指。"天輪之圖"和"地輪之圖"的說明（"天輪之圖"沒有説是按古，但從文字內容可看出與"地輪之圖"同出一轍）中，提到"用上八位像"和"用下八位像"（詳見下引文）。如上所説，上、下八位在水陸儀中並見於楊鍔《水陸儀》、祖覺《水陸齋儀》和張興運等《眉山水陸》，而祖覺《水陸齋儀》和張興運等《眉山水陸》均晚於《天地冥陽水陸儀》，可知《天地冥陽水陸儀》中出現的"上八位"和"下八位"的內容，當出自楊鍔《水陸儀》，並非出自宗賾之手。宗賾所説的"古"，指的就是楊鍔所制定的"古水陸壇法"。

2. 圖式下説明文字與壇圖式不符

"天地冥陽水陸之壇式"或"天地冥陽水陸壇場式"中，圖式下説明文字與壇圖式不符的包括法界圖式、天輪圖式、地輪圖式和蓮池圖式數種。

(1) 法界圖式（圖 5-2）

圖式爲方形，四層。正中一層爲毗盧如來，第二層從東方開始依次爲阿閦如來、寶生如來、無量壽如來、成就如來。第三層依次爲金剛鈎菩薩、大威德不動尊明王、大威德焰髮德迦明王、大威德大笑明王、金剛鎖菩薩、大威德無能勝明王、大威德步擲明王、金剛鈴菩薩、大威德馬首明王、大威德大輪明王、大威德大力明王、金剛鎍菩薩、大威德軍吒利明王、大威德降三世明王。第四層依次爲持國天王、香雲蓋菩薩、增長天王、散花菩薩、廣目天王、智炬菩薩、多聞天王、甘露王菩薩。綜合起來看，包括五佛、八菩薩、四大天王和十大明王。

圖式下的説明文字是：

> 按古作壇之法，或木，或土擊築作三層，共高丈二，用香泥塗之。上作彩樓，四角用吉祥寶幢，上書楞嚴、隨求、尊勝、大悲咒；內斜拷拷，上插戒刀、弓箭、鏡秤、寶珠。又用諸佛、菩薩、聲聞、緣覺像，四大天王、十大明王、八部神祇等像，或用牌子，或用大布圍之，如法嚴飾，花香燈燭，供養作法。勿得差。①

---

① 《天地冥陽水陸壇場式》，北京師範大學圖書館藏明刊本，第 3 頁 a。

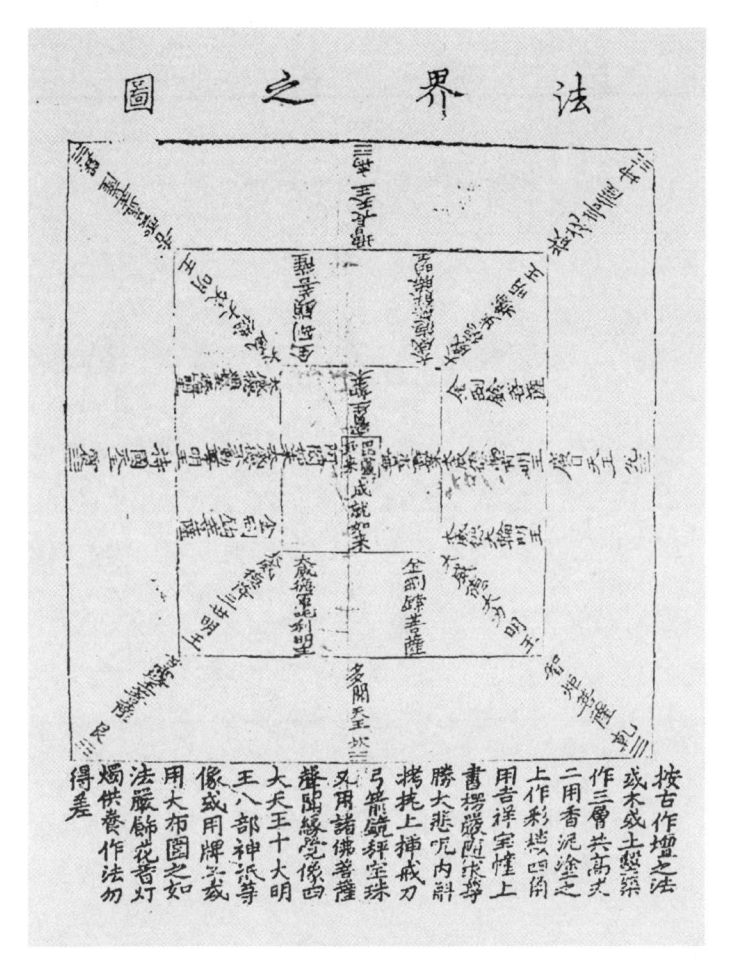

圖 5-2 法界圖式

兩相比較,可知除幢和戒刀、弓箭等未見於圖式中外,說明文字中的聲聞、緣覺像、八部神祇,亦不見於圖式。圖式與古作壇法並不完全相符。

(2) 天輪圖式(圖 5-3)

圖式爲三層圓,外爲曲水。正中圓爲毗盧遮那佛、黃色幡。第二層自東開始依次爲釋迦牟尼佛、文殊菩薩、一切諸佛、盧舍那佛、觀世音菩薩、普賢菩薩、阿彌陀佛、慈氏菩薩、金剛首(手)菩薩、彌勒尊佛、除業障菩薩、地藏菩薩。第三層依次爲識無邊處天、兜率天衆、他化自在天、一切菩薩等衆、初禪三天、二禪三天、三禪三天、四禪九天衆、非非想處天、圓覺天衆、化樂天衆、焰魔天衆、空無邊處天、常逸天衆、首羅天衆、聲聞天衆、持鬘天衆、星宿天衆、無所有處天、一切諸天仙衆、婆羅門仙衆、主道場金剛、帝釋天主、忉利天衆。曲水內層包括持國天王、日宮天子、增長天王、護國護民、廣目天王、月

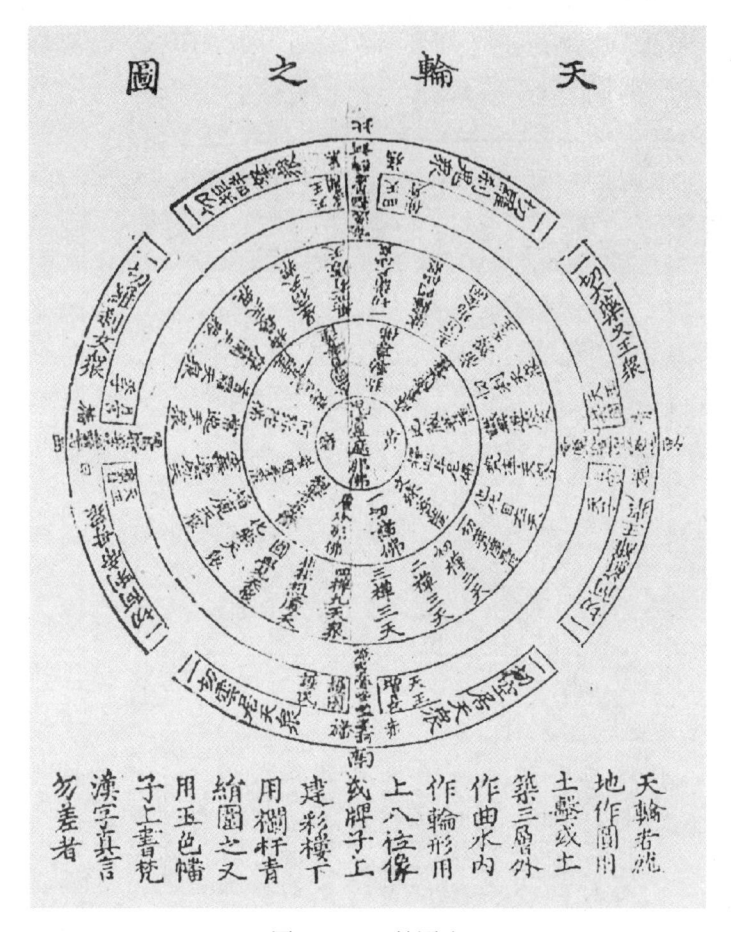

圖 5-3 天輪圖式

宮天子、多聞天王、四天使者。外層東方青色幡，有一切大藥叉王眾、一切阿蘇羅王眾；南方赤色幡，有一切空居天眾、一切雲居天眾；西方白色幡，有一切阿唎帝母眾、一切羅剎女眾；北方黑色幡，有一切矩畔拏眾和一切羅剎鬼眾。外層四色幡均寫有漢譯真言。

將圖式中諸像綜合分類後，可知包括佛、菩薩、天仙、羅剎等四類：

佛：毗盧遮那佛、釋迦牟尼佛、盧舍那佛、阿彌陀佛、彌勒尊佛、一切諸佛。

菩薩：文殊菩薩、觀世音菩薩、普賢菩薩、慈氏菩薩、金剛手菩薩、除業障菩薩、地藏菩薩、一切菩薩等眾。

天仙：無邊處天、他化自在天、初禪三天、二禪三天、三禪三天、非非想處天、空無邊處天、無所有處天、帝釋天主、持國天王、增長天王、廣目天王、多聞天王、日宮天子、月宮天子、護國護民、主道場金剛、四天使者、兜率天衆、四禪九天衆、圓覺天衆、化樂天衆、焰魔天衆、常逸天衆、首羅天衆、聲聞天衆、持鬘天衆、星宿天衆、一切諸天仙衆、婆羅門仙衆、忉利天衆、一切大藥叉王衆、一切阿蘇羅王衆、一切空居天衆、一切雲居天衆、一切阿唎帝母衆。

羅剎：一切羅刹女衆、一切矩畔拏衆和一切羅刹鬼衆。

圖式下的說明文字是：

  天輪者，就地作圓，用土擊或土築，三層。外作曲水，內作輪形，用上八位像，或牌子。上建彩樓，下用欄杆，青絹圍之。又用五色幡子，上書梵漢字真言。勿差者。①

上八位包括常住佛陀耶衆、常住達麼耶衆、常住僧伽耶衆、無量大菩薩衆、無量大辟支伽、無量阿羅漢衆、無量神仙侶衆和無量護法龍神。天輪圖式中僅包括佛、菩薩、天仙和羅刹，没有達麼耶、僧伽耶、辟支伽和阿羅漢，與上八位有較大出入，説明圖式不是説明文字提到的上八位像或牌，天輪圖式與説明文字不相符。就宗賾編集水陸儀的依據來看，説明文字當出自楊鍔《水陸儀》。

（3）地輪圖式（圖5－4）

圖式三層，方形。外作曲水。正中一層為甘露王如來。第二層自東開始依次為多寶身如來、妙色身如來、廣博身如來、離怖畏如來。四角分别有主風主雨神衆、主水主火神衆、主晝主夜神衆、主雷主電神衆。第三層自東開始分别為泰山大王、百峰山王、青色龍王、平等大王、變成大王、大輪山王、赤色龍王、五官大王、秦廣大王、妙高山王、白色龍王、初江大王、閻羅大王、吉祥山王、黑色龍王、宋帝大王。四角從東南角開始依次為一切主執神衆、主地主城神衆、一切諸天龍神、當處土地堅牢地神。曲水内層自東開始依次為都市大王、一切孤魂等衆、冥途官衆、轉輪大王、一切過去后妃宮娥衆、人道先主衆、一切諸河王衆、守護疆界神衆。外層自東北角開始為横夭諸鬼類等、傍生鬼等、一切餓鬼等衆、一切餓鬼等衆、一切惡鬼等衆、一切冤家債主、過去文武官僚衆、焰魔羅界諸鬼等。東南角和西北角置乳海，西南角和東北角置甘露。外層四方均立寫有漢譯真言的幡。

總的來看，圖式中諸像包括五如來、十王以及神王龍天人鬼衆：

五如來：甘露王如來、多寶身如來、妙色身如來、廣博身如來、離怖畏如來。

---

① 《天地冥陽水陸壇場式》，北京師範大學圖書館藏明刊本，第4頁a。

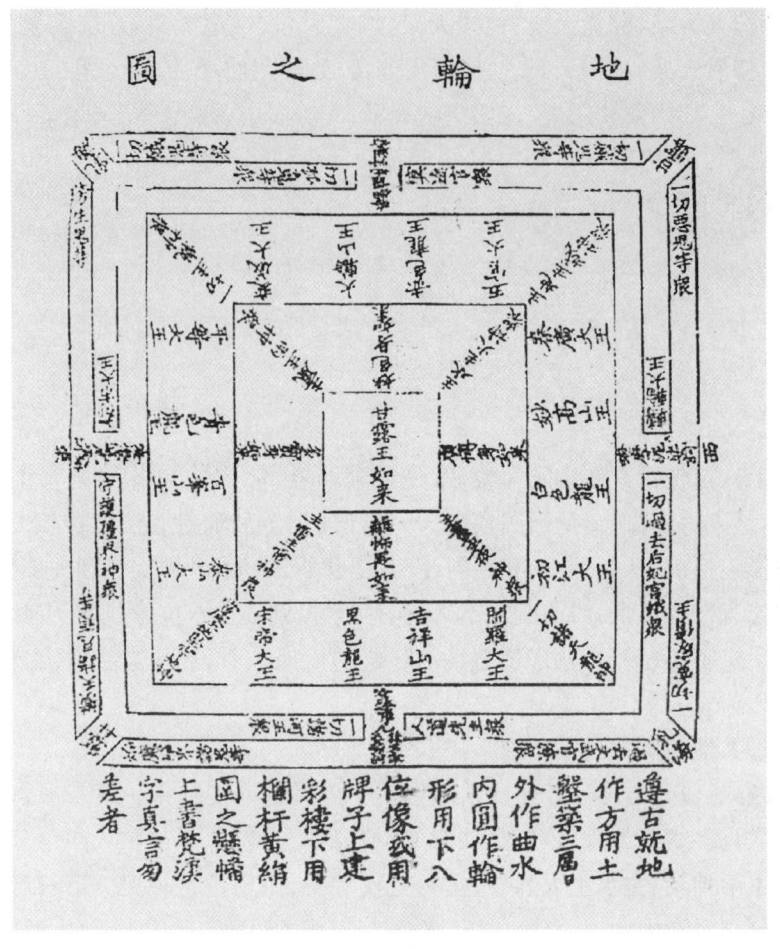

圖 5-4　地輪圖式

　　十王：泰山大王、平等大王、變成大王、五官大王、秦廣大王、初江大王、閻羅大王、宋帝大王、都市大王、轉輪大王。

　　神王龍天人鬼眾：主風主雨神眾、主水主火神眾、主晝主夜神眾、主雷主電神眾、一切主執神眾、百峰山王、大輪山王、妙高山王、吉祥山王、諸天龍神眾、青色龍王、赤色龍王、白色龍王、黑色龍王、一切諸天龍神、一切諸河王眾、守護疆界神眾、人道先主眾、一切過去后妃宮娥眾、過去文武官僚眾、主地主城神眾、當處土地堅牢地神、冥途官眾、橫夭諸鬼類等、一切冤家債主、焰魔羅界諸鬼等、一切孤魂等眾、傍生鬼等、一切餓鬼等眾、一切惡鬼等眾。

　　圖式下的說明文字作：

　　　　遵古就地作方，用土擊築，三層。外作曲水，內圓，作輪形，用下八位像，或用牌子。上建彩樓，下用欄杆，黃絹圍之。懸幡，上書梵漢字真言。勿差者。①

　　將圖式與說明文字比較,可看出二者有兩點不同:首先是圖式的形態與說明文字不符。一是說明文字要求作方三層,內圓,作輪形,但圖式中未見圓輪形。二是說明文字要求"用下八位像",圖式中的神王龍天人鬼衆有部分下八位像,但與官僚吏從衆、三界諸天衆、阿修羅道衆、人道衆、餓鬼道衆、畜生道衆、地獄道衆、六道外者衆等下八位聖凡不能完全對應。其次是安像不同。圖式中的五如來、十王,不見於說明文字。這兩點不同,表明地輪圖式與說明文字不符,說明文字不是出自宗賾之手,當係沿襲了楊鍔《水陸儀》舊文。

（4）蓮池圖式（圖5-5）

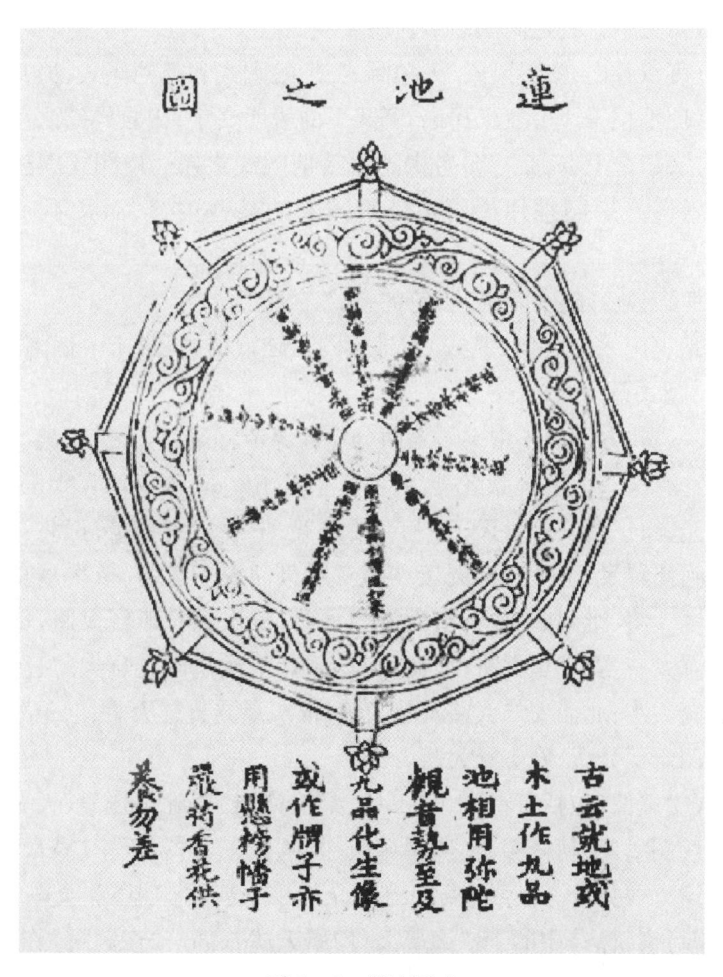

圖5-5　蓮池圖式

① 《天地冥陽水陸壇場式》,北京師範大學圖書館藏明刊本,第4頁b。

圖式作兩重圓。第一重圓空，第二重圓從東開始依次爲東方香林刹精進、上方欲林刹志誠、東南方金林刹精進、南方藥林刹精進如來、西南方寶林刹喜精進、西方花林刹習精進、下方水晶刹淨命精進、西北方道林刹度精進、北方道林刹悲精進、東北方青蓮刹悲精進。外面用畫有卷雲紋的布圈圍，布圍用八根欄杆固定，欄杆頂部爲蓮狀。

　　圖式下的説明文字作：

　　　　古云就地或木土，作九品池相，用彌陀、觀音、勢至及九品化生像，或作牌子，亦用懸榜、幡子，嚴持香花供養。勿差。①

圖式與説明文字二者之間顯然不對應。

　　綜上可以看出，法界圖式、天輪圖式、地輪圖式和蓮池圖式，與其下面的説明文字均不相符。上文已指出，圖式下的説明文字，出自楊鍔之手。圖式既有出自宗賾之手者，亦有參考楊鍔水陸壇圖式之處。壇圖式與説明文字不相符，當即是宗賾採用楊鍔水陸壇圖式的某些内容，而又不完全吸納所致。

　　3. 與《天地冥陽水陸儀》不符的圖式

　　"天地冥陽水陸之壇式"或"天地冥陽水陸壇場式"最末一個圖式爲"藥師會壇"，圖式爲圖 5‑6：

　　圖式三層，方形。正中一層東西分立欲界帝釋衆、色界梵王衆。第二層正東安持國天王，上手緊捺洛衆，下手莫呼洛伽衆；正南安增長天王，上手天衆，下手龍衆；正西安廣目天王，上手藥叉衆，下手彦闥嚩衆；正北安多聞天王，上手阿修羅衆，下手迦樓羅衆。第三層東面安三大將，依次爲真達羅大將、招杜羅大將、毗羯羅大將；南面安四大將，依次爲宮毗羅大將、伐折羅大將、迷企羅大將、安底羅大將；西面安三大將，依次爲因達羅大將、珊底羅大將、頞你羅大將；北面安二大將及藥叉等，依次爲波夷羅大將、七千藥叉眷屬衆、八萬四千藥叉衆、摩虎羅大將。

　　圖式中諸像，包括帝釋衆、梵王衆、緊捺洛衆、莫呼洛伽衆、天衆、龍衆、藥叉衆、彦闥嚩衆、阿修羅衆、迦樓羅衆、持國天王、增長天王、廣目天王、多聞天王，還有並見於玄奘譯《藥師琉璃光如來本願功德經》和金剛智譯《藥師如來觀行儀軌法》中的十二大藥叉，均屬天龍八部。"彦闥嚩"作爲天名，

---

① 《天地冥陽水陸壇場式》，北京師範大學圖書館藏明刊本，第 5 頁 b。

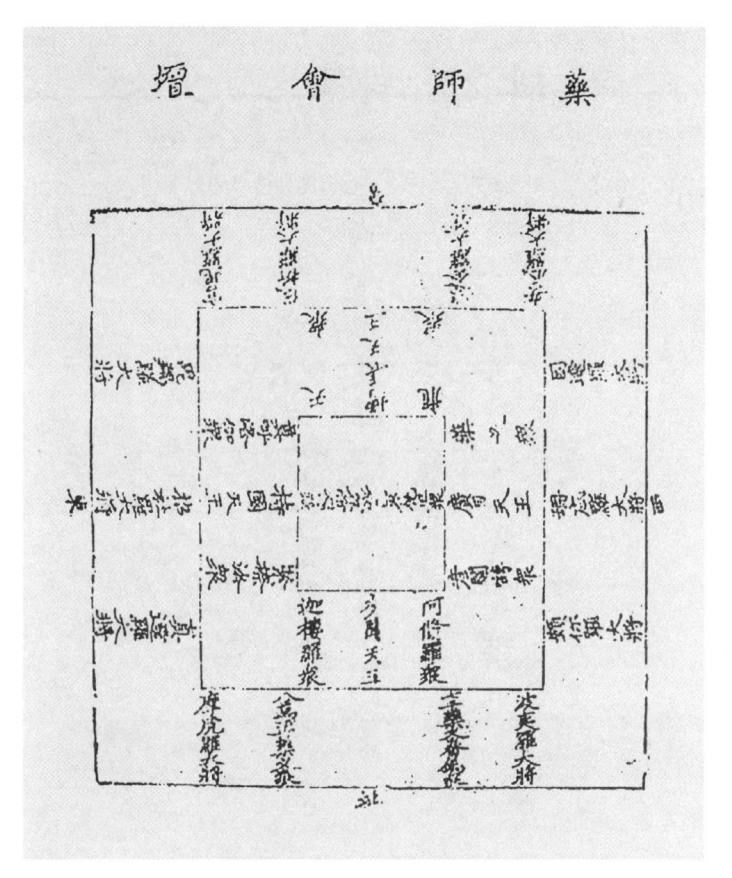

圖 5-6　藥師會壇圖式

僅見於宋法天譯《佛説大乘聖無量壽決定光明王如來陀羅尼經》①，此經譯於宋太祖開寶六年(973)，説明此圖式當出現於是年之後。

宗賾《天地冥陽水陸儀》中，並無與藥師及其十二藥叉大將有關的儀式程序，説明見於"天地冥陽水陸之壇式"或"天地冥陽水陸壇場式"的"藥師會壇"，並不屬於《天地冥陽水陸儀》的壇場圖式。那麼它爲什麼會出現在"天地冥陽水陸之壇式"或"天地冥陽水陸壇場式"中呢？

與"藥師會壇"刻在同一塊版，並印在同一紙上的"淨土三聖往生圖壇"，可以回答這個問題。該圖式爲圖 5-7：

圖式爲二層圓。正中爲阿彌陀佛、觀世音菩薩和大勢至菩薩。第二層爲九朵蓮花，蓮花與蓮花之間又間隔以其他形狀各不相同的幡、花等。九朵蓮中，三朵上坐一有背光的小像。圓外標有東、南、西、北四方方位。圖式正

---

① 《大正藏》第 19 册，第 86 頁下。

图 5-7　淨土三聖往生圖壇式

上方刻有"淨土三聖往生圖壇"，正下方有"或名蓮池"四字。

上面已經討論過的蓮池圖式（"蓮池之圖"），與該圖式下文字完全不相符。不過，用上面引錄的蓮池圖式下那段文字，來對照"淨土三聖往生圖壇"這個圖式，即可看出二者完全相符：圖式內容恰爲"彌陀、觀音、勢至及九品化生像"，九朵蓮代表九品化生像。蓮花之間各不相同的物什，正是"懸榜、幡子"和香花等。説明"淨土三聖往生圖壇"確實就是蓮池圖。由於"古云"的説明文字不是出自宗蹟之手，而是指楊鍔的水陸壇圖，表明這個"淨土三聖往生圖壇"，即楊鍔的水陸壇圖之一。同理，與此壇圖刻在同一塊版，並印在同一紙上的"藥師會壇"，亦爲楊鍔的水陸壇圖之一。由於楊鍔《水陸儀》未全部爲宗蹟所採用，故在《天地冥陽水陸儀》中，找不到與楊鍔《水陸儀》相配合的"藥師會壇"的儀文。

總之，通過比照"天地冥陽水陸之壇式"（"天地冥陽水陸壇場式"）中壇圖式及其説明文字，可以看出其中保存有楊鍔水陸壇圖的説明文字和兩張圖式。

（九）十大明王

宗曉《水陸緣起》說"詳夫水陸會者，上則供養法界諸佛、諸位菩薩、緣覺、聲聞、明王、八部、婆羅門仙"①，表明明王是水陸法會供養的重要聖神之一。但水陸法會所供奉明王有八大明王和十大明王之別。上文提到的《廣施無遮道場儀》和下文要討論的《水陸齋儀》中的明王，都是八大明王。楊鍔《水陸儀》中的明王是八大明王還是十大明王，此前未見詳細說明。

上引壇圖式"法界之圖"內的說明文字，提到十大明王。"法界之圖"內，從東向西順時針方向依次列有大威德不動尊明王、大威德焰髮德迦明王、大威德大笑明王、大威德無能勝明王、大威德步擲明王、大威德馬首明王、大威德大輪明王、大威德大力明王、大威德軍吒利明王、大威德降三世明王。由於"法界之圖"附"古作壇之法"的說明，而"古作壇之法"如上所說，當出自楊鍔《水陸儀》，故推知楊鍔《水陸儀》所供養的明王，爲十大明王。

綜上可知，楊鍔《水陸儀》是宋代最早撰成的水陸儀。此前由於資料欠缺，有關該儀的研究一直未見展開。根據唐末五代水陸儀及宋代遺存至今的相關材料，可以發現該水陸儀繼承了唐末五代水陸儀中天輪、地輪、天輪燈壇、地輪燈壇等內容，在其他內容方面則直接影響了稍後出現的宗曉《天地冥陽水陸儀》、祖覺《水陸齋儀》、張興運等《眉山水陸》。綜合這些材料，目前仍能對其中水陸靈迹、水陸儀名、水陸齋題、建齋發心、設上下八位、教誡儀文、天輪與地輪燈壇儀、古水陸壇圖和十大明王等方面有一定的認識。

五、小結

本節以水陸法會儀式文本爲中心，結合歷史文獻資料，主要探討了以下三個方面的內容：

一是梁武帝和英禪師與水陸法會的關係。水陸法會即無遮大會。《東都發願文》爲梁武帝舉行無遮會的齋意文，韋述《兩京新記》、劉餗《隋唐嘉話》等書對英禪師事迹的記述，證明了歷史文獻中梁武帝首創水陸儀和英禪師舉行薦亡施食齋等記載，都是可以信從的歷史事實。宋人對他們與水陸法會的相關記載，並非空穴來風。水陸法會並非始於唐代冥道無遮大齋出現之後。

二是唐末五代的幾種水陸儀。指出在宋代楊鍔之前，除梁武帝水陸儀外，《壇法儀則》《一行大師十世界地輪燈法》《廣施無遮道場儀》《無遮燈食法會儀》等也是水陸道場儀。這些材料或見於敦煌遺書，或保存在大理鳳儀

---

① 宗曉：《施食通覽》，《卍續藏》第57冊，第114頁中。

北湯天佛經中,都屬於藏外佛教文獻,是水陸法會研究的新資料。唐末五代水陸儀最大的特點:一、將水陸與無遮相提並論,作"水陸無遮"或"無遮水陸",並出現了"水陸道場"等詞;二、設密壇,傳佛戒,顯教與密教相結合,形成具有中國特色的顯密融合的水陸法事儀軌;三、所請包羅十方三界,不同界趣神祇越來越具體,道場法像成爲辨識不同水陸法會的重要標誌;四、齋僧在儀式程序中日趨淡化,薦亡施食和爲亡魂授戒日漸成爲水陸法會的重要内容,甚至被視爲水陸法會的主體;同時作爲水陸法會核心程序的,還有受菩提心戒或幽冥戒等儀式程序。宋代水陸儀的名稱、大部分儀式程序和程序主要内容,在唐末五代水陸儀中大都可以找到相對應的内容,甚至可能就是直接來源於唐末五代的水陸儀,證明了宋代水陸儀與唐末五代水陸儀之間有密切關係。水陸法會的形成與《六道慈懺》(即《梁皇懺》)沒有直接關係。從可考水陸儀來看,水陸法會的形成沒有受《六道慈懺》影響的痕迹。

　　三是宋代最早出現的楊鍔《水陸儀》。此前受資料限制,有關楊鍔《水陸儀》的情況不是太清楚。在新見《天地冥陽水陸儀》《眉山水陸》和《水陸齋儀》等藏外資料的幫助下,對楊鍔《水陸儀》的研究有了顯著的突破,首先就是鈎稽出了楊鍔《水陸儀》中最早出現的水陸齋題等内容,既指出楊鍔《水陸儀》繼承了唐末五代水陸儀的天輪、地輪、天輪燈壇、地輪燈壇等内容,又尋繹出楊鍔《水陸儀》影響後世水陸法會儀的軌迹。讓我們知道在楊鍔之後出現的其他水陸儀,基本上都未跳出楊鍔《水陸儀》的格局和建構。這就幫助我們在研究和介紹水陸法會時,所用資料不再僅僅局限於南宋宗曉《施食通覽》、清代儀潤彙刊和民國法裕等人編次並刊刻的《水陸儀軌會本》,對水陸法會的實際內容亦會有更深的了解。

第三節　水陸法會的實踐

　　在上面兩節的基礎上,弄清水陸法會的實際應用,將有助於對相關資料的理解,進一步加深對水陸法會的認識。本節從"水陸法會辨識""水陸法會與瑜伽焰口的關係"和"水陸法會的配置"三個方面來加以展開。

一、水陸法會辨識

（一）關於水陸法會的界定

1. 水陸法會有不同名稱

有學者稱水陸法會全名"法界聖凡水陸普度大齋勝會"。在祩宏重訂

《水陸儀軌》卷一，有"今當爲說法界聖凡水陸普度大齋勝會，以此定名"①、"具位姓名今月十五日，恭就某處開建法界聖凡水陸普度大齋勝會"等文字，在真寂《水陸儀軌會本》卷一有"今當爲說法界聖凡水陸普度大齋勝會，以此定名"②，卷四有"啓建法界聖凡水陸普度大齋勝會"③、"修建法界聖凡水陸普度大齋勝會"④的文字，說明稱水陸法會全名爲"法界聖凡水陸普度大齋勝會"，並非没有依據。

不過，如上節所述，水陸儀既有不同的齋題，也有不同的名稱。"法界聖凡水陸普度大齋勝會"這一稱名，僅見於根據《水陸儀軌》或《水陸儀軌會本》舉行的水陸會，故亦僅適用於這類水陸法會。根據《天地冥陽水陸儀》或《眉山水陸》《水陸齋儀》等儀式文本舉行的水陸法會，並不使用這一稱名。因此，稱水陸法會爲"法界聖凡水陸普度大齋勝會"，僅限於使用《水陸儀軌》或《水陸儀軌會本》作爲儀式文本的水陸法會。

2. 水陸法會不僅只是七晝夜道場

有學者稱，水陸法會爲七晝夜道場。這一說法並非無據。水陸儀中，《水陸儀軌會本》卷四稱，梁武帝創水陸儀，舉行"七晝夜道場"⑤，又多處稱"水陸七日佛事"⑥、"水陸佛事七日"⑦、"啓建水陸道場七日"⑧、"水陸七日"⑨；咫觀《法界聖凡水陸大齋普利道場性相通論》則以七日爲期安排法事程序，稱"修建法界聖凡水陸大齋普利道場，七日圓滿"⑩、"修建水陸道場，七日圓滿"⑪。史志資料中，南宋紹興元年（1132），"金國迎請栴檀瑞像到燕京，建水陸會七晝夜，安奉於閔忠寺供養"⑫。元成宗大德六年（1302）"命僧設水陸大會七晝夜"⑬。延祐元年（1315）二月在金山寺"修大齋會一七晝

---

① 《續藏經》第 74 册，第 787 頁中、788 頁下。
② 《水陸儀軌會本》卷一，第 55 頁。
③ 《水陸儀軌會本》卷四，第 44、93 頁。
④ 《水陸儀軌會本》卷四，第 54、58、60、63、66、68、70、72、74、77、81—82、84、87 頁。
⑤ 《水陸儀軌會本》卷四，第 1 頁。
⑥ 《水陸儀軌會本》卷四，第 7 頁。
⑦ 《水陸儀軌會本》卷四，第 9 頁。
⑧ 《水陸儀軌會本》卷四，第 16 頁。
⑨ 《水陸儀軌會本》卷四，第 36、37 頁。
⑩ 咫觀：《法界聖凡水陸大齋普利道場性相通論》卷八，《續藏經》第 74 册，第 862 頁中、863 頁上、863 頁中。
⑪ 咫觀：《法界聖凡水陸大齋普利道場性相通論》卷八，《續藏經》第 74 册，第 862 頁下。
⑫ 念常：《佛祖歷代通載》卷二十，《大正藏》第 49 册，第 685 頁中。
⑬ 《古今圖書集成·釋教部彙考》卷五，《續藏經》第 77 册，第 45 頁中。

夜";次年八月,"如元年例,仍建水陸大會"①。應深《復建水陸大會碑》亦稱"如延祐元年例,嚴備淨儀,入金山古壇,建水陸大會一七日"②。元英宗至治三年(1323)勅全國數座大寺"作水陸佛事七晝夜"③;明德清三十六歲時,"開啓水陸佛事七晝夜"④。這些材料,均説明不少水陸法會的時間是七天。

不過,水陸法會並不僅限定爲七晝夜。理由有三:

首先,水陸法會爲佛教齋供儀式,時間變化不定。上兩節的相關考察表明,從歷史源流來看,水陸法會源自佛教無遮大會,屬於佛教齋供儀式(關於這一點下文還會進一步論證)。齋供儀式的最大特點是形態多樣,富於變化,這一特點同樣保存在水陸法會中,説明水陸法會存在各種變式。以七天爲期的水陸法會,只是水陸法會的一種形式,而不是固定或唯一模式。

其次,小説中所記水陸法會,時間有長有短,不僅以七天爲限。小説《水滸傳》第一百一十六回記宋江"去淨慈寺修設水陸道場七晝夜,判施斛食,濟拔沉冥,超度衆將",爲七天水陸法會。但小説中所記水陸道場,既有一天的水陸道場,有三天的水陸道場,還有四十九天的水陸道場。《金瓶梅》三次提到水陸法會,但均爲一日會。如第八回西門慶與王婆、潘金蓮"約定八月初六日,是武大百日,請僧燒靈。初八日晚,娶婦人家去";"王婆報恩寺請了六個僧,在家做水陸,超度武大,晚夕除靈"。第九回記"西門慶與潘金蓮燒了武大靈,到次日,又安排一席酒,請王婆作辭,就把迎兒交付與王婆看養";"到次日初八,一頂轎子,四個燈籠,婦人换了一身艷色衣服,王婆送親,玳安跟轎,把婦人抬到家中來"。可確知爲武大舉行的水陸會,就是一日水陸法會。另外,小説《初刻拍案驚奇》卷二十七、《剪燈餘話》卷一、卷四記的是三晝夜水陸道場。《西遊記》第十一回、《紅樓夢》第十三回和第一百零一回提到的,則是四十九天水陸道場。

第三,在水陸法會儀軌中,以七日爲期安排法事程序的,只有清代的水陸儀。從目前來看,明確以七天爲期安排法會程序的,僅見於《水陸儀軌會本》和咫觀《法界聖凡水陸大齋普利道場性相通論》。明抄本《諸齋謹意》中保存的水陸梁皇、水陸報恩、水陸梁皇報恩、水陸等數種法會意文,詳細記述

---

① 釋應深:《建水陸大會碑》,載釋行海撰:《金山龍游寺志略》卷一,收入白化文等主編:《中國佛寺志叢刊》第49册,揚州:廣陵書社,2006年,第225頁。
② 釋應深:《復建水陸大會碑》,載釋行海撰:《金山龍游寺志略》卷一,收入白化文等主編:《中國佛寺志叢刊》第49册,第226頁。
③ 《古今圖書集成·釋教部彙考》卷五,《續藏經》第77册,第48頁下。
④ 通炯等:《憨山老人夢遊集》卷五十三,《續藏經》第73册,第837頁中。

根據《水陸齋儀》舉行的四種水陸法會的時間安排、壇場佈置和使用的科儀等①，其會期都只是三天。

總之，與其他齋供儀式一樣，水陸法會的會期並不確定。儘管不少水陸法會爲七日會，清代《水陸儀軌會本》和《法界聖凡水陸大齋普利道場性相通論》等水陸儀亦按七天來安排儀式程序，但總的來説，水陸法會往往也有一天、三天、五天甚至四十九天爲期的，法會期限並不固定。

3. 明清時期水陸法會纔分内壇和外壇

不少學者介紹水陸法會時，往往稱水陸法會分爲外壇和内壇，並分别對外壇和内壇的法會程序進行説明。這一説法有其道理，因爲至晚在明代，已經有水陸法會有内、外壇的説法出現。智旭撰《水陸大齋疏》在介紹袾宏重訂的《水陸儀軌》時説：

> 每設供，結界密護，除主壇一人，表白二人，齋主一人，香燈五人外，餘人例於幙外瞻禮，不得入内壇。壇内人出入，必皆易衣澡浴，所以得名如法供養。不似諸方濫張聖像，任男女襍沓遊觀，致使飲酒食肉，吞煙啖蒜之人，皆得熏蕆尊儀也。②

按智旭的説法，根據袾宏重訂《水陸儀軌》舉行法事時，只有主壇、表白、齋主和侍奉香燈的九個人可以入内壇。由於"内"是與"外"相對的詞，有内必有外，所以雖然智旭只述及内壇，未提到外壇，但按照智旭的意思，水陸法會分爲内壇和外壇，只是内、外壇的詳細情況他未進一步論及。

智旭之後，明確根據内、外壇來佈置水陸道場的，是清代的《水陸儀軌會本》。法裕《水陸大意綸貫》説：

> 將爲啓建勝會，先當資其法力，故首之以外壇誦經；道場開啓，衆聖將臨，當須内外淨潔，行止有禁，故次之以内壇結界。③

將水陸法會明確分爲外壇和内壇，並指出外壇以誦經爲主，而内壇則包括結界法事。《水陸儀軌會本》卷四中，"水陸内壇上下堂位次圖"，"堂司門""鋪設門""經懺門""香燈門""齋供門""供事門"内多次提到"水陸内壇""内

---

① 録文見侯冲：《雲南阿吒力教經典研究》，第289—305頁。
② 智旭：《靈峰宗論》卷七，見《蕅益大師全集》第18册，第11383頁。並見藍吉富主編：《大藏經補編》第23册，第749頁。
③ 《水陸儀軌會本》卷一，第8頁。

壇"等說法，同卷"經懺門""齋供門""供事門"還提到"外壇佛事""外壇""內外壇"等，除明確將水陸法會分爲外壇和內壇外，還對內壇、外壇的具體佈置、法事進程等作了詳細説明。稍後的咫觀《法界聖凡水陸大齋普利道場性相通論》，也同樣將水陸法會分爲内、外壇。

但是，在《水陸儀軌會本》稍前，袾宏重訂的《水陸儀軌》中，可以看到"壇場""戒壇""壇塔""靈壇"等詞，並無内壇、外壇之説。而在更早的水陸儀中，《壇法儀則》有水陸燈壇、天輪燈壇、地輪燈壇等多種壇法儀則，楊鍔《水陸儀》、《天地冥陽水陸儀》、《眉山水陸》有天輪燈壇、地輪燈壇等壇，《水陸齋儀》有第一壇、第二壇之分，也提到壇内壇外，但均没有水陸壇設内壇、外壇之説。説明在明清以前的水陸法會，未將水陸法會分爲内壇和外壇。

（二）水陸法會即應赴之齋供儀式

1. 應赴舉行水陸法會

清《省庵法師語録》卷上有"應赴説"，其文稱：

> 或問曰：應赴之説，始於何時？余曰：古未之聞也。昔白起爲秦將，坑長平降卒四十萬，死入地獄。至梁武帝時，致夢於帝，乞所以濟拔之方。帝覺而謀諸誌公，公曰：聞大藏中有《水陸儀文》一卷，如法行持，可以濟拔。於是集天下高僧建水陸道場七晝夜，一時名僧咸赴其請。應赴之説，蓋自此始。①

蘇曼殊《斷鴻零雁記》第二十三章亦説：

> 應赴之説，古未之聞。昔白起爲秦將，坑長平降卒四十萬。至梁武帝時，志公智者，提斯悲慘之事，用警獨夫好殺之心，並示所以濟拔之方。武帝遂集天下高僧，建水陸道場七晝夜，一時名僧，咸赴其請。應赴之法，自此始。②

應赴即赴應施主之請。從義淨《南海寄歸内法傳》對齋僧的介紹可知，應赴即赴請，即齋僧。這兩條材料稱，從梁武帝開始，僧人赴請時爲滿足施主願望舉行的宗教活動，是水陸法會。這表明，僧人應赴時舉行的齋供儀式，都可以稱爲水陸法會。

---

① 《續藏經》第 62 册，第 245 頁下。
② 《國學備要》本。

2. 水陸法會是齋供儀式的異名

本書第二章第二節根據《南海寄歸內法傳》相關記載指出,"齋僧"有不同的叫法,"受齋供""受齋赴請""赴請""受供""赴供""受齋"等,都是"齋僧"的同義詞,"齋僧""受齋""赴請""應赴"異文同義。本章第一節又指出,無遮大會是設齋施僧的大型齋供法會,在唐代以後稱爲水陸法會。上引兩條材料稱僧人應赴是修建水陸道場,與本書上面的論述相符。此外,咫觀《法界聖凡水陸大齋普利道場性相通論》卷一說:"水陸道場,本是齋法。"①《水陸儀軌會本》卷四"齋供門"也說,"水陸佛事以齋供果品爲正,故稱大齋","餚饌具備,方成齋式"②。均說明水陸法會就是齋供儀式的異名。

3. 水陸法會可以滿足施主多種願望

本書《導論》指出,齋僧是僧人接受信衆之邀,應赴施主齋食,通過講經、施食、行嚫前後的咒願,滿足施主各種各樣的需要。舉行水陸法會,可以滿足施主多種多樣的願望。如上文《無遮燈食法會儀》中有關齋意的文字,表明僧人舉行同一種儀式,既可以有不同的施主,又可以達成不同的齋意。又明釋如德輯《雅俗通用釋門疏式》,目錄中卷二"修設天地冥陽水陸意",卷三"上元水陸保安疏""結訟建水陸疏""鹽鋪建水陸謝天地疏""入新屋住禮懺建水陸齋""父病建水陸疏""母病後還水陸願疏""夫病愈還水陸疏""妻病愈還水陸疏",卷四"薦父三七水陸""薦父四七水陸""薦母首七水陸誦經通用","薦母三七建水陸",卷七"薦陣亡水陸疏",卷八"水陸道場結界榜"等,卷十"女病還水陸"③,都屬於舉行水陸法會時配合儀文使用的道場文書。從《雅俗通用釋門疏式》正文內容還可看出,卷一"畫像開光"④,卷二"啓閱四大部經意""蘭盆意""安禪解制意",同樣是通過舉行水陸法會達成⑤。足證水陸法會,適用於各種不同的情況,是滿足施主各種意願的應赴齋供儀式。在僧人爲滿足施主不同願望而舉行宗教活動這一意義上,齋供儀式就是水陸法會;所有的齋供儀式,都可稱爲水陸法會。

綜上所述,水陸法會是僧人赴應施主之請,爲滿足施主各種願望舉行的

---

① 咫觀:《法界聖凡水陸大齋普利道場性相通論》卷一,《續藏經》第74冊,第827頁上。
② 《水陸儀軌會本》卷四,第33頁。
③ 美國哈佛大學哈佛燕京圖書館編:《美國哈佛大學哈佛燕京圖書館藏中文善本彙刊》第33冊,第243—248頁。
④ 美國哈佛大學哈佛燕京圖書館編:《美國哈佛大學哈佛燕京圖書館藏中文善本彙刊》第33冊,第257頁。
⑤ 美國哈佛大學哈佛燕京圖書館編:《美國哈佛大學哈佛燕京圖書館藏中文善本彙刊》第33冊,第264—268頁。

宗教活動,是應赴齋供儀式。在某種程度上,梁代以後,齋供儀式就是水陸法會,水陸法會就是齋供儀式的異名。

二、水陸法會與瑜伽焰口的關係

(一) 研究現狀

在介紹佛教儀軌或佛教儀式時,水陸法會往往被與瑜伽焰口相提並論。如中國佛教協會編《中國佛教》(二)所收《中國佛教儀軌制度》,水陸法會與焰口是單獨的詞條。周叔迦先生亦以水陸法會和瑜伽焰口作爲漢傳佛教最重要的兩種佛事。他説:

> 在寺院中所舉行的佛事,要以水陸法會爲最盛大,以焰口施食爲最經常。①

還有學者認爲,水陸法會爲焰口施食的形式之一。如牧田諦亮先生説:

> 水陸法會原本屬於放焰口的一種儀軌,所以單純地只論述水陸法會,難免本末顛倒之譏。本文則擬將它作爲探討放焰口法要的變遷系統的一個過程,考察它的形成……②

周叔迦先生和牧田諦亮先生對水陸法會的研究,以及他們對水陸法會與瑜伽焰口關係的認識,自一發表即得到學界的推崇和認可,至今仍然較爲流行。目前有關水陸法會和瑜伽焰口的介紹和説明,基本上都沒有超出他們二人的觀點。

(二) 瑜伽焰口的經典依據

周叔迦先生指出,瑜伽焰口"係根據《救拔焰口餓鬼陀羅尼經》而舉行的一種佛事儀式"③。《救拔焰口餓鬼陀羅尼經》爲唐代密教僧人不空所譯。在不空之前,唐武后時實叉難陀已譯有《救拔焰口餓鬼陀羅尼經》一經。此經與《救拔焰口餓鬼陀羅尼經》同本,焰口爲面然的異譯。經中説:

> 佛在迦毗羅城尼具律那僧伽藍,爲諸比丘並諸菩薩説法。爾時阿

---

① 周叔迦:《法苑談叢》,《周叔迦佛學論著全集》,第 1029 頁。
② 牧田諦亮:《水陸法會小考》,楊曾文、方廣錩編:《佛教與歷史文化》,第 344—345 頁。
③ 周叔迦:《法苑談叢》,《周叔迦佛學論著全集》,第 1031 頁;《焰口》,見中國佛教協會編:《中國佛教》(二),第 397 頁。

難獨居閒靜處習定,至夜三更,有一餓鬼,名曰焰口,於阿難前説:"卻後三日汝命將盡,生餓鬼中。"阿難心大惶怖,疾至佛所,陳説此事,並乞示教。時佛爲説無量威德自在光明殊勝妙力陀羅尼,謂誦之即能免餓鬼苦,福壽增長。修此法時,於一切時,取一淨器,盛以淨水,置少飯麨及諸餅食等,右手按器,誦陀羅尼七遍,然後稱多寶、妙色身、廣博身、離怖畏四如來名號,取於食器,瀉淨地上,以作布施。若施婆羅門仙,即誦此陀羅尼二七遍,投於淨流水中。若誦三七遍,奉獻三寶,則成上味奉獻供養。①

不過,實叉難陀和不空的譯經,都被稱爲是顯教經典②。所以除《救拔焰口餓鬼陀羅尼經》外,不空還譯出《瑜伽集要救阿難陀羅尼焰口軌儀經》(《瑜伽集要救阿難陀羅尼焰口儀軌經》)、《瑜伽集要焰口施食起教阿難陀緣由》《施諸餓鬼飲食及水法》等密教經典。

不空所譯經與瑜伽焰口關係最大的,無疑是《瑜伽集要救阿難陀羅尼焰口軌儀經》。此經字數爲《救拔焰口餓鬼陀羅尼經》的三倍多,除阿難與面然對話並向佛詢問的情節相同外,還增加了《救拔焰口餓鬼陀羅尼經》所没有的內容,即由"學發無上大菩提心,受三昧戒,入大曼拏羅得灌頂"、"受大毗盧遮那如來五智灌頂,紹阿闍梨位"的阿闍梨施餓鬼食的儀軌。主要包括以下幾個方面的内容:

1. 阿闍梨結壇安聖,如法莊嚴;圓壇内安置佛頂、大悲、隨求、尊勝四菩薩。佛頂菩薩在東北,大悲菩薩在東南,隨求菩薩在西南,尊勝菩薩在西北。

2. 阿闍梨安三昧耶壇,作爲弟子及鬼神受戒之壇。

3. 阿闍梨啓請供養諸聖。三度啓告十方一切諸佛、般若、菩薩、金剛天等諸業道無量聖賢,以香華燈塗種種法事供養。

4. 阿闍梨對聖發露懺悔。

5. 阿闍梨作法救拔餓鬼,賑濟施食。賑濟儀式具體又包括以下程序:(1)破地獄;(2)召請餓鬼;(3)讚嘆慰喻餓鬼,令歡喜並渴仰於佛法;(4)召餓鬼罪;(5)摧餓鬼罪;(6)定餓鬼業;(7)爲餓鬼懺悔滅罪;(8)施餓鬼甘露,讓"一切餓鬼異類鬼神普得清涼,猛火息滅,身田潤澤,離飢渴想"③;(9)開餓鬼咽喉;(10)稱念七如來名號,讓餓鬼"永離三塗八難之

---

① 周叔迦:《焰口》,中國佛教協會編:《中國佛教》(二),第397頁。
② 如清人寂暹即指出:"一經二譯,俱唯有變食真言,此經自屬顯教。"《續藏經》第59册,第324頁下。
③ 《大正藏》第21册,第470頁下。

苦,常爲如來真淨弟子"①;(11)爲餓鬼歸命三寶;(12)爲餓鬼發菩提心;(13)爲餓鬼授三昧耶戒,助餓鬼"入如來位,是真佛子,從法化生,得佛法分"②;(14)結無量威德自在光明如來印,誦施食真言,想於印中流出甘露成於乳海,流注法界,普濟一切有情,令其充足飽滿。"淨食分爲三分,一施水族,令獲人空;二施毛群,令獲法寂;三施他方,禀識陶形。悉令充足,獲無生忍。"③

與齋僧後以施食迴施先亡鬼趣相比較,可以看出《救拔焰口餓鬼陀羅尼經》中施餓鬼的程序,即"比丘、比丘尼、優婆塞、優婆夷,常以此(無量威德自在光明殊勝妙力)密言及四如來名號,加持食施鬼"④,是新增加的內容。但這一程序並非後世舉行瑜伽焰口儀式的依據。從內容來看,《瑜伽集要救阿難陀羅尼焰口軌儀經》較《救拔焰口餓鬼陀羅尼經》多出的部分,即瑜伽焰口施食儀,爲密教救拔餓鬼的完整儀軌,在唐代以降水陸儀和瑜伽焰口集要施食儀中,都有大致相同的程序。這説明瑜伽焰口儀式實際上是根據《瑜伽集要救阿難陀羅尼焰口軌儀經》而舉行的一種佛事儀式。唐代以降水陸儀中施餓鬼食的儀式,亦是根據《瑜伽集要救阿難陀羅尼焰口軌儀經》編撰而成的。《救拔焰口餓鬼陀羅尼經》與瑜伽焰口的關係,並不如以前認爲的那樣密切。

(三)水陸法會與瑜伽焰口的關係

水陸法會與瑜伽焰口不僅有相近的目的,亦有相近的功能。從目的來説,瑜伽焰口以津濟餓鬼和冥道衆生爲目的,水陸法會以拔濟受苦六道四生爲目的,二者有相近之處。從功能來看,佛教齋僧即齋供儀式本身即具有津濟水陸亡靈的作用,每一種大型齋供捨施法會,都包括津濟六道四生的儀式程序,不包括津濟法事的齋供儀式是不存在的。在這個意義上,水陸法會就是舉行津濟的齋供儀式。而瑜伽焰口的功能,則是津度餓鬼。這説明二者有相近的功能。

雖然從表面上看,水陸法會與瑜伽焰口是相互獨立的兩種法事。但是,從其具體實施程序和內容來看,瑜伽焰口從屬於水陸法會。

1. 瑜伽焰口從屬於水陸法會

從功能和儀式程序來看,瑜伽焰口從屬於水陸法會。主要表現在:

(1)瑜伽焰口的功能没有水陸法會多

水陸法會與瑜伽焰口都津濟六道受苦四生,表明二者有共同的功能。

---

① 《大正藏》第 21 册,第 470 頁下。
② 《大正藏》第 21 册,第 471 頁中。
③ 《大正藏》第 21 册,第 471 頁下。
④ 《大正藏》第 21 册,第 465 頁中。

但水陸法會還具有護國、除魔、袪病等種種功能,這是瑜伽焰口所沒有的。因此,從功能上來説,瑜伽焰口較水陸法會少。這決定了瑜伽焰口屬於水陸法會的一種儀軌,而不是相反。

(2) 瑜伽焰口只是水陸法會程序之一

唐五代以降,水陸法會儀往往與瑜伽焰口合一。在水陸法會儀式中,往往包括瑜伽焰口,但瑜伽焰口則不可能包括水陸法會。因此,不是水陸法會屬於放焰口的一種儀軌,而是放焰口屬於水陸法會的程序之一。

2. 從"假使熱鐵輪"偈看瑜伽焰口從屬於水陸法會

所謂"假使熱鐵輪"偈,是指出現在《瑜伽焰口施食儀》中的一個偈句。由於第一句爲"假使熱鐵輪",故本書以之爲其略稱。"假使熱鐵輪"偈有不同的內容。這些內容有助於我們理解瑜伽焰口與水陸法會之間的關係。上文已從瑜伽焰口與水陸法會功能與程序的差異,抽象地説明瑜伽焰口從屬於水陸法會,兹在介紹"假使偈"不同版本和源流的基礎上,考察《瑜伽焰口施食儀》中"假使熱鐵輪"的直接來源,從其具體內容來進一步論證這一論點。

(1) "假使熱鐵輪"偈的不同版本

①《報恩經》版。在《大方便佛報恩經》中,四次出現"假使熱鐵輪"偈。其中兩次的內容完全一樣,其文爲:

假使熱鐵輪,在我頂上旋。終不以此苦,退於無上道。①

爲方便稱謂,根據其最末一句,筆者曾稱此偈爲"退於無上道"偈②。

另外兩次出現在同一卷中,其文作:

假使熱鐵輪,在我頂上旋。終不爲此苦,而發於惡言。
假使熱鐵輪,在我頂上旋。終不爲此苦,毁聖及善人。③

《報恩經》版"假使熱鐵輪"偈中,"退於無上道"偈被《經律異相》《法苑珠林》等書多次轉引,但文略有異,最末一句或作"退無上道心"④,或作"退

---

① 《大正藏》第 3 册,第 129 頁下、135 頁上。
② 侯沖:《論大足寶頂爲佛教水陸道場》,氏著:《雲南與巴蜀佛教研究論稿》,第 296—297 頁。
③ 《大正藏》第 3 册,第 142 頁上。
④ 《大正藏》第 53 册,第 132 頁中。

於佛道"①。"假使熱鐵輪,在我頂上旋。終不爲此苦,而發於惡言"一偈亦被《法苑珠林》和《諸經要集》轉引,但"言"字被《諸經要集》引作"心"②。清代書玉科釋《沙彌律儀要略述義》引述了《報恩經》中同一卷内兩次出現的"假使熱鐵輪"偈,最末一句作"毀謗聖賢人"③。

②《水陸齋儀》版。在宋代大足寶頂山石刻銘文中,出現了兩個版本的"假使熱鐵輪"偈。一個即《報恩經》版"假使熱鐵輪"偈中的"退於無上道"偈,另一個作:

假使熱鐵輪,於我頂上旋。
終不以此苦,退失菩提心。

根據其最末一句,筆者稱此偈爲"退失菩提心"偈。雖然"退失菩提心"偈多次出現在寶頂山石刻銘文中,但這並不是此偈的最早出處。祖覺是寶頂山《唐柳本尊傳》碑的作者,又是《水陸齋儀》的作者,在《水陸齋儀》中,不僅有受菩提心戒儀式,而且還出現了"退失菩提心"偈,可以看出《水陸齋儀》當是"退失菩提心"偈的最早出處。

"退失菩提心"偈亦出現在明抄本《瑜伽焰口施食集壇》中,作"假使熱鐵輪,於我頂□□。終不以此苦,退失菩□□"。在毛牧居士作《西域毛牧淨土科儀》④和明抄本《瑜伽集要焰口施食》中,"退失菩提心"偈作"假使熱鐵輪,於我頂上旋。終不於此苦,退失菩提心",僅"以"作"於",與《水陸齋儀》僅差一字⑤。在明清時期著作中,這一偈句亦常被引用。如古德法師演義、慈帆智願定本《彌陀經疏鈔演義定本》兩次引作"假使熱鐵輪,在我頂上旋。終不以此苦,退失菩提心"⑥;祩宏補注《修設瑜伽集要施食壇儀》引作"假使熱鐵輪,在我頂上旋。終不爲此苦,退失菩提心"⑦;明傳燈重編並注《永嘉禪宗集注》卷上引作"假使熱鐵輪,於我頂上旋。終不爲此苦,退失菩提心"⑧。但從文字來說,僅元《天如惟則禪師語錄》和清雍正《御選語錄》引

---

① 周叔迦、蘇晉仁:《法苑珠林校注》,第1477頁。
② 《大正藏》第53册,第894頁中。
③ 《續藏經》第60册,第284頁上。
④ 又名《西域毛牧淨土大齋儀》,略稱《淨土科》《毛牧科》。
⑤ 侯沖:《雲南與巴蜀佛教研究論稿》,第298頁;《雲南阿吒力教經典研究》,第112、123頁。
⑥ 《續藏經》第22册,第744頁上、771頁上。
⑦ 《續藏經》第59册,第295頁中。
⑧ 《續藏經》第63册,第285頁中。

錄與《水陸齋儀》完全相同①。

③ 袾宏重訂版。在袾宏重訂《修設瑜伽集要施食壇儀》中,亦有"假使熱鐵輪"偈。其文作:

　　假使熱鐵輪,於汝頂上旋。終不爲此苦,退失菩提心。②

這一偈句與明傳燈重編並注《永嘉禪宗集注》所引僅差一字;與"退失菩提心"偈差二字。根據其内容,不妨稱之爲"於汝頂上旋"偈。

在清代法藏著《修習瑜伽集要施食壇儀》、寂暹纂《瑜伽燄口注集纂要儀軌》中,也出現了"於汝頂上旋"偈③。

④ 讀體版。在清僧讀體撰《傳戒正範》中,有一個"假使熱鐵輪"偈。其文作:

　　假使熱鐵輪,在於頂上旋。終不以此苦,退失所發願。④

此偈目前僅見於讀體此書,故暫名爲讀體版。

⑤ 德清版。在德清著《紫柏老人集》中,也有一個"假使熱鐵輪"偈。其文作:

　　假使熱鐵輪,在汝頂上旋。拼教燒箇死,亦是好因緣。⑤

此偈目前僅見於德清此書,故暫名爲德清版。

(2)從"假使熱鐵輪"偈看瑜伽焰口與水陸法會的關係

五個版本的"假使熱鐵輪"偈,《報恩經》版、讀體版和德清版,既與瑜伽焰口無關,亦與水陸法會無關。只有《水陸齋儀》版和袾宏重訂版與水陸法會儀和瑜伽焰口儀有關,而且都僅出現在受菩提心戒或三昧耶戒儀式中,因此,這裏只討論《水陸齋儀》版和袾宏重訂版與瑜伽焰口的關係。

由於《水陸齋儀》版"假使熱鐵輪"偈在南宋時期即出現在大足寶頂山石刻銘文中,故其年代最早。元明時期出現的相同或相近的《水陸齋儀》版

---

① 《續藏經》第70冊,第839頁下;第68冊,第745頁中。
② 《續藏經》第59冊,第266頁中。
③ 《續藏經》第59冊,第318頁下、343頁下。
④ 《續藏經》第60冊,第672頁下。
⑤ 《續藏經》第73冊,第324頁下。

"假使熱鐵輪"偈,即"退失菩提心"偈,都有可能出自祖覺重廣《水陸齋儀》。明抄本《瑜伽焰口施食集壇》和《瑜伽集要焰口施食》,其內容和程序大都出自祖覺重廣《水陸齋儀》,故其中"假使熱鐵輪"偈,可肯定即《水陸齋儀》版"退失菩提心"偈。由於瑜伽焰口和水陸法會是根據儀式文本來舉行的,故從《水陸齋儀》版"假使熱鐵輪"偈來看,瑜伽焰口出自水陸法會,而不是相反。

袾宏重訂《修設瑜伽集要施食壇儀》中的"假使熱鐵輪"偈,即"於汝頂上旋"偈,當與明抄本《瑜伽焰口施食集壇》和《瑜伽集要焰口施食》一樣,出自祖覺重廣《水陸齋儀》。因爲袾宏補注《修設瑜伽集要施食壇儀》時,雖然稱所引錄的"假使熱鐵輪,在我頂上旋。終不爲此苦,退失菩提心""出《報恩經》"①,《報恩經》當即《大方便佛報恩經》,但如上所說,這一偈句並非《報恩經》版而是《水陸齋儀》版"假使熱鐵輪"偈,說明雖然袾宏不知道這個偈句是《水陸齋儀》版,但他對這個偈句並不陌生,所以補注《修設瑜伽集要施食壇儀》時曾加以引用。

不過,也許是袾宏覺得這個偈句的意思不通順,即認爲這個偈句出現的背景是授菩提心戒,熱鐵輪應當在受戒者頭上而不是授戒者頭上,所以他在重訂《修設瑜伽集要施食壇儀》時,將"退失菩提心"偈改爲"於汝頂上旋"偈。此後,他重訂時的這一改動被其他僧侶接受,所以出現在清人編纂的瑜伽焰口儀中。

所以,袾宏重訂版"假使熱鐵輪"偈,實際上出自《水陸齋儀》"假使熱鐵輪"偈,即祖覺重廣《水陸齋儀》。從科儀文本被用於法會儀式來說,這個偈句亦證明瑜伽焰口來源於水陸法會。

總之,上述考察表明,水陸法會與瑜伽焰口有相近的意旨和功能,但是,它們並不是兩種單獨的法會儀式。從其功能多少、儀式程序之間的關係來看,瑜伽焰口從屬於水陸法會。從"假使熱鐵輪"偈則可以進一步看出,並不是水陸法會儀"屬於放焰口的一種儀軌",相反,是瑜伽焰口儀出自水陸法會儀,瑜伽焰口屬於水陸法會儀式程序之一。

三、水陸法會的配置

(一) 文本

所謂文本,是指舉行齋供儀式時,用來宣唱念誦以保障儀式程序有序進行的文本,包括佛經、科儀、疏文等幾個部分。舉行水陸法會時,一般也有相

---

① 《續藏經》第 59 册,第 295 頁中。

應的水陸法會文本。如《水陸儀軌會本》卷四"用具門"所列"科儀六部,《地藏經》《水懺》各二部","書記門"所列諸狀疏牒等,即屬於根據《水陸儀軌會本》舉行的水陸法會的文本。根據其他水陸儀舉行水陸法會,同樣亦使用佛經、科儀、懺和疏文。在法會儀式程序中,經、科儀、懺和疏文被有機地組合在一起,相互配合,交替使用,共同完成一場圓滿的水陸法會。

1. 佛經

據義淨《南海寄歸內法傳》卷一所記,僧人赴應施主之請,舉行滿足施主願望的齋供儀式時,往往要爲施主講經誦經。因此,佛經是較早的齋供儀式文本。元代元叟行端禪師曾應朝廷之邀在金山寺開設水陸道場,他在法會昇座時拈香説:

> 大元世界主,當今皇帝……特頒聖旨,敕遣使臣,就金山古澤心寺,照依梁武皇帝科儀,修設天地冥陽水陸大會七晝夜,爇種種香,然種種燈,營種種上妙飲食,設種種上妙服御,金銀珊瑚,真珠瑪瑙,種種上妙珍寶而爲供養。命僧一千五百員披轉三藏五乘十二分秘典真詮。權也實也,頓也漸也,半也滿也,偏也圓也,交光相羅,如寶絲網。上以翊衛皇圖,下以資培民本。①

表明金山寺水陸法會除齋供外,儀式的主要法會程序是誦佛經。大概是受這一材料啓發,《水陸儀軌會本》卷四"水陸緣起"説:

> 水陸緣起,梁武成於十大高僧,慈意磅礴,儀文周密。七晝夜道場,爇種種香,然種種燈,營種種上妙飲食,煉種種上妙衣服,設種種花幡寶蓋而爲供養。名僧數百員,轉閲全藏釋典,諸佛菩薩皆大歡喜。若聖若凡,乃至一切蠢動含靈,普仗良因,均沾妙利。猗歟休哉,甚盛舉也。②

認爲梁武帝最早舉行水陸法會,就是像元叟行端主持的水陸法會一樣,以轉閲佛經爲主要儀式程序。

由於轉讀佛經均被認爲有不可思議功德,所以一般説來,舉行齋供儀式時,對轉讀什麼經並沒有特別要求。用於水陸法會的佛經,從規模上看,有卷帙衆多的大經,也有文字較短的小經;從内容上看,有專門用於舉行瑜伽

---

① 《續藏經》第64册,第132頁上;第71册,第526頁上中。
② 《水陸儀軌會本》卷四,第2頁。

焰口法事的《佛説救面然焰口經》《佛説救拔焰口餓鬼陀羅尼經》,普遍應用於宗教儀式讚佛的《佛説無常三啓經》①;從流傳情況看,有習見的《華嚴經》《法華經》《楞嚴經》等,民間流傳的《血盆經》《受生經》《佛説避瘟經》等。

就儀式行持者的傳承方式、傳習經籍及流存現狀等具體情況而言,轉讀他們所習、所傳、熟悉並有文本的佛經,無疑是最佳的選擇。在這個意義上,水陸法會所轉誦佛經,與行持法會者自身的知識背景和宗教背景的關係更密切。

2. 科儀

佛經隨著佛教的傳入而被逐漸譯介到中國,但科儀則是佛教傳播過程中由中國僧俗編集而成的。科儀與轉讀佛經有關。由於轉讀佛經時,要舉行一定的儀式,故説明和記述儀式程序,與佛經組合起來共同舉行法會儀式的文本,就被稱爲科儀②。水陸法會在中國的起源,一般認爲以梁武帝創製水陸科儀爲標誌,所以楊鍔《初入道場敍建水陸意》説"原夫無遮水陸大齋者,遵釋迦文之垂教,奉梁武帝之科儀"③。在《眉山水陸》《天地冥陽水陸儀》《水陸齋儀》和《水陸儀軌》等書中,同樣有這一説法。由於本章第二節已經分別提及,兹不贅。

正因爲以梁武帝創製水陸儀爲標準,所以一般介紹水陸法會歷史時,都往往圍遶梁武帝水陸儀來討論。如唐代英禪師之所以能舉行水陸法會,是由於大覺寺僧義淨處有梁武帝所製水陸科儀或水陸儀文④。從楊鍔開始,在撰寫"水陸緣起"時,都要提到梁武帝創儀和英禪師使用武帝所撰水陸儀舉行水陸法會的事。一些科儀如《水陸齋儀》中,甚至明確標署梁武帝爲水陸科儀的作者。

除梁武帝外,誌公有時亦被奉爲水陸儀的首創者。大足石篆山石刻可稱得上刻在石頭上的水陸畫,其第2號龕誌公立像下沿雲紋中,自右至左墨

---

① 又名《佛説無常經》《三啓經》等。
② 明釋覺連《銷釋金剛科儀會要注解》卷一解釋説:"科儀者,科者斷也。禾得斗而知其數,經得科而義自明。儀者法也。佛説此經,爲一切衆生,斷妄明真之法。今科家將此經中,文義事理,復取三教聖人語言,合爲一體,科判以成篇章,故立科儀以爲題名。大意欲令衆生,知本有性,在日用間,但能見聞不昧,虛徹靈通,六根門頭,放光動地也。"(《續藏經》第24册,第651頁中)將科儀解釋爲佛經的科判解釋。但與科儀内容大都不符。從内容來説,科儀就是舉行齋供儀式時用來説明和記述儀式程序並與佛經組合起來共同舉行法會儀式的文本。
③ 《續藏經》第57册,第116頁中。
④ 參見釋道法:《佛祖統紀校注》,第755—756、924頁;《大正藏》第49册,第818頁中;第50册,第989頁;《續藏經》第57册,第114頁上;第74册,第797頁下;第76册,第90頁中等。

書有"百世宗師"四字,顯然是將誌公視爲水陸法會的宗師。《水陸儀軌會本》署"梁誌公大師等撰";《啓謝科》所請水陸道場創儀立教六位宗師中,有"水陸啓教鍾山道林真覺寶公國師",《歷朝釋氏稽鑒》卷四稱"誌公滅後,至宋太宗大平興國七年降現城市,太宗降詔,避諱稱寶公。真宗大中祥符六年,加謚寶公道林真覺大師"①,表明鍾山道林真覺寶公國師即指寶誌,同樣説明誌公被視爲水陸儀的首創者之一。

編撰《水陸儀》的目的,是爲了舉行水陸法會,有什麽樣的水陸儀,就有與之相應的水陸法會。如使用《天地冥陽水陸儀》舉行"天地冥陽水陸法會",使用《水陸儀軌》舉行"法界聖凡水陸普度大齋勝會",使用《禪門水陸劈獄科文》舉行禪門水陸法會,水陸法會的名稱與所使用的水陸儀名相對應。

不過,並不是所有的水陸法會都使用水陸儀。張宗義先生 2008 年 4 月在雲南省劍川縣石龍寺主持的水陸大會,用來舉行法會的就是《地藏慈悲救苦薦福利生道場儀》而不是某一水陸儀②。這説明舉行水陸法會,既可以使用專門的水陸儀來舉行,在没有專門水陸儀,或不能使用其他水陸儀的情況下,也可以使用自己熟悉的其他法會儀來舉行。儘管使用的不是水陸儀,但仍然稱爲水陸法會。這與使用《天宫科》舉行圓通會,使用《楞嚴解冤釋結道場儀》舉辦報恩會③一樣,表明佛教法會使用的科儀名,並不完全與法會名稱相對應。同時也説明,不僅法會與法會儀可以不完全對應,法會名亦可以與法會和法會儀不完全對應,在一定程度上,所有的齋供儀式都可以稱爲水陸法會。

3. 懺儀

儘管水陸法會的形成與梁武帝的《梁皇寶懺》没有必然聯繫,但舉行水陸法會使用懺儀則是可以肯定的。《金瓶梅》第六十三回説"報恩寺十六衆上僧,朗僧官爲首座,引領做水陸道場,誦《法華經》,拜《三昧水懺》",即在做水陸法會時使用《慈悲三昧水懺儀》。《水陸儀軌會本》卷四,"經懺門"内壇有"第六日早食後,二位香燈仍在主法齋主桌上,各禮《水懺》一部"④,外壇有"次日清晨拜《皇懺》"⑤,"務雜門"有"大壇備《皇懺》廿四部"⑥,"用具

---

① 《續藏經》第 76 册,第 167 頁中。
② 在筆者 2008 年 7 月 20 日與美國斯坦福大學宗教系博士候選人白美安(Megan Bryson)一同採訪張宗義先生時,張先生向我們展示了有人送給他的其他水陸法會科儀文本。但因這些文本與張先生的傳承不同,故張先生並没有使用它們。
③ 侯沖:《雲南阿吒力教經典研究》,第 323—327 頁。
④ 《水陸儀軌會本》卷四,第 10 頁。
⑤ 同上。
⑥ 《水陸儀軌會本》卷四,第 38 頁。

門"要備"《水懺》各二部"①,"書具門"榜式中諷誦"慈悲道場梁皇寶懺二十四部"②等文字,均説明懺儀是舉行水陸法會的重要文本。我們從福建屏南地區搜集到的清乾隆年間抄本《新集六時及水懺奏文全套》《新集水懺開壇表文套》和《新集六時及水懺牒文全套》,均爲與《慈悲三昧水懺》配合使用的狀文、表文和疏文式,其中明確提到水陸法會的上八位,證明了民間確實存在使用《慈悲三昧水懺》舉行水陸法會的情況。這亦從另外一個側面證明,佛教法會所用科儀,與法會名稱並不完全對應。

4. 疏文

疏文又作疏子,具體有疏、牒、表、意旨等多種稱名③。敦煌遺書中《東都發願文》《結壇散食迴向發願文》,《天地冥陽水陸儀》中的雜文,都是以文本形式流傳下來的水陸疏文。它們都是舉行水陸法會不可或缺的文本。

不過,疏文與儀文的傳承方式不同,一些疏文是以口傳的方式流傳的。《水陸儀軌會本》卷四"水陸緣起"説:

> (水陸法會)降及宋世,傳久失真,漸至蕪雜。四明東湖志磐法師,乃起而訂正焉。至雲棲蓮師,復加補儀,慈濟爲懷,刊板以行。獨惜所刊者,僅係表白儀軌,而臨時一切節目,多係口傳,傳或失真。至於今,苟簡訛誤之處,亦時有之。④

説明志磐撰、袾宏重訂的《水陸儀軌》,從刊板行世以來,就只有儀文,一直缺少疏文。疏文和臨時根據實際情況補入的內容,主要是以口傳的方式來傳習。在長期的傳承過程中,難免失真和出現訛誤之處。爲避免這種情況,真寂補入疏文,"分門別類,會成全書,法事所需,一一咸備,公之天下後世"⑤。收入《水陸儀軌會本》"書記門"的,主要包括水陸榜式、書寫書式、寫符牒式、與敕書式、赦牒式、寫判官疏式、寫判牒式、請書籤頭式、赦書籤頭式、赦牒籤頭式、判官疏牒籤頭式、寫齋天疏式等。由於是"式"而不是實用文,所以這些疏文都只是範本,內容並不全面,在舉行法會時,應根據具體情況補入相應內容。

---

① 《水陸儀軌會本》卷四,第41頁。
② 《水陸儀軌會本》卷四,第49頁。
③ 參見侯沖:《雲南阿吒力教經典研究》,第220—284頁。
④ 《水陸儀軌會本》卷四,第2頁。
⑤ 同上。

（二）圖式

所謂圖式即舉行水陸法會時懸掛於壇場内的水陸畫和聖牌。齋供儀式是一個請諸佛菩薩參加並作證明的集會，在佈置壇場時，要設佛、菩薩像或聖牌。上文已經指出，與《壇法儀則》有密切關係的 P.2012、P.4009 中，既出現了佛、菩薩、金剛的名字、方位和顔色，還在圖樣間夾寫有"佛於伽維那國付與普賢菩薩三昧壇法""爾時佛住王舍城金剛座付與普賢菩薩座禪壇"等文字。這些佛、菩薩、金剛的名字、方位和顔色在《壇法儀則》中都能找到，表明《壇法儀則》與 P.2012、P.4009 壇圖式是配合使用的，有水陸畫的功能。

不過，並不是舉行水陸法會都需要圖像。《天地冥陽水陸壇場式》和《天地冥陽水陸儀文壇圖式》在説明圖式時説：

> 古云就地或木土，作九品池相，用彌陀、觀音、勢至及九品化生像，或作牌子。（"蓮池之圖"）
>
> 古云就地用土擊作車輪相，分八輻，安八如來像或牌子。（"滅惡趣之圖"）
>
> 古云就地用土擊作車輪相，分一十六輻，每一輻安一菩薩像，或牌子。（"息苦輪之圖"）
>
> 遵古式云，就地用土擊作塼色，城内用十類横亡形像及用六類牌子。（"枉死之城"）
>
> 古云就地用土擊作鐵色，城内五獄罪像，及牌子用白色或黑色。（"破地獄壇"）

説明佛、菩薩、亡者和五獄罪像，既可以用畫像，亦可以不用畫像而用牌子。我國南方不少地方目前仍然使用牌子而不是畫像，可以證明這一點。因此，在使用牌子的地方，舉行水陸法會時就可以不使用畫像。當然，在法會具體實踐中，也有既使用牌子，又使用水陸畫像的情況存在。

不論是使用牌子還是使用畫像，根據不同水陸儀舉行的水陸法會，所設像與所使用的水陸儀相應。以水陸畫爲例，《廣施無遮道場儀》相關文字表明，唐末五代時已經出現八位聖衆。到了宋代，楊鍔《水陸儀》《眉山水陸》和《水陸齋儀》，均供養上、下八位，故水陸畫像爲十六位像。《天地冥陽水陸儀》像設一百二十位。志磐《水陸儀軌》，"依準名位，繪像幀者二十六軸"[1]。在袾宏重訂後，"上十位，下十四位。除下末四位隨時損益，計上下

---

[1] 釋道法：《佛祖統紀校注》，第 757 頁。

定位共二十"①。均表明不同的水陸儀，往往有不同的水陸畫或牌子。

祩宏之後，清道光四年（1824）真益熙願《重訂水陸畫式引》對此前的水陸畫式的情況作了總結：

> 水陸之有畫像，由來舊矣。所以嚴對越而攝威儀者，於是乎在。故眉山蘇氏，一一爲之贊。迄今考諸遺文，贊語猶存，而畫式無傳。各處道場，隨意造作，從無畫一。往雲棲大師，重興齋法，亦以南都所繪上、下堂像，隨畫師所傳，頗不的當。知其泯失，由來已久。②

由於不同的水陸儀所設聖像不同，故不論是使用牌子還是畫像，它們之間的區別都是明顯的。真益熙願根據蘇東坡《十六法像贊》，爲當時"武林源淇上人"編訂的《水陸儀軌會本》配備畫式六十軸③。由於《十六法像贊》並非爲《水陸儀軌會本》而作，而《水陸儀軌會本》與《眉山水陸》又非同一系統的水陸儀，因此他的《重訂水陸畫式引》，雖然有"一改從前混淆之作"④的意圖，但顯然存在"混雜無章，顛倒越序"的情況。與畫師根據世代所傳畫像相比，並沒有多大差別。

舉行水陸法會時，不使用或沒有水陸畫時，就以掛牌來代替。牌分兩種：一種是舉行齋供儀式的固定牌，一種是與齋供儀式內容和舉行齋供儀式目的有關的牌。根據祖覺《水陸齋儀》舉行的水陸法會，包括上壇正聖牌、左右牌、監齋牌、監壇牌、請儀牌、八明王牌、梁皇十地位牌、破獄牌、十八獄牌、孤魂牌、上八位牌、下八位牌、十種報恩牌、二十八宿牌、十二宮宸牌、彩旗牌、賑濟孤魂牌、祈禳總聖牌、孤魂牌、宥罪懺牌等。而根據《水陸儀軌會本》舉行的水陸法會，其聖牌則見於《水陸儀軌會本》卷四"書記門"⑤。

固定牌的內容固定，往往在一般的法會上都能看到。在雲南劍川、洱源等地，上壇正聖牌是：

> 盡虛空遍法界過去現在未來佛法僧三寶
> 慈悲相黃金體開天無極元始燃燈古佛
> 千花臺百寶龕金容玉相八位雲海高真

---

① 《水陸儀軌會本》卷四，第150頁。
② 《水陸儀軌會本》卷四，第145頁。
③ 《水陸儀軌會本》卷一，第18頁；卷四，第146頁。
④ 《水陸儀軌會本》卷四，第146頁。
⑤ 《水陸儀軌會本》卷四，第95—140頁。

豎窮三界橫遍十方清淨法身毗盧尊佛
一真法界湛寂圓常圓滿報身盧舍那佛
天人師佛世尊三類化身能仁釋迦文佛
蓮花國長春界四十八願淨土阿彌陀佛
兜率天內宮院龍華會主當來彌勒尊佛
淨居天吉祥界大威德娑羅樹王熾盛佛
日月光琉璃殿十二上願藥師延壽王佛
大明王聖佛母雪山南面金曜孔雀王佛
大羅天玉清宮玉帝應身自然覺皇王佛
閻浮提當今殿佛心天子聖躬萬歲王佛
塵爲剎剎爲塵十方常住三世一切諸佛
清涼山修因地剎海諸尊菩薩摩訶薩
靈鷲山雷音寺摩訶迦葉阿難大德尊者
聞經偈諷琅函經律論藏大乘甚深法寶
南泉山慈氏院鎮坤寂感普庵大德禪師
中嵩山少林寺菩提達摩傳法歷代祖師
天中天聖中聖道場所請一切千賢聖眾

左右牌是：

三清上聖元始十極高真
昊天至尊金闕玉皇高上帝
天地水府三元三官大帝
萬象星主北極紫微大帝
三十三天金闕諸天上帝
九天應元雷聲普化天尊
大成至聖先師孔子聖人
文昌司祿七曲宏仁帝君
朱衣斗口顯應奎星大神
三界伏魔昭明翊漢天尊
北極真武神威永鎮天尊
上古聖人金闕三皇大帝
承天效法后土皇寧地祇
二十六位護法諸天瓊真

　　　　四大天王五方五斗星君
　　　　玄都主命十一大曜星君
　　　　當生當照本命元辰星君
　　　　福祿壽老三臺華蓋星君
　　　　大聖鬥父龍漢國王天尊
　　　　大聖鬥母圓明道姥天尊
　　　　北斗七元解厄上道星君
　　　　二十八宿十二宮宸星君
　　　　掌願仙官昔許鈞銷典者
　　　　香水院中膳錄引進仙官
　　　　瘟部都天火部祝融大帝
　　　　長生保命地母慈育元君
　　　　四嶽四天四大名山聖帝
　　　　東嶽酆都大聖大德皇王
　　　　水府扶桑大帝四瀆源王
　　　　九江八河五湖四海龍王
　　　　元功顯應敕封竈光神君
　　　　後稷聖帝五穀八蠟之神
　　　　雷霆馬趙王岳四大元帥
　　　　太歲城隍本主各廟明神

監壇牌是：

　　　　地祇太保溫雷天君
　　　　地司稟令殷公元帥
　　　　黑虎玄壇趙公元帥
　　　　仁壽太保康公元帥
　　　　王府賢聖張公元帥
　　　　雷神主首石公元帥
　　　　天開黃道福德喜神
　　　　五方大帝解穢神祇
　　　　巡察空界游奕等神
　　　　主瘟司令都攝將軍
　　　　二十四氣七十二候

土府九壘高皇大帝
四威四力四大天王
冥府曹僚諸司禁吏
無盡虛空晝夜之神
天公正令地母元君
山林社稷嶽瀆之神
主掌苗稼八蠟大神
年王月將行化王神
水府浪苑一切仙官
八部威嚴護法善神
左右文武各案判官
靖壇官將金剛力士
三界功曹直符使者
虛空過往糾察善神
主道場神金剛龍梵
大權修利吉祥聖人
監齋大士緊那羅王
監壇護法感應善人
四方定地四揭諦神
證盟功德堅牢地神
盈壇有請一切賢聖

除上壇聖牌、左右牌和監壇牌外，雲南洱源一帶在舉行水陸法會時，還掛與舉行法會目的有關的牌。如所辦爲祈禳會，則需加掛祈禳聖牌，其牌式爲：

祈祥會上豎窮橫遍之能仁
酬願筵中滿空匝地真宰
上壇金相八位雲海高真
法報化身巍巍三世諸佛
長春世界金剛無量壽佛
龍華會主當來彌勒尊佛
熾盛藥師金曜孔雀王佛
玉帝應身清淨覺皇王佛
聖躬萬歲當今護國王佛

> 三十五佛五十三佛如來
> 救諸厄難靈感觀世音菩薩
> 攝念佛人良友勢至菩薩
> 三清上聖金闕諸天上帝
> 文昌孔子助彩奎星大神
> 天地水府三元三官大帝
> 五方五斗普天星斗高真
> 太歲城隍本主諸廟尊神
> 監齋司命土地五祀六神
> 三界四府六合萬靈真宰
> 齋筵有請千賢無鞅列方

在舉行法會時，這些牌式都會被掛在法壇的正中央或左右，表示請來的聖神。就三教諸神來說，佛教的神被供奉在正中央，作爲上壇正神來對待，其他的儒道教神或三界諸神，就只能安置在道場周圍。這説明佛教舉行水陸法會儘管也請儒道神祇參加，但並非道場主尊，他們的身份相當於是被請來列席法會。如果僅僅只是看到佛教道場中出現了儒道神祇，就作出"三教合一"等推斷，是簡單化的做法。

總之，水陸法會有不同的水陸儀爲文本依據，同時也有與水陸儀相應的畫像或牌子。圖式與水陸儀相應。舉行水陸法會時，由於可以使用牌子，並不一定懸掛水陸畫。研究水陸畫時，應使用與水陸畫相應的水陸儀，纔能較好地闡明兩者之間的對應關係。

（三）梵唄

上文指出，舉行齋供儀式，要燒香請聖，請佛菩薩雲臨證明。燒香有香唄，讚嘆佛菩薩有歌讚，它們都是梵唄之一。因此，梵唄是齋供儀式的重要組成部分，並普遍存在於水陸法會中。《水陸儀軌會本》卷一《凡例》説：

> 凡唱誦腔調，惟取響喨清緩和雅，本中所標梵聲、直聲、書聲等，俱就現行式樣標之，俾行者有所依仿。其中梵聲自不可易，至直聲、書聲，大概相近，則不必過執，以意會之可也。①

---

① 《水陸儀軌會本》卷一，第 13—14 頁。

梵唄的傳承與文本傳承不同。文本通過文字得以較爲完整地保存下來；梵唄則主要通過口耳相傳，缺乏穩定性和統一性，所以一方面是古代支謙、康僧會等人創製的梵唄很少能完整傳承下來，另一方面是有較强的地域特點。對於後者，道宣有專門的説明：

  東川諸梵，聲唱尤多。其中高者，則新聲助哀，般遮屈勢之類也。地分鄭、魏，聲亦參差，然其大途，不爽常習。江表、關中，巨細天隔。豈非吳越志揚，俗好浮綺，致使音頌所尚，惟以纖婉爲工；秦壤雍梁，音詞雄遠，至於詠歌所被，皆用深高爲勝。然則處事難常，未可相奪。若都集道俗，或傾郭大齋，行香長梵，則秦聲爲得；五衆常禮，七貴恒興，開發經講，則吳音抑在其次。豈不以清夜良辰，昏漠相阻，故以清聲雅調，駭發沉情。京輔常傳，則有大小兩梵；金陵昔弄，亦傳長短兩引。事屬當機，不無其美。劍南、隴右，其風體秦，雖或盈虧，不足論評。故知神州一境，聲類既各不同……①

正是由於這個原因，儘管梵唄普遍存在於水陸法會中，但不同地區不同的僧俗行持不同的水陸法會，其音樂存在較大差異。甚至同一地區的不同傳承，其音樂也存在差異。

（四）定式

在長期的傳播過程中，齋供儀式逐漸形成了一定的程式，這種程式就是道場定式，大致包括擇黄道日、幡式、文封格式等。《水陸儀軌會本》卷四"書記門"中，收録有部分定式，這些定式是配合《水陸儀軌會本》而使用，與根據其他水陸儀舉行的水陸法會並不相符。説明即使是定式，也有不同的變式，所謂定式實際上是相對的。

1. 擇日

敦煌遺書 S.2567 所記大乘四齋日、年三長齋月、六齋日和十齋日②，證明齋供儀式最初往往是在固定的日子舉行。這一點由楊鍔以月望日爲舉行水陸法會的佳日亦得到證明。《水陸儀軌會本》卷四"書記門"開頭"水陸擇日已"，同樣説明舉行水陸法會存在挑選日子的情況。挑選的時間被認爲是黄道吉日。有《起黄歌》説：

---

① 道宣：《續高僧傳》，第 1264 頁。
② 方廣錩主編：《藏外佛教文獻》第七輯，第 358—360 頁。

正七起子二八寅,三九辰宫四十午,
五十一月申家起,六十二月戌中輪。

歌詞之意稱:推尋黃道日,正七月從子上起,三九月從辰上起,四十月從午上起,二八月從寅上起,六十二月從戌上起,五十一月從申上起。這一起黃歌在全國不少地方都有發現,表明這些地方都根據這一方法來挑選黃道吉日。舉行水陸法會時,有專門的召值、迎黃法事,說明擇黃道日確實是水陸法會的一部分。另外,也有不擇黃而依修齋日或某一固定時間舉行水陸法會的情況。如梁武帝在金山寺修設水陸法會的時間是月望日。説明除需要擇日這一基本要求外,具體的時間並不固定。

2. 幡式

修齋建道場,需要請諸佛菩薩來臨道場作證盟。據說諸佛菩薩來作證盟,乃是雲臨,所以要豎幡,以之作爲諸佛菩薩落腳的地方。設齋不同,請諸佛菩薩也不一定一樣,故幡式就會因齋而變。就所見來看,見於《佛門擇黃道日並各式本》中的破地獄幡、迎三大士幡、請詔幡、請誥幡、請儀幡、聖僧幡、大士鬼王幡、五陵才子幡、八大明王幡等,都屬於水陸法會用幡式①。

3. 文封及函門

舉行水陸法會都要使用疏文。就像公文必須有公文袋包納一樣,使用疏文也要文封。文封分兩種,一種是詞、表、疏、狀用,一種是牒和箚用。前者俱用硬紙製成長方形的封套,詞套色藍或青,表、疏套色黃,如果是天府、水府的神祇紙色用黃色,地府的神或王紙色用白色。封套上正面詞、表用"奏進",疏用"呈進",封背印有八卦,封面貼有功曹使者(甲馬)及火引,都用印刷品。後者形狀像中式信封的折摺一樣,但背面作正面、正面作背面用②。在詞、表、狀、疏的文封殼上,還要寫有函門。

因詞、表、文、疏是針對諸佛菩薩和十方三界一切諸神的,不論是發牒、奏表、奏詞還是上表,都有具體的目的地。這種情況與現代公文在上報材料或下發文件時,都有具體的單位相類似。如果要將這些東西送發出去,在信封上就要有目的地單位的名稱。函門就類似寫在封殼上的單位名稱。

由於諸佛菩薩的所在是固定的,所以函門也是固定的。對於函門的記述,各地都有不少抄本或刊本存世。之前我們介紹過雲南省玉溪市延光居

---

① 侯沖:《雲南阿吒力教經典研究》,第263頁。
② 侯沖:《雲南阿吒力教經典研究》,第237—238頁。

士藏《聖白衣觀音圓通寶懺》末附載的内容①，還有湖北、湖南等地應赴僧所用文移中，也保存有大量的疏文和各種函門的材料，由於數量較大，需要專門介紹，這裏暫略。

四、小結

本節綜合水陸法會相關資料，從水陸法會的具體含義、水陸法會與瑜伽焰口的關係以及水陸法會的配置三個方面進行了探討，提出了有關水陸法會的新看法：

從名稱上來説，不同的水陸儀既有不同的齋題，也有不同的名稱，故水陸法會並無固定全名。儘管不少水陸法會爲七日會，清代編纂的水陸儀也按七天來安排儀式程序，但七日會並不是水陸法會的通例。在明清以前的水陸法會，並没有將水陸法會分爲内壇和外壇的情況存在。從僧人應赴舉行水陸法會來説，水陸法會就是僧人赴應施主之請，爲滿足施主各種願望舉行的宗教活動，是應赴齋供儀式。對於水陸法會的理解，放在齋供儀式的背景下來進行理解，無疑可以更清晰。

從瑜伽焰口内容來看，不空譯《瑜伽集要救阿難陀羅尼焰口軌儀經》由於包括密教救拔餓鬼的完整儀軌，無疑是唐代以降水陸儀和瑜伽焰口集要施食儀的直接源頭。就水陸法會與瑜伽焰口的意旨和功能而言，水陸法會與瑜伽焰口同爲應赴津濟法會，二者功能相近。但瑜伽焰口功能並不及水陸法會多，從儀式程序來看則從屬於水陸法會。通過對"假使熱鐵輪"偈的考察，可以清楚看出，瑜伽焰口儀出自水陸法會儀，瑜伽焰口屬於水陸法會儀式程序之一。

水陸法會有一定的配置。首先是包括佛經、科儀、懺文、疏文等在内的文本，它們是舉行齋供儀式時宣唱念誦，以維繫儀式程序的基礎。由於各方面的原因，由不同的人舉行的不同的水陸法會，文本往往各不相同。在水陸法會中，它們被有機地組合在一起，相互配合，交替使用，共同完成一場水陸法會。其次是舉行水陸法會時懸掛於壇場的水陸畫和聖牌。水陸畫一直受到關注，故本書對過去没有提到的聖牌作了重點介紹，並指出在使用聖牌的地方，就較少甚至没有使用畫像。不論是討論聖牌還是水陸畫，最重要的基礎工作，是找到與之相對應的水陸儀，纔能更清楚地闡明二者之間的對應關係。其三是與水陸法會相適應的音樂。水陸法會的音樂有較强的地域性，不同地區不同的僧俗行持不同的水陸法會，其音樂存在較大差異。其四是道場定式，大致包括擇黄道日、幡式、文封格式等。不過，從具體内容來説，

---

① 侯沖：《雲南阿吒力教經典研究》，第213—215頁。

所謂的定式是相對的。既與傳承有關,亦與地域、時代等因素有關。

本 章 小 結

　　水陸法會被認爲是漢傳佛教規模最大的法事活動,是中國佛教儀式的代表。在有關佛教節日和儀式的著述中,幾乎没有不提到水陸法會的情况。本章以齋供儀式爲切入點,在考訂無遮大會與水陸法會關係的基礎上,探討了水陸法會從齋供儀式變爲焰口施食的軌迹,對水陸法會的具體内容和具體實踐作了考辨。綜合全章内容,可以看出:

　　"水陸法會"是一個較晚出現的名稱,它的早期稱謂是"無遮大會"。無遮大會既是以捨施爲目的的大施會,亦是禮佛、齋僧、施僧的大型齋供法會。齋供儀式既有滿足施主各種願望的功能,又具有將齋供儀式的功德迴施先亡及鬼趣,使之得到救濟的功能。捨施無遮,捨施的功德亦無遮,因功德迴向而受濟度者亦無遮。因此,無遮大會就有濟拔包括先亡和鬼趣在内的三界六道所有一切衆生的功能。在"水陸法會"一詞出現後,無遮即水陸,水陸即無遮,舉行無遮會,就是舉行水陸法會。

　　水陸大會最初以齋供儀式的方式存在,濟度先亡幽趣最初是其附屬功能。唐代以後,由於《救拔焰口餓鬼陀羅尼經》和《瑜伽集要救阿難陀羅尼焰口軌儀經》的先後譯出,焰口施食逐漸成爲齋供儀式的主要程序,施餓鬼食成爲齋供儀式的主要功能之一,齋僧的意義逐漸淡化,水陸無遮法會變成了包括普施濟度餓鬼在内的能滿足施主各種願望的齋法。齋供儀式由設齋供僧,向請僧舉行焰口施食法會轉變。這種轉變與無遮大會逐漸被稱爲無遮水陸、水陸無遮法會,甚至只稱爲水陸法會的歷程大致同步。

　　以對齋供儀式具體實踐的了解爲基礎,可以認爲水陸法會的特點是:

　　一、没有一成不變的定式。爲了回應施主的設齋禮請,僧人有講經説法、受戒禮懺等多種導俗化方的手段。因此,水陸法會既可以是轉經,亦可以是講經説法、授戒禮佛、行科拜懺等。從名稱上來説,並非一定要使用水陸儀舉行的法會纔稱爲水陸法會,亦並非没有瑜伽焰口施食的法會就不是水陸法會,更没有一個一成不變的全名。在一定意義上,梁代以後所有的大型齋供儀式都可以稱爲水陸法會。

　　二、有相應的配置。正如齋供儀式有與儀式程序相匹配的道場主體、道場設置一樣,水陸法會亦有文本、圖式、音樂、定式等相應的配置。儘管這些配置都是相對的,没有一成不變的配置,但某些獨有的配置,爲該齋供儀式的定性提供了重要信息。如根據不同的水陸儀舉行的水陸法會，其像設往往各不相同，故不同的像設，是判斷該種水陸法會所使用水陸儀的重要證據。又如請上八位是數種水陸法會的重要內容，根據儀式文本中存在請上八位，可以推斷根據這種儀式文本舉行的法會爲水陸法會，等等。

三、有相應的功能。齋供儀式的目的，是滿足施主所要達成的各種不同的願望，並具有利樂天龍八部和當朝皇王、將供食功德普施衆生、利濟先亡鬼趣等功能。從水陸法會的具體實施情況和水陸儀中提到的齋意來看，水陸法會同樣如此。明初傳抄大理國《無遮燈食法會儀》以及明釋冰雪如德彙輯《雅俗通用釋門疏式》中相關內容可以證明這一點。

第六章 預修齋供

現存大量佛教儀式相關材料表明,如果說從水陸法會儀可以看出佛教齋供儀式有一個由施僧食向施餓鬼食轉變的趨勢的話,那麼,唐末五代以後流行的預修齋供儀式,通過宣傳受生寄庫思想,使佛教深入中國社會各階層,使齋供儀式從此成爲中國社會的一種習俗,一定程度上爲宋代以後懺儀佛教的總體格局奠定了理論基礎。

預修齋供儀式的主要表現形態爲預修七七齋和預修寄庫。與之密切相關的經典,目前所知主要有《十王經》《受生經》及其道場儀。由於二者在具體實踐中存在一定聯繫,故本章把它們合在一起進行討論,以便對其源流和影響有全面的認識和理解。相對於《十王經》和七七齋已有相當多的研究來說,《受生經》和預修寄庫還是一個較新的話題,故討論時會略有偏重。

本章分三個部分展開:一、《十王經》文本與預修生七;二、《受生經》文本與預修寄庫;三、預修類經典的源流及其影響。

第一節 《十王經》與預修生七

一、關於《十王經》

作爲中國有重要影響的疑僞經之一,《十王經》與中國古代宗教、民俗、藝術等關係密切,故研究者衆多,成果亦極爲豐富①。我們注意到,雖然《十王經》的首題中,往往包括"齋"字,但目前尚未有學者從齋供儀式的角度進

---

① 關於《十王經》成果的綜述,張總、党燕妮等已有介紹,兹不贅。太史文《十王研究的二十年的回顧》(《古典文獻研究》2015年第1期;太史文:《〈十王經〉與中國中世紀佛教冥界的形成》,上海:上海古籍出版社,2016年,第8—38頁)對最近成果亦有綜述和介紹,可參考。另,日人根據《十王經》編造的《地藏十王經》,未對中國佛教齋供儀式產生影響,故本書不作討論。

行探討,故仍有必要再作討論。

(一) 稱名

在《十王經》研究中,張總先生從經文文本和經文意旨角度展開的研究,堪稱可圈可點的重要成果。以該經的分類來說,杜斗城先生在整理校錄時,根據內容將該經分爲甲、乙兩類①。日本學者禿氏祐祥、小川貫弌和中國臺灣學者蕭登福亦有大致相近的分類②。張總先生注意到,"此經題名稱十分龐雜,敦煌數十個經本中經名就有十二種以上"③。所謂甲本與乙本的區別,大致上即具經文本與具圖讚本的區別,並有某些特殊的規律。具體來說就是,"無圖文本即尾題簡爲《閻羅王授記經》,而具有插圖和讚詞的卷子,簡題爲《佛説十王經》"④。他還發現,"《佛説十王經》的尾題實際僅現於繪圖本之後,經首'成都府大聖慈寺沙門藏川述'之題名與五會讚經啓語亦同,即'藏川'名與《十王經》只與具有讚文、插畫的卷本有關,此點在過去研討中多未辨明"⑤。

爲方便表述,受張總先生的啓發,本書對《十王經》稱名作以下界定:無讚文本,稱爲《閻羅王授記經》;有讚文本,稱爲《佛説十王經》;此二經的總稱,稱爲《十王經》。

(二) 文本比較

本書將《十王經》分爲兩類,即無讚文的《閻羅王授記經》和有讚文的《佛説十王經》。相對於前賢主要根據二者文字的多少和圖像的有無來對其進行討論,我們則在對它們共有的內容即經文進行比較後,再來說明二者之間的關係。下面將兩類《十王經》經文的整理文本表解比較如下(爲方便討論,對其內容略作標序):

表6-1 《閻羅王授記經》與《佛説十王經》經文文本比較表

	閻羅王授記經(A)	佛説十王經(B)	備 注
1	佛説閻羅王授記四衆逆修生七往生淨土經	佛説閻羅王授記四衆預修生七往生淨土經	A本多作"逆修",B本多作"預修"。

---

① 杜斗城:《敦煌本〈佛説十王經〉校錄研究》,蘭州:甘肅教育出版社,1989年。
② 張總:《〈閻羅王授記經〉綴補研考》,季羨林等主編:《敦煌吐魯番研究》第五卷,第82—83頁;氏著:《地藏信仰研究》,第25—26頁。
③ 張總:《〈閻羅王授記經〉綴補研考》,季羨林等主編:《敦煌吐魯番研究》第五卷,第82頁;氏著:《地藏信仰研究》,第25—26頁。
④ 張總:《地藏信仰研究》,第117頁。
⑤ 張總:《〈閻羅王授記經〉綴補研考》,季羨林等主編:《敦煌吐魯番研究》第五卷,第82頁。

(續 表)

	閻羅王授記經(A)	佛説十王經(B)	備 注
2	如是我聞。一時佛在鳩尸那城阿維跋提河邊娑羅雙樹間,臨般涅槃時,普集大衆及諸菩薩摩訶薩。諸天龍王、天主帝釋、四天大王、大梵天王、閻羅天子、太山府君、司命司録、五道大神、地獄官典,悉來聚集,禮敬世尊,合掌而立。	如是我聞。一時佛在鳩尸那城阿維跋提河邊娑羅雙樹間,臨般涅槃時,舉身放光,普照大衆及諸菩薩摩訶薩。天龍神王、天主帝釋、四天大王、大梵天王、阿脩羅王、諸大國王、閻羅天子、太山府君、司命司録、五道大神、地獄官典,悉來集會,禮敬世尊,合掌而立。	B 本稱佛放光普照。且神名略多。
3	爾時佛告大衆:閻羅天子於未來世,當得作佛,名曰普賢王如來。國土嚴淨,百寶莊嚴,國名華嚴,菩薩充滿。	佛告諸大衆:閻羅天子於未來世,當得作佛,名曰普賢王如來。十號具足,國土嚴淨,百寶莊嚴,國名華嚴,菩薩充滿。	B 本多"十號具足"數字。
4	多生習善,爲犯戒故,退落琰魔天中,作大魔王,管攝諸鬼,科斷閻浮提内十惡五逆一切罪人,繫閉六牢,日夜受苦,輪轉其中,隨業報身,定生注死。	爾時阿難白佛言:世尊,閻羅天子以何因緣,處斷冥間,復於此會,便得授於當來果記?佛言:於彼冥途爲諸王者,有二因緣:一是住不思議解脱不動地菩薩,爲欲攝化極苦衆生,示現作彼琰魔王等。二爲多生習善,爲犯戒故,退落琰魔天中,作大魔王,管攝諸鬼,科斷閻浮提内十惡五逆一切罪人,繫閉牢獄,日夜受苦,輪轉其中,隨業報身,定生注死。	B 本較 A 本多出文字,在 A 本中當有,否則語意不明。
5		今此琰魔天子,因緣已熟,是故我記,來世尊國,證大菩提,汝等人天,不應疑惑。	B 本多出文字,未見於現存 A 本。可能僅只是 B 本獨有的内容。
6	若復有人修造此經,受持讀誦,捨命之後,必出三塗,不入地獄。在生之日,殺父害母,破齋破戒,殺諸牛、羊、雞、狗、毒蚖,一切重罪,應入地獄,十劫五劫。若造此經及諸尊像,記在業鏡。閻羅歡喜,判放其人生富貴家,免其罪過。	若復有人修造此經,受持讀誦,捨命之後,不生三塗,不入一切諸大地獄。在生之日,殺父害母,破齋破戒,殺豬牛、羊、雞、狗、毒蚖,一切重罪,應入地獄,十劫五劫。若造此經及諸尊像,記在冥案。身到之日,閻王歡喜,判放其人生富貴家,免其罪過。	個别字詞區别明顯。如"諸"與"豬","閻羅"與"閻王"。

第六章　預修齋供　·383·

(續　表)

	閻羅王授記經(A)	佛説十王經(B)	備　注
7	若有善男子、善女人、比丘、比丘尼、優婆塞、優婆夷，預修生七齋者，每月二時，十五日、卅日。若是新死，依一七計，至七七、百日、一年、三年，並須請此十王名字。每七有一王下檢察，必須做齋，功德有無，即報天曹地府，供養三寶，祈設十王，唱名納狀，奏上六曹官。善惡童子奏上天曹地府冥官等，記在名案。身到日時，當便配生快樂之處，不住中陰四十九日。身死已後，若待男女六親眷屬追救，命過十王。若闕一齋，乖在一王，並新死亡人，留連受苦，不得出生，遲滯一劫。是故勸汝，作此齋事。	若有善男子、善女人、比丘、比丘尼、優婆塞、優婆夷，預修生七齋者，每月二時，供養三寶，祈設十王，修名納狀，奏上六曹官。善惡童子奏上天曹地府[冥]官等，記在名案。身到之日，便得配生快樂之處，不住中陰四十九日。不待男女追救，命過十王。若闕一齋，滯在一王，留連受苦，不得出生，遲滯一年。是故勸汝，作此要事，祈往生報。	A本中未見於B本的文字，内容涉及預修齋供儀式。
8	至如齋日到，無財物及有事忙，不得作齋請佛，延僧建福，應其齋日，下食兩盤，紙錢喂飼。新亡之人，並隨歸在一王，得免冥間業報饑餓之苦。若是生在之日作此齋，名爲預修生七齋，七分功德，盡皆得之。若亡殁已後，男女六親眷屬爲作齋者，七分功德，亡人唯獲一分，六分生人將去，自種自得，非關他人與之。爾時普廣菩薩言：若有善男子、善女人等，能修此十王逆修生七及亡人齋，得善神下來，禮敬凡夫。凡夫云：何得賢聖善神，禮我凡夫。一切善神並閻羅天子及諸菩薩欽敬，皆生歡喜。		A本較B本多出文字，強調預修得七分功德。亡後修齋，亡人僅得一分。
9	爾時地藏菩薩、龍樹菩薩、救苦觀世音菩薩、普廣菩薩、常悲菩薩、常慘菩薩、陀羅尼菩薩、金剛藏菩薩、文殊師利菩薩、彌勒菩薩、普賢菩薩等，稱讚世尊哀愍凡夫，説此妙經，拔死救生，頂禮佛足。	爾時地藏菩薩、龍樹菩薩、救苦觀世音菩薩、常悲菩薩、陀羅尼菩薩、金剛藏菩薩，各各還從本道光中，至如來所，異口同聲，稱讚世尊哀愍凡夫，説此妙法，拔死救生，頂禮佛足。	B本菩薩名較A本略少。

	閻羅王授記經(A)	佛説十王經(B)	備　注
10	爾時二十八重一切獄主、與閻羅天子、六道冥官,禮拜發願:若有四衆比丘、比丘尼、優婆塞、優婆夷,若造此經,讀誦一偈,我當免其罪過,送出地獄,往生天宮,不令繫滯,受諸苦惱。	爾時一十八重一切獄主、閻羅天子、六道冥官,禮拜發願:若有四衆比丘、比丘尼、優婆塞、優婆夷,若造此經,讀誦一偈,我當免其一切苦楚送出地獄,往生天道,不令稽滯,隔宿受苦。	
11	爾時閻羅天子説偈白佛:南無阿波羅,日度數千河,衆生無定相,猶如水上波。願得智慧風,漂與法輪河。光明照世界,巡歷悉經過。普救衆生苦,降鬼攝諸魔。四王行國界,傳佛修多羅。凡夫修善少,顛倒信邪多。持經免地獄,書寫過災痾。超度三界難,永不見野叉。生處登高位,富貴壽延長。至心誦此經,天王恒守護。欲得無罪咎,莫信邪師卜。祭鬼殺衆生,爲此入地獄。念佛把真經,應當自誡勗。手把金剛刀,斷除魔種族。佛行平等心,衆生不具足。修福似微塵,造罪如山獄。欲得命延長,當修造此經。能除地獄苦,往生豪族家。善神恒守護,造經讀誦人。忽爾無常至,善使自來迎。天王相引接,攜手入金城。	爾時閻羅天子説偈白佛:南無阿羅訶,衆生惡業多。輪迴無定相,猶如水上波。願得智慧風,漂與法輪河。光明照世界,巡歷悉經過。普救衆生苦,降鬼攝諸魔。四王行國界,傳佛修多羅。凡夫修善少,顛倒信邪多。持經免地獄,書寫過災痾。超度三界難,永不見藥叉。生處登高位,富貴壽延長。至心誦此經,天王恒記録。欲得無罪咎,無過廣作福,莫煞祀神靈,爲此入地獄。念佛把真經,應當自誡勗。手執金剛刀,斷除魔種族。佛行平等心,衆生不具足。修福似微塵,造罪如山獄。欲得命延長,當修造此經。能除地獄苦,往生豪貴家。善神常守護,造經讀誦人。忽爾無常至,善使自來迎。天王相引接,菩薩捧花迎。隨心往淨土,八百億千生。修行滿證入,金剛三昧成。	A本偈句與B本略異。A本作"野叉"或"夜叉",B本作"藥叉"。
12	爾時佛告阿難:一切龍神、八部大神、閻羅天子、太山府君、司命司録、五道大神、地獄冥官等、行道天王,當起慈悲,法有寬縱,可容一切罪人。若有慈孝男女,六親眷屬,修齋造福,薦拔亡人,報生養之恩,七七修齋,造經造像,以報父母,令得生天。	爾時佛告阿難:一切龍神八部及諸大神、閻羅天子、太山府君、司命司録、五道大神、地獄冥官等、行道天王,當起慈悲,法有寬縱,可容一切罪人。慈孝男女,修齋造福,薦拔亡人,報生養之恩,七七修齋造像,以報父母,令得生天。	

(續 表)

	閻羅王授記經(A)	佛説十王經(B)	備 注
13	爾時閻羅法王白佛言：世尊，我當發使，乘黑馬，把黑幡，著黑衣，檢亡人家，造何功德，准名放牒，抽出罪人，不違誓願。伏願世尊，聽我檢齋十王名字： 第一七齋，秦廣王下。 第二七齋，宋帝王下。 第三七齋，初江王下。 第四七齋，五官王下。 第五七齋，閻羅王下。 第六七齋，變成王下。 第七七齋，太山王下。 百日齋，平正王下。 一年齋，都市王下。 三年齋，五道轉輪王下。	閻羅法王白佛言：世尊，我等諸王，皆當發使，乘黑馬，把黑幡，著黑衣，檢亡人家造何功德，准名放牒，抽出罪人，不違誓願。伏願世尊，聽我檢齋十王名字： 第一七日，過秦廣王。 第二七日，過初江王。 第三七日，過宋帝王。 第四七日，過五官王。 第五七日，過閻羅王。 第六七日，過變成王。 第七七日，過太山王。 第八百日，過平正王。 第九一年，過都市王。 第十三年，過五道轉輪王。	A本十王名字的表述和順序與B本不同。
14	爾時閻羅法王更廣勸信心，善男子，善女人等，努力修此，十王齋具足，免十惡五逆之罪，並得天王當令四大野叉王，守護此經，不令陷没。	十齋具足，免十惡罪，放其生天。我常使四大藥叉王，守護此經，不令陷没。	B本文意單一。A本作"野叉"或"夜叉"，B本作"藥叉"。
15	稽首世尊，獄中罪人，多是用三寶財物，並諸造惡業人，在此諸獄，受罪喧鬧，無億報諸信心，可自誡慎，勿犯三寶財物，業報難容。見此經者，應當修學，得離地獄之因。	稽首世尊，獄中罪人，多是用三寶財物，喧鬧受罪，識信之人，可自誡慎，勿犯三寶財物，業報難容。見此經者，應當修學。	
16	爾時琰魔羅法王歡喜頂禮，退坐一面。佛言：阿難，此經名為閻羅王授記令四衆預修生七及新亡人齋功德往生淨土經。汝等比丘、比丘尼、優婆塞、優婆夷、天龍八部鬼神諸菩薩等當奉持流傳國界，依教奉行。	爾時琰魔羅法王歡喜踊躍，頂禮佛足，退坐一面。佛言：此經名為閻羅王授記四衆預修生七往生淨土經。汝當流傳國界，依教奉行。	
17	閻羅王受記經	佛説十王經	

説明：

1. 使用材料以杜斗城先生《十王經》校録本為主。S.2489經文似正處兩類之間，由於兩可，故不納入比較之列。

2. 整理文先據《閻羅王授記經》校勘定稿，然後再參照《佛説十王經》中相對應文字校勘定稿。B本部分文字核校以黃岩靈石寺塔出土的《佛説預修十王生七經》(《佛説閻羅王授記四衆預修生七往生淨土經》)①嘉慶二十四年(1819)重慶理民仁里二甲劉瓚刊本《佛説預修生七往生淨土閻王經》。為避文煩，異文不再出注。

3. 標點與杜斗城先生校録本略有不同。

---

① 黃岩靈石寺《佛説預修十王生七經》資料承中國社科院世界宗教研究所研究員張總先生提供相關信息和資料。謹致謝忱！

(三)《閻羅王授記經》與《佛説十王經》的關係

在以往的研究中,有學者認爲《閻羅王授記經》(A 本)是《佛説十王經》(B 本)的删去讚文和圖的節略本①。從二者具體內容來看,這一説法並不能成立。

1.《閻羅王授記經》與《佛説十王經》意旨不同

表面上看,《佛説十王經》與《閻羅王授記經》存在相當多的共性。《十王經》稱:

> 若復有人修造此經,受持讀誦,捨命之後,不生三塗,不入一切諸大地獄。在生之日,殺父害母,破齋破戒,殺豬、牛、羊、雞、狗、毒虵,一切重罪,應入地獄,十劫五劫。若造此經及諸尊像,記在業鏡,閻王歡喜,判放其人生富貴家,免其罪過。

這段文字 A 本和 B 本雖然有個别詞區别明顯,但内容大同小異,均稱修造《十王經》及經中諸尊像有大功德。現存《十王經》題記表明,它們大都是修造《十王經》及諸尊像的産物,都屬於功德寫經,進一步顯示了它們之間的相似性。另外,從内容來看,《佛説十王經》與《閻羅王授記經》有相當一部分是相同的。如上表中 B 本第 4 節部分文字不見於現存 A 本,但從文意來看,應見於稍早的 A 本中。二者内容的互補,表明了它們之間確實存在某些共性。

但是,《閻羅王授記經》與《佛説十王經》之間仍然存在一定的差異。張總先生已經指出,敦煌本《十王經》"都有預修生七齋的内容"②,"此經還特别强調了活人爲自己也可以修七七齋,就是預修,其功德亦主要爲活人所得,這確是此經的根本特質"③。事實上,《閻羅王授記經》與《佛説十王經》的差異,確實主要就表現在對預修功德的强調程度上。

首先,上表中,A 本 7 節、8 節不見於 B 本的内容,都是强調預修功德的。其中"若是生在之日作此齋,名爲預修生七齋,七分功德,盡皆得之。若亡殁已後,男女六親眷屬爲作齋者,七分功德,亡人唯獲一分,六分生人將去,自種自得,非關他人與之",表明齋主做預修齋,可以獲得最大的功德。不過,凡 A 本中有關生人預修有大功德的相關文字,均不見於 B 本,而且 B 本文

---

① 蕭登福:《敦煌俗文學論叢》,臺北:臺灣商務印書館,1988 年,第 271—273 頁。
② 張總:《地藏信仰研究》,第 25 頁。
③ 張總:《地藏信仰研究》,第 26 頁。

字主要更與薦亡七七齋關係密切,說明雖然亦提到預修,但 B 本似更強調薦亡。

其次,上表中,A 本和 B 本第 13 節的文字表述存在明顯差異。從字面上看,A 本是"……齋,……王下"。B 本是"……日,過……王"。張總先生已經注意到這一差別①,但解釋尚不能釋惑。那麼,該如何理解二者的不同呢?

上表中,A 本 7 節有如下文字:

> 預修生七齋者,每月二時,十五日、卅日。若是新死,依一七計,至七七、百日、一年、三年,並須請此十王名字。每七有一王下檢察,必須做齋,功德有無,即報天曹地府,供養三寶,祈設十王,唱名納狀,奏上六曹官。善惡童子奏上天曹地府冥官等,記在名案。身到日時,當便配生快樂之處,不住中陰四十九日。身死已後,若待男女六親眷屬追救,命過十王。若闕一齋,乖在一王,並新死亡人,留連受苦,不得出生,遲滯一劫。是故勸汝,作此齋事。

B 本缺其中"十五日、卅日。若是新死,依一七計,至七七、百日、一年、三年,並須請此十王名字。每七有一王下檢察,必須做齋,功德有無,即報天曹地府"一段文字。結合這段文字理解上面 A 本和 B 本第 13 節的文字差異,可以看出,生七齋有兩種形式:一種是生時齋。某齋日某王下降,表明某七齋日某王來檢齋,目的是巡檢預修生七齋的功德。這一功德由善惡童子記在名案後,齋主身亡時,可以不需要住中陰,直接配生快樂之處。另一種是新死後的生七齋。佛教認爲,人新死後,需要處中陰四十九日。"中陰"又稱"中有""中蘊""中陰有",指人自死亡至再次受生期間的五蘊身②。處中陰的亡者,每七日要經過一王殿,具體是從初七至七七、百日、周年和三年,總共要過十王殿。如果亡者有眷屬爲其舉行齋供儀式,亡者即可因此善因而過一王殿。如果在過某一殿時亡者眷屬未替他設齋,就會被留滯在該殿,與其他新死亡人一同受苦,不得投生。故 B 本第 13 節"……日,過……王"的行文,是表明亡靈某日過某王所司的殿。這屬於死後齋的内容。也就是説,A 本和 B 本第 13 節的文字差異,清楚表明了 A 本主要用於預修齋(A

---

① 張總:《地藏信仰研究》,第 365 頁。
② 在《阿毗曇毗婆沙論》卷三十六、《鞞婆沙論》卷十四、《雜阿毗曇心論》卷十、《阿毗達磨俱舍論》卷九、《阿毗達磨俱舍釋論》卷六、《瑜伽師地論》卷一等經論中均有論述,由於内容較爲豐富,當另文詳細討論。

本第 16 節"及新亡人齋功德"數字,説明 A 本亦用於新亡齋),B 本則强調其用於薦亡齋的功能。

總之,A 本和 B 本第 13 節不同的文字表述,説明了 A 本偏重預修,而 B 本則傾向於薦亡,二者意旨不同。所謂 A 本爲 B 本節略本的看法,與經文文意不符。

2. 從《銷釋金剛經》看《佛説十王經》的屬性

《佛説十王經》第一篇讚文稱"因爲琰魔王授記,乃傳生七預修儀",表明它其實可以稱名爲《生七預修儀》,是用於舉行預修儀式的道場儀。《銷釋金剛經科儀》亦能證明這一點。

《銷釋金剛經科儀》是現在在雲南、福建等地仍然有人用來舉行薦亡法事的道場儀。目前有兩種本子收入《續藏經》。不論哪一種,都包括了鳩摩羅什譯《金剛經》全文。由於羅什譯本《金剛經》早就出現,故説《銷釋金剛經科儀》以《金剛經》爲依據編集而成,既符合歷史發展的規律,亦可以從兩者內容的比對得到印證。由於這非本書討論內容,當另作專文討論。總的來説,就經與科儀的關係來説,是先有經,後有科儀。

科儀雖然是配合經使用的,但亦可以單獨成本。如筆者已經整理出版的《銷釋金剛經科儀》①,就是没有包括經文而只有科儀的形式。正因爲經與科儀可以分開,所以如果有人要把一本經科合册分開的話,很容易做到經是經,科儀是科儀,而且內容不會混雜。

結合《佛説十王經》來説,可認爲該經是在《閻羅王授記經》基礎上出現的道場儀。如上表所示,《佛説十王經》與《閻羅王授記經》有大致相同的經文。如果《閻羅王授記經》是删節《佛説十王經》而成,則經文當與《佛説十王經》没有大的出入。但事實上,如上所説,《閻羅王授記經》中强調生世舉行預修齋供儀式的文字不見於《佛説十王經》,表明《閻羅王授記經》經文的內容與《佛説十王經》經文存在重大差異,《閻羅王授記經》不可能是删節《佛説十王經》成書。

另外,《佛説十王經》是道場儀,它不可能在經之前先出現。從《閻羅王授記經》與《佛説十王經》經文存在的共性來看,《佛説十王經》當是據《閻羅王授記經》編成的道場儀。

3. 藏川述《佛説十王經》試解

此前有人認爲藏川是《十王經》的作者。確切地説,藏川並非《閻羅王授記經》的作者,而只是《佛説十王經》的作者。

----

① 侯沖:《銷釋金剛經科儀》,方廣錩主編:《藏外佛教文獻》第六輯,第 315—359 頁。

從外在形式來看,《佛説十王經》與《閻羅王授記經》的主要區別,一是多出讚文及圖像,並有個別文字與《閻羅王授記經》略有不同;二是均有"成都府大聖慈寺沙門藏川述"的題署。由於讚文和有"藏川"二字的題署均僅出現在《佛説十王經》中,P. 2249v 和大理寫本《佛説十王經》中甚至還有"成都府大聖慈寺沙門藏川述讚"的題署,説明藏川與《佛説十王經》關係密切。

不過,《佛説十王經》與《閻羅王授記經》的主要差別不僅僅是有無讚偈。上面對兩種文本的比較表明,除比《閻羅王授記經》多了讚偈和圖像外,《佛説十王經》還對《閻羅王授記經》作了增減。具體來説,是將《閻羅王授記經》中強調預修功德的文字刪除,而保留了舉行生七薦亡儀式的文字。這種改編亦當與藏川有關。

所以,藏川並不只是像 P. 2249v 和大理寫本《佛説十王經》所署一樣,僅只是"述讚"。我們認爲,像宗鏡在《金剛經》基礎上編出《銷釋金剛科儀》一樣,藏川是將《閻羅王授記經》作了改編,編述出了"生七預修儀"《佛説十王經》。

總之,根據《閻羅王授記經》與《佛説十王經》異同的比較,結合《銷釋金剛科儀》的文本組合形式,可以看出《佛説十王經》是《閻羅王授記經》的改編,而改編者就是藏川。包括讚文和插圖的文本中均署"藏川述",部分抄本署"藏川述讚",是對藏川爲該書作者的肯定。

二、預修生七

毫無疑問,《十王經》與唐代以後盛行的七七齋有極爲密切的關係。不過,從佛經及對七七齋的記載和七七齋的歷史源流來看,《十王經》是在七七齋基礎上形成,又反過來影響了七七齋。具體地説,《十王經》是在七七齋的基礎上,加入了"預修"的觀念,提出了"預修生七"的思想。就《十王經》兩種文本而言,《閻羅王授記經》標誌著"預修生七"説的形成,而《佛説十王經》則完成了七七齋與西方淨土信仰的結合。

(一) 七七齋

七七齋的出現與佛教的中陰觀有關。宋釋道誠《釋氏要覽》卷下"累七齋"條解釋其原因説:

《瑜伽論》云:人死中有身,冥間化起一相,似身傳識,謂之中有。若未得生緣,極七日住。《中陰經》云:中有極壽七日。若有生緣,即不定。若極七日,必死而復生,如是展轉生死，乃至七七日住。自此已後，決定得生。又此中有七日死已，或於此類，由餘業可轉，中有種子，便於餘類中有生。今尋經旨，極善惡，無中有。既受中有身，即中下品善惡業也。故論云：餘業可轉也。如世七日七日齋福，是中有身，死生之際，以善追助，令中有種子，不轉生惡趣故。由是此日之福，不可闕怠也。①

"中有"即上文提到的"中陰"。指人死後到再次受生這段時間。在道誠看來，中有階段的壽命是七天，如果没有得到生緣，就會死而復生，直至四十九天以後，纔決定投生何處。如果這期間親屬爲亡者舉行齋供儀式，替亡者積福助善，亡者就可以得善生而不投轉三惡趣。

釋道誠的解釋有其經典依據。帛尸梨蜜多羅譯《灌頂經》卷十一《佛説灌頂隨願往生十方淨土經》説：

> 普廣菩薩語四輩言：……命終之人，在中陰中，身如小兒，罪福未定，應爲修福。願亡者神，使生十方無量刹土，承此功德，必得往生。②

爲中陰亡者神舉行修福齋供儀式，每七天一次，四十九天共七次，稱爲七七齋。在佛教傳入中國後，七七齋一直是中國佛教最流行的超度儀式。敦煌遺書中薦亡齋文往往有"俄經厶七""某七將至""某七俄臨""某七斯臨""某七俄屆""某七追念""某七追福"等文字，而且出現的頻率極高，均能説明這一點。

三七齋是七七齋的簡式，是較早流行的七七齋。南北朝時，劉宋沙門慧遠孝建二年(455)死後，"闔境爲設三七齋，起塔，塔今猶存"③。到了唐代，麟德二年(665)司元大夫崔義起妻身亡後，"家内爲夫人設三七日齋"④。均説明在唐初以前，三七齋作爲七七齋的一種形式，被用於薦亡儀式。

中陰修福，一七一齋，只有七齋。後來佛教引入儒家的祭祀觀念，在七七齋之外還舉行百日齋、小祥(周年)齋和大祥(三年)齋，加成十齋。宋宗鑒《釋門正統》卷四"若百日與夫大、小祥之類，皆托儒禮，因修出世之法

---

① 富世平：《釋氏要覽校注》，第540—541頁。
② 《大正藏》第21册，第529頁下。
③ 周叔迦、蘇晉仁：《法苑珠林校注》，第2808頁。
④ 周叔迦、蘇晉仁：《法苑珠林校注》，第2455—2456頁。按：道宣《集神州三寶感通録》卷下將此事繫於龍朔三年(663)。參見《大正藏》第52册，第430頁中。

耳"①。志磐《佛祖統紀》卷三十四"七七齋"條有述文說:"孔子曰:子生三年,然後免於父母之懷,故報以三年之喪。佛經云:人死七七,然後免於中陰之趣,故備乎齋七之法。至於今人百日、小祥、大祥有舉行佛事者,雖因儒家喪制之文,而能修釋門奉嚴之福,可不信哉!"②均證明了七齋之外的三齋與儒家喪制有關。儘管已超出七次,但仍稱七七齋。

七七齋當與三七齋一樣,在南北朝時已流行。據《北史》卷八十記載,信佛的胡國珍死後,"詔自始薨至七七,皆爲設千僧齋,齋令七人出家;百日設萬人齋,二七人出家"③。這是目前中國古代史籍中有關七七齋較早的記載。而且當時已經在百日設七七齋。

七七齋追薦的對象既包括俗人,亦包括僧人。《續高僧傳》卷二十五"法安傳"說:

> 時復有釋法濟者,通微知異僧也。……大業四年,忽辭上曰:"天命不常,復須後世。惟願弘護,荷負含生。"便爾坐卒。剃髮將殮,須臾髮生,長半寸許。帝曰:"禪師滅定,何得埋之?"索大鍾打之一月餘日,既不出定,身相如生。天子廢朝,百官素服,勅送于蔣州。吏力官給,行到設齋,物出所在。東都王公以下,爲造大幡四十萬口,日齋百僧。至于七七,人別日嚫二十五段,通計十餘萬匹。斯並荷其福力,故各傾散家珍云。④

在隋唐時期,這一情況繼續存在。如僧人玄琬(562—636)圓寂後,"暨於百日,特進蕭瑀、太府蕭璟、宗正李百藥、詹事杜正倫等,並親奉戒約,躬盡哀禮"⑤。圓仁的弟子惟曉會昌三年(843)死後,圓仁爲他先後舉行過三七、五七、七七和百日齋⑥。都是明證。

(二)佛經中的七七齋與預修

雖然七七齋在大部分中國古代文獻記載中都是以薦亡儀式的面目出現,但在佛經中,七七齋並不完全用於薦亡。而且,生前預修七七齋的功德得到較高的評價,薦亡齋的功德則不被看好。

---

① 《續藏經》第 75 册,第 307 頁上。
② 釋道法:《佛祖統紀校注》,第 753 頁。
③ 李延壽:《北史》,北京:中華書局,1974 年,第 2688 頁。
④ 道宣:《續高僧傳》,第 1016 頁。
⑤ 道宣:《續高僧傳》,第 865 頁。
⑥ 白化文等:《入唐求法巡禮行記校注》,第 424—433 頁。

目前最早提到七七齋的,當推東晉帛尸梨蜜多羅譯《灌頂經》。該經卷十二《佛說灌頂拔除過罪生死得度經》有文説:

> 救脱菩薩語阿難言:閻羅王者,主領世間名籍之記。若人爲惡,作諸非法,無孝順心,造作五逆,破滅三寶,無君臣法。又有衆生,不持五戒,不信正法,設有受者,多所毀犯。於是地下鬼神及伺候者,奏上五官,五官料簡,除死定生。或注録精神,未判是非。若已定者,奏上閻羅,閻羅監察,隨罪輕重,考而治之。世間痿黄之病,困篤不死,一絶一生,由其罪福未得料簡。録其精神在彼王所,或七日、二、三七日,乃至七七日,名籍定者,放其精神還其身中,如從夢中見其善惡。其人若明了者,信驗罪福。是故我今勸諸四輩,造續命神幡,然四十九燈,放諸生命。以此幡燈放生功德,拔彼精神,令得度苦,今世後世,不遭厄難。①

這裏主張七七日造幡燃燈,以其功德度衆生苦,讓其今世後生没有厄難。姚秦時譯爲漢文的《梵網經》亦説:

> 若疾病、國難、賊難,父母、兄弟、和上阿闍梨亡滅之日,及三七日乃至七七日,亦應讀誦講説大乘經律。齋會求福,行來治生。②

意在勸人於七七日舉行讀誦經律齋供儀式,目的是求福報,以利來生。

値得注意的是,上引經提到的修三七或修七七的背景,一是人活著時,如疾病、國難、賊難時;二是父母等新亡時。七七齋在生時舉行,亦見於《佛說灌頂隨願往生十方淨土經》。該經稱:

> 普廣菩薩復白佛言:若四輩男女善解法戒,知身如幻,精勤修習,行菩提道,未終之時,逆修三七,然燈續明,懸繒幡蓋,請召衆僧轉讀尊經,修諸福業,得福多不?佛言:普廣,其福無量,不可度量。隨心所願,獲其果實。③

明確了"逆修三七"是在未終之時的修齋建福。該經又説:

---

① 《大正藏》第21册,第535頁下—536頁上。
② 《大正藏》第24册,第1008頁中。
③ 《大正藏》第21册,第530頁上中。

> 普廣菩薩語四輩言：若人臨終未終之日，當爲燒香然燈續明，於塔寺中表刹之上，懸命過幡，轉讀尊經，竟三七日。所以然者，命終之人，在中陰中，身如小兒，罪福未定，應爲修福。願亡者神，使生十方無量刹土，承此功德，必得往生。亡者在世若有罪業，應墮八難，幡燈功德必得解脱。若善願應生，父母在異方，不得疾生，以幡燈功德，皆得疾生，無復留難。若得生已，當爲人作福德之子，不爲邪鬼之所得，便種族豪強，是故應修幡燈功德。①

意即在人臨死未死之時，如果爲他燒香燃燈，懸命過幡，誦讀佛經，舉行"逆修三七"二十一天的齋供儀式，其功德衆多：一是能讓在中陰的亡者往生；二是解除亡者在世所作罪業，不墮八難；三是亡者能很快到異方投生；四是亡者投生後，有福德，種族豪強。

總之，從佛經有關"逆修三七"的記述來看，七七齋既在"人臨終未終之日"舉行，亦在有人亡没之時舉行。逆修功德在經中得到充分的肯定。

（三）逆修生七與預修生七

大致在宋代以前，《佛説灌頂隨願往生十方淨土經》中最先出現的"逆修三七"被改稱爲"逆修生七"。宋道誠《釋氏要覽》卷下"預修齋七"條説：

> 《灌頂經》：普廣菩薩白佛言：若善男女，善解法戒，知身如幻，未終之時，逆修生七，然燈懸幡蓋，請僧轉念尊經，得福多否？佛言：其福無量。②

宗鑒《釋門正統》卷四③和志磐《佛祖統紀》卷三十四④亦引録了相近文字。

按照道誠、宗鑒等人的説法，"逆修生七"一詞最先見於《灌頂經》卷十一《佛説灌頂隨願往生淨土經》。不過，如上文所引，《灌頂經》中最先出現的是"逆修三七"而不是"逆修生七"。最先提出"逆修生七"的，是上文提到的《閻羅王授記經》。一則《閻羅王授記經》首題中，明確出現"修生七"或"逆修生七"；二則《閻羅王授記經》有文稱："爾時普廣菩薩言：若有善男子、善女人等，能修此十王逆修生七及亡人齋，得善神下來，禮敬凡夫。"這是

---

① 《大正藏》第 21 册，第 529 頁下。
② 富世平：《釋氏要覽校注》，第 543 頁。
③ 《續藏經》第 75 册，第 306 頁下。
④ 釋道法：《佛祖統紀校注》，第 753 頁。

佛經中唯一提到"逆修生七"的經文。

"逆修生七"就是預修生七。俄藏敦煌遺書 Дx. 143《閻羅王授記經》有文稱：

> 逆修齋者，在生之日，請佛延僧，設齋功德，無量無邊。亦請十王，請僧七七四十九人，俱在佛會，飲食供養及施所愛財物者，命終之日，十方諸佛，四十九僧作何證明。□罪生福，善惡童子悉皆歡喜，□便得生三十三天。①

說明逆修是生世預先舉行七七齋供儀式，是預修。在敦煌遺書 S. 5639+S. 5640 中，有"先修十王會""先修意"的齋文。從其内容為"預作前由"來看，"先修"即"預修"，則逆修有預修、先修等異名。關於"預修生七"，《閻羅王授記經》解釋説：

> 預修生七齋者，每月二時……供養三寶，祈設十王，唱名納狀，奏上六曹官。善惡童子奏上天曹地府冥官等，記在名案。身到日時，當便配生快樂之處，不住中陰四十九日。身死已後，若待男女六親眷屬追救，命過十王。若闕一齋，乖在一王，並新死亡人，留連受苦，不得出生，遲滯一劫。是故勸汝，作此齋事。

說明預修生七齋，就是活著的時候，按一七至七七的順序修齋，加上百日、一年、三年，共修十次齋。修完此齋，命終後可以既不住中陰四十九天，亦不需要其他人舉行追薦齋供儀式，就能不住十王殿而往生。

儘管有"逆修生七"和"預修生七"的不同叫法，但它們的所指相同，而且都強調預修七七齋。

（四）十王齋與淨土信仰

"逆修生七"是《閻羅王授記經》的創造。該經對後世齋供儀式的影響包括兩個方面：

一是將十王與七七齋結合起來，稱不僅七齋日有十王中的一王降世，在亡者百日、周年和三年，亦都分別有十王中的一王降下。由於先有七七齋，後有《閻羅王授記經》，故《閻羅王授記經》是在七七齋的基礎上編撰的。又由於該經最先將十王與七七齋結合起來，故該經可稱得上是後世十王齋的

---

① 據筆者所知，此段文字最先由党燕妮女史披揭。但此處錄文和標點，與她所錄略異。

淵藪。

二是將十王齋供儀式與預修結合起來。儘管強調預修的思想在上引《佛説灌頂隨願往生十方淨土經》等經中已經出現，但《閻羅王授記經》是最先將十王齋與預修結合起來的。

藏川根據《閻羅王授記經》改編成的《佛説十王經》，對後世亦有相當大的影響。其中最突出的是該經將七七齋與西方淨土信仰結合起來。

以齋供功德資益中陰亡者神識，或讓生人死後直接往生，是舉行七七齋的主要思想基礎。但究竟往生哪裏，諸書所説不同。如《佛説灌頂隨願往生十方淨土經》稱，此經可以"解除亡者無量罪厄，令過命者得生天上，隨心所願往生十方"①。説明能隨願往生的，既不是彌勒淨土，亦不是西方淨土，而是十方淨土。《閻羅王授記經》中，有經題"佛説閻羅王授記四衆逆修生七齋往生淨土經"，正文中亦有"閻羅王受（授）記令四衆預修生七齋功德往生淨土經""閻羅王授記四衆逆修生七往淨土經"等題名，但均未説明所生淨土是什麽淨土。只有在藏川編的《佛説十王經》中，纔對往生的具體所指作了説明。

現藏美國華盛頓弗利爾美術館的大理國寫本《佛説十王經》，卷首五行文字作：

    謹啓：諷《閻羅王預修生七往生淨土經》
    誓勸有緣，以五會啓經入讚
    念阿彌陀佛
    成都府大聖慈寺沙門藏川述讚
    佛説閻羅王授記四衆預修生七往生淨土經②

引文中的"五會"，即"五會念佛"，是被譽爲"善導後身"③的法照創的念佛法門。"諷《閻羅王預修生七往生淨土經》，誓勸有緣，以五會啓經入讚，念阿彌陀佛"一段文字，説明《佛説十王經》吸收了淨土宗的五會誦念法，十王信仰已開始與西方淨土信仰結合。同時，法照"五會念佛"創於唐大曆元年（766）④，意味著藏川將《閻羅王授記經》改編成《佛説十王經》的時

---

① 《大正藏》第 21 册，第 531 頁下。
② 圖版見《敦煌吐魯番研究》第五卷，圖版二。殘缺文字據敦煌寫本補足。
③ 宋王日休《龍舒增廣淨土文》卷五"善導"條末説："後有法照大師，即善導後身也。"見《大正藏》第 47 册，第 267 頁上。
④ 法照《淨土五會念佛略法事儀讚一卷（并序）》"五會念佛"題下有小注："梁漢沙門法照，大曆元年夏四月中起，自南岳彌陀臺般舟道場，依《無量壽經》作。"見《大正藏》第 47 册，第 476 頁上。

間在8世紀中葉之後。

總上可知,從現有經典來看,後世十王信仰中的淨土信仰,當始自《佛説十王經》。

第二節 《受生經》與填還寄庫

一、《受生經》文本及内容構成

(一)《受生經》文本分類

《受生經》又作《壽生經》①《佛説受生尊經》《佛説填還受生經》《受生福果真經》《受生福果尊經》等。主要包括序文、經文、十二相屬和疏文四個部分。經文又分爲《佛説受生經》和《解冤經》(或《延壽真言》和《滅五逆之罪經》)兩部分。從其内容來看,可以分爲金元本和明清本兩個不同的文本②。

1. 金元本

所謂金元本是指在黑水城文獻中發現的金代寫本和在雲南省大理州鳳儀北湯天董氏宗祠藏元末明初寫本。

(1) 黑水城本

黑水城本見於俄羅斯藏黑水城文獻中。該文本與《演(寅)朝禮》《梁武懺》等合抄在一起,編號爲A32。收入《俄藏黑水城文獻》第5册。《俄藏黑水城文獻》第6册《附録·敍録》説:

---

① 從經意來説,"壽"字訛。故除引録原文外,下文統一作"受生經"而不作"壽生經"。
② 佛經中雖然多次提到過《受生經》,但均與本書所説的《受生經》無關。如真諦譯《四諦論》説:"復次生有多種,謂柯羅等胎位差別,乃至出胎。如《受生經》説。"(《大正藏》第32册,第381頁中)所説《受生經》無考。李通玄撰《略釋新華嚴經修行次第決疑論》卷四中出現過"菩薩受生經"一詞(《大正藏》第36册,第1044頁下),爲"菩薩受生海經"之誤(參見《大正藏》第10册,第401頁下;《續藏經》第4册,第733頁中)。《法苑珠林》卷六十五和《諸經要集》卷八引述過"受生經"(《大正藏》第53册,第783頁下;第54册,第73頁中),但從其所引内容來看,此"受生經"實際上是指竺法護譯《生經》(《大正藏》第3册,第96頁上),爲本生經之一種(吳言生《〈西遊記〉佛經篇目及"多心經"稱謂考辨》以爲此《受生經》即《西遊記》即本書所説《受生經》,失考。吳文載《世界宗教研究》2003年第4期)。另外還有《五道受生經》,不僅經名不同,内容亦不一樣(參見《大正藏》第53册,第812頁下;第54册,第121頁下—122頁上)。因此,佛經中提到的《受生經》,即清弘贊《六道集》卷四稱"藏中昔有《受生經》,乃説釋迦如來往劫爲鼈王,救商人難,非今僞造支干,生人還受生錢者"(《續藏經》,第88册,第159頁下)。而本書所説,則正是弘贊所説"僞造支干,生人還受生錢"的《受生經》。從現北宋法事文書來看,宋代的《壽(受)生經》與金元本和明清本内容略有出入。由於未見傳本,暫不作討論。

A32　　1. 演朝禮一本　2. 梁武懺　3. 陰思鬼限　4. 推定兒女法　5. 佛説壽生經　6. 延壽真言　7. 大金國陝西路某告冥司許欠往生錢折看經品目牒

　　孟黑錄 278

　　金寫本。綫訂册頁裝。未染麻紙。共 37 個整頁,4 個半頁。高 18.5,半頁寬 9.3。楷書,硬筆,墨色有濃淡。

　　……5. 佛説壽生經。共 11 個整頁,1 個半頁。每半頁 4 行,行 11 字。有序、首題、尾題。6. 延壽真言。共半頁餘。7 行,行 11 字。有首題。提及天羅咒、地羅咒、日月黄羅咒等。7. 大金國陝西路某告冥司許欠往生錢折看經品目牒。共 10 個整頁,1 個半頁。前 6 頁,每半頁 6—9 行不等,行 19 字。後 4 頁半,每半頁 4 行,行 12 字。有校補字。前 6 整頁依干支記第十二日欠錢若干萬千貫,折看經若干卷第幾庫,並寫上曹官姓氏。其中有六處干支順序偶有顛倒。所列曹官姓氏 12 組,每組 5 姓：□、?、尹、李、孟；田、周、崔、吉、(缺一)；馬、郭、毛、杜、崔；柳、許、宋、張、王；董、賈、馮、劉、程；楊、程、曹、高、裏；牛、蕭、吏、陳、孔；卞、宋、常、(漏一)、來；呂、何、胡、柴、苗；安、(無姓)、孫、丁、申；井、嗇、左、辛、彭；成、卜、石、吉、(漏一)。後 4 整頁半爲題記。前 20 行敬告冥司諸神百官,"聊備香茶酒果盤送,伏望領納照察",下云："據南贍部州(洲)修羅管界,大金國陝西路今月日狀告,伏爲北斗星君爲主,緣當生岸於冥司。本命庫中許欠往生錢,效令得爲人,不昧忠心,用伸醮還。依准聖教,《金剛經》一卷,折錢三千貫,謹捨血汗之財,專詣爲自請看《金剛經》,數焚香,並啓轉誦金文,准將冥債並列品目,如後相人元欠往生錢貫文,將納《金剛般若波羅蜜經》卷並已數足。曹官曹納,杜弟□□收單牒具如前。所據□依□歿,折經寄庫等事,並生在等事,須牒冥司主者,到請照驗,判官分上魔消(下缺)。①

　　敍錄將《佛説壽生經》分作佛説壽生經、延壽真言、大金國陝西路某告冥司許欠往生錢折看經品目牒三個部分,似以爲它們是沒有關係的部分。參考明清本,可知這三個部分同屬《受生經》,並不能分開。敍錄的識錄文字有不少錯誤。如上引文中,"往生"當作"注生","岸"當作"年","效令"當作"數,今","並"當作"開","准將"當作"准折","列"當作"開列","將納"當作"折納","魔消"當作"應消"。由其中"大金國陝西路今月日狀告"等文

---

① 《俄藏黑水城文獻》第 6 册,《附錄·敍錄》,第 42—43 頁。

字,可知此《受生經》爲金(1115—1234)寫本。在筆者所見各個版本中,以此本時間最早。

(2)北湯天本

該本 2017 年 2 月纔在雲南省圖書館藏鳳儀北湯天經卷中發現。書寫於元刊《普寧藏》集一《弘明集》卷一第 20—22 紙殘頁背面。殘存十三個半頁。內容包括十二相屬所欠受生錢數和燒本命錢◇文式,有十二生肖圖,文字與黑水城本多相同,可以看出爲同一系統。由於這批經卷是洪武十七年前後纔被大理趙州著名佛教居士董賢攜至北湯天,故抄寫時間亦當在此之前。由於已經有用省略字來表達的方式,推測其至少元代已經流行。

2. 明清本

明清本是指明清時期流行的各種抄本或刊本《受生經》。這些不同版本的《受生經》一方面是名字不盡相同,另一方面是文本內容大同小異,但與金元本又有明顯區別,故將它們統稱爲明清本。明清本有入藏本、圖書館藏本和民間流通本。

(1)入藏本

《嘉興藏》和《續藏經》中都在《佛説大藏正教血盆經》之後,收錄了明清本的經文。但《續藏經》僅錄《佛説壽生經》經文,無序、十二相屬和疏文。《嘉興藏》本則無序①。

(2)圖書館藏本

圖書館藏本,目前所見有中國國家圖書館藏本和甘肅省麥積山石窟藝術研究所藏本。先説中國國家圖書館藏本。

中國國家圖書館所藏《受生經》兩種,均爲明刊本,經折裝,而且均殘缺。茲分爲 A 本和 B 本介紹如下:

A 本:首存尾殘,封皮署"連相壽生經",卷首有扉畫,畫中刻有兩段文字:

> 此乃對世尊而前燒,奏生前過,生前債還足冥司,至於自亡,不墮阿毗,却得人身,看經折還足。
>
> 此乃看《金剛經》與《受生經》,折還生前所欠下冥司受生錢債。看此《受生經》,感經中十地菩薩現。

行 16 字。內容包括《佛説壽生經序》《佛説壽生經》,但經文僅存第一行"正

---

① 《明嘉興大藏經》第 19 册,臺北:新文豐出版公司,1987 年,第 164—166 頁。

觀十三年,有唐三藏法師往西天求教"計 16 字。

B 本:首殘尾全,行 15 字。内容包括經文、十二相屬和疏文。經文首行作"佛說壽生經。即說咒曰:天羅咒",因字間有空,故只有 12 字。十二相屬依十二生肖的順序排列,每一相屬上,都有一星官像和"×(從子至癸)生相"三字,以及該生相生人所欠受生錢數等内容。疏文後有韋馱像。後又有題刻:

> 大明國京都奉佛信官陸德首等謹發誠心命工重刊大乘諸品經咒,印施流通十方,受持讀誦,見聞隨喜,共證菩提。上報四恩,下資三有。法界有情,同圓種智。天順七年(1463)十月十一日刊施。

根據題記可知,此本爲天順刊本。在有確切年代的明清本中,以此本年代最早。

再説甘肅省麥積山石窟藝術研究所藏本。天啓七年(1627),四川敍州府隆昌縣知事黔南胡獻琛捐俸覓匠刊《金剛般若波羅蜜注解尊經全部》(又名《注釋金剛般若波羅蜜經》)一册。清康熙三十二年(1693),抄經生員周隆盛抄寫了此刊本,並在抄完《注釋金剛般若波羅蜜經》後,又抄有《十齋素念佛式》《佛説受生尊經》《受生欠錢數》等内容。這是金元本後内容包括序、經文、納疏和受生欠錢數等的、爲數不多的題"受生"而非"壽生"的《受生經》。此清抄本今藏甘肅省麥積山石窟藝術研究所①。

(3) 民間流通本

所謂民間流通本,指未收入藏經和未爲圖書館收藏,但在民間流傳的《受生經》。民間流通本形式多樣,有刊本、抄本,内容多少也不一,但有基本的經文則是共同的。民間流通本在大部分清代《禪門課誦》中均收録,並在民間還有多種傳抄本和刊本。筆者已對所藏三種舊抄本作過敍録②。王熙遠先生敍録並輯録了所見本經文③。胡天成等稱之爲"受生福果真經",引録了其中的部分文字④。筆者所見另有名作"受生福果尊經"的抄本。儘管不少民間流通本只有經文而沒有十二相屬和疏文,相互之間文字也略有不

---

① 此抄本承李曉紅研究員提供照片。謹致謝忱!
② 侯沖:《雲南阿吒力教經典研究》,第 200—201 頁。
③ 王熙遠:《桂西秘密宗教研究》,第 130、488—490 頁。
④ 胡天成主編:《民間祭禮與儀式戲劇》,第 752 頁。從所録來看,内容似與明清本略有出入,甚至包括不見於《受生經》的内容(參見第 699 頁)。由於未見該本内容,本書暫不作討論。

同,但總體框架相同則是統一的①。

(二)《受生經》文本

1. 文本釋文

爲方便了解,兹將金元本和明清本分別整理,列表對照如下:

表6-2 《受生經》金元本與明清本比較表

要目	金 元 本	明 清 本
佛説受生經序	右伏以人生在世,陰司所注,叨居幻化之中,得處人倫之内。且夕以六塵牽率,役役而四序推移。今因覺悟之心,喜遇真詮之教。授持者福祐加臨,讀誦者永除災障。經云:南贍部州衆生惣居十二相屬,受生來時,懸欠下本命受生錢數。若今生還足,再世即得爲人,無苦有樂。若世不還,墜墮冥儔,後生惡道。設得爲人,貧窮諸衰,有苦無樂。所以佛運慈悲,轉經以還,此不妙哉?	伏以人生在世,陰司所注,叨居幻化之中,得處人倫之内。且夕以六塵牽率,役役而四序推移。今因覺悟之心,得逢聖教,喜遇真詮。謹按《受生經》云:南贍部洲衆生並屬冥司,總居十二相屬生下,懸欠冥司受生錢數。若人今生還足,必得三世爲人,受福無量,永不失人身。若人一世還納不足,萬劫不逢人身。此經傳在世間,若人書寫受持,增福延壽。_{大唐三藏}往西天求教,得諸經,内有《受生經》,傳於世間,甚有益。
佛説受生經	如是我聞。一時佛在毗耶離城音樂樹下,與八千比丘諸菩薩四衆等,説利益法門。爾時,阿難曲躬合掌而白佛言:世尊,南贍部州衆生,有貴有賤,有貧有富,有壽有夭,此等不知因何所致?惟願世尊,分別解説。佛告阿難:南贍部州衆生受生來時,各於十二相屬五等庫下,借訖本命受生錢數。省記者還訖元錢,作諸善事,得貴得富得壽。若不還冥債,不種善根,得貧得賤得夭。阿難白佛言:富貴之人以錢還納,貧窮之人時何還納。佛言:吾有妙法,貧窮之人無錢還納,以轉《金剛經》,亦令折還	貞觀十三年,有唐三藏法師往西天求教。因檢大藏經,見《受生經》一卷,有十二相屬,南贍部洲生下爲人。先於冥司下,各借受生錢,有注命官衹揖人道,見今庫藏空閑,催南贍部洲衆生交納受生錢。 阿難又問:世尊,南贍部洲衆生,多有大願,不能納得。 佛言道:教看《金剛經》《受生經》,能折本命錢爲衹證,經力甚大。若有衆生不納受生錢,睡中驚恐,眠夢顛倒,三魂杳杳,七魄幽幽,微生空中,共亡人語話相逐,攝人魂魄,减人精神,爲欠受生錢。

---

① 另據介紹,《佛説壽生經》在日本至少還有元和間(1615—1624)活字刊本(參見王勇譯,[日]岡雅彦撰:《古活字版〈曾我物語〉的"拼繪"——日本活版插圖的一種嘗試》,《文獻》2003年第1期)和京都建仁寺兩足院藏萬曆三年羅州錦城山刊本(參見 http: kanji. zinbun. kyoto-u. ac. jpkanseki?record = dataFA019705taggedCard8307785. dat&back = 1,或 http: kanji. zinbun. kyoto-u. ac. jpkanseki?record = dataFA019705tagged0411022. dat&back = 1)。由於無緣查訪,詳情待考。

(續 表)

要目	金 元 本	明 清 本
佛説受生經	錢數。若善男子、善女人，生實善心者轉經文，兩得利益，貴富壽長之因也。若居貧窮，無有善心，不還冥債，不轉經文者，睡中驚恐，夢異不祥，魂離魄亂，時與亡人語話。 又有一十八種橫災，一者遠路陂泊，惡人窺箅災；二者曠野雷響風雨災；三者渡河片江落塌災；四者□…□；五者火光無避災；六者身現血光災；七者淹廷瘆病災；八者大風癲病災；九者咽喉閉塞災；十者墮崖落馬災；十一者中毒車碾災；十二者蟲咬刀傷災；十三者邪鬼魅惑災；十四者刑獄杖楚災；十五者卒中暴疾災；十六者惡人連戾災；十七者投井自繫災；十八者官事纏遶災。若人還納了受生錢者，免上件一十八種橫災。 又得十大菩薩常行擁護。其名曰：長壽王菩薩摩訶薩，延壽王菩薩摩訶薩，增福壽菩薩摩訶薩，除障菩薩摩訶薩，觀世音菩薩摩訶薩，長安樂菩薩摩訶薩，長歡喜菩薩摩訶薩，解冤結菩薩摩訶薩，福壽王菩薩摩訶薩，地藏王菩薩摩訶薩。 佛告阿難：若善男子、善女人，看轉經文，還納了受生錢，得長命富貴。又得十大菩薩之所護持，亦得一切諸星福耀，本命元神，家宅土地，降吉迎祥。又有金星、木星、水星、火星、土星、太陽星、太陰星、羅睺星、計都星、紫炁星、日字星、行年星、注禄星等，除災興福。或有前生冤業，宿世惡緣，悉皆消滅，四時有度，八節無災。焚燒納受生錢時，分明開説，漏貫薄小，納在庫中，庫官收付。至百年命終之後，七七已前，更燒取受生錢經，兼救三世父母，七代先亡，九族冤魂，皆得生天。儒流道士，僧尼女冠，貴賤俗輩，還訖受生錢	若有善男子、善女人破旁，納得受生錢，免得身邊一十八般橫災：第一遠路陂泊內，被惡人窺算之災；第二遠路風雹雨打之災；第三過江度河落水之災；第四墻倒屋塌之災；第五火光之災；第六血光之災；第七勞病之災；第八疥癩之災；第九咽喉閉塞之災；第十落馬傷人之災；第十一車碾之災；第十二破傷風死之災；第十三產難之災；第十四橫死之災；第十五卒中風病之災；第十六天行時氣之災；第十七投井自繫之災；第十八官事口舌之災。若有善男子、善女人，納得受生錢，免了身邊一十八般橫災。若有人不納不折受生錢，後世爲人，多注貧賤，壽命不長，丑陋不堪，多饒殘疾。但看注《壽生經》，又名《受生經》，真經不虛，除了身邊災，免了身邊禍。 又説十地菩薩：長壽王菩薩摩訶薩，延壽王菩薩摩訶薩，增福壽菩薩摩訶薩，消災障菩薩摩訶薩，救苦難觀世音菩薩摩訶薩，長安樂菩薩摩訶薩，長歡喜菩薩摩訶薩，解冤結菩薩摩訶薩，福壽王菩薩摩訶薩，延壽長菩薩摩訶薩。本宅龍神土地罪消滅，滿宅家眷罪消滅，惡口浪舌罪消滅，殺生害命罪消滅，前生冤業罪消滅，今生冤業罪消滅，前生父母罪消滅，今生父母罪消滅。 又説災星：金星、木星、水星、火星、土星、太陽星、太陰星、羅睺星、計都星、紫炁星、月孛星。懺悔已後，願災星不照，福曜長臨，四時無病，八節無災。 若有善男子、善女人，早納受生錢，分明解説，漏貫薄小，納在庫中，庫官收付。至百年命終之後，七七已前，早燒取《受生經》，救度三世父母，七代先亡，九族冤魂，皆得生天。儒流學士，僧尼道俗，或貴或賤，若有善男子、善女人，今生早燒受生錢，三世富貴。今生不燒，三世貧

（續　表）

要目	金元本	明清本
佛説受生經	者，受生三世富貴。不還受生錢，不看《受生經》者，難得人身。若得爲人，癃殘醜陋，揢挃盲聾，衣不蔽形，食不充口，人所惡見，不能自在。 佛言：若聽吾語，信我説者，如前所指，皆實不虛。 時諸天龍、人非人等，聞佛所説，涕淚悲泣，作禮而去。 佛説受生經	賤，後世難得人身。縱得爲人，瘸手瘸足，無目跛腰，瘂聾瘖瘂，衣不蓋形，食不充口，被人輕賤。若早燒受生錢，注衣注食，注命注祿。 本命星官，本命判官，修羅王事，天龍八部，聞佛所説，皆大歡喜，信受奉行。 佛説受生經
解冤經	延壽真言：天羅咒，地羅咒，日月黄羅咒。一切冤家離我身，摩訶般若波羅蜜。一解冤經，二延壽真言，三滅五逆之罪。誦此經，免地獄之罪，便得生天不虛矣。	即説咒曰：天羅咒，地羅咒，日月黄羅咒。一切冤家離我身，摩訶般若波羅蜜。一解冤經，二延壽真言，三滅五逆之罪。誦此經，免地獄之罪，便得生天不虛矣。
十二相屬	子生相 甲子，欠錢五萬三千貫，看經十七卷，納第三庫，曹官姓□。 丙子，欠錢七萬三千貫，看經二十四卷，納第九庫，曹官姓王。 戊子，欠錢六萬三千貫，看經二十一卷，納第六庫，曹官姓尹。 庚子，欠錢十一萬貫，看經三十五卷，納第九庫，曹官姓李。 壬子，欠錢七萬貫，看經二十二卷，納第三庫，曹官姓孟。 乙丑，欠錢二十八萬貫，看經九十四卷，納第十三庫，曹官姓田。 己丑欠錢八萬貫，看經二十五卷，納第七庫，曹官姓周。 丁丑，欠錢四萬貫，看經一十五卷，納第三庫，曹官姓崔。 辛丑，欠錢十一萬貫，看經三十六卷，納第十八庫，曹官姓吉。 癸丑，欠錢二萬七千貫，看經一十卷，納第八庫，曹官姓□。 丙寅，欠錢八萬貫，看經二十六卷，納第十庫，曹官姓馬。 戊寅，欠錢六萬貫，看經二十卷，納第十一庫，曹官姓郭。	六十甲子十二生相 甲子，欠錢五萬三千貫，看經一十八卷，納第三庫，曹官姓元。 丙子，欠錢七萬三千貫，看經二十五卷，納第九庫，曹官姓王。 戊子，欠錢六萬三千貫，看經二十一卷，納第六庫，曹官姓伍。 庚子，欠錢十一萬貫，看經三十七卷，納第九庫，曹官姓李。 壬子，欠錢七萬貫，看經二十四卷，納第三庫，曹官姓孟。 丑生相 乙丑，欠錢二十八萬貫，看經九十四卷，納第十三庫，曹官姓田。 丁丑，欠錢四萬二千貫，看經一十五卷，納第三庫，曹官姓崔。 己丑，欠錢八萬貫，看經二十七卷，納第七庫，曹官姓周。 辛丑，欠錢十一萬貫，看經三十七卷，納第十八庫，曹官姓吉。 癸丑，欠錢二萬七千貫，看經十卷，納第八庫，曹官姓唐。 寅生相 甲寅，欠錢三萬三千貫，看經一十一卷，納第十一庫，曹官姓杜。 丙寅，欠錢八萬貫，看經二十七卷，納第十庫，曹官姓馬。

(續　表)

要目	金　元　本	明　清　本
十二相屬	庚寅,欠錢五萬一千貫,看經十八卷,納第十五庫,曹官姓毛。 甲寅,欠錢三萬三千貫,看經十一卷,納第十三庫,曹官姓杜。 壬寅,欠錢九萬六千貫,看經三十一卷,納第十三庫,曹官姓崔。 乙卯,欠錢八萬貫,看經二十六卷,納第十八庫,曹官姓柳。 丁卯,欠錢二萬三千貫,看經九卷,納第十一庫,曹官姓許。 己卯,欠錢八萬貫,看經二十五卷,納第二十六庫,曹官姓宋。 辛卯,欠錢八萬貫,看經二十六卷,納第四庫,曹官姓張。 癸卯,欠錢二萬二千貫,看經八卷,納第二十庫,曹官姓王。 甲辰,欠錢二萬九千貫,看經一十卷,納第九庫,曹官姓董。 丙辰,欠錢三萬二千貫,看經一十一卷,納第三十五庫,曹官姓賈。 戊辰,欠錢五萬二千貫,看經十八卷,納第四庫,曹官姓馮。 庚辰,欠錢五萬七千貫,看經十九卷,納第二十四庫,曹官姓劉。 壬辰,欠錢四萬五千貫,看經十五卷,納第一庫,曹官姓程。 乙巳,欠錢九萬貫,看經三十卷,納第十一庫,曹官姓楊。 丁巳,欠錢七萬貫,看經二十三卷,納第十六庫,曹官姓程。 己巳,欠錢七萬二千貫,看經二十四卷,納第三十一庫,曹官姓曹。 辛巳,欠錢五萬七千貫,看經十九卷,納第二十七庫,曹官姓高。 癸巳,欠錢三萬七千貫,看經十三卷,納第十五庫,曹官姓卜。 甲午,欠錢四萬貫,看經十三卷,納第二十一庫,曹官姓牛。	戊寅,欠錢六萬貫,看經二十卷,納第十一庫,曹官姓郭。 庚寅,欠錢五萬一千貫,看經一八卷,納第十五庫,曹官姓毛。 壬寅,欠錢九萬六千貫,看經三十一卷,納第十一庫,曹官姓施。 卯生相 乙卯,欠錢八萬貫,看經二十七卷,納第十八庫,曹官姓柳。 丁卯,欠錢二萬三千貫,看經九卷,納第十一庫,曹官姓許。 己卯,欠錢八萬貫,看經二十七卷,納第二十六庫,曹官姓宋。 辛卯,欠錢八萬貫,看經二十七卷,納第四庫,曹官姓張。 癸卯,欠錢三萬三千貫,看經一十一卷,納第二十二庫,曹官姓王。 辰生相 甲辰,欠錢二萬九千貫,看經一十卷,納第十九庫,曹官姓董。 丙辰,欠錢三萬二千貫,看經十一卷,納第三十三庫,曹官姓賈。 戊辰,欠錢五萬四千貫,看經一十八卷,納第十四庫,曹官姓馮。 庚辰,欠錢五萬七千貫,看經一十九卷,納第二十四庫,曹官姓劉。 壬辰,欠錢四萬五千貫,看經一十五卷,納第一庫,曹官姓趙。 巳生相 乙巳,欠錢九萬貫,看經三十卷,納第二十一庫,曹官姓楊。 丁巳,欠錢七萬貫,看經二十四卷,納十六庫,曹官姓程。 己巳,欠錢七萬二千貫,看經二十四卷,納第二十一庫,曹官姓曹。 辛巳,欠錢五萬七千貫,看經一十九卷,納第三十七庫,曹官姓高。 癸巳,欠錢三萬九千貫,看經一十三卷,納第五十庫,曹官姓卜。 午生相 甲午,欠錢四萬貫,看經一十四卷,納第二十一庫,曹官姓牛。

(續　表)

要目	金　元　本	明　清　本
十二相屬	丙午,欠錢三萬三千貫,看經十二卷,納第六庫,曹官姓蕭。 戊午,欠錢九萬貫,看經三十卷,納第三十九庫,曹官姓吏。 庚午,欠錢六萬二千貫,看經二十一卷,納第四十三庫,曹官姓陳。 壬午,欠錢七萬貫,看經二十三卷,納第三十九庫,曹官姓孔。 己未,欠錢四萬三千貫,看經十五卷,納第五庫,曹官姓卞。 丁未,欠錢九萬一千貫,看經二十九卷,納第五十二庫,曹官姓宋。 辛未,欠錢十萬二千貫,看經三十三卷,納第五十九庫,曹官姓常。 乙未,欠錢四萬貫,看經十三卷,納第五十一庫,曹官姓□。 癸未,欠錢五萬二千貫,看經十七卷,納第四十九庫,曹官姓朱。 甲申,欠錢七萬貫,看經十七卷,納第十六庫,曹官姓呂。 丙申,欠錢三萬三千貫,看經十一卷,納第二十七庫,曹官姓何。 庚申,欠錢六萬一千貫,看經二十一卷,納第四十二庫,曹官姓胡。 戊申,欠錢八萬貫,看經二十六卷,納第五十八庫,曹官姓柴。 壬申,欠錢四萬二千貫,看經十四卷,納第十九庫,曹官姓苗。 乙酉,欠錢四萬貫,看經一十四卷,納第二庫,曹官姓安。 丁酉,欠錢十七萬貫,看經四十八卷,納第二十九庫,曹官姓無姓。 己酉,欠錢九萬貫,看經二十九卷,納第二十二庫,曹官姓孫。 辛酉,欠錢三萬七千貫,看經十三卷,納第十五庫,曹官姓丁。 癸酉,欠錢五萬貫,看經一十六卷,納第十二庫,曹官姓申。	丙午,欠錢五萬三千貫,看經一十八卷,納第六十庫,曹官姓蕭。 戊午,欠錢九萬貫,看經三十卷,納第三十九庫,曹官姓史。 庚午,欠錢六萬二千貫,看經二十一卷,納第四十二庫,曹官姓陳。 壬午,欠錢七萬貫,看經二十四卷,納第四十四庫,曹官姓孔。 未生相 乙未,欠錢四萬貫,看經一十四卷,納第五十一庫,曹官姓皇。 丁未,欠錢九萬一千貫,看經三十一卷,納第五十二庫,曹官姓朱。 己未,欠錢四萬三千貫,看經一十五卷,納第五庫,曹官姓卞。 辛未,欠錢一十萬二千貫,看經四十三卷,納第五十九庫,曹官姓常。 癸未,欠錢五萬二千貫,看經一十八卷,納第四十九庫,曹官姓朱。 申生相 甲申,欠錢七萬貫,看經二十四卷,納第五十六庫,曹官姓呂。 丙申,欠錢三萬三千貫,看經一十一卷,納第五十七庫,曹官姓鈕。 戊申,欠錢八萬貫,看經三十六卷,納第五十八庫,曹官姓柴。 庚申,欠錢六萬一千貫,看經二十一卷,納第四十二庫,曹官姓胡。 壬申,欠錢四萬二千貫,看經一十四卷,納第四十九庫,曹官姓王。 酉生相 乙酉,欠錢四萬貫,看經一十五卷,納第二庫,曹官姓安。 丁酉,欠錢一十七萬貫,看經四十八卷,納第二十九庫,曹官姓闕。 己酉,欠錢九萬貫,看經三十卷,納第二十二庫,曹官姓孫。 辛酉,欠錢二萬七千貫,看經十二卷,納第十五庫,曹官姓丁。 癸酉,欠錢三萬貫,看經一十七卷,納第十二庫,曹官姓申。 戌生相

（續 表）

要目	金 元 本	明 清 本
十二相屬	甲戌,欠錢二萬五千貫,看經九卷,納第二十七庫,曹官姓井。 戊戌,欠錢四萬二千貫,看經十四卷,納第三十六庫,曹官姓晉。 丙戌,欠錢八萬貫,看經二十五卷,納第三庫,曹官姓左。 庚戌,欠錢十一萬貫,看經三十五卷,納第二庫,曹官姓辛。 壬戌,欠錢七萬二千貫,看經二十五卷,納第四十庫,曹官姓彭。 乙亥,欠錢四萬八千貫,看經一十六卷,納第四十二庫,曹官姓成。 己亥,欠錢七萬二千貫,看經□□□卷,納第五十庫,曹官姓卜。 辛亥,欠錢十萬一千貫,看經三十三卷,納第四十庫,曹官姓石。 丁亥,欠錢三萬九千貫,看經十三卷,納第四十庫,曹官姓吉。 癸亥,欠錢七萬五千貫,看經二十四卷,納第四十三庫,曹官姓肛。	甲戌,欠錢二萬七千貫,看經九卷,納第十七庫,曹官姓井。 丙戌,欠錢八萬貫,看經二十七卷,納第三庫,曹官姓左。 戊戌,欠錢四萬二千貫,看經一十四卷,納第三十六庫,曹官姓晉。 庚戌,欠錢十一萬貫,看經三十七卷,納第二庫,曹官姓辛。 壬戌,欠錢七萬二千貫,看經二十四卷,納第四十庫,曹官姓彭。 亥生相 乙亥,欠錢四萬八千貫,看經十六卷,納第四十二庫,曹官姓成。 丁亥,欠錢三萬九千貫,看經十三卷,納第四十庫,曹官姓吉。 己亥,欠錢七萬二千貫,看經二十四卷,納第五十庫,曹官姓卜。 辛亥,欠錢七萬一千貫,看經三十五卷,納第四十庫,曹官姓丁。 癸亥,欠錢七萬五千貫,看經三十九卷,納第四十三庫,曹官姓仇。
疏文	奉填還,謹專上獻本命星官、天曹真君、地府真君、善部童子、惡部童子、宅神土地、五道將軍、家豢大王、水草將軍、本庫官、命禄官、福禄官、財禄官、衣禄官、食禄官、錢禄官。已上星官,銀錢各一百貫文。 右某謹依科典,所有經疏、銀錢貫百分明,右錢明衣頭怗不除頭,內有破損漏貫,並是打紙殼錢人之當,無干燒奏人之事,謹專獻上諸神百官。唯願燒醮已後,合家吉,四時無小小之災,八節有多多之慶。虔誠發祈謝之心,願早降吉祥之路,願表丹誠,俯垂福祐。 今者仰備香、茶、酒、菓、盤筵,伏望領納照察。謹具奏聞,燒奏十二相屬本命錢,醮還冥債。所牒據南贍部州修羅管界大金國陝西路今月日狀告,伏爲北斗星君爲主緣,當生年,於冥司本命庫中,	奉填還,謹專獻上天曹真君、地府真君、本命元神、本命星官、善部童子、惡部童子、宅神土地、五道將軍、家豢大王、水草將軍、福禄官、財禄官、衣禄官、食禄官、錢禄官、命禄官、本庫官。已上星官,銀錢各一百貫文。 右某謹依科典,所有經疏,謹專獻上諸神百官。惟願燒醮已後,闔家安吉,四時無纖小之災,八節有泰來之慶。虔誠祈禱,願賜禎祥。今者謹備香茶果盤筵奉,伏望領納,照察經文,准折冥債。疏。

(續　表)

要目	金　元　本	明　清　本
疏文	許欠注生錢數，今得爲人，不昧忠心，用伸醮還。依准聖教，《金剛經》一卷，折錢三千貫，謹捨血汗之財，專詣爲自請看《金剛經》數，焚香開啓，轉誦金文，准折冥債，開列品目如後，相人元欠注生錢貫文，折納《金剛般若波羅蜜經》卷，並已數足，曹官曹納杜弟□…□所據□…□折經寄庫等事，開生在前，事須牒冥司主者，到請照驗，判官分上應消□…□（下缺）。	

説明：

A. 金元本：以《俄藏黑水城文獻》第 5 册所收黑水城本爲底本，以雲南省圖書館藏鳳儀北湯天本爲校本。

B. 明清本：以甘肅麥積山石窟藝術研究所藏本爲底本，《佛説壽生經序》據中國國家圖書館藏 A 本縮微膠片爲校本；經文、十二相屬和疏文，以《嘉興藏》本《諸經日誦集要》爲校本。爲方便閲讀，已省略校勘記。

2. 兩種文本釋文比較

（1）序文

序文内容略有不同。首先，儘管都引了《受生經》，但金元本未明確經名，明清本則直接稱引《受(壽)生經》；其次，所引經的内容略有不同。如金元本明確指出欠受生錢是"受生來時"，明清本則未作説明。此外，除稱今世還足受生錢數，來世生生還得爲人，不還則不能再投生爲人外，明清本還稱，如果有人書寫受持，可以增福延壽，金元本則只説還與不還的果報，未及書寫受持的功德果報；其三，明清本最末提到唐三藏西天所取經中有《壽生經》的雙行小字，不見於金元本。

（2）經文

經文包括《受生經》和《解冤經》。《解冤經》有三個名字，除"解冤經"外，還稱爲"延壽真言"和"滅五逆之罪經"。金元本文字開頭即名爲"延壽真言"。其内容大同小異，似爲《受生經》的附經，可不比較。這裏只比較《受生經》經文部分。

不同文本的《受生經》經文有較大出入。總的來説，金元本是一部首尾完整的經，明清本則顯係《受生經》的改編本或輯録本。這可以從以下兩個方面得到證實：

首先是外在形式。金元本以"如是我聞。一時佛在……"這一證信序開始,以"時諸天龍、人非人等,聞佛所説,涕淚悲泣,作禮而去"結尾,首尾完整。明清本開頭爲"貞觀十三年,有唐三藏法師往西天求教。因檢大藏經,見《壽生經》一卷,有十二相屬,南贍部洲生下爲人。先於冥司下,各借壽生錢,有注命官祇揖人道,見今庫藏空閑,催南贍部洲衆生交納壽生錢",與一般佛經不類。尤其是在經文中不當出現"因檢大藏經,見《壽生經》一卷","教看《金剛經》、《壽生經》,能折本命錢"這樣的内容。

其次是經意的完整程度。金元本通過阿難與佛的問答,先由人有貴賤、貧富、壽夭等現象,説明每個人受生時,都借過冥司的受生錢;人分貴賤等的原因,在於人們是否記得納還受生錢。經文通過佛的口指出,不能還錢的人,可以通過轉經來納還受生錢。納還受生錢有種種善報,不納受生錢則有種種惡報。全經文意一氣呵成。

明清本主要内容與金元本基本相同,也稱南贍部洲人欠冥司受生錢,並借佛之口宣説納還受生錢的善報和不納還的惡報。不過,明清本的文字表述與金元本有較大區别:一是與經的格式不同,明清本一開頭即講人受生前借了冥司的錢,現在冥司庫藏空虛,要南贍部洲人還錢;二是明清本很突兀地出現阿難和佛的對話,稱不能還納受生錢的人,可以用讀誦《金剛經》和《受生經》來折納;三是在説明納受生錢的善報與不納受生錢的惡報時,明清本前後文字之間多不連貫,並且文意往往不明。如其中稱十地菩薩是長壽王菩薩等,説本宅龍神土地等罪消滅,説災星是金星等。從字面上看,它們是各自獨立的内容,看不出相互之間有什麼聯繫。如果不是參看金元本,就很難看出它們之間有聯繫,並且都與納還受生錢後的善報有關。此外,明清本中將金星等説成是災星,與金元本稱金星等諸星是吉星,可以降吉迎祥、除災興福的文意恰好相反。這説明明清本文字有缺漏,存在文意不完整、前後不能連貫的情況。

基於金元本較爲完整而明清本文字存在缺漏的情況,下文在討論佛教《受生經》時,所使用經文均爲金元本。

(3) 十二相屬

金元本與明清本在這部分存在兩點不同:一是金元本略抄了部分文字。這可以從金元本子目"十二相屬"下的"子生相"三字看出。比較明清本後,可知"子生相"是與"丑生相""寅生相"等一樣爲"十二相屬"的分子目。不過金元本只抄了第一個分子目,而略抄了其他十一個分子目。由於只出現第一個分子目,没有上下文可比較,顯得比較突兀,讓人不明所以;二是兩個文本六十甲子生人的欠錢數、該經數、冥司庫及曹官不盡相同。事實上,這不僅存在於金元本與明清本之間,而且存在於明清本的不同版本之間。在筆者所見抄本或刻本中，目前沒有發現有哪兩種受生經的十二相屬是完全相同的。茲擇其中數種列表比較如下：

表6-3 不同版本《受生經》十二相屬比較表

生肖	A	B	C	D	E	F	G	H	I	J
甲子	53000,17,3,□	53000,17,3,元	同左	53000,17,3,无	53000,17,3,元	同左	53000,18,3,元	同左	同左	54000,18,1,袁
丙子	73000,24,9,王	同左	同左	同左	同左	70000,24,9,王	73000,25,9,王	同左	同左	72000,24,13,王
戊子	63000,21,6,伍	同左	同左	63000,21,6,丑	63000,20,6,伍	61000,21,6,伍	63000,21,6,伍	同左	63000,21,3,午	63000,21,25,尹
庚子	110000,35,9,李	同左	同左	同左	123000,35,9,李	63000,35,9,李	110000,37,9,李	同左	同左	105000,35,37,李
壬子	70000,22,3,孟	同左	同左	同左	同左	同左	70000,24,3,孟	70000,34,3,孟	70000,24,3,孟	69000,23,49,孟
乙丑	280000,94,13,田	同左	同左	同左	同左	同左	同左	380000,94,13,田	80000,27,7,周	282000,94,2,田
丁丑	40000,15,3,崔	42000,15,3,崔	同左	同左	42000,5,3,崔	43000,15,3,崔	42000,15,3,崔	同左	42000,15,7,崔	45000,15,14,崔
己丑	80000,25,7,周	80000,35,7,周	同左	80000,25,7,周	80000,35,7,周	同左	80000,27,7,周	同左	280000,94,12,田	81000,27,26,周
辛丑	110000,36,18,吉	110000,56,18,吉	同左	110000,36,18,吉	同左	110000,56,18,吉	110000,37,18,吉	同左	同左	108000,36,38,吉
癸丑	27000,10,8,□	27000,10,10,習	27000,10,8,習	同左	同左	27000,9,8,習	同左	27000,9,8,省	36000,12,50,徐	
甲寅	33000,11,13,杜	33000,11,11,杜	同左	同左	同左	同左	同左	同左	同左	36000,12,51,杜

(續 表)

生肖	A	B	C	D	E	F	G	H	I	J
丙寅	80000, 26, 10, 馬	同左	同左	同左	同左	80000, 26, 11, 馬	80000, 27, 11, 馬	80000, 27,1,馬	80000, 27, 10, 馬	78000, 26, 3, 馬
戊寅	60000, 20, 11, 郭	同左	60000, 20, 10, 郭	60000, 20, 11, 郭	60000, 20, 12, 郭	60000, 20, 11, 郭	同左	60000, 20,4,郭	60000, 20, 11, 郭	60000, 20, 15, 孔
庚寅	51000, 18, 15, 毛	同左	同左	同左	同左	同左	51000, 17, 15, 毛	同左	51000, 17,5,毛	54000, 18, 27, 毛
壬寅	96000, 31, 13, 崔	96000, 32, 11, 施	同左	96000, 31, 11, 左	96000, 32, 11, 左	96000, 22, 11, 施	同左	96000, 31, 11, 施	96000, 32, 11, 施	96000, 32, '39, 施
乙卯	80000, 26, 18, 柳	同左	同左	80000, 16, 18, 柳	80000, 26, 18, 柳	80000, 26,8,柳	80000, 27, 16, 柳	80000, 37, 18, 柳	同左	48000, 16, 52, 邵
丁卯	23000, 9,11,許	同左	33000, 9,11,許	23000, 9,11,許	同左	同左	23000, 8,11,許	同左	同左	27000, 9,4,許
己卯	80000, 25, 26, 宋	80000, 27, 21, 宋	同左	80000, 23, 26, 宋	80000, 27, 21, 宋	同左	80000, 27, 26, 宋	80000, 27, 21, 宋	80000, 27, 26, 宋	75000, 25, 16, 宋
辛卯	80000, 26,4,張	80000, 27,4,張	同左	80000, 26,4,張	80000, 27,4,張	同左	同左	同左	同左	81000, 27, 28, 張
癸卯	22000, 8,20,王	33000, 11, 22, 王	同左	32000, 8,20,王	33000, 11, 21, 王	33000, 11, 22, 王	同左	同左	同左	54000, 18, 40, 馬
甲辰	29000, 10,9,董	29000, 10, 19, 董	同左	同左	同左	27000, 11, 19, 董	29000, 10, 19, 董	同左	29000, 10,9,童	39000, 13, 41, 董
丙辰	32000, 11, 35, 賈	32000, 11, 33, 賈	33000, 11, 33, 靈	32000, 10, 33, 曹	32000, 15,1,賈	32000, 11, 33, 賈	同左	同左	同左	30000, 10, 53, 司
戊辰	52000, 18,4,馮	54000, 18, 14, 馮	同左	52000, 18, 14, 馮	54000, 18, 14, 馮	同左	同左	同左	74000, 18, 14, 馮	54000, 18, 5, 馬

（續　表）

生肖	A	B	C	D	E	F	G	H	I	J
庚辰	57000, 19, 24, 劉	同左	同左	同左	同左	同左	同左	同左	同左	54000, 19, 17, 釧
壬辰	45000, 15, 1, 陳	35000, 15, 1, 趙	同左	45000, 15, 1, 趙	35000, 5, 1, 趙	45000, 15, 1, 趙	同左	同左	45000, 15, 11, 趙	45000, 15, 29, 趙
乙巳	90000, 30, 21, 楊	同左	同左	同左	同左	同左	同左	同左	90000, 30, 31, 楊	33000, 12, 42, 楊
丁巳	70000, 23, 16, 程	70000, 24, 16, 程	70000, 22, 16, 程	70000, 23, 16, 程	70000, 24, 16, 程	同左	同左	70000, 24, 16, 陳	70000, 24, 16, 程	69000, 33, 54, 程
己巳	72000, 24, 31, 曹	72000, 24, 21, 曹	72000, 24, 21, 雷	72000, 24, 21, 曹	同左	同左	同左	同左	同左	72000, 24, 6, 曹
辛巳	57000, 19, 27, 高	57000, 19, 37, 高	同左	同左	同左	同左	同左	同左	誤作丁巳 97000, 33, 27, 高	57000, 19, 18, 高
癸巳	37000, 13, 15, 變	39000, 13, 50, 卞	同左	39000, 13, 50, 卞	39000, 13, 50, 卞	39000, 22, 15, 卞	39000, 13, 50, 卞	29000, 13, 5, 卞	39000, 13, 50, 卞	39000, 13, 30, 卞
甲午	40000, 13, 21, 牛	40000, 14, 21, 牛	同左	40000, 13, 21, 牛	40000, 14, 21, 牛	同左	同左	同左	40000, 14, 21, 午	39000, 13, 31, 牛
丙午	33000, 12, 6, 蕭	53000, 18, 60, 蕭	同左	53000, 12, 60, 蕭	53000, 18, 60, 蕭	同左	同左	同左	53000, 18, 6, 肖	92000, 36, 43, 趙
戊午	90000, 30, 39, 吏	90000, 30, 39, 史	同左	同左	同左	同左	同左	同左	戊午同左	90000, 30, 55, 史
庚午	62000, 21, 43, 陳	62000, 31, 43, 陳	62000, 21, 43, 陳	62000, 20, 43, 陳	63000, 21, 43, 陳	62000, 21, 43, 陳	62000, 21, 42, 陳	62000, 21, 41, 陳	62000, 21, 42, 陳	66000, 22, 7, 陳

(續　表)

生肖	A	B	C	D	E	F	G	H	I	J
壬午	70000, 23, 39, 孔	70000, 24, 44, 孔	同左	70000, 23, 44, 孔	70000, 24, 44, 孔	同左	同左	70000, 24, 44, 李	70000, 24, 44, 孔	69000, 23, 19, 孔
乙未	40000, 13, 51, □	40000, 14, 51, 皇	40000, 14, 51, 黃	40000, 13, 51, 皇	40000, 14, 51, 皇	40000, 14, 51, 程	40000, 14, 51, 皇	同左	同左	39000, 13, 32, 黃
丁未	91000, 29, 52, 宋	91000, 31, 52, 朱	91000, 31, 52, 宋	91000, 29, 52, 朱	91000, 31, 52, 朱	91000, 30, 52, 朱	91000, 31, 52, 朱	91000, 31, 50, 珠	91000, 37, 52, 朱	93000, 36, 44, 朱
己未	43000, 15, 5, 卞	同左	同左	同左	同左	同左	同左	同左	45000, 15, 56, 卞	
辛未	102000, 33, 59, 常	102000, 34, 59, 常	同左	102000, 43, 59, 常	100020, 34, 51, 常	100000, 24, 59, 常	101000, 34, 59, 常	同左	111000, 37, 59, 卞	39000, 13, 8, 常
癸未	52000, 17, 49, 朱	52000, 18, 49, 朱	同左	52000, 17, 49, 朱	52000, 18, 49, 朱	同左	同左	52000, 18, 19, 朱	51000, 17, 20, 朱	
甲申	70000, 14, 16, 呂	70000, 24, 56, 呂	同左	70000, 25, 56, 呂	70000, 24, 56, 呂	同左	70000, 24, 26, 呂	70000, 24, 56, 宮	22000, 17, 21, 占	
丙申	33000, 11, 27, 何	33000, 11, 57, 鈕	33000, 11, 57, 鈕	33000, 11, 57, 細	33000, 11, 57, 鈕	同左	同左	同左	36000, 12, 33, 鈕	
戊申	80000, 26, 58, 柴	80000, 27, 58, 莊	80000, 27, 58, 柴	80000, 36, 58, 柴	80000, 27, 58, 莊	81000, 27, 58, 柴	80000, 27, 58, 柴	同左	80000, 27, 58, 七	87000, 39, 45, 柴
庚申	61000, 21, 42, 胡	同左	61000, 21, 41, 胡	61000, 20, 42, 胡	61000, 21, 42, 胡	同左	61000, 21, 49, 胡	61000, 21, 42, 胡	63000, 21, 57, 胡	
壬申	42000, 14, 19, 苗	42000, 49, 49, 王	42000, 14, 49, 喻	42000, 11, 49, 王	42000, 14, 19, 王	42000, 14, 49, 王	同左	同左	42000, 14, 9, 王	
乙酉	40000, 14, 2, 安	同左	同左	40000, 15, 2, 安	40000, 14, 20, 安	40000, 14, 2, 安	同左	同左	54000, 18, 22, 安	

（續　表）

生肖	A	B	C	D	E	F	G	H	I	J
丁酉	170000, 48, 29, 胡	170000, 57, 29, 胡	同左	170000, 48, 29, 關	100000, 57, 29, 胡	170000, 17, 29, 胡	170000, 57, 29, 胡	同左	同左	102000, 34, 34, 閆
己酉	90000, 29, 22, 孫	90000, 30, 22, 孫	同左	90000, 26, 22, 孫	90000, 30, 22, 孫	同左	同左	90000, 30, 23, 孫	90000, 30, 22, 孫	90000, 30, 46, 孫
辛酉	37000, 13, 15, 丁	57000, 9,15,丁	27000, 9,15,丁	37000, 13, 15, 丁	27000, 9,15,丁	同左	同左	同左	同左	39000, 13, 58, 丁
癸酉	50000, 16, 12, 申	50000, 17, 12, 申	同左	50000, 16, 12, 申	50000, 17, 12, 孫	50000, 70, 12, 田	50000, 17, 12, 申	同左	同左	51000, 17, 10, 曹
甲戌	25000, 9,27,井	27000, 9,17,井	同左	25000, 9,27,井	27000, 9,17,井	同左	同左	同左	27000, 9,27,井	48000, 16, 11, 井
丙戌	80000, 25,3,左	80000, 27,3,左	同左	80000, 25,3,左	80000, 27,3,左	80000, 27,3,在	80000, 27,3,左	同左	同左	78000, 26, 23, 左
戊戌	42000, 14, 36, 晉	42000, 36, 36, 晉	42000, 14, 36, 劉	42000, 14, 36, 晉	同左	43000, 14, 26, 晉	42000, 14, 36, 晉	43000, 14, 30, 晉	42000, 14, 36, 井	42000, 14, 35, 釧
庚戌	110000, 35,2,辛	110000, 37,2,辛	同左	110000, 35,2,辛	110000, 37,2,辛	同左	同左	同左	同左	105000, 35, 47, 辛
壬戌	72000, 25, 40, 彭	72000, 24, 40, 彭	同左	72000, 23, 40, 彭	72000, 4,40,彭	72000, 24, 40, 彭	同左	71000, 24, 40, 鼓	72000, 24, 40, 彭	75000, 25, 59, 彭
乙亥	48000, 16, 42, 成	48000, 16, 42, □	48000, 16, 42, 陳	48000, 16, 42, 成	48000, 6,42,陳	48000, 16, 42, 成	同左	48000, 16, 12, 陳	48000, 16, 42, 成	48000, 16, 12, 成
丁亥	39000, 13, 40, 吉	同左	同左	同左	同左	39000, 15, 40, 吉	39000, 13, 40, 吉	同左	同左	39000, 13, 24, 吉
己亥	72000, □, 50, 卜	72000, 24, 50, 石	72000, 24, 50, 卜	72000, 22, 50, 卜	72000, 24, 50, 卜	92000, 22, 50, 卜	同左	72000, 24, 24, 卜	72000, 24, 50, 卜	73000, 24, 36, 卜

（續　表）

生肖	A	B	C	D	E	F	G	H	I	J
辛亥	101000,33,40,石	71000,24,40,卞	同左	71000,35,40,卞	71000,24,40,卞	71000,24,40,卡	71000,24,40,卞	同左	71000,24,41,卞	105000,35,48,石
癸亥	75000,24,43,□	75000,25,43,仇	同左	75000,34,43,仇	75000,25,43,仇	同左	同左	同左	同左	130000,40,60,仇

代碼説明：
A.　金元本《佛説壽生經》，圖版見《俄藏黑水城文獻》。
B.　《填還、寄庫、言念》，清抄本。自江蘇南京搜集。
C.　《佛説壽生經》，清抄本。自湖南搜集。
D.　《佛説壽生經》，明刊本。中國國家圖書館藏B本。
E.　《查庫科》，清抄本。自湖南搜集。
F.　《佛説填錢數》，民國抄本。自江蘇搜集。
G.　《禪門課誦》，清代光緒年間昆明僧人據重慶道光刊本重刊本。自雲南昆明搜集。
H.　《壽生、胎骨經》，清或民國抄本。自雲南大理搜集。
I.　《受生卷》後附，中國國家圖書館藏，謝永祥民國三十六年（1947）抄本。封皮署"受生卷""丁亥年立""虞西朱永昌"。
J.　《佛説受生經》，清或民國抄本。自雲南昆明搜集。

（4）疏文

從疏文的格局來看，金元本與明清本没有太大區别，只是金元本文字較明清本稍多。稍值得注意的是除金元本的黑水城本"南贍部州修羅管界大金國陝西路今月日狀告"這一段有時代和地域信息的文字外，"依准聖教，《金剛經》一卷，折錢三千貫，謹捨血汗之財，專詣爲自請看《金剛經》數"，"折納《金剛般若波羅蜜經》卷，並已數足"等文字還説明，元代以前，根據《受生經》舉行的填還儀式，主要以誦《金剛經》爲主。明清本中，一是經中有"教看《金剛經》《壽生經》，能折本命錢"這樣的内容，二是中國國家圖書館藏明刊A本扉畫文字有"此乃看《金剛經》與《受生經》"，三是筆者所藏丙本與《金剛經》合抄，均可視爲早期《受生經》以誦《金剛經》爲主的佐證。

(三)《受生經》内容構成

上文已經指出，《受生經》由序、經文、十二相屬和疏文組成，上文對《受生經》文本的釋讀和録文也按這一組成來進行。不過，常見的《受生經》，既没有序，也没有十二相屬和疏文，只有經文。如《續藏經》本即如此。而且，完整地包括《受生經》序、經文、十二相屬和疏文的，所見僅有金元本的黑水城本和甘肅省麥積山石窟藝術研究所藏本。雖然就經文内容完整性來説，以金元本最優，但仍有必要對將金元本即黑水城本作爲《受生經》標準本的原因略加説明。鑒於經文均見於各種本子的《受生經》中，故説明的對象，僅限於序、十二相屬和疏文。

就序來説，除金元本外，中國國家圖書館藏明刊本中的 A 本，在僅存的一行經文前，保存有完整的序文，甘肅省麥積山石窟藝術研究所藏本亦有序，二者内容與黑水城本大致能對應。由於它們能互相印證，故推知《受生經》的標準本是有序的。

就十二相屬和疏文來説，在金元本、嘉興藏本、中國國家圖書館藏明刊 B 本和甘肅省麥積山石窟藝術研究所藏本中，都有這兩部分内容。另外，明清本序文引《受生經》，稱"謹按《壽生經》云：南贍部州（洲）衆生並祝冥司總居十二相屬生下，懸欠冥司受生錢數"，正文中"貞觀十三年，有唐三藏法師往西天求教。因檢大藏經，見《壽生經》一卷，有十二相屬南贍部洲生下爲人。先於冥司下，各借受生錢貫"，都提到十二相屬於欠受生錢貫，説明十二相屬内所標欠受生錢貫，爲《受生經》内容的有機組成部分。疏文中，金元本的黑水城本"依准聖教，《金剛經》一卷，折錢三千貫，謹捨血汗之財，專詣爲自請看《金剛經》數，焚香開啓，轉誦金文，准折冥債，開列品目如後，相人元欠注生錢貫文，折納《金剛般若波羅蜜經》卷"，與經文"佛言：吾有妙法，貧窮之人無錢還納，已（以）轉《金剛經》，亦令折還錢數"相對應，而且在明刊本中，《嘉興藏》本和國圖藏 B 本均包括疏文，説明疏文也屬於《受生經》的内容之一。

綜上可以看出，《受生經》由序、經文、十二相屬和疏文組成。這一辨析，有助於從總體上把握《受生經》，梳理其源流，認識它在中國佛教史上的影響和作用。

二、填還寄庫

按照《受生經》的説法，南贍部洲衆生在冥府時，每個人都在冥司十二相屬五等庫中借了數量不盡相同的本命受生錢，用來支散給諸司，纔得受生爲人。投生爲人後，當根據自己的生肖，對照《受生經》還納受生錢。

還受生錢是通過請僧人舉行齋供儀式，將受生錢送到冥司，交給庫官，填還到所借庫藏中。還受生錢有兩種方式：一種是人死後填還，一種是人還活著的填還。前者被稱爲"填還""還受生"或"填還受生"，後者被稱爲"寄庫""預寄庫"或"預修寄庫"。一般統稱爲"填還寄庫""受生寄庫""填還受生""填庫"等。下面先辨析寄庫的含義，再對上述觀點進行論述。

(一) 寄庫辨析

有關寄庫的專門研究目前還是一個空白。雖然有學者曾介紹和提到填還預修即寄庫填還①、並曾調查過填還受生的儀式②，討論過佛、道教的寄庫③，但均未明確指出這一儀式與《受生經》有關。習見工具書中同樣存在這種情況。如《佛光大辭典》"寄庫"條説：

　　即於生前預先焚紙錢、作佛事，寄托冥官，以冀死後取用。此時所焚之紙錢，即稱爲寄庫錢。《佛祖統紀》卷三十三（大四九·三二〇下）："鄂渚王媪，常買紙錢作寄庫。"《龍舒增廣淨土文》卷五（大四七·二六五中）："予遍覽藏經，即無陰府寄庫之説。奉勸世人，以寄庫所費，請僧爲西方之供；一心西方，則必得往生。若不爲此，而爲陰府寄庫，則是志在陰府，死必入陰府矣！"

《中華道教大辭典》"寄庫"條説：

　　流行於全國大部分地區。當地上了年紀的人做誕生齋，請僧道來家中誦經三五日，或在道觀打誕生醮，然後以紙製作"金（銀）翹寶"叩拜焚燒，寄給陰間的冥吏，以備死後使用，故名。寄時常用紅紙袋封裹錫泊銀錠，袋外寫上"某鄉貫信士某某敬投"等字，以作識别。據清姚妃瞻《鑄鼎餘聞》引宋無名氏《鬼董》知宋代杭州已有此俗。又據《遼志》，遼國十月十五日用紙衣甲器械及遼文書狀望木葉山燒化奏告山神，也叫寄庫。

總的來看，目前對寄庫主要有兩種重要觀點：一種是認爲寄庫指遼代契丹人的祭山峻活動，另一種則稱寄庫指燒冥錢備死後使用的宗教活動。明代時張守約《擬寒山詩》稱"癡人燒紙錢，唤名曰寄庫"④，可謂後者的典型例證。但是，這兩種觀點都不能稱爲確解。

---

① 胡天成主編：《民間祭禮與儀式戲劇》，第 699、750—759 頁。
② 齊柏平：《鄂西土家族喪葬儀式音樂的文化研究》，中央音樂學院博士學位論文，2003 年 4 月，第 52—53 頁；楊永俊：《論贛西北客家佛教道士的度亡醮——以江西萬載高城鄉村佛教道士度亡醮爲例》，《江西社會科學》2007 年第 12 期；《贛西北萬載民間佛教道士度亡法事的區域對比研究》（初稿），中國地方社會儀式比較研究國際學術研討會，2008 年 5 月。
③ 劉長東：《論民間神靈信仰的傳播與接受——以掠剩神信仰爲例》，《四川大學學報》（哲學社會科學版）2007 年第 4 期。
④ 《嘉興藏》第 33 册，第 716 頁中。

1. 寄庫不是遼代契丹人祭山之俗

遼代(916—1125)契丹人有祭山的習俗，所祭主要是木葉山等山①。《遼史》卷五十三說："歲十月，五京進紙，造小衣甲槍刀器械萬副。十五日，天子與群臣望祭木葉山，用國字書狀并焚之，國語謂之達勒噶喀。"②祭木葉山屬於遼代契丹民族的傳統文化③。"達勒噶喀"屬於清時滿洲索倫語，葉隆禮《欽定重訂契丹國志》卷二十八《譯改國語解》說："達勒噶喀，索倫語燒也。原作戴辣，今改正。"④宋曾慥編《類說》卷五《燕北雜記》"木葉山"條亦解釋"達勒噶喀"說："滿洲語燒也。"據此可知，契丹人祭木葉山時，要焚燒紙衣紙甲和槍刀器械。

宋代流行"寄庫"這一焚燒冥錢以預修填還受生錢的宗教活動(詳後)。由於契丹人祭山的這一活動與寄庫表面上有些相似，所以宋人葉隆禮《欽定重訂契丹國志》卷二十七《歲時雜記》"小春"條說："十月內，五京進紙，造小衣甲并槍刀器械各一萬副。十五日，一時堆垛，帝與押蕃臣僚望木葉山藝太祖所奠酒拜，用蕃字書狀一紙同焚，燒奏木葉山神，云'寄庫'。國語呼此時爲'達勒噶喀'。"⑤曾慥編《類說》卷五《燕北雜記》"木葉山"條亦說："十月，將小紙衣甲像生鎗刀器械，望木葉山寄庫，呼爲達勒噶喀。滿洲語燒也。舊作戴辣，解云，戴是燒，辣是甲，並誤。今改。"⑥

宋人在記載契丹人祭木葉山這一活動時使用"寄庫"一詞，容易引起歧解。由於"寄庫"一詞在這裏只是指燒紙衣甲等物，並無其他含義，因此，它實際上是宋人用當時流行的寄庫對當時滿洲索倫語"達勒噶喀"的比附⑦，並不是契丹人當時真的有一種叫做"寄庫"的宗教活動。

總之，並非遼國人真的有"祭庫"這一祭山神活動。契丹人的祭奠山神活動之所以被稱爲"寄庫"，是宋代漢地知識分子用當時內地流行的術語，比附契丹人祭山時燒紙甲這一儀式的結果。所謂寄庫指遼的祭奠活動的說法，暫時找不到切實的證據。

2. 寄庫屬於齋供儀式

寄庫至少在北宋時已經非常流行。現存明道三年(1033)至皇祐六年

---

① 孫繼民：《試論契丹祀木葉山崇黑山》，《昭烏達蒙族師專學報》(漢文哲學社會科學版)1990年第1期；張國慶：《遼代契丹人祭木葉山考探》，《遼寧大學學報》1992年第2期。
② 文淵閣《四庫全書》第289冊，第430頁上。
③ 張國慶：《遼代契丹人祭木葉山考探》，《遼寧大學學報》1992年第2期。
④ 文淵閣《四庫全書》第383冊，第803頁下。
⑤ 文淵閣《四庫全書》第383冊，第795頁下。
⑥ 文淵閣《四庫全書》第873冊，第77頁上下。
⑦ 劉長東《論民間神靈信仰的傳播與接受》一文稱之爲漢語的"格義"式譯法。

(1054)間福建路建陽縣普光院施仁永與其他信衆爲亡母、自己舉行填還受生錢佛教法事的系列儀式文書①,可以證明這一點。

對於北宋時已經流行的預修寄庫信仰,宋代王日休(? ~1173)在《龍舒增廣淨土文》作了批評。他説:"奉勸世人,以寄庫所費請僧爲西方之供,一心西方,則必得往生;若不爲此而爲陰府寄庫,則是志在陰府,死必入陰府矣。譬如有人,不爲君子之行以交結賢人君子,乃寄錢於司理院獄子處,待其下獄,則用錢免罪,豈不謬哉?"②按照王日休的説法,寄庫好比現世中有人不是結交賢人君子修善行,而是與不良官吏結交,並在獄子處寄錢,等待因犯罪而下獄後,就用錢來免罪。

王日休在批評寄庫的同時,指出寄庫不是單純的燒冥錢備死後使用的宗教活動,而是包括設齋供僧這一内容的齋供儀式。後人的記載印證了他的這一説法。光緒四年刻《合州志》十六卷有"寄庫"條稱:"做生齋,延僧於家,用紙篾作庫,内盛金銀紙錢,或三五日通(誦)經禮懺,名曰'寄庫'。"③民國《合川縣志》"寄庫"條亦説:"最可笑者,富家婦女希冀來世投生富家,往往生前延僧道假廟地設壇,焚燒楮錢甚夥,妄信某甲子生人,冥間某庫官管庫,生前焚楮,取具合同,預儲以備來生之用,謂之'寄庫'。"④表明寄庫包括"延僧於家","延僧道""設壇"舉行法事這一重要内容。

當然,光緒四年刻《合州志》"用紙篾作庫,内盛金銀紙錢"和民國《合川縣志》"焚燒楮錢甚夥,妄信某甲子生人,冥間某庫官管庫,生前焚楮,取具合同"的記載,進一步表明寄庫與《受生經》有關,並非簡單的焚燒楮錢。這一點有已故雲南省文史館館員羅養儒先生對"填庫"的記述爲證:

> 填庫,是昆明婦女特有之一種行爲。庫作如何的填?是以小紙錁燒於南門外五嶽廟内庫官座前。填庫者,係按照一本《受生經》上所載:甲子年生人,欠庫上冥錢若干貫;乙丑年生人,欠庫上冥錢若干貫。是則生於甲子年者,即照經上注有之貫數,而用紙錁燒填,屬於乙丑、丙寅、丁卯年生者,亦照其所注之貫數燒填。大致以一串紙錁抵一貫,摧

---

① 方廣錩:《跋北宋佛教法事文書》,見方廣錩著:《隨緣做去　直道行之——方廣錩序跋雜文集》,北京:國家圖書館出版社,2011 年,第 141—143 頁。
② 《大正藏》第 47 册,第 265 頁中。清代成書的《淨土晨鐘》《勸修淨土切要》中,亦附録了這段文字。參見《續藏經》第 62 册,第 84 頁上中、420 頁中下。
③ 轉引自丁世良等主編:《中國地方志民俗資料彙編》(西南卷上),北京:北京圖書館出版社,1991 年,第 200 頁。
④ 轉引自丁世良等主編:《中國地方志民俗資料彙編》(西南卷上),北京:北京圖書館出版社,1991 年,第 216 頁。

欠庫款者,大都在三五百貫,勢不能作一次填還,乃分作三年燒填,每年又分作五次:一、二月初八;二、四月初八;三、五月初八;四、十月初八;五、十二月初八。每次俱分劃而燒,燒滿三年,方爲填足。此後又燒一種另一形色而上印有某門某氏等字之紙錁,是謂爲存儲於庫,俟死到冥間,往庫上取用之款。此則不限定串數而燒,或燒三年,或燒五年,悉聽其便。結束時,則請尼僧四五人,到庫上念誦一日經文,復寫一道疏文燒化,是請托庫官代爲保存。此爲婦女們在舊社會上所玩的把戲,煞是有趣,煞是笑人。①

羅養儒先生記填庫與《受生經》有關,從而明確了他所說的填庫就是填還受生錢。不過,他把填庫說成是昆明婦女特有的行爲,欠確實。

《受生經》儘管在圖書館中保存的數量較爲有限,收入藏經的亦只有一個本子,但此經流傳於全國各地,因該經而出現的宗教儀式自然亦在全國各地都有。我們在湖南、湖北、江西、廣西、山東、江蘇、陝西、甘肅、四川、雲南、貴州等地搜集到該經及與填庫有關的一批法會儀式文本,表明填庫儀式普遍存在於全國各地。

綜上可知,填庫不是簡單的燒冥錢備死後使用的宗教活動,而是請僧尼舉行法事的宗教活動,屬於與《受生經》有關的齋供儀式。對於寄庫的理解,應該放在齋供儀式的背景下進行。

(二) 寄庫即預修填還

作爲齋供儀式之一,填還受生既有專門的法會儀式文本,如《佛門請元辰、受生、開庫科》《佛門請元辰受生填還科》《佛説受生因果道場》《佛説受生科》等,還有不少配合法會使用的疏牒表文,如《填還意》《預修填寄意》《填寄陰陽牒》《清庫陰陽牒》《探庫陰陽牒》等。這些文本種類繁多,數量巨大,相關研究待展開。可以肯定的是,其中的一些法會儀式文本,已經對填還受生以及寄庫給予了較爲清晰的說明。

1. 填還受生出自《受生經》

《受生寶卷》可以證明,填還受生源出《受生經》。《受生寶卷》又名《佛門受生寶卷》《佛門受生因果寶卷》《佛門受生寶卷》《佛門受生卷》《佛門受生寶卷啓錄》《佛説受生寶卷因果道場》《佛説受生因果道場》《佛説受生科》《受生因果寶卷》《慈悲受生寶卷》《填還受生寶卷》《受生因果道場》等。該

---

① 羅養儒:《雲南掌故》(《紀我所知集》出版時所改名),王樵等點校,昆明:雲南民族出版社,1996年,第548—549頁。

書是對《受生經》的演繹，至少在明初已成書，普遍存在明清湖北、湖南等地瑜伽教僧人中間，是填還受生的儀式文本之一。

《受生寶卷》有文稱："《受生經》云，分明細說：未生陽道之時，先於冥司借過受生錢貫。諸司依用，求覓人身，滿口承當。纔分南北，理宜填還。"①重述了《受生經》中所說人未生前已在冥司借過受生錢，托生爲人後理應填還的說法。

與《受生寶卷》相近的例子在其他儀式文本中頗多。如清抄本《請曹官科範》説："冥府鬼魂，求覓人身，便問六曹庫内借代（貸）經文錢貫，俵散諸司，求轉人倫。今知南北，不敢隱負，照依釋教，依經填還。"雖然没有明確提到《受生經》，但其文意出自《受生經》則是毫無疑問的。另外，清抄本《投元辰科範》説："天生凡世得人倫，莫越填還建善因。生前深感冥司債，今日知恩納受生。"又説："當日既云借貸，今時當爲填還。"同樣在没有明確提到《受生經》的情況下，表明了填還受生是以《受生經》爲經典依據展開的。

總之，從填還受生的法會儀式文本來看，填還受生儀式與《受生經》有密切關係，是以《受生經》爲經典依據而出現的法會儀式。

2. 兩種類型的填還受生

《受生寶卷》對填還受生的兩種類型有明確說明：一種是生時填還。經文稱，善男信女在世時還納了受生錢，可以免一十八種橫災，常得十大菩薩擁護，得諸星、本命元神、家宅土地除災、興福、降吉，得長命富貴；前生宿世的冤業惡緣，盡皆消滅。另一種是死後由其後人替填還。經文稱，人死後，七七以前，燒取受生錢或看《受生經》，可以救三世父母、七代先亡、九族冤魂都能生天。如果不還受生錢，不看《受生經》，死者將來難得人身。即使投轉爲人，亦是身有殘疾，貧窮下賤，衣食不保②。

在《受生寶卷》中，作者通過唐玄奘之口，同樣將填還受生分爲兩種：一

---

① 侯沖整理：《受生寶卷》，方廣錩主編：《藏外佛教文獻》第十三輯，北京：中國人民大學出版社，2008年，第226頁。
② 胡天成主編《民間祭禮與儀式戲劇》稱填還預修儀式包括："（1）酬還投生前在天曹、冥司銀庫裏借貸庫銀以作贖生錢的儀式，這種儀式也叫'還官錢'。此類儀式又有兩種情況：一種是人還活著所舉行的酬還冥款的陽填還儀式；一種是人死後所舉行的酬還冥款的陰填還儀式。（2）人還活著就把冥銀寄存進冥司銀庫裏，待將來死後再去取出享用。寄庫儀式一般與陽填還同時舉行，填還贖生錢後的餘額即寄庫貯存，死後開庫享用。"（第699頁）相近的解釋當見於楊劍：《酬還冥間借貸和預送冥銀寄庫的填還預修儀式》，《民俗曲藝》第126期，財團法人施合鄭民俗文化基金會，2000年。轉見胡天成：《重慶市巴南區接龍鎮儀式戲劇述略》，《中華戲曲》第37輯，第226頁注①。由於所謂的（2）與（1）中的第一種儀式同時舉行，因此將填還受生儀式分爲陽填還和陰填還兩種似更確切。而且也與現在所見填還受生儀式文本中的記述相符。

種是活著時的填還受生。具體地説是讓人們在四十至五十歲之間，請僧到家裏，由佛法僧三寶爲證，根據《受生經》中對十二相屬所欠受生錢的記載，填還受生錢。其文稱："萬歲，我小臣先不知因果。蒙君王差遣，西天去取經。見大藏經中有《受生經》一卷，專説此等因果。有十二相屬，庚甲輪流不等，錢貫多少不同，又有報庫曹官各姓。侍至本人四十已上、五十已下，交生之日，請僧於家，禮請三寶證盟，依經填還。"①另外一種是由活人在七七齋或設齋供僧時替死者填還受生錢。其文作："有幼而亡，或老而死，故失悮還，或五七、百日、周年、除服、齋會之期，替他貸還。"②

生時填還與死後填還的儀式程序基本相同，區別大致包括兩個方面：

一是生時填還要先後舉行三次，死後填還則"三次一概完"，即只舉行一次，就可以將亡者的受生錢還完，讓亡者得生天，並永不再欠。《佛門請元辰受生填還科》有文記死後填還説："今朝日，孝眷辦貲財，天箱黄籛來進獻。代亡填納③一概完，提判早生天。"④又説："以今修因，代亡填還冥錢。孝△家下，仗善修建如上良因一供，通計〇晝宵法事，匡至△日功完住散。是日壇下封裝黄籛〇扛，陰牒一道，顒伸填納坤府受生院，掌^男相第〇庫曹官△司君、寶樹王子、弓矢大神^{案前}，交納明白，注上還文。惟願慈悲，俯垂鑒受。具有香盒，用伸上奉獻本庫曹官，依經填還。昔日陰司借你錢，黄籛拜還堅牢庫，永無掛欠。"

二是配合法會使用的疏牒表文不同。爲死者舉行填還儀式，要"謹遵教典，按庫酬償"，即根據《受生經》所記替亡者填還出生前在冥司所借的錢數和該經數後，在法會儀式程序中要給死者頒發一個生天公據。據説亡魂可憑此引得以生天，如果是轉生爲人，則能長壽和得種種福報。

爲活人舉行的填還儀式，僧人要爲填還受生錢的人寫一份陰陽牒。陰陽牒有多種寫法，各不相同。《雅俗通用釋門疏式》卷九"寄庫陰陽册籍式"⑤即其中之一。其文較易檢尋，不錄。這裏錄一通清代抄寫的《填還功德陰陽牒》，以資比較：

---

① 侯沖整理：《受生寶卷》，方廣錩主編：《藏外佛教文獻》第十三輯，第238—239頁，參見第255、285、305頁。
② 侯沖整理：《受生寶卷》，方廣錩主編：《藏外佛教文獻》第十三輯，第239頁，參見第255、285—286頁。
③ "納"，有本作"還"。
④ "天"，有本作"方"。
⑤ 冰雪如德彙輯，爲霖道霈參閱：《釋門疏式》(《雅俗通用釋門疏式》)，臺北：新文豐出版公司，1987年，第533—540頁。

覺皇寶壇　　爲出給填還佈福功德陰陽牒

伏以佛宣妙典，教有明文。轉誦般若之尊經，填納受生之夙債。特據素志，敬修善因。今述大清國……居住，竭誠清淨，奉佛修因，設供焚香炳燭，納緡受生，填還陰貲，植福培果。信善……自呈，本命生於△年△月△日△時，建賦生行庚△△歲，曾於△國△州△宮賦形。上叨天京南宸北斗第△位△△星君下，主照命圖，掌判吉祥。言念生居中國，愧佛法之罕聞；得賦微軀，慮光陰而易邁。既獲人倫，須悟修身之理；復原自性，當明出世之因。謹遵教典，按庫酬償。由是卜吉△月△△日，大吉芳辰，仗延六和緇侶，於家呈文，恪心修建無上釋雄禪宗正教填納冥貸、祈福培果道場一供。通計○旦法事，於壇諷誦某樣尊經△部，拜宣△△法懺△單，奉然衆真香燭△堂，灼化列聖珍財△株，陳設六時淨供△筵。以此微因，酬覆載之洪恩，報君親之大德。愆尤已往，福佑方來。其善事迨至△日，方伸駐散。是日壇中虔備元辰金帛長錢一廂，疏引一通，仰仗上界功曹，投納天府注壽宮北斗第△位△△元辰星君宮下，了納昔欠。原貸冥府受生院掌△生男女相第△庫△△曹官案下，借過陰錢幾多貫文，該福報《受生尊經》△卷。是日壇中，仗僧誦念大唐《受生妙經》△卷，裝封黃白受生楮簹△扛。壇中編立△字號合同陰陽文牒一套，仰憑如來印證，卍字莊嚴。半印兩明，鈐璽爲記。陰牒隨簹焚化，仰關冥府受生院差來運錢車夫△名，投入冥府受生院掌△生△相第△庫△△曹官庫內交納，用酬原貸。餘勝架閣，津梁穩固。壇中另備過案宥罪信籠△扛，仰夫几名，拜呈四宮陰帝、八殿慈王、城隍主者、曹司庫吏，以爲謝恩之貲，仰答宥罪之德。遺留陽牒，憑佛表揚薰香，給付填還培果信善△△生身佩受，以爲福基。俟信人百年限滿，身卸之日，親捧陽牒，逕詣王廷貴案，請出陰牒，比兌印信、合同字號、花押姓氏，點畫無謬。前貸貫文，微算明白，勝餘功勳，給付信人，親領受善，轉隆福報。佛不昧人，功勳昭鬻者矣。

三寶臺前編立某字號填還功德陰陽二牒合同爲記

右陰牒，繳投冥府受生院掌△生△相第△庫△△曹官庫內收貯。

右陽牒，給付填還培果信人△△生身佩照。

天運△△年△月△日繳陰給陽，用呈填還培果信善△△，拈香代拜男△△　　安執事名

稟教奉行……

恭叩
　南無功德林菩薩　　　　　證盟

　　據牒文可知,陰陽牒上有合同字號、勘合文憑。陰牒在舉行填還儀式時隨銀簪等焚化,陽牒交給活人本人保存。活人將來死後,其他人幫他將陽牒焚化,據説他可憑陽牒到冥司與陰牒勘合,從冥司曹官處領取此前舉行填還儀式時已存在冥司曹官處的受生錢及剩餘銀簪,一則填還受生錢,二則在冥間有銀錢開支。

　　牒文提到的陰牒隨銀簪焚化、陽憑交付善信保存,諸書多有記載。如《受生寶卷》説:"在生者三次填還,有陰陽二牒合同字號勘合文憑。陽牒付與本人收執,陰牒給在陰府庫官入庫。百年限滿,身歸冥司,比對字號合同,無得失落。"①清抄本《投元辰科範》稱:"經文錢貫投冥庫,陽牒當壇給信善。"又説:"陰牒隨簪焚化去,陽牒給付信人身。陰陽文牒俱繳徹,只存陽牒留護身。憑佛恩光給與你,壽登鶴算享千春。陰牒先寄冥司庫,陽牒隨身待壽終。"

　　使用陰陽牒的目的,據説主要是爲了避免冥府中同名同姓甚至同日出生的人太多,填還的功德被人冒領。這與爲活人填還受生錢被認爲是"作後世得無漏之果,佈福田存積玉之根"②有關。如《請元辰開庫科》有文説:"蒙恩著守預佈果,領受經財作津梁。領功脱化逍遥境,端座西方九蓮臺。滿門孝眷增福壽,過化亡者早生天。菩提妙法變莊嚴,隨所處處常安樂。"

　　正因爲爲活人填還受生錢有種種好處,爲了確保這種好處只屬於填還受生錢者本人,陰陽牒纔應運出現。清抄本《預修勘合文引》解釋説:

　　　今則壇内瞻金相妙蓮之座,傍列四府十王午景,圍護寶壇,門外鋪設陰陽文翰,親手簽押合同事理,串通文引。今憑三寶壇前,命臣札彩庫、碑、轎、傘、幡、榜,執事全套封裝,黃簪一共△十扛,撥定應用夫馬△匹,口糧△分,仰差車夫力士,徑過冥程,毋得阻滯,難通車馬。請給勘合文引,編立△字,以憑釋天門下爲證。
　　　右仰差夫役搬運夯送東岱嶽府受生十王預修院掌△瓊琳寶庫諸司各案,交納架閣,書立陰陽文疏,串通各件一同。陰牒隨庫簪焚化,陽憑

---

① 侯沖整理:《受生寶卷》,方廣錩主編:《藏外佛教文獻》第十三輯,第239頁。參見第255、286、305—306頁。
② 舊抄本《預修科範》。

勘合,當壇給付△存身,毋得紊煩妄爲。陽有王法,幽有鬼神。天下人民,作善者多,寄庫廣有。大地男女,異省隔州,府邑縣城,連鄉共土,姓名庚甲多同,亦有修齋設醮填還預寄,焚投當案庫厰。各照相屬、生庚、年月、異日,請出陰牒憑引,比對合同半印硃墨無差。乍憑冒領功勳,查出那時,不便隄防,失迷恁引。伏望研審,親口吐露,領給功勳,人天受[生]。當案庫吏,毋得妄行。任滿之日,務要交閣(割)明白。恭就皇壇,出給預修事件勘合恁引。

清同治間福建一册名爲"福蔭後裔"的意旨簿亦解釋説:"切慮陰陽兩隔,姓名多同。若無執照,恐混功因。爲此頒給證經陰陽文憑,編立合同爲記。既宣之後,即將陰憑圖册經箱,隨表焚化,陽憑留與生身佩奉。"表明陰陽牒的功用,與防止填還功德混亂不紊有關。

當然,不論是生時填還還是死後填還,其主要目的還是爲了不差欠受生錢。《受生寶卷》有文説:"三藏取經,不是虛傳。早納受生錢,依經填還,請僧三遍,滿裝箱簣,寄與曹官。百年限滿,永不少欠錢。"①亦明確説明了這一點。

3. 寄庫即預修填還

相對於替亡人填還受生錢是直接將受生錢送至原貸處來説,人在世時填還受生錢,是預先將受生錢存放在冥司某庫曹官處,待去世後纔帶著陽憑,找到當庫曹官,查驗陰牒陽憑,比對合同印號,領受經財和功德。清抄本《大齋薦亡開庫科》有文記述説:

蓋聞瑜伽會啓,修利濟之道場;曹官庫子,作人間之佛事。高懸聖相,廣佈科儀。梵語唐言,流傳東土。冥府靈魂,求覓善道。便問六曹庫內,借貸經文錢貫,俵散諸司,求轉人倫。人知南北,不敢隱負。照依釋迦科儀,梵語密言,依經填還,三次已滿,於先年預寄簣[笔],陰牒合同,投架瓊琳寶庫,乞賜標名,希恩不昧。忽於△年△月△日△時本人天年限盡,身卸陰司,親賞文憑,勘合通關,當案親投,伏乞庫官,面示鎖鑰大神,速開寶庫,比對陰陽文憑,勘合通關,合同字號,驗明給付,親領功勳,以作津梁。

---

① 侯冲整理:《受生寶卷》,方廣錩主編:《藏外佛教文獻》第十三輯,第 239 頁,參見第 255、286、306 頁。

表明活人的填還受生錢是預填還。《佛門受生寶卷》借閻王與李世民二人的對話,説:

> 你京城中有一賢人,名號王大。每日賣水營生,夜間持念《金剛》《受生》,每經十卷。請僧預修齋會,還經寄庫,現今庫內堆金積玉。①

説明預填還又叫"預修"或"寄庫"。《投元辰科範》有文説:

> 預修因果事當陳,先仗功曹駕祥雲。
> 地府殿前伸預寄,曹官案上各投文。

又説:

> 請誦經文修福果,司君本庫寄預修。
> 待至百年親領去,生生世世修公侯。

則預填還又稱"預修""預寄"或"寄預修"。此外,小説《西遊記》第四十七回八戒稱:"只有個預修寄庫齋、預修填還齋,那裏有個預修亡齋的?"説明預填還又稱"預修寄庫"或"預修填還"。

"預修填還"又作"填還寄庫"。性統編《高峰三山來禪師疏語》卷中"植福修因填還寄庫表"有文稱:

> 某誠孚一念,慮感三生。恐過現未之愆尤,無從洗雪;依上中下之儀制,建作道場。禮浮屠,儼金容之如在;寄冥鏹,期寶藏以長存。宣御製而諷靈章,設瑜伽而然諸品。預修先勤佛事,夙債償於填還。②

根據其使用預修、填還來表現"填還寄庫",可知"預修寄庫""預修填還"與"填還寄庫"同義。

那麽,究竟什麽是寄庫呢?據説,僧人替生者舉行預填還儀式後,預填還的受生錢只是寄在某庫中,"架閣珍藏"。《預修填還請力士科範》中,"追

---

① 侯沖整理:《受生寶卷》,方廣錩主編:《藏外佛教文獻》第十三輯,第232頁,參見第251、278、299頁。
② 《嘉興藏》第39册,第261頁下。

至道場圓滿,交付賫薦紙角冥賕,仰望神威搬運賫庫碑停,架閣收貯";《佛門請曹官庫子科》中,"照依釋氏科教,梵言密語,依經填還,架閣瓊林寶庫,希恩不昧",均證明了這一點。因此,所謂"寄庫",就是指活著的人通過請僧舉行填還儀式,預先將受生錢寄存在冥司某庫中。

綜上可以看出,寄庫又作"預修""預寄""寄預修""預修寄庫""預修填還""填還寄庫"等。是指通過請僧舉行預修儀式,將要納還的受生錢先寄存在冥司庫中,以便填還者百年壽終後,根據憑據到冥司中支領納還。寄庫,就是受生寄庫,是受《受生經》影響出現的一種預修類齋供儀式。

第三節　預修類經典的源流及其影響

一、預修類經典的源流

從目前來看,預修類經典主要是《灌頂經》《十王經》和《受生經》。其中以《灌頂經》出現最早,故對《十王經》和《受生經》的出現有一定影響。茲據相關內容略述如下:

(一)《灌頂經》

《灌頂經》是東晉帛尸梨蜜多譯《佛說灌頂經》的略稱。因每一卷首題都有"佛說灌頂"四字而得名。又稱《大灌頂經》《大灌頂神咒經》。十二卷。該經卷十一名《佛說灌頂隨願往生十方淨土經》(下文略稱作《往生經》),最先明確提到了"逆修三七"。

> 普廣菩薩復白佛言:若四輩男女,善解法戒,知身如幻,精勤修習,行菩提道。未終之時,逆修三七,然燈續明,懸繒旛蓋,請召眾僧,轉讀尊經,修諸福業,得福多不?佛言:普廣,其福無量,不可度量。隨心所願,獲其果實。①

如上所說,逆修即預修。上文表明,《往生經》對預修的功德作了肯定。
當然,該經並不是只強調預修,而不認可薦亡。該經接著上文說:

> 普廣菩薩白佛言:世尊,若四輩男女,若臨終時,若已過命,是其亡

---

① 《大正藏》第21冊,第530頁上中。

日,我今亦勸造作黃幡,懸著刹上,使獲福德,離八難苦,得生十方諸佛淨土。幡蓋供養,隨心所願,至成菩提。幡隨風轉,破碎都盡,至成微塵,風吹幡塵,其福無量。幡一轉時,轉輪王位乃至吹塵小王之位,其報無量。燈四十九,照諸幽冥,苦痛衆生,蒙此光明,皆得相見。緣此福德,拔彼衆生,悉得休息。①

亦肯定了爲亡者造幡功德,可以拔救衆生,使他們離八難苦,得生十方諸佛淨土。

總的來看,在《佛說灌頂經》中,逆修只是作爲佛教修齋方式之一,與薦亡等齋供儀式一樣被認爲有拔生度亡的功德。

(二)《十王經》

上文提到,張總先生已經指出,敦煌本《十王經》"都有預修生七齋的内容"②,"此經還特別强調了活人爲自己也可以修七七齋,就是預修,其功德亦主要爲活人所得,這確是此經的根本特質"③。當然,我們上文亦提到,實際上《閻羅王授記經》與《佛說十王經》的差異,除了有無讚文、圖像等外在形式外,主要就表現在二者對預修强調的程度不同。相比較來說,《閻羅王授記經》由於引述了《往生經》中的部分文字,顯然更强調預修。

不過,《閻羅王授記經》在强調預修或逆修時,引錄《往生經》文字並作了一定的改動。如《往生經》有文説:

> 普廣菩薩復白佛言:又有衆生,不信三寶,不行法戒,或時生信,或時誹謗,或時父母兄弟親族。卒得病苦,緣此命終,或墮在三塗八難之中,受諸苦惱,無有休息。父母兄弟及諸親族,爲其修福,爲得福不?佛言:普廣,爲此人修福,七分之中,爲獲一也。何故爾乎?緣其前世不信道德,故使福德,七分獲一。④

又説:

> 前章中言:若人在世,不識三寶,不修齋戒,無善師教,過命已後,兄弟、父母親屬知識,爲其修福,七分之中,爲獲一也。是故長者父母有

---

① 《大正藏》第21册,第530頁中。
② 張總:《地藏信仰研究》,第25頁。
③ 張總:《地藏信仰研究》,第26頁。
④ 《大正藏》第21册,第530頁上。

罪,雖在地獄餓鬼之中,受罪輕者,緣修福故,七分獲一。今修福德,供養衆僧,以是因緣,解脱衆難,故得生天。①

《閻羅王授記經》則稱:

若是生在之日作此齋,名爲預修生七齋,七分功德,盡皆得之。若亡殁已後,男女六親眷屬爲作齋者,七分功德,亡人唯獲一分,六分生人將去,自種自得,非關他人與之。

兩相比較可以看出,《往生經》説:一、逆修獲福不可度量。二、如果有人生時不信佛,父母兄弟親屬爲其修福,七分福德之中,亡者只得其一。但其前提是,亡者生前不信三寶,或不行法戒等。《閻羅王授記經》則不同,是將七齋單純地分爲兩種,稱:生時修齋,七分功德盡得;殁後修齋,生者得六分功德,亡者只得一分。明顯是在强調生時的預修功德。

與《閻羅王授記經》相比,《佛説十王經》雖然亦稱"預修生七",但經文中對預修功德的説明較少,似又偏重於强調七七齋的薦亡功能。

(三)《受生經》

《受生經》與《閻羅王授記經》或有某種聯繫。僅見於《閻羅王授記經》的一段文字稱:

齋日,下食兩盤,紙錢喂飼,新亡之人,並隨歸在一王,得免冥間業報饑餓之苦。若是生在之日作此齋,名爲預修生七齋,七分功德,盡皆得之。若亡殁已後,男女六親眷屬爲作齋者,七分功德,亡人唯獲一分,六分生人將去,自種自得,非關他人與之。

其中有兩點比較突出:一是强調預修的功德。這點上文已經指出,不贅。二是以食兩盤和紙錢"喂飼"新亡之人,使其歸於一王,得免冥間業報饑餓之苦。"喂飼"又寫作"餵飼""餧飼"等,意思當作喂養、喂食。與下文免新亡人饑餓之苦可印證。但以紙錢"喂飼"則難解,或是燒紙燒給新亡人,以解其在冥間饑餓之業報。

紙錢又稱寓錢,以其寓形於錢而得名。因以紙爲質,又稱紙寓錢。佛教典籍中屢次提到。宗鑒《釋門正統》卷四説:

---

① 《大正藏》第 21 册,第 531 頁中。

《事祖廣記》云：寓錢，今楮鏹也。唐王岐傳云：玄宗時，岐爲祖祭，使專以祠。解中帝意，有所禳祓，大抵類巫覡。漢以來葬者皆有瘞錢，後世俚俗稍以紙寓錢爲鬼事，至是岐乃用之。則是喪祭之焚紙錢，起于漢世之瘞錢也；其禱神而用寓錢，則自王岐始耳。今巫家有焚爇禳謝之事，亦自此也。《法苑珠林》云：紙錢起于殷長史也。又《冥報記》云：唐睦仁蒨者，趙人。少事經學，不信鬼神。於一日路次，見一人衣冠乘馬，從者五十餘人，盼視睦而不言。如此經十年間，凡數十相見。忽一日又相逢，乃駐馬召睦曰：比頻見君，情相眷戀，欲與君交遊。睦問：君何人耶？答曰：吾鬼也。姓成，名景。本弘農人，仕西晉別駕。今爲胡國長史。睦問：胡國何在？曰：黃河已北，總爲胡國。國都在樓煩西北砂磧中是也。其王即昔趙武靈王，每月遣我朝泰山，故由此路。睦許之，乃設酒食。復以錢綵爲好，辭曰：鬼所用錢，即紙錢也。若綵絹，亦紙爲之。銀即錫紙，金即黃塗之也。①

志磐《佛祖統紀》卷三十四繼承了宗鑒的説法，稱：

寓錢　《事祖》云：唐明皇使王璵爲祠祭使。自漢世葬者有瘞錢，後世稍以紙寓錢爲鬼事，至璵乃用之以禳祓。《冥報記》云：鬼所用錢即紙錢也。若綵絹者，亦紙爲之。銀即錫塗，金即黃塗也。

述曰：唐以前無紙錢爲用者，自王璵盛行此法。於是冥中藏積緡鏹金銀繒綵，與世間所用無少異。由心法之能變造故，天府冥關亦隨人心而轉。世有用紙鏹寄庫者，有鬼神用紙鏹入人間買物者，有見泰山堆積蠟錢無用，云人間化財用油炷度火爲污者。此等顯驗不一。心生則種種法生，不特紙錢一法而已也。②

王璵開元末年祠禱使用紙錢一事，見載於新、舊《唐書》。不過，《新唐書》卷一〇九載"漢以來葬喪皆有瘞錢，後世里俗稍以紙寓錢爲鬼事，至是璵乃用之"③，説明此事並非始於王璵。

宗鑒和志磐所引《冥報記》，今存，其作者爲隋末唐初的唐臨。《冥報記》卷中所記睦仁蒨事，文字較宗鑒所引詳細，但大旨近同，不贅引。需要指

---

① 《續藏經》第75冊，第304頁上中。
② 釋道法：《佛祖統紀校注》，第759頁。
③ 歐陽修等：《新唐書》，上海：中華書局，1975年，第4107頁。

出的是，唐臨稱睦仁蒨事發生在唐貞觀十六年（642）以前。此外，在《冥報記》中，唐貞觀年間使用紙錢的事例尚有三則①。説明在王璵以前，"以黄色塗大錫作金，以紙爲絹帛，最爲貴上"②的説法已經比較普遍③。唐開元六年，孟獻忠撰《金剛般若經集驗記》卷上竇彈德玄與鬼食及紙錢④可以證明這一點。

《舊唐書》"璵專以祀事希倖，每行祠禱，或焚紙錢，禱祈福祐，近於巫覡，由是過承恩遇"⑤的記載，説明王璵使用紙錢祭祀後得寵遇，導致了紙錢祭鬼在唐代的興盛。因此，在使用紙錢祭鬼一事上，王璵並非最初使用者，而只是在用紙錢祭鬼一事上起了推波助瀾的作用。

王璵對使用紙錢的影響可能是《受生經》出現的背景之一。《受生經》説：

> 佛告阿難：南瞻部州衆生受生來時，各於十二相屬五等庫下，借訖本命受生錢數。省記者還訖原欠，作諸善事，得貴得富得壽。若不還冥債，不種善根，得貧得賤得夭。⑥

又説：

> 若人還納了受生錢者，免上件一十八種横災……焚燒納受生錢時，分明開説，漏貫薄小，納在庫中，庫官收付。至百年命終之後，七七已前，更燒取《受生錢經》，兼救三世父母，七代先亡，九族冤魂，皆得生天。儒流道士，僧尼女冠，貴賤俗輩，還訖受生錢者，受生三世富貴。⑦

《受生經》與《閻羅王授記經》有兩點特別相似之處：一、都提到使用紙錢，而且是冥錢；二、强調預修的功德。《受生經》儘管稱"至百年命終之後，七七已前，更燒取受生錢經，兼救三世父母，七代先亡，九族冤魂，皆得生

---

① 《大正藏》第51册，第800頁中。參見《大正藏》第53册，第774頁上、842頁中、877頁上中。
② 《大正藏》第51册，第792頁下。
③ 據《封演聞見記》稱，紙錢自東晉以後出現（《中國地方志民俗資料彙編》〔西南卷上〕，第67頁）。
④ 《續藏經》第87册，第450頁上。
⑤ 劉昫等：《舊唐書》，上海：中華書局，1975年，第3617頁。
⑥ 侯沖整理：《佛説受生經》，方廣錩主編：《藏外佛教文獻》第十三輯，第113頁。
⑦ 侯沖整理：《佛説受生經》，方廣錩主編：《藏外佛教文獻》第十三輯，第114—115頁。

天",肯定薦亡受生儀式的功能,但從還納受生錢後,可以得貴得富得壽,可以免十八種齋,又得十大菩薩常行擁護這一生世功德來說,顯然對預修的功德更爲強調。

綜上可知,從預修類經典來看,《灌頂經》開啓了預修説的先河,《閻羅王授記經》對預修進行了強調。《受生經》與《閻羅王授記經》一樣,既將紙錢作爲薦亡的手段之一,又對預修齋供的功德作了強調。

二、預修類新經典唐代出現的背景及時間

《灌頂經》東晉譯出,爲早期預修類經典。《閻羅王授記經》和《受生經》則是唐代新出現的預修類經典。必須看到,預修類新經典在唐代出現,有其歷史背景,並有一個大致可考的時間。

(一)預修類新經典唐代出現的背景

受資料限制,目前尚無法對新出現的《閻羅王授記經》和《受生經》的確切時間作出考訂。但從相關材料來看,唐代流行《金剛經》或爲這類經典出現的背景之一。

據張總先生介紹,相當多學者都已經注意到,《閻羅王授記經》多與《金剛經》成組合①。由於相關成果對此已有説明,可毋庸置喙。

值得注意的是,《受生經》不僅存在與《金剛經》成組合的情況,而且還強調《金剛經》的功德。《受生經》與《金剛經》組合的情況,上文已經提及,不贅。《受生經》經文"佛言:吾有妙法。貧窮之人無錢還納,已(以)轉《金剛經》,亦令折還錢數",以及疏文"依准聖教,《金剛經》一卷,折錢三千貫,謹捨血汗之財,專詣爲自請看《金剛經》數,焚香開啓,轉誦金文,准折冥債,開列品目如後,相人元欠注生錢貫文,折納《金剛般若波羅蜜經》卷",表明通過誦念《金剛經》,即可還納受生錢。這是對轉讀《金剛經》的功德的強調,説明《受生經》的出現與《金剛經》受推崇有密切關係。

《金剛經》是中國佛教的重要經典之一,在我國歷史上至少有六個譯本,其中以鳩摩羅什譯本最爲流行②。唐開元六年,孟獻忠撰《金剛般若經集驗記》三卷,表明《金剛經》此前已經受到重視和崇奉。開元二十三年(735),玄宗李隆基親自爲《金剛經》作注。法藏敦煌遺書 P.2094 保存的唐天復八年(908,天復僅四年,天復八年實爲五代梁朝開平二年)翟奉達抄《開元皇

---

① 張總:《〈閻羅王授記經〉綴補研考》,季羨林等主編:《敦煌吐魯番研究》第五卷,第96—98頁。
② 方廣錩:《敦煌遺書中的〈金剛經〉及其注疏》,方廣錩:《敦煌學佛教學論叢》,第367—370頁。

帝讚金剛經功德》有文稱：

> 金剛一卷重須彌，所以我皇偏受持。
> 八萬法門皆了達，惠眼他心踰得知。
> 比日談歌是舊曲，聽取金剛般若詞。
> 開元皇帝親自注，至心頂禮莫生疑。
> 此經能除一切苦，發心天眼預觀知。
> 莫被無明六賊引，昏昏中日執愚癡。
> 世尊涅槃無量劫，過去百億阿僧祇。
> 國王大臣傳聖教，我皇敬信世間希。①

由於唐玄宗的參與，《金剛經》的功德無疑得到了進一步的肯定。

載述《金剛經》功德的著作有數種，現存唐代著作有孟獻忠撰《金剛般若經集驗記》和翟奉達抄《持誦金剛經靈驗功德記》等。後者輯錄了《金剛經》靈驗功德十八則，部分內容與前者相近，故推其成書時間與前者同時代，大概作於初唐或中唐②。其中數則與冥府有關的故事中，既未提到預修等詞，亦未見還受生錢的痕跡，因此可以推知，在孟獻忠撰《金剛般若經集驗記》的唐開元六年，尚未發現佛教預修類新撰經典的痕跡。

綜上可知，《金剛經》與《閻羅王授記經》的組合，以及《受生經》強調誦念《金剛經》對折還受生錢的功德，說明這兩種新造經典都與《金剛經》有關。就具體材料來看，至少在唐開元六年，尚未發現預修類新經典已經出現的證據。唐代推崇《金剛經》的功德，當與《閻羅王授記經》和《受生經》的出現有一定關係。

（二）預修類新經典出現的時間

由於缺乏相關記載，目前只能通過預修類新經典中並見於其他譯經的名詞概念，在其他譯經中出現的最早時間，來推定其成書的時間上限。

1.《閻羅王授記經》出現的時間

新見嘉慶二十四年重慶理民仁里二甲劉瓚刊《佛說預修生七往生淨土閻王經》屬於《佛說十王經》在重慶地區的後世傳本。該刊本卷首有《閻王經序》，記述了此靈驗故事：景龍二年（708）五月一日午時，唐代西京安定坊馬行先九歲獨子弘敬猝死。由於馬弘敬自幼心喜樂善，喫食之時，先呼土地

---

① 《大正藏》第85冊，第159頁上中。
② 方廣錩：《敦煌遺書中的〈金剛經〉及其注疏》，方廣錩：《敦煌學佛教學論叢》，第386頁。

然後方食,每日念救苦觀音菩薩一百遍,故得冥官放回。但冥官希望馬弘敬能給冥官"寫《閻羅經》一卷"。弘敬還家,改名延壽,"至誠虔敬,具錄聞奏,於是便傳京國,無不敬崇。病者得愈,死者在(再)甦,冤訟得免,聾者能聽,啞者能言"。如果此序所説是實,則《閻羅王授記經》出現的時間,不晚於唐景龍二年。

不過,從《閻羅王授記經》中出現的"紙錢"一詞來説,該經出現的時間亦不會更早。因爲儘管紙錢可能在東晉時已經出現,但就佛經而言,目前最早出現"紙錢"一詞的經,是一行(683—727)《七曜星辰別行法》。就一行的行實來説,則此經出現的時間上限,不早於 8 世紀。

在敦煌遺書中,吐蕃統治時期寫本 BD00529v 有文説:"《閻羅王經》云:凡是亡人家福資亡人,設齋撿福,有十王來。初七齋王名秦廣,二七齋王名宋帝,三七齋王名初江,四七齋王名五官,五七齋王名閻羅,六七齋王名變成,七七齋王名太山,百日齋王名平等,年周齋王名都市,三年周齋檢校五道輪轉王。以是事故,亡人家資福設齋,要須每齋安置盤檢齋王座處,以亡人作何功德,資益亡魂,察其罪福,開恩放罪,甄別昇沉,托生五道。《普廣菩薩住(往)生十方淨土經》云:凡人見存逆修設齋,全獲福分,自身手營造。殁後設齋追福,七分之中,亡人獲其一分,仰憑他故爾也。"①從內容看,這段文字中的《閻羅王經》,當即《閻羅王授記經》。由於吐蕃統治敦煌的時間爲 8—9 世紀,則其時間下限爲 9 世紀亦可推定。這與現存《閻羅王授記經》"五代初後梁開平二年(908)年與南漢乾化元年(911)時有此經鈔寫之本"②恰可相互印證。

綜上所述,可推定《閻羅王授記經》出現的時間爲 8—9 世紀。

2.《受生經》出現的時間上限

經過排查,《受生經》中以下名詞概念並見於其他譯經,並有大致可考的時間。它們是:

南贍部　　最早出現在玄奘貞觀十九年(645)以後所譯諸經如《大般若經》《大乘大集地藏十輪經》等中。

利益法門　　目前僅見於唐高宗時期(650—683)僧人智儼著《華嚴經內章門等雜孔目》卷四③、《楞伽經注》卷五④。

除障菩薩　　最早見於唐菩提流志先天二年(713)譯畢的《大寶積經》

---

① 《國家圖書館藏敦煌遺書·條記目錄·BD00529》。標點略異。個別文字有改補。
② 張總:《〈閻羅王授記經〉綴補研考》,季羨林等主編:《敦煌吐魯番研究》第五卷,第 98 頁。
③ 《大正藏》第 45 冊,第 585 頁中。
④ 《續藏經》第 17 冊,第 113 頁下。

卷九十①。

本命元神　　最早出現在一行(683—727)撰《梵天火羅九曜》中②。

木星　　最早出現在一行撰《宿曜儀軌》和《北斗七星護摩法》中③。

土星　　最早出現在一行撰《宿曜儀軌》和《北斗七星護摩法》中④。

計都星　　最早出現在一行撰《宿曜儀軌》和《北斗七星護摩法》中⑤。

太陽星　　最早出現在一行撰《看命一掌金》中⑥。

太陰星　　最早出現在一行撰《看命一掌金》中⑦。

地藏王菩薩　　最早出現於唐般若貞元六年(790)以後翻譯的《大乘本生心地觀經》卷一⑧。

這些名詞最早出現的時間都在唐朝。其中《大乘本生心地觀經》爲般若貞元六年(790)以後翻譯，在貞元十五年(799)圓照編《貞元新定釋教目錄》前完成。因此，從"地藏王菩薩"一詞出現的時間不早於貞元六年來說，《受生經》出現的時間上限是貞元六年。

三、預修類經典的影響

對於預修類經典的影響，可以從以下三個層面來理解：一是佛教預修類經典對道教預修類經典的影響；二是根據上述某一種預修類經典出現的儀式文本和齋供儀式；三是其他根據預修類經典出現的不同類型的預修齋供儀式。

（一）佛教《受生經》對道教《受生經》的影響

蕭登福先生在研究佛教、道教十王地獄説時，率先討論過佛教《受生經》與道教《受生經》的關係問題。在他看來，《佛説壽生經》即本書所説的明清本，是沿承道教《受生經》出現的，"可以説是受道教影響極深"⑨。由於他討論這個問題時，尚未注意到黑水城本等金元本《受生經》，目前我們不知道他在這個問題上的觀點是否改變，故暫依他原來的觀點來進行討論。

---

① 《大正藏》第11册，第514頁下。
② 《大正藏》第21册，第460頁上、460頁中、462頁上。
③ 《大正藏》第21册，第423頁上、457頁下。
④ 《大正藏》第21册，第423頁上、457頁下。
⑤ 《大正藏》第21册，第423頁上、457頁下。
⑥ 《續藏經》第59册，第30頁下。
⑦ 《續藏經》第59册，第30頁下。
⑧ 《大正藏》第3册，第291頁中。
⑨ 蕭登福：《道佛十王地獄説》，第369頁。

我們注意到，唐代以前的道經中，對道教受生思想只有零星的表述。如約出於東晉的《洞真太一帝君太丹隱書洞真玄經》説："夫人者，受生於天魂，結成於元靈，轉輪九氣，挺命太一，開關三道，積神幽宫，所以玄液七纏，流津敷澤，日月映其六虛，口目運其神器，雲行雨施，德擬天地，胞胎内生，五因來具，立人之道，其如此也。故五因者，是五神也。故三道者，是三真也。夫五神，天之魂也；三真，天之道；九氣，天之胎；太一，天之源；日月，天之眼；玄液，天之潤；六虛，天之光；幽宫，天之府；神氣，天之化；元靈，帝之變。"① 約出於東晉的《洞玄靈寶自然九天生神章經》也稱："人之受生於胞胎之中，三元育養，九氣結形。"② 南宋王希巢撰《洞玄靈寶自然九天生神章經解》解釋説："所謂受生於胞胎之中，三元育養，九氣結形，即玄母生精，變結胞胎，轉輪九氣，三道精神是也。"③ 説明早期道經將人的受生，與精氣神、與天相提並論。至於道教的人受生與冥界有關的説法，似在《受生經》中纔出現。

《道藏》保存有兩部《受生經》，一部是《靈寶天尊説禄庫受生經》，一部是《太上老君説五斗金章受生經》。王卡先生指出，前者爲隋唐道經④，後者則似出現於宋元時代⑤，故後者的出現與前者有關。另外，與受生内容有關的道經中，《靈寶領教濟度金書》爲宋末元初林靈真編輯，但現存本大都爲元明間續補⑥，與道教《受生經》出現的討論無關。因此，在討論佛教和道教《受生經》關係時，暫不將後出的《太上老君説五斗金章受生經》和《靈寶領教濟度金書》納入討論對象，而僅使用《靈寶天尊説禄庫受生經》。下文所説道教《受生經》，專指《靈寶天尊説禄庫受生經》。

該經不長，僅一千餘字。爲方便説明，兹録其文如下：

靈寶天尊説禄庫受生經

爾時，靈寶天尊在浮羅世界净明國土善積山中，七寶樹下，與無量飛天神王，及諸仙聖衆，演説妙法，乃放九色彩光，徧照十方一切衆生。善惡果報，或貴或賤，或富或貧。大衆懷疑此等衆生，有如上果，未敢議問。

時有光妙音真人從座而起，嚴整衣冠，叩頭長跪，上白天尊曰：適

---

① 《中華道藏》第 1 册，第 379 頁。
② 《中華道藏》第 3 册，第 79 頁。
③ 《中華道藏》第 3 册，第 94 頁。
④ 胡孚琛主編：《中華道教大辭典》，北京：中國社會科學出版社，1995 年，第 271 頁。任繼愈主編《道藏提要》（北京：中國社會科學出版社，1991 年）未言其出現年代。
⑤ 《中華道教大辭典》，第 271 頁。《道藏提要》（第 466 頁）"疑是書出於元代"。
⑥ 《道藏提要》，第 346—248 頁；《中華道教大辭典》，第 416 頁。

見威光,照耀十方。或男或女,富貴貧賤,苦樂不同。此等衆生,有何異因。伏願聖慈,憫以所請,賜以訣言。

天尊曰:善哉善哉。汝當復坐,靜默安神,一心諦聽。

天尊言:十方一切衆生,命屬天曹,身繫地府,當得人身之日,曾於地府所屬冥司,借貸禄庫受生錢財。方以禄簿注財,爲人富貴。其有貧賤者,爲從劫至劫負欠,冥司奪禄,在世窮乏,皆冥官所尅陽禄,填於陰債。是使貴賤貧富,苦樂不同,汝當省知。

天尊言:吾昔賜寶樹一株,付與酆都北帝,植於冥京,明察衆生,善惡果報。以聖箭三隻,神弓三張,給與得生人身男女。將此弓箭望寶樹而射,射得東枝,得官爵長命身;射得南枝,得延年康健身;射得西枝,得富貴榮華身;射得北枝,得貧窮困苦身。如上之寶樹者,乃是業鏡果報之緣。

若在生欽敬三寶,方便布施,設齋誦經,行種種善緣,及依吾教誦念此經,燒還禄庫受生錢者,得三生爲男子身。若復死亡,不經地獄,再復人身。酆都若以弓箭施爲寶樹,我以神力扶持,無使中於北枝,再得榮貴之身。

若復有人,在世慳貪愚癡,不信經法,負債不還,更相嫉妬,不念善因,惟惡是修,致使罪簿注名,天曹減筭,及負欠冥司受生錢財,在世不還,更相誑妄,死入地獄,萬劫方生畜獸身,輪轉果報。若復得爲人身,再以神弓聖箭於寶樹,自然果報射中北枝,既得爲人,貧窮下賤,及不信善緣之報。

真人又白天尊言:未審人之生身,從何所屬冥曹庫借過受生錢,在世貢還何庫分。雖蒙開悟,未測此因,幸望慈尊,爲衆分別。

天尊曰:人之生身,便有十二年直官分,各有曹典,主掌禄庫。我今爲汝顯説十二官曹姓屬。

子生人,欠錢一萬三千貫,屬第一庫,曹官姓李。

丑生人,欠錢二十八萬貫,屬第二庫,曹官姓田。

寅生人,欠錢八萬貫,屬第三庫,曹官姓雷。

卯生人,欠錢八萬貫,屬第四庫,曹官姓柳。

辰生人,欠錢五萬貫,屬第五庫,曹官姓袁。

巳生人,欠錢七萬貫,屬第六庫,曹官姓紀。

午生人,欠錢二十六萬貫,屬第七庫,曹官姓許。

未生人,欠錢十萬貫,屬第八庫,曹官姓朱。

申生人,欠錢四萬貫,屬第九庫,曹官姓車。

酉生人,欠錢五萬貫,屬第十庫,曹官姓鄭。

戌生人,欠錢二萬五千貫,屬第十一庫,曹官姓成。

亥生人,欠錢九千貫,屬第十二庫,曹官姓亢。

天尊又言:前十二宫庫官,各主局生人欠受生錢簿,及得爲人身,曾許所屬元辰錢財,乞注受生禄庫之簿,合同冥司之籍。

真人曰:此之元辰,亦未審於名位錢數,更望慈憫,盡其所説。

天尊含笑而言曰:善哉。汝當盡力,爲於衆生。吾當再爲汝開演十二所屬元辰姓名、錢數。

子生人,本命元辰劉文真,當得人身,許錢七千貫。

丑生人,本命元辰孟候,當得人身,許錢九千貫。

寅生人,本命元辰鐘元,當得人身,許錢六千貫。

卯生人,本命元辰郝元,當得人身,許錢一萬貫。

辰生人,本命元辰李文亮,當得人身,許錢六千四伯(佰)貫。

巳生人,本命元辰曹交,當得人身,許錢一千貫。

午生人,本命元辰張巳,當得人身,許錢九千貫。

未生人,本命元辰孫恭,當得人身,許錢四千貫。

申生人,本命元辰杜準,當得人身,許錢八千貫。

酉生人,本命元辰田交佑,當得人身,許錢五千貫。

戌生人,本命元辰崔漸進,當得人身,許錢五千貫。

亥生人,本命元辰王爽,當得人身,許錢六千貫。

爾時,天尊告諸四衆,若有善信男女,意樂經法,布施貨財,依此經典建立道場,嚴備香花燈燭,莊嚴供養三寶大道、諸仙大聖,六時行道,十徧轉經,修齋設醮,準備所欠受生錢數及許元辰之財,一一明具合同疏牒,燒還本屬庫分者,即得見世獲福,榮貴果報,來生永無苦難。若有衆生不信前緣,返生惡業者,一墮九泉,若不具陳,故有生死苦樂之報。汝等大衆,各自省知。

是時,光妙音真人,及諸仙衆,酆都北帝、閻羅冥官、禄庫曹典、本屬元辰、在會大衆,一切稽首,瞻仰尊顔,頂禮而退。於是光妙音真人傳教世間,濟度存亡,讚嘆敷揚,信受奉行。

靈寶天尊説禄庫受生經①

道教《受生經》與佛教金元本《受生經》有不少相近之處:從大的結構

---

① 《道藏》第 5 册,第 915—916 頁。

看,首尾完整,內容都包括經文和十二相屬。從局部上看,都從問答開始,而且問的內容也比較接近,佛經爲阿難問貴賤、貧富和壽夭的原因,道經爲光妙音真人問答富貴、貧賤、苦樂的原因;回答的原因也相近,都與借受生錢有關。在提到還納方式時,都提到了預修寄庫。

不過,不同的地方顯然更明顯:從大的結構上看,佛教《受生經》經文與十二相屬分開,道教《受生經》則將二者合并在一起;道教說十二官曹姓屬外,比佛教多了十二元辰姓名和錢數;佛教《受生經》包括疏文,而道教《受生經》只提到要用牒知會冥府。從具體內容來看,佛教稱窮人不能還納時,可用《金剛經》來折還錢數,道教則籠統稱"設齋誦經,行種種善緣",以及誦念《受生經》,燒還祿庫受生錢,沒有提到窮人不能還和用經文折爲錢數;佛教稱不還受生錢有各種惡報,如身心不寧,有十八種橫災,納還後則有十大菩薩擁護,又有金星等吉星除災興福,這些內容爲道經所未及。另外,佛教提到爲亡人填還,道教則未提及。

總的來說,儘管道教《受生經》和佛教《受生經》有相近似的地方,但目前尚無佛教《受生經》沿承道教《受生經》的直接證據。就經文內容來看,差異甚大,看不出二者之間是否存在影響和被影響的關係。

然而,從佛、道二教意旨來看,道教唐代以前將人的受生與精氣神,與天相提並論,似不如佛教宣傳六道輪迴受生更接近《受生經》冥道受生說;從經文外在形式看,道教《受生經》結構完整,將十二相屬內容納入經文中,表現得較爲成熟,而佛教《受生經》結構鬆散,"壽生"和"受生"混用,顯得雜亂不成熟,故佛教《受生經》的出現似稍早。道教似在接受佛教影響並模仿佛教《受生經》的基礎上編撰出道教《受生經》的。由於道教的旨趣在修仙而不是度亡,故道教《受生經》雖然模仿了《佛教受生經》,但未像佛教《受生經》一樣提及爲亡者填還的事。

圍繞道教《受生經》出現了一系列的科儀和儀式,從中同樣可以看出佛教《受生經》的影響。由於本書不是佛教與道教齋供儀式的比較研究,故這裏不作展開。

(二)《十王經》和《受生經》係佛教齋供儀式文本

作爲佛教預修齋供的基本經典,《十王經》和《受生經》成書後,出現了根據這兩種經典編撰的齋供儀式文本,以及根據這些儀式文本舉行的齋供儀式。具體又分兩類:

1.《十王經》系

(1)《佛說十王經》

上文已指出,《佛說十王經》是藏川根據《閻羅王授記經》編成的預修生七儀,故該書可謂《十王經》系最早的儀式文本。

(2)《冥王科》

現存大型薦亡法事科儀之一,有不同傳本。其中一種全稱《冥府十王滅罪拔苦科儀》,略稱《冥府十王科》,筆者曾著録①。近年新見三種:第一種全稱"冥府十王拔苦道場儀""陰府十王拔苦道場儀",署"長講經論沙門智辯當仁集",今藏雲南省圖書館古籍部。第二種全稱"孝順設供陰府十王大齋道場儀",略稱"冥王大齋道場儀",署"常講經論沙門智辯當仁集"。有清宣統三年(1911)畢嘉抄本和1992年抄本各一,搜集自雲南昆明。第三種全稱"新集冥王拔苦往生道場儀",略稱"冥王儀""冥王科""拔苦道場儀"等。爲民國十七年(1928)至民國十九年(1930)年雲南鶴慶妙蓮等人抄本,其底本據說來自雲南騰衝。

(3)《佛說十王地藏尊經》

又名"佛說十王地藏法""佛說十王尊經"等,三卷,民國二十五年(1936)抄本。搜集自貴州。

(4)《佛說十王妙經》

又名"佛說十王拔罪感應妙經",署"山甫主人燈下書"。

(5)《佛說十王生天道場》

抄本,包括"昔日唐僧去取經"引頭的偈句,爲《西遊記》研究相關資料之一。

(6)《十王表》等

屬於法會疏牒文之一。種類衆多,但相互間內容往往存在較大差異。

2.《受生經》系

(1)經文

《受生經》有文稱:

> 阿難白佛言:"富貴之人以錢還納,貧窮之人時何還納?"
> 佛言:"吾有妙法。貧窮之人無錢還納,以轉《金剛經》,亦令折還錢數。若善男子、善女人,生實善心者,轉經文,兩得利益,貴富壽長之因也。若居貧窮,無有善心,不還冥債,不轉經文者,睡中驚恐,夢異不祥,魂離魄亂,時與亡人語話。"②

---

① 侯沖:《雲南阿吒力教經典研究》,第107—110頁。
② 侯沖整理:《佛說受生經》,方廣錩主編:《藏外佛教文獻》第十三輯,第113—114頁。

根據經文,窮人如果能轉《金剛經》,看《受生經》,則能折還錢數,填還受生錢。如果不轉經,不看經,投生爲人後,會有種種不好的報應。故轉《金剛經》或《受生經》,就成爲填還寄庫齋供儀式的主要類型之一,經文則成爲齋供儀式文本之一。業師方廣錩先生搜集的一件珍貴文獻證明了這一點,其文稱:

  大宋國江南[福建路]建寧軍[建]州建陽縣崇政鄉北樂里普光院衆結壽生第三會燒賽冥司壽生錢會齋牒
  據入會勸首弟子施仁永,捨料錢二百二十文足,廻飯供僧一人。以仁永是上元甲午生,現今行年四十歲。案經云:前世必欠冥司壽生錢十六萬貫。今遇衆結壽生第三會,請僧轉《壽生經》十卷。今齋□色銀錢十四萬貫還足,燒送納在第九庫內許曹官收領訖。但仁永他時異日,執此合封文牒,詣庫照證者。銅錢十文充經◇。
  牒前件弟子施仁永三生曩劫,百世修因。□□法淨之緣,敢捄衣中之寶。共賽冥帛,同竭齋心。三會斯圓,事須給牒。故牒。謹牒。
  明道三年十月十八日都勸緣僧 善威 牒(?)
        同勸首弟子 施處讓 傅奕
        同勸首弟子 施從政 施諸
        同勸首弟子 施仁永 楊巨山
        住持監院兼道場轉經僧 宥寧[1]

此文方先生擬名"明道三年福建路建陽縣普光院衆結壽生第三會勸首弟子施仁永齋牒"。明道三年即景祐元年(1034)。牒文出現的時間與王日休同時代,地點爲今福建地區。牒主人施仁永,北宋淳化五年甲午生。他明道三年參與衆人結壽生會時,年40歲。牒文稱"經云:前世必欠冥司壽生錢十六萬貫。今遇衆結壽生第三會,請僧轉《壽生經》十卷。今齋□色銀錢十四萬貫還足,燒送納在第九庫內許曹官收領訖"。意即他生於甲午年,欠冥司受生錢十六萬貫。舉行壽生第三會時,轉經十卷,焚燒銀錢十四萬貫,送納在第九庫,由許曹官收領。儘管這一系列的數據與現在各種版本《受生經》十二相屬所載均不符,但它是根據施仁永等人當時所見《受生經》來核算則是可以肯定的。而且,此文還證明,至少在北宋時期,以轉經的方式填還受生錢已經相當普遍。

---

[1] 錄文參考了方廣錩先生《跋北宋佛教法事文書》(未刊稿)。謹向方先生表示感謝。

(2)《受生寶卷》

有多種稱名,是重要的填還受生錢儀式文本之一。上文已提到,茲不贅。

(3)《佛請受生科》等

專門用於填還受生錢的儀式文本,供舉行儀式時唱念。種類多樣,如《投元辰科範》《請曹官科範》《辭曹官科範》《預修填還請力士科範》《辭祭車夫力士填還預修科範》《佛填還預修科》《預修寄庫科範》《佛門煉誥寄賚科範》《佛請受生科》《給受生陰陽牒》等。類似文本在全國大部分地方都有不同程度的保存。

(4)《填還寄庫》等

填還寄庫疏牒文集子。種類眾多,幾乎每一個主壇應赴僧手中都保存類似的本子。幾乎每一次大型法會的意旨簿都涉及填還寄庫的內容,其中還有一些新材料,可以幫助我們增加對寄庫的認識。如其中有《探庫疏》稱:

奉佛探庫保延信△△△上叩佛光主照,言念△生居中國,賴父母以成形;名注丹籍,仗善功而永命。知恩在念,答報未能。曾於△年△月△日,仗釋於居修過△道場齋筵,置備珍財錁楮襯裝△箱△籠,親身投寄△聖前寶庫中收貯。今已△載,未能報答,特啓寸誠,恭伸探餕。惟祈信善△△△名下,陰財堅固,陽壽增新。異日他時,冥中得濟。凡向光中,蒙恩庇佑。是日化貢金錢△△上奉　聖號,恭望洪慈,乞垂洞鑒。特爲告諭本殿掌預修案、寄庫案功德司官,庫中土地、庫官、庫吏、守庫童子、知放神員,析將△人,原寄△箱△籠,嚴加珍獲,念住庫中。俟至本人到來,詣案請領。伏乞發給,指化人天。恭干。

這段疏文表明,有人在舉行寄庫儀式數年後,由於擔心冥司庫藏中原來寄存的錢財,所以又做了一次"探庫法事",專門發牒文到冥司,探訪原來寄庫的錢財情況。說明並非舉行完填還受生錢的寄庫儀式後,就沒有可以再舉行的儀式了。由於擔心冥司寄庫錢財的安全問題,還可以衍生出名目繁多的與寄庫有關的齋供儀式來。

(三) 其他類型的預修齋供儀式

預修類經典的目的,主要是勸人舉行預修齋供儀式。相比影響道教《受生經》等儀式,舉行專門的《十王經》類、《受生經》類齋供儀式,其他類的預修齋供儀式佔的分量更大，種類更多，影響更深遠。

文獻記載中，除《夷堅志》《龍舒增廣淨土文》以及志磐、宗鑒等人的記述外，宋末元初《夢粱錄》卷十九"保俶塔寺每歲春季，建受生寄庫大齋會"①的記載，亦一直被廣泛引錄。這些材料，與志磐稱"今人好營預修寄庫者"②一樣，明確説明了當時《受生經》已經非常盛行，並已經産生廣泛的影響，所以不僅見載諸文獻，而且還遺存下數量衆多的儀式文本和法會文書樣本。

本章小結

生時修行齋供儀式，從《灌頂經》《十王經》到《受生經》，一直都在强調，至少是在經文中包括了逆修、預修、先還的字眼。但是，從七七齋主要用於薦亡，《閻羅王授記經》中强調預修的内容被藏川編寫《佛説十王經》時删除，從此與中國七七齋緊密結合，以及《受生經》長期以來一直被用於薦亡儀式，清楚表明預修齋供雖然作爲中國佛教齋供儀式的一種形式，它的影響遠不及薦亡儀式廣泛而深遠。雖然這與齋僧從施僧食轉向施餓鬼食没有必須的聯繫，但二者之間有相近的發展理路，存在某種共性，則是可以肯定的。

當然，《灌頂經》中的預修齋供只是作爲佛教齋供儀式之一，並不是《灌頂經》的主旨。但是，《閻羅王授記經》修改《灌頂經》文意，强調生時舉行預修生七齋，七分功德盡得，亡後作齋，亡人七分得一；《受生經》强調還納受生錢，可免十八種横災，得十大菩薩擁護，其重視生時作齋的功德則是不容置疑的。它們在唐末同時出現，不能不説代表了某種時代需要。從中國佛教齋供儀式歷史來看，則與齋供儀式由施僧食向施餓鬼食轉變大致是同步的。它們的出現，也許是爲了彌補齋供儀式轉向施餓鬼食而日漸不爲世人重視的缺陷。

也許，强調預修只是某種偶然性的巧合。但是可以肯定，按照中國傳統的欠債還錢的道理，《受生經》的出現，則要求每一個人，不論是達官貴人還是貧窮之輩，亦不論是僧尼道士還是儒門學者，都要爲自己的出生還債，從而空前地把中國人與僧人的關係緊密地捆綁在一起，讓佛教深入中國社會各階層，讓齋供儀式從此成爲中國社會的一種習俗。你可以填還寄庫，像《西遊記》中的相良一樣，預先把受生錢存放在冥司，你也可以死後由你的六

---

① 吴自牧：《夢粱錄》，杭州：浙江人民出版社，1980年，第182頁。
② 釋道法：《佛祖統紀校注》，第754頁。

親眷屬幫你"三次一概完",無論如何,你得把錢還清了,做到不差錢,死後或投生爲人,纔能得自在。總之,每個人都得爲自己的出生還債,都得不同程度地舉行齋供儀式,爲自己還受生錢。

俗話説"條條大路通羅馬",還受生錢可以採取多種方式。可以轉讀經,可以拜懺,可以燒冥錢,甚至只是齋僧。只要目的達到了,手段並没有劃一。於是,在全國各地,與還受生錢等相匹配的儀式文本、疏牒文等大量程式化的東西出現在齋供儀式之中。可以説,明清時期大量的懺儀,由於填還受生的原因,在宋代就已經出現並成規模。以懺儀佛教爲主的中國佛教儀式的新格局,在填還受生思想的指導下,在宋代就已構建完成,並産生了重大影響。

當然,由於預修齋供儀式本身並不排斥薦亡儀式,甚至預修主要就是爲死後準備,所以宋代完成的懺儀佛教,到了明清時期,基本上都被用於薦亡儀式。當太虚等人批評佛教爲"死人佛教"的時候,大概没有料到它們其實源於齋僧,與中國古代不少高僧大德都切切相關,只不過是它們在唐代以後有從施僧食向施餓鬼食轉變的趨勢,並被加入了填還受生的觀念而已。

結　　語

　　中國佛教儀式存在的一系列差異問題，要求我們要在研究思路上有所改變，在研究手段上有所突破，纔能結合新發現的材料，挖掘舊有材料的内涵，充分發揮它們的價值。因此，本書首先是尋找一個可以將研究對象放在公共平臺上進行研究和評判的點，然後再在這一基礎上展開相關的研究。具體分爲三個步驟：

　　首先是將佛教儀式分爲修持儀式和齋供儀式，並選擇了已有一定研究基礎，又有重要社會影響的齋供儀式作爲主要研究對象。這一分類和選擇，使混沌開始有序，奠定了本項研究的基礎。

　　其次是選擇了齋僧作爲研究的切入點。齋僧是一個廣泛存在的具體的宗教實踐活動，是僧侣和施主展開互動的平臺，亦是理解齋供儀式的基礎。齋供儀式雖然形態多樣，種類繁複，但從僧人的角度來説，核心内容始終是齋僧，不同種類的齋供儀式，都只是齋僧的變化和發展，是齋僧的不同的表現形式。在這個意義上，對於齋僧的認識，既是研究齋供儀式的基礎，也是理解本書研究成果的關鍵。

　　第三是對與齋供儀式相關的具體案例進行研究。由於有齋供儀式作背景，古代文獻記載中有限的文字有了上下文，死的文本變成了活的儀式，而文獻中記載的儀式也有了特定的時空坐標和原始語境，從而保障了本書結論的可檢驗性和科學性。

　　應該説，找到了齋僧這樣一個可以全面對齋供儀式進行研究的平臺，相當於打開了齋供儀式個案研究的大門，有關齋供儀式研究的衆多課題一下子全面顯現出來。不過，本書目前完成的，只是有關"道安三例"、唱導、水陸法會、預修齋供等較爲重要的齋供儀式的研究，以及對齋供儀式的分類和對齋供儀式主要程序的説明。大致主要得出以下結論：

　　一、中國佛教齋供儀式源自印度佛教。佛教以追求解脱爲目的，出家被認爲是潛心修道最終獲得解脱的條件之一。出家僧人的生活來源，一是靠托鉢，二是靠勸施。爲了保障佛教的生存和發展，在佛教宣傳的功德和功德轉移思想的影響下，齋僧在釋迦牟尼時代即已經普遍存在，並隨著佛教的傳播和發展而存在於佛教所及之處。因此，齋僧是一種源自印度的普遍存在的佛教宗教活動。義淨對印度、南海諸國和中亞等地齋僧情況的記載，都證明了這一點。

二、齋供儀式是以齋僧爲基礎的僧人和施主的互動活動，是齋僧的不同表現形態。僧人受請應赴時，或者爲滿足施主需要，或者爲了勸世化俗，會根據實際情況而舉行相應的誦經、説法、授五戒和八關齋戒等宗教活動。施主的不同需要與僧人的導世化俗相互作用和相互影響，形成了種類繁多的齋供儀式。齋供儀式的出現以及其多樣的形態，與僧人和施主雙方的互動有密切關係。

三、中國佛教齋供儀式在道安時期已經形成。史載道安齋講不倦，而"道安三例"是道安的主要日常宗教活動。結合齋僧儀式和僧人導俗化方的相關材料來看，"道安三例"與齋僧有關。"道安三例"中，包括行香唱讚、安佛設座、誦經轉讀、講經論義和布薩懺悔等齋供儀式。這些齋供儀式，從僧人的角度來説是僧人受齋講經，從施主的角度來説是齋僧講經。齋爲受齋或齋僧，講爲講經説法或講經受戒，合稱爲齋講。

四、唱導與齋供儀式密不可分，是齋供儀式的核心內容。唱導的背景齋集，就是舉行受八關齋戒、禮懺齋會、設齋薦亡等齋供儀式。唱導主要包括宣名致禮、昇座説法和辯齋意三個主要內容，並有與之相對應的文本存世。不論是宣名致禮還是昇座説法，唱和即一唱一和是其重要表現形態。辯齋意就是根據設齋意旨，齋會的時間、地點、參加人員和法會具體安排等不同情況，對齋主説不同內容的咒願。佛教文獻中的咒願、達嚫、行香咒願、嘆佛咒願、表白、莊嚴、迴向、發願等不同的名稱，在齋供儀式背景下，都與齋意同義。

五、對於齋供儀式可以有不同的分類。本書認爲，結合敦煌遺書，根據古人創立的齋意分類法，可以將齋供儀式分爲讚嘆佛德類、慶皇猷類、慶讚功德類、薦亡類、祈禳類、受戒類和綜合類。根據儀式程序又可分爲設齋供僧類、講經説法類、受戒類和綜合類。不同類型的齋供儀式，有各不相同的儀式程序。不同人記述的同一種齋供儀式，由於視角不同，其儀式程序也不盡相同。

六、敦煌遺書中保存了一定數量的論義文、《受八關齋戒文》和齋意文。論義文幫助我們對中國古代佛教的論義有了直觀的認識，是研究中國佛教的新材料。敦煌遺書中的《受八關齋戒文》表明，受八關齋戒有不同的儀式文本，但先懺悔後受戒是其中重要的儀式程序。與齋意有咒願、達嚫、行香咒願、嘆佛咒願、表白、莊嚴、迴向、發願等不同的名稱相對應,敦煌遺書中的齋意文也有齋文、願文、咒願文、發願文、莊嚴文、迴向文等各不相同的名稱。它們都是齋文範本,並非在齋會中使用的實際文本。一篇完整的齋意文,理論上包括設齋意旨,齋會的時間、地點、參加人員和法會具體安排等不同內容,但在不同文本中這些內容並不固定。《齋琬文》按照齋文文本的類型對齋文進行分類,而按類分編成的其他齋文則是按齋意作的分類。

七、俗講是指唐、五代時期一種經官方同意或得皇帝敕令的在三長月舉行的勸俗人施財輸物的佛、道教宗教法會。不能說俗講就是通俗的講經。俗講的儀式程序和話本,與齋供儀式沒有區別。判斷一種宗教儀式是否是俗講的標準,是看其是否勸人施財輸物。

八、水陸法會作爲大型齋供儀式,其早期稱謂是"無遮大會"或大施會。無遮大會是以捨施爲目的的禮佛、齋僧、施僧法會,它既有滿足施主舉行齋供儀式所要達成的願望的功能,又具有將齋供儀式的功德迴施先亡及鬼趣,使其得到救濟的功能。捨施和受施無遮,受濟度亦無遮。這是無遮大會可以濟拔包括先亡和鬼趣在內的三界六道所有一切衆生的保障,亦是無遮大會後來被稱爲水陸法會的基礎。"水陸法會"一詞在唐代出現後,"無遮"與"水陸"往往相提並論,作無遮水陸或水陸無遮。現存宋代數種水陸儀可以證明這一點。

九、水陸法會有一個從齋僧變成施餓鬼會的過程。無遮大會最初以齋供儀式的方式存在,濟度先亡幽趣最初是其附屬功能。唐代以後,由於《救拔焰口餓鬼陀羅尼經》和《瑜伽集要救阿難陀羅尼焰口軌儀經》的先後譯出,焰口施食逐漸成爲齋供儀式的主要程序,施餓鬼食成爲齋供儀式的主要功能,齋僧的意義逐漸淡化,水陸無遮法會變成了包括普施濟度餓鬼在內的能滿足施主各種願望的齋法。

十、正像齋僧有多種形態和不同的表現形態一樣,水陸法會沒有一成不變的模式。爲了回應施主的設齋,僧人有講經說法、受戒禮懺等多種導俗化方的手段。水陸法會同樣如此。水陸法會有不同的齋題,沒有一成不變的名稱。舉行水陸法會時,可以使用水陸儀,亦可以不使用水陸儀。在某種程度上,梁代以後所有的齋供儀式都可以稱爲水陸法會。

十一、長期以來一直未受到關注的預修類齋供儀式,與宋代以後中國佛教齋供儀式新格局的形成有密切關係。唐末出現的《十王經》和《受生經》及相關儀式文本,通過強調預修齋供儀式的功德,尤其是宣傳受生寄庫思想,在信衆與僧侶之間建立起了割捨不斷的聯繫,既彌補了齋供儀式由施僧食向施餓鬼食轉變所留下的空缺,又變相地促進了齋供儀式的發展,爲近世佛教深入民間並融入中國社會各階層奠定了堅實的基礎。宋代以後懺儀佛教興盛並成爲中國佛教的主流之一,預修齋供儀式的影響不容忽視。它們甚至可以視爲被太虚等人批評爲"死人佛教"的明清懺儀佛教的淵藪。

鳴　　謝

　　我從事雲南佛教研究十餘年，雖然試圖結合地方佛教資料研究中國佛教，將雲南與巴蜀佛教納入中國佛教研究的大視野下展開，但由於受各種條件限制，所得難免有限。真正全方位接觸中國古代佛教的時間，始於遵從師命，將研究對象轉到佛教信仰層面的 2005 年。而主要的聚焦點，則是中國佛教儀式。

　　不過，四年前，儘管已有大量阿吒力教經典爲基礎，我對中國佛教儀式還是非常的陌生；一年前，儘管已經查閱了相當數量的敦煌遺書，並有條件看到了相當數量的民間儀式文本，我還是沒有能完全將齋供儀式與修持儀式分開。

　　幸運的是，由於發現了齋僧這一討論佛教齋供儀式的平臺，以前零散的材料可以被放在有機的儀式程序中進行考察，不僅是齋供儀式，甚至中國佛教儀式中的不少相關內容，都已經較爲清晰地呈現在我們眼前。這顯然是當初始料未及的。

　　本文能以現在的方式完成，承蒙許多人的幫助和支持。

　　感謝方先生將我收到門下，並提供經費，搭建平臺，讓我有機會有條件廣泛搜集資料，專心從事這項工作。除始終指導、督促、鞭策、鼓勵我的學習和研究外，他還和師母張麗一直無微不至地關心我的生活。

　　感謝雲南省社會科學院領導及院人事處、科研處和歷史文獻所領導支持科研人員在職讀博，允許我一直全脫產完成這項工作。

　　感謝中國宗教學會頒發的研究生獎學金對本課題的支持，亦感謝上海師大將本課題納入上海師範大學博士生創新能力培養項目，並給予一定的經費支持。附帶還要感謝浙江溫州妙果寺和妙果寺方丈達照法師在上師大哲學系爲宗教學專業研究生設立的妙果寺助教基金會獎學金。

　　感謝夫人段曉林，她在完成本職工作之外，相夫教子，獨力操持家務，免了我的後顧之憂。同時也感謝岳父岳母多年對我的照顧和關心，並在我不在家時照顧我的妻女。感謝小女橙橙，她用她的聰穎和勤奮取得的諸多成績，無形中爲我節省了大量的時間和精力，激勉我更加努力。

感謝在我多年田野調查中給予我無私幫助的 趙文煥 、 楊雲軒 、 趙沛霖 、張宗義、 張龍光 、楊暢奎、釋崇化、楊建鴻、羅金科、左光福等阿吒力和應赴僧。他們的幫助是本文的重要基礎。

感謝在本文收集資料的過程中，先後給予我各種幫助的人士和相關單位。他們是業師方廣錩先生、中國社會科學院世界宗教所羅炤先生和張總先生、中國國家圖書館李際寧先生、北京大學圖書館沈乃文先生、北京師範大學朱霞教授、首都師範大學郝春文教授、上海師範大學人文學院嚴耀中教授、玉溪師範學院楊淨麟教授、劍川縣石寶山文管所所長董增旭先生、臺灣交通大學人文社會學系連瑞枝教授、臺灣"故宮博物院"李玉珉教授、美國斯坦福大學宗教系楊昭華博士、白美安(Megan Bryson)博士，以及上海師大哲學系劉剛博士、李鐵華博士、曹淩同學、上海師大人文學院王蘭平博士、陳大爲博士、曾禮軍博士和曾曉紅同學，華東師大歷史系陳艷玲博士，湖南省社科院研究員徐孫銘先生和他的夫人文治平老師。尤其是連瑞枝教授推薦我參加2008年5月在香港中文大學舉辦的"中國地方社會儀式比較研究"國際學術研討會，讓我有機會發表自己的觀點並了解更多的相關研究成果。中國社會科學院情報資料中心、上海師大人文學院古典文獻閱覽室、上海師大域外漢學研究中心資料室、上海師範大學哲學館、中國國家圖書館、上海市圖書館、浙江省圖書館、雲南省圖書館、湖南省社科院圖書館等單位在我查閱資料的過程中，也先後給予了多方面的幫助。

2005年3月至2006年4月，我作爲"西部之光"訪問學者到中國社會科學院世界宗教所進行學術訪問，得到世界宗教所領導曹中建書記、卓新平所長、張新鷹副所長、金澤副所長、方繼水主任、霍群英處長、魏道儒教授和佛教研究室周齊、華方田、周廣榮、紀華傳等教授的幫助和支持，在這裏也向他們表示衷心的感謝！

在本文開題報告會上，陳衛平教授、吾敬東教授、李申教授和馬德鄰教授的評述和建議，激發我對選題和思路作了更多的思考。初稿完成後，雲南大學民族研究院宗教所姚珏博士對英文提要提出了很好的修改意見。主持和參加本論文答辯的賴永海教授、姚衛群教授、業露華研究員、郝春文教授和呂建福教授，啓發我對初稿作進一步思考和修飾。在本文答辯後一個多月的修改補充過程中，儘量汲納了他們的各種建議。謹此向他(她)們表示衷心的感謝！

最後，要感謝我的父母。我離開家鄉已多年，但父母一直是我的心靈依靠。他們無言的愛，是長期支持我從事學術研究的動力。今年初84歲的父親離我們而去,爲他舉行的薦亡法會,讓我有機會驗證了本文中的一些結論。願父親得安,願母親健康、長壽。

中國佛教儀式研究是一個廣闊的領域,需要長期甚至一生的鑽研與探索。由於時間關係,本書的撰寫暫告一段落。如果該書還有些微成績的話,都承蒙師長、朋友的幫助和前賢研究的啓發,而書中存在的缺點和不足,則完全由我個人負責。

在大學畢業紀念册的自題中,我只轉錄了屈原的一句話。光陰易逝,人生易老。20餘年一瞬間。現在再次轉錄,以爲自勉:

路漫漫其修遠兮,吾將上下而求索……

侯　沖

2009 年 3 月 9 日初稿

2009 年 4 月 9 日二稿

2009 年 6 月 12 日三稿

附録一　走進齋供
——我的學思歷程(1984—2009)

一、第三届宗教學專業

1984年8月,我收到北京大學的入學通知書,就讀的是宗教學專業。

我能進北大,有很大的偶然性。

首先是臨時改報的志願。因爲83級學長楊光明的鼓勵,我最初想進的大學是中國人民大學。但在預報志願時,知道同學楊淨麟已經報了中國人民大學和復旦大學,而我並不想跟他在同一所學校,所以凡是他報過的學校,我都不報。後來在班主任李曰寧老師的建議和鼓勵下,經楊麗暉校長同意,改報了此前自己知道不多,也從未想考的北大。

其次報的是宗教學專業。跟其他專業相比,宗教學專業在當時不爲人熟悉,甚至還有些神秘莫測,報的人不多。事實上,我那一届同學中,第一志願報這個專業的好像只有我。我選這個專業的原因,是北京離雲南太遠,我自己希望有個遠行的夥伴,而那一年北大在雲南招的文科專業中,只有政治學和宗教學招兩個以上的學生,其他都只招一個,我自己對政治素無興趣,首選的便只有宗教學。

在我印象中,北大那一年入學新生的平均分是507,我的分數比平均分還低一分,比人大的平均分高一分。如果不是改報北大,按分數我應該可以進中國人民大學;如果報的不是宗教學專業,我大概也進不了北大。不論是臨時改報北大還是因選擇宗教學專業進的北大,這其中偶然性的成分都很大。

宗教學專業是1981年開始由北京大學哲學系和中國社會科學院世界宗教研究所合辦的專業。合作方式是哲學系出學生,世宗所出老師。我們是第三届,招了10名。專業導師是樂峰老師,他負責課程的安排,老師的聘請等各種事宜。我們這一届的基礎課由北大的老師上,專業課由社科院的老師上。因爲老師只是一個人,而學生有10個人,所以一直都是任課老師到北大來授課。

一些基礎課與哲學專業同學相同,如《馬哲原理》《西方哲學史》《中國哲學史》。爲了配合專業的學習，我們還要另上《古代漢語》《中國歷史》《世界歷史》等課程。《古代漢語》與中文系古典文獻專業的同學同上，講課的聽說是王力的助手張雙棣；《世界歷史》和《中國歷史》都是校選課，但上課的不乏後來的名師，如鄧廣銘的女兒鄧小楠。現在來看，對於我研究中國佛教來說，如果缺少了這些基礎課，就像缺少了走路的腳一樣。

宗教學的專業課不少，按樂峰老師所列，有《馬克思主義宗教學原理》《佛教史》《佛教概論》《基督教史》《基督教概論》《伊斯蘭教史》《伊斯蘭教概論》《道教史》《道教概論》《中國無神論史》《外國無神論史》等和專題講座。其中有一些課是大陸宗教學界名家教授上的，如《宗教學原理》由呂大吉先生主講，對一些專題，他另請與他合著《宗教學通論》的陳甫金、于錦繡、牟鍾鑒、何光滬等先生來上；道教由王卡先生主講，講外丹、民間宗教等則另請金正耀、馬西沙等先生來。佛教分爲印度佛教史、中國佛教史，教師分別是方廣錩、王志遠先生；基督教也由多位老師上課，包括孫月芳、顏昌友、樂峰、文庸等；伊斯蘭教則由張偉達、戴康生等先生教授，留學剛回國的吳雲貴先生也被請來講過伊斯蘭教教法。專題講座則有楊曾文先生的《日本佛教》，杜繼文先生的《佛教哲學》，印象中開過其他專題講座的還有馮嘉芳和鄭天星等先生。

入學第一個學期就上呂大吉先生主講的《宗教學原理》。那一屆世宗所研究生的《宗教學原理》亦是由呂先生授課，他們的課就到北大來同我們一起上，呂先生會針對他們講一些治學方法。我曾在《在北大學會讀書》這篇小文中說："記得大一爲我們講授《宗教學原理》的呂大吉先生上課時曾經說過：從事學術研究，做學問，要有'兩勤'，即勤上圖書館和勤逛書店。上圖書館主要是查閱相關研究成果，了解前人已經取得什麼樣的成績，存在哪些不足。而上書店則主要是通過翻閱或購買新出版的相關書籍，了解最新學術動態。當你對既有研究成果和最新研究成果都有所了解後，你的研究成果就是處在學術前沿的了。"這些針對研究生說的話，被我注意並接受了。現在我當然可以講：如果說我在北大學到什麼，首先就是因爲上呂大吉先生的課，學會了如何讀書，如何做學問的方法。但在沒有上這門課之前，沒有聽系裏老師介紹呂大吉先生是國內宗教學原理的權威之前，我和同學們都搖著頭說："呂大吉，不知道這個名字。"無知者無畏，大概就是說當時的我們吧！

入校後，樂峰老師說過，我們可以到中國社會科學院世界宗教所，找張新鷹到資料室看書。一年級寒假沒有回老家過春節，寒假快結束時，我就一個人去了一次，並找到張新鷹先生。張先生知道我是宗教學專業的學生後，帶我直接進資料室，讓我自己想看什麼就看什麼。宗教所資料室書真多，中外文的各種宗教的都有，印象中很多書書架不夠放，都成堆擺在地上，其中還有成函的綫裝書。只是當時我個人什麼都不懂，除翻過《聖經》，瀏覽過資料室藏書之外，收獲不大，所以後來幾年就沒有再去了。但我似乎沒有聽說同班其他同學曾經去過。

　　北大學生來自全國各地，才子頗多，不聽課可以考好成績的不少。我屬於資質平平之人，只能老老實實聽課，認認真真做筆記，臨考前還要努力，纔能得個一般成績。由於所上的課大都沒有教材，所以聽課記筆記就成爲我當時積累知識、準備考試的主要手段。現在還保存了幾種當時上課的筆記，不時翻一翻，不得不佩服老師們的認真和負責。當然，"英國基督教"這個專題的筆記沒有。因爲上課的老師雖然有學問，但似乎不善於講課，只管自顧自地講，不知道我們聽到的都是全陌生的概念、地名和人名，聽音記字的結果就像是看不明白的天書。於是我上了一節課，大概只聽了前面十分鐘，下課後就逃離教室，再也不去聽。據說跟我情況相同的同學不少，後來這課就不了了之了。

　　同屋的同專業同學有三個，都住上牀。對宗教學不感興趣，轉專業又沒有轉成的于海來自寧夏，我與郭武同來自雲南。郭武的畢業論文選擇道教方面的研究，導師是王卡先生。後來他報考了四川大學卿希泰先生的研究生。我的下牀前兩年一直換人，第三年時換成83級休學一年後來84級復讀的文兵。文兵學的是哲學專業，人活躍，又有四川人愛擺龍門陣的特點，經常講一些學校中的名人佚事和八卦新聞。印象中我聽説的不少北大教授重視一手資料、注重理論等治學之道，很多都來自文兵之口。據說某北大教授應邀參加高層座談會時，常常只列舉曾經發生的史事，不發表個人觀點談論時事，所以歷次運動都沒有受到衝擊。至今我的文章只研究歷史，不討論最近五十年內事，主要受這位教授做法的影響。

　　北大的"一塌（博雅塔）糊（未名湖）塗（圖書館）"向來著名。圖書館有悠久的歷史，館藏極爲豐富，開架書庫較多，看書極爲方便。高中同學楊淨麟如願考入中國人民大學哲學系，見面聊天時，曾經說起他三天看一本書。我感覺自己做不到這一點，又心中不甘，只能儘量到圖書館借書來看。四年下來，除借閱外，還由於經常在專業書架旁翻閱，對各種宗教的基礎知識多少有一些了解，對當時大陸宗教學研究的學術動態也比較清楚。可惜的是，那時候缺少專門的研究方向，利用有限。如當時北大圖書館可以查閱敦煌遺書的縮微膠片，去看了一次，看到的都是不易認字的抄本和不熟悉的文本，就沒有再去了。不過，出於好奇，1988年春，我以寫畢業論文的名義，從圖書館借出過幾種測八字的綫裝書，其中甚至包括明版的《淵海子平》。這是我接觸綫裝書，看古代一手資料的開始。

臨畢業之際，又一波的讀書無用之風在那個時候已經悄然吹起。按照國家政策，我從哪裏來，就要分回哪裏去。當時我有兩個選擇，一是雲南省統戰部，二是雲南省社會科學院。我選擇了前者，請同學四年的郭武選後者。配合這個選擇，在離開北京之前，我把讀書期間買的不少專業方面的書和教材都打折賣了。

二、雲南省圖書館校書

1988年7月，我沒有進入學校派遣證上寫的雲南省統戰部。好在郭武同學已經考取四川大學宗教所卿希泰先生的研究生，我借他的名額，由雲南省教育局學生分配處分配到雲南省社會科學院。但因爲參加1988年雲南省省級機關講師團，到昭通彝良支教一年，所以正式進入雲南省社會科學院宗教研究所的時間，是1989年8月。

根據我此前的專業和興趣，宗教所領導分配我從事雲南佛教研究。因爲此前從事這項研究的老先生快退休了，需要有人接班，所以給我定的方向，是以南傳佛教爲主。但南傳佛教研究需要學習相關語言，還需要大量實地調查爲支撐，而我沒有任何相關語言基礎，這個時候的雲南省社會科學院，科研經費已不如往日，我們不能像此前年輕人有經費下鄉調查，力所能及的事，就是在圖書館查閱漢文佛教文獻。

看漢文佛教文獻的最大困難，是沒有地方知識背景。從小學到高中，沒有了解鄉土知識的條件；在北京讀書，雲南的東西根本進不了課堂。講師團期間在彝良縣一中圖書室借過汪寧生先生的《雲南考古》，知道有不少相關著作，但見目而不得見書，不能增加具體的認識。所以即使是讀雲南漢地佛教文獻，也是從零開始。

零的突破始於校讀《雲南地方志佛教資料瑣編》。這本搜羅古代雲南地方文獻編輯出版的雲南地方佛教資料集，不少人都看過，有的還引用過。我個人因爲此前沒有相關背景知識，開始看就很吃力，像其中的"政之史籍"等數字就弄不清何指。後來到雲南省圖書館把原書借出一看，發現讀不懂的原因主要是看到的文字有誤，"政之史籍"實際上是"攻之史籍"。再核對相關著述，發現此前的引用，文字基本上都有誤。出於熟悉資料、搜集資料的目的，遂花了兩年多的時間，在雲南省圖書館校讀了這本書。

當然，僅只校對這本書，用不了兩三年的時間。實際上大量時間是用來抄摘書中未錄但又相關的資料，前後抄錄20餘萬字。這是我個人後來有時不到圖書館就可以寫文章的基礎。

初步工作完成後，草成《〈雲南地方志佛教資料瑣編〉校讀記》初稿。這是個人撰寫的第一篇學術論文，承時任所長韓敬先生修改指正，初窺作文之道。鑒於這是可能得罪人的文章，遂置諸箱底兩年。後來因爲屢屢看到相關著述引錄太多，而且凡引必錯，如果不予批評警示，勢必貽誤後人，遂刊印在所刊《雲南宗教研究》1993年第1期中。雖然所刊屬於内部刊物，但界内還是產生了一定影響。編輯者知道此文後，在一次偶遇相談時曾主動自述此書錯訛太多。後來引此書者漸少，與此文刊印或者有一定關係吧。

校書期間，曾三次到過滇西考察。第一次是1989年11月從保山、騰衝到德宏的芒市、畹町和瑞麗，頗有感觸。首先由於時間特殊，沿途因爲我手持的是北京號碼的身份證，多次被要求下車接受檢查。其次是考察期間因想儘量抄錄自己第一次看到的檔案資料，回單位後被指不重視實地調查。再次是在瑞麗過一座大橋時，衛兵希望我們好好調查那裏盛行的迷信，纔知道原來我學習和研究的，在有的人眼裏是迷信。不過，德宏史志辦公室張建章先生贈送的《德宏史志》第五輯，節錄有田汝康先生大著《芒市邊民的擺》，似乎讓我跟隨田先生所見，走進傣族村落中，與他們一道參加他們盛大的宗教儀式，心境是那樣的愉悦、激動和平和。第二次和第三次是1991年參加雲南省社科院與日本國立民族學博物館合作項目，先後兩次陪日本學者長谷川清到德宏考察南傳佛教。長谷氏基於文化人類學的背景，從事南傳佛教的田野調查，我隨行時間近兩月，感受並學習了我在學校沒有學過的田野調查方法，亦收集和積累了大量南傳佛教的資料。這個機緣，顯然是難遭難遇的。大陸學者佛教研究成果中較少實地調查經驗，當與缺少類似的經歷有關。

附帶一提，校書工作完成後，在雲南省佛教協會刀述仁會長的支持下，1993年初我曾隻身到西雙版納和思茅（今普洱市）等地傣族、布朗族地區作過田野調查。既在西雙版納和思茅地區檔案館抄過檔案，又騎自行車數十公里尋訪佛腳印、佛寶座等佛教聖迹，還多次在佛寺中蹭飯。這樣的田野調查經驗，和在德宏田野調查的收獲，結合對文本的解讀，我後來撰文揭露了20世紀80年代初出版的《論傣族詩歌》其實是一本經歷過"文化大革命"的人杜撰的僞書。這篇文章顯然得罪了某些因撰文鼓吹這本書而獲評教授的人。

三、梳理地方史料源流

雲南佛教研究資料不多，除地方史志外，金石資料、寫經和佛教造像都是需要關注的。我個人最先關注到的,是《南詔圖傳》和張勝溫繪《梵像卷》這兩種佛畫。李霖燦《南詔大理國新資料的綜合研究》不僅對它們有精到介紹,還附有照片。20世紀90年代初故宮博物院出版的此書彩色版,更是大助緣。

當然,最先看佛畫時,我把它們都視爲史料。所以1991年分別撰文討論《南詔圖傳》和《梵像卷》,將前者稱爲"佛教史料",使用後者討論佛教傳入雲南的路綫和傳入的教派。但在參考中國古代佛教造像解讀佛畫的過程中,發現了越來越多的中國元素。用李根源的話來説是"字是中國字,畫是中國畫"。這與雲南地方志中稱大理地區的阿吒力教自印度傳來形成鮮明的對比,與阿吒力教被稱爲有地方特色的雲南密教也不相協。如何解決二者之間的衝突問題呢?

向世山師兄的來信敲響了警鐘。向兄是北大的系友,但1992年在峨眉山參加"峨眉山與巴蜀佛教文化"學術討論會上纔認識。他當時正研究宗密,在收到我寄給他的雲南地方文獻中與宗密相關資料後,認爲這些資料的年代太晚,頗不以爲然。他的回應引起了我的思考,包括佛畫在内的雲南佛教史料,是否具有史料價值?換句話説,這些材料的記載是否如實?

1993年前後,爲了回答"佛教何時傳入雲南"這個問題,我以陳垣先生倡導的史源學爲指南,專門對雲南地方史料的源流作了一番梳理。在梳理過程中,首先解決了阿吒力(教)一詞出現的時間問題。然後又以阿吒力(教)等詞出現的時間爲參考,結合觀音故事、白子國源流、松明樓故事的梳理,全面闡述了雲南地方史料的源流。

《白古通記》是打開雲南地方史料源流大門的一把鑰匙。最初我排比史料確定該書明初成書時,只是解決了雲南的阿吒力(教)、雞足山、白子國、妙香城等詞出現的時間問題。但在引入"心史"概念之後,這把鑰匙的作用就得到了最大程度的凸顯。此前被稱爲"白古通"系雲南地方史料的《南詔源流紀要》《南詔通紀》《南詔野史》《滇載記》《僰古通紀淺述》《白國因由》等書,就可以被放在一起作綜合討論。而受《白古通記》和"白古通"系雲南地方史料影響的志書的史料價值問題,也因此可以得到解決。

《南詔野史》在"白古通"系雲南地方史料中比較特别。該書有幾個版本,内容不盡相同,此前討論較多。從民國開始到20世紀80年代,關於它的版本、史料價值一直有較大爭議,而且向無定論。對雲南地方史料頗有研究的王叔武先生私下也曾經説過,這本書像傣族的《泐史》一樣,有幾個抄本,無法説清哪一個早,哪一個晚。後來在昆明小西門地攤上購到一册民國抄本,初步查對已經出版的木芹箋注本,發現文字出入較大。但到雲南省圖書館借不同的版本核對,發現實際上是胡蔚本的民國抄本,增加了幾條民國史事而已。查木芹箋注本後出入較大的文字,竟然是箋注本印刷錯誤太多造成的。校對諸本的結果,是同意王叔武先生的意見,覺得無法理清先後。

但後來情況出現了轉機。此前人們都認爲胡蔚本前的楊升庵序是清代乾隆年間胡蔚的僞托,《四庫存目叢書》出版後,其中收錄的明代淡生堂本《南詔野史》卷首序,内容與此前被認爲是胡蔚僞托的序近同,説明如果胡蔚本前的序是僞托,則這個僞托並非始於胡蔚,而是明代就已經有了。這意味著如果只是根據《南詔野史》卷首楊升庵序來斷代的話,胡蔚本明代已經存在。另外,明末《曹溪一滴》和清康熙間釋圓鼎編《滇釋紀》所引《南詔史》或《南詔野史》的内容,目前僅見於胡蔚本,與序亦能互證。重新核查諸本《南詔野史》文字,可以發現系列證據,證明楊慎確實編輯過《南詔野史》。在此基礎上,我發現《南詔野史》的祖本是史事下迄明永樂的《南詔蒙段野史》,嘉靖年間曾經楊慎編輯,萬曆時又經諸葛元聲編輯。目前所傳《南詔野史》諸本,主體内容均未超出這三個本子。

《白古通記》明初成書時,取材不乏元代及其以前諸書,其中包括《南詔圖傳》的文字卷。以梳理《白古通記》的方法重新檢討南詔大理雲南佛教史料,可以像向達一樣將其分爲兩種:一種是可確證或可檢驗的;一種是不能檢驗,多神話傳説的。南詔中期以前的各種資料都屬於第一種,南詔後期以《南詔圖傳》爲代表及受其影響出現的,屬於第二種。前者表明雲南佛教傳自中原内地;後者如觀音授記細奴邏是不可驗證的神話,如稱阿嵯耶觀音像來自印度所説不真,實際上來自東南亞。根據這兩種材料的特點,可以看出《白古通記》深受第二種史料影響,就旨趣來説,可以將《南詔圖傳》視爲南詔後期出現的"前白族心史"。

可以説,由於解決了《南詔圖傳》《白古通記》出現的時間、出現原因、編纂依據等問題,雲南漢地佛教史料源流已經大致梳理清晰了。基於此,當有人複印《三迤隨筆》《葉榆稗史》和《淮城夜語》到處贈閲,還没有正式出版時,我已經發表了證僞的文章。後來,出於對縱容造假者的回應,又撰寫專文,全面揭露合刊這三種書的《大理古佚書鈔》爲僞書。

四、抄讀大理國寫經

在雲南,看地方志相對容易,看宗教經典則有些難,得靠機緣。如我搜集資料研究雲南佛教的過程中,查閲1956年費孝通等人在大理鳳儀北湯天董氏宗祠發現的經卷就是如此。

與敦煌遺書的遭遇一樣,大理鳳儀北湯天董氏宗祠所藏經卷在發現後就被分割開來收藏。由於沒有人全部看過它們,所以迄今爲止還没有這批經卷的總目録。目前主要分藏三個地方:首先是費孝通1956年從大理帶到昆明的歸雲南省博物館收藏。有《諸佛菩薩金剛等啓請儀軌》《佛説長壽命經》等;其次是原雲南省歷史研究所資料室收藏的部分,現歸雲南省社科院圖書館。據原雲南省歷史研究所所長侯方岳稱,他聽到這批經卷的相關消息後,就搭乘一輛大卡車,第一時間趕到北湯天,攜帶數件回昆明,故歷史所資料室纔有收藏。所藏包括《護國司南抄》《無遮燈食法會儀》、元代刊藏經零本和明清抄本、刻本數册;剩下的部分,最初移到大理縣文化館,王冶秋到大理時曾翻檢過,經周詠先編目整理後,全部移交雲南省圖書館。

我看這批經卷最早的機緣,是1991年前後在雲南省圖書館校讀地方志之餘。值楊世鈺先生主編《大理叢書》,部分分藏各單位的鳳儀北湯天藏經卷和大理佛圖塔新出土經卷被製成縮微膠片,我有機會在雲南省圖書館通過縮微膠片,看到了雲南省圖書館藏一小部分和大理佛圖塔新出土部分,並抄録了其中字大易識讀的《大黑天神道場儀》和《廣施無遮道場儀》。這是後來撰寫討論大黑天神和白姐聖妃文章的基礎。

稍後的機緣,是1993年雲南省社會科學院各所資料室合并入院圖書館,原來歷史所資料室收藏的古籍悉歸圖書館古籍部,我看到了此前數年不得查閲的《護國司南抄》。查閲後有四個發現:一是原來所謂南詔寫本《護國司南抄》,與此前説的大理保安八年(1052)釋道常寫本係同一寫卷,爲大理國寫經;二是所謂的"密宗教主",是"義學教主"四字的誤釋;三是發現大理國寫經與敦煌遺書有一些共性;四是大理國寫經紙質甚佳,多次查閲,未曾掉下一片碎紙。這四個發現促使我後來關注以下四個問題:一、現存大理寫經中有南詔寫經嗎?二、如果"密宗"是"義學",那麼大理有過獨具地方特色的密教嗎?三、大理國寫經與敦煌遺書之間是什麼關係?四、目前有最早年代題記的大理國紙不曾掉一片碎紙,複印並贈閲《三迤隨筆》《葉榆稗史》和《淮城夜語》者,説家傳宋元藏書手一碰就碎,這是真的嗎?

《護國司南抄》由行草寫就,最初查閲時,與在北大圖書館看敦煌遺書縮微膠片一樣,大部分字不認識。那個時候沒有拍照的條件,搜集資料主要靠手抄。對不認識的字,就照原樣描。前後抄描了三遍,終於識讀了大部分的文字。過程有些艱難,但奠定了我後來釋讀敦煌遺書的基礎。

再後的機緣,是2001年12月,承北大校友原雲南省博物館館長李昆聲先生關照,我查閲抄録了雲南省博物館的《諸佛菩薩金剛等啓請儀軌》《佛説長壽命經》等大理寫經。前者亦是行草抄寫,抄寫過程中發現了訂正《梵像卷》神名的內容,抄寫過程中30餘米長卷軸翻閲的不便,爲後來辨識出大理國寫經中的旋風裝提供了寶貴經驗；後者有刻本的明顯特徵，一則證明張秀民判定其爲刻本無誤，二則說明大理寫經中刻本的刊刻水平之高，足以讓粗心者將其認作寫本。

更重要的機緣，是 2007 年 11 月底，我受國家古籍保護中心委托，第一次全面考察了收藏在雲南省圖書館的大理國寫經。最大的收獲，無疑就是發現了一批旋風裝的殘葉。進而認識到現藏雲南省博物館的長卷《諸佛菩薩金剛等啓請儀軌》，在裝裱爲卷軸之前，是一卷首殘的旋風葉子。雲南省社會科學院圖書館藏有該寫卷發現不久拍攝的黑白照片，可以清楚證明這一點。

五、發現瑜伽教活化石

雲南省圖書館所藏鳳儀鎮北湯天董氏宗祠發現經卷，曾被認爲是阿吒力教經藏。但由於殘破且長期被束之高閣，研究者不得查閱，所以對什麼是阿吒力教經典，此前鮮見解釋。這個局面在 1994 年以後纔被打開。

早在 1991 年，我承中國社會科學院黄夏年先生（聽說我們曾一同上吕大吉先生的《宗教學原理》，但當時沒有認識。後來他從李榮昆處知道我分配到雲南省社會科學院後，長期以來一直多方關照）的介紹，認識了刀述仁會長和劉岩先生。後來，又通過劉岩先生認識了雲南省佛教協會的趙文焕先生。聽劉岩先生講，趙先生是阿吒力，於是我向趙先生請教了阿吒力教的相關問題。現在已記不清問的是什麼問題，但趙先生對阿吒力教的介紹，與習見研究著述中的説法不相對應，與張旭所説"成了禪宗和尚的附庸"的阿吒力頗相近，所以沒有引起我的注意。

1994 年，蘇青先生撰寫的有關阿吒力教研究的文章中，羅列了數種阿吒力教經典。當知道這些經典是保存在趙文焕老師處後，我頻繁訪問趙老師，從他那裏借到原書，複印和錄文，這纔開啓了根據阿吒力教經典討論阿吒力教的歷程。

此前包括趙文焕先生和蘇青先生在內，在對這批阿吒力教經典分類和介紹時，都將它們視爲從印度傳入雲南的"滇密"經典。1994 年，中美合作課題"白族佛教歷史資料及民間信仰研究"正式啓動。課題組組長爲雲南省社會科學院院長何耀華研究員，美方課題組組長爲美國康奈爾大學（後轉到印第安納大學）馬克瑞副教授（已故）。經韓敬先生向何耀華院長推薦，我在 1995 年被增補爲課題組成員，代表雲南省社會科學院負責大理國經典的錄文和整理。由於當時可以錄文整理的經典只有我此前抄錄的《護國司南抄》《大黑天神道場儀》和《廣施無遮道場儀》，而趙文焕先生處藏的這批經典此前未見著錄和整理研究,因此在得到允許後,我把它們也作爲錄文整理和研究的對象。我對這批經典整理研究的結論是,它們都是漢地佛教經典,從中原傳入雲南,其中看不到直接從印度傳入的證據。

既然它們是漢地佛教經典,那麽它們是什麽樣的一種經典呢?結合這批經典中都包括有内容相同的"諸部因緣",《釋鑒稽古略續集》等書有關明初朱元璋佛教政策的記載,我判斷這批經典是明初佛教三分爲禪、講、教後傳入雲南,但(當時以爲)中原已找不到的"(瑜伽)教"所用經典。這些經典的特點,是大型科儀的内容由教誡、儀文、提綱和密教四個部分組合而成;大理劍川等地的阿吒力僧人還能據之舉行法會。在使用時,教誡、儀文要與提綱和密教配合,纔能行持一場大法會。很顯然,這個結論與課題組的總體意見並不一致。

1997年6月29日至7月2日,"白族佛教歷史資料及民間信仰研究"課題組在大理召開結題會議,《結題報告》中有文説:

> 關於經典研究情況,侯沖通過實地調研和對佛教界人士進行訪談,從民間搜集到白族密宗佛教手抄流傳經卷《如來廣孝十種報恩道場儀》、《楞嚴解冤釋結道場儀》、《地藏慈悲救苦薦福利生道場儀》、《金剛經科儀》和《新集天官吉祥鴻科儀》等19卷,從大理市鳳儀鎮北湯天董氏宗祠發現經卷中選擇了《護國司南抄》、《大黑天神科儀》等2卷,用點校方式對經典進行了整理和輸入電腦,共25萬字。課題組認爲,上述經卷都是首次發掘和進行點校整理的,是印度佛教密宗在大理傳播並逐步本土化、民族化的見證,對研究整個佛教文化的發展演變及在中國的流傳具有重要的學術價值。它填補了印度佛教密宗在中國傳播的一項空白。就其内容而言,除了反映密宗本身的教理儀軌外,還大量反映了白族在密宗本土化過程中的創造,是研究白族宗教信仰、精神生活及歷史文化的重要資料。這些資料可以説是大理國《張勝温畫卷》所表現的宗教圖卷的重要注釋。它們的發掘和整理是我省在本世紀宗教研究中所取得的一項歷史性的重要成果,對於推進大理白族地區的旅遊經濟和社會發展具有現實意義。

結題報告稱這些經典"是印度佛教密宗在大理傳播並逐步本土化、民族化的見證"的原因,是最初在設計課題時,以"滇密"即所謂從印度直接傳入雲南並在大理地區形成的有地方特色密教爲研究對象。如果不這樣説,就與最初的設計不一致。

《結題報告》還有文説："對本課題所取得的三項重要研究成果,擬由中美雙方另行籌集經費交出版社出版。出版的書名爲《白族佛教歷史資料和民間信仰研究》、《佛教經典選編》、《白族佛教藝術》、《民間信仰本主崇拜》。"不過,由於各種原因,"白族佛教歷史資料及民間信仰研究"課題結項後,只有我録文整理的這批經典,因爲是雲南省"在本世紀宗教研究中所取得的一項歷史性的重要成果",後來陸續按《藏外佛教文獻》的體例整理後正式發表了。

《藏外佛教文獻》的主編方廣錩先生,上面已經提到,是我讀大學時上《印度佛教史》的老師。方先生此前給我的印象,一是上課認真,講自己的心得較多,二是能義正辭嚴批評不良行爲。記得一次在文史樓上課,我們課間休息,但還有部分教室正在上課,有幾個同學圍在大樓出口處嬉笑打鬧,吵鬧聲對樓内的上課產生了一定影響,方先生當時對那幾個正打鬧的同學進行了喝止。我剛好在旁邊站著,對"義舉"一詞的"義"有了真實的認識。

不過,大學時除曾經回答過方先生在課堂上提的問題外,並没有跟方先生講過話。我與方先生的近距離交流直到1995年纔開始。因參加少林寺建寺1500周年紀念學術討論會,我與方先生重逢,向他彙報了我看到的阿吒力經典的情况,説明了材料的稀有性。方先生指示我儘快整理好,收入他主編的《藏外佛教文獻》中出版。鑒於中美合作項目尚在進行中,而且録文是根據美方要求照原樣録入計算機,並非整理本(關於這一點我在《雲南阿吒力教經典的發現與認識》一文中曾經作過説明),所以我與方先生商定,出版的事待中美合作項目結項後再説。

1998年初,我新收集到幾部大型科儀,如雲南省圖書館藏明刊本《楞嚴解冤釋結道場儀》、清嘉慶抄本《如來孝順設供拔苦報恩道場儀》等,遂按照《藏外佛教文獻》的體例對已經録文的這批經籍重新作了標點和校勘。承方先生扶持,先後刊發在《藏外佛教文獻》第六至第八輯中。尤其是1998年出版的《藏外佛教文獻》第六輯,幾乎成了阿吒力教經典的專輯。在《卷首語》中,方先生對這批資料的評價甚高,並把雲南阿吒力教解釋爲"明代'教'派的活化石"。

《藏外佛教文獻》第六輯中,收録了我撰寫的《雲南阿吒力教經典及其在中國佛教研究中的價值》一文。該文羅列了當時所知50餘種阿吒力教典籍的目録,提出了阿吒力教並非從印度直接傳入雲南的有地方特點的密教,而是明初朱元璋將佛教三分爲禪、講、教後,從内地傳入雲南的"教"。"教者演佛利濟之法,消一切現造之業,滌死者宿作之愆,以訓世人",教僧是從事瑜伽顯密法事儀式,做法事爲死者洗滌罪愆的"經懺僧"或"應赴僧"。因此，阿吒力教就是明代的"教"；阿吒力僧，就是明代的教僧。所謂雲南省圖書館藏出自鳳儀北湯天的阿吒力教經藏，都屬於這一性質。當然，由於當時鳳儀北湯天經卷仍未得親覩，故無法列出具體例證。直到 2010 年看到了其中的相關部分外，纔在《"白密"何在？》一文中，用實物資料印證了這一看法。

附帶一提的是，《藏外佛教文獻》發表此前被認爲雲南獨有地方佛教的資料，受到部分人的質疑。他們支持方先生整理敦煌遺書，但不支持方先生發表阿吒力教經典。方先生堅持學術研究本位的原則，寧可放棄出版贊助也要堅持刊印這批新資料。事實證明方先生是對的。這批資料並非與敦煌無關，它們的系統性和完整性，是解讀殘破敦煌遺書《壇法儀則》(《金剛峻經》)等唐末五代資料的重要參證。

六、從大理、大足到敦煌

自 1995 年以來，我幾乎每年都到大理。因爲研究阿吒力教經典，研究阿吒力教而不到大理，至少是缺少親歷的那份感觸的。到大理多了，與阿吒力交流多了，參與阿吒力舉行的法會多了，知道法會儀式怎麼做了，你看到的書，就不再是死的文字而是活的儀式，是全景式的過程，是靈動多樣的表現形式，是形形色色的精神狀態。

由於研究大理，研究曾經流傳在大理劍川至今仍有流傳的阿吒力教經典，我又先後研究過大足，研究過敦煌。

開始關注大足石刻，是在 1992 年注意到雲南佛教造像中濃郁的漢地佛教風格之後。但最先對大足石刻進行研究，是在 1998 年，利用《如來廣孝十種報恩道場儀》中保存的宗賾《孝行錄》文字，討論大足寶頂山大、小佛灣與孝道相關造像的經典依據。這項研究把之前被分開討論的三組造像放在一起進行討論，認爲它們同屬於有共同經典依據的勸孝石刻。2004 年，又結合大足石刻銘文，利用當年看到的祖覺《重廣法施無遮水陸大齋道場儀》等阿吒力教經典，提出大足寶頂爲佛教水陸道場一説。在羅炤先生舉薦參加 2004 年大足石刻考察團考察大足石刻後，又先後發表了三篇討論大足石刻的文章。每一次討論，都離不開包括阿吒力教經典在內的佛教科儀的支持，而且每一次根據佛教科儀的討論，都有新的拓展。就目前所知來看，對於大足石刻的整體研究，如果缺少了對佛教科儀及其具體實踐的解讀，不僅是有缺失的，甚至可能是不符實的。

與敦煌的交涉在大學時已經開始。我上大學後聽的第一場講座，就是關於敦煌的。講座者是敦煌研究院 2014 年剛離任院長的樊錦詩女士。她當時被譽爲"敦煌的女兒",應邀回母校作報告。我不僅碰巧聽了她的講座,還請她簽了個字(這個簽字現在還在)。另外是在校圖書館唯一看過的縮微膠片,就是當時看不懂的敦煌遺書。

　　1999年我研究大理寫經《護國司南抄》,發現了大理寫經與敦煌遺書的共性,並根據陳寅恪對敦煌寫經傳抄風尚的論斷,説明大理寫經中不存在所謂"白文"。在整理研究大理劍川阿吒力教經典時,又發現人們研究變文或俗講時,引用圓仁《入唐求法巡禮行記》説明儀式程序的文字,在阿吒力教經典中可以找到相對應的文本,從而認爲阿吒力教經典是"研究唐代俗講和研究敦煌俗講文的重要補充材料"。

　　1999年11月,基於劍川有石鐘山石窟,又有可以與敦煌遺書作關聯研究的阿吒力教經典,我和趙文焕先生一同參加劍川縣舉行的一個學術會議時,提出了"北有敦煌,南有劍川"的説法。主持會議的劍川縣副縣長當時指出,這個説法費孝通之前已經提出來了。我知道費孝通曾經到過劍川考察,如果他説過,我們重複別人説的話就没有什麽意義。遺憾的是,我找遍所見費孝通著述,一直未發現費孝通在什麽場合説過這話。2013年又有人重提此説出自費孝通後,我請她把載有費孝通話的著述告訴我。材料發來了,但其中仍然未見這個提法。看來,目前將劍川與敦煌相提並論的,還只是我跟趙文焕先生。

　　但劍川與敦煌一南一北,二者之間是什麽關係呢？需要敦煌遺書來回答這個問題。

　　2005年,我作爲"西部之光"訪問學者到中國社會科學院世界宗教研究所進修一年,並在這年考取方廣錩先生的博士研究生,有機會在北京和上海查閲敦煌遺書圖版,開展了對敦煌遺書的探尋。

　　中國社會科學院世界宗教研究所資料室的藏書2005年前已經被合并到情報資料中心,不少資料都被其他研究敦煌遺書的學者借出,所以在北京期間所看到的敦煌遺書圖版和相關研究資料,主要是方先生的收藏。在上海主要在上海師範大學文苑樓,根據白天和晚上,分別到兩個地方。白天一般到8樓的人文學院資料室,這是受益於時任副院長的嚴耀中先生的介紹。這裏收藏的圖版較爲齊全。晚上則到13樓郝春文先生主持的域外漢學研究中心辦公室,郝先生的高足王蘭平和陳大爲二位學長幾乎每晚都在屋裏,可以與他們一同看書看到物管來催下班。這裏有英藏、法藏部分和大量港臺出版著作。在自助式查閲圖版,編製專題目錄,摘抄重要文獻後,我憑借對劍川保存相對完整系統的阿吒力教經典的理解,首先對《壇法儀則》等早期水陸法會儀式文本進行了收集、整理與研究,彰顯了劍川阿吒力教經典的研究價值。其次,基於對阿吒力教科儀的認識,發現敦煌變文屬於法會儀式文本,從而對俗講有了新的理解並作了再定義,證明了"阿吒力教經典確實是研究唐代俗講和研究敦煌俗講文的重要補充材料"。再次是基於對法會儀式程序理解的經驗,識讀出了一批此前未見討論的論義文。當然,最重要的,還是將敦煌遺書中的儀式文獻,與阿吒力教經典一樣放在齋供儀式的平臺上展開討論。

七、理解佛教儀式文本的平臺

如何把雲南大理劍川等地的材料放到整個漢傳佛教背景下理解? 如何給在雲南大理劍川等地發現的佛教法會儀式文本作定性? 如何理解敦煌遺書與明清傳入雲南的佛教儀式文本之間的關係? 回答這些個問題,我經歷了 10 多年的時間。

有的事似乎是命定的,如我希望考研深造就是如此。大學畢業後,1992年和 1997年曾經兩次想考四川大學陳兵先生的研究生,或拓展自己對佛教的認識,或細化自己對所見佛教科儀的解讀,但均未遂願。2003年到北京參加《中華大藏經》(下編)工作會議,與方廣錩先生在北京見面時,表達了希望追隨先生深造的願望。2004年初方先生調到上海師範大學,我遂在2005年如願圓了再次入校園讀書的夢,走上了方先生爲我創建的平臺。

方先生曾任中國社科院宗教所佛教研究室主任,對中國佛教研究的下一個突破點等問題作過思考。他認爲,信仰層面的佛教(最初稱爲"信仰性佛教",現在用這個提法)的研究將會成爲中國佛教下一個重要的學術增長點。這方面的突破,尤其是儀軌佛教的研究,將爲我國宋元明清佛教的研究,帶來全新的境界。此前我搜集整理的阿吒力教經典,都是研究儀軌佛教的重要資料。他招我到門下,就是要給我創造一個平臺,給我提供一些指導性的意見,幫助我衝擊信仰層面佛教研究這一中國佛教研究的制高點。

當然,方先生雖然確定了信仰層面佛教是我研究的主方向,但並沒有給我一個明確的題目。他讓我自己決定,是接著以前的研究繼續往下做,還是從頭開始做起。我的決定是從頭開始做。因爲如果源頭不清楚,其支流也很難說清楚。

研究點確定了,經過兩年多查閱敦煌遺書圖版和錄文,資料也準備得差不多了,從哪裏入手纔好呢? 或者說,什麼東西是可以把古代至現代各種資料都貫穿在一起的呢? 在找尋這個入手點或切入點的過程中,我的博士論文先後用了三個擬題。

最早的擬題是"中國科儀佛教研究"。打算將佛教作爲特定歷史背景下實踐中的宗教進行研究,以科儀構建爲切入點對佛教作全方位考察,在印度佛教本土化進程中關注僧俗互動,從實踐層面對佛教及其功能進行全面觀照,在實踐層面上考察儒、釋、道三教關係。但這樣做顯然看不到切入點,論文將比較散。

其次是基於梁慧皎《高僧傳》卷十三提到的"齋集"二字,擬名"中國佛教齋集研究"。2008年5月到香港中文大學參加"中國地方社會儀式比較研究"國際學術研討會時,仍然使用這個名稱。但"齋集"這個詞在古代佛教典籍中使用頻率較低,現在亦很少使用。如果用它作爲論文題目,需要花不少筆墨來解釋,就很難把問題説明清楚。只有使用一個大家一看就明白的名詞,纔有成功的可能。

其三爲"中國佛教儀式研究——以齋供儀式爲中心"。由於參與討論敦煌遺書中"受齋"抑或是"受座"這個詞,在通過義淨《南海寄歸内法傳》理解"受齋"一詞時,我發現此前接觸雲南阿吒力教經典和敦煌遺書時,所涉及的各個層面,在齋供(或稱"齋僧""設齋""設供""供僧""受齋""受供""赴請""應供""應赴"等)即僧人爲滿足施主願望而舉行的宗教儀式中,都能找到。換句話說,齋供是可以用來解讀雲南阿吒力教經典和敦煌遺書的平臺,是理解雲南阿吒力教經典和敦煌遺書,解讀包括雲南阿吒力教經典、敦煌遺書中佛教儀式文本的一個最佳切入點,是此前一直尋找的可以把古代佛教以及現代佛教各種資料都貫穿在一起的切入點。

確定第三個名字爲論文題目後,2009年3月,我完成了博士論文的初稿,並在2009年5月13日通過答辯。可以説,正是基於方先生招我到門下並給我提供的這個研究平臺,我找到了解讀和討論諸多佛教儀式文本的平臺。除可以用來討論道安僧尼軌範中相關部分、佛教唱導、水陸法會等佛教儀式外,此前被單獨研究的變文(包括講經文、押座文、因緣文等)、唱導文、齋戒文、齋文、願文、莊嚴文、佛教科儀、民間宗教寶卷等,都可以放在這個平臺上展開討論。受佛教影響編撰或與佛教儀式文本同類型的道教科儀文本,亦可以置於這個平臺上展開研究。我從2009年到現在,所完成的二十餘篇論文,基本上都在聽取大家的批評,都在細化、完善齋供儀式研究,在向方先生指引的方向邁進。

毫無疑問,未來要走的路還長。但戲臺已經搭好了,還愁没有戲表演麽?

八、總結與反省

上面掛一漏萬,敍述了從1984年到2009年,我經歷的學習基礎知識,

搜集資料從事地方佛教研究,再到從頭研究漢傳佛教儀式及相關文本的過程。自我總結、反省自己的學思歷程,以下八點值得強調:

首先是宗教學的專業基礎。北京大學四年的宗教學專業本科,接受過專業宗教研究者的教導,學會了如何讀書,並掌握了當時中國大陸宗教學研究的動態。相比於當年的無知,這是絕對的優勢。

其次是基於歷史和文獻。通過研習陳垣先生倡導的史源學,對最早史事的尋究,對雲南地方史料源流的探討,對於確定阿吒力教是明初傳入雲南的(瑜伽)教這一論斷,起到了至關重要的作用。廣泛搜集相關資料尤其是發掘以往未被開發的舊資料,發現並利用新資料,在全面搜集資料的基礎上展開研究,是不斷有新發現的前提。

其三是地域廣泛性的視野。地方文化研究者往往比較喜歡強調地域獨有性,而較少進行地域廣泛性的研究,其研究結果難免片面甚至錯誤。隨著新資料的不斷發現,隨著研究方法和手段的進步,有必要對許多傳統課題進行再認識,從地域廣泛性角度開闢新的研究領域。

其四是調研心得和經驗。盡信書,不如無書。書籍記載沒有問題,但如果不能給予切實的解釋,同樣不能發揮其應有的作用,體現其價值。根據田野調查經驗和田野心得對歷史文本的解讀,無異於新資料的加入,常常能有意料之外的驚喜。

其五是文本的細讀。從抄錄、釋讀一手材料入手,整理並研究文本,對材料了然於心,纔能在討論問題時得心應手,游刃有餘。陳國符先生研究《道藏》中外丹黃白術發明的詞義研究法,是文本細讀中值得借鑒的上善之法。

其六是辨偽求真。讀書需要校對核正文字,需要考證辨偽。縱容造假,出於一己的目的為偽書鼓吹和宣傳,無疑是對後人的犯罪。不能鑒別真假,其研究結論往往"假作真時真亦假"。自到雲南省社會科學院工作以來,校讀錯字頻出的書,核正其文字,弄清其真義,往往創造了開拓新領域的機會。

其七是長期的堅持。從大學畢業開始,只有一年參加雲南省省級機關講師團支教,忙於教書,一年半到雲南省社會科學院人事教育處工作,不能有大量時間看書,半年因為身體原因有意不看書。其他時間,儘管不同時期有不同的工作重點,基本上都在從事與宗教研究相關的研習工作。

其八是各種的助緣。佛教講因緣,有因纔有果,緣熟自然成。從填報志願選宗教學專業,到完成博士論文,這中間承蒙家人和諸多師友扶持提攜,承蒙得到各種善緣相助。即使是曾經的排斥、壓制、毀謗,同樣是激勵我的增上善緣。我知道,我只有做好了,纔對得起大家的幫助和扶持;我只有做好了,纔不懼怕任何的負能量。而且,負能量越大,我越應該做好。

因緣無處不在,因緣大無外。感恩各種助緣!

原載《漢傳佛教、宗教儀式與經典文獻之研究——侯沖自選集》,臺北:博揚文化事業有限公司,2016年,第5—29頁。

附録二　齋供儀式文獻《意旨了然集》

《意旨了然集》雖然是清代朱批奏摺中被提及數次的文獻之一，但目前只有莊吉發、馬西沙、孔祥濤和譚小軍等爲數不多的學者提及①。除馬西沙、譚小軍將其視作寶卷②外，未見其他人討論。至於該書的具體情況，如《意旨了然集》的作者是誰？内容如何？其屬性是什麽？此前均未見根據具體内容作過討論。2015 年，筆者有幸先後見到兩種《意旨了然集》，本文將首先介紹這兩種本子，確定其作者，比較兩個本子内容的差別，其次確定其屬性，明確其爲齋供儀式文獻的性質。

一、經眼《意旨了然集》兩種及其内容比較③

（一）《意旨了然集》兩種

筆者所見《意旨了然集》兩種，一爲刊本，一爲抄本。

1. 刊本

一册。藏國家圖書館分館。2015 年 11 月中旬查閲。封皮印簽："意旨了然集。"登記號二九五七二。書號 110882。索書號 140806。署"山陰陳普時（字御天 號統菴）著述，同邑盛普達（字顯侯 號燮菴）、會稽周普岳（字瑞伯 號錫菴）同校"。内容依次包括《意旨了然集自序》《意旨了然集目録》《意旨了然集卷上》《意旨了然集卷中》《意旨了然集卷下》《意旨了然集續編目録》《意旨了然集續編》《意旨了然集跋》。

---

① 莊吉發：《真空家鄉：清代民間秘密宗教史研究》第四章，臺北：文史哲出版社，2002 年，第 139—140 頁；馬西沙、韓秉方：《中國民間宗教史》第七章，上海：上海人民出版社，1992 年，第 372 頁；孔祥濤主編：《再論邪教——邪教、教派與極端行爲論文集》，南寧：廣西人民出版社，2002 年，第 385、391 頁；譚小軍：《清代江西民間秘密教門研究》，江西師範大學碩士學位論文，2006 年 5 月，第 36 頁。
② 馬西沙：《中華文化通志·民間宗教志》第四章，上海：上海人民出版社，1998 年，第 119 頁；《中國民間宗教簡史》第四章，上海人民出版社，2005 年，第 118 頁。
③ 2016 年 10 月下旬，筆者通過孔夫子舊書網，又自山東收集到刊本一册。因除無後跋外，内容與國家圖書館藏刊本没有顯著區別，未增加新信息，故不再納入討論。http://book.kongfz.com/item_pic_6982_581428532/（2017 年 4 月 7 日星期五摘取）。

《意旨了然集續編》尾題"意旨了然集續編終",後有牌記:"弟子胡普湧仝後學毛普有、胡普潤、舒普淋、陳普庫、鄭普憑重刊。"但刊印時間不詳。根據封皮紙質,推斷爲清末民國初期刊本。自序首行鈐一"知堂收藏/越人著作"篆字朱印、正文首題下鈐"苦雨/齋藏/書印"、"國立北京圖/書館珍藏"。周作人號知堂,浙東紹興人,他把自己的書齋取名爲"苦雨齋",自稱爲"苦雨齋主人",而紹興爲古越國的中心,周作人關注鄉邦文獻,稱其爲越人著作①,由"知堂收藏/越人著作"、"苦雨/齋藏/書印"可知此書原爲其苦雨齋所收藏鄉邦文獻之一。不知何時入藏國家圖書館。

2. 抄本

二册。2015年10月通過孔夫子舊書網收集自江西②。今藏筆者處。第一册封皮無題簽。首題下署"山陰陳普時^{字御天號統菴}著述,同邑盛普達^{字顯侯號夑菴}、會稽周普岳^{字瑞伯號錫菴}同校"。內容依次包括《意旨了然集自序》《意旨了然集目錄》《意旨了然集卷(集福酬恩類)》《意旨了然集(祈保門)》《意旨了然集目錄(超薦類)》《意旨了然集卷(薦修類)》。卷末有抄寫題記:"岢/光緒辛卯年(1891)秋月中澣吉日/後學李鳳翔敬書。"並有"補遺(安靈灑掃)"文一則和嘉慶元年至民國十年的逐年干支。

第二册封皮無題簽。內容包括《續編意旨集目錄》《續編意旨集(酬恩類)》《意旨了然集目錄(酬恩集福類)》《意旨了然集卷之(酬恩集福類)》《續編意旨集目錄》《續編意旨集卷之(告懺類)》。《意旨了然集目錄(酬恩集福類)》首題下有"李鳳翔書於養正山房"數字。《意旨了然集卷之(酬恩集福類)》正文後有抄寫小記:"以上意旨非統菴、君發二夫子/所作,皆係余各處錄來。間有不/妥者,切勿用之以令人譏誚。/光緒甲午年(1894)書於養正山房。/後學李鳳翔敬書。"另新補寫華陀真人、上八洞神仙和韓湘子三則酬恩集福類文。

兩種本子均署"山陰陳普時^{字御天號統菴}著述",可知本書作者爲陳普時。他是浙江山陰(屬於紹興)人,字御天,號統菴。他雍正元年(1723)作《意旨了然集自序》,稱他在康熙丙申(1716)著《意旨欸式》一卷。"同邑盛德先太老官,越州德望,行道四方,要將予《意旨全集》授梓以公同志",他堅辭不允,後"盛太老官,泊闔郡老官,請鑴益力,勉强應命,復將從前所輯,細加訂正,

---

① 《知堂藏書小考》(https://www.douban.com/note/539619671/?from=tag,2016年5月26日星期四摘取)。

② http://book.kongfz.com/item_pic_10393_104634165/(2016年5月26日星期四摘取)。

稿凡數易,名曰《意旨了然集》"。可知他大致生活在清朝康熙至雍正年間(1661—1735)。刊本卷末有盛普天德先氏作《意旨了然集跋》稱"御天陳子……今所撰《意旨了然集》",抄本李鳳翔抄寫小記稱"以上意旨非統菴、君發二夫子/所作",亦證明其作者確實爲陳普時。綜合兩種本子的不同名目和陳普時自序,可知本書有"意旨欵式""意旨全集""意旨了然集"和"意旨集"等稱名。定稿名爲《意旨了然集》。

陳普時《意旨了然集自序》作於雍正元年,盛普天《意旨了然集跋》亦作於是年,刊本正文中亦有"雍正元年"字樣,則雍正元年是本書首次刊印成書的時間。根據陳普時自序,書的内容分上、中、下三卷,分別是集福、祈保和薦修。但所見刊本《意旨了然集目録》卷下"薦修門"後,另有"祈保門補",收録有"東嶽借壽""禮斗""十人保病""保鬼纏病"四則目(内容則排在卷中尾題之後,卷下首題之前),刊本《意旨了然集續編》内容爲"雜用門",收録文四十二則,屬於《意旨了然集自序》所説集福、祈保和薦修外内容,《意旨了然集續編目録》尾題下有"雍正甲寅夏五重訂"數字,"雍正甲寅"即雍正十二年(1734),説明現存刊本爲雍正元年刊本的重訂本,重新編定的時間不晚於雍正十二年,内容則續增了"祈保門補"和"雜用門"兩部分。

抄本爲李鳳翔光緒年間抄本,在肯定陳普時爲《意旨了然集》作者的同時,增加了號爲"君發"的人。但誰號"君發"？暫無考。至於抄本内容,則除接納①、整合了雍正十二年續編本外,還增加了不少新内容。關於這一點,比較二書内容可以看得更清楚。

(二) 兩種《意旨了然集》内容比較

由于抄本有部分内容爲李鳳翔"各處録來",故刊本與抄本内容有較大差別。爲方便了解二者内容的大致異同,兹列表比較如下:

刊　　本	抄　　本
意旨了然集自序	意旨了然集自序
意旨了然集目録	意旨了然集目録(集福酬恩類、祈保類)
卷上・集福門	意旨了然集卷・集福酬恩類
卷中・祈保門	意旨了然集・祈保門
東嶽借壽、禮斗、十人保病、保鬼纏病	

---

① 抄本第一册有"意旨了然集(祈保門)"的表述,但抄本一般分類時,均作"類"而非"門",刊本則始終用"門",足證抄本中的"祈保門"承襲自刊本。

(續　表)

刊　本	抄　本
	意旨了然集目録（超薦類）
卷下・薦修門	意旨了然集卷・薦修類
意旨了然集續編目録 （意旨了然集續編）雜用門	續編意旨集目録（酬恩類、集福類）
	續編意旨集（酬恩類、集福類）
	意旨了然集目録（酬恩集福類）
	意旨了然集卷之（酬恩集福類）
	續編意旨集目録（告懺類）
	續編意旨集卷之（告懺類）
意旨了然集跋	

　　比對刊本和抄本具體内容，可以看出雍正元年刊印的《意旨了然集》以及雍正十二年續編的《意旨了然集》，其作者都是陳普時。續編的《意旨了然集》新增了"祈保門補"和"雜用門"兩部分内容。光緒年間李鳳翔抄本《意旨了然集》，以陳普時續編本爲底本，但又對雍正十二年續編的《意旨了然集》的内容作了整合：一是將陳普時《意旨了然集續編》的"祈保門補"並入"祈保類"；二是將"雜用門"分爲酬恩、集福、酬恩集福三類；三是將陳普時《意旨了然集》正編卷中收録的女衆懺悔、破戒懺悔、患病懺悔，放到抄本《意旨了然集續編》中，並將其擴展爲"告懺類"。因此，李鳳翔抄本是陳普時續編本的擴展本，保存了陳普時著作本的内容，但又新增加了内容，並對陳普時著作本的結構略有調整，抄寫時還略抄了盛德先雍正元年所作《意旨了然集跋》，故此抄本的作者不妨著録作：山陰陳普時（字御天號統菴）原著，江西李鳳翔新集。

二、《意旨了然集》的屬性

　　我們可以從書名、文本内容及其實際應用來判斷《意旨了然集》的屬性。

（一）《意旨了然集》解題

　　馬西沙和譚小軍都根據《意旨了然集》的名稱，判斷其爲寶卷[①]。不過，陳普時雍正元年撰《意旨了然集自序》有文說：

[①] 馬西沙：《中華文化通志・民間宗教志》，第119頁；《中國民間宗教簡史》，第118頁；譚小軍：《清代江西民間秘密教門研究》，第36頁。

予自童真入道,即蒙諸引進雅愛,命予職掌疏稿。嘗爲人作表陳情,希冀慈蔭。予念天壤殊途,聖凡異境,欲使下情感格上聽,苟非陳詞懇切,立意真誠,安能感而遂通,有求必應乎？故凡作意旨者,務要情真理實,詞簡意周。萬法包融,點水不漏,方能竦動聖心,隨感即應。康熙丙申歲,予有《意旨欵式》一卷,檢藏笥篋。凡遇開經,録一則以進呈各位引進。雖承諸公謬許,然心實抱愧,不敢以全帙示人。今同邑盛德先太老官,越州德望,行道四方,要將予《意旨全集》授梓以公同志。予愧識見卑陋,學問空疏,未敢呈教宇内,遺笑大方,堅辭不允。近盛太老官,洎閭郡老官,請鐫益力,勉強應命,復將從前所輯,細加訂正,稿凡數易,名曰《意旨了然集》。内分上、中、下三卷,一集福,二祈保,三薦修。庶幾求無不應,感而遂通。顧修辭潤色,尚有待於高明；而草創討論,已肇端於今日。因爲序。

這段文字表明,陳普時"職掌疏稿""爲人作表陳情""作意旨",是專門替施主設齋作會時寫齋文或作疏表達意旨的人。施主如何設齋作會？我們不妨借助佛教的齋僧和齋供儀式來理解。

齋僧就是設齋供僧,用現在的話來說就是請僧人吃飯。儘管人們對齋僧不陌生,但之前並沒有注意到齋僧與佛教儀式之間的密切關係,更未注意到齋僧可以爲我們提供一個理解佛教齋供儀式的平臺。對於佛教儀式迄今爲止有不同的解釋,也有不同的分類。我們基於討論的方便,權將其分爲修持儀式和齋供儀式。所謂修持儀式是指僧人和信衆日常修行的儀式,而齋僧儀式則是指僧人爲滿足施主需要而舉行的宗教儀式。修持儀式和齋供儀式之間的區別,是該儀式程序中是否包括齋僧。如果没有設齋供僧這一要素,它就不屬於齋供儀式；如果包括了設齋供僧這一要素,即使是在寺院裏舉行,其儀式程序與修持儀式基本相同,也是齋供儀式。齋僧是修持儀式與齋供儀式的分水嶺。

通過了解齋僧,可以對齋供儀式的構成、表現形態有立體的、清晰的把握。

首先,齋僧提供了齋供儀式的最基本框架。既然是請僧人吃飯,自然要包括請吃飯的施主或齋主,以及應請吃飯的僧人。而施主請僧人吃飯,並非無緣無故,肯定是爲了達成某個目的（即使只是爲了齋僧而齋僧,也是目的）,即齋意。齋意的表述,一是由齋主請僧時表白,二是僧人應赴受齋時由上座在咒願中述說（由於齋意相同,故可合併討論）。也就是說,齋僧至少包括齋主、齋意和僧人這三個核心元素。不存在可以缺少其中哪一個元素的齋僧。既使有時齋主與僧人重合了,仍然存在齋主與僧人這兩個元素。在這個意義上,齋僧的基本組成結構是齋主、齋意和僧人。這個組成框架也適用於齋供儀式,即僧人為滿足施主需要而舉行的宗教儀式。

其次,齋僧提供了理解齋供儀式形態的範例。唐代僧人義淨著《南海寄歸內法傳》卷一記載南海諸國(今印度尼西亞等地)三天齋僧的情況是:"初日……金瓶盛水,當前瀝地,以請衆僧,令於後日中前塗身澡浴。第二日過午已後,則擊鼓樂,設香華,延請尊儀。棚車輦輿,幡旗映日,法俗雲奔。引至家庭,張施帷蓋。金銅尊像,瑩飾皎然,塗以香泥,置淨盤內。咸持香水,虔誠沐浴。拭以香氎,捧入堂中,盛設香燈,方爲稱讚。然後上座爲其施主說陀那伽他,申述功德,方始請僧。出外澡漱,飲沙糖水,多噉檳榔,然後取散。至第三日禺中,入寺敬白時到。僧洗浴已,引向齋家。重設尊儀,略爲澡沐。香花鼓樂,倍於昨晨。所有供養,尊前普列。於像兩邊,各嚴童女或五或十,或可童子,量時有無。或擎香爐,執金澡罐。或捧香燈、鮮華、白拂。所有粧臺鏡奩之屬,咸悉持來佛前奉獻。問其何意,答是福田。今不奉獻,後寧希報? 以理言之,斯亦善事。次請一僧,座前長跪,讚嘆佛德。次復別請兩僧,各昇佛邊一座,略誦小經半紙一紙。或慶形像,共點佛睛,以求勝福。"①按照這段記載,可以看出這個爲期三天的齋僧活動,第一天沐僧,第二天設辦法會道場,第三天請僧人講經或開光,就是一場活潑潑的齋供儀式。可以說,對齋僧有了解,自然也就對齋供儀式的核心內容、儀式程序、形態有直觀的、立體的理解。

其三,齋僧爲釋讀齋文、疏文等文本提供了語境。述齋意即對齋主齋僧的目的、齋僧的功德進行述說,是齋僧的核心元素之一。上引義淨所記南海齋僧程序中,第二天"上座爲其施主說陀那伽他,申述功德",第三天"所有供養,尊前普列。於像兩邊,各嚴童女或五或十,或可童子,量時有無。或擎香爐,執金澡罐。或捧香燈、鮮華、白拂。所有粧臺鏡奩之屬,咸悉持來佛前奉獻。問其何意,答是福田。今不奉獻,後寧希報? 以理言之,斯亦善事。次請一僧,座前長跪,讚嘆佛德",都屬於儀式程序中的述齋意。述齋意在印度、南海等地是通過口述,而在中國則是往往會通過紙墨來傳達,稱其爲"疏""疏子""齋文"等。宋代道誠《釋氏要覽》卷上"中食"類"疏子"條稱:"即祝佛之文也,蓋疏通施主今辰之意也。"②卷下"送終"類"疏子"條稱:

---

① 王邦維:《南海寄歸內法傳校注》,北京:中華書局,1995年,第62—64頁。
② 富世平:《釋氏要覽校注》,第224頁。

"白佛辭也,蓋疏通齋意爾。"①明徐師曾《文體明辨》"道場疏"條說:"按道場疏者,釋、老二家慶禱之詞也。慶詞曰生辰疏,禱詞曰功德疏,二者皆道場之所用也。……其曰齋文,即疏之別名也。"②清楚說明了它們異名同義的關係。

佛教傳入中國後,對中國古代宗教如道教以及民間信仰產生了重要影響。佛教基於齋僧的儀式結構即齋供模式,亦影響了道教等其他中國傳統宗教。所以不僅道教儀式可以發現有齋主、齋意和道士的組合結構,明清民間宗教也有齋主、齋意和儀式行持者的組合結構。參照佛教齋供模式,就可以很方便把握那些與道教儀式和民間宗教儀式相關文本的屬性。換句話說,不僅研究佛教儀式,研究道教儀式和民間宗教儀式,都可以在齋僧模式下來展開。

在這個基礎上,我們再來看陳普時《意旨了然集自序》中相關文字,就能清楚知道,陳普時少年時即被委以"職掌疏稿",做"爲人作表陳情"的工作。在他看來,"凡作意旨者,務要情真理實,詞簡意周。萬法包融,點水不漏,方能竦動聖心,隨感即應"。最初他將自己所作意旨彙總爲一卷,稱爲"意旨欸式"。在每次舉行儀式時,"錄一則以進呈各位引進",得到大家的讚賞和鼓勵。後來,以盛德先爲首的人準備將陳普時所作"《意旨全集》,授梓以公同志",對此他一開始是拒絕的。在"堅辭不允"後,他"勉強應命,復將從前所輯,細加訂正,稿凡數易,名曰《意旨了然集》。內分上中下三卷,一集福,二祈保,三薦修。"也就是說,他的《意旨了然集》,是對他基於職掌疏稿所作意旨文的彙集,最先他將其分爲三大類,一是集福類,二是祈保類,三是薦修類。其目的是讓人能對他們舉行儀式時所用意旨文一目了然,有清楚的了解。他後來又續作意旨文,除對祈保類有所補充外,還增加了雜用類。因此,不論是最初的《意旨了然集》還是《意旨了然集續編》,都是陳普時所作意旨文的分類編集。鑒於此前未見有人將意旨文歸入所謂秘密宗教經典——寶卷進行討論,因此馬西沙和譚小軍根據《意旨了然集》的名稱即判斷其爲寶卷,顯然都不如實。

(二)《意旨了然集》的文本

《意旨了然集》兩個抄本不僅總體內容有差別,具體的文本亦有一定差別。限於篇幅,僅選其首條列表比較如下:

---

① 富世平:《釋氏要覽校注》,第585頁。
② 徐師曾:《文體明辨》,第177頁。

刊　　本		抄　　本	
（集福門）元旦祈福	一四天下,南贍部洲。今據大清國浙江等處承宣布政使司某府某縣某坊幾堡居住如鄉間則云幾都幾圖某鄉某里某村居住。如借所在則云某處建壇。,奉佛元旦祈福弟子普某,恭迎掌教引進普某等,遵奉太上無極聖師先天普能祖師,轉凡後天在位三界聖師普善師父,親臨東土定立三枝普理、普波,在位普學,祖母普道、普正,傳燈祖嗣普法,祖孫普宗、普尊,祖曾孫普主、普恩、普仁。	（集福酬恩類）元旦祈福	一四天下,南贍部洲。今據大清國江西等處承宣布政使司某府某縣某坊某堡居住如借所在則云建壇,奉佛元旦祈福弟子普某,恭迎掌教引進普某,遵奉太上無極聖祖先天普能祖師,轉凡後天在位三界聖師普善師父,親臨東土定立三枝普理、普波,在位普學,祖母普道、普正,傳燈祖嗣普法,祖媳普上、普連,祖孫普宗、普尊,祖孫媳普慈,祖曾孫普主、普仁、普恩,祖元孫媳普母,祖來孫普裕,祖來孫媳普萱,祖昇孫普靖、普慎、普肅,祖昇孫媳普嫺,祖仍孫普慧,祖仍孫媳普媛,祖雲孫普惠,祖雲孫媳普嫌、普淑,祖耳孫普慶,祖耳孫媳普禎,在凡祖十一世。
	聖師化度,六年圓滿,親勅當頭引進普相、普金、普柏、普全、普卿、普敬、普傅,代師行化轉勅普露,左枝普花、普濤、普香、普元、普果,右枝普秀、普寶、普英、普柏、普貴,掌眷公位普霄、普青,領祖正教,遍行天下。		聖師化度,六年圓滿,親勅當頭引進普相、普金、普柏、普全、普卿、普敬、普傅,代師行化轉勅普露,左枝普花、普濤、普香、普元、普果,右枝普秀、普寶、普英、普柏、普貴,掌眷公位普霄、普青,領祖正教,遍行天下。
	伏以聖道巍巍,普鑒大千世界;佛光浩浩,照臨億萬人天。悲憐末劫,闡教當來。駕苦海之慈航,度群生於彼岸。法雨弘施,仁風廣佈。霑恩德於九蓮座下,現慈悲於百寶光中。此段通用		伏以聖道巍巍,普鑒大千世界;佛光浩浩,照臨億萬人天。悲憐末劫,闡教當來。駕苦海之慈航,度群生於彼岸。法雨宏施,仁風廣佈。霑恩德於九蓮座下,現慈悲於百寶光中。此段通用
	今有長枝普相派下普某法眷普某位下普某身後普某名下,設齋弟子普某,洎在會人等,敬啓丹衷,仰干聖鑒,恭通情旨。爲因天運雍正元年歲次癸卯新正元旦之辰,切念衆等,塵勞務重,暗消歲月以蹉跎;世事羈音縻音迷,不覺光陰之易音異過。年華方運,應投善種於良田;月令初		今有枝派普相派下普某法眷普某位下普某身後普某名下,設齋弟子普某,洎在會人等,敬啓丹衷,仰干聖鑒,恭通情旨。爲因天運光緒　年歲次△△新正元旦之辰,切念衆等,塵勞務重,暗消歲月以蹉跎;世事羈音縻音迷,不覺光陰之易過。年華方運,應投善種於良田;月令初興,當植慧根

（續　表）

刊　本		抄　本	
（集福門）元旦祈福	興，當植慧根於寶地。由是發心，會同各枝引進、衆信男女人等，各捐己資，就於聖師金蓮座前_{如不供祖，容人家則云就於家庭之內；如借供祀容人家建壇，則云恭詣普某堂中；如借不供容人家，則云恭詣普某家中。}，整設壇儀，具陳供養。是日香焚玉露，燭映瑤光。誦五部之真詮，演三乘之妙旨。_{此六句通用} 啓建元旦祈福道場一會，專心拜獻太上無極聖師普善師父，親臨鑒納；三世諸佛，作大證盟。 惟冀年豐穀熟，普令天下和平；月吉人昌，均庇各家利樂。障緣殄_{音電}滅，若片雪點於紅爐；福履永綏_{音雖}，似春芳茂於大地。一年迪_{音狄}吉，起居惟納禎祥；終歲平安，左右但逢瑞霭_{哀上聲}。財源永聚於千秋，嗣裔_{音異}流芳於百代。親鄰眷屬，均霑化育之恩；昭_{音韶}穆先亡，齊赴蓮池之境。凡居四序之中，悉賴萬全之庇。諸般等事，總求吉祥。 伏願皇圖永固，帝道遐昌；佛日增輝，法輪常轉。恭惟三寶證明，萬靈洞鑒。 時雍正元年歲次癸卯正月初一日謹意上申。_{後倣此}	（集福酬恩類）元旦祈福	於寶地。由是發心，會同各枝引進、衆信男女人等，各捐己資，謹卜本月就於聖師金蓮座前_{如借人家建壇，則云恭詣普某堂中；不供祖容人家則云家中。}，整設壇儀，具陳供養。是日香焚玉露，燭映瑤光。誦五部之真詮，演三乘之妙旨。_{此六句通用} 啓建元旦祈福三供道場一會，專心拜獻太上無極聖師普善師父，親臨鑒納；三世諸佛，作大證盟。 惟冀年豐穀熟，普令天下和平；月吉人昌，均庇各家利樂。障緣殄滅，若片雪點於紅爐；福履永綏，似春芳茂於大地。一年迪吉，起居惟納禎祥；終歲平安，左右但逢瑞霭。財源永聚於千秋，嗣裔流芳於百代。親鄰眷屬，均霑化育之恩；昭穆先亡，齊赴蓮池之境。凡居四序之中，悉賴萬全之庇。諸般等事，總求吉祥。 伏願皇圖永固，帝道遐昌；佛日增輝，法輪常轉。恭惟三寶證盟，萬靈洞鑒。 岂皇清光緒　年歲次　正月初一日謹意上申。_{後仿此}

　　如上表所示，《意旨了然集》所收錄的意旨文本，適用於不同地方建壇舉行元旦祈福一類集福法事，故有相當一部分文字通用於其他集福法事。文末"後仿此"三字更說明首條意旨文的組合結構，是其他集福法事意旨文的模本。一些標明通用的文字，無疑在其他集福法事意旨文中將照用不替。每一則文字，在實際使用時，都將仿照一定格式，使用通用文句，配合具體的事項編寫而成。至於刊本和抄本的文字，除普祖世系略有增加外，其他內容大致相近。最突出的，是提到法名時，都"以普字爲號"。依序包括普能、普善、普理、普波、普學、普道、普正、普法、普上、普連、普宗、普尊、普慈、普主、

普恩、普仁、普母、普裕、普萱、普靖、普慎、普肅、普嫻、普慧、普媛、普惠、普嫌、普淑、普慶、普禎等。

在中國歷史上，取普字派法名或者以普字爲號的教派，包括黃天教、羅教支派大乘教、江南齋教（有無爲教、姚氏教、龍華教等名）等。馬西沙等人根據檔案材料指出，普能爲殷繼南的法名，他曾在金沙寺有過六年苦行①，故上表中有"聖師化度，六年圓滿"等文字。普善爲姚文宇的法名，他雖然未直接受教於殷繼南，但"在普福化師位下歸依解表"，並被奉爲羅教信徒。據說天啓元年（1621）他遇見羅教信徒普理及其妹普波，與之論道，並收服二人②，故上引文中有"親臨東土定立三枝普理、普波"等文字。姚文宇與普理、普波定立的三枝，具體的傳承分別爲中枝普相、普金、普柏、普全、普卿、普敬、普傅，左枝普花、普濤、普香、普元、普果，右枝普秀、普寶、普英、普柏、普貴。姚文宇死於順治三年（1646），其幼子姚繹長大後，取法名爲普法③，並遷至浙江溫州④。這是上列表中"傳燈祖嗣普法"數字出現的背景。另外，抄本較刊本多出的所謂祖元孫、來孫、晜孫、仍孫、雲孫、耳孫乃至其媳法名等內容，是目前所見有關姚文宇後代傳承的新資料，證明在雍正元年以後，江南齋教從浙江傳到江西，姚氏家族中的一支至少在清代光緒年間仍然有傳承，並且已經傳到十一世。綜合這些信息，可以肯定《意旨了然集》爲江南齋教信徒陳普時所撰意旨文的分類編集。也就是說，《意旨了然集》的文本內容，清晰表明其爲江南齋教經典。

（三）《意旨了然集》的實際應用

既然《意旨了然集》爲江南齋教經典，是江南齋教信徒陳普時所撰意旨文的分類編集，那麼，它在實際生活中是如何被使用的呢？

莊吉發根據檔案資料提到《意旨了然集》時，稱浙江錢唐縣齋教信徒姚天榮勸令浙江余杭農民阮學元"持齋誦經，以求增福延年"，"姚天榮給以抄白《意旨集》、《心經》、《天經》、《吉經》等經卷，告知每逢庚戌庚申等日各自在家拜念，希圖免災祈福"⑤，無疑已經表明，不論是舉行增福延年還是舉行免災祈福的法會，都可能使用《意旨了然集》。當然，如果基於刊本《意旨了然集》目錄，就會發現《意旨了然集》實際上主要被用於以下場合：

---

① 馬西沙、韓秉方：《中國民間宗教史》第七章，第343、346頁。
② 馬西沙、韓秉方：《中國民間宗教史》第七章，第346頁。
③ 馬西沙、韓秉方：《中國民間宗教史》第七章，第351頁。
④ 馬西沙、韓秉方：《中國民間宗教史》第七章，第355頁。
⑤ 莊吉發：《真空家鄉：清代民間秘密宗教史研究》第四章，第139—140頁。

卷上集福門	元旦祈福　釋迦誕日　釋迦成道　觀音誕日成道　上元誕日　聖師誕日　聖師歸西　祖母誕日　祖嗣誕日　明公誕日　祖容昇座　進關　出關　四季祈福　送年祈福　玉皇誕日　中元誕日　下元誕日　觀音成道　華光誕日　靈官誕日　韋馱誕日成道　判福單式
卷中祈保門	萬壽聖誕　母壽　自壽　妻壽　女壽自壽　生子　娶媳　嫁女　保嬰　入宅　出行　男衆懺悔　女衆懺悔　破戒懺悔　患病懺悔　久病保安　近病保安　病愈酬願
卷下薦修門	子薦父母　女薦父母　薦父　薦母　薦祖父母　薦岳父母　薦伯叔　薦兄弟　薦姊妹　薦夫　薦妻　薦子　薦媳　薦女　薦婿　薦姪　薦孫　薦引進　薦道友　出殯安葬　回家奠主　薦外考祖妣　薦舅姑　預修收棺　薦嫂　薦上臺　薦府官　薦武官　薦封官　薦縣官　薦蛇傷　薦雷轟　薦馬斃　薦牆壓
祈保門補	東嶽借壽　禮斗　十人保病　保鬼纏病
意旨了然集續編雜用門	引進壽誕　祈禱雨澤　懇求晴霽　驅逐蝗蝝　禳除瘟疫　去瘟酬願　祛消火燭　滅火謝祖　掃除邪祟　平基闢地　起屋上樑　完工謝土　祈求子嗣　保安胎産　出痘酬願　患病皈依　懺悔前愆　歸空指路　收棺入殮　出殯造葬　安靈灑掃　盂蘭薦拔　追思遠親　没後代懺　超薦母舅　反薦外甥　悲悼朋友　濟度火焚　拯救水溺　痛傷虎噬　哭弔陣亡　解釋自縊　薦拔服滿　度脱產厄　求清虛　求傳燈　求勅　淨堂　謝祖　保患眼

　　很顯然，陳普時《意旨了然集》的內容，是"一集福，二祈保，三薦修"，《意旨了然集續編》包括"祈保門補"和"雜用門"，則就文本內容來看，不僅只是增福延年和免災祈福，還包括超薦亡靈和其他雜類。薦亡類收在卷下，收文多達35條，比卷中和卷上都多，而且在"雜用門"內還有17條，二者合在一起，總數多達50餘條，是陳普時《意旨了然集》中最多的。說明《意旨了然集》主要是被用於舉行超度法會。

　　佛教傳入中國後，以齋僧爲法會模式的佛教齋供儀式，不僅被用來積福祈祥，被用於超薦亡靈及其他雜用，是佛教儀式的主體。由於佛教齋供模式又影響了道教儀式和民間宗教儀式，因此這種模式也並見於道教和民間宗教的宗教活動。人們信仰宗教，希望通過集福表現宗教虔誠，通過祈保達到延年免災，尤其是秉承中國古代慎終追遠的傳統思想，希望通過舉行不同名目、不同類型的薦亡儀式，達到超薦亡者的目的，這些顯然都是民衆日常精神生活的實際表現，因爲中國古代舉凡正常的人，都有類似這樣祈祥免災、追宗薦祖的需要。

　　總之，《意旨了然集》作爲江南齋教信徒陳普時撰寫的法會齋意文，既較爲全面地反映了江南齋教的宗教儀式，所尊崇的神佛體系尤其是祖師體系，同時,該書也反映了江南齋教信徒舉行宗教儀式所希望達成的各種不同的齋意。正是基於上面對《意旨了然集》書名、文本內容及其實際應用的考察,我們可以肯定地說,《意旨了然集》是江南齋教經典,但更確切地說則是屬於儀式文獻,是清初江南齋教信徒陳普時撰寫以備信衆舉行齋會時表達齋意的齋文彙集,不是所謂秘密宗教經典——寶卷。

原載《古典文獻研究》第十九輯上卷,南京:江蘇古籍出版社,2016年,第128—137頁。本文刊行後,又從孔夫子舊書網上搜集到刊本一册。此册無書名頁和後跋,其他內容則與國家圖書館藏刊本相同,故不是新刊本。以此,本書未對文章內容再作增補。

與本書相關的已發表成果

一、文獻整理

1.《金剛峻經金剛頂一切如來深妙秘密金剛界大三昧耶修行四十二種壇法經作用威儀法則　大毗盧遮那佛金剛心地法門密法戒壇法儀則》，載方廣錩主編：《藏外佛教文獻》第十一輯，北京：中國人民大學出版社，2008年，第17—144頁。

2.《金剛峻經金剛頂一切如來深妙秘密金剛界大三昧耶修行四十九種壇法經作用威儀法則　大毗盧遮那佛金剛心地法門密法戒壇法儀則》，載同上，第145—231頁。

3.《圓通三慧大齋道場儀》，載方廣錩主編：《藏外佛教文獻》第十二輯，北京：中國人民大學出版社，第63—278頁。

4.《佛說受生經》，載方廣錩主編：《藏外佛教文獻》第十三輯，北京：中國人民大學出版社，2010年，第109—136頁。

5.《受生寶卷》，載同上，第219—311頁。

6.《無遮燈食法會儀》，載方廣錩主編：《藏外佛教文獻》第十六輯，北京：中國人民大學出版社，2011年，第25—38頁。

7.《佛門行移》，載范純武主編：《臺灣宗教研究通訊》第10期，臺北：蘭臺出版社，第95—129頁。

二、論文

1.《敦煌遺書中現存的〈壇法儀則〉》，明生主編：《禪和之聲——"禪宗優秀文化與構建和諧社會"學術研討會論文集》，北京：宗教文化出版社，2007年，第479—484頁。

2.《宋僧慈覺宗賾新考》，釋大安主編：《超越千載的追思——紀念慧遠大師誕辰1670周年》，北京：宗教文化出版社，2008年，第263—280頁。

3.《〈水陸儀〉三種敍錄》，程恭讓主編：《天問》（丁亥卷），南京：江蘇人民出版社，2008年，第321—348頁。

4.《受座,還是受齋?》,《敦煌吐魯番研究》第十一卷,上海:上海古籍出版社,2009年,第213—218頁。

5.《唐末五代的水陸儀》,程恭讓主編:《天問》(傳統文化與現代社會),南京:江蘇人民出版社,2009年,第234—260頁。

6.《俗講新考》,《敦煌研究》2010年第4期,第118—124頁。

7.《唐代英禪師舉行水陸法會考》,增勤主編:《首屆長安佛教國際學術研討會論文集》第三卷《長安佛教的歷史演進與傳播(下)》,西安:陝西師範大學出版社,2010年,第41—49頁。

8.《楊鍔〈水陸儀〉考》,《新世紀宗教研究》,臺北:宗博出版社,2010年,第1—34頁。

9.《佛教無專門的"通俗講經"說——以齋講爲中心》,《宗教學研究》2011年第3期,第65—69頁。

10.《咒願及其異名》,《雲南社會科學》2011年第6期,第42—50頁。

11.《咒願とその展開》,《東アジア仏教研究》,2011年,第9號,第119—142頁。

12.《漢地佛教的論義——以敦煌遺書爲中心》,《世界宗教研究》2012年第1期,第42—50頁;中國人民大學複印資料《宗教》2012年第3期,第32—38頁。

13.《漢地佛教唱導研究》,王志遠主編:《宗風》(己丑·冬之卷),北京:宗教文化出版社,2012年,第70—143頁。

14.《密教中國化的經典分析:以敦煌本〈金剛頂迎請儀〉、〈金剛頂修習瑜伽儀〉和〈壇法儀則〉爲切入點》,《圓光佛學學報》第十九期,2012年,第141—172頁。

15.《祖覺〈水陸齋儀〉及其價值》,峨眉山佛教協會編:《歷代祖師與峨眉山佛教》,成都:四川人民出版社,2012年,第251—263頁。

16.《洪濟之梵儀——宗賾〈水陸儀〉考》,黃夏年主編:《遼金元佛教研究》(上),鄭州:大象出版社,2012年,第362—396頁。

17.《石篆山石刻——雕在石頭上的水陸畫》,大足石刻研究院編:《2009年中國重慶大足石刻國際學術研討會論文集》,重慶:重慶出版集團重慶出版社,2013年,第182—199頁。

18.《〈受八關齋戒文〉與敦煌遺書的性質》,李利安主編:《佛教與當代文化建設學術研討會論文集:佛史鈎沉——佛教文化的歷史傳承與積澱》,西安:西北大學出版社,2013年,第74—79頁。

19.《〈佛門請經科〉:〈西遊記〉研究的新資料》,《宗教學研究》2013年第 3 期,第 104—109 頁。

20.《齋僧文本:立體展現古代敦煌佛教儀式具體形態》,《中國社會科學報》2014 年 5 月 14 日,A08。

21.《水陸碑研究》,《藝術史研究》第 16 輯,廣州:中山大學出版社,2014 年,第 233—261 頁。

22.《敦煌變文:佛教齋供儀式角度的解讀》,《敦煌吐魯番研究》第十四卷,上海:上海古籍出版社,2014 年,第 403—435 頁。

23.《早期寶卷並非白蓮教經卷——以〈五部六册〉徵引寶卷爲中心的考察》,《清史研究》2015 年第 1 期,第 106—113 頁。

24.《藥師水陸:藥師佛科儀的當代實踐》,悟實主編:《藥師如來與當代社會:"中國福山峆嶚寺藥師佛與當代社會論壇"論文集》,北京:宗教文化出版社,2015 年,第 49—62 頁。

25.《眉山水陸考》,《華東師範大學學報》(哲學社會科學版)2016 年第 1 期,第 31—38 頁;中國人民大學複印資料《宗教》2016 年第 3 期,第 27—33、43 頁。

26.《水陸齋意研究——以所見齋意文爲中心》,《以法相會——寶寧寺、毗盧寺明、清代水陸畫展暨學術研討會論文集》,高雄:財團法人佛光山文教基金會,2016 年,第 109—128 頁。

27.《回歸佛教儀式舊有時空——三論大足寶頂爲佛教水陸道場》,《大足學刊》第一輯,2016 年,第 200—211 頁。

28.《齋供儀式文獻〈意旨了然集〉》,《古典文獻研究》第十九輯上卷,南京:江蘇古籍出版社,2016 年,第 128—137 頁。

後　　記

　　自1988年大學畢業參加工作從事雲南佛教研究以後，一直希望有朝一日能再返校園讀書，充分利用學校圖書館豐富的藏書，彌補自己此前讀書缺乏目的性、專業性不足的缺陷。2005年9月，即大學畢業17年以後，我考入上海師範大學哲學系，追隨方先生攻讀博士學位，圓了再次入校園讀書深造的夢。方先生不僅給我提供了一個較好的研究平臺，鼓勵、資助購買各類佛教儀式文本，而且認真指導我完成了博士論文。在2009年論文答辯順利通過後，除叮囑抓緊時間修改外，還將其推薦給上海古籍出版社出版。

　　本書就是同名博士論文的修改稿。爲了檢驗和完善論文提出的一些觀點，我試圖儘量更廣泛、更全面地搜集相關資料，也確實較之前搜集到更多的科儀和新資料，其中包括從貴州、福建、江西等地搜集到1 000餘册科儀文本，從韓國搜集到的志磐《法界聖凡水陸勝會修齋儀軌》，從越南搜集到的《水陸諸科》，從昆明地區搜集到的《天地冥陽金山水陸法施無遮大齋儀》《龍華水陸加燈科儀》，從甘肅搜集到《天功科》（《天宫科》），尤其是昆明的勝永法師惠寄的《天地冥陽金山水陸法施無遮大齋儀》，奠定了梳理清楚《眉山水陸》的基礎，原斯坦福大學博士楊朝華先生、哈佛大學卜向榮先生、韓國東方文化大學院大學韓國所長釋法眼法師和李誠雲教授印贈的《韓國佛教儀禮資料彙編》，都是其中非常珍貴而富參考價值的資料。

　　當然，雖然經過八年多的檢驗和修改，原有的一些錯誤得到糾正，一些内容更加充實和完善，一些表述得到精簡，尤其是本書最先提出的"齋供儀式"的概念，顯然已經可以進一步提昇作"齋供模式"，成爲適用於釋讀佛教、道教、民間宗教等儀式文本的一個新的範式，但是，對書稿的内容、謀篇佈局和行文，我自己仍然感覺不盡滿意。尤其是部分章節略顯粗糙；對於2009年以後新成果的了解、吸收和回應，亦存在諸多疏漏；對於2009年以後大量新發現資料的釋讀和利用，仍有相當大的空間。儘管如此，已經簽了出版合同的書，已經到了不能再拖的時候。於是，就有了現在這個樣子的書稿。

　　衷心感謝上海古籍出版社編輯曾曉紅對書稿一拖再拖給予的寬容,對我自己的拖延,我這裏要説聲抱歉! 在文本校對、送審過程中,張蓓蓓、張賢明、馬叢叢、劉寶峰、崔翔、劉素香等同學和小女橙橙先後校讀文本並提出了修改意見,謹此致謝!

　　師恩如山。衷心感謝方先生的栽培!

侯　沖

2017 年 4 月 10 日於雲南芒市

2017 年 6 月 4 日改定於上海